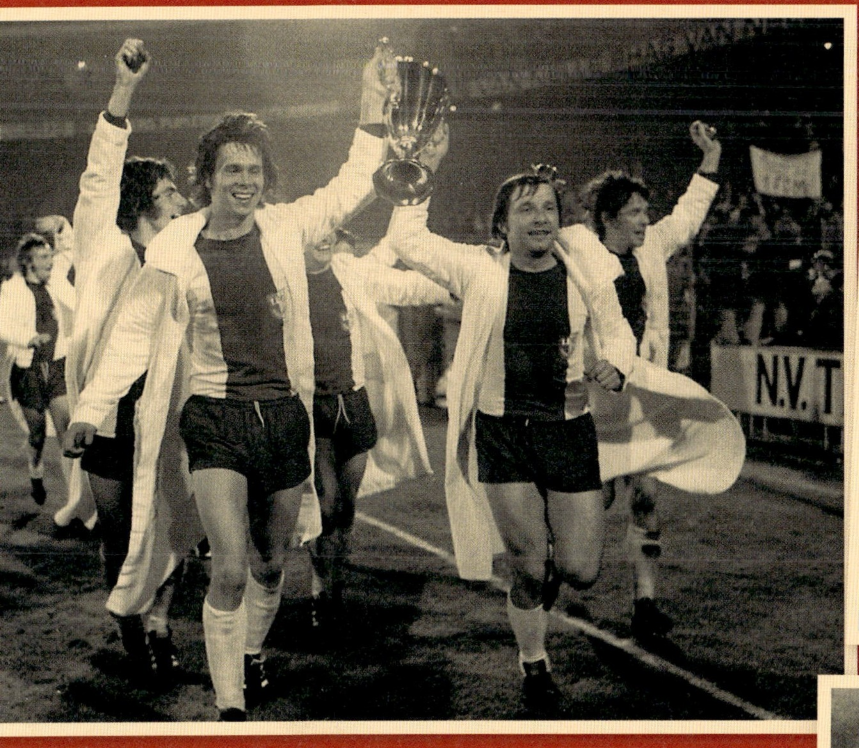
N.V. T

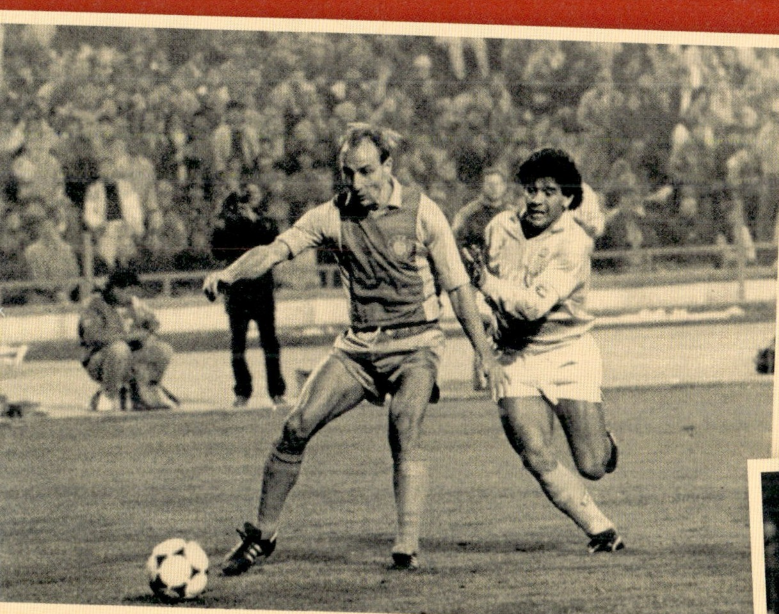

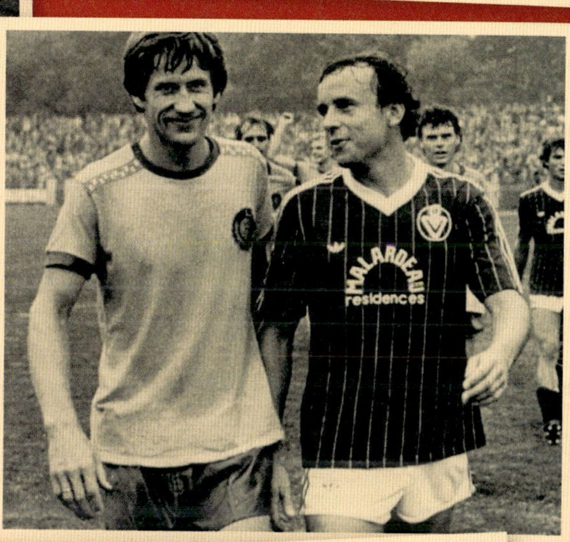
MALARDEAU
residences

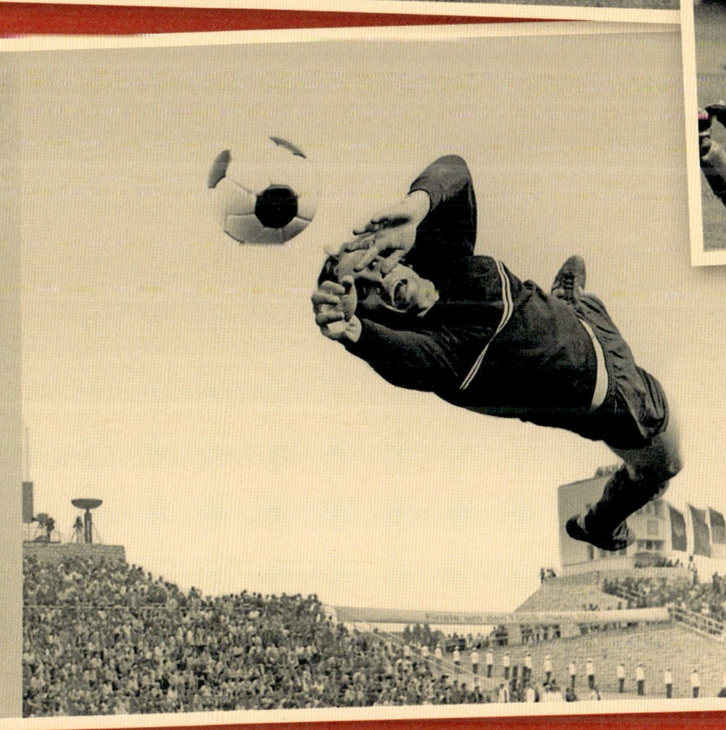

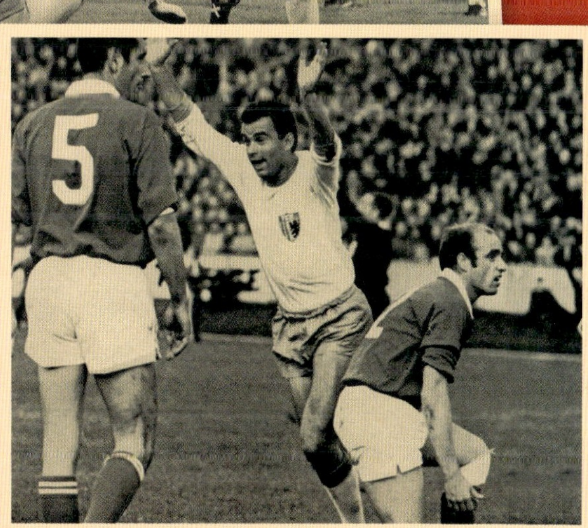
5

Meiner Frau Rosemarie,
meinem Sohn André,
meiner gesamten Familie

Bibliografische Information der Deutschen Nationalbibliothek
Die Deutsche Nationalbibliothek verzeichnet diese Publikation in der Deutschen Nationalbibliografie; detaillierte bibliografische Daten sind im Internet über http://dnb.d-nb.de abrufbar.

2. Auflage, 2021

Siekerwall 21, D-33602 Bielefeld
www.werkstatt-verlag.de

Satz und Gestaltung: Die Werkstatt Medien-Produktion GmbH, Göttingen

ISBN 978-3-7307-0178-2

Gottfried Weise

ALS MARADONA 80.000 LOCKTE

DIE DDR-KLUBS IM EUROPAPOKAL

VERLAG DIE WERKSTATT

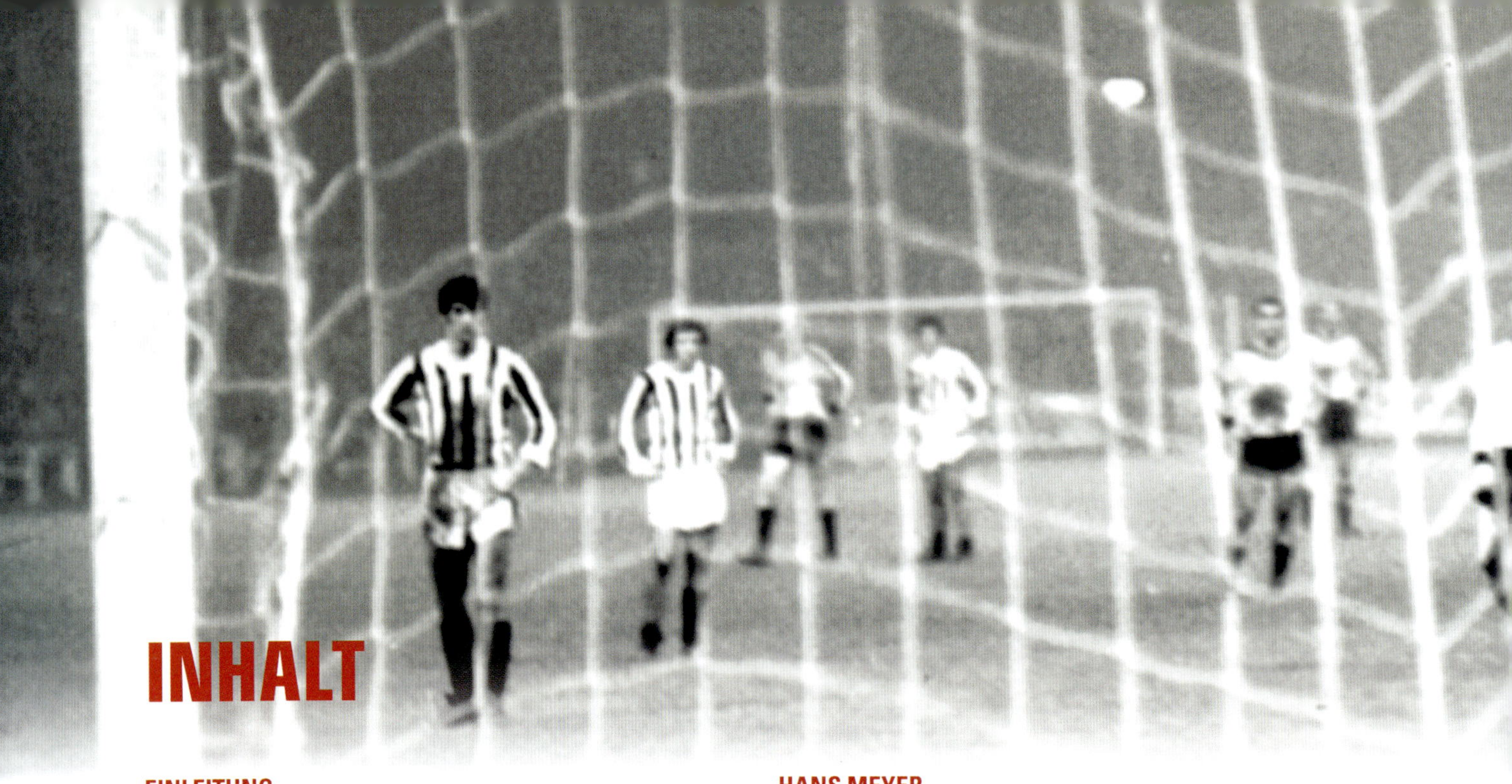

INHALT

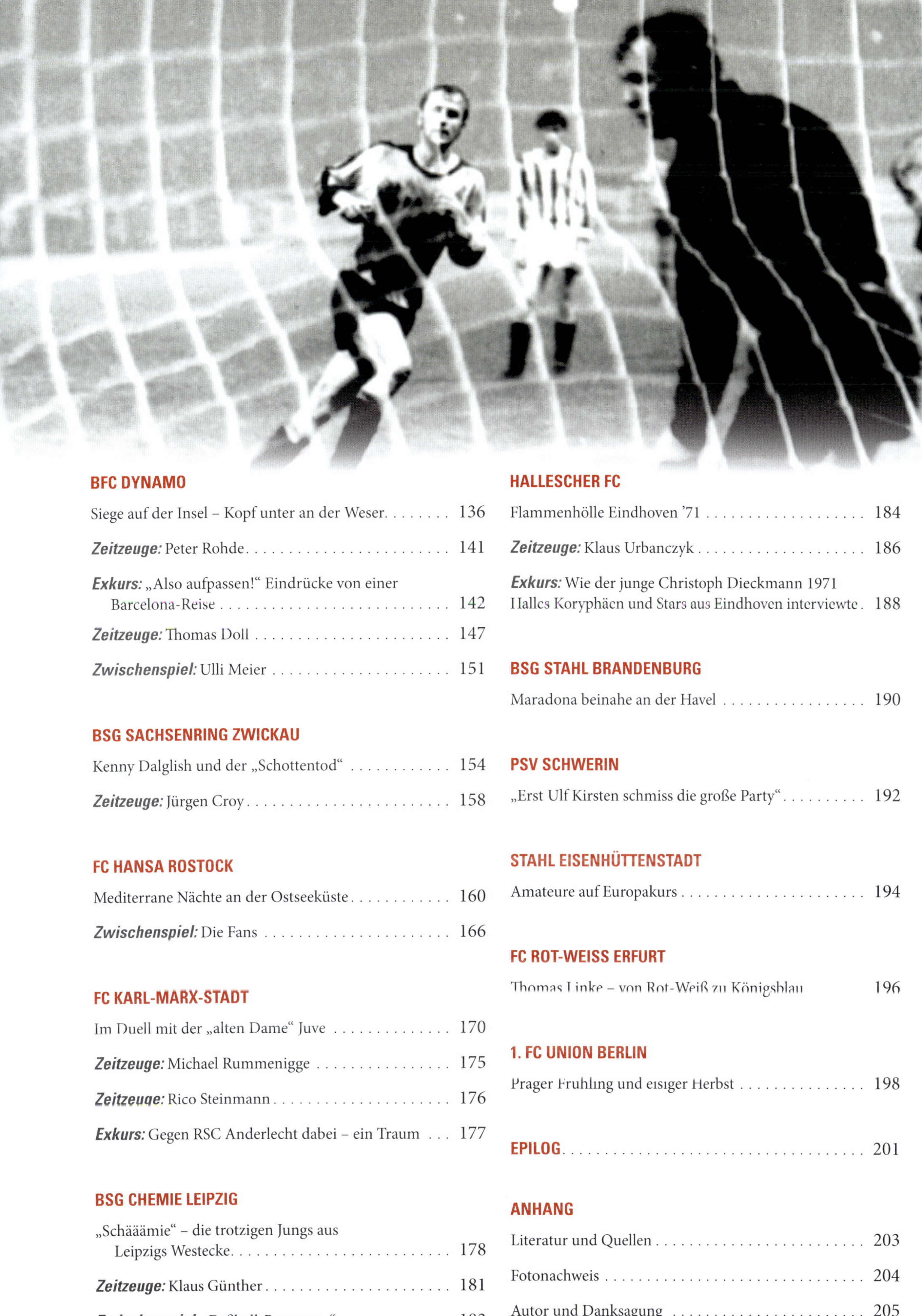

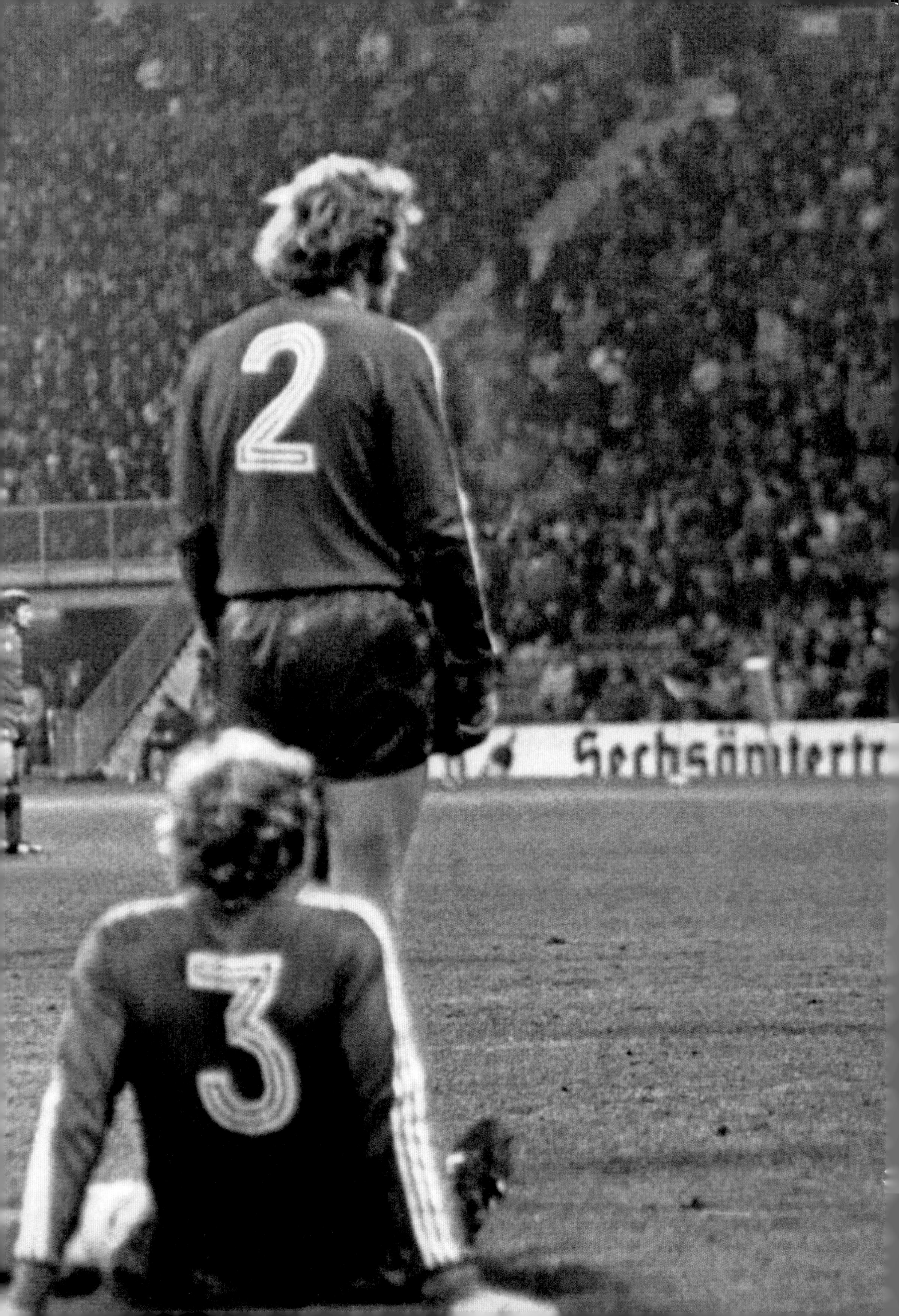

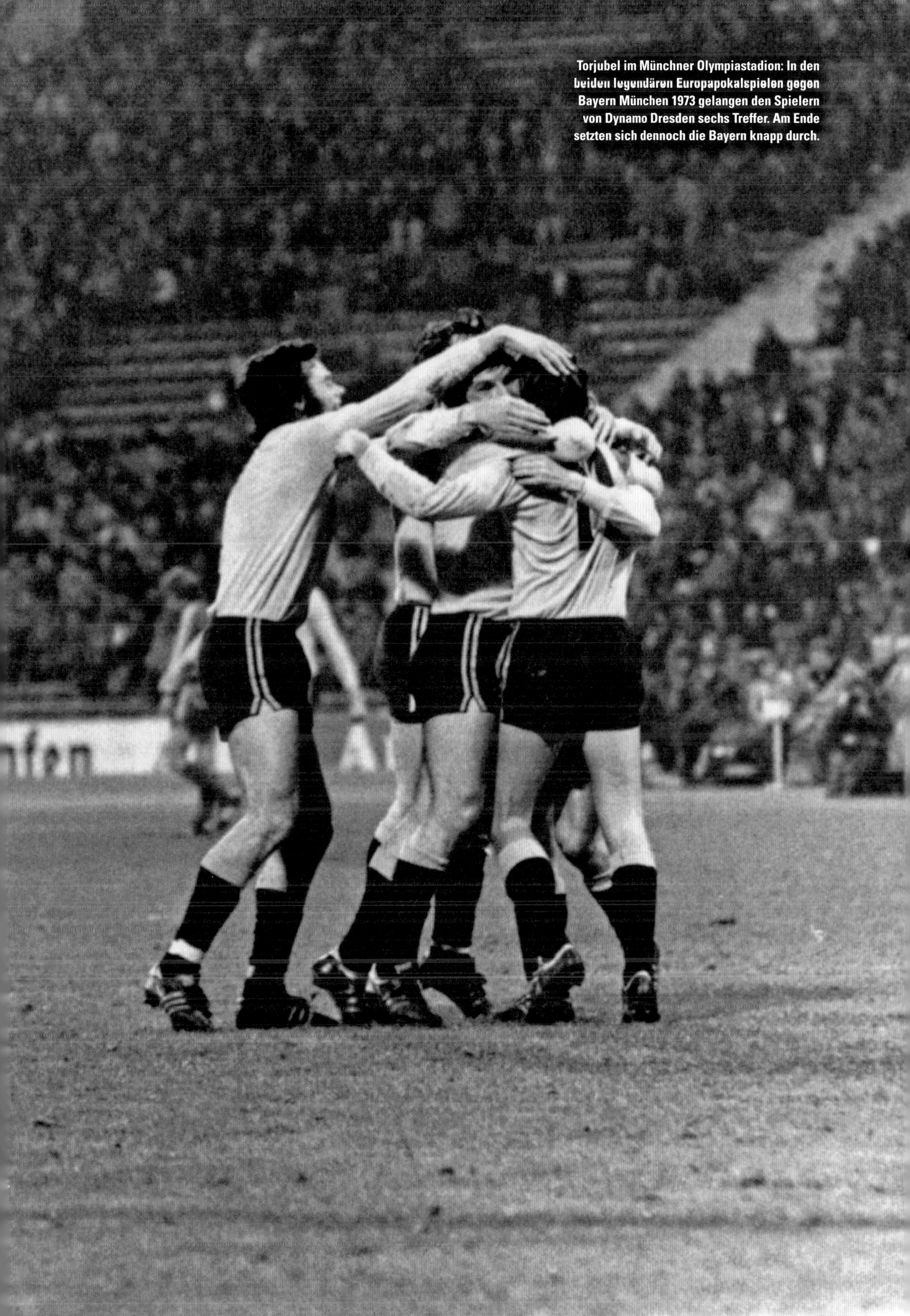

Torjubel im Münchner Olympiastadion: In den beiden legendären Europapokalspielen gegen Bayern München 1973 gelangen den Spielern von Dynamo Dresden sechs Treffer. Am Ende setzten sich dennoch die Bayern knapp durch.

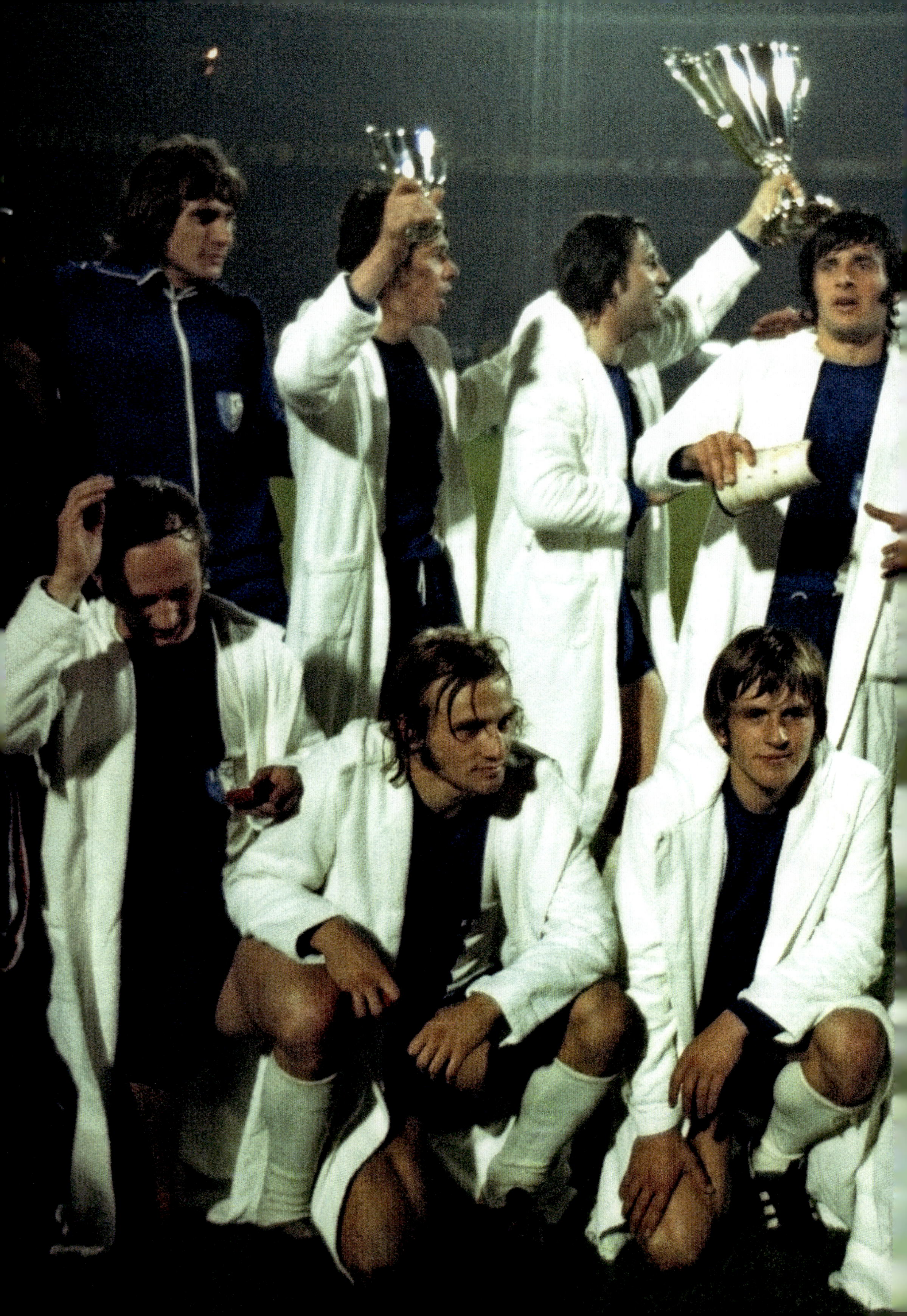

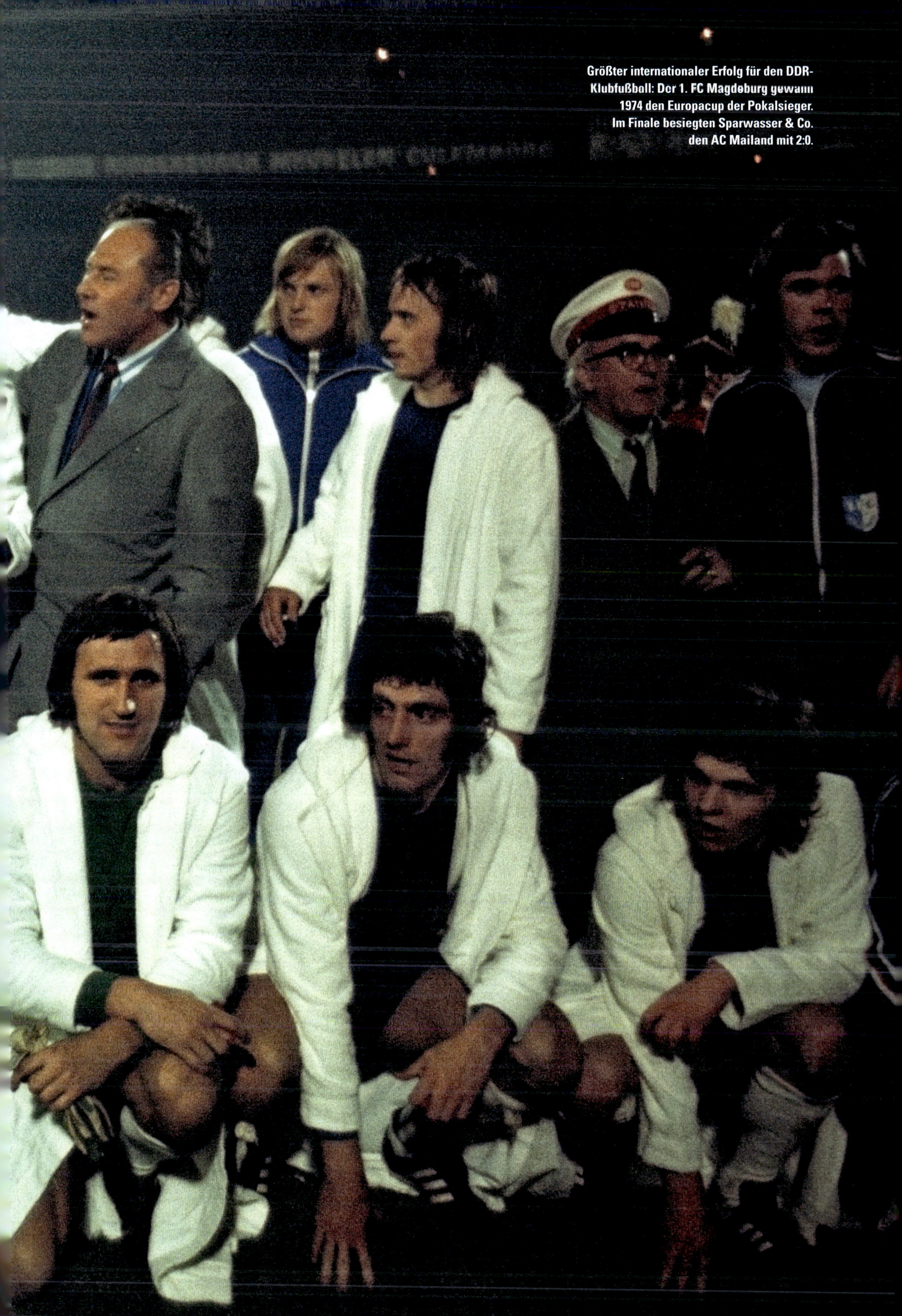

Größter internationaler Erfolg für den DDR-Klubfußball: Der 1. FC Magdeburg gewann 1974 den Europacup der Pokalsieger. Im Finale besiegten Sparwasser & Co. den AC Mailand mit 2:0.

EINLEITUNG
ZWISCHEN TRAUM UND TRAUMA

Nicht was wir gelebt haben, ist das Leben, sondern das, was wir erinnern und wie wir es erinnern, um davon zu erzählen.
Gabriel García Márquez, lateinamerikanischer Nobelpreisträger

Sparwasser schmetterte mir knallhart entgegen: „Der DDR-Fußball ist tot."

Tatsächlich?

Alle winzigen Freudenfeuer der DDR-Klubs im Europapokal schon abgebrannt, alle spärlichen Hallelujas bereits verstummt, alle akademischen Tiefsinnigkeiten schon abgespeichert?

Wahrscheinlich. Oder?

Jürgen Sparwasser, seit seinem epochalen Schuss zum 1:0-Siegtreffer im deutsch-deutschen WM-Duell in Hamburg 1974 ein nationales Symbol in Ost und West, legte kritisch nach: „Schau dir doch die Talkrunden im Fernsehen an. Bei Fußballdebatten ist kaum einmal ein Spieler aus der ehemaligen DDR dabei."

Irgendwie konnte ich den Frust ja verstehen, denn sein einstiger Klub, der stolze und einzige Europacupgewinner des DDR-Fußballs, der 1. FC Magdeburg, kämpfte zum Zeitpunkt unseres Gesprächs damals in den Niederungen der vierten Liga gegen das Vergessen. „Der Verein hat strukturell zunächst den Anschluss zum Profifußball verpasst", analysierte Sparwasser nüchtern und stellte ein wenig verbittert fest: „Der Einfluss der Alten war nicht erwünscht. Dabei hätten wir dem Verein bei der Sponsorensuche sicher helfen können."

Also schien mir nach dem deprimierenden Talk zunächst das einzig Vernünftige zu sein: Computer herunterfahren, Kutte überwerfen, um die Ecke ein Bier trinken und ein paar Geschichten in Erinnerung rufen, die man eigentlich nicht mehr zu schreiben braucht, denn: „Der DDR-Fußball ist tot."

Wirklich?

Oder lass uns, lieber Leser, andocken an die Gegenwart. Schau zu Toni Kroos. Ausgebildet an der Ostseeküste, zuerst von Hartmut Schmidt und Wolfgang Töllner, danach vom Vater Roland in Greifswald und später in Rostock. In Leverkusen und München wurde der Hochbegabte von erfahrenen und weitsichtigen Trainern wie Ottmar Hitzfeld oder Jupp Heynckes behutsam wie konsequent zum Weltstar aufgebaut. Bei Real Madrid krönte er seine Klubkarriere. Ich hatte dabei das große Glück, als Fußballkorrespondent für die Chemnitzer „Freie Presse" das mythische „Maracanã" von Rio zu erleben, ebenso das ostdeutsche „Wunderkind" vom Greifswalder Bodden. Schließlich schrieb der Mittelfeldspieler Toni Kroos am 13. Juli 2014 „Geschichte auf ganz eigene Art", wie die „Frankfurter Allgemeine Zeitung" feststellte und titelte: „Der erste Weltmeister aus dem Osten".

Toni Kroos – ein Wendekind. Noch im Monat seiner Geburt, im Januar 1990, öffnete Andreas Thom für seine Generation ganz offiziell das Tor zu den Spitzenklubs der Bundesliga. Schon bald wechselten Thomas Doll, Ulf Kirsten, Matthias Sammer, Rico Steinmann in den Westen. Es folgten zwei komplette DDR-Auswahlmannschaften. Damit gewann der jahrzehntelang von der eigenen Sportführung ignorierte und gescholtene Fußball plötzlich einen völlig veränderten Stellenwert. „So schlecht kann unser Fußball nicht gewesen sein", folgerten unisono die Jungs, die im Schatten der Mauer das Kicken erlernten. „Die ostdeutschen Spieler waren gut ausgebildet, diszipliniert, nervenstark", erzählte mir Ottmar Hitzfeld in einem Interview für dieses Buch.

Übrigens, bei seinen zwei Champions-League-Gewinnen setzte der Erfolgscoach Hitzfeld jeweils auf vier ehemalige DDR-Spieler. Matthias Sammer, Jörg Heinrich, Steffen Freund und René Tretschock gehörten 1997 zum Siegerteam von Borussia Dortmund. Jens Jeremies, Thomas Linke, Carsten Jancker und Alexander Zickler triumphierten 2001 mit den Bayern. Locker bekäme man ein Team mit ostdeutschen Spielern zusammen, die in einem Europacupfinale standen oder den Pott gewannen.

Verwundete Seelen in Dresden

Von derlei Erfolgen im Europacup wagt man zwischen Dresden und Jena, Magdeburg und Leipzig, Berlin und Chemnitz allenfalls zu träumen. Warum aber die kleinen Fußballerfolge eines kleinen verschwundenen Landes totschweigen?

Zugegeben, gegen die ganz Großen dieser Fußballwelt, von Eusébio bis Beckenbauer, von Cruyff bis Kempes, von Platini bis Maradona, von Rossi bis Völler, gelangen meist nur Etappensiege. Aber zumindest einmal konnten ostdeutsche Fußballer mit dem Halleluja auf den Lippen die Hände am silbernen Henkelpott halten.

Der 1. FC Magdeburg gewann am 8. Mai 1974 sensationell den Europacup der Pokalsieger im „Kuip" von Rotterdam gegen die Millionäre aus Mailand, dessen fassungslose Weltstars um Rivera und Schnellinger gegen Heinz Krügels anhaltinische Regionalauswahl chancenlos blieben. Das 2:0-Siegtor von „Paule" Seguin riss die Startruppe des damals 35-jährigen Trainers Giovanni Trapattoni aus allen Träumen. In den strahlend weißen Malimo-Bademänteln gingen die jungen Wilden aus Burg, Wegeleben, Gommern, Stapelburg, Niederndodeleben, Halberstadt auf die Ehrenrunde. Der Halberstädter schrieb Wochen später Fußballweltgeschichte: Jürgen Sparwasser.

Der Magdeburger Triumph war kein Zufall. Im Herbst davor, 1973, hatte Dynamo Dresden in zwei unvergesslich dramatischen und betörend schönen Spielen im Meistercup (3:4/3:3) die mächtigen und cleveren Bayern bis aufs Äußerste gefordert. Zunächst düste Uli Hoeneß zweimal dem verzweifelten Ede Geyer davon: 0:2. Doch das Team

OSTDEUTSCHE EUROPAPOKALSIEGER UND -FINALISTEN

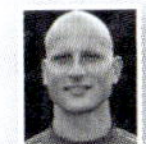

Carsten Jancker
Hansa Rostock

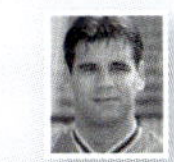

Ulf Kirsten
Dynamo Dresden

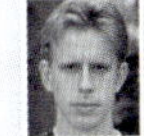

Jörg Heinrich
Motor Rathenow

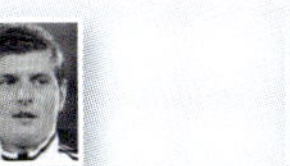

Toni Kroos
Hansa Rostock

Michael Ballack
Chemnitzer FC

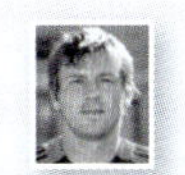

Bernd Schneider
FC Carl Zeiss Jena

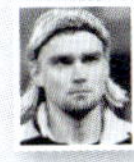

Marcel Schmelzer
1. FC Magdeburg

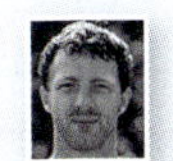

Thomas Linke
Rot-Weiß Erfurt

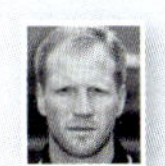

Matthias Sammer
Dynamo Dresden

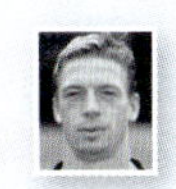

Steffen Freund
Stahl Brandenburg

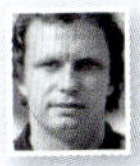

Jürgen Pahl
HFC Chemie (Halle)

Trainer: Hans Meyer

Reservebank: Tom Starke (Dynamo Dresden), Norbert Nachtweih (HFC Chemie) Jens Jeremies (Dynamo Dresden), Alexander Zickler (Dynamo Dresden), Olaf Marschall (Lok Leipzig), Heiko Scholz (Dynamo Dresden), Falko Götz (BFC Dynamo) (genannt sind immer nur die Ostvereine, denen die Spieler zuletzt angehörten.)

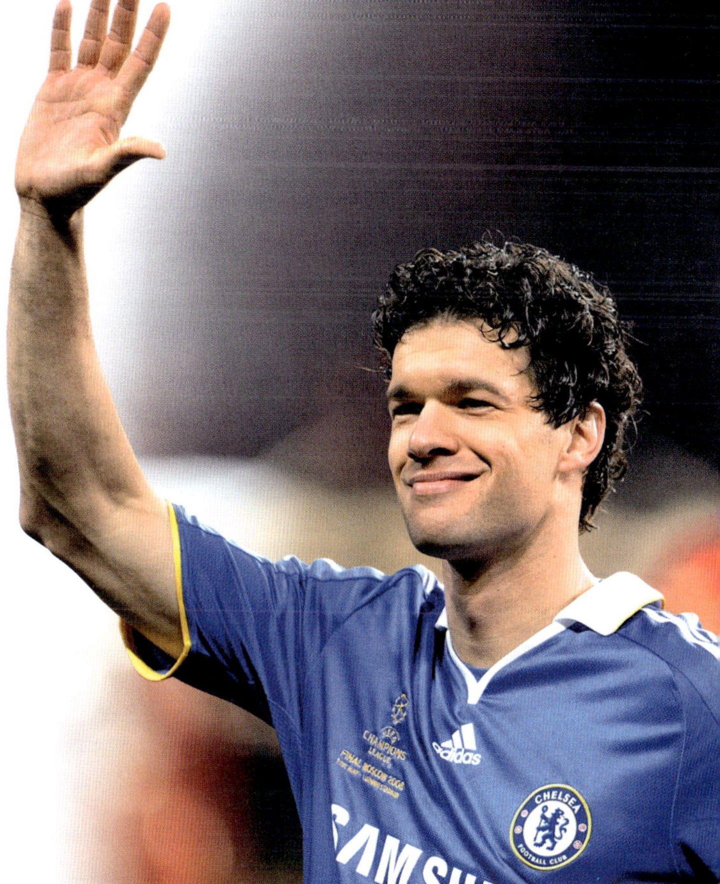

Stand sowohl mit Bayer Leverkusen wie mit dem FC Chelsea im Finale der Champions League: Michael Ballack.

um Dixie Dörner steckte den Gefühlsschock erstaunlich gut weg: 1:2 Wätzlich, 2:2 Schade, 3:2 Häfner. Funkelnder und fröhlicher Fußball – Dynamo für zwei Minuten im siebten Himmel. Bis Gerd Müller, der weltbeste Torjäger jener Zeit, das hinreißend aufspielende Dynamo-Team und 36.000 Fans mit wässrigen Augen und verwundeter Seele in der Kälte zurückließ: 3:3. Der „Bomber der Nation“ schaufelte Dynamo das „Grab“ und den Bayern in typischer Pose den Weg frei zum ersten Europacup der Champions. In einem weiteren deutsch-deutschen Duell dampfte im gleichen Zeitraum die Leipziger Lok im UEFA-Cup an der Düsseldorfer Fortuna vorbei. Einem 1:2 folgte vor 80.000 in Leipzig ein 3:0 mit einem genialischen Tor von Henning Frenzel.

Die nüchterne Erkenntnis: Die DDR-Spitzenklubs waren international konkurrenzfähig. Davon profitierte natürlich auch die Nationalelf, die 1974 bei ihrer ersten und einzigen WM-Teilnahme in Hamburg mit Georg Buschners perfekter Taktik und Jürgen Sparwassers 1:0-Siegtor im deutsch-deutschen Duell gegen den späteren Weltmeister triumphierte. Leichter und eleganter präsentierte sich eine DDR-Mannschaft wohl nur beim 3:1-Sieg im olympischen Finale 1976 gegen den WM-Dritten Polen. Zwar hatten Olympische Spiele nie den Stellenwert einer EM oder WM. Aber in den Augen der Fachleute wog das Olympia-Gold von 1976 mehr als der größte sportpolitische Erfolg von Hamburg 1974. Hartmut Schade, Martin Hoffmann und Reinhard Häfner sorgten für ein rauschendes Fest, bei dem Ausnahme-Torhüter Jürgen Croy und Libero Dixie Dörner gegen die Lato und Deyna mit genialer Lässigkeit dominierten.

Levis-Jeans, Seitensprünge, aber kein Tor zur Welt

Der DDR-Fußball lebte seine beste Zeit. Und für viele Ostdeutsche war die erste Hälfte der Siebziger die beste Zeit ihres Landes. In der noch jungen Ära Honecker stiegen Realeinkommen, Konsumleistungen, Renten. Levis-Jeans wurden importiert und Westfernsehen nicht mehr verteufelt, eheliche Seitensprünge nicht mehr in Parteiversammlungen thematisiert. Die Regierung Brandt-Scheel brachte die Ostverträge in die Spur. Die Jugend der Welt traf sich im Sommer 1973 zu einem opulenten Event in Ostberlin. Die internationale Anerkennungswelle hob das Selbstwertgefühl.

Wurden die DDR-Klubmannschaften von den positiven innenpolitischen Zeichen inspiriert? Derlei Konstruktionen zwischen verbessertem Lebensgefühl, winzigen politischen Öffnungen und erfolgreichem Fußball herzustellen, ist sicher ein Wagnis. Aber war es nur purer Zufall, dass in genau dieser Zeitspanne DDR-Bürger in Fußballstiefeln mehr Erfolge hatten als sonst?

Zeichen der Lockerung machten auch auf dem Spielfeld lockerer. Doch die daumenkleinen Segnungen hatten ihre Grenzen. In seinem Buch „Die wunderbaren Jahre“ beschreibt der Lyriker Rainer Kunze, wie schon drei Tage nach dem Ende der Weltfestspiele eine Polizeistreife auf dem Alexanderplatz einige Jugendliche mit Gitarre unsanft anraunzte: „Hier wird nicht gespielt! Eure Zeit ist vorbei, geht nach Hause!“

Wer geglaubt hatte, Europacupspiele würden alsbald für die Fans ein „Tor zur Welt“, der irrte. Es gab weiterhin so gut wie keine Chance, mit dem eigenen Team zu reisen. Allenfalls bei Topvergleichen wie Bayern München gegen Dynamo Dresden oder den Finalbegegnungen mit dem 1. FC Magdeburg, Carl Zeiss Jena und Lok Leipzig durften sorgsam ausgewählte, „politisch zuverlässige" Fans den Heimatverein ins westliche Ausland begleiten. „Leider waren das nicht immer die Fans, die man brauchte", betrachtete Heinz Krügel, Trainer des Europacup-Gewinners 1. FC Magdeburg, die Situation kritisch. „Da waren Leute dabei, die erst mal gefragt haben: Wer ist denn hier der 1. FC Magdeburg?"

Dennoch war Hoffnung vorhanden, dass die Zeichen eines neuen Kurses, in Kunst und Literatur mit Heyms Romanveröffentlichungen am ehesten erkennbar, auch auf den Sport, den Fußball, die Fanszene überschwappen könnten. „Dieser oder jener kritische Geist (...) vergaß für Momente, dass Honecker auch jener Mann war, der den Bau der Mauer geleitet hatte", beleuchtete Autor Birk Meinhardt den historischen Background. „Dass er also die Peitsche zu schwingen verstand, war nur eine Frage der Zeit." Der Zeitpunkt war am 16. November 1976 gekommen. Liedermacher Wolf Biermann wurde kurz nach seinem Kölner Auftritt auf Ansinnen Honeckers ausgebürgert. Es war jenes Jahr 1976, als Magdeburgs Erfolgstrainer Heinz Krügel eiskalt abgesetzt wurde. Hauptmotiv: untragbarer Ost-West-Versöhnler.

Kein Tauwetter im Fußball also. Ohnehin betrachteten Parteispitze und Sportführung die populäre Jagd nach dem Lederball weiterhin als ungeliebtes Kind. Diese Haltung änderte sich auch nicht nach dem legendären 1:0 von Sparwasser im Systemvergleich mit dem prinzipiell übermächtigen westdeutschen Nachbarn bei der WM 1974. Schließlich konnte im Fußball mit großem Aufwand und mit allerhand Fortune weiterhin nur eine Medaille erobert werden. Einen freien Spielerwechsel gab es kaum. Einflussreiche Bezirksbosse regierten in die Vereine hinein. Die DDR-Oberliga war die konservativste der Welt. Unter diesen starren Strukturen schafften nur noch zwei Klubs den Sprung in ein europäisches Finale. 1987 unterlag der 1. FC Lok Leipzig von Ulrich Thomale im Pokalsieger-Endspiel von Athen gegen Cruyffs Ajax Amsterdam mit 0:1. Unvergesslich das Leipziger Halbfinale mit dem Elfer-Krimi gegen Girondins Bordeaux. Held der glückseligen Nacht: Keeper René Müller als doppelter Strafstoßkiller und Siegtorschütze.

Bereits 1981 führte Hans Meyer, der „Mister Europacup" im Osten, seinen FC Carl Zeiss Jena ins europäische Pokalfinale der Cupgewinner gegen Dynamo Tiflis, wo man schon die Hände am Pott hatte. Leider konnte die 1:0-Führung gegen das georgische Team mit sechs sowjetischen Nationalspielern nicht gehalten werden. Carl Zeiss unterlag noch mit 1:2. Damit blieb eine sensationelle Saison – mit Galaauftritten gegen die drei europäischen Topteams AS Rom, FC Valencia und Benfica Lissabon – leider ungekrönt.

Zeitreise mit Stallgeruch

Mit Erstaunen wird mir bewusst, dass seit dem legendären „Sturm auf Rom" schon über drei Jahrzehnte verstrichen sind. Ganz nah kam ich der Europacupgeschichte der DDR-Klubs noch einmal, als ich den „Mister Europacup des Ostens" traf. Hans Meyer, in Jena und Chemnitz in 64 Europacupspielen auf der Bank, nahm sich für dieses Kapitel deutscher Fußballgeschichte rund dreimal 90 Minuten Zeit. Es war wie immer, wie 40 Jahre zuvor, als wir uns das erste Mal begegneten: Wenn du deine Gedanken erst während des Gesprächs ordnen willst, dann hast du bei Hans schon verloren. Er sucht in jedem Rededuell eine Herausforderung, hat eine spitze Zunge und einen hellen Kopf. Der erfahrene Fußball-Lehrer kennt beide Systeme, holte dreimal den nationalen Pokal mit dem FC Carl Zeiss Jena und die DFB-Trophäe mit dem 1. FC Nürnberg.

Von ihm erhoffte ich mir für dieses Buch, der *zweiten* Frage etwas näher zu kommen: Warum gewann nur ein einziger DDR-Klub – der 1. FC Magdeburg 1974 – eine Europacuptrophäe?

Aus der Perspektive des einstigen TV-Kommentators möchte ich Sie, liebe Leser, auf eine Reise mitnehmen, wo wir die DDR-Klubs mit ihren Protagonisten Jürgen Croy, Peter Ducke, Jürgen Nöldner, Jürgen Sparwasser, Dixie Dörner, René Müller, Andreas Thom, Thomas Doll noch einmal zwischen Traum und Trauma erleben; betrachtet durch das Prisma eines Reporters mit „Stallgeruch", der ein Bier mit dem Sieger teilte oder mit dem verhalten schluchzenden Verlierer die bittere Niederlage in der Kabinenecke betrauerte.

Es ist natürlich eine Geschichte, in der es mehr Niederlagen als Siege gab. Doch schon dem großen Albert Camus, bester Torhüter unter Frankreichs Literaten, konnten perma-

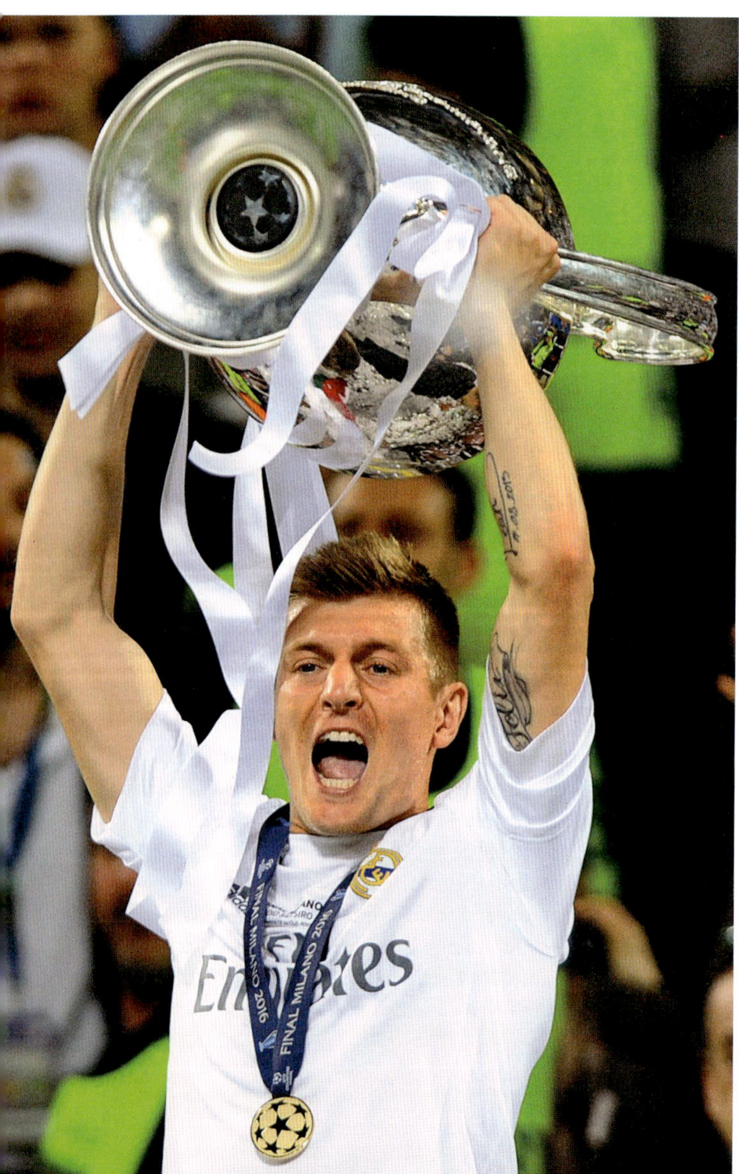

Holte mit dem FC Bayern (2013) und Real Madrid (2016, 2017, 2018) den Titel in der Champions League und wurde 2014 Weltmeister: Toni Kroos, der nach 106 Einsätzen (17 Tore) im Anschluss an die WM 2018 aus der deutschen Nationalmannschaft zurück trat.

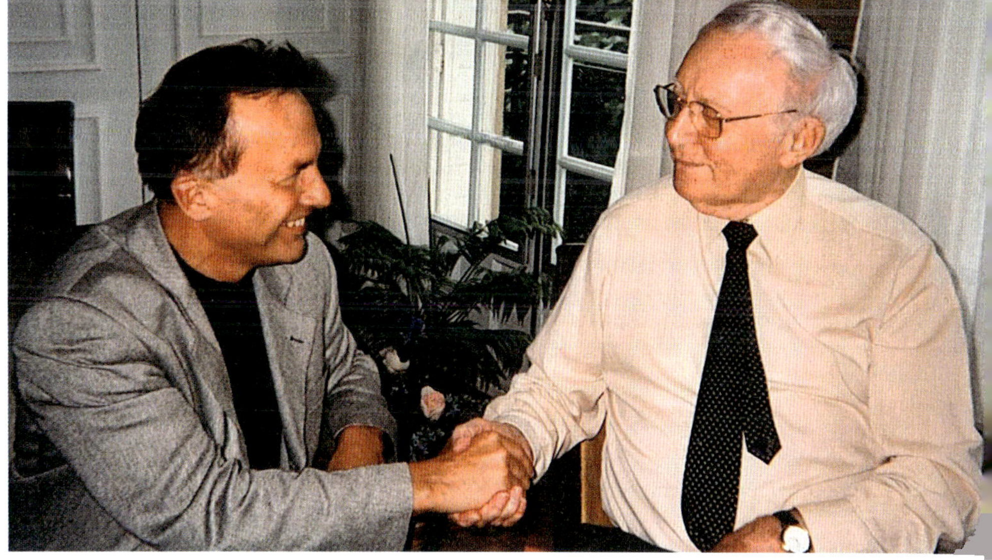

Pierre Delaunay (rechts) ehemaliger Generalsekretär der UEFA und damit Nachfolger seines berühmten Vaters Henri, kann belegen, dass die DDR-Funktionäre 1955 die Anmeldung zur Europapokal-Premiere verschwitzt hatten.

nente Niederlagen nichts anhaben. „Genau dafür habe ich schließlich meine Mannschaft so geliebt: nicht nur wegen des Siegestaumels", wird Camus in der Zeitschrift „11 Freunde" zitiert, „auch wegen dieser Abende nach einer Niederlage, wenn einem zum Heulen zumute war."

Ein Jahr brauchte ich für meine Recherchen. In dieser Zeit unterhielt ich mich mit ehemaligen Spielern, Trainern und Journalisten aus Ost und West, also aus dem naheliegenden Personenkreis. Ich stieß dabei auf die „Dienstreise in den Tod", „Herbergers Notizbuch", „Ernst Happel im Krater", „Aus der Quarantäne ins Finale", „Keegans Gruß an Walter", Mielkes Schnauzer: „Eh Rohde, wie loofst du denn übern Platz?". Ich kontaktierte aber auch Politiker wie Hans-Dietrich Genscher, der 1973 mit dem Hubschrauber vom Bundesgrenzschutz in die Elbmetropole zum deutsch-deutschen Gigantentreffen Dynamo Dresden gegen Bayern München einflog.

Eines Tages flatterte mir vom wunderbaren Erzähler und glühenden Zeiss-Fan Christoph Dieckmann ein Jena-Report auf dem Tisch mit dem Titel: „Eine Liebe im Osten". Der vielfach preisgekrönte Autor und Reporter der „Zeit" ist seinem Lieblingsverein bis in die Niederungen der vierten Liga treu geblieben. Diese Geschichte der deutschen Wiedervereinigung aus der Perspektive des Zeiss-Fans ist nicht denkbar ohne die „Erinnerungen an Peter Ducke und Georg Buschner, an den legendären ‚Sturm auf Rom', aber sie lebt aus der Gegenwartserfahrung manch dunkler Stunden im Paradies".

In den Archiven von Paris

Gottlob habe ich auf Ernest Hemingway gehört: „Wenn du das Glück hast, als junger Mensch in Paris zu leben, dann trägst du die Stadt für den Rest deines Lebens in dir..." O ja, kleine Cafés, kleine Buchläden, kleine Frauen mit dem französischen Charme der großen Catherine Deneuve.

Ich hatte das Glück, wenn auch nicht mehr als ganz junger Mensch. Eurosport mit Standort Paris stellte mich 1994 als Fußballreporter ein. Ein Traumjob für einen Journalisten. Groß, bunt, vielfältig die Kommentatorenriege. Exklusiv das Expertenteam. Manchmal schaute sogar Michel Platini vorbei. Ich persönlich erinnere mich noch gern an die Zusammenarbeit mit Rudi Völler und die nachfolgende Manöverkritik bei einem Glas Rotwein.

Ganz in der Nähe der Eurosport-Redaktion, im südwestlichen Stadtteil Issy Les Moulineaux, leuchtet kirschrot das Markenzeichen einer der meistgelesenen Tageszeitungen auf: „L'Équipe". Für die großformatige Fußballbibel arbeitete einst auch Gabriel Hanot als Journalist und Herausgeber – der geistige Vater des Europapokals der Landesmeister. Zu den bestens informierten und brillantesten Journalisten des Renommierblattes gehörte Victor Sinet, ein kleiner Korse mit lustigen braunen Augen. Er war Spezialist für den osteuropäischen Fußball. Ihn hatte ich bei Europacupspielen in Dresden und Jena kennengelernt. Von ihm bekam ich eine wichtige Adresse, nach der ich bisher vergebens gefahndet hatte.

Versailles im Juni 2002. Unweit vom Schloss des Sonnenkönigs, Rue du Peintre Lebrun. Im geschichtsträchtigen Vorort von Paris lebt Pierre Delaunay, ein vermögender Antiquitätenhändler. Zwischen 1955 und 1959 war der großgewachsene weißhaarige Franzose Generalsekretär der UEFA, Nachfolger seines berühmteren Vaters Henri Delaunay, nach dem heute der Siegerpokal bei der von ihm initiierten Europameisterschaft der Nationalmannschaften benannt ist. Von Pierre Delaunay erhoffte ich mir Klarheit zu erhalten, weshalb der ostdeutsche Verband die Einladungen zu den ersten beiden Wettbewerben der europäischen Meister ausgeschlagen hat. Der rüstige Endsiebziger, im hellen Hemd und mit mintgrüner Krawatte, zog eine orangefarbene Mappe hervor, die das „Geheimnis" lüften sollte.

Aus den Unterlagen von Pierre Delaunay ging hervor, dass die Sektion Fußball in Ostberlin im Juli 1955 ein Rundschreiben von der Europäischen Fußball-Union UEFA erhalten hatte. Darin informierte ihr Generalsekretär, dass die Meldung bis zum 21. Juli zu erfolgen habe. Im hitzigen Streit, ob der DDR-Klubfußball reif sei für so eine stahlharte Konkurrenz, verschliefen die Verantwortlichen die Meldefrist. 1956 kniffen die Bosse der Fußballriege immer noch aus Angst, es könnte deftige Pleiten hageln, vor einer Zusage. Erst 1957 setzten sich die Optimisten in der Berliner Zentrale durch. Nach den tatsächlichen Gründen für den Sinneswandel suchte man in Delaunays Unterlagen jedoch vergeblich.

„Fritz Walter war der Türöffner", ließ Kurt Langer, seinerzeit DFV-Generalsekretär, später einmal durchblicken und erinnerte dabei an die gute Vorstellung von Wismut Aue vor 110.000 Zuschauern gegen den westdeutschen Meister 1. FC Kaiserslautern 1956 in Leipzig. Fritz Walter, der Lauterer Kapitän, zugleich Spielführer des Weltmeisters, lobte den DDR-Meister trotz der 3:5-Niederlage über den grünen Klee: „Wismut Aue präsentierte sich als echte europäische Klassemannschaft." Das war der lange herbeigesehnte Ritterschlag für die Mannschaft aus dem Erzgebirge. Es folgte das ostdeutsche Sehnen auf die Europapokal-Premiere.

WISMUT AUE
DIE MACHT AUS DEM SCHACHT

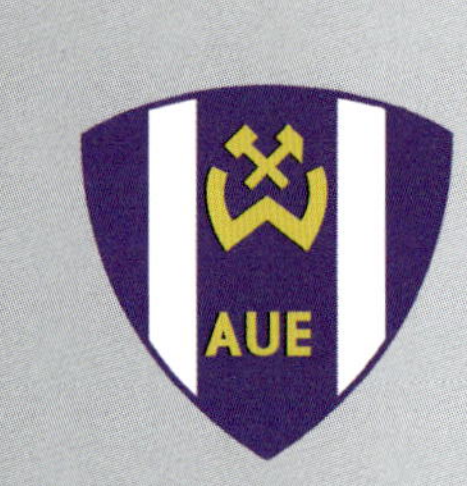

Wismut Aue
Gegründet: 4. März 1946
DDR-Meister: 1956, 1957, 1959
Pokalsieger: 1955
Europacup-Bilanz:
5 Teilnahmen, 22 Spiele
(6 Siege, 6 Remis, 10 Niederlagen)
Größter Erfolg: Europapokal-Viertelfinalist 1958/59
Seit 1993: Erzgebirge Aue
Heute: 2. Bundesliga (2021/22)

Im Kleinen bleibt Geschichte unentschieden.
Bloß die Hoffnungen siegen und stürzen –
wie die Systeme (...).
Es kommt aber darauf an, sie zu erzählen.
Jetzt endlich nach dem Spiel.
Christoph Dieckmann, Reporter der „Zeit“

Wolfsgeheul im Block K

Ohne Stalins rote Bombe hätte es diese Fußball-Legende (wahrscheinlich) nicht gegeben: Wismut Aue.

Aue?

Aber ja doch. Es ist jenes Aue gemeint, aus dessen Berggruben das Uranerz für die sowjetische Atombombe geschürft wurde; es ist jenes Aue im sächsische Erzgebirge mit seinen holzgeschnitzten Schwibbögen, Pyramiden und Räuchermännchen, eingekeilt zwischen Thüringen, Bayern und Tschechien. Das gallische Dorf im Osten. Seine 18.000 Einwohner füllen das Fußballstadion, wenn beim FC Erzgebirge Aue, dem Nachfolger von Wismut Aue, nicht gerade schaurige Abstiegsangst durch die Täler kriecht und die treuen

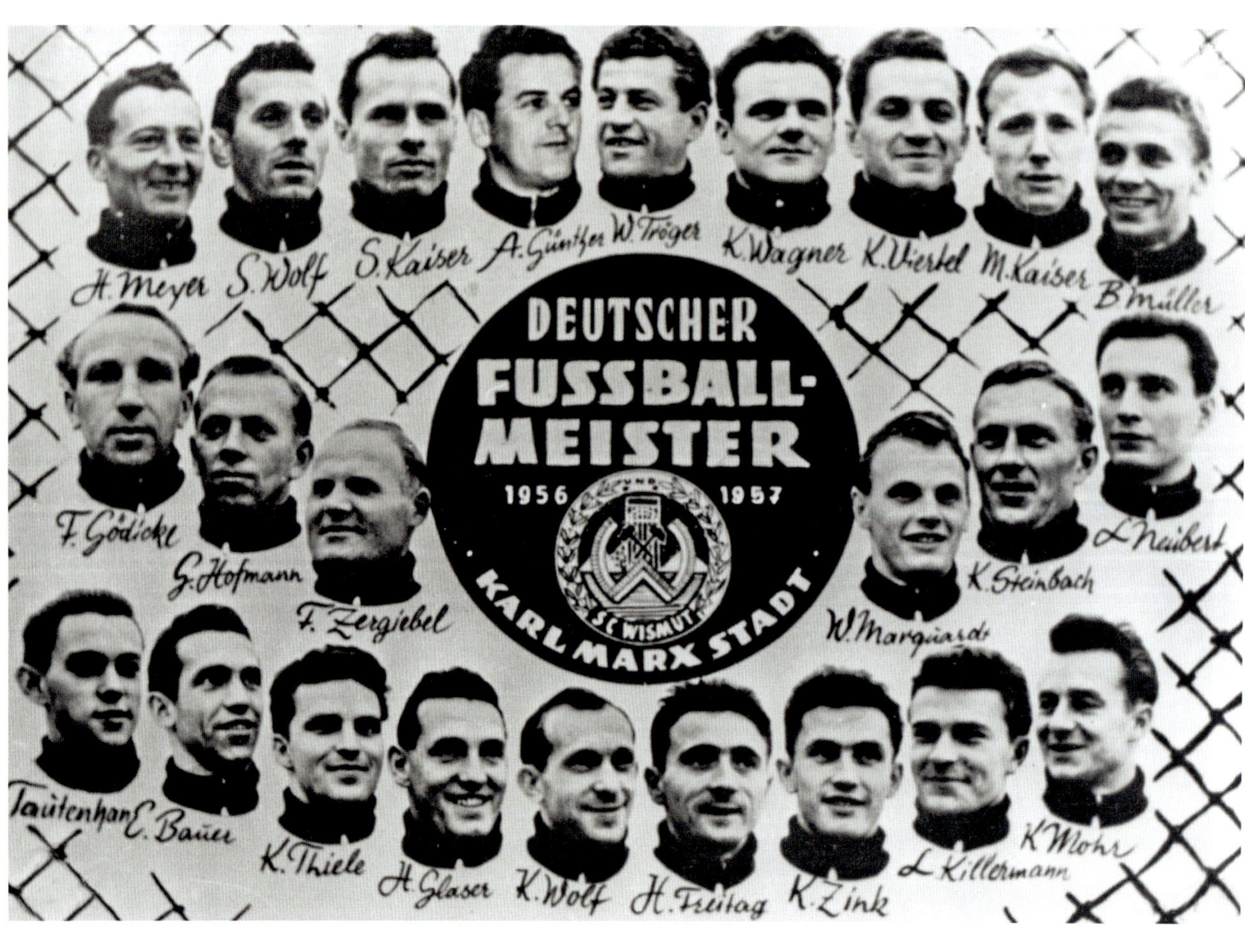

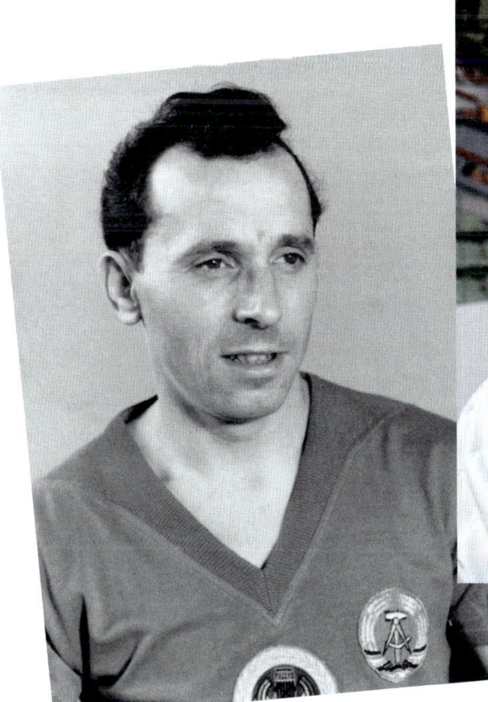

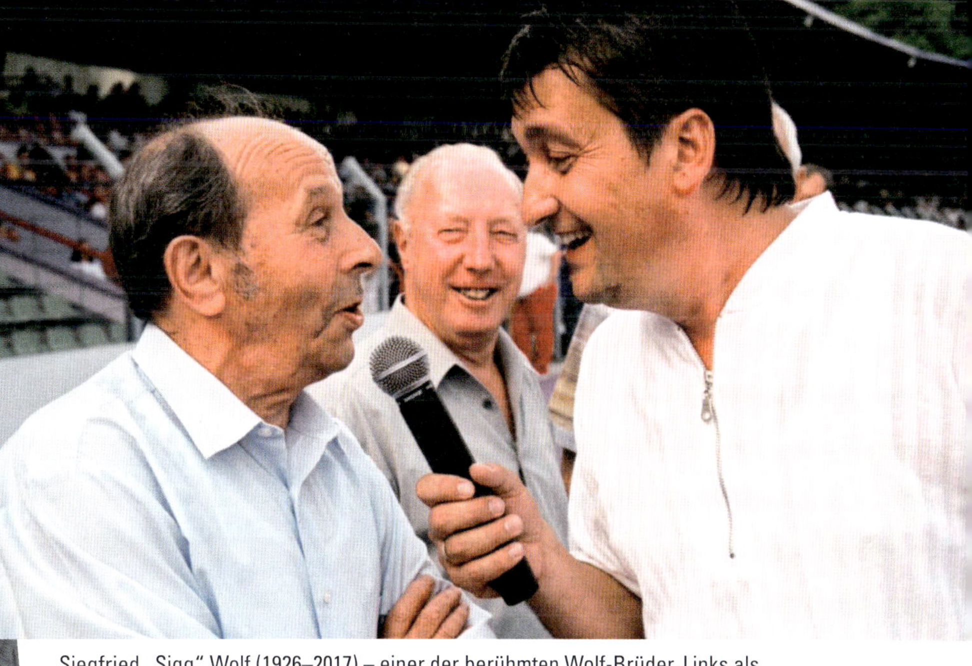

Siegfried „Sigg" Wolf (1926–2017) – einer der berühmten Wolf-Brüder. Links als Spieler in den fünfziger Jahren, rechts beim Interview im Aue-Stadion. In der Bildmitte amüsiert sich (der ebenfalls 2017 verstorbene) Manfred Kaiser.

Fans nicht mehr die bange Frage quält: weiter 2. Bundesliga oder Absturz in die 3. Liga?

Unterstützung kommt seit Jahren aus der ganzen Bergregion, auch stets vom Block K. Bei meinem Besuch sind in Reihe zehn die Plätze 52 und 53 für den 88-jährigen Ex-Wismut-Strategen „Sigg" Wolf, der lange Jahre als Schweißer in den Schacht 371 einfuhr, und seine Frau Elisabeth reserviert. Auch „Manni" Kaiser, „Binges" Müller, Klaus Zink, Horst Tautenhahn oder Kurt Viertel nutzen die Chance, die der Verein den verdienstvollen Ex-Spielern mit Jahreskarte und festem Parkplatz anbietet. Dann beginnt der altbekannte Wechselgesang. Die Nordkurve startet: „Wir kommen aus der Tiefe und kommen aus dem Schacht, die neue Fußballmacht." Die Südkurve setzt den Finalpunkt mit tausendfachem „Wismut Aue".

Zuweilen schimmert eben die glorreiche Vergangenheit durch, wenn Fans in ihren Schlachtgesängen gekreuzte Hämmer und das große „W" beschwören. Traditionsbewusst präsentiert der FC Erzgebirge auch weiterhin seine lilafarbenen Trikots, die seit Mitte der Sechziger die ausgewaschenen weinroten Jerseys verdrängten. Die Geschichte der Wismut-Mannschaft ist nicht zu erzählen ohne die Erinnerungen an die drei Meistertitel 1956, 1957 und 1959, an den „Tell vom Lößnitztal", Willy Tröger, sowie die kuriosen „Dreier" in 16 Spielen im Europacup der Landesmeister. Der Stern von Wismut – in der zweiten Hälfte der fünfziger Jahre leuchtete er im Osten hell.

Zu den Leistungsträgern dieser Mannschaft, die als erstes DDR-Team im Europapokal der Landesmeister startete, gehörten fünf Nationalspieler: Torjäger Willy Tröger, Stopper Bringfried Müller, als Läufer die Brüder Karl und Siegfried Wolf sowie als Regisseur Manfred Kaiser, der 1963 in der DDR erster „Fußballer des Jahres" wurde und gemeinsam mit „Binges" Müller alle 16 Begegnungen im Wettbewerb der Landesmeister bestritt. Es brauchte ein Vierteljahrhundert, bevor Wismut Aue mit zwei UEFA-Cup-Teilnahmen (1985/86 und 1987/88) wieder auf die europäische Bühne zurückkehrte.

Wismut – Topsecret

Aue war die Stadt der Wismut AG und hatte schnell 40.000 Einwohner, heute nur noch die Hälfte. Das Unternehmen warb mit doppelten und dreifachen Gehältern für Bergleute, die jung, kräftig und stolz waren – nach dem Slogan: „Ich bin Bergmann, wer ist mehr?" Aber: Den Schacht verließen in den ersten schwierigen Jahren nicht dieselben, die einfuhren. Aus der Tiefe kletterten Kumpel, vergreist in den Gesichtern, in denen die Härte der Grube stand.

Was verbarg sich hinter dem Topsecret-Code? Junge Leute runzeln die Stirn, Ältere nicken vielsagend. Die SDAG Wismut, die Sowjetisch-Deutsche Aktiengesellschaft, förderte nach dem Zweiten Weltkrieg aus den Minen des Erzgebirges das Uran für den Bau der sowjetischen Atombombe und lieferte es anfangs als Reparationsleistung in die UdSSR. Die Benennung nach dem chemischen Element Wismut führte bewusst in die Irre und tarnte das gigantische Uranförderprogramm mit bis zu 200.000 Beschäftigten.

Stalin hatte erkannt, dass die Amerikaner nach ihren verheerenden Atombomben-Abwürfen im Juli 1945 über Japan die Balance zu ihren Gunsten verschoben hatten, und setzte seine Atomphysiker und Militärs unter Druck: „Die Bombe, Genossen, wir brauchen die Bombe!" Am 20. August 1949 explodierte in der Steppe von Kasachstan der „Feuerball", die erste sowjetische Atombombe – mit dem Uran der Wismut.

Zu jener Zeit war Siegfried Wolf, gelernter Schweißer und talentierter Stürmer, noch im fünften Jahr in sibirischer Kriegsgefangenschaft. Da wusste der Bernsbacher Junge noch nicht, dass er überleben und später 15 Jahre lang in den Wismut-Schacht 371 klettern würde.

Welche strategische Bedeutung die Wismut für die Russen hatte, zeigte sich am Besuch des Außenministers Molotow 1954 im Erzgebirge, der mit Wismut-Kumpeln eine Stunde unter Tage verbrachte. „Das war schon ein starkes Zeichen", meint Siegfried Wolf. „Da bekam er mal ein Gefühl, welche Atmosphäre da unter Tage herrscht, wenn der Presslufthammer den Körper durchschüttelt und die Schulter rammt. Da

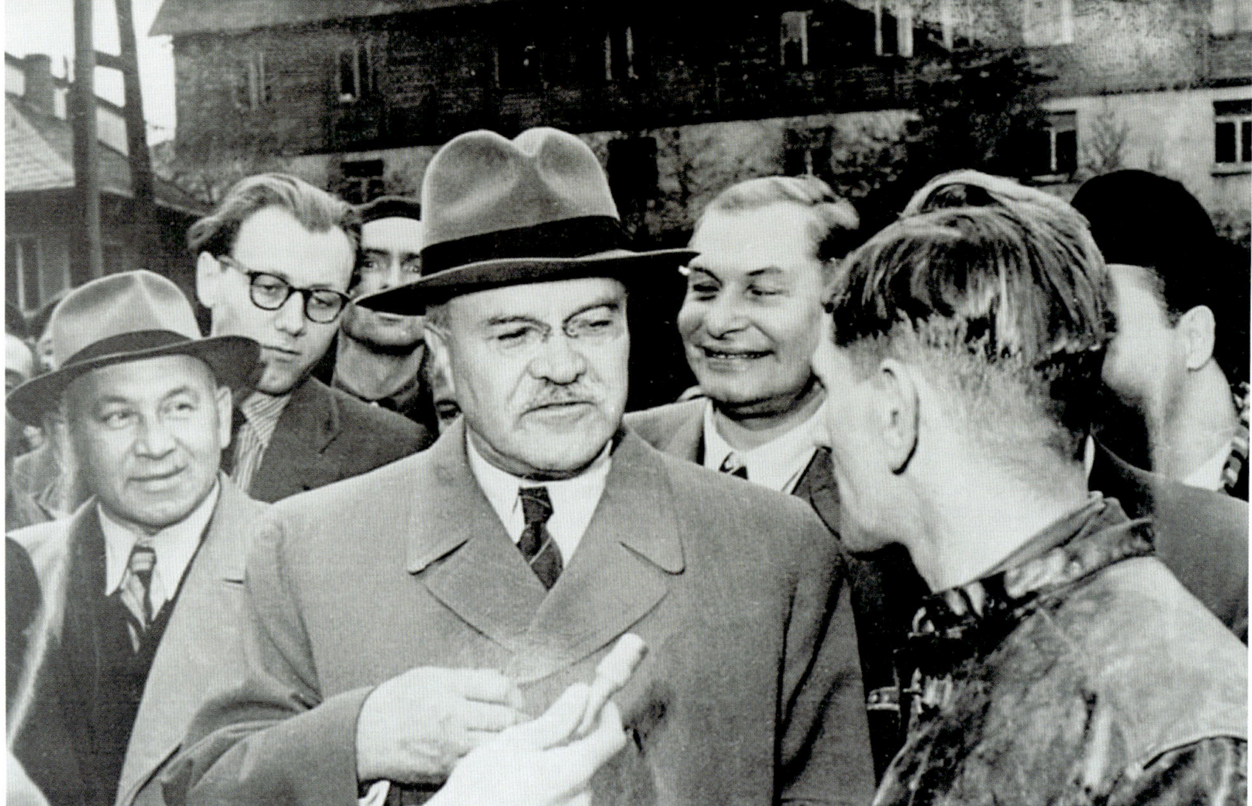

Zu Gast im Uranbergbau um Aue: der sowjetische Außenminister Molotow, 1954.
Im Hintergrund rechts Generaldirektor Nikolai Bogatow, der „Abramowitsch von Aue".

braucht man schon etwas zum Gegenhalten." Und „Siggi" verrät: „Vor jeder Saison sind wir gemeinsam als Team in den Schacht eingefahren. Die Spieler sollten ein Gespür für die harte Arbeit der Kumpel bekommen, die uns im Stadion leidenschaftlich unterstützten."

Das Wismut-Imperium leistete sich 1950 ein schmuckes neues Stadion und ein Fußballteam, das den Kumpeln ab Mitte der fünfziger Jahre beste Unterhaltung und Identifikation bot. Ohne Stalins „Bombenspiel" hätte es (wahrscheinlich) die Fußball-Legende Wismut und ihre Erfolgsgeschichte nicht gegeben.

Wildwest im Osten

Die Wismut-Fördergebiete waren von den Rotarmisten militärisch kontrollierte Sperrgebiete, die Schächte mit Palisaden und Wachtürmen gesichert, von Stacheldraht umgeben. „Da das Stadion in dieser Zone lag, mussten die Zuschauer am russischen Posten vorbei", erzählte mir einmal Willy Tröger. „Wer ein Päckchen Zigaretten locker machte, wurde schneller durchgewunken." Wismuts Toptorjäger wurde von den Fußballseelen der Russen schon vorher gefeiert: „Willy gut... Willy Tor... Willy Drushba...!"

Es sind die rauen Wildwestzeiten im Osten. Auf der einen Seite gutes, schnell verdientes und wieder ausgegebenes Geld nach elender Plackerei unter Tage. Das sowjetisch-deutsche Großunternehmen entwickelte sich mit eigenen Ambulanzen, Hospitälern, Magazinen, Ferienheimen zu einem „Staat im Staate". Die Wismut wollte weg vom Image „Bockwurst, Wodka, raue Sitten".

Davon profitierten auch die Fußballer, die sich stets im Sommer an der Ostsee in Zinnowitz und im Winter am Fuße des Fichtelbergs im Wismut-Ferienheim auf die Saison vorbereiteten. „Im Winter ging es nach dem Abendbrot zum Schneeschippen", erzählt „Binges" Müller, der einstige Abwehrchef und Ehemann der weltberühmten Trainerin von Kati Witt, Jutta Müller. „Danach wurde bis in die Puppen Eishockey gespielt. Damit haben wir uns den Saft für den Alltag geholt."

Auf der anderen Seite wurden die Strahlengefahren für Hauer, Steiger, Erzwäscher totgeschwiegen und die Verführung in der Freizeit durch billigen und hochprozentigen Schnaps, nur „Kumpeltod" genannt, kleingeredet. Junge hübsche Frauen, oft bereits Witwen vor der Zeit und in der Blüte ihrer Jahre, gingen dem amüsierten Werben der „wilden Kerle" natürlich nicht immer aus dem Weg.

Einen berstenden Roman über die Wismut, zu DDR-Zeiten verboten, hat Werner Bräunig hinterlassen: „Rummelplatz". Darin schildert er auch die Arbeitsbedingungen unter Tage: „...und ständig leiern die Bohrfutter aus, knirschen und brechen die Kronen, dann ist es aus mit dem Vortrieb, mit der Planerfüllung in Akkordzeit, welche die Sowjets fordern und die Partei pflichtschuldigst verlangt ... und über allem das zitternde Licht der Grubenlampen."

Die Parteioberen sahen darin eine verzerrte Darstellung und verboten den Roman. Der Dramatiker Heiner Müller nannte die Gründe für das Verbot: „‚Rummelplatz' zeigte die Realität."

Der Abramowitsch von Aue

Um den Urankumpels ein größeres und spannenderes Freizeitvergnügen zu verschaffen, schwebte dem russischen Generaldirektor Nikolai Bogatow „eine große Fußballmannschaft" vor. Bogatow, Bergbau-Ingenieur und erster ziviler Chef der Wismut, galt als fußballbesessener Boss, der den Spielern auch finanzielle Reize setzte. „Eine Prämie von 500 Mark, die gab es schon mal zu unserer Zeit", verriet der langjährige Kapitän „Binges" Müller. Der „Abramowitsch von Aue" gab dem kleinen und überaus ehrgeizigen Walter

Fritzsch den „Marschbefehl" zur großen Talentsichtung in der Region.

Der junge Trainer, ein Spross der traditionsreichen Fußballschule von Zwickau-Planitz, fand Karl und Siegfried Wolf, die „Wölfe", im nahen Bernsbach, Heinz Satrapa und Erhard Bauer in Zwickau. Willy Tröger kannte Fritzsch aus gemeinsamer Spielerzeit in Zwickau-Cainsdorf. Aus der Schar von 30 talentierten Burschen musste Walter Fritzsch die 18 besten herauspicken. Abwehrspieler Heinz „Sef" Glaser und der Halblinke Armin Günther erlebten als einzige Spieler den rasenden Aufstieg von der Kreisklasse bis zur DDR-Oberliga. Siegfried Wolf, später unverzichtbarer Außenläufer, wäre fast durchs Sieb gefallen. Er brauchte schon die hartnäckige Fürsprache seines älteren Bruders Karl, denn der kleinere Bruder „Sigg" wirkte so zerbrechlich, war schmal wie ein Handtuch. Aber aufgrund seiner herausragenden Balltechnik brauchte er fortan nie mehr die Rückendeckung des älteren Bruders. Später verstärkte das Trio aus der Wismut-Filiale Gera, Bringfried Müller, Manni Kaiser und Horst Freitag, die Kumpel-Elf aus dem Erzgebirge.

In dem einen Jahr Trainingslager auf dem Rabenstein, zehn Kilometer vor den Toren von Chemnitz, wuchs eine „echt familiäre Truppe zusammen", wie sich Torjäger Willy Tröger erinnerte. „Es war schon ein Abenteuer und eine Herausforderung. Bis dahin konnten wir ja lediglich nach der Arbeit trainieren. Jetzt brauchten wir uns nur auf das Training zu konzentrieren. Die Wismut hatte uns ein Jahr freigestellt."

Dabei gefiel nicht alles, was der Disziplinfanatiker Walter Fritzsch anordnete und gnadenlos durchzog: „Jeden Tag ging's um zehn in die Kiste. Keine langen Tanzabende und nur ab und zu ein Wernesgrüner Pils." Halb im Ernst, halb im Scherz kam eine Frage aus der Runde: „Walter, wo ist der Wodka?" Der gerissene Fritzsch hatte dem Gaststättenpersonal längst verboten, das „Nationalgetränk" der Kumpel auszuschenken.

Kicker und Kumpel drohen mit Streik

In Schockstarre geriet das Erzgebirge 1954. Die DDR-Sportpolitik sah vor, die erfolgreichsten Mannschaften einer Region in den Großstädten bzw. in den „Sportclubs" zu etablieren. So sollten 1954 die Fußballer von der BSG Wismut Aue zum SC Wismut Karl-Marx-Stadt verlegt werden. Karl-Marx-Stadt, vor und nach DDR-Zeiten Chemnitz geheißen, liegt über 30 Kilometer von Aue entfernt. Der geplante Wechsel führte zu Protesten im gesamten Erzgebirge, die Wismut-Bergleute solidarisierten sich mit zehn Stammspielern, unter ihnen die Brüder Karl und Siegfried Wolf, und drohten mit einem Streik unter Tage. Daraufhin machten die Funktionäre einen Rückzieher. Die Turbulenzen endeten mit einem grotesken Kompromiss: Die Fußballer mussten sich dem SC Wismut Karl-Marx-Stadt anschließen, durften ihre Heimspiele aber weiter in Aue bestreiten.

Die große Zeit von Wismut begann gleich danach: Pokalsieger 1955 und erstmals DDR-Meister 1956. Titelgewinne von 1957 und 1959 folgten. Darüber hinaus machte Wismut auch im Ost-West-Vergleich auf höchster Ebene Schlagzeilen. Der erste große deutsch-deutsche Gipfel erscheint zwar in keiner Europacup-Statistik, verdient es aber, als gigantisches Happening dem Europacup-Kapitel von Wismut Aue vorangestellt zu werden. Schließlich war das unvergessene Präludium der Türöffner für den ersten Auftritt von Wismut Aue im Europapokal der Landesmeister, in der heutigen Champions League.

Kumpel und Fußballer solidarisieren sich, als Wismut Aue in die Bezirksmetropole Karl-Marx-Stadt zwangsversetzt werden soll. Ein basisdemokratischer Erfolg.

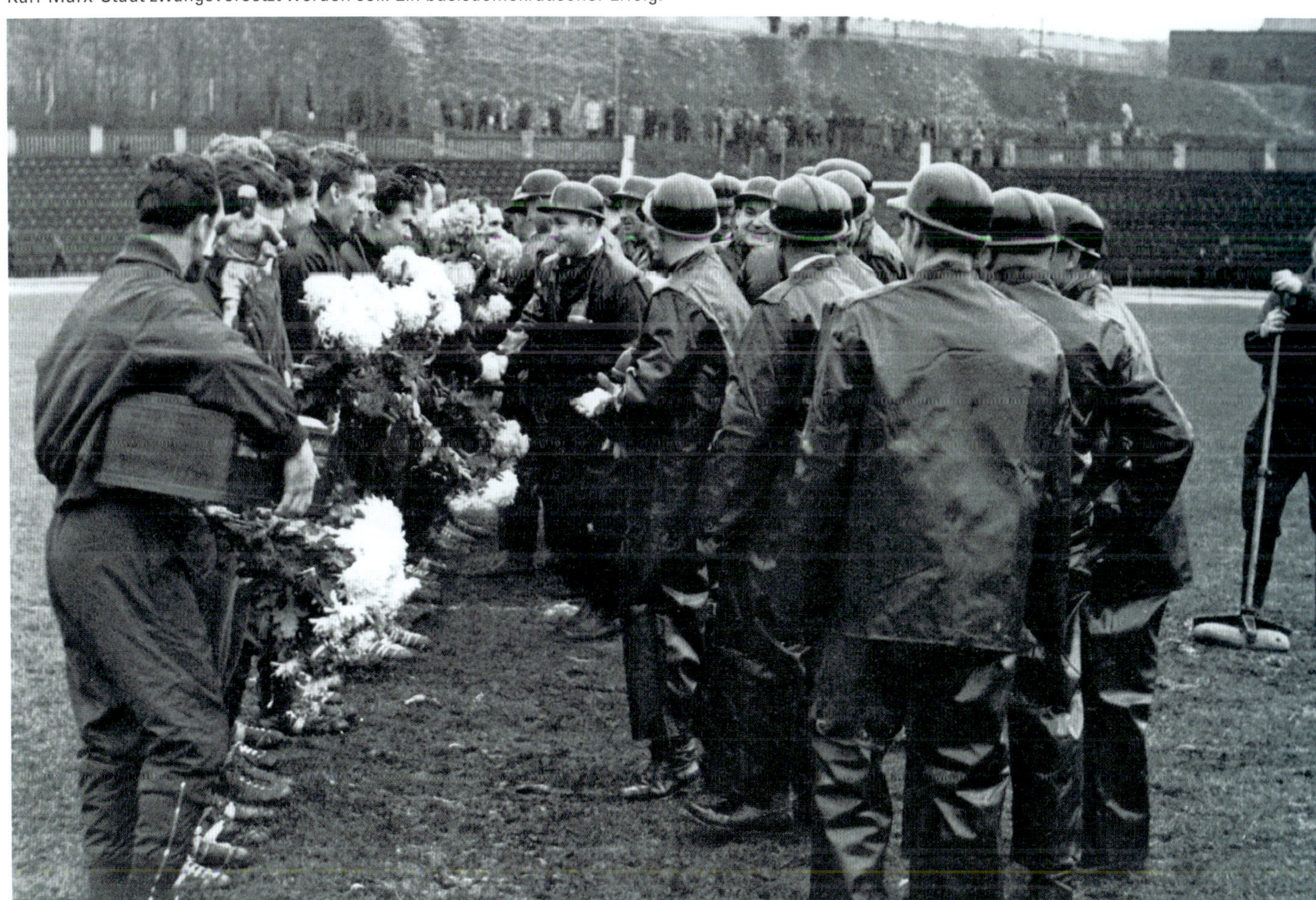

EXKURS DAS JAHRHUNDERTTOR

FRITZ WALTER VOR 110.000 IN LEIPZIG 1956

Am Anfang der sensationellen Geschichte stand eine mickrige Notiz von drei Zeilen: „Der 1. FC Kaiserslautern tritt zu einem internationalen (!) Vergleich im Leipziger Zentralstadion gegen Wismut Aue an." Ein deutsch-deutsches Freundschaftsspiel wurde von den parolentreuen Funktionären zu einem internationalen Match hochgejubelt. Dem Ostmeister Wismut Aue trauten die Sportoberen am ehesten zu, den Westchampion 1. FC Kaiserslautern am 6. Oktober 1956 herauszufordern.

***

Der Autor dieses Buches sah damals zu – vor dem Fernseher. Elf Lenze zählte ich gerade und bekam in Stuhlreihe drei noch ein Plätzchen. Wie ein Lottotreffer. Der „Fernsehraum" beim Lützner Paul platzte aus allen Nähten. Der Dachdeckermeister aus dem kleinen Dorf Niederschöna, rund 15 Kilometer von Dresden entfernt, gehörte im Oktober 1956 zu den ersten in der 1.200-Seelen-Gemeinde, die nach zwei Jahren Wartezeit einen Fernsehapparat der DDR-Marke „Rembrandt" besaßen.

***

Tagelang rissen sich in Leipzig die Menschen im staatlich gesteuerten Vorverkauf um Karten. Nächtelang waren die Verkaufsstellen belagert worden. Rund 600.000 wollten das Match in der neuen „Schüssel" sehen, vor allem die fünf Weltmeister: Stopper Werner Liebrich, Verteidiger Werner Kohlmeyer, Läufer Horst Eckel, das Stürmer-Brüderpaar Ottmar und Fritz Walter sowie den Neu-Nationalspieler Karl Schmidt in der Abwehr. Für ein Ticket musste jeder Fußballanhänger 1,50 bis 2 Ostmark berappen. In den freien Verkauf gelangte nur die Hälfte der Karten. Der Rest ging an die Betriebe der SDAG Wismut, an das sowjetisch geführte Bergbauunternehmen und an gesellschaftliche Institutionen in der ganzen Republik.

Seit dem Gewinn der Fußball-Weltmeisterschaft 1954 war die westdeutsche Mannschaft auch für viele DDR-Bürger „ihre" Nationalmannschaft. Das Verhalten der Fans in der Betonarena am verregneten Oktoberabend 1956 glich einem allgemeinen Stimmungsbarometer. Hatten viele bisher nur zum Freund oder Nachbarn übern Gartenzaun verstohlen getuschelt: „Die Unseren sind Weltmeister!", so schmetterten inzwischen immer mehr Fans hemmungslos und laut vernehmbar: „Fritz, du bist der Größte!"

Der Kapitän der Lauterer war von der Euphoriewelle so beeindruckt, dass er dem Auer Torjäger Willy Tröger noch vor dem Anpfiff gestand: „Unglaublich, so etwas habe ich noch nicht erlebt." Ein Heimspiel im Osten.

***

Leider hatte ich zuvor Fritz Walter nie sehen und nur wenig über ihn hören und lesen können. Zu Hause, in der Dresdner Region, empfingen wir kein Westfernsehen. Außerdem konnte sich meine Mutter, geflüchtet aus der rumänischen Bukowina und junge Witwe, kein TV-Gerät leisten. Hin und wieder steckte mir Onkel Kurt einen abgegriffenen „Kicker" zu, den ich in einer Ecke des Pferdestalls verschlang. Aber Fritz Walter live im Fernsehen – das war noch einmal etwas ganz Besonderes.

Funkelndes Torefestival

Vor den 110.000 entwickelte sich im Zentralstadion unter dem Lichtkegel der Tiefstrahler, so wurde das Flutlicht damals genannt, ein unvergessliches Ereignis. Trotz oder gerade wegen des Nieselregens hatten die Walter-Brüder in einem glanzvollen und funkelnden Torefestival die schnelle Wismut-Führung durch Konny Wagner nach einer guten halben Stunde in ein 4:1 für Lautern umgewandelt. Zwei Tore erzielte der immerhin schon 35-jährige Kapitän Fritz Walter selbst, zweimal legte er für Bruder Ottmar auf.

Aber die Erzgebirgself präsentierte sich als Fighter-Team, effizient, mit schnellem Direktspiel zum gegnerischen Tor. Der blonde Stopper-Hüne „Binges" Müller steigerte sich enorm, Karl und Siegfried Wolf gewannen immer mehr Zweikämpfe im Mittelfeld. „Manni" Kaiser bewegte sich auf Augenhöhe mit Fritz Walter, führte brillant Regie. Mittel-

Vor dem Rückspiel Ostern 1957 in Ludwigshafen (4:1): Fritz Walter (rechts) und Erhard Bauer führen ihre Mannschaften aufs Feld.

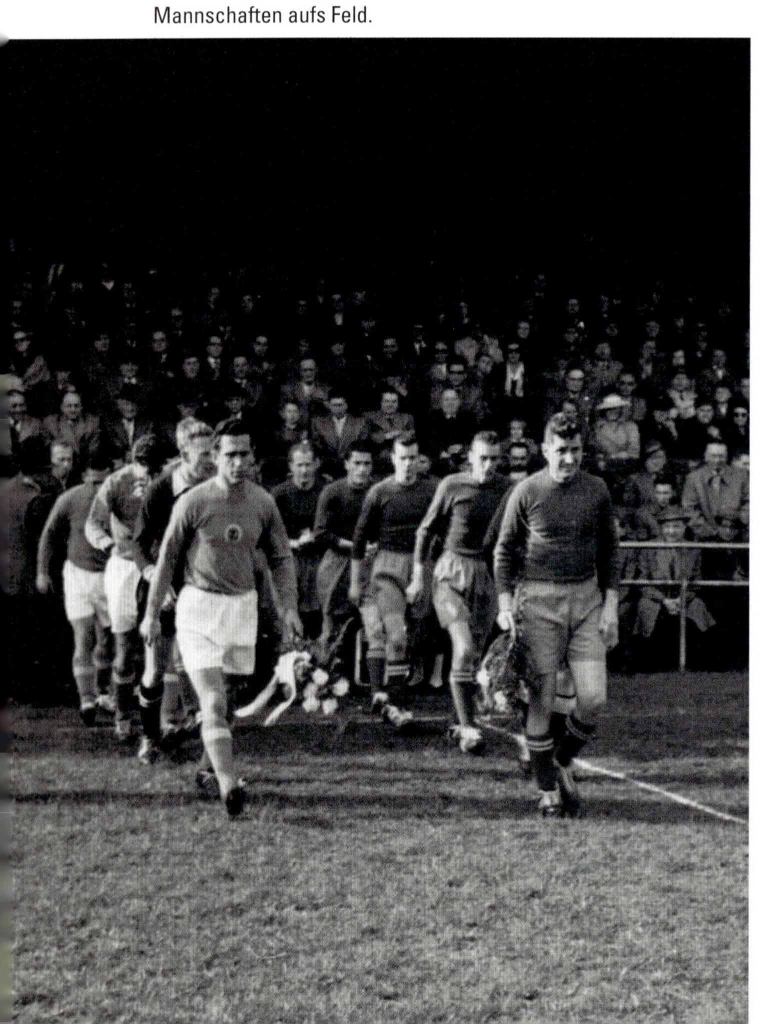

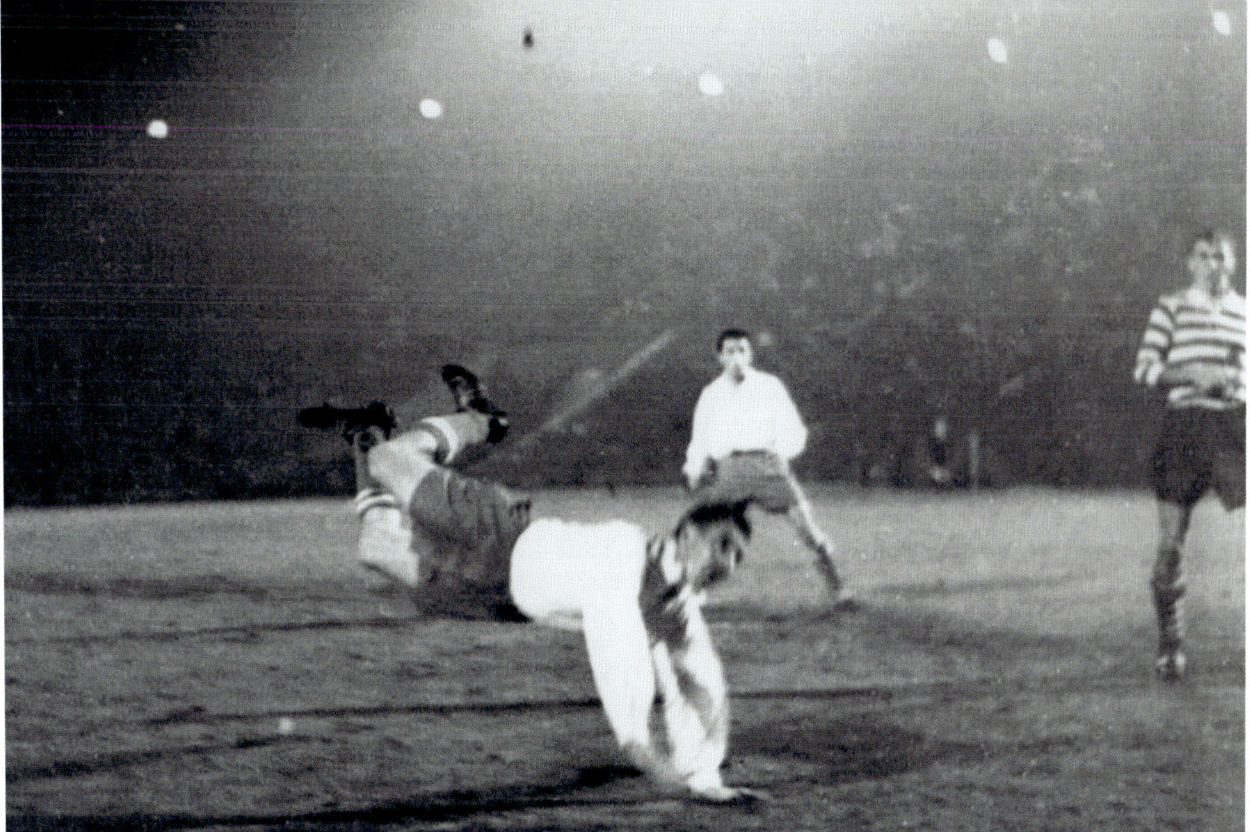

Fritz Walters „Jahrhunderttor".

stürmer Willy Tröger setzte seinem Gegenspieler Horst Eckel mächtig zu und brachte das Wismut-Team durch zwei tolle Tore noch vor der Halbzeitpause auf 3:4 heran.

Mit dieser beherzten Aufholjagd zogen die Ostdeutschen erstmals das Publikum auf ihre Seite. Der spielstarke DDR-Meister setzte nunmehr den technisch überlegenen Pfälzern mächtig zu, doch Karl Schmidt erzielte noch den fünften Treffer für die „Roten Teufel". Bei diesem 3:5 blieb es bis zum Abpfiff, doch war am Ende das Resultat zweitrangig geworden.

„Das wirkliche Jahrhunderttor"

Längst wurde alles von einem einzigen kleinen magischen Moment überstrahlt – von Fritz Walters Wundertor zum 3:1. Seit dem Zaubercoup aus der 32. Minute gab es auf den überfüllten Traversen nur noch ein Thema – der genialische Hackentrick. Und so war alles passiert: Ottmar Walter mit Eckball von rechts, Fritz Walter hechtet unter dem Flankenball hindurch, wirft im Fallen die Beine nach oben und trifft mit dem rechten Hacken. Die Kugel segelt über Keeper Kurt Steinbach hinweg, hoch in den Winkel. Das Stadion bebt, das Publikum tobt.

***

Bei Dachdeckermeister Paul Lützner in Niederschöna ist die Fangemeinde einen Moment lang perplex, aber dann springen alle von den Stühlen, klatschen Beifall, die Lampen an der Decke wackeln bedrohlich. Eine Zeitlupe gibt es zu dieser Zeit noch nicht. Der Ostberliner Fernsehfunk überträgt zwar live, hat aber noch keine Möglichkeit zu einer magnetischen Aufzeichnung für ein Archivband. Das DDR-Fernsehen im Berliner Stadtteil Adlershof steckt noch in den Kinderschuhen.

Im „Fernsehraum" warten alle noch geduldig auf ein angekündigtes Interview mit dem großen Fritz Walter. Ein junger Reporter, mit breitkrempigen Hut, hat das Glückslos gezogen. Es ist Wolfgang Hempel von Radio DDR, mein hochgeschätzter Kollege in späteren Zeiten. Es ist wohl der Abend, an dem mein Traum reift, auch einmal Fußballreporter zu werden. Drei Jahrzehnte später gibt mir Fritz Walter ebenfalls ein Interview, bei der Fußball-Weltgala im März 1990 in Dresden, in bewegter Zeit. Wolfgang Hempel, im Kollegenkreis nur „Doc" genannt, raunt mir mit einem Kopfnicken total überzeugt zu: „Glaub mir, Fritz Walter zelebrierte das wirkliche Jahrhunderttor."

***

Zu den Sympathisanten der Lauterer gehörte damals auch ein Fußballverrückter aus Sachsen-Anhalt – Dietrich Weise, der später im Westen Fußballkarriere machte und u. a. beim 1. FC Kaiserslautern und beim DFB erfolgreich als Trainer arbeitete. Vor dem Wismut-Spiel war er von irgendeinem Funktionär mit einer Karte beglückt worden. „Im offenen Lastwagen, bei strömendem Regen, ging es nach Leipzig." Obwohl er „wie ein Hund fror", war es für den Nachwuchsspieler von Fortschritt Weißenfels und Traktor Teuchern „ein vorzeitiges Weihnachtsgeschenk".

Der damals 22-jährige Weise erlebte eine seltsame Stimmung im Stadion: „Manchmal taten mir die Spieler von Wismut leid, denn die Masse feuerte demonstrativ die Gäste an. Ich habe selbst mitgemacht und schon in der nächsten Minute gedacht, warum wohl 90 Prozent der Zuschauer auf Seiten der Pfälzer standen." Dietrich Weise, der zwei Jahre später wegen der „Enge und Zwänge" im Osten nach Heilbronn flüchtete, fragte sich seinerzeit: „War das ein Signal, ein Ventil, weil wir sonst keine Möglichkeiten hatten, unsere Sympathien für den Westen zu äußern?" ■

ZEITZEUGE HORST ECKEL

„DER FRITZ HATTE DEN ZUG VERPASST"

Horst Eckel, der einzige noch lebende Weltmeister, der beim Duell Wismut Aue – 1. FC Kaiserslautern 1956 in Leipzig mitspielte, wohnt heute wie damals mit seiner Frau Hannelore im kleinen Pfälzer Ort Vogelbach, 30 Kilometer von Kaiserslautern entfernt.

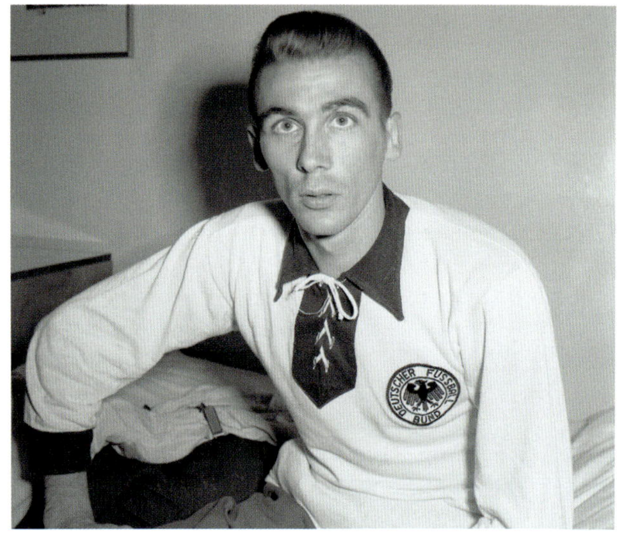

Horst Eckel 1956 als Nationalspieler.

Wie geht's, Horst Eckel, sind Sie heute noch am Ball?

Leider nicht mehr. Fußball in der Halle, Tennis, Tischtennis – das „neue Knie", ein künstliches Kniegelenk im linken Bein, lässt alles nicht mehr zu. Aber ansonsten fühle ich mich noch fit.

Wir springen jetzt ins Jahr 1956 zurück: Können Sie sich noch an die Ankunft im Leipziger Hotel Astoria erinnern?

O ja. Das war unglaublich. Das Hotel war im Belagerungszustand. Wir konnten uns vor den vielen Fans und Autogrammjägern kaum retten. Am Spieltag mussten wir sogar den Hinterausgang zum Bus benutzen.

Gab es noch eine Ansage vom Kapitän Fritz Walter?

Erst mal mussten wir den Fritz suchen, denn er hatte den Anschlusszug von Koblenz nach Frankfurt verpasst. Aber er war noch rechtzeitig in Leipzig und warnte: „Männer, das wird kein Spaziergang. Aue hat kürzlich Honved Budapest an den Rand einer Niederlage gebracht. Da waren mit Puskás, Bozsik, Kocsis und Czibor vier dabei, die im Berner Finale gegen uns spielten. Ich denke, das sagt alles." Und noch wussten wir nicht, wie die Fans reagieren würden.

Waren Sie von der „Heimspielatmosphäre" überrascht?

Total. Wir hörten immer wieder unsere Namen. Ein unvergesslicher Empfang. Immerhin mussten wir ja davon ausgehen, dass die Karten in den Betrieben und Organisationen nur an ausgewählte und privilegierte Besucher gegangen sind.

Das „Deutsche Sportecho" hob hervor: „Zu den Höhepunkten zählten die Zweikämpfe zwischen Tröger und Eckel."

Ja, ja der Tröger war uns schon bekannt. Er war ja drüben mit Abstand der beste Mittelstürmer. Den hatte sogar der Chef, unser Nationaltrainer, in seinem Notizbuch. Ich denke, Tröger hätte sich auch im Westen durchsetzen können.

Welchen Anteil an diesem Riesenspektakel hatte aus Ihrer Sicht Wismut Aue?

Wismut Aue hatte gleiche Anteile in einem echten Spitzenspiel auf internationalem Niveau. Die Mannschaft spielte einen hervorragenden, kampfbetonten Fußball. Das honorierten im Verlaufe des Spiels auch die meisten Anhänger, die am Ende beide Mannschaften begeistert feierten.

Welche gravierenden spielerischen Unterschiede konnten Sie zwischen West und Ost entdecken?

Ich sah kaum welche. Konditionell war Aue absolut auf Spitzenniveau. Vielleicht waren wir technisch einen Tick besser und selbstbewusster. Den einzigen wirklichen Unterschied machte Fritz Walter aus.

In Ihrer Autobiografie „Die 84. Minute" beschreiben Sie eindrucksvoll, dass eine „künstliche politische Trennung" die Deutschen nie entfremden konnte…

Das haben wir schon bei der „dritten Halbzeit" in Leipzig 1956 bemerkt. Wir haben bei der prima Abschlussfeier schnell zueinander gefunden und festgestellt, dass die Erzgebirgler wie die Pfälzer bodenständige Typen sind. Da gab es kein „wir hier – ihr da". Man hatte allerdings den Eindruck, dass die familiäre Atmosphäre einigen Funktionären etwas zu weit ging und das Ganze zu lange dauerte. Nach der Wende kamen wir natürlich viel leichter zusammen, bei verschiedenen Veranstaltungen. Einmal war ich mit dem Willy Tröger zu einer Gesprächsrunde unterwegs. Irgendwie war die Geschichte vom legendären Leipziger Spiel immer ein Thema. ■

SC Wismut-Karl-Marx-Stadt – 1. FC Kaiserslautern 3:5

SC Wismut: Steinbach; Glaser, B. Müller, Bauer; K. Wolf, S. Wolf; Wagner, Kaiser, Tröger, Günther (ab 78. Freitag), Viertel. Trainer: Fritz Gödicke
1. FC Kaiserlautern: Hölz; Schmidt, Kohlmeyer; Bauer, Eckel, Mangold; Späth (ab 54. Scheffler), F. Walter, O. Walter, Wenzel, Wodarczik. Trainer: Richard Schneider
Schiedsrichter: Walter Reinhardt, Berlin
Zuschauer: 110 000 in Leipzig, Zentralstadion
Tore: 1:0 Wagner (11.), 1:1 O. Walter (16.), 1:2 F. Walter (24.), 1:3 F. Walter (32./Hackentor!), 1:4 O. Walter (36.), 2:4 Tröger (42.), 3:4 Tröger (43.), 3:5 Schmidt (77.)

WALZER MIT DEN WIENERN

Premiere in Warschau

Obwohl Wismut Aue in einem grandiosen Spiel gegen die Weltklassemannschaft 1. FC Kaiserslautern mit 3:5 unterlag, hatte sich der DDR-Meister endgültig in die Herzen der Fans gespielt – und die Berliner Funktionäre ein weiteres Mal in Erklärungsnot gebracht. Sie hatten schon zum Premierewettbewerb 1955 eine Einladung von der UEFA erhalten. Doch da gab es zwei Fraktionen: Die einen zweifelten an Wismuts Konkurrenzfähigkeit auf diesem exklusiven Markt; die anderen, die progressiven Kräfte konnten sich noch nicht durchsetzen. Im hitzigen Streit, ob der DDR-Fußball reif sei für so eine stahlharte Konkurrenz, verpennten die Verantwortlichen die Meldefrist. 1956 kniffen die Bosse der Fußballriege im Deutschen Sportbund (der Deutsche Fußballverband, DFV, wurde erst 1958 gegründet) immer noch. Die Angst, es könne deftige Pleiten und damit harte politische Prügel setzen, verhinderte erneut eine Zusage. Aber nach der großartigen Partie gegen Lautern gab es grünes Licht. Fritz Walters Lob für die Kumpel-Elf war der Türöffner für Aue: „Wismut präsentierte sich als echte europäische Klassemannschaft."

Die Auslosung ergab, dass Wismut sein historisches Europacupdebüt am 11. September 1957 in Polens Hauptstadt gegen Tabellenführer Gwardia Warschau bestreiten musste. Es wurde eine Reise mit Hindernissen…

Als Klubleiter Walter Hänsel im „Chemnitzer Hof" vor der langen Bus- und Zugreise über Frankfurt (Oder) nach Warschau seine „Schäfchen" zählte, fehlte Kapitän Erhard Bauer. Schließlich verschaffte sich der beinharte linke Verteidiger, nur „Töppel" genannt, mit Klopfzeichen Gehör. Der Fahrstuhl war hängengeblieben und hatte dem „Parterreakrobat" Bauer die ersten Schweißtropfen auf die Stirn getrieben.

Mehr als eine Schrecksekunde erlebte das Erzgebirgsteam dann im Wisla-Stadion. „Schon beim Einlaufen empfingen uns hasserfüllte Blicke", gab Halbstürmer Armin Günther die Atmosphäre wieder. „Über die gesamte Spielzeit hinweg wurden wir mit ‚Faschisten' oder ‚Nazischweine' beschimpft. Das war nicht angenehm. Aber gerade wir älteren Spieler, die in den Krieg ziehen mussten, hatten mit so einer Atmosphäre gerechnet, mit Haß und Wut." Immerhin hatte die Wehrmacht unsägliches Leid über Polen gebracht: Bis zu sechs Millionen Polen wurden Opfer der Nazi-Diktatur.

„Wir blieben in dieser emotional angespannten Situation von Warschau weit unter Normalform", erinnerte sich Karl Wolf. Aber das EC-Premieretor von Siegfried Kaiser ließ trotz der 1:3-Niederlage Hoffnungen für das Rückspiel.

Kuscheln mit dem Löwen

Der Talkessel bebte, als im Rückspiel bereits nach zehn Minuten Manfred Kaiser das 1:0 glückte. Der erste Europacup-Torschütze für Wismut im Auer Lößnitztal sieht es heute so: „Der Willy Tröger stürmte an zwei, drei Gegenspielern vorbei. Ich lief instinktiv mit, obwohl der Willy solche Sachen dann gern allein erledigte. Dann spielte er doch noch den Ball zu mir. Ich war total überrascht. Aber jetzt wollte ich auch das Tor machen. Kurz angetäuscht, dann Schuss vom Sechzehner in die Ecke. Das war's." Da auch Namensvetter Siegfried Kaiser noch zweimal traf, ging Wismut ebenfalls als 3:1-Sieger vom Platz.

Es folgte ein Entscheidungsspiel, das es in den frühen Jahren des Europapokals noch gab, wenn die Mannschaften nach Hin- und Rückspielen die gleiche Anzahl Tore und

Die erste große Ostlegende: Wismut Aue in der Stammbesetzung von 1957 (v.l.n.r.): Kapitän und Links-Verteidiger Erhard Bauer, Torhüter Kurt Steinbach, Torjäger Willy Tröger, Abwehrchef Bringfried („Binges") Müller, Linksaußen Horst Freitag, Rechtsverteidiger Heinz Glaser, linker Läufer Siegfried („Sigg") Wolf, Halblinker Kurt Viertel, Rechtsaußen Konny Wagner, Halbrechter Manfred Kaiser und Karl Wolf.

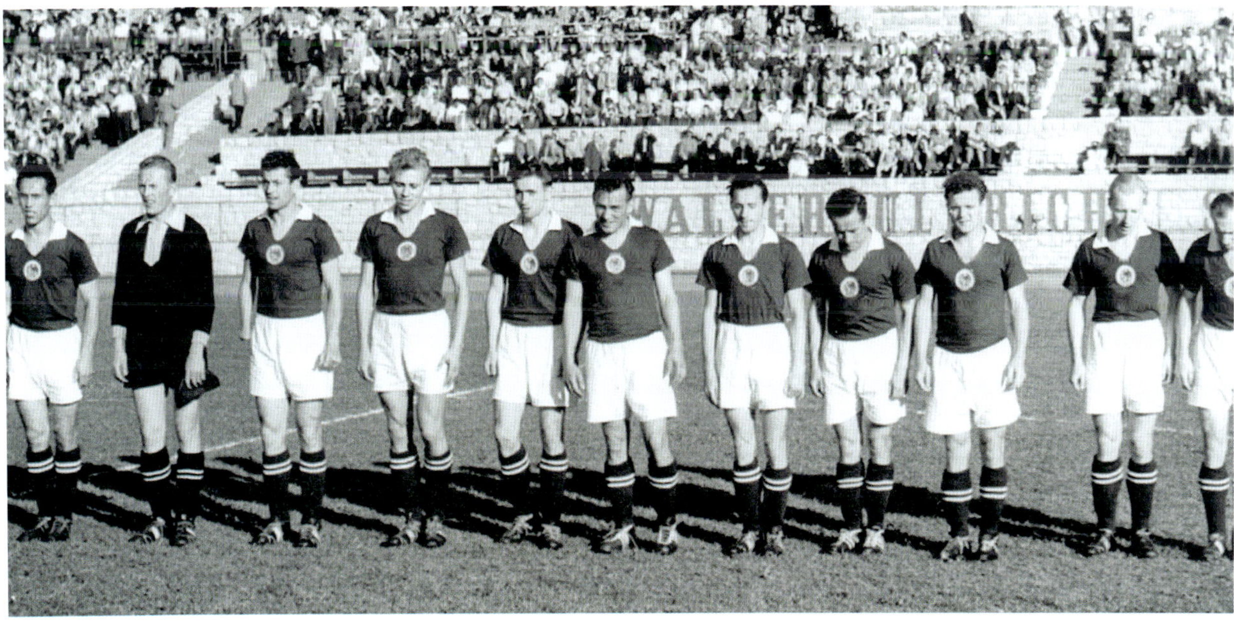

Punkte hatten. Dieser „Dreier" bot zwei Tage später Dramatik pur im Ostberliner Jahn-Sportpark. Erst in der Nachspielzeit konnte – wer wohl sonst – Willy Tröger einen Flankenball von Karl Wolf zum glücklichen 1:1 einnicken. Jetzt häuften sich die Kuriositäten. Die Verlängerung musste bereits nach neun Minuten abgebrochen werden. Es wurde dunkel – und der Jahn-Sportpark in Berlin hatte noch kein Flutlicht. Also musste das Los entscheiden. Vor Funktionären und Journalisten warf der tschechoslowakische Schiedsrichter Jan Korelus im Klubhaus die Münze. Aber: Sie rollte vom Tisch, unauffindbar. Zweiter Versuch. Wieder sprang das Geldstück von der Kante. Dritter Versuch. Zahl oder Wappen? Jetzt rückten alle mit ihrem Körper an die Tischkante. Wismut hatte auf den Löwen gesetzt, Gwardia Warschau auf Zahl. Das Kuscheln mit dem Löwen brachte Wismut das ersehnte Glück. Der DDR-Meister überstand die erste Hürde und traf im Achtelfinale auf Ajax Amsterdam.

Ajax im Auer Talkessel

Ajax war noch nicht das Ajax der Ära Johan Cruyff. Der niederländische Meister hatte in der ersten Runde ein Freilos gezogen und gab im Auer Talkessel sein Europacupdebüt. Allein Frischling Sjaak Swart, der schnelle Rechtsaußen aus dieser Mannschaft, stemmte später noch zweimal mit Johan Cruyff den europäischen Meistercup. Trotzdem war der niederländische Champion aus dem Jahr 1957 für Wismut in Runde zwei eine Nummer zu groß. Piet van der Kuyl und Wim Bleyenberg schockten die 30.000 im Auer Talkessel nach einer Viertelstunde mit zwei blitzsauberen Kontertoren. Die verletzten Karl Wolf und Willy Tröger fehlten gerade in dieser kritischen Situation: der zähe Balljäger und der treffsicher Mittelstürmer. Auch in der zweiten Hälfte hatte Wismut mehr Ballbesitz, holte sage und schreibe 16:1 Ecken heraus, doch das Spiel kontrollierten weiterhin die Rot-Weißen. In der 62. Minute erhöhte van der Kuyl sogar auf 3:0, bevor Abwehrspieler „Binges" Müller kurz vor Schluß gegen Nationalkeeper Eddy Pieters-Graafland das Resultat noch ein wenig „schönen" konnte.

Rückspiel in Amsterdam: „Mitunter zu zweit im Bett"

Auf nach Amsterdam, hieß es eine Woche später. Eine Zugreise mit Hindernissen: rein in den Interzonenzug, Umstieg in Hannover, raus in Bentheim an der holländischen Grenze.

AUS DER FANKURVE

Statt Real, Gladbach oder Inter – an den Dnepr

Den Erzgebirglern bescheinigt man gemeinhin Bescheidenheit und Leidensfähigkeit. Tugenden, die man sich auch oder gerade als Aue-Fan bis heute zu eigen machen muss. Die glorreichen Jahre mit Meisterschaften und Europapokal waren spätestens Anfang der sechziger Jahre vorbei. Danach wollten vor allem die Funktionäre der großen Einheitspartei die „Macht aus dem Schacht" klein halten. Fortan wurde die Abstiegsangst ein ständiger Begleiter.

Willkommene Abwechslung in diesen etwas tristen Fußballalltag brachte dann zu Beginn der achtziger Jahre Hans-Ulrich Thomale, kein „gung ausm Arzgebirg", aber ein Trainer aus der Abteilung Attacke; jung, dynamisch und extrem ehrgeizig. Er kam mit besten Referenzen aus der hochgelobten Kaderschmiede von Carl Zeiss Jena. Der „Ulli" löste mit seinen Jungs endlich das ein, was wir Fans Woche für Woche immer wieder lautstark einforderten: „Auf geht's, Aue, kämpfen und siegen!" Thomales Prätorianer auf dem Platz hießen damals Jörg Weißflog, Volker Schmidt, Jürgen Escher, Harald Mothes und Holger Erler. Noch heute befällt mich beim Schreiben dieser Namen ein Gefühl der Dankbarkeit, diese außergewöhnlichen Spielerpersönlichkeiten erlebt zu haben.

Die harte Arbeit im „Schacht" zahlte sich aus. In der Saison 1984/85 belegte Wismut Aue einen sensationellen vierten Platz in der Oberliga. Nach gefühlten hundert Jahren durften meine „Veilchen" damit endlich wieder international ran, im UEFA-Cup. Wahnsinn!!! Was für Mannschaften hätten wir sehen können! Die Borussia aus Gladbach, den 1. FC Köln, Inter Mailand, Real Madrid, na klar! Aber bloß nicht eine Mannschaft aus dem Osten…

Offensichtlich hatte sich der Fußballgott bei meinen Stoßgebeten die Ohren zugehalten. Denn er zeigte mir nach der Auslosung den Mittelfinger. Noch tiefer in den Osten der damaligen Sowjetunion ging es eigentlich gar nicht: an den Dnepr nach Dnepropetrowsk. Eine richtig gute Mannschaft seinerzeit, noch dazu mit einem kaum auszusprechenden Namen. Nur diejenigen, die sich ihre lila Fanmütze über beide Ohren und Augen gezogen hatten, rechneten sich gute Chancen auf die nächste Runde aus.

Und so kam es dann auch, wie es kommen musste. Wir bekamen die „Freunde", die frenetisch von einer Kompanie Rotarmisten angefeuert wurden, nie unter Kontrolle. Einer von den Genossen blies auf seiner verbeulten Trompete immer wieder zum Angriff, und seine „Towarischtschie" riefen: „Protassow dawai!"

Der Mittelstürmer der Sbornaja, der sowjetischen Nationalmannschaft, spielte unsere Abwehr zwar schwindlig, doch hob er sich die Tore für das Rückspiel auf. Für ihn trafen zunächst Litowtschenko und Taran, bevor Volker Schmidts wuchtiger Kopfball zum 1:2 die 23.000 noch einmal wachrüttelte. Doch quasi im Gegenzug fiel dann mit dem 3:1 durch Kusnezow die Entscheidung zugunsten von Dnepr Dnepropetrowsk. Aus und vorbei.

Das Rückspiel in Kriwoi Rog war dann nur noch reine Formsache. Diesmal machte „Oleg der Schreckliche" ernst, schoss beide Tore zum 1:2 selbst. Für Aue traf der bis heute relativ unbekannte Steffen Lorenz.

Der damals belächelte und begrinste Satz: „Von der Sowjetunion lernen, heißt siegen lernen", war bittere Realität geworden.

Dr. Detlef Rentsch, Programmchef MDR Figaro ■

Armin Günther und Willy Tröger beschreiben ihre missliche Situation in dem Buch: „Das war Wismut Aue“:

„Wir mussten in einem preiswerten Hotel übernachten, denn wir hatten nicht die richtige Währung. Zum Glück hatte der Wirt Verständnis für unser Dilemma. Gegessen wurde Suppe, geschlafen mitunter zu zweit in einem Bett. Bezahlt haben wir zunächst nicht. Dafür mussten wir ein paar goldene Uhren als Pfand hinterlegen. Nach dem Spiel in Holland und den damit verbundenen Deviseneinnahmen lösten wir sie wieder aus.“

Auf das Spiel der Erzgebirgsmannschaft wirkten sich die deprimierenden Begleitumstände nicht aus. Im Gegenteil: Wismut präsentiert sich vor 35.000 im Amsterdamer Olympiastadion ganz anders als sieben Tage zuvor: Die Wolf-Brüder beherrschen das Mittelfeld, Manni Kaiser und Armin Günther setzen Tröger geschickt in Szene, der nach seiner Knie-Operation allerdings noch nicht die Power für ein ganz großes Spiel hat. Leider lässt der kleine wendige „Siggi“ Kaiser, im Europacup mit sechs Treffern bester Torschütze von Aue, zwei hochkarätige Chancen aus. Schließlich bringt sich der DDR-Meister mit einem fatalen Fehlpass im Mittelfeld um seine letzte Chance. Ouderland profitiert in der 79. Minute davon und überlistet Keeper Klaus Thiele zum 1:0-Siegtor. Damit ist der Spielstand auf dem Kopf gestellt.

Der Trost für Wismut Aue und Willy Tröger: Die Titelverteidigung war zu diesem Zeitpunkt so gut wie sicher – und damit erneut die Teilnahme in der europäischen Königsklasse. Wismut konnte dann wieder auf einen fitten Torjäger Willy Tröger hoffen, auf den besten ostdeutschen Mittelstürmer der fünfziger Jahre – auf den Sohn eines Zwickauer Bergmanns.

Wieder Lust auf einen „Dreier“

Im nächsten Anlauf, 1958, ließ Wismut wieder keine „Dreier“ aus. Gleich in Runde eins kam es zu drei Partien gegen den rumänischen Meister Petrolul Ploiesti. Nach einem 4:2 in Aue und einer 0:2-Niederlage in Rumänien hieß es: Auf zum dritten Match nach Kiew! Dort spielte sich Wismut in einen Rausch. 40.000 applaudierten dem tollen Auftritt der Erzgebirgsmannschaft. Zweimal Willy Tröger und je einmal Klaus Zink und Karl Wolf trafen zum spektakulären 4:0.

Im Achtelfinale wartete Schwedens Meister IFK Göteborg. Zunächst gab es ein hart erkämpftes 2:2 im WM-Stadion Ullevi, wo das rasche 0:2 mit dem typischen Berggeist noch gekippt werden konnte. „In der Pause wurde kein Blatt vor den Mund genommen und jedem die Meinung gegeigt“, erklärte der zähe Balljäger und Wortführer Karl Wolf die Wende. „Jeder ging jetzt über die Schmerzgrenze.“ So drehten die mental starken Wismut-Kicker binnen fünf Minuten durch Tore von Seifert (25-Meter-Distanzschuss) und Zink die Partie. Hörfunkreporter Werner Eberhardt verbreitete in seiner Kolumne im Fachblatt „Fußball-Woche“, kurz „fuwo“ genannt, die amüsante Botschaft: „Beide Mannschaften vereinten sich am Abend im Erika-Keller zum üblichen gemütlichen Beisammensein. Nachts, 2.53 Uhr, dampfte der Zug mit einer glücklichen Wismut-Besatzung Richtung Fähre.“

Heute? Fehlanzeige. Es ist eine hübsche romantische Einlassung aus Zeiten, in denen der Mythos von den elf Freunden noch gelebt wurde.

Siegfried Kaiser – federleichtes Schwergewicht

Kilometerlang schlängelte sich die Karawane von Motorrädern durch den idyllischen Talkessel von Aue. Ihr Ziel: das nagelneue Stadion und das Rückspiel gegen den schwedischen Meister. 25.000 euphorisierte Fans füllten das Oval. Für Wismut kam es zunächst darauf an, den 92-Tore-Angriff vom IFK Göteborg zu bändigen. Der kopfballstarke „Binges“ Müller, der zähe Kapitän Bauer und der wendige Linksverteidiger Wagner verdienten sich Bestnoten. So bekam Vizeweltmeister Berndtsson, der Sprinter auf dem rechten Flügel, gegen „Conny“ Wagner keinen Stich. Im Mittelfeld dominierte „Manni“ Kaiser als Mann der Millimeterpässe, übertroffen an diesem Nachmittag nur von seinem Namensvetter – Siegfried Kaiser.

Der kleine, wendige, dynamische und rasend schnelle Typ auf der linken Sturmseite zelebrierte das Spiel seines Lebens. Beim rauschenden 4:0-Fest gegen IFK Göteborg legte er zweimal für Rechtsaußen Klaus Zink auf, zweimal belohnte sich Wismuts erfolgreichster Europacup-Torschütze selbst. Schwedens Tageszeitung „Dagens Nyheter“ urteilte: „Wismut deklassierte Göteborg mit dem resoluten Center Willy Tröger und dem außerordentlich schnellen und ‚fliegengewichtigen‘ Siegfried Kaiser.“

Der frühere Zwickauer Mittelstürmer stieß mit seiner Gala die Tür zum Viertelfinale ganz gewaltig auf. 1959 stoppte nach 112 Oberligaspielen und 32 Toren für Motor Zwickau und Wismut Aue ein Beinbruch seine Karriere. Ein Jahr später wurde Siegfried Kaiser aus dem Deutschen Turn- und Sportbund (DTSB) der DDR und aus dem SC Wismut Karl-Marx-Stadt ausgeschlossen. Der offizielle Grund: Verfehlungen, die der sozialistischen Moral gröbstens widersprechen. Danach ging Kaiser, noch vor dem Mauerbau, in den Westen, nach Coburg.

Fontaine und der „Spion aus Paris“

Als Viertelfinalgegner wartete nun, im März 1959, der achtfache Schweizer Meister Young Boys Bern auf Wismut Aue. Im berühmten Berner Wankdorf-Stadion präsentierte sich Aue beim 2:2 als das bessere Team. Mit viel Dusel kamen die Schweizer noch kurz vor dem Abpfiff durch Rey zum Remis. Wagner und Zink hatten das 1:0 durch Boys-Kapitän Meier in eine 2:1-Führung gedreht. Überragend: der 19-jährige Halbstürmer Dieter Erler, gerade von der Wismut-Filiale Gera nach Aue gewechselt.

Da Wismut im heimischen Lößnitztal am „Schweizer Riegel“ scheiterte und nicht über ein 0:0 hinauskam, stand ein wismuttypisches drittes Spiel an, am 2. April in Amsterdam. Auf der Tribüne des Olympiastadions kiebitzten alle Spieler des französischen Meisters von Stade Reims. Unter ihnen der WM-Torschützenkönig Just Fontaine, der mir Jahre später, in seiner Wahlheimat Toulouse, gestand: „Wir waren voll auf Wismut Aue eingestellt. Die Filmausschnitte hatten uns beeindruckt. 4:0 gegen Göteborg. Das war ein Warnzeichen.“

Leider wurde der internationale Höhenflug durch die 1:2-Niederlage gegen die Young Boys gestoppt. Das späte Tor von Willy Tröger reichte nicht. Das Hoffen auf „Just Fontaine

▶ *Fortsetzung auf S. 29*

PORTRÄT WILLY TRÖGER

DER TELL VOM LÖSSNITZTAL

Mein Held der Kindheit war ein Supertyp – Willy Tröger. Ich kroch förmlich in unseren „Volksempfänger" hinein, wenn Wolfgang Hempel, Heinz-Florian Oertel oder Werner Eberhardt ein Tor von diesem urigen Typ mit dem kurzen Kraushaar schilderten. Äußerliches Markenzeichen: einhändig, ein Ärmel des Trikots immer hochgesteckt. Mittwochs holte ich mir seine unvergleichlichen Tore in meine schwarz-weiße Welt: Dorfkino für 25 Pfennige, über dem Gasthof vom Lange Karl, im kleinen Ort Niederschöna, rund 85 Kilometer von Aue entfernt.

***

Willy Tröger, dieser außergewöhnliche Torjäger von Wismut Aue, nahm auch seine jüngsten Fans ernst. Als Elfjähriger schrieb ich dem ersten Wismut-Star im März 1956 und bat um ein Autogramm. Zunächst antwortete sein Klub, ein paar Tage später auch der Angehimmelte selbst. Es blieb nicht beim Flirt, die erste Liebe saß tief, hielt ein Leben lang.

Als blutjunger Journalist nahm ich freudigerregt die Einladung an, mit den Trögers zu tafeln. Da genoss ich die grünen Klöße von Gattin Gerda und danach den Blick in die „Schatzkammer" Willy Trögers. Unter den vielen Memorabilien hatte der Wimpel vom 1. FC Kaiserslautern einen herausgehobenen Platz. „Das Spiel Aue gegen Kaiserslautern war natürlich für alle Wismut-Fußballer der Karrierehöhepunkt", blickte der „Tell vom Lößnitztal" zurück. Zwar gehörten Bühne und Beachtung an diesem glitzernden Abend vor allem dem 35-jährigen Fritz Walter. Aber Willy Tröger blieb, was die Trefferanzahl betraf, mit Fritz und Ottmar Walter auf Augenhöhe. Sein Gegenspieler, Horst Eckel, staunte: „Dieser Tröger hat ja internationale Klasse."

Damit stand der ostdeutsche Mittelstürmer endgültig im berühmten Notizbuch vom „Chef", von Bundestrainer Sepp Herberger. „Wir trafen uns in Bad Dürkheim", erzählte Tröger, „Herberger suchte einen Nachfolger für Ottmar Walter. Er fragte mich, ob ich mir einen Wechsel in den Westen vorstellen könnte. Doch ich war schon 28, verheiratet, Vater von zwei Kindern. Außerdem körperlich gehandicapt…"

Mit zerfetzter Hand aus der Todesfalle

Kaum 16-jährig, im Januar 1945, hatte der Tischlerlehrling noch zur Wehrmacht gemusst. Nach einer kurzen Grundausbildung ging es gleich an die Front. Die Schlacht um Berlin

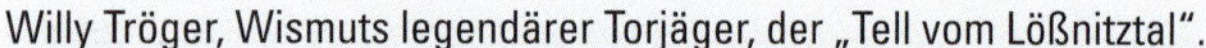

Willy Tröger, Wismuts legendärer Torjäger, der „Tell vom Lößnitztal".

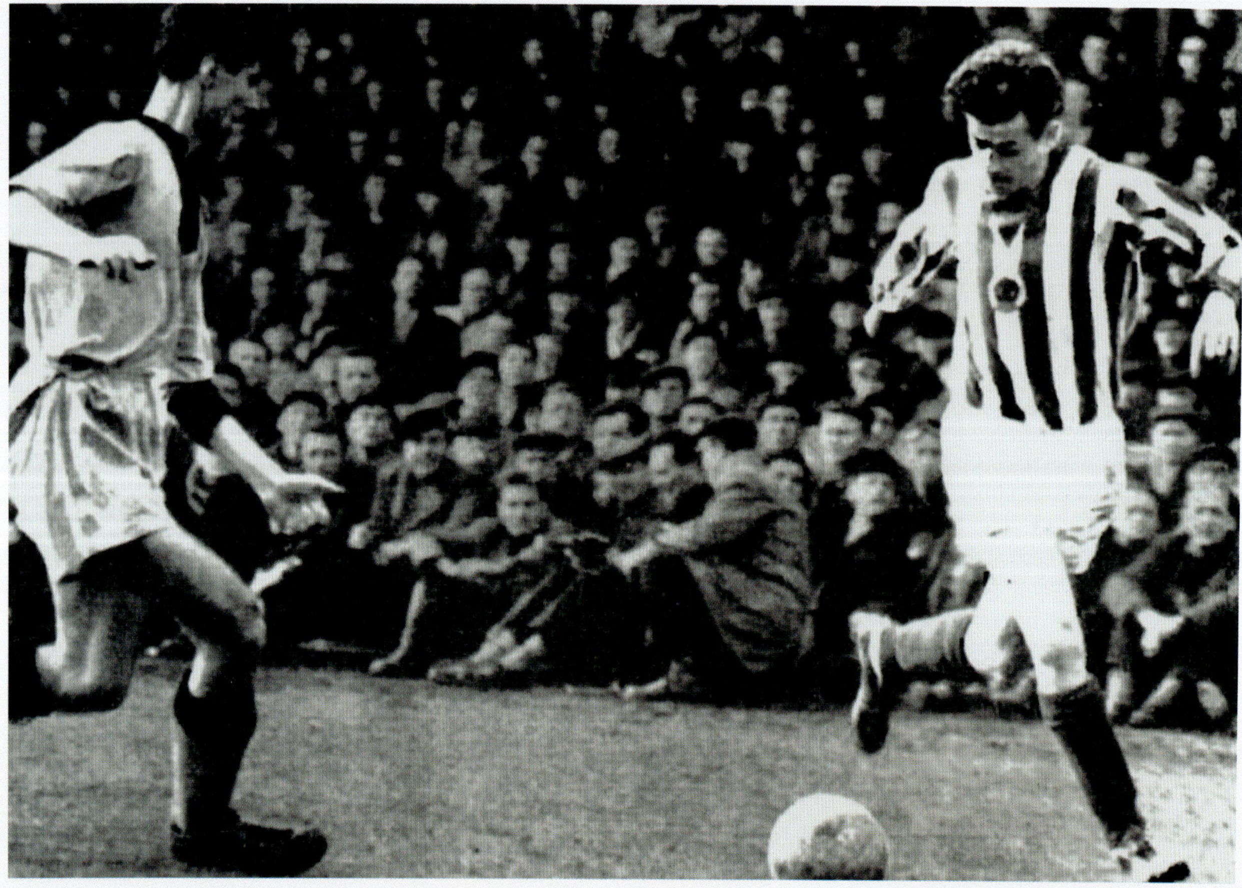

tobte bereits. Mutter Frieda weinte leise, blieb stark: „Willy, ich bin mir sicher, du kommst zurück." Ein Spruch, der vielleicht half zu überleben.

Es war die Generation von Kindersoldaten, die „abgestumpft und fanatisch zu gedankenlosen Draufgängern wurden, die der verlorene Krieg brauchte", wie Erich Loest in seinem Debütroman eindrucksvoll beschreibt: „Jungen, die übrig blieben". Die Rote Armee hatte einen riesigen Kesselring um Halbe geschlossen, südlich von Berlin. Mittendrin Willy Tröger und seine Mitschüler, „die eine Brücke bei Königs Wusterhausen absichern sollten", wie Sohn Siegfried aus Erzählungen des Vaters weiß. „Es waren 15 Jungen aus einer Klasse. Sie beschlossen zu türmen, denn auf der anderen Seite waren schon die Russen herangerückt, bis auf 500 Meter. Mit einem weißen Fetzen in der Hand stürmten sie über die Brücke. Da rauschte eine Messerschmitt im Tiefflug heran und eröffnete das Feuer. Deserteuren, ob Kinder oder Greise, drohte der Tod. Nur vier überlebten. Willy flogen die Granaten um die Ohren, ein Splitter zerfetzte seine rechte Hand. Er taumelte und wurde bewusstlos…"

Als Willy Tröger im Lazarett aufwachte, beruhigte ihn eine russische Ärztin: „Junge, alles gut, alles vorbei."

Verhinderter Torhüter, gefürchteter Torjäger

Er hatte Kriegsglück im Unglück, überlebte die Hölle von Halbe. 30.000 Wehrmachtsoldaten und 20.000 Rotarmisten starben hier in den letzten Apriltagen 1945. Willy Tröger entkam dieser Todesfalle mit einem körperlichen Handicap. Ausgeträumt der Torhütertraum, einmal einer zu werden „wie Willibald Kress, früher Nationalkeeper beim Dresdner SC". Doch aus dem talentierten Handballer („Mein älterer Bruder Siegfried, der leider bei Stalingrad gefallen ist, schleppte mich zum Fußball") und verhinderten Torhüter wurde relativ schnell ein gefürchteter Torjäger, der über die Zwickauer Stationen SG Oberhohndorf und Mechanik Cainsdorf zur neuen Topadresse Wismut Aue wechselte.

Der „Will", wie ihn die Erzgebirgler in ihrer Art knapp, aber herzlich feierten, schoss Wismut Aue zu drei Meisterschaften und einem Pokalsieg. 1955 wurde der kantige, schnelle und beidfüßig schießende Mittelstürmer mit 22 Treffern Schützenkönig. Mit 105 Toren zog der „Tell vom Lößnitztal" als erster Stürmer in den „Klub der Hunderter" ein.

Der Dresdner Meistermacher Walter Fritzsch, der Tröger im Zwickauer Vorort Oberhohndorf entdeckt hatte, urteilte über sein Stürmerjuwel: „Ein Typ, den man immer sucht, aber höchstens alle zehn Jahre findet." Dies spürte auch der damalige DDR-Auswahltrainer, der Ungar Janos Gyarmati. Tröger schoss am 18. September 1955 in Bukarest seine Auswahl zu ihrem ersten Länderspielerfolg, als er in der 80. und 90. Minute zum 2:2 und 3:2 gegen Rumänien traf. Gern garnierte der „Will", der gelegentlich richtig lausbubenhaft sein konnte, das Ritual vor seinem Siegtor mit der Anekdote: „Ich habe den Ball auf der Linie noch einmal gestoppt, auf die Stadionuhr geschaut, die auf die 90. Minute lief. Noch Sekunden zu spielen. Plötzlich schnauzten die Mitspieler: ‚Willy, hau das Ding nun endlich rein.' So hab' ich's dann auch in aller Seelenruhe gemacht."

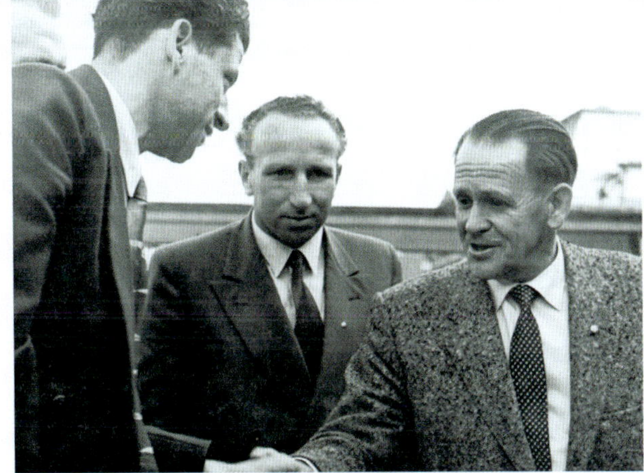

In Bad Dürkheim trifft Willy Tröger auf Bundestrainer Sepp Herberger. Der Westdeutsche hätte sich Tröger als Nachfolger für Weltmeister Ottmar Walter vorstellen können.

„Beinahe ein Borusse"

Einen Gala-Auftritt hatte Tröger 1957 gegen Wales. Im WM-Qualifikationsspiel gelang ihm gegen den damals teuersten Profi der Welt, Juve-Star John Charles, ein Traumtor vor 100.000 in Leipzig zum 2:1-Sieg: Das britische Blatt „News Chronicle" schwärmte: „Der einhändige Tröger – einer der besten Mittelstürmer Europas."

Es war jene Zeit, als Bundestrainer Sepp Herberger in der „Bild"-Zeitung Willy Tröger (und „Manni" Kaiser) in sein Dream-Team aufnahm und Borussia Dortmund Interesse am „Bomber aus dem Erzgebirge" signalisierte. Beinahe hätte der „Will" für die Schwarz-Gelben unterschrieben. „Neben Handgeld wurde mir ein Zeitungskiosk angeboten", erinnerte sich Tröger. „Meine Frau durfte mitreisen und hatte ihren Großvater und eine Stiefschwester in der Nähe von Dortmund." Aber? „Unsere Kinder, Siegfried und Ilona, mussten wir daheim zurücklassen. Das war der Preis, dass wir zu zweit in den Westen reisen konnten."

Wismut – die ewige Liebe

So hat Willy Tröger nie woanders gespielt. Wismut Aue blieb seine ewige Liebe, obwohl er rund 40 Jahre in Pirna bei Dresden lebte. Fast hätte Sohn Siegfried Vaters Torhütertraum gelebt. „Ich stand bei der Wismut als Junior im Tor. Es hat nicht viel zur Spitze gefehlt", meint Siegfried Tröger, einst drei Jahrzehnte Kumpel unter Tage. „Aber dann warf mich eine Verletzung nach der anderen zurück und stoppte meine Fußballerlaufbahn." Heute ist der gelernte Elektromonteur Vorsitzender des Vereins SV Birkwitz-Pratzschwitz, in der Nähe Dresdens, am Fuße des Elbsandsteingebirges. So wandelt der Sohn doch auf den Spuren des Vaters, der fünf Jahre als sportlicher Leiter des konkurrierenden Kleinstadtvereins VfL Pirna-Copitz tätig war. Das Stadion von Pirna-Copitz trägt heute auch den Namen der 2004 verstorbenen Stürmerlegende.

Welche Wertschätzung der Torjäger von europäischer Klasse auch international genoss, machte die französische Zeitung „France Football" nach Trögers Tod publik. Unter der Überschrift „Tröger sont morts" („Tröger ist tot") hob das renommierte europäische Fachblatt in seiner Ausgabe vom 6. April 2004 Trögers Leistungen hervor: 11 Tore in 15 Länderspielen.

Formidable! Adieu, Willy! ■

ZEITZEUGE MANFRED KAISER

WARUM NIE CHEFTRAINER? – „WEIL ICH PARTEILOS WAR."

Regisseur Manfred Kaiser (1929–2017), 31-facher DDR-Nationalspieler, bestritt 16 Europacupspiele mit Wismut.

Was fehlte denn letztlich, um 1960 Rapid Wien aus dem Wettbewerb zu kegeln?

Eigentlich nichts. Wir hatten Pech, dass es noch nicht die heutige Auswärtstorregelung gab. Nach dem 1:3 in Wien und dem 2:0 in Aue wären wir im Viertelfinale gewesen. Aber so mussten wir in ein drittes Spiel nach Basel. Nach dem frühen 0:1 in der 4. Minute erspielten wir uns Chancen ohne Ende, doch keiner traf genau, selbst Willy Tröger nicht, unser ansonsten verlässlicher Torjäger.

Wie war Rapid damals international einzuordnen?

Rapid war schon eine internationale Klassemannschaft. Hanappi, Halla und Dienst wurden 1954 mit Österreich WM-Dritter. Der Ausnahmespieler war Mittelfeldstratege Gerhard Hanappi, der etliche Male in eine Weltauswahl berufen wurde. Also ohne zu übertreiben, Rapid war damals schon eine ganz andere Nummer als heute.

Im Viertelfinale hätte Malmö gewartet…

Das wäre für uns durchaus machbar gewesen. Mit dem schwedischen Fußball hatten wir ja ganz gute Erfahrungen gemacht. Ich denke nur an das 4:0 gegen Göteborg.

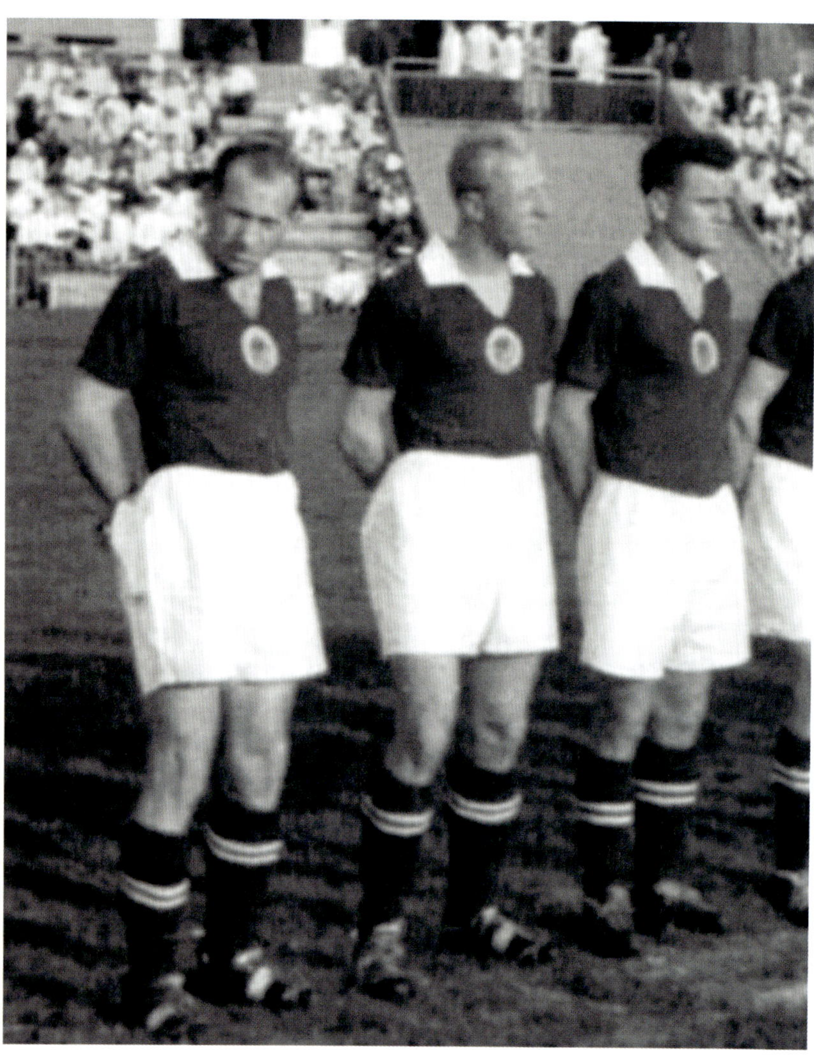

Karl Wolf, der Knochenharte, Manfred Kaiser, der Filigrane und Konny Wagner, der Polyvalente (v. l.).

Und dann im Halbfinale gegen den späteren Champion Benfica Lissabon…

Das wäre ein Traum gewesen. Benfica war eine aufstrebende Fußballmacht. Coluna war schon ein Großer, Eusébio scharrte inzwischen mit den Hufen. Da hätten wir aber vermutlich keine Chance gehabt.

Als Spieler hast du Titel und Trophäen erreicht, warum nicht auch als Trainer der ersten Reihe?

Weil ich parteilos war, hat es nie für „ganz oben" gereicht. Als Spieler war das kein Problem, da brauchte man mich. Als ich aber dann in den Trainerjob einstieg, merkte ich schnell, dass der Weg „nach oben" für mich verbaut ist. Es galt ein ungeschriebenes Gesetz: Als Cheftrainer in einem Oberligaklub musstest du in der Partei sein. Mehr als Assistenztrainer war für mich von daher nicht drin. Ich habe die Nachteile in Kauf genommen und bin heute ein wenig stolz darauf, dass ich mich politisch nie vereinnahmen ließ.

Wie eng sind noch die Bindungen zu deinem Nachfolgeverein FC Erzgebirge Aue?

Ich habe in der Vergangenheit fast jedes Heimspiel besucht. Doch jetzt werden mir die 80 Kilometer im PKW doch ein wenig zu stressig. Ich entscheide nach Tagesform. Wir Alten treffen uns im Block K, zuletzt waren es „Sigg" Wolf, Lothar Neupert, Klaus Zink, Horst Tautenhahn. Alle hat der Verein mit Ehrenkarte und PKW-Parkschein versorgt. Das ist schon eine tolle Sache. ■

im Krater von Aue" blieb ein Traum. Stattdessen trafen die „Berner Boys" auf Frankreichs Meister, der erst im Finale Real Madrid mit 0:2 unterlag.

Trotz des Ausscheidens gab es viel Lob und Respekt für die neue Macht aus dem Osten Deutschlands. Leo Horn, der international hochgeachtete holländische Schiedsrichter dieses dritten Spiels: „Wismut kann sich überall sehen lassen. Die Mannschaft habe ich schon auf Augenhöhe gegen Honved Budapest beobachtet. Internationale Klasse."

Ein großes Kompliment, das zählt. Allerdings erreichte Wismut Aue in mehreren Anläufen nicht mehr als das Viertelfinale im Europacup der Landesmeister, dem Vorgänger der Champions League.

Die moderne Zeitrechnung kam zu spät

Ein drittes Spiel? Das wurde für Wismut Aue, dem Premierenklub des DDR-Fußballs auf der europäischen Meisterbühne, zum Markenzeichen. „Ohne Entscheidungsspiel ging es bei uns in keinem Jahr ab", bedauert der blonde Regisseur Manfred Kaiser, der in den drei Startjahren mit Wismut, 1957, 1958 und 1960, viermal in entscheidende dritte Spiele musste. Die Auswärtstorregel wurde erst 1969 eingeführt. „Das war natürlich ein Riesenpech", ärgert sich der einstige Mittelfeldstratege noch heute. Dies ist gut nachvollziehbar, denn sowohl 1958/59 im Viertelfinale gegen die Young Boys Bern (2:2 auswärts/0:0 zu Hause) als auch 1960/61 im Achtelfinale gegen Rapid Wien (1:3 auswärts/2:0 zu Hause) hätte es für das Halb- bzw. Viertelfinale gereicht. Aber ohne die „moderne Zeitrechnung" musste Wismut in zwei Entscheidungsspiele – und verlor sie gegen Bern mit 1:2 und gegen Wien mit 0:1.

Kleiner Trost: In seinem letzten Europacup-Heimspiel der Meister lieferte Wismut Aue gegen den 22-fachen österreichischen Meister Rapid noch einmal eine glanzvolle Nummer ab. Vor gefühlt 30.000 Fans, von denen viele Buben aus den Baumkronen kiebitzten und nicht wenige direkt vorm Spielfeld hockten, spielte Wismut die Wiener mehr oder weniger an die Wand. Die „Fußball-Woche" schwärmte vom Mittelfeldtrio: „Manfred Kaiser, Dieter Erler und Siegfried Wolf ließen an diesem Tag die Wiener Asse verblassen."

Geschockt und frustriert verließ ein gewisser Ernst Happel den „Krater" von Aue. Österreichs bester Stopper aller Zeiten war in seinem Verein Rapid Wien erst vor Wochen ins Lager der Manager gewechselt. Verblüfft gestand der spätere Trainer von Weltruf, der mit Feyenoord Rotterdam und dem Hamburger SV den europäischen Meistercup gewann: „So stark hatte ich Wismut Aue nicht erwartet." Der Wiener „Kurier" titelte: „Wismut tanzte mit Rapid Wiener Walzer".

Mit einem 2:0-Sieg wurde die 1:3-Auswärtsniederlage egalisiert, doch leider ging die dritte Partie gegen Rapid durch ein frühes Tor von Flögl in Basel mit 0:1 verloren, obwohl den Chancen nach ein 4:1 oder gar 5:1 für Aue möglich gewesen wäre. Für die Vorzeigekicker von Wismut, Willy Tröger, Manfred Kaiser, Karl und Siegfried Wolf sowie Bringfried Müller, ging eine Ära zu Ende. Rundfunkreporter Wolfgang Hempel befürchtete als Augenzeuge der Partie, dass Basel die Abschiedspartie der Erzgebirgler für längere Zeit auf internationaler Bühne gesehen hat. Leider trog die Vorahnung des Kollegen nicht. Wismut kehrte erst nach 25 Jahren wieder ins europäische Rampenlicht zurück.

STATISTIK

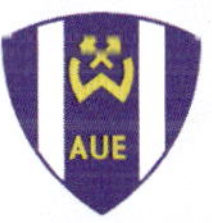

Die Bilanz des **SC Wismut**
22 Spiele: 7 Siege, 5 Unentschieden, 10 Niederlagen

Europacup der Landesmeister

1957/58

Gwardia Warschau – SC Wismut Karl-Marx-Stadt 3:1
11.09.1957 in Warschau
SC Wismut Karl-Marx-Stadt – Gwardia Warschau 3:1
13.10.1957 in Aue Otto-Grotewohl-Stadion
SC Wismut Karl-Marx-Stadt – Gwardia Warschau 1:1
15.10.1957 in Berlin Jahn-Sportpark Entscheidungsspiel
(Sieger durch Los bestimmt)

SC Wismut Karl-Marx-Stadt – Ajax Amsterdam 1:3
20.11.1957 in Aue Otto-Grotewohl-Stadion
Ajax Amsterdam – SC Wismut Karl-Marx-Stadt 1:0
27.11.1957 in Amsterdam Olympiastadion

1958/59

SC Wismut Karl-Marx-Stadt – Petrolul Ploestei 4:2
17.09.1958 in Aue Otto-Grotewohl-Stadion
Petrolul Ploesti – SC Wismut Karl-Marx-Stadt 2:0
28.09.1958 in Ploesti Stadion der Ölarbeiter
SC Wismut Karl-Marx-Stadt – Petrolul Ploestei 4:0
12.10.1958 in Kiew Chruschtschow-Stadion
(Entscheidungsspiel)
IFK Göteborg – SC Wismut Karl-Marx-Stadt 2:2
09.11.1958 in Göteborg Ullevi-Stadion
SC Wismut Karl-Marx-Stadt – IFK Göteborg 4:0
15.11.1958 in Aue Otto-Grotewohl-Stadion
Young Boys Bern – SC Wismut Karl-Marx-Stadt 2:2
11.03.1959 in Bern Wankdorf-Stadion
SC Wismut Karl-Marx-Stadt – Young Boys Bern 0:0
18.03.1959 in Aue Otto-Grotewohl-Stadion
Young Boys Bern – SC Wismut Karl-Marx-Stadt 2:1
02.04.1957 in Amsterdam Olympiastadion
(Entscheidungsspiel)

1960/61

Rapid Wien – SC Wismut Karl-Marx-Stadt 3:1
09.11.1960 in Wien Prater-Stadion
SC Wismut Karl-Marx-Stadt – Rapid Wien 2:0
23.11.1960 in Aue Otto-Grotewohl-Stadion
Rapid Wien – SC Wismut Karl-Marx-Stadt 1:0
21.12.1960 in Basel St. Jacob-Stadion (Entscheidungsspiel)

UEFA-Cup

1985/86

Wismut Aue – Dnepre Dnepropetrowsk 1:3
18.09.1985 in Aue Otto-Grotewohl-Stadion
Dnepre Dnepropetrowsk – Wismut Aue 2:1
02.10.1985 in Kriwoi Rog Stadion Metallurg

1987/88

Wismut Aue – Valur Reykjavik 0:0
16.09.1987 in Aue Otto-Grotewohl-Stadion
Valur Reykjavik – Wismut Aue 1:1
30.09.1987 in Reykjavik Laugardalsvöllur-Stadion
Wismut Aue – Flamurtari Vlora 1:0
22.10.1987 in Aue Otto-Grotewohl-Stadion
Flamurtari Vlora – Wismut Aue 2:0
04.11.1987 in Vlora (Albanien) Flamurtari-Stadion

ZWISCHENSPIEL VOLKER KLUGE

EIN WEISSES BLATT – KOMMENTAR ÜBERFLÜSSIG

Volker Kluge, geboren 1944, ist Dipl.-Journalist, der von 1971 bis 1993 als Sportredakteur bzw. Sportchef der „Jungen Welt“ arbeitete. 1982 bis 1990 war er Pressechef im DDR-NOK, 1990 bis 1993 persönliches Mitglied im NOK für Deutschland und Berichterstatter bei 16 Olympischen Spielen.

Am 1. Oktober 1987 erschien die auflagenstärkste DDR-Tageszeitung „Junge Welt“ im Sportteil mit der Schlagzeile: „Drei schieden aus – Kommentar überflüssig!“ Der BFC Dynamo, 1. FC Lok Leipzig und Dynamo Dresden waren schon an der ersten Hürde des Europapokals gestrauchelt. Einzig Wismut Aue setzte sich gegen Reykjavik für die zweite Runde durch. Dafür wurde den „Wismut-Kumpeln aus Aue“ eine Fußnote mit den besten Wünschen gewidmet. Der Fakt an sich überraschte leidgeplagte Fußballfans nicht so sehr, umso mehr die Reaktion deiner Zeitung mit einem weißen Kasten. „Diese Form des journalistischen Kommentars schlug Wellen und war vielerorts Tagesthema“, urteilt der Historiker Ilko-Sascha Kowalczuk in seinem Buch „Endspiel“ und vergleicht den weißen Kasten mit „einem Radiokommentar, der sich aufs Schweigen beschränkt“. Wer kam auf die freche und ungewöhnliche Idee?

Die „weiße Seite“ der Jungen Welt war gar nicht so weiß, wie behauptet wird. Auf der Sportseite vom 1. Oktober 1987 fehlte lediglich der übliche Fußballkommentar. Doch dazu später.

Die Vorgeschichte war unspektakulär. Als Vorschau für die Rückspiele der ersten Runde, in die vier DDR-Mannschaften mit nicht gerade günstigen Aussichten gingen, ließen wir den Grafiker ein Fußballtor von 7,32 x 2,44 Metern skizzieren und stellten dazu diesen Text: „Diese Maße hat ein Fußballtor. Auf eine solche Fläche passen theoretisch rund 389 Bälle. Und praktisch?“ Das Ergebnis ist bekannt: Vier Mannschaften schossen zusammen ein Tor.

Bei der Übergabe der Zeitung – die „Junge Welt“ erschien als A- und B-Ausgabe – fragte mich der Chefredakteur am frühen Abend, wie wir das sich andeutende Debakel wohl diesmal erklären würden. Meine Antwort war: „Wie immer … eigentlich könnten wir uns aber jeden Kommentar sparen. Wir wiederholen uns ja nur.“ Worauf Hans-Dieter Schütt sagte: „Na, dann lass ihn doch einfach weg.“

Warum nicht? Daraufhin entwickelte ich mit meinem Stellvertreter Manfred Hönel zwei Varianten: A) bei einem ehrenvollen Abschneiden Kommentar wie üblich, B) bei mehrheitlichem Ausscheiden: Verzicht auf den von Klaus Feuerherm verfassten Kommentar mit dem Hinweis: „Kommentar überflüssig!“

Die endgültige Entscheidung, welche Variante zur Anwendung kommen sollte, fiel gegen 23 Uhr in einem Telefonat zwischen Manfred Hönel, der sich zu dieser Zeit in der Setzerei aufhielt, und mir. Niemand anderes war darin involviert.

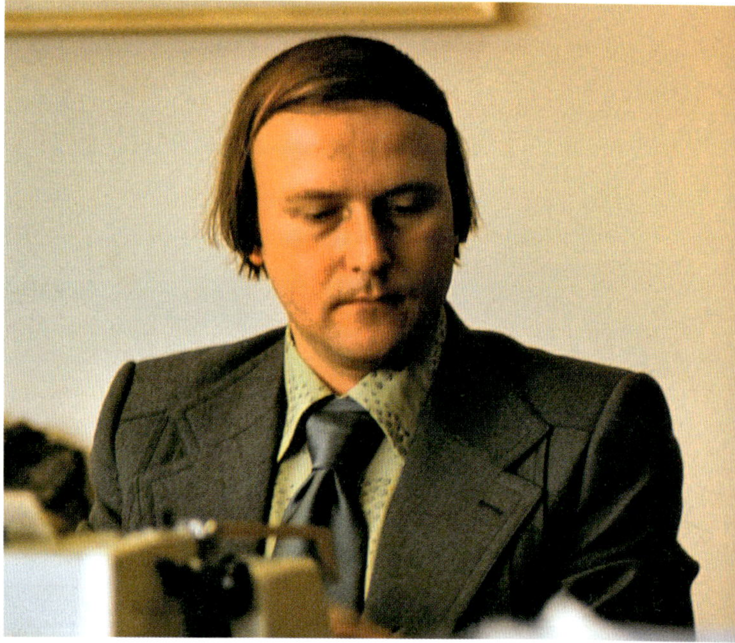

Volker Kluge vor der Schreibmaschine 1980/81.

Dein damaliger Chefredakteur Hans-Dieter Schütt hat erzählt, wie er nachts um drei aus dem Bett geholt wurde, weil die Druckerei dachte, es ist etwas falsch gelaufen. Eine leere Seite, das muss wohl Sabotage sein. Konntest du ruhig schlafen?

Weiß ich nicht mehr. Aber bestimmt hatte ich keine schlaflose Nacht. Im Übrigen war mir bis vor kurzem nicht bekannt, dass Schütt diesen Anruf hatte.

Einige, sogar ehemalige Kollegen deiner Redaktion, sind der Auffassung, ohne grünes Licht von Krenz wäre gar nichts gegangen. Haben die Kollegen recht?

Ich kenne nur einen „ehemaligen Kollegen“, der das verbreitet hat: einen früheren Volontär, der zu dieser Zeit aber in Leipzig studierte. Ich kann mich nur wiederholen: Es gab lediglich drei Personen, die in die Idee involviert waren: der Chefredakteur, Manfred Hönel und meine Wenigkeit. Indirekt als Vierter vielleicht noch Klaus Feuerherm, der seinen Kommentar umsonst geschrieben hatte.

Es war die Zeit, als die BFC-Führung allergisch auf Kritik reagierte und die Medien mit den schlimmsten DDR-Feinden in eine Reihe stellte. Wie lief das in deiner Wahrnehmung ab?

Als Sportchef der auflagenstärksten DDR-Tageszeitung war mir Fußball natürlich wichtig, andererseits hatte ich keinen Ball als Kopf. Der Vereinsfanatismus war mir immer fremd, und ich habe mich eher amüsiert über das, was ich von der BFC-Führung und den dahinterstehenden Generälen hörte. Auf jeden Fall gehörte ich nicht zu jenen, die sich deswegen in die Hose machten.

Konkret wurde mir am 29. Oktober 1985 durch Kurier ein Schreiben von BFC-Chef Kirste übergeben, in dem dieser mir unterstellte, ich würde es zulassen, „dass Reporter Ihres Blattes“ Fußballanhänger gegen den BFC (und damit gegen Minister Mielke) aufwiegeln würden. Diesen Brief, den am selben Tag mit ähnlicher Diktion auch der TV-Sportchef erhielt, habe ich meinem Chefredakteur übergeben, der das Schreiben wiederum an den für Sport und Jugend zuständigen ZK-Sekretär Egon Krenz weiterreichte. Das war's – für mich. Am späten Abend erhielt ich einen Anruf des für die „Junge Welt“ zuständigen MfS-Mitarbeiters, der nach seinen Worten von Mielke beauftragt war, sich für diesen Brief bei mir zu entschuldigen. Er sei ohne sein Wissen geschrieben worden. Damit war die Angelegenheit für mich erledigt.

Wie stark haben diese Probleme – ein freier Wechsel war nicht erlaubt, Transfers wurden administrativ geregelt – die Entwicklung des DDR-Klubfußballs gehemmt?

Einige sozialistische Länder hatten sich ja dem Markt geöffnet, doch ich kann im Nachhinein nicht erkennen, dass dadurch die Entwicklung des Klubfußballs in Polen, der Tschechoslowakei oder in Ungarn gestärkt worden wäre. Es war dort wohl eher das Gegenteil der Fall.

Die geschlossene DDR-Gesellschaft tat sich doch bereits schwer, mit einem Weltstar wie Katarina Witt zu leben. Ich glaube, dass ein solcher Schritt nur möglich gewesen wäre, wenn man auch der Bevölkerung den „freien Wechsel“ erlaubt hätte. Und wie wir wissen, hing damit neben vielen anderen Problemen am Ende sogar die Existenz der DDR zusammen.

Was hat der Westen im Fußball besser und der Osten schlechter gemacht? Haben wir Sammer, Ballack, Kirsten, Doll, Wosz zu Unrecht kritisiert?

Gegen den DFB war der DFV der DDR mit seinen rund 550.000 Mitgliedern ein Zwerg. Hinzu kam, dass die Dynamik eines Profifußballs mit freiem Transfer und schier unendlichem Sponsoring ungleich größer ist als ein zentral geleiteter Verband, der sich in eine Sportorganisation mit starken olympischen Sportarten einzuordnen hat. Unter diesen Bedingungen war es durchaus beachtlich, was in der DDR erreicht wurde – besonders vorbildlich im Nachwuchsbereich. Wenn es anders gewesen wäre, würde ich ansonsten nicht den Ausverkauf des DDR-Klubfußballs von 1990/91 verstehen.

Fußball war auch in der DDR sehr populär, und dem trugen auch die Medien Rechnung. In der von meiner Zeitung organisierten Wahl der „Sportler des Jahres“ wurden immerhin neunmal Fußballmannschaften zur „Mannschaft des Jahres“ gewählt: dreimal Nationalmannschaften, zweimal Olympiamannschaften, dreimal Vereinsmannschaften, einmal die Juniorenauswahl.

Die „Junge Welt“ veröffentlichte ganze Serien von Spielerporträts sowie Rubriken wie „Sprungbrett“, um den Nachwuchs zu fördern. Zweimal haben wir zu Fußballfesten der „Jungen Welt“ eingeladen, wo jedermann im Elfmeterschießen gegen Nationaltorhüter antreten und mit dem Nationaltrainer über Fußball diskutieren konnte. Beide Male – 1986 in Krostitz und 1987 in Altenburg – kamen rund 20.000 Fußballanhänger, und solche Zahlen sprechen doch für sich. Kurzum: Auch wenn nicht immer die Spielresultate nach meinen privaten Vorstellungen ausfielen, so sehe ich den DDR-Fußball jedoch auch nicht in der Rolle eines Mauerblümchens, jedenfalls nicht, wenn ich den Gesamtsport im Auge habe.

Warum gewann mit dem 1. FC Magdeburg – eine Bezirksauswahl –nur eine Mannschaft den Europacup und kamen mit Jena und Lok Leipzig nur noch zwei weitere DDR-Teams ins Finale? Lag es auch daran, dass Sportboss Manfred Ewald und Erich Honecker den Fußball nicht mochten?

Ganz bestimmt waren daran weder Honecker noch Ewald schuld. Wie die Einstellung von Honecker zum Fußball war, kann ich nicht einschätzen. Ich weiß lediglich, dass er gegenüber denjenigen, die ihm „Fußball-Angelegenheiten“ auf den Tisch legen wollten, die Meinung vertrat, dass Probleme dort geklärt werden sollten, wo sie auftraten.

Was Ewald betraf, so war dieser in seiner Anfangsphase als DTSB-Präsident auch im Fußball sehr engagiert. Mit Karoly Soos akzeptierte er sogar einen ungarischen Nationaltrainer, dem er praktisch nichts zu sagen hatte. Unter Ewalds Leitung fand die Bildung der „Fußball-Clubs“ statt, womit teilweise die Nachteile gegenüber dem westlichen Profifußball kompensiert wurden. Gleichzeitig musste er, was ihm schwerfiel, einen Teil seiner Macht an die Kombinatsdirektoren abgeben.

Seine Schwäche war wohl, dass er an den Fußball die Maßstäbe von Einzelsportarten anlegte. Da die großen Titel (WM oder EM) aber ausblieben, zählte er den Fußball zu den „erfolglosen“ Sportarten. Selbst der Olympiasieg von 1976 war in seinen Augen nicht viel wert. Später, in den 1980er Jahren, als die Erfolge noch geringer waren, ließ er die Karre einfach laufen.

Nach meiner Einschätzung hat der DDR-Fußball etwa das Optimum dessen erreicht, was unter den Bedingungen eines ökonomisch nicht sehr starken Landes möglich war, zumal dieses sich zur Freude eines Großteils der Bevölkerung gleichzeitig einen überdimensionalen olympischen Leistungssport leistete. Es lag nahe, sich mit dem bundesdeutschen Fußball zu vergleichen. Doch man sollte dann auch nicht vergessen, dass dieser immer Weltspitze und manchmal sogar die Nummer eins darstellte, die im Fußball alle vier Jahre nur einmal vergeben wird.

Dein DDR-Klubfußballer aller Zeiten?

Peter Ducke. Ein Feuerkopf auf dem Spielfeld und privat eher ein sanfter Typ. Jedenfalls habe ich ihn so erlebt.

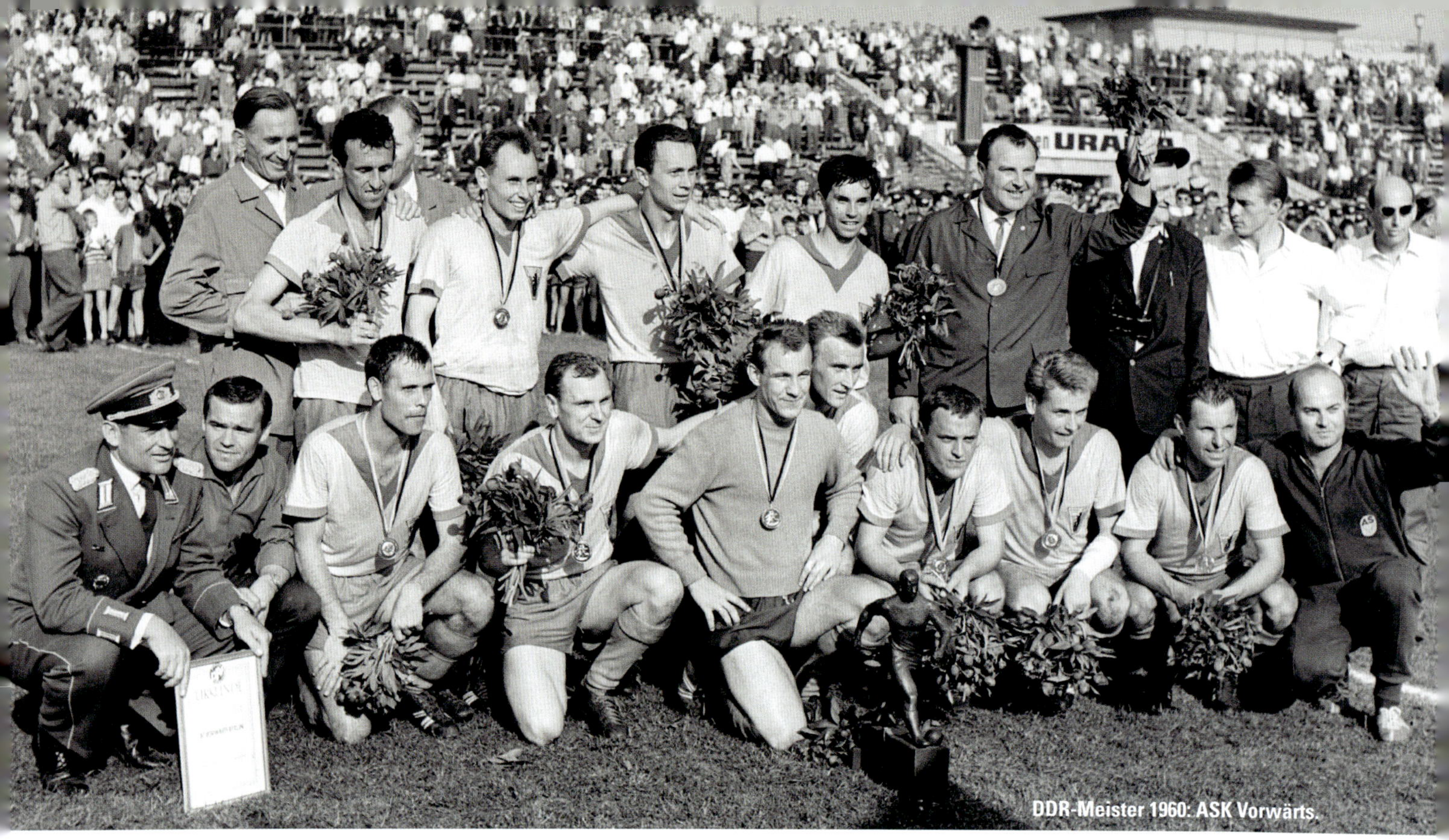

DDR-Meister 1960: ASK Vorwärts.

ASK/FC VORWÄRTS BERLIN/ FC VORWÄRTS FRANKFURT (ODER)

MIT UNGARISCHEM ESPRIT

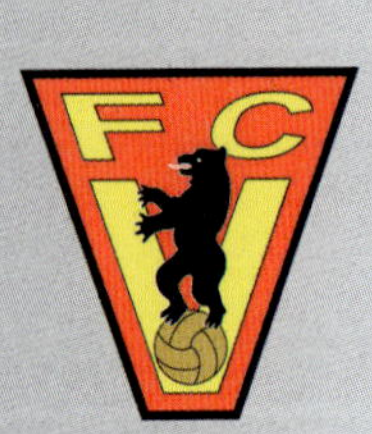

ASK Vorwärts Berlin/FC Vorwärts Frankfurt (Oder)
Gegründet: 1. Juli 1952 als KVP Vorwärts
ab 1954 ASK Vorwärts
ab 18. Januar 1966 FC Vorwärts Berlin
Erfolge:
DDR-Meister: 1958, 1960, 1962, 1965, 1966, 1969
Pokalsieger: 1954 und 1970
Europacup-Bilanz:
13 Teilnahmen, 42 Spiele
(16 Siege, 3 Remis, 23 Niederlagen)
Größter Erfolg: Europapokal-Viertelfinalist 1970 und 1971
Heute: 1. FC Frankfurt
Brandenburgliga (6. Liga, 2021/22)

Das Leben wird vorwärts gelebt
Und rückwärts verstanden
Sören Kierkegaard, dänischer Philosoph

Als 14-Jähriger hetzte ich auf dem Fahrrad an den weidenden Lämmern vorbei. Es lockte Fußball im Fernsehen, Europacup live: Vorwärts Berlin gegen Wolverhampton, Englands Meister 1959. „Komm rein, Junge, ich bring' dir gleich was zu futtern." Bei Tante Regina und Onkel Hans vergaß ich relativ schnell, dass mir der tödlich verunglückte Vater Gerhard fehlte. Mutter Hedy, klein, warmherzig mit dunklem Teint, war 16-jährig mit ihren Eltern aus dem rumänischen Cernauti, am Fuße der Karpaten, geflüchtet. Wir lebten von der Hand in den Mund. Oft reichte es gerade noch für eine Bockwurst zum 1. Mai. Anders bei Onkel Hans. Er war ein geachteter und begehrter Autoschlosser, der sich schon früh im Dorf einen „Rembrandt" leisten konnte, einen Fernseher aus der DDR-Produktion. Schwarz-weißes Heimkino im Postkartenformat: ASK Vorwärts Berlin gegen Wolverhampton Wanderers.

***

Höher konnte die Anfangshürde bei der Premiere 1959 im europäischen Meistercup für Vorwärts gar nicht sein. Der dreifache englische Meister und Titelträger Wolverhampton Wanderers war zu jener Zeit auf der Insel das Maß aller Dinge. Die berühmten „Wölfe“ folgten Manchester United, jener Mannschaft, die 1958 im Schneetreiben von München-Riem in den Tod geflogen war. Nur wenige, wie Bobby Charlton und Manager Matt Busby, hatten die Katastrophe überlebt. Wolverhampton war die neue Macht und im heimischen Stadion Molineaux Grounds noch von keiner kontinentalen Mannschaft besiegt worden. Im Gegenteil: Hintereinander wurden Real Madrid und Honved Budapest mit jeweils 3:2 und Spartak Moskau mit 4:0 entzaubert.

Der Superstar im „Wölfe“-Team des legendären Coachs Stan Cullis war der Außen- bzw. Mittelläufer Billy Wright, der mit 105 Länderspielen bei drei WM-Teilnahmen den englischen Rekord hielt und mit 35 Jahren vor der Frage stand: Vertragsverlängerung oder raus aus den „Stiefeln“? Wright sagte für viele Experten überraschend bye-bye. Die Personalie Wright wurde bis kurz vor dem Spiel am Köcheln gehalten. Andererseits hatte der englische Champion genügend Potenzial, um den Abgang dieser wahrhaften Legende aufzufangen: Bärenstark war das Mittelfeld besetzt mit Bill Slater, Ron Flowers und Edward Clamp. Im Angriff ragte Peter Broadbent als Gestalter und Torjäger heraus – allesamt Nationalspieler der fünfziger Jahre. Billy Wright, mit blondem Haar und blauen Augen ein englischer Hans-Albers-Typ, lieferte jetzt auf anderer Ebene Schlagzeilen. Durch seine Heirat mit Joy Beverly, einer Schwester aus dem populären Gesangstrio Beverly Sisters, drang der spätere TV-Produzent als erster Fußballer in den erlauchten Kreis der englischen Society ein. Billy Wright – ein David Beckham der fünfziger Jahre.

„Nöldner … schon im Strafraum … zieht ab … Tooor!“

Doch von all dieser folkloristischen Begleitmusik und dem geballten Paket an Referenzen ließen sich die Rot-Gelben vom Armeeklub nicht einschüchtern. Harald Seeger, Trainer der Berliner Vorwärts-Elf, kannte keinen übergroßen Respekt und schickte mit Günter Riese und Jürgen Nöldner zwei ausgesprochene Grünschnäbel in das heiße Europacuprennen. Der athletische Riese zog überhaupt zum ersten Mal ein Oberliga-Trikot über. Der technisch hochbegabte Nöldner hatte immerhin schon vier Tage zuvor, beim 3:1-Sieg über Einheit Dresden, seinen Einstand mit einem Tor in der Vorwärts-Meisterelf gegeben. Trainer Seeger entwarf seinen Plan A mit dem 18-jährigen Nöldner. Seeger hatte ein Feeling für talentierte Burschen.

„Die alten Vorwärts-Kämpen trauten mir so ein Europacupspiel, noch dazu gegen die berühmten ‚Wölfe‘, nicht zu“, konnte sich Nöldner einen kleinen Seitenhieb nicht verkneifen, über 50 Jahre später, bei einem Espresso in einer kleinen Sportbar in seinem Heimatkiez Berlin-Lichtenberg. „Zum Glück ließ sich Trainer Seeger nicht umstimmen und glaubte an mich.“

Jürgen Nöldner, der 18-jährige Jungspund, honorierte das Vertrauen und zähmte in seinem ersten internationalen Auftritt vor 65.000 Zuschauern im Berliner Walter-Ulbricht-Stadion die großen „Wölfe“. Er traf beim sensationellen 2:1-Sieg im Europacupdebüt der Meister nach einem betörend schönen Dribbling zum vorübergehenden Ausgleich. Es war die Sternstunde eines außergewöhnlichen Talents.

Kommentator Werner Eberhardt ignorierte mal glatt das neue Medium Fernsehen und setzte bei diesem Zaubertor auf die gute alte Rundfunkreportage: „Der junge Nöldner holt sich den Ball, stürmt jetzt fast von der Mittellinie blitzschnell los, zieht an Showell vorbei, auch an Flowers. Jetzt lässt er auch den bulligen Harris ins Leere laufen. Nöldner hat jetzt freie Bahn, ist schon im Strafraum, zieht ab, mit dem linken Bein in die rechte Ecke … Tooor … Tooor … Tooor … Was für ein Knaller vom Jürgen! Torhüter Finlayson ist machtlos. Ein verdienter Ausgleich. Damit ist Broadbents Führung aus der 15. Minute egalisiert.“

Ein Ritterschlag für den 18-jährigen Jüngling! Nöldner ein halbes Jahrhundert später: „Das war ein Schlüsselspiel meiner Karriere.“ Der „Daily Express“ lobte dann auch den „brillanten Keeper Spickenagel“ und den „technisch hoch veranlagten Teenager Nöldner“. Noch erwähnenswert: Kiupels Kopfballstärke als Abwehrchef, Kalinkes Tacklings, Krampes Offensivgespür als linker Verteidiger und nicht zuletzt das Zusammenspiel der Angreifer Wirth (Flanke) und Kohle (Kopfball), das zum international viel beachteten 2:1-Sieg führte.

Nach dem Spiel stürzten sich die Reporter natürlich zuerst auf den jungen Himmelsstürmer „Kuppe“, wie Nöldner seit Jugendtagen und bis heute genannt wird. Gelassen und selbstbewusst diktierte der Spieler des Tages in die Notizblöcke der Journalisten: „Ich denke, wir haben in einem erstklassigen Spiel den englischen Meister echt herausgefordert. Das Resultat lässt uns für das Rückspiel gute Chancen.“

Zwar verlor Vorwärts das Rückspiel in der „Wolfshöhle“ Molineux Stadium mit 0:2, konnte aber das packende Match mit dem kopfballstarken Abwehrorganisator Kiupel und vor allem mit dem überragenden Keeper Spickenagel bis zur Hälfte offen gestalten. Der Berichterstatter der Ostberliner „Fußball-Woche“, Dieter Buchspieß, textete: „Was Spickenagel hielt, grenzte nahe an das Unmögliche! Da wehrte er einen Schuss des durchgebrochenen Lill ab, da parierte er zweimal in kurzer Folge Schüsse von Murray, da erwies er sich in anderen Situationen einfach als unüberwindlich. Der „Daily Telegraph“ lobte: „Der brillante Torsteher Spickenagel wurde mit allem durch hervorragendes Stellungsspiel fertig.“ Allein Broadbent und Mason konnten den „Wundermann“ („Daily Mail“) überlisten und Wolverhampton das 2:0 und damit die nächste Runde sichern.

„Nicht nur mit Schokolade gelockt“

Kein Geringerer als Richard Steimer, Schwiegersohn des ersten DDR-Präsidenten Wilhelm Pieck, hatte Jahre zuvor den Auftrag erhalten, eine Fußballmannschaft der Kasernierten Volkspolizei (KVP), Vorläufer der Nationalen Volksarmee, ins Leben zu rufen. Legendär ist sein Satz: „Ich habe im ganzen Land an Spielertüren geklingelt und nicht nur mit Schokolade gelockt.“ 1952 stieg KVP Vorwärts in die Oberliga auf. Steimer musste wütende Proteste über sich ergehen lassen, als er acht der Besten von der 51er Meisterelf Chemie Leipzig zur KVP-Mannschaft lockte, u. a. Scherbaum, Eilitz, Fröhlich, Krause. Empört meinte Rainer Baumann, der feingliedrige Spiellenker: „Wir wurden verführt, erpresst und abgeworben.“

Doch der Zuspruch in der Messestadt blieb gering. Da kamen die Armee-Verantwortlichen auf die Idee, den Verein nach Ostberlin zu verlegen. Die Hauptstadt lechzte nach Spitzenfußball. Doch zu diesem Zeitpunkt hatte sich der Großteil der Leipziger schon aus dem Staub gemacht.

Die Heimstätte für den ZSK Vorwärts wurde ab jetzt der Jahn-Sportpark im Prenzlauer Berg. Die ersten Monate trainierte die Mannschaft weiter in Leipzig. Lediglich zu den Heimauftritten reisten die Vorwärts-Fußballer mit einem Kurswagen der Deutschen Reichsbahn nach Berlin und nach dem Match wieder nach Sachsen zurück. Eine Posse, die ins Raritätenkabinett gehört.

Den Umzug machten schließlich die wenigsten mit. Die Verantwortlichen der Armee suchten und fanden eine Menge talentierter, technisch veranlagter Burschen, die an der Sporthochschule konzentriert waren: Kalinke, Kiupel, Kohle, Fritzsche. Der Hallenser Trainer Kurt Fritsche mixte mit den begabten Jungs aus Berlin, Spickenagel, Assmy, Meyer, Wirth, ein „Team mit ungarischem Esprit“. Das fußballerische „Kunstprodukt“ wurde von den Berlinern nach und nach angenommen. Mit „feiner Klinge“, spritzigem Ballzauber und einer Menge Routine (Eilitz, Reichelt, Marotzke, Unger) gelang der erste große Coup – der Meistertitel 1958, der erste von insgesamt sechs.

MIT BOBBY CHARLTON AN DER BAR

Als wäre das Ticket für ein Konzert mit den Beatles gewesen – so oder ähnlich haben wir Fußballer vom Bezirksligisten Vorwärts Torgelow die Eintrittskarte zum Europacupspiel ASK Vorwärts Berlin gegen Manchester United betrachtet, die unser fußballverrückter Sektionsleiter, Major Thurchow, besorgt hatte. Mal weg von der trübseligen und menschenleeren Sandwüste Mecklenburgs, mal weg vom Wachestehen mit sprunghafter Spannung und 60 Schuss in der Kalaschnikow.

Mal hin zum großen Fußball. Wie würde sich Vorwärts gegen Manchester schlagen? Immerhin spielten für Rot-Gelb sechs Kicker, die an Olympia-Bronze in Tokio 1964 beteiligt waren; voran Nöldner, Körner, Fräßdorf, Unger, aber im Vorfeld auch noch Nachtigall und Weiß. Auf United-Seite faszinierten Fußballheilige wie Bobby Charlton, George Best, Denis Law. Große Fußballvorfreude. Doch der Fußball schützte bei der Armee nicht vor allem. Zum Glück blieb mir der Dienst an der Grenze erspart. Trotzdem lagen mir als 20-Jährigem die 18 Monate Pflicht in Uniform auf der Seele, denn normalerweise kam ein Neuling frühestens nach acht Wochen aus der Kaserne. Das Rausdürfen als Fußballer war insofern ein unglaubliches Privileg für einen Soldaten, einen Funker und Fernschreiber. Noch dazu das Rausdürfen zu einem Fußball-Europacupspiel. Ja, Berlin, Berlin, wir fuhren nach Berlin…

Inselabenteuer

„Wieder eine britische Mannschaft“, stöhnte Karl-Heinz Spickenagel, inzwischen Mannschaftsleiter und zu jener Zeit, 1965, mit 29 Länderspielen noch immer erfolgreichster Auswahltorhüter, als er im Achtelfinale des europäischen Meistercups das Los „Manchester United“ vernahm: „ Wir haben ein Abo auf britische Gegner.“ Allerdings mit keiner so rosigen Bilanz.

In der Saison 1959/60 scheiterte der ASK Vorwärts Berlin, wenn auch denkbar knapp, an den Wolverhampton Wanderers mit 2:1 und 0:2. 1961/62 behauptete sich die Armee-Elf zunächst im heimischen Jahn-Sportpark gegen den nordirischen Vertreter FC Linfield Belfast durch Tore von Horst Kohle (2) und „Wibbel“ Wirth mit 3:0. Zum Rückspiel allerdings kam es nicht, weil die Regierungen der NATO-Staaten, als Reaktion auf den Mauerbau, ostdeutschen Klubs wie dem ASK Vorwärts die Einreisevisa verweigerten. Ähnlich verlief das Szenario gegen die Glasgow Rangers. Nach Kohles Führungstor im Berliner Hinspiel ging das Match noch 1:2 verloren. Die zweite Begegnung fand nicht in Glasgow statt, sondern im Nebel von Malmö. Abbruch beim Stand von 0:1 und Wiederholung tags darauf. An einem tristen Novembervormittag, zehn Uhr, verloren sich exakt 1.781 Zuschauer im Stadion und sahen ein fades Ende: 1:4.

Die Interventionen des Europäischen Fußballverbandes (UEFA) schienen Wirkung zu zeigen. Jedenfalls erhielt Vorwärts im September 1965 die notwendigen Einreisedokumente für das Spiel in Dublin gegen den fünffachen irischen Meister Drumcondra. Beim ersten Training unter Flutlicht im „Tolka Park“ witzelte Torhüter Alfred Zulkowski: „Hoffentlich bringt jeder Zuschauer noch eine Kerze mit. Ansonsten werden wir wohl kaum den Ball sehen.“ Bei strömendem Regen und rauem Wind von der Irischen See feierte Dublin durch ein Kopfballtor von Morissey vor 17.000 seinen ersten Europapokalsieg. Im Rückspiel nahm Vorwärts die erwartete Revanche und schickte die Iren mit einem 3:0 durch Tore von Vogt, Begerad und Piepenburg wieder auf die „Grüne Insel“. Jetzt wartete eine Weltmarke.

1965: Verpasste Chancen gegen Manchester

„Wir haben eine Mannschaft der Extraklasse gesehen“, schwärmte ASK-Trainer Günther Lammich, der mit Karl-Heinz Spickenagel Manchester United beim spektakulären 5:0-Auswärtssieg gegen Leicester City „ausspioniert“ hatte. „Charlton, Law und Best sind drei absolute Weltklassespieler. Dieser englische Meister ist weit stärker als Wolverhampton vor sechs Jahren. Gegen ManU in dieser Superform sind wir nur krasser Außenseiter. Wir müssen besonders aufpassen, dass wir nicht wie Leicester in die Konterfalle laufen.“

Der Weltverein reiste im November 1965 mit Weltstars an: Bobby Charlton, Denis Law, George Best, Nobby Stiles. Die Mannschaft spielte allerdings noch nicht am Limit. Weltmeister wurden Bobby Charlton und Nobby Stiles erst im

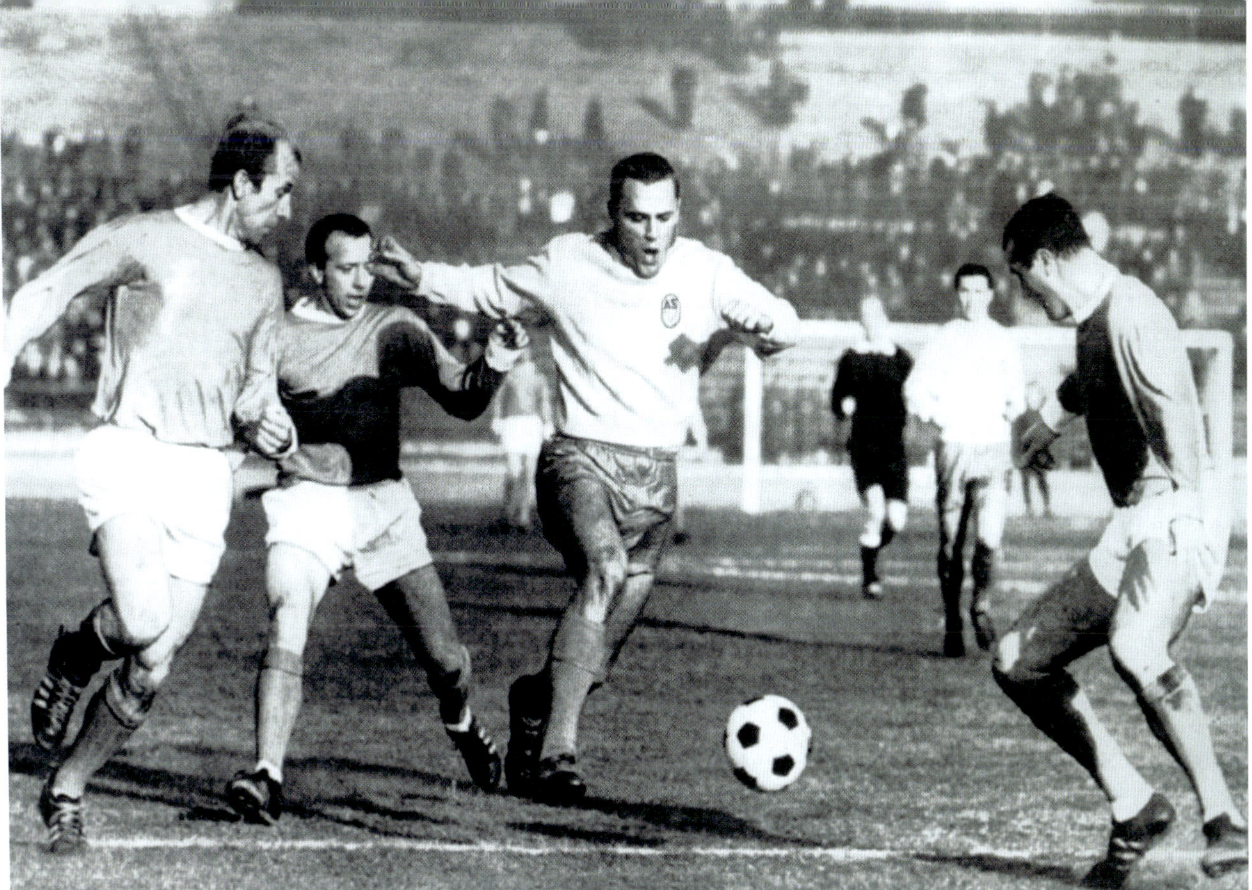

Begegnung 1965 mit Manchester United: Jürgen Nöldner wird von zwei späteren Weltmeistern bedrängt: Bobby Charlton und Nobby Stiles.

Sommer darauf. Als Europas Fußballer des Jahres krönte die Fachzeitschrift „France Football" Bobby Charlton 1966 und George Best 1968. Aktuell lief der Schotte Denis Law mit der größten Reputation vor 25.000 in Berlin auf – schon 1964 war er von den Journalisten zu Europas "Fußballer des Jahres" gekürt worden.

Doch der DDR-Rekordmeister kannte keine Scheu vor den großen Namen und dominierte überraschend rund 70 Minuten lang die erste Partie. Der athletische Otto Fräßdorf und der offensiv orientierte Dieter Krampe erzwangen so manche Ecke, die Fußballästheten „Kuppe" Nöldner und „Theo" Körner brillierten mit feinen Pässen und technischer Eleganz. Law und Charlton kamen zeitweise gar nicht aus der eigenen Hälfte. Insbesondere Jürgen Piepenburg, mit elf Toren erfolgreichster Europacup-Torschütze der Vorwärts-Elf, verpasste einen Dreifachtriumph. Schon in der ersten Viertelstunde hätte der Linksaußen die Rot-Gelben mit 2:0 in Führung schießen können. Doch der nordirische Keeper Harry Gregg, bei der WM 1958 als bester Fänger geehrt, blieb in den Duellen mit Piepenburg cooler. So versäumte es „Piepe", Geschichte zu schreiben. Aber auch Horst Begerad und Gerhard Vogt reagierten in torreifen Situationen nicht optimal. 5:0 Chancen und 9:0 Ecken – 70 Minuten dominierten Nöldner & Co das Match gegen Manchester United.

In der Schlussphase warf der schottische Nationalspieler Law all seine Cleverness in die Waagschale. Er galt als ein Typ, der wie kaum ein anderer die Fehler des Gegners gnadenlos bestrafte. Erst wuchtete der Gäste-Kapitän in der 72. Minute einen Kopfball aus 15 Metern zur Führung ins Netz. Torhüter „Leo" Weiß stand alles andere als ideal und wurde dafür bitter bestraft. Acht Minuten darauf erspähte Law ein schlampiges Abspiel von „Max" Krampe und legte für den englischen Nationalstürmer, Linksaußen Conelly, auf: 0:2. ManU machte aus zwei halben Chancen zwei Tore. Abgezockt! „Unsere Taktik ging auf", zog Matt Busby auf der Pressekonferenz sein Fazit: „Wir wollten Vorwärts herauslocken und schnell kontern." Ein Muster, das allerdings erst spät und mit Zutun von Vorwärts umgesetzt werden konnte.

Jürgen Nöldner, in diesem Spiel einziger ASK-Angreifer mit Biss gegen den „zahnlosen" Nobby Stiles, eröffnete eine andere Perspektive: „Wenn wir unsere Chancen genutzt hätten, wäre durchaus eine Sensation drin gewesen. Manchester hat mich nicht restlos überzeugt." Vielleicht hätte auch ein körperlich topfitter Ideengeber Nöldner den Unterschied ausgemacht. Erst beim abendlichen Bankett wurde für alle sichtbar, dass der Halbstürmer über eine Stunde lang mit einer gebrochenen linken Hand tapfer durchgespielt hatte. „Oh my god", stöhnte der nordirische „Beatle" George Best und kritzelte sein Autogramm auf den Gipsverband von Nöldners Hand.

Der Flug in den Tod

Ein Erlebnis der anderen Art hatte „Theo" Körner beim Bankett in der Berliner Friedrichstraße. „Ich saß neben Bobby Charlton. Plötzlich fragte er mich: ‚Gehen wir auf einen Drink zur Bar?' Ruckzuck hatte sich Bobby drei, vier Whisky hintergekippt. Einer von der United steckte mir: ‚Bobby braucht das. Ohne Stoff steigt er in keinen Flieger.'" Mitten im Freudentaumel tauchten wieder die Schreckensmomente vom 6. Februar 1958 auf. Eine Jahrhundertelf mit den Nationalspielern Roger Byrne, Duncan Edwards und Tommy Taylor war tödlich verunglückt.

Die Rücktour von Belgrad, wo sich die Mannschaft gegen Roter Stern Belgrad für das Halbfinale qualifiziert hatte, sah

▶ *Fortsetzung auf S. 41*

ZEITZEUGE JÜRGEN NÖLDNER

„HERTHA? EINE OPTION!"

Er war der beste und prominenteste Vorwärts-Fußballer, erzielte das historische Premierentor im Europacup 1959, bestritt 30 Länderspiele, schoss beim 1:0 gegen Österreich 1965 das schnellste Tor der DDR-Länderspielgeschichte, wurde 1966 Fußballer des Jahres, führte seine Rot-Gelben zu fünf Meisterschaften und die DDR-Auswahl zum Gewinn der olympischen Bronzemedaille 1964 in Tokio. Mit 27 Einsätzen im Europacup ist er Spitzenreiter bei Vorwärts.

Jürgen „Kuppe" Nöldner blieb lange noch am Ball und führte den „Anstoß" aus – als Kolumnist im „kicker". Da analysierte er im Wechsel mit Dixie Dörner, Marko Rehmer, Eduard Geyer, Steffen Heidrich und Ulf Kirsten die Entwicklung im Ost-Fußball. Einmal Journalist, immer Journalist. Nöldner begann seine journalistische Laufbahn 1973 bei der Sport-Tageszeitung „Deutsches Sportecho", wurde später, von 1984 bis 1990, Chefredakteur der „Neuen Fußballwoche" und nach der Wende beim „kicker" eingestellt. Als Leiter der Berliner Redaktion verabschiedete er sich 2006 – wie zu beobachten ist – in den Unruhestand. Im Gespräch für dieses Buch, das im Jahr 2014 geführt wurde, verteidigt er weiterhin vehement seinen Einsatz als 18-Jähriger im ersten Europacupspiel gegen Wolverhampton Wanderers.

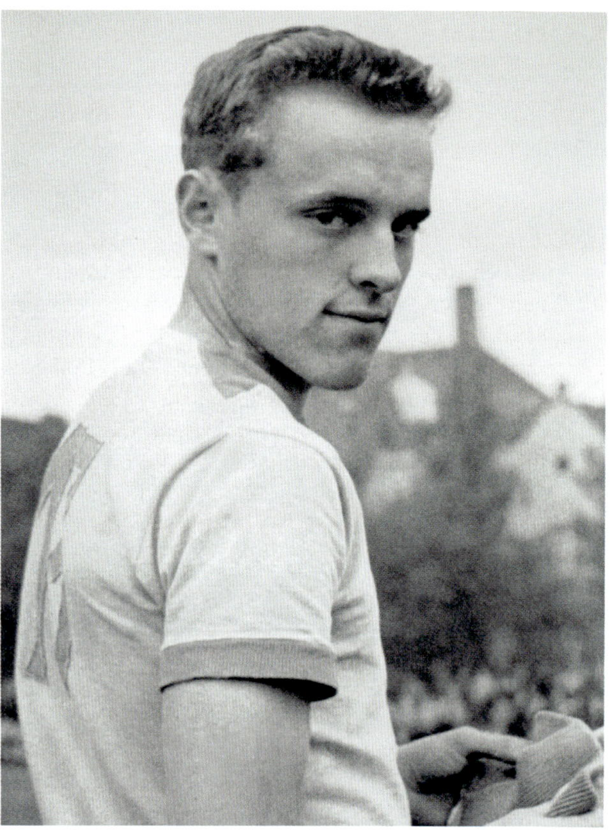

Jürgen Nöldner im Jahr 1962.

„Kuppe", kann man davon ausgehen, dass am ersten Freitag im Dezember, beim traditionellen Veteranentreffen von Vorwärts, einige ältere Herren wieder mit ein paar Spitzen von dir rechnen müssen?

Auch als Mittsiebziger werde ich mir das wohl nicht verkneifen können. Wäre es nämlich nach ihnen gegangen, dann hätte ich als 18-Jähriger diese Chance nicht bekommen. Aber Trainer Harald Seeger kippte nicht um. Ich denke, mit meinem Tor beim 2:1 gegen Wolverhampton konnte ich ihm und der Mannschaft Vertrauen zurückzahlen.

Woher hast du das Selbstvertrauen als Jungspund genommen?

Als junger Kerl sah ich die ganze Sache natürlich total anders. Nach meinen vier Toren beim 5:2-Sieg im Finale der Juniorenmeisterschaft gegen Rotation Babelsberg und meinem gelungenen Einstand mit einem Tor beim 3:1 gegen Einheit Dresden wollte ich mich auch im Männerteam beweisen. Ich glaube, dass ich keiner war, dem ein Höhenflug zu Kopfe stieg. Ich war halt in dieser Situation total von meiner Qualität überzeugt. Mehr konnte ich für eine Bewerbung nicht anbieten.

Hast du dir gar keinen Kopp darüber gemacht, dass es gegen eine englische Spitzenmannschaft zu bestehen galt?

Ich hatte ja schon Erfahrungen mit dem britischen Fußball gemacht. Ein halbes Jahr zuvor trafen wir in Zwickau auf Alf Ramseys englische Juniorenauswahl. Prominentester Gast war Sir Stanley Rous, der spätere FIFA-Präsident. Er sah in der Anfangsviertelstunde eine berauschend stürmende englische Mannschaft, die mit einem gewissen Geoffrey Hurst schnell 3:0 führte. Aber wir konnten das Spiel auf wundersame Weise kippen. Barthels, Heydenreich, Nachtigall und Sommer trafen zum vielumjubelten Prestige-Erfolg. Ich selbst blieb diesmal zwar ohne Tor, lieferte aber zweimal den finalen Pass. Also wir hatten gegen den späteren WM-Helden von 1966, Geoffrey Hurst, und gegen den späteren Trainer des Weltmeisters, Alf Ramsey, ein unterhaltsames Spektakel geboten. Das hätte doch zum Anbieten reichen sollen. Aber die meisten etablierten Spieler hatten diesen Vergleich gar nicht ernst genommen oder überhaupt nicht realisiert. Eine bessere Vorbereitung auf das Spiel gegen die Wölfe konnte es aber gar nicht geben.

Der „Daily Express" lobte den „technisch hochbegabten Teenager Nöldner". Wer hat dein Interesse für den Fußball geweckt und mit wie viel Jahren?

Viele Tricks habe ich schon als kleiner Steppke auf dem Tuchollaplatz in Lichtenberg, ganz hier in der Nähe, gegen die Älteren ausprobiert. Schnell hatte ich den Spitznamen „Wiesel" weg. Ich war flink, ja, auch pfiffig. Im Prinzip ging's noch vor Schulbeginn runter auf die Straße. Das ganze Leben spielte sich damals ja auf der Straße ab. Irgendwann rief man mich dann „Kuppe", nicht mehr „Wiesel". So richtig kann ich den Wechsel auch nicht erklären.

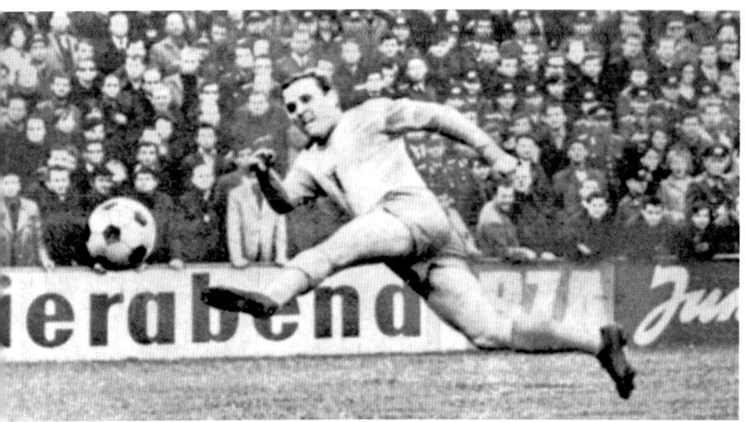

Artistische Einlage: Jürgen Nöldner.

Wo hast du mit dem organisierten Fußball begonnen?

Mit sieben Jahren bei den Knaben von Sparta Lichtenberg, im Osten Berlins. Ich kann mich noch ziemlich genau an mein erstes Spiel bei Stern Kaulsdorf erinnern. Ich durfte in der siebten (!) Mannschaft mitkicken und war als Kofferträger für die ganzen Klamotten zuständig. Die waren bei Karl Schönebeck abzuliefern. Turbine Bewag und die 15. Oberschule waren die nächsten Stationen. Mit der Jugendmannschaft von Vorwärts Berlin wurde ich 1957 DDR-Meister und Pokalsieger. 1959 holten wir dann auch mit den Junioren das Double. Das komplette Team wurde 1959 in die Männerriege übernommen. Doch lediglich Nöldner, also ich, und zeitweilig „Jimmy" Hoge, ein Enfant terrible, schafften den Sprung in die starke Vorwärts-Elf, die ein Jahr zuvor erstmals den Titel holte. Auch der spielintelligente Uli Prüfke konnte sich bei Vorwärts nicht durchsetzen und wurde erst, wie „Jimmy" Hoge, bei Union Berlin eine feste Größe.

Du bist Jahrgang 1941, Ur-Berliner, Großvater Carl Gustav „ein roter Gewerkschafter", Vater Erwin, Mutter Lucie – eine Arbeiterfamilie aus dem Westen der Stadt, aus Neukölln und Kreuzberg. Außer dir und deiner Mutter lebte die komplette Verwandtschaft im Westen der Stadt. Hättest du dir unter diesen Umständen auch einen Richtungswechsel in deinem Leben vorstellen können?

Ja, es hätte auch anders kommen können. Wenn mein Vater, der übrigens auch bei Sparta Lichtenberg ganz gut Handball spielte und erfolgreich Leichtathletik betrieb, im Westen Arbeit bekommen hatte. Dann wäre ich irgendwann sicher bei der Hertha gelandet. Hertha? Ja, das wäre schon eine Option gewesen. Doch Vater, Schlosser, fand im Osten, in Lichtenberg, Arbeit und Kontakt zum Widerstand gegen Hitler. Ich war gerade drei Jahre alt, als mein Vater im Zuchthaus Brandenburg-Gorden von den Nazis hingerichtet wurde.

Als ich deine Mutter Lucie in Vorbereitung auf eine Fußball-Dokumentation, „Dirigenten ohne Stab", in eurer Altbauwohnung in der Türrschmidtstraße besuchen durfte, öffnete sie zu meiner Freude ihr Fotoarchiv. Lucie und Erwin Nöldner bei der Fahrradwanderung der Fichte-Sportler zum Kaulsdorfer See. Auf einem anderen Motiv steht der Spruch des Vaters: „Es wird der Tag kommen, wo wir uns mehr dem Sport widmen können." Es kam der Tag – für seinen Sohn. Wie ist Mutter Lucie mit dem harten Schicksal umgegangen?

Meine Mutter hat alles versucht, mir das Leben als Kind so schön und angenehm wie möglich zu machen. Sie war so fürsorglich, wie man sich das als Sohn nur wünschen kann. Das Schicksal des Vaters war unter uns nie ein Thema, hat sie aber wahrscheinlich zeitlebens beschäftigt. Deshalb hat sie vermutlich auch nie wieder geheiratet. Ich habe mir Mühe gegeben, ohne Probleme in der Schule durchzukommen. Als der Lehrer mich fragte, warum ich das Fach Religion auslasse, habe ich ihm gesagt, dass ich nicht getauft bin und nicht an den lieben Gott glaube. Weshalb? Wenn es einen Gott gäbe, dann hätte er mir nicht mit drei Jahren den Vater genommen.

Du hast letztlich ein Abitur mit „sehr gut" hingelegt. Mutter Lucie hat das als ein großes Dankeschön angenommen. Worauf warst du ambitioniert – nur auf Fußball?

Zunächst dachte ich einmal, Physik oder Chemie zu studieren. Aber das ließ sich mit dem Leistungsfußball nicht vereinen. Wir trainierten ja, zumindest vom Umfang her, wie die Profis. Ich wäre auch ganz gern Trainer geworden. Das hätte mich schon gereizt. Aber auf dem Weg zum Diplom wäre ich schon an den Hürden Geräteturnen und Schwimmen gescheitert. Was da gefordert wurde, habe ich bei meiner Frau Heidemarie gesehen, einer einstigen Fechterin. Da wäre ich mit Pauken und Trompeten zweimal durchgerauscht. Einen alternativen Weg gab es nicht. Der Einfluss der Fußballgegner im Deutschen Turn- und Sportbund (DTSB) verstärkte sich auch auf dieser Ebene enorm und konnte nur langsam zurückgedrängt werden.

Du hast dich für den Fußball entschieden. 1959 rückte das komplette Juniorenteam, das Meister und Pokalsieger wurde, in die Männerabteilung der Armee-Fußballer auf. Das bedeutete: Uniform tragen, Soldat sein – und auf die „regelmäßigen Besuche bei Oma Henriette in Neukölln" verzichten. Welche Konsequenzen hatte dieser Einschnitt?

Ja, praktisch über Nacht wurden wir, alle Junioren, Mitglieder der Nationalen Voksarmee, also Soldaten. Das bedeutete ab sofort, keine Westlektüre mehr vom Klassenfeind zu lesen. Das traf auch meine fußballverrückten Cousins Günter und Heinz im Westen der Stadt. Bei denen konnte ich schön in der Westberliner „Fußball-Woche" und im „kicker" schmökern. Diese Sportblätter lagen bei den beiden Fans von Hansa 07 Kreuzberg immer auf dem Tisch. Jetzt versorgten mich Günter und Heinz mit dem „kicker" per Postsendung. Offiziell haben meine Cousins den „kicker" an die Adresse meiner Mutter geschickt. Das war so verabredet.

Regelmäßig – Donnerstag und Montag?

Schön wär's gewesen. Nein, die kamen total unregelmäßig. Fast alles hing vom Zollbeamten ab, ob dieser mit dem Fußballer Nöldner etwas anzufangen wusste oder nicht. Besser wurde es, als meine Mutter als Rentnerin wieder öfter nach Westberlin konnte. Da hat sie mir auch die ersten Adidas-Fußballschuhe mitgebracht.

Stichwort Adidas, da gibt es eine verbürgte Anekdote …

Ja, ja. Der Finanzchef der Armee griff da tief in sein Devisensäckel. Da die Fußballschuhe aus der DDR-Produktion zu jener Zeit nicht die beste Qualität besaßen, wurden in Westberlin Adidas-Töppen eingekauft. Doch das Problem lag in der Live-Ausstrahlung des Spiels. Adidas und Nationale Volksarmee – das war noch kein öffentliches Gespann. Und so musste noch jeder Spieler tags zuvor einen der drei weißen Streifen schwarz überpinseln. Ein neues Fabrikat war auf dem Markt. Adidas dürfte damals ganz schön verstört geguckt haben.

In Kürze konntest du mit Vorwärts die zweite Meisterschaft feiern und warst inzwischen als Unterleutnant einer der jüngsten Offiziere der Nationalen Volksarmee. Welche Privilegien brachte das mit sich?

Sicher, es war ein Privileg, dass die Armeeführung mir vertraute und ich mit einer Sondergenehmigung vom Verteidigungsminister meine Oma Henriette in Neukölln besuchen konnte. Nur manche Grenzposten, die sich für Fußball interessierten und mich als Vorwärts-Spieler erkannten, waren ein wenig über den Grenzgänger Nöldner irritiert.

Warum blieben bis dahin größere Erfolge im Europacup aus?

Die besten Mannschaften Europas waren schon in den fünfziger Jahren international besetzt. Real Madrid in der Ära des Argentiniers Di Stefano war das Paradebeispiel. Die Topmannschaften besaßen auch mehr Erfahrung und Cleverness. Wir dagegen schmorten weitestgehend im eigenen Saft. Ein freier Vereinswechsel war nicht erlaubt, und der Einfluss der Fußballgegner im DTSB machte sich immer mehr breit. Auch die Auffassung von Georg Buschner zur athletischen Dominanz, bei allem Respekt vor einigen imponierenden Resultaten mit der Auswahl, förderte nicht die notwendige spielerische Entwicklung. Buschners Fußball war nicht mehr mein Fußball.

Was war dein Fußball?

Eindeutig der von Karoly Soos. Unser ungarischer Trainer, der bei der Weltmeisterschaft 1954 zum Trainergespann von Weltklassespielern wie Puskás, Hidegkuti, Kocsis, Bozsik gehörte, setzte auf Technik, Spielwitz, taktische Intelligenz. Alle diese Komponenten fand man im Vorwärts-Spiel wieder. Nicht umsonst galten wir als Mannschaft mit ungarischem Esprit. Schon 1959. ■

ZEITZEUGE ROLF FRITZSCHE

„MIT BASKENMÜTZE UND SONNENBRILLE IN DEN WESTEN“

Seine Stimme klang frisch, die Worte sprudelten. Rolf Fritzsche machte mit seinen 80 Jahren einen putzmunteren Eindruck, obwohl ihm im letzten Jahrzehnt vier Bypässe gelegt werden mussten, auch Knie- und Hüftoperationen notwendig wurden. „Aber Radfahren, das geht noch“, meint der in Kassel lebende Pensionär. 1958 stand der elegante und antrittsschnelle Mittelstürmer in der ersten Vorwärts-Meisterelf, für die „Rolli“ Fritzsche in 16 Spielen sieben Tore beisteuerte. Doch 1959 kam der gebürtige Ostthüringer, der in der Nähe der Skatspielstadt Altenburg, in Rositz aufwuchs, nur noch fünfmal zum Einsatz. Im September des Jahres, kurz vor dem Europacupdebüt seines Vereins und zwei Jahre vor dem Mauerbau, setzte sich Fritzsche mit der S-Bahn in den Westteil Berlins ab.

War das der Hauptgrund für Ihren Entschluss, in den Westen zu gehen?

Natürlich bist du unzufrieden, wenn du nicht regelmäßig spielst und sogar in der Reserve landest. Zunächst wollte ich ja nur zu Dynamo Berlin oder Motor Zwickau wechseln. Aber da führte kein Weg rein. Meine Fünf-Jahres-Verpflichtung war gerade abgelaufen. Ich sollte noch einmal für fünf Jahre unterschreiben. Aber das wollte ich nicht. Diese Bevormundung und der Kommandoton behagten mir nicht. Zeitweise hatten wir vier Trainer, den Ungarn Gyarmati, einen ausgewiesenen Fachmann, Kurt Vorkauf, Kurt Fritzsche und den Russen Schalow. Aber du wusstest nie ganz genau, wer den heißen Draht nach oben hat, zu den Generälen. Das erzeugte eine Atmosphäre der Unsicherheit. Du hast deshalb geschaut, schon beim Training, so wenig Fehler wie möglich zu machen. Das hemmte die Kreativität. Wehe, du hast dich nicht untergeordnet.

Reizte Sie es überhaupt nicht, beim Europacupdebüt für Vorwärts gegen den englischen Meister Wolverhampton Wanderers zu stürmen?

Das war für mich ab Juli schon kein Thema mehr. Die Chancen standen für mich seitdem gleich null. Da wurden mir, Horst Assmy und Werner Unger öffentlich mangelnde Trainingseinstellung und Leistungsbereitschaft vorgeworfen. Doch das war alles an den Haaren herbeigezogen. Klar, wir waren jung, ich noch nicht verheiratet. Da hat man schon mal die Nächte durchgemacht. „Hadscha“ und ich, wir sind durch dick und dünn gegangen. Bekannter Treff war das Café in der Friedrichstraße, im ersten Stock. Aber auch der Friedrichstadtpalast, mit seinen flotten hübschen Tänzerinnen. Da kam man zum Training schon mal etwas blass und abgespannt. Aber wir haben uns nicht etwa hängen lassen.

Warum haben Sie sich letztlich zu der Nacht- und Nebelaktion entschlossen?

Als mir klar war, dass für mich im Osten alle Türen zu sind. Mir wurde mitgeteilt, wenn ich nicht für weitere fünf Jahre bei Vorwärts unterschreibe, werde ich aus dem ASK ausgeschlossen und aus der NVA entlassen, also arbeitslos sein. Außerdem müsste ich innerhalb von 14 Tagen den Ring um Berlin verlassen. Daraufhin habe ich „Justav" Eder, der eigentlich Hans hieß, den jedoch alle mit „Justav" ansprachen, kontaktiert. Der kam ja aus dem Osten, aus der Wuhlheide, und spielte damals bei Tennis Borussia im Mittelfeld eine großartige Rolle, auch noch in der Bundesliga für Hertha. Ein Mann für alle Fälle. Wir trafen uns immer regelmäßig im Café an der Friedrichstraße. „Justav" hatte unsere Situation immer verfolgt und war auf dem Laufenden.

Was hat er Ihnen geraten?

Die Entscheidung konnte uns keiner abnehmen. Als einziger Sohn habe ich schnell noch meine Eltern nachgeholt. Mein Vater arbeitete als Wiegemeister im Braunkohlewerk Leipzig, wo er schon den Druck spürte. Das Disziplinarverfahren gegen seinen Sohn, einen Leutnant der NVA, das durfte nicht sein. Mit Baskenmütze und Sonnenbrille getarnt, bin ich dann mit der S-Bahn Richtung Zoo gefahren, wo mich „Justav" Eder empfing. Auch „Hadscha" Assmy kam hinzu. Nur Werner „Peitsche" Unger hatte offenbar kalte Füße bekommen und erschien nicht zum vereinbarten Treff.

Sie haben zunächst bei Tennis Borussia angeheuert, zogen aber noch vor Beendigung Ihrer FIFA-Sperre in den Südwesten und unterschrieben beim FK Pirmasens. Warum?

Berlin war in jener Zeit ein gefährliches Pflaster für Flüchtlinge. Außerdem rückte ich so auch mehr in den Fokus von Sepp Herberger. Die WM 1962 war schon noch ein Fernziel. Der Bundestrainer setzte mich ja dann auch in einem Testspiel ein. Leider hat es am Ende nicht für Chile gereicht.

Wie sind Sie auf die Idee gekommen, zum Hamburger SV zu wechseln?

Ich denke, mit 24 Toren in 28 Spielen für Pirmasens wurde ich für den HSV auch interessant. Außerdem lockte es schon, einmal neben Uwe Seeler zu stürmen. Wir holten ja auch gleich 1963 die Meisterschaft in der Oberliga Nord. Aber auch international konnte ich schon vor Saisonstart überzeugen. Beim 4:2-Testspiel gegen Roter Stern Belgrad traf ich zweimal, und beim 3:3 gegen den FC Santos mit dem großen Pelé lieferte ich zweimal die Vorlage.

Obwohl der HSV schon mit Ihnen für die 1963 eingeführte Bundesliga plante, zogen Sie, für viele Experten überraschend, ein Angebot vom KSV Hessen Kassel vor. Weshalb?

Den Ausschlag gab für mich, dass ich mit einer Stelle im Außendienst der Herkules-Brauerei eine berufliche Absicherung erhielt. Das war mir mehr wert als die Bundesliga in ihrer Startphase. Außerdem war ich wieder mit meinem Freund „Hadscha" Assmy vereint. Es wurden noch tolle sieben Jahre. 1964 holten wir die Süddeutsche Meisterschaft. Zu dieser Zeit war das Auestadion mit 30.000 Zuschauern proppevoll. Ich denke, mit 81 Toren in 192 Spielen kam ich noch einmal auf eine stattliche Bilanz.

Haben Sie noch Kontakt zu einstigen Mitspielern oder Kontrahenten aus dem Osten?

Der Berliner Fußballverband organisiert alle zwei Jahre ein Treffen mit ehemaligen Spielern am Wannsee. Eine tolle

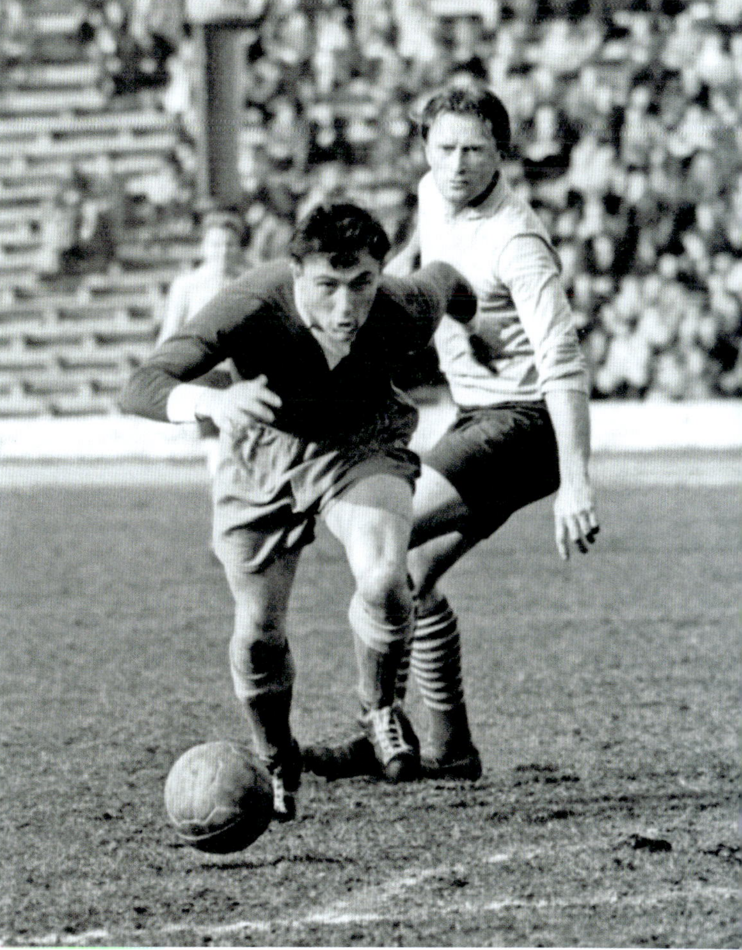

Kaum zu halten: Rolf Fritzsche, noch im Berliner Jahnstadion, April 1958. Eineinhalb Jahre später ging er in den Westen.

Sache. Da habe ich „Justav" Eder wiedergetroffen, auch den Dynamo-Torhüter Willi Marquardt und den Vorwärts-Keeper „Spicke" Spickenagel, der leider inzwischen verstorben ist. Ja, die Reihen lichten sich. Schon ein komisches Gefühl.

***

Mit 37 Jahren ließ „Rolli" Fritzsche, später mehrfacher Stadtmeister im Tennis, seine Laufbahn ausklingen. Begonnen hatte seine kurze internationale Karriere (2 A-Länderspiele) mit einem halbstündigen Auftritt in jener DDR-Auswahl, die 1955 im Bukarester Stadion „23. August" mit einem 3:2-Sieg zum ersten Erfolg im siebten Länderspiel kam. Der damals 21-jährige Vorwärts-Stürmer war am Siegtor von Tröger in letzter Minute beteiligt. Erinnert daran wurde ich bei meiner ersten Rumänien-Reise 1959.

„Aice este gara de nord Bucuresti – hier ist der Bukarester Nordbahnhof." Es war das Ende einer 33-stündigen Zugreise, frei nach Hertha Müller: „Man muss das Dorf irgendwann verlassen, wenn man jung werden will." Zweimal war ich mit meiner Großmutter Marie-Helen bei ihrer Schwester in Bukarest. Das erste Mal 1959, dann noch einmal 1963, als Ulbricht in Bukarest die Rumänen mit seiner Fistelstimme erheiterte: Balkan, Bukarest, Betonklötze, Ballfieber …

Diese Eindrücke hielt ich für eine „Rumänienreportage" fest. Ein Türöffner für den Abiturienten. Dem Chefredakteur vom „Tageblatt" in Dresden gefielen jedenfalls meine „Bukarester Impressionen". Für 310 Mark wurde ich als Volontär eingestellt. Start in der Lokalredaktion, danach Schnupperkurs in der Kulturabteilung. Nebenbei Berichte für das „Deutsche Sportecho". Bis die Armeezeit kam… ■

PORTRÄT KARL-HEINZ SPICKENAGEL

„SPICKE“ AUCH OHNE SHOW EXTRAKLASSE

„Deine Klamotten waren ja nach dem Spiel genauso sauber wie vorher“, witzelten seine Freunde beim alljährlichen Vorwärts-Oldietreff, am ersten Freitag im Dezember. Da konterte Karl-Heinz Spickenagel, den alle nur „Spicke“ nannten, wie gewohnt: „Ich musste mich eben nie in die Pampe werfen, weil ich ein gutes Auge und Stellungsspiel hatte.“ Irgendwann aber fehlte die Torwartlegende der fünfziger und sechziger Jahre beim Veteranen-Wiedersehen. Kurz nach seinem 80. Geburtstag, am 19. März 2012, verstarb „Spicke“ in seiner Wahlheimat Frankfurt (Oder).

Der Berliner Junge begann 1947 seine Torhüterlaufbahn bei Fortuna/Einheit Pankow. Über die Amateure von Hertha BSC und den „Talenteschuppen“ SC DHfK Leipzig führte „Spicke“ der Weg im Januar 1955 zum Berliner ZSK Vorwärts (den späteren ASK Vorwärts). Der schlanke, stets gut gescheitelte junge Mann ging in jener Zeit bei den Frauen als durchaus gefragter Typ durch. Gefragt war „Spicke“ aber vor allem als „Saubermann“ im Tor. „Er hat sich nur selten in den Dreck geschmissen“, weiß sein einstiger Kollege Rainer Nachtigall: „Er war auch kein Trainingsweltmeister, aber er hat die Spielsituationen antizipiert wie kein anderer Torhüter. Bärenstark sein Stellungsspiel.“

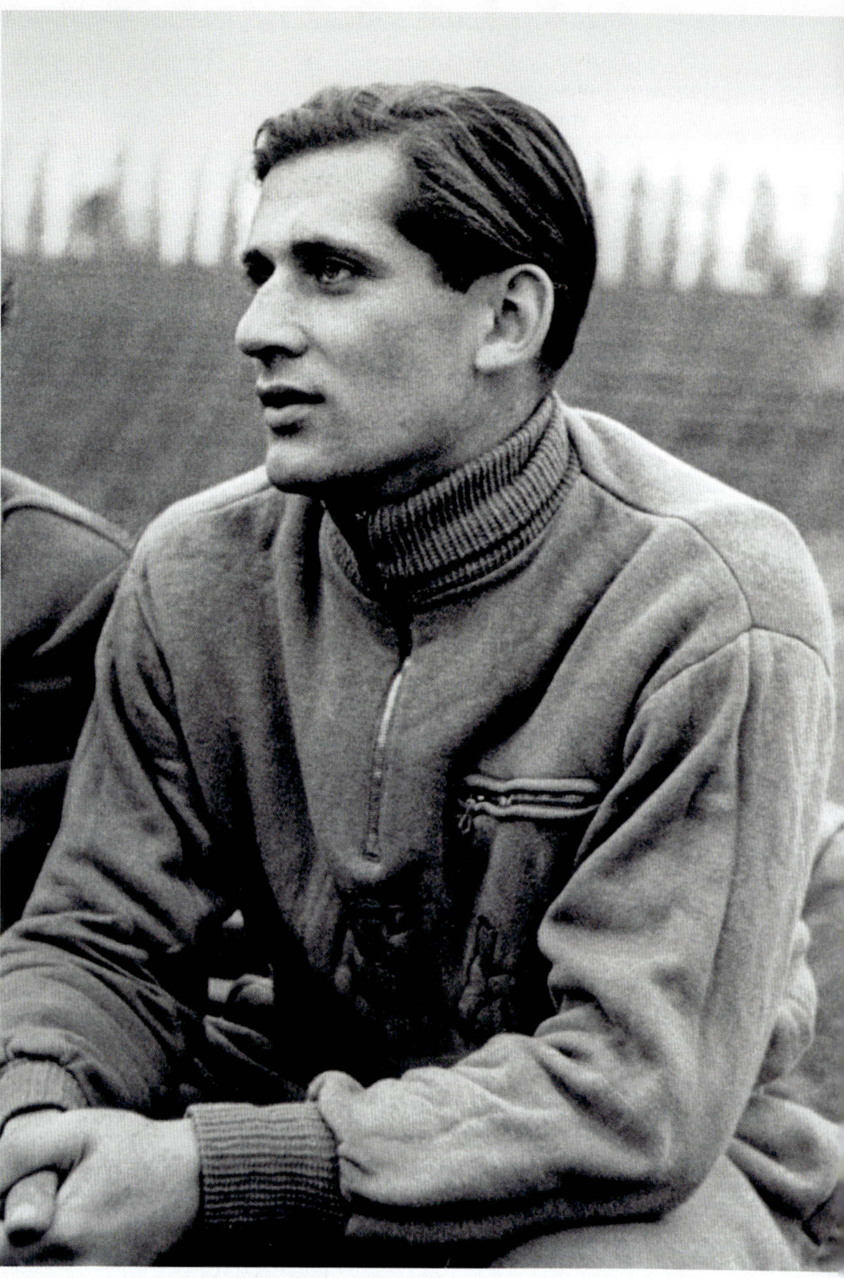

Karl-Heinz-Spickenagel im Jahr 1957.

Diese Fähigkeiten sicherten ihm als ersten Keeper in der Nationalmannschaft einen Stammplatz. Nach dem Dessauer Wolfgang Klank und dem Leipziger Günter Busch war der Vorwärts-Keeper im fünften Länderspiel bereits die dritte Nummer eins. Im siebten Vergleich feierte er mit der DDR-Auswahl beim 3:2-Erfolg in Bukarest 1955 den ersten Länderspielsieg. Bis zu seinem Abschied am 3. Mai 1962 in Moskau gegen die Sowjetunion (u. a. mit Jaschin) stand er in acht Jahren 29-mal zwischen den Pfosten, dabei siebenmal mit der Binde des Auswahlkapitäns.

Karl-Heinz Spickenagel war bei der Armeemannschaft ein Star der ersten Stunde. Mit ihm als Mann der Extraklasse ohne Show holten die Rot-Gelben zwischen 1958 und 1962 dreimal die Meisterschaft. 1964 zog „Spicke“ nach 176 Oberligaspielen seine „sauberen Klamotten“ aus und machte das Tor frei für seine Nachfolger Alfred Zulkowski und Gerhard Weiß. Doch er hielt seinem Verein Vorwärts stets die Stange – als Nachwuchstrainer, Mannschaftsleiter, Klubchef. Selbst als der Verein 1971 auf Berliner Befehl den „Marsch in die Provinz“, von Berlin nach Frankfurt (Oder), antreten musste, zog er mit – auch alle Lasten: „Eine acht Zentner schwere Stadionuhr mussten wir bei strömendem Regen aus dem Jahnsportpark auf einen Tieflader abseilen und ins Frankfurter Stadion transportieren.“

„Spicke“ blieb in Frankfurt. Wenn Enkel oder Urenkel einmal nach seiner besten Leistung fragen sollten, dann liegen weißbärtige Großväter und Urgroßväter nicht falsch, wenn sie an das Europacupspiel des ASK Vorwärts Berlin 1959 in der „Wolfshöhle“ von Wolverhampton erinnern. ■

einen Stopp in München-Riem zum Auftanken vor. Beim dritten Startversuch raste die zweimotorige „Elizabeth 609" im Nebel gegen die Böschung und explodierte. Acht Spieler starben. Bobby Charlton war einer der Glücklichen, die mit leichten Schrammen aus den Trümmern gezogen wurden. Matt Busby überlebte den Todeskampf in einem Münchner Krankenhaus, jedoch nicht Wunderboy Duncan Edwards, Bobby Charltons bester Freund. Der hochbegabte 21-jährige Mittelfeldspieler Edwards hatte damals noch ein Telegramm an seine Vermieterin geschickt: „Haben Startprobleme in München. Komme später." Dieses Zeitdokument ist im Busby-Museum von Manchester aufbewahrt. In der von Glanz und Tragik gefärbten Geschichte Bobby Charltons folgte 1966 der WM-Gewinn, die größte Stunde des Fußball-Mutterlandes.

Für Charltons fußballerischen Ziehvater, Matt Busby, war jedoch ein anderer Titel wichtiger. Immer wieder forderte er: „Was ist mit dem europäischen Meistercup, Bobby?" Oh ja, den schuldeten Manchester United und nicht zuletzt Bobby Charlton den toten „Busby Babes". Im Sommer 1965 war United erstmals seit dem Unglück wieder englischer Meister geworden und hatte damit die Chance erhalten, endlich den Europapokal-Traum wahrzumachen. Mit Bobby Charlton, dem nordirischen Nationalkeeper Harry Gregg, Mittelläufer Bill Foulkes und Manager Matt Busby waren noch vier Überlebende des Flugzeugunglücks dabei.

United – eine gesamtbritische Auswahl

Welch riesiges Potenzial in Busbys zweiter „Jahrhundertelf" steckte, offenbarte das Rückspiel. Kein Charlton, kein Law, kein Best trafen beim 3:1, sondern gleich im Dreierpack David Herd. Der Halbstürmer war einer von drei Schotten in der Berlin-Elf – neben Law und Crerand. Dem schottischen Manager Matt Busby stand zu jener Zeit eine gesamtbritische Auswahl zur Verfügung. Fast jede Position konnte gleichwertig ersetzt werden. Genau daran mangelte es den DDR-Spitzenklubs. Fritz Belger, Verbandstrainer, später wieder als Trainer für Vorwärts verantwortlich, hob im Fachblatt „Fußball-Woche" den Zeigefinger: „Wenn wir im Europacup weiter vordringen wollen, dann müssen wir vor allem auf den Positionen der Stürmer besser besetzt sein. Das größere Angebot an Angreifern bei den profilierten Profiklubs macht oft den Unterschied aus."

Welche Möglichkeiten gab es beispielsweise für einen Vorwärts-Spieler, nach Dresden, Jena, Leipzig oder Magdeburg zu wechseln, also zu Mannschaften, die ziemlich regelmäßig im Europacup involviert waren? Jürgen Nöldner, der langjährige Kapitän der Armee-Elf und spätere Leiter der Berlin-Redaktion beim „kicker", klärte auf: „Ein Vereinswechsel durfte nur mit Genehmigung des eigenen Klubs, des Deutschen Fußball-Verbandes (DFV) und bei Nationalspielern nur mit dem Segen des Deutschen Turn-und Sportbundes (DTSB) erfolgen. So gab es keine Alternative, zumal die Spieler durchweg Angehörige der Nationalen Volksarmee waren."

Da die Spieler weiterhin „kein Objekt des Marktes" sein durften, ein freier Wechsel nicht erlaubt war, Transfers nur administrativ geregelt wurden, blieben die Erfolgschancen in allen Wettbewerben des Europapokals gering – so auch jene vom ASK Vorwärts in zwei Vergleichen mit Manchester United. Selbst ein Anheuern von Stars aus den damaligen „Bruderstaaten" wurde von den Sportoberen abgeschmettert und als „moderner Menschenhandel" diskreditiert. Welchen Allmachtsgedanken konnte sich im Vergleich dazu Matt Busby hingeben: Seine „roten Rebellen" kamen aus allen Teilen der Insel.

Vier Engländer bildeten Uniteds Kern: Charlton, Stiles, Foulkes und Conelly. Dazu kamen die sieben Nicht-Engländer: die schottischen Offensivkräfte Law, Crerand und Herd, Torhüter Gregg und Dribbelwunder George Best aus Nordirland, Linksverteidiger Cantwell aus Irland und Rechtsverteidiger Dunne aus Irland. Viele Experten auf der Insel stuften das Team höher ein als Englands Nationalmannschaft. Matt Busby hatte mithilfe seines Scouting-Teams die zweiten „Busby Babes" aufgezogen und fast jede Position mit einem Double besetzt. Mit diesem – für damalige Verhältnisse – gigantischen Kader schied Matt Busby zwar 1965/66 im Viertelfinale gegen Benfica Lissabon aus, holte aber drei Jahre später, 1968, mit United als erstem englischen Verein den Europacup der Landesmeister. Sir Matt Busby: „Den Cup schuldete Manchester United und nicht zuletzt Bobby Charlton den toten ‚Busby Babes' vom Old Trafford."

***

Abschied von Bobby Charlton, Abschied von Berlin. Wie gern wären wir alle mit dem nächsten Zug nach Hause gezischt und nicht zurück in die Einöde des Panzerregiments von Torgelow. Doch der graue Wehrdienstausweis mit der blechernen „Hundemarke" und der Ausgehschein erinnerten daran, dass das Rausdürfen um Mitternacht ein Ende hat. Die Flasche Schnaps kreiste noch mal im Zugabteil. Major Thurchow, kein Scharfer, drückte beide Augen zu und dämmerte dahin. Wären wir wenige Jährchen später eingezogen worden, dann hätten wir möglicherweise auch „Bad Moon Rising", den Song vom scheidenden Zivilisten „zur Fahne", auf den Lippen gehabt. „Abschied von Sex und tollen Weibern / Abschied von Suff und LSD / Abschied von Rock und Jimi Hendrix / Abschied, wir müssen zur Armee."

Wieder im „Objekt", stürzte sich jeder auf Post. Meine Patentante Ilse aus dem fränkischen Dinkelsbühl, so schrieb meine Mutter, wolle mir ein WM-Buch mitbringen und mich besuchen. Ihr musste erst erklärt werden, dass ich als NVA-Soldat keine Westlektüre lesen und keinen Westbesuch empfangen durfte. Sie fand eine andere Lösung, traf sich mit ihrem ostdeutschen Bruder am Plattensee in Ungarn, nicht zu Unrecht in jener Zeit als „fröhlichste Baracke" mit westlichem Hauch unter den Ostblock-Ländern gesehen. Über diesen „Transitweg", von DDR-Bürgern schon damals bevorzugt, kam ich noch zu meinem Geschenk – am 28. April 1967, dem Tag der Entlassung als Gefreiter.

1969/70: Roter Stern – vom Himmel geholt

Wer spielt gegen Dzajic? Diese Frage beschäftigte Vorwärts-Trainer Fritz Belger vor dem Achtelfinal-Hinspiel im November 1969 am meisten. Nachvollziehbar, denn der 23-Jährige von Roter Stern Belgrad hatte Jugoslawien 1968 zur Vize-Europameisterschaft geführt und galt als weltbester Linksaußen. Sein Trainer Miljan Miljanic entdeckte ihn als 18-Jäh-

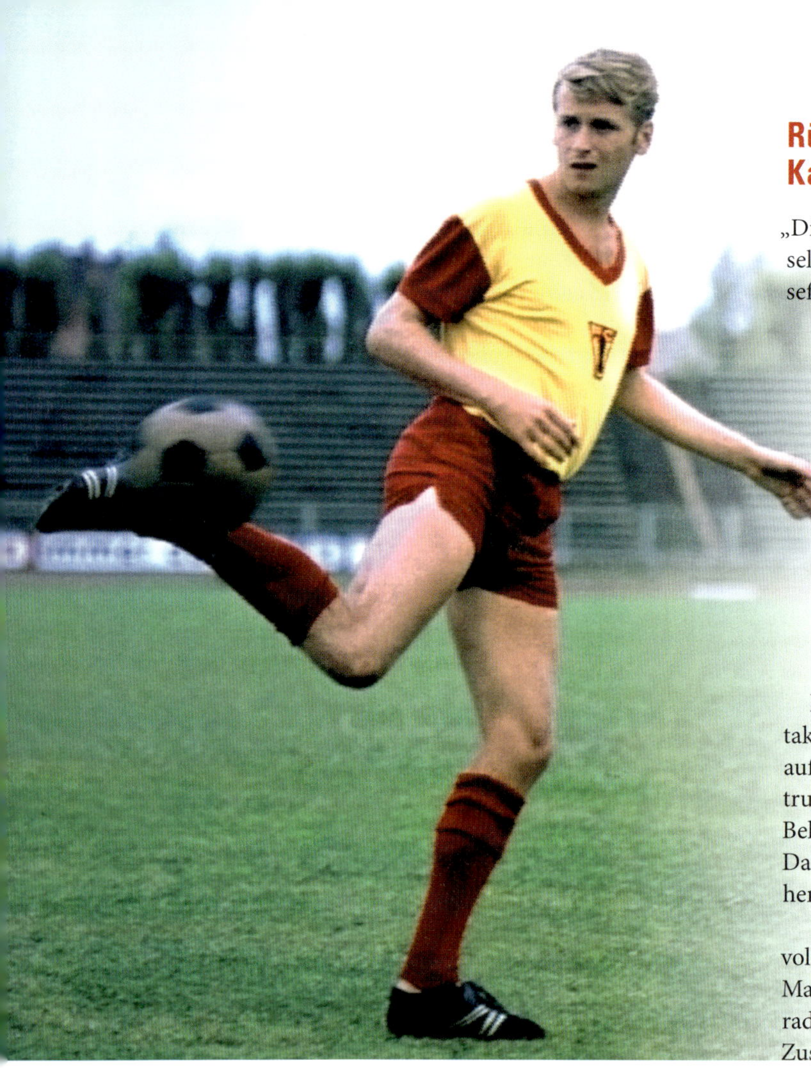

Gerhard „Theo" Körner im legendären gelb-roten Trikot.

rigen in Ub, einer Kleinstadt in der Nähe Belgrads. „Technisch perfekt, einfallsreich, exzellent im Dribbling", fasste Fritz Belger sein Urteil über den Superstar in einer Mannschaft der Extraklasse zusammen: „Einfach Weltklasse."

Vorwärts-Trainer Belger traute am ehesten Erich Hamann die knifflige Aufgabe zu, den Ausnahmestürmer zu bremsen. Doch weder der etatmäßige Stopper Hamann (gegen Dzajic als Rechtsverteidiger) noch die komplette Meisterelf fanden gegen die spielerisch brillanten Belgrader die richtige Einstellung. Einzig Torhüter Alfred Zulkowski präsentierte sich in Topform und verhinderte nach dem 0:1 von Antonijevic nach einer Viertelstunde noch vier hochkarätige Möglichkeiten für den neunmaligen jugoslawischen Meister. Das Fachblatt „Fußball-Woche" titelte dann auch zielgenau: „Die Sternstunde des Alfred Zulkowski".

Obgleich bei Weitem nicht in Bestform, steigerte sich Vorwärts allmählich und drehte das Spiel. Nöldners Pässe kamen präziser, Fräßdorf entwickelte mehr Druck aus dem Mittelfeld, und Hamann störte erfolgreicher die Salomläufe von Dzajic. Vorwärts erwies sich letztlich als Meister der Effizienz: Zunächst traf Otto Fräßdorf nach einer guten halben Stunde zum 1:1, in Halbzeit zwei Horst Begerad zum 2:1-Siegtreffer. Zwei Chancen, zwei Tore! „Wenn wir nur die Hälfte unserer Chancen genutzt hätten, wären wir schon nach diesem Spiel im Viertelfinale", schüttelte Dragan Dzajic beim abendlichen Essen im Berliner „Sporthotel" den Kopf und prophezeite dem FC Vorwärts im Belgrader Marakana-Stadion einen „heißen Tanz".

Rückspiel in Belgrad: Nöldner als „kühler Karajan"

„Die ‚10' ist wie ein Adelsprädikat, wie der Code für Schlüsselfiguren", so charakterisierte der Sportjournalist Hans-Josef Justen das Fußball-Markenzeichen von Ewigkeitsrang. Es sind die „Macher, Vordenker, Regisseure". Es waren Legenden wie Pelé, Maradona, Puskás, Fritz Walter (zur WM 54 mit der Nummer 16). Es war in der Berliner Vorwärts-Mannschaft Jürgen Nöldner – der kühl kalkulierende „rot-gelbe Karajan". Seine taktischen Streiche, auch außerhalb des Rasenvierecks, sind legendär.

Verbürgt ist diese Geschichte: Vor dem Europacup-Rückspiel bei Roter Stern Belgrad 1969 nahm Nöldner den Kern seiner Mannschaft zusammen und gab eine andere Taktik aus als zuvor Trainer Fritz Belger. Mittelfeldspieler „Theo" Körner grinst noch heute, wenn er daran denkt, wie „Kuppe" Nöldner den taktischen Plan, den Belger auf einer Tafel im Billardraum aufgemalt hatte, „in guter Absicht" wegwischte. Die Truppe trug seine offensivere Variante mit. „Nach dem Spiel fragte Belger: Wieso hatte denn der Rechtsverteidiger so viel Raum? Da haben wir entgegnet: Aber Trainer, Sie haben doch gesehen, dass der keine brauchbare Flanke vors Tor brachte."

Der Plan B des spielstarken Kapitäns Nöldner ging also vollkommen auf. Vor 25.000 heißblütigen Fans im Belgrader Marakana trafen die zwei Tore von Mittelstürmer Horst Begerad Roter Stern wie Blitze aus heiterem Himmel. Brillant das Zusammenspiel zwischen Regisseur Nöldner und dem Doppeltorschützen Begerad zum 2:1 nach einer knappen Stunde. „Konterangriffe nach Maß" applaudierte die Zeitung „Sportske Novosti". Otto Fräßdorf entzauberte Weltstar Dzajic, bis dieser nach einer halben Stunde verletzt ausschied. „Theo" Körner und „Kuppe" Nöldner sorgten mit eleganten Dribblings und präzisen Pässen für die energischen und schnellen Konterangriffe. Da die Vorwärts-Defensive auch nach dem 2:3 in der heißen 30-minütigen Schlussphase kühlen Kopf bewahrte, zog der FC Vorwärts Berlin nach der neuen Auswärtstorregel ins Viertelfinale ein: 2:1-Sieg und 2:3-Niederlage ergaben demnach ein Torverhältnis von 6:5. Damit war der DDR-Meister erstmals nach elf Jahren (nach Wismut Aue) im europäischen Meistercup wieder unter den letzten acht.

Happels Pressing raubte die Luft

Im Viertelfinale kam dann das Stoppzeichen durch das Hochglanzteam vom schweigsamen wie rätselhaften Österreicher Ernst Happel, durch den späteren Europapokalgewinner Feyenoord Rotterdam, durch die „Erfinder des Pressings". Dabei war im Hinspiel durch Israel, Jansen, van Hanegem, alle später Vizeweltmeister, und Schwedens Top-Torjäger Kindvall mehr als nur der 1:0-Kopfballtreffer von Piepenburg drin.

Im „Kuip" von Rotterdam hielt Vorwärts bis zur 47. Minute die Partie offen, bis Linksaußen Moulijn mit seiner Hexerei die 68.000 von den Sitzen riss und Fräßdorf schwindlig spielte. Wery und der schwedische Nationalspieler Kindvall schlugen mit ihren Toren den Berlinern endgültig die Tür zum Halbfinale zu.

„Kommste mit auf'n Exer?"

Seitdem ich den Traumjob als „Sportecho"-Redakteur in der Fußballabteilung von Horst Friedemann aufnehmen konnte, also ab dem Jahr 1967, kam ich häufiger zu den Vorwärts-Fußballern in den Jahnsportpark, in den Stadtteil Prenzlauer Berg, ungefähr fünf Minuten zu Fuß von meiner Wohnung in der Cantianstraße, wo noch an den aschgrauen Außenwänden des bröckelnden Altbaus Einschusslöcher zu sehen waren. Die Rote Armee war in Berlin in erbitterte Straßenkämpfe verwickelt, mit Zehntausenden Opfern. Bis Mai 1945, und auch im Prenzlauer Berg. Der war als einer der wenigen Stadtteile dem Bombenhagel der Alliierten entkommen. Auch der „Exer".

Diese Kriegserinnerung war noch keine Geschichte für meinen kleinen Sohn André, der erstmals auf dem „Exer" mit flatternden Hosen bei der BSG Brauereien in einer richtigen Mannschaft trainieren durfte. Ein paar Spielfelder von den Vorwärts-Größen entfernt. Immer häufiger fragte ich ihn oder er mich: „Kommste mit auf`n Exer?"

Seinen braunen Ball ans Herz gedrückt wie ein lieb gewonnenes Stofftierchen, rannte André auf seine Spielgefährten zu – auf Thomas Schenke, Ronald Preuß, Uwe Hollmann, die beiden Ralfs, Jäger und Spindler. Mit René Raske hatte er schon nebenan auf dem Falkplatz gekickt. Übungsleiter Manfred „Manne" Garske brachte den Kids alles bei: Torschusstraining, Jonglieren, Dribbeln, Köpfen. Herzerwärmende und lustvolle Atmosphäre unter den Steppkes beim Üben. Der Lohn: Kreismeister vom Prenzlauer Berg; auf einem Gelände, das ein gewisser Gutsherr Griebenow 1825 dem preußischen Militär für 9.518 Taler zum „Exer"zieren verkauft hatte. Preußen – auf der einen Seite Hort des Militarismus, auf der anderen Seite Wiege des modernen Staates. Kein Geringerer als Lenin war es, der „die eiserne Disziplin, die Schlichtheit und den stählernen Volkscharakter" der Preußen bestaunt hatte. Selbst im inzwischen versunkenen Land hatten die Machthaber kapiert, dass auch ein sozialistischer Staat nicht ohne typische preußische Tugenden zu errichten sei. Bei der großen Wachablösung krachten die Stiefel auf das asphaltierte Pflaster, da wurde im Stechschritt paradiert. Zackige Kommandos, Marschmusik. Preußens Gloria – sie gehören zur Geschichte des „Exer".

Der Legende nach soll hier auch einmal ein gewisser Andy Thom im schlottrigen BFC-Trikot aufgekreuzt sein. Alle sirrenden Pfeile bei einem 10:0 kamen von ihm. Ja, der Fußball im Knirpsenalter vereinte und begeisterte, machte selbstbewusst und unabhängig. So ähnlich muss es auch der ukrainische Autor Serhij Zhadan gesehen haben, der in seiner selektiven Erinnerung festhielt: „Fußball im Mini-Alter war unser erstes Gesellschaftsmodell, unsere erste Weltanschauung, eine ziemlich sympathische dazu. Später hat sich das alles verflüchtigt. Wir wurden Jünglinge und mussten einsehen, dass Fußballregeln außerhalb des Spielfeldes keine Gültigkeit haben und dass deine Freunde außerhalb des Stadions nicht immer an deiner Seite spielen. Das Leben änderte sich."

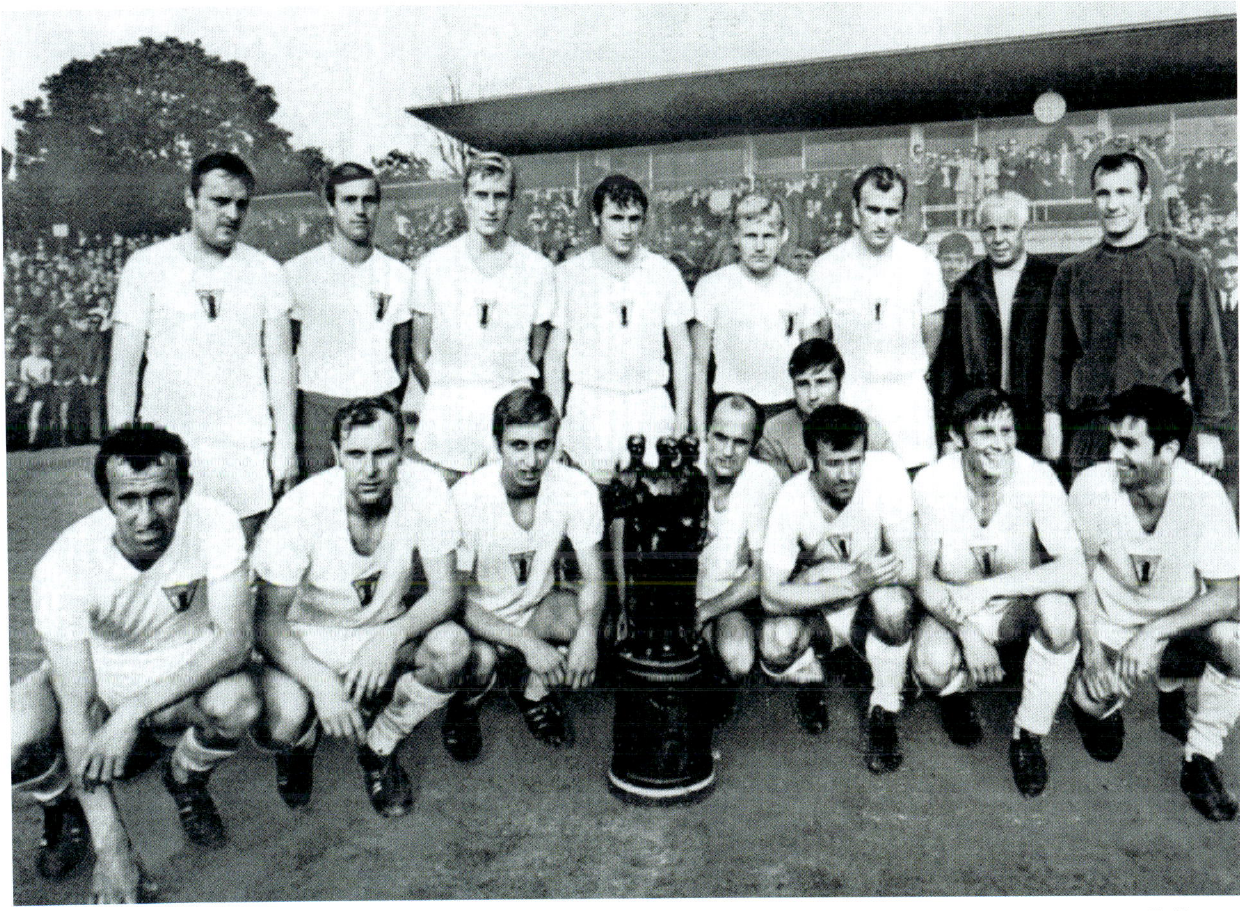

FC Vorwärts – Pokalsieger 1970. Oben v. l.: Jürgen „Kuppe" Nöldner, Wilhelm Laslop, Wolfgang Strübing, Gerhard „Theo" Körner, Rolf Klippstein, Horst Begerad, Trainer Fritz Belger und Stammtorhüter Alfred Zulkowski. Unten v. l.: Jürgen Piepenburg, Manfred Müller, Rainer Withulz, Otto Fräßdorf, Erich Hamann, hinter ihm Ersatztorhüter Hartmut Neuhaus, Jürgen Pfefferkorn, Horst Wruck.

Erkenntnisse im Mitropa-Abteil

Als Jugendlicher, ohne vorgefasste Meinung zur Armee, musste man das technisch brillante Spiel des Armeeklubs Vorwärts am Bildschirm mögen. Es war aber noch einmal etwas ganz anderes, einen persönlichen Eindruck zu bekommen. Mich interessierte: Wie tickte die Mannschaft des Rekordmeisters? Was machte ihren einzigartigen Stil aus? Wodurch wurde Vorwärts zu einer auch international geachteten Marke?

Der erste Blick auf das Training verriet: Keine Übung ohne Ball, jeder beherrschte das hohe C des Fußballs, den technisch brillanten Umgang mit dem Ball. Als Fußballjournalist war ich jetzt näher an den Protagonisten des Meisterjahrzehnts dran. Doch nahe genug?

Da half mir auch die Zeit ohne globale Fußballvernetzung. Nach einem Spiel in Rostock verabschiedete sich Trainer Fritz Belger ins heimatliche Halle. Die Mannschaft nahm, wie ich, den planmäßigen Zug nach Berlin, wertete im Mitropa-Abteil bei einem Pils das Spiel aus und versuchte Erich Hamann zu überzeugen, weiterhin bei Vorwärts zu bleiben. So eine Nähe wäre heute wohl undenkbar.

Im Kreise einer Handvoll Journalisten ließ Dirigent Nöldner durchblicken, nach welcher bestimmten Idee, die gleichzeitig seine Idee war, bei Vorwärts Fußball gespielt und ausgewählt wird: „Technik, Spielwitz, Intelligenz, sicheres Passen gelten als Forderung. Wer sie nicht aufbringt, fällt durch das Sieb und ist bald als ungeeignet aussortiert."

Der grazile Techniker „Theo" Körner erklärte: „Ballbesitz ging über alles. Den direkten Kurzpass haben wir bis zum Gehtnichtmehr geübt, bei hohem Tempo, bis zur Erschöpfung, täglich."

Der Supersprinter Rainer Nachtigall gab mir ein Beispiel von seiner Vision der Harmonie unter „Pärchen": „Der Jürgen (Nöldner) hat in acht von zehn Fällen gewusst, wann er mich anzuspielen hat. In zwei Fällen habe ich die Richtung vorgegeben." Nachtigall & Nöldner, dieses Duo beeindruckte sogar den westdeutschen Bundestrainer Sepp Herberger, der nach dem 3:0-Erfolg der DDR-Mannschaft in der Olympia-Qualifikation 1963 in Karl-Marx-Stadt gegen die Bundesrepublik bemerkte: „Mit Nachtigall wären auf Jahre hinaus alle Probleme auf Rechtsaußen gelöst." Doch Nachtigall stellte schnell klar: „Meine Eltern hätte ich nie im Stich gelassen." Pech für ihn, dass mehrere Knieverletzungen die ganz große Karriere verhinderten.

Summa summarum: Bei Vorwärts war das gesamte Spiel in hohem Maß auf eine Person konzentriert, auf den intuitiven, intelligenten und ganz auf Ökonomie ausgerichteten Dirigenten Nöldner. Dem Anführer folgten die Untertanen, weil sie wussten: „‚Kuppe' kann ein Spiel allein entscheiden."

Der attraktive Stil und die ersten Meisterschaftserfolge lockten weitere Talente zu Vorwärts. Sie wurden weder dahin delegiert noch in den Jahnsportpark geprügelt, wie hin und wieder behauptet wird. Bereits zwei Jahre nach dem ersten Titelgewinn 1958 bekam die Meisterelf neue Gesichter. Jürgen Nöldner, Günter Hoge und Uli Prüfke waren aus der eigenen Meister- und Pokalsieger-Elf der Junioren aufgerückt. Aus Hoyerswerda empfahl sich Rainer Nachtigall, der superschnelle Rechtsaußen und Journalistikstudent. Günter Riese, ein dynamisches Kraftpaket, kam aus Hettstedt. Gerhard „Theo" Körner aus Wilkau-Haßlau bei Zwickau und Otto Fräßdorf aus Magdeburg suchten ihre Chance über den „zweiten Bildungsweg" und reiften ein Jahr in der Reservemannschaft. Beim dritten Titelgewinn gehörten der geniale Techniker Körner und der Publikumsliebling Fräßdorf schon zum rot-gelben Meisterteam.

***

Meisterträume? Vielleicht. Die Kleinen wollten noch bolzen, bis der Ball in der Dämmerung verschwamm.

„Papa, noch einmal jonglieren, bitte!"

Wer kann da als Vater Nein sagen, zumal es über dem Jahnsportpark eh nie stockdunkel wurde.

Der Fußballjournalist Simon Kuper beklagte: „Das Stadion (…) lag nur wenige Meter von der ehemaligen Mauer entfernt. Die alles überragenden Flutlichtmasten, doppelt so hoch wie die Zuschauerränge und ebenso grau, gaben der Kampfbahn den Charme eines Gefangenenlagers." Alles verdrängt oder nur eine Frage der Perspektive?

Nachbars Tochter klingelte jeden Abend zum Sandmänngucken, weil ihr Vater, seit dem Mauerbau von seiner Mutter getrennt, kategorisch Ostfernsehen ablehnte.

Für die kickenden Kinder aus den Hinterhöfen der Altbauten vom Prenzlauer Berg war der Bolzplatz auf dem „Exer" ein kleines Paradies – und für die Protagonisten um Jürgen Nöldner der Ort, wo sich der FC Vorwärts Berlin in Europapokal-Schlachten gegen Spitzenmannschaften internationales Renommee verschaffte und wo heute, oben auf der bunten Graffitowand des Jahnsportparks, einst streng bewachte Grenze, Riesenschaukeln zum Flug in Richtung Fernsehturm einladen. Das größere Spektakel erlebte der Jahn-Sportpark gegen Portugals Stolz.

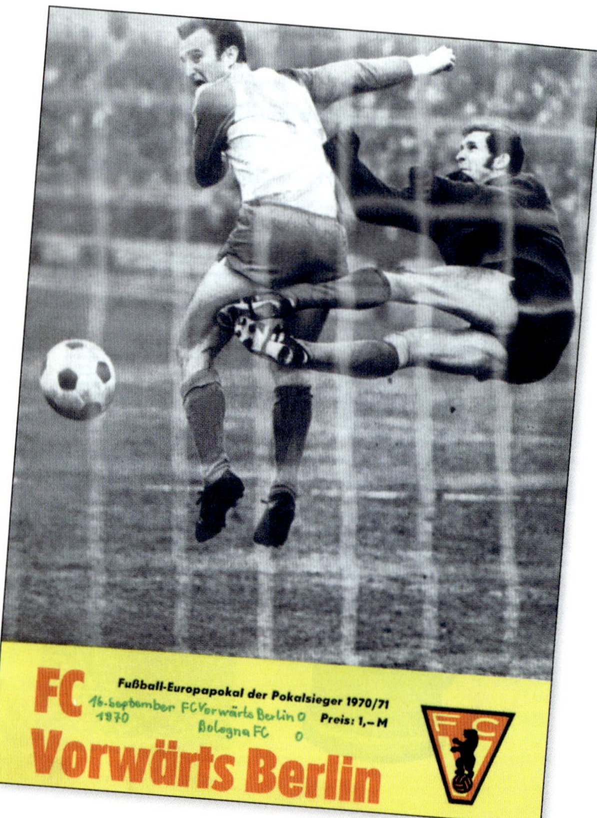

Vorwärts-Mittelstürmer Horst Begerad im Duell mit Jenas Nationalkeeper Wolfgang Blochwitz. Ein mehrfach preisgekrönter Schnappschuss.

1970/71: Eusébio – gefangen im eigenen Rollenspiel

Den wohl größten Erfolg auf der Europacup-Bühne feierte der FC Vorwärts Berlin 1970 im Achtelfinale der europäischen Cupgewinner gegen Benfica Lissabon. „Schon einmal den großen Eusébio im Duell zu erleben, das war schon ein Ereignis", schwärmt der frühere Supertechniker „Theo" Körner noch heute. Trainer Hans Kiupel hatte „Ete" Hamann auf den Weltstar angesetzt. „Du hast den Schweden Kindvall und den Italiener Savoldi fest im Griff gehabt", erinnerte der FCV-Trainer seinen Stopper. „Du brauchst vor Eusébio keinen übergroßen Respekt zu haben." Doch kaum waren fünf Minuten gespielt, da vollendete Eusébio nach Doppelpass mit Matiné aus sonnenklarer Abseitsposition zum 1:0. Doch mehr ließ der grimmige und bissige „Schattenmann" von Eusébio, „Ete" Hamann, nicht zu. 35.000 peitschten Benfica im „Estadio da Luz" leidenschaftlich nach vorn. Aber erst in der 68. Minute erhöhte Diamantino auf 2:0. So blieb nur die Hoffnung auf das Rückspiel.

Benfica Lissabon, Portugals 17-maliger Meister, reiste mit Eusébio an, ließ ihn aber im feinen Zwirn auf der Bank. Vorwärts präsentierte eine überraschende taktische Variante: Horst Begerad, eigentlich Mittelstürmer, nahm vor Erich Hamann die Stopperposition ein, und Abwehrspieler Otto Fräßdorf rückte in die Sturmmitte. Ein genialer taktischer Streich. Nach dem Kopfballtor von „Hotta" Wruck zum 1:0 legte Kapitän und Regisseur „Kuppe" Nöldner in der zweiten Hälfte für Fräßdorf exzellent auf. Mit einem tollen Knaller aus spitzem Winkel hievte Fräßdorf, der schon in jungen Jahren Mittelstürmer spielte, die Rot-Gelben in die Verlängerung.

Da die 30 Minuten torlos verstrichen, mussten beide Mannschaften, nach ihren jeweiligen 2:0-Heimerfolgen, ins Elfmeterschießen, das die UEFA gerade aus der Taufe gehoben hatte.

Vorwärts präsentierte fünf Schützen, die in die Europacup-Historie des DDR-Fußballs als wahre „Eisvögel" eingingen. Heinz Dietzsch, als Elfmeterschütze in der Oberliga eine Bank, verwandelte souverän in die rechte Ecke. Auch Gerhard Körner, Jürgen Nöldner, Otto Fräßdorf und Wolfgang Strübing versenkten ihre Strafstöße mit absoluter Coolness. Als Pechvogel erwies sich bei Benfica Martins, der am exzellent reagierenden Alfred Zulkowski scheiterte. Die Kuriosität: Alle fünf Schützen von Vorwärts trafen in die gleiche rechte Ecke. „Das war Harakiri", meinte „Theo" Körner, und „Kuppe" Nöldner kommentierte eines der dramatischsten Kapitel von DDR-Klubs im Europacup sachlich-kühl: „Für uns kam es nur darauf an, dass Alfred einen Elfer hält. Ich war ziemlich sicher, dass wir alle verwandeln." Ein fassungsloser Eusébio verschwand mit hängenden Schultern schnell in der Kabine seines berühmten, diesmal gedemütigten Vereins. Die „Fußball-Woche" titelte: „Wie in besten Tagen".

Melancholie des Untergangs

Mit solch spektakulären Auftritten wie gegen Benfica Lissabon erwarb sich der sechsmalige DDR-Meister FC Vorwärts Berlin noch einmal eine Menge Sympathiepunkte und internationales Renommee. Ausgerechnet dieser Klub, in

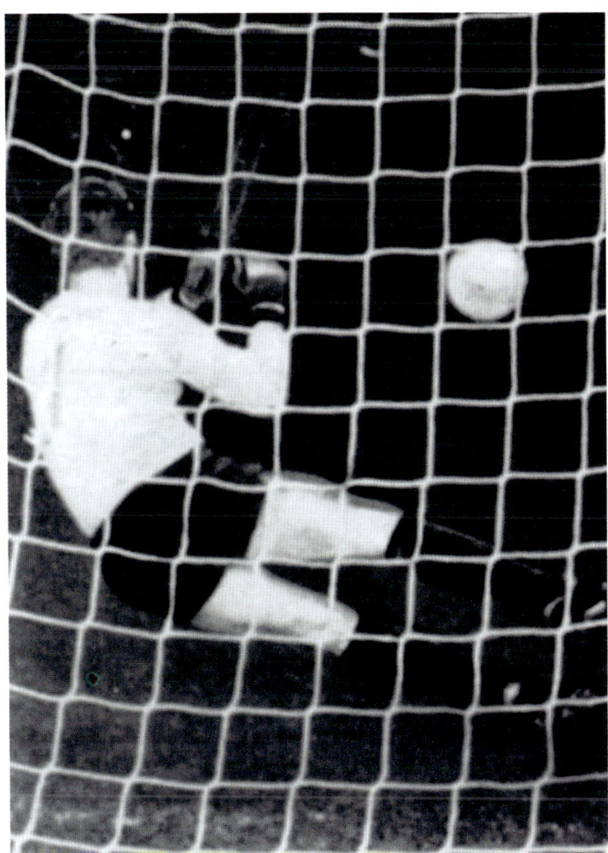

Alfred Zulkowski hält gegen Benfica Lissabon den Elfmeter von Martins. Vorwärts setzte sich im Elfmeter-Drama mit 5:3 durch.

Berlin angenommen, erfolgreich und populär, sollte 1971 per Marschbefehl an die polnische Grenze verlegt werden, ins fußballerische Niemandsland von Frankfurt (Oder). Was zunächst als ein Gerücht gehandelt wurde, erwies sich schon bald als bittere Realität – ab in die Provinz. Dabei gab es den mehrheitlichen Tenor: Der Ostteil Berlins kann gut mit drei Oberligaklubs leben: mit dem Zivilverein 1. FC Union Berlin in der Wuhlheide, dem BFC Dynamo in Hohenschönhausen und dem FC Vorwärts im Prenzlauer Berg.

Sportlich blieb die Armee-Elf unantastbar das Topteam. Aber die Nummer eins wollte unbedingt MfS-Chef Erich Mielke, der große Dynamo-Förderer, werden. „Da half nur noch eine politische Intrige", stellte Kolumnist Günter Simon in einer Serie der „Fußball-Woche" fest: „Hinter den Kulissen fädelten Mielke und Erich Mückenberger, der 1. Sekretär der Frankfurter SED-Bezirksleitung, den Deal ein, den FC Vorwärts nach Frankfurt/Oder zu ‚delegieren'. Mielke hatte für ‚seinen' BFC Dynamo das Machtspiel gewonnen. Vorwärts verließ Berlin. Eine Tradition war brutal zerstört. Nie wieder spielte die Mannschaft die Rolle, die ihr in Berlin Beliebtheit und Anerkennung verschafft hatte."

Jürgen Nöldner, langjähriger Vorwärts-Kapitän, schrieb später in einem amüsanten wie entlarvenden Essay: „MfS-Chef Erich Mielke waren die Erfolge der Vorwärts-Fußballer schon immer ein Dorn im Auge. Es ist überliefert und auch Tatsache, dass nach den direkten Duellen des FCV und des BFC am Montagmorgen die Drähte zwischen Mielke und dem Verteidigungsminister Heinz Hoffmann glühten. Anrufer war stets der, dessen Team gewann. Aus den Statistiken ist zu erkennen, dass zumeist Hoffmann den Hörer zuerst abhob. So war die Erklärung, dass die Stadt Berlin nichts für die Entwicklung tut, ebenso an den Haaren herbeigezogen wie die Behauptung, dass die Spiele eines DDR-Armeeklubs dem Vier-Mächte-Status der Stadt Berlin widersprechen."

Zum Vier-Mächte-Status habe ich Egon Bahr, der bei den Verhandlungen über das Vier-Mächte-Abkommen 1971 in vorderster Front gewirkt hat, schriftlich kontaktiert. Seine Antwort: „Von der Sache selbst habe ich erst durch Ihren Brief erfahren. In den Verhandlungen mit der DDR hat es keine Rolle gespielt und ist auch nie zur Sprache gekommen." Wie Jürgen Nöldner es auch schon gesehen hatte.

Letzte Party gegen Eindhoven

Trotz der Turbulenzen im Hintergrund lief der FC Vorwärts bei der letzten Präsentation in Berlin im März 1971 noch einmal zur Hochform auf. Nach dem 0:2 beim PSV Eindhoven hoffte Vorwärts im Viertelfinalrückspiel des europäischen Pokalsieger-Wettbewerbs auf den Benfica-Effekt. Ähnlich wie gegen die Portugiesen fiel das Führungstor schon nach einer Viertelstunde. Ausgangspunkt war wieder einmal ein raffiniert gezirkelter Freistoß Nöldners, den Fräßdorf mit Schmackes gegen den Weltklassekeeper van Beveren veredelte. Die Fans johlten „Otto, Otto, Otto". Nöldner, Körner warfen noch einmal all ihre spieltechnische Extraklasse in die Waagschale, Begerad ließ dem belgischen Nationalstürmer Devrindt keinen Stich. Jan Mulder Vater des einstigen Schalke-Angreifers Youri Mulder, rettete sich mit dem PSV und dem 0:1 ins Halbfinale, wo man nur knapp an Real Madrid scheiterte.

Die Rot-Gelben von der Cantianstraße schieden zwar nach dem berauschenden 1:0 aus, aber gaben eine „Farewell"-Party, die 15.000 noch einmal begeisterte. Zum Erreichen des Halbfinals fehlte den Rot-Gelben zweimal nur ein Torjäger internationaler Klasse. „Kuppe" Nöldner spielte so stark auf, dass ihm der PSV Eindhoven ein offizielles Angebot für zwei Jahre machte. Doch Oberst Willi Steinhöfel, damals Delegationschef, stöhnte nur in seinem ostpreußischen Dialekt: „Jürjen, Jürjen, dat jeht ja nich." Die NVA gab ihren Vorzeigekicker, 1966 Fußballer des Jahres und 1989 als einziger Vorwärts-Spieler in das „DDR-All-Star-Team" von 40 Jahren gewählt, erwartungsgemäß nicht für ein Gastspiel im bösen Westen frei.

Mit dem Umzug hatte der Armeeklub seine Anziehungskraft für junge Spieler (und nicht zuletzt für deren Partnerinnen) eingebüßt. Zwar gelangen der Armee-Elf in Frankfurt noch Achtungserfolge wie 1974 beim 2:1 gegen Juventus Turin oder 1984 beim 2:0 gegen den PSV Eindhoven, doch an das Potenzial und die Dominanz von Berlin kam die Frankfurter Armee-Elf nicht mehr heran. Außerdem bauten die Verantwortlichen im Verteidigungsministerium eine weitere Hürde auf, mit der die Abneigung gegen den Armeeklub verstärkt wurde: Wer für Vorwärts spielen wollte, musste über den Wehrdienst kommen und sich für fünf Jahre verpflichten. Diese fatale Entscheidung führte zum Aus und 1991 schließlich zum Verschwinden in der Anonymität des Amateurfußballs. In der Erinnerung blieb die rot-gelbe Ära als Markenzeichen für technisch hinreißenden und funkelnden Angriffsfußball.

AUS DER FANKURVE

Piepe – mein Robin Hood

Wenn einer nach Nottingham reist, dann kommt er nicht an Robin Hood vorbei. So habe ich mir das gedacht. Jürgen Piepenburg, früher torgefährlicher Linksaußen, war diesmal als Assistenztrainer von Vorwärts unterwegs. In Nottingham. Das war 1983 mit den Frankfurtern im UEFA-Cup. Beim 0:2. Und da hatte doch der „Piepe" wirklich die Traute gehabt, für mich „armen" Vorwärts-Fan wertvolles Sammlermaterial am Zoll vorbeizuschmuggeln: einmal eine Fußballbroschüre, dann noch einen Originalwimpel vom Spiel Nottingham Forest gegen Vorwärts. Da hat mein Freund „Piepe" allerhand riskiert, als Armeeoffizier.

„Piepe" war durch und durch Kumpel. Einmal lotste er mich bei einer gemeinsamen Zugfahrt, ja, das gab's damals noch, in den Wagen 1. Klasse, weil es in der 2. Klasse wie in einer Bahnhofskneipe zuging und Fans vom Armeeklub im Land nicht unbedingt gelitten waren. Einmal habe ich mich über „Piepe" aber fast schwarz geärgert. Als er 1965 beim 0:2 gegen Manchester United drei dicke Dinger versiebte. Da war die Männerparty dahin.

Erstmals war ich mit Vater Gerhard und Bruder Harry zusammen bei einem Europacupspiel. „Typisch DDR-Fußball", ärgerte ich mich. Erst am nächsten Tag konnte ich in der Zeitung lesen, dass mein Lieblingsspieler, Jürgen Nöldner, über eine Stunde mit einer gebrochenen Hand tapfer durchgehalten hatte. Trotz der Enttäuschung blieb ich lange ein treuer Vorwärts-Fan, fuhr mit 15 Jahren allein zu den Spielen von Rot-Gelb, bis in den tiefsten Süden, nach Steinach, Suhl oder Aue, wo vor vier Uhr morgens kein Zug in Richtung Leipzig rollte. Aus der Messestadt kam ich dann ab sechs Uhr immer weg.

1982 sagte ich mir: Nie wieder Oberliga live! Ich hatte bei einem Spiel einen Stein an den Kopf bekommen. Randale, Vandalismus und Gewalt nahmen in den Oberligastadien immer mehr zu. Ich wurde regelmäßiger Fernsehgucker. Trotzdem sammelte ich weiter alles, was ich von Vorwärts bekam: Gläser, Wimpel, Anstecknadeln, Fotos, Programmhefte. Bis zur Wende sind um die tausend Utensilien zusammengekommen, allein 800 von Vorwärts. Alle Memorabilien biete ich nicht in meiner Buchhandlung „Buchfinger" an. Nein, die bewahre ich zu Hause auf, in einem großen Schrein. Programmheft und Wimpel aus Nottingham gehören dazu. Danke, „Piepe"!

Matthias Mehner, Buchhändler aus Berlin-Treptow ■

STATISTIK

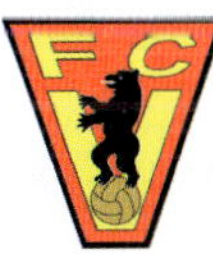

Die Bilanz des **FC Vorwärts**
42 Spiele: 16 Siege, 3 Unentschieden, 23 Niederlagen

Europacup der Landesmeister

1959/60
ASK Vorwärts Berlin – Wolverhampton Wanderers 2:1
30.09.1959 in Berlin Walter-Ulbricht-Stadion
Wolverhampton Wanderers – ASK Vorwärts Berlin 3:1
07.10.1959 in Wolverhampton Molineux Grounds

1961/62
ASK Vorwärts Berlin – FC Linfield Belfast 3:0
30.08.1961 in Berlin Friedrich-Ludwig-Jahn-Sportpark
(Rückspiel nicht ausgetragen)
ASK Vorwärts Berlin – Glasgow Rangers 1:2
15.11.1961 in Berlin Friedrich-Ludwig-Jahn-Sportpark
Glasgow Rangers – ASK Vorwärts Berlin A 1:0
22.11.1961 in Malmö Malmö-Arena (Abbruch wegen Nebels)
Glasgow Rangers – ASK Vorwärts Berlin 4:1
23.11.1961 in Malmö Malmö-Arena (Wiederholung 10 Uhr)

1962/63
ASK Vorwärts Berlin – Dukla Prag 0:3
26.09.1962 in Berlin Friedrich-Ludwig-Jahn-Sportpark
Dukla Prag – ASK Vorwärts Berlin 1:0
03.10.1962 in Prag Stadion Juliska

1965/66
Drumcondra Dublin – ASK Vorwärts Berlin 1:0
15.09.1965 in Dublin Tolka-Park
ASK Vorwärts Berlin – Drumcondra Dublin 3:0
22.09.1965 in Berlin Friedrich-Ludwig-Jahn-Sportpark
ASK Vorwärts Berlin – Manchester United 0:2
17.11.1965 in Berlin Friedrich-Ludwig-Jahn-Sportpark
Manchester United – ASK Vorwärts Berlin 3:1
01.12.1965 in Manchester Old Trafford

1966/67
FC Waterford – FC Vorwärts Berlin 1:6
31.08.1966 in Waterford Dalymont-Park
FC Vorwärts Berlin – FC Waterford 6:0
07.09.1966 in Berlin Friedrich-Ludwig-Jahn-Sportpark
Gornik Zabrze – FC Vorwärts Berlin 2:1
28.09.1966 in Zabrze Gornik-Stadion
FC Vorwärts Berlin – Gornik Zabrze 2:1
12.10.1966 in Berlin Friedrich-Ludwig-Jahn-Sportpark
Gornik Zabrze – FC Vorwärts Berlin 3:1
26.10.1966 in Budapest MTK-Stadion (Entscheidungsspiel)

1969/70
FC Vorwärts Berlin – Panathinaikos Athen 2:1
17.09.1969 in Berlin Walter-Ulbricht-Stadion
Panathinaikos Athen – FC Vorwärts Berlin 1:1
01.10.1969 in Athen Apostolos-Nikolaidis-Stadion
FC Vorwärts Berlin – Roter Stern Belgrad 2:1
12.11.1969 in Berlin Friedrich-Ludwig-Jahn-Sportpark
Roter Stern Belgrad – FC Vorwärts Berlin 3:2
26.11.1969 in Belgrad Stadion Roter Stern
FC Vorwärts Berlin – Feyenoord Rotterdam 1:0
04.03.1970 in Berlin Walter-Ulbricht-Stadion
Feyenoord Rotterdam – FC Vorwärts Berlin 2:0
18.03.1970 in Rotterdam Feijenoord-Stadion

Europacup der Pokalsieger

1960/61
ASK Vorwärts Berlin – Roter Stern Brünn 2:1
31.07.1960 in Berlin Friedrich-Ludwig-Jahn-Sportpark
Roter Stern Brünn – ASK Vorwärts Berlin 2:0
10.08.1960 in Brünn Městský fotbalový stadion Srbská

1970/71
FC Vorwärts Berlin – FC Bologna 0:0
14.09.1970 in Berlin Friedrich-Ludwig-Jahn-Sportpark
FC Bologna – FC Vorwärts Berlin 1:1
28.09.1970 in Bologna Stadio Comunale
Benfica Lissabon – FC Vorwärts Berlin 2:0
21.10.1970 in Lissabon Estadio da Luz
FC Vorwärts Berlin – Benfica Lissabon 2:0 / E 5:4
04.11.1970 in Berlin Friedrich-Ludwig-Jahn-Sportpark
PSV Eindhoven – FC Vorwärts Berlin 2:0
10.03.1971 in Eindhoven Philips-Stadion
FC Vorwärts Berlin – PSV Eindhoven 1:0
24.03.1971 in Berlin Friedrich-Ludwig-Jahn-Sportpark

UEFA-Cup

1974/75
FC Vorwärts Frankfurt (O) – Juventus Turin 2:1
18.09.1974 in Frankfurt/Oder Stadion der Freundschaft
Juventus Turin – FC Vorwärts Frankfurt (O) 3:0
02.10.1974 in Turin Stadio Comunale

1980/81
Ballymena United – FC Vorwärts Frankfurt (O) 2:1
19.091980 in Ballymena (Nordirland) Stadion The Showgrounds
FC Vorwärts Frankfurt (O) – Ballymena United 3:0
01.10.1980 in Frankfurt/Oder Stadion der Freundschaft
VfB Stuttgart – FC Vorwärts Frankfurt (O) 5:1
22.10.1980 in Stuttgart Neckar-Stadion
FC Vorwärts Frankfurt (O) – VfB Stuttgart 1:2
05.11.1980 in Frankfurt/Oder Stadion der Freundschaft

1982/83
FC Vorwärts Frankfurt (O) – Werder Bremen 1:3
15.09.1982 in Frankfurt/Oder Stadion der Freundschaft
Werder Bremen – FC Vorwärts Frankfurt (O) 0:2
29.09.1982 in Bremen Weser-Stadion

1983/84
Nottingham Forrest – FC Vorwärts Frankfurt (O) 2:0
14.09.1983 in Nottingham City Ground
FC Vorwärts Frankfurt (O) – Nottingham Forrest 0:1
28.09.1983 in Frankfurt/Oder Stadion der Freundschaft

1984/85
FC Vorwärts Frankfurt (O) – PSV Eindhoven 2:0
19.09.1984 in Frankfurt/Oder Stadion der Freundschaft
PSV Eindhoven – FC Vorwärts Frankfurt (O) 3:0
03.10.1984 in Eindhoven Philips-Stadion

FC CARL ZEISS JENA
BUSCHNERS WEG ZUR HOCHBURG

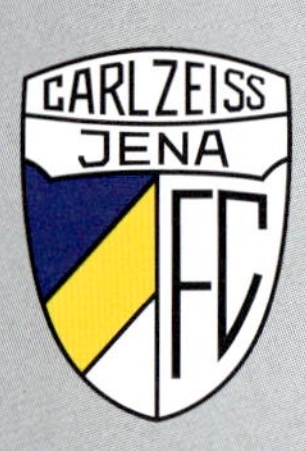

FC Carl Zeiss Jena
Gegründet: 20. Januar 1966
Vorläufer: Motor Jena 1951–1954,
SC Motor Jena 1954–1966
Erfolge:
DDR-Meister: 1963, 1968, 1970
Pokalsieger: 1960, 1972, 1974, 1980
Europacup-Bilanz: 18 Teilnahmen, 87 Spiele
(39 Siege, 17 Remis, 31 Niederlagen)
Größter Erfolg: Europacup-Finalist 1981
Heute: FC Carl Zeiss Jena
Regionalliga Nordost (4. Liga, 2021/22)

Wer das, was gut war, vergisst, wird böse.
Wer das, was schlecht war, vergisst, wird dumm.
Erich Kästner, Schriftsteller

Die Hölle für Cruyff im „Paradies"

Als der erst 32-jährige Georg Buschner 1958 Cheftrainer in Jena wurde, fing die Goldene Ära des Klubs an. Buschner formte ein „britisches Team", das im heimischen Stadion alle Mannschaften unter den Rasen rannte. Die Erfolgswelle begann 1960 mit dem Pokalsieg. 1963, 1968 und 1970 holte sich Jena drei Meistertitel und einen Rekord für die Ewigkeit: 75 Heimpartien am Stück ungeschlagen. Der FC Carl Zeiss wurde Stammgast im Europapokal. Ein junger Jena-Fan aus dem Harz rannte, stürzte, hechelte ins Wohnzimmer, um der Stimme seines Lieblingsreporters Wolfgang Hempel zu lauschen, der von dem funkelnden Spiel gefangen war:

„Nie vergesse ich den 4. März 1970, das Messepokal-Viertelfinale gegen Ajax Amsterdam. Ich kam aus der Schule heim, durch Eis und Schnee. Das Spiel lief schon eine halbe Stunde. Viel zu langsam erwärmten sich die alten Röhren. Da, da, der Schrei! Peter Ducke hatte justament das 3:0 erzielt. In der 93. Minute kam Ajax zu seinem Auswärtstreffer und gewann das Rückspiel am 11. März 5:1. Aber schwatz mal mit dem Barkeeper des Amsterdamer Cafés Hausbrandt (Ecke Prinsengracht/Utrechtsestraat) über diese Spiele. Der Ärmste, Ajax-Fan, bibbert immer noch vor den ostdeutschen Kraftmaschinen." (Christoph Dieckmann, „Zeit"-Autor und Zeiss-Fan)

***

Ajax Amsterdam – 1970 die neue aufstrebende Macht in Europa, mit dem jungen Superstar Johan Cruyff. Ich erinnere mich, als wäre es gestern gewesen. Ich ließ eine separate Kamera auf Johan Cruyff richten, für eine Dokumentation „Mittelstürmer im Wandel der Zeiten". Doch keinen Sinn für meine Pläne hatte ein kleiner rothaariger Verteidiger aus Steinbach-Hallenberg vom Thüringer Wald. Jürgen Werner hörte mehr auf seinen Trainer Georg Buschner als auf einen jungen Journalisten. Nix war's mit schönen eindrucksvollen Szenen von einem kleinen Genius, der inzwischen die Sterne vom Himmel holte. Cruyff sprang (klugerweise) wie ein junges Reh über die Beine von Werner. „Jürgen soll konsequent an Cruyff dranbleiben. Nach vorn muss er nichts bringen", erklärte Buschner die Aufgabe von Werner. Wie schon gegen den WM-Star Ferenc Bene von Dozsa Ujpest Budapest ließ der kleine „Terrier" auch dem hochgelobten Cruyff keinen Stich. „Konzentration in Person: Werner" lobte das Fachblatt „Fußball-Woche".

Werners Rolle als „Bodyguard" von Cruyff schuf die Basis zu einer betörend schönen ersten halben Stunde. Irmscher und Schlutter sorgten mit dem Anpfiff für ein Höllentempo, Peter und Roland Ducke veredelten das perfekte Mannschaftsspiel mit ihrem technischen Zauber. Vor dem 1:0 (22.) durch Roland Ducke hatte sein jüngerer Bruder Peter vier Ajax-Spieler schwindlig gespielt. Helmut Stein (26.) versenkte nach einer kunstvollen Kombination zwischen Irmscher und Scheitler einen Abpraller von Torhüter Bals mit uriger Gewalt zum 2:0. Das 3:0 durch Peter Ducke (33.) hatte Stein mit einem präzisen Steilpass lanciert. Drei Perlen, drei herzerwärmende Momente. Und das alles in elf Minuten, als gäbe es kein Morgen.

***

„Es war eine mythische Partie der Jenaer Fußballgeschichte", setzt Christoph Dieckmann in seinem köstlichen Sammelband „Eine Liebe im Osten" seiner Fußballgeneration und ihren Heldensagen ein literarisches Denkmal. „Mit dem klassischen Zeiss-Stil – Tempo, Wille, Kondition – schufen das Ajax-Kunstwerk: Wolfgang Blochwitz, Peter Rock, Michael Strempel, Helmut Stein, Jürgen Werner, Werner Krauß, Harald Irmscher, Roland Ducke, Rainer Schlutter, Peter Ducke und Dieter Scheitler." „Schorsch" Buschner wechselte nicht einmal aus. Auf der Bank hockte u. a. Jenas Erfolgstrainer der siebziger Jahre, Hans Meyer. „Da war nichts mit Pressing. Auf Schnee und Eis rutschte Ajax in die Pleite. Sogar ein 4:0 oder 5:0 war möglich."

Erstes Gegentor – nach 633 Minuten

„Unfassbar", stöhnte der renommierte niederländische Fußballjournalist Kees Jägers. „So habe ich die Ajax-Elf noch nie umherirren sehen." Als die Holländer kurz nach der Pause die abgelaufenen Stollen von Scheitler und Peter Ducke beanstandeten, drängten sie den italienischen Schiedsrichter Francescon zu mehr als fünf Minuten Spielunterbrechung. Ein alter Trick, aber ein gelungener. Der Italiener ließ sieben (!) Minuten nachspielen.

Genau diese „Verlängerung" wurde Carl Zeiss zum Verhängnis. Der serbische Libero Vasovic überraschte Wolfgang Blochwitz mit einem tückischen Aufsetzer auf eisigem Terrain zum 1:3. Es war im laufenden Messecup das erste Gegentor für Jena nach 633 Minuten. „Der Treffer von Vasovic hält uns die Tür zum Halbfinale auf", entgegnete Ajax-Präsident Jaap van Praag, der am Vormittag des Spieltages mit weiteren Offiziellen aus Amsterdam und Jena die KZ-Gedenkstätte Buchenwald in Weimar besucht hatte.

Van Praag selbst hatte sich nach dem deutschen Überfall auf die Niederlande in einem Versteck über einem Fotoladen – „in einer gastfreundlichen Residenz" – vor den ersten Judendeportationen in die Konzentrationslager retten können: „Meine Eltern und meine kleine Schwester haben die Nazis hier ermordet." Ajax und die Juden, ein vielschichtiges Kapitel im deutschen und internationalen Fußball. Großartig und packend dokumentiert im Sammelband von Dietrich Schulze-Marmeling: „Davidstern und Lederball".

„Kalter Racheengel"

Nur acht Tage später kam es zum Rückspiel im ausverkauften Amsterdamer Olympiastadion. Die Ajax-Stars wussten um ihr angekratztes Prestige und machten dementsprechend Stimmung. Sogar Johan Cruyff ließ sich in die Kampagne einbinden: „Jena, euch erwartet ein Höllenfeuer." Mit den aufpeitschenden „Ajax-ha-ha-ha"-Sprechchören sorgten die Fans der Rot-Weißen für jenes Fluidum, das Johan Cruyff und sein Ensemble brauchten.

Vor 60.000 in der ausverkauften Arena machte Ajax das (scheinbar) Unmögliche möglich. Selbst nach der überraschenden 1:0-Führung von Peter Ducke (17.) geriet der 13-fache niederländische Champion nicht in Hektik. Im Gegenteil. Ajax präsentierte das später perfektionierte Pressing, entwarf immer neue verschlungene Dreieckmuster, in denen sich das Team von Trainer-Choreograf Rinus Michels bewegte. Kapitän Roland Ducke staunte: „Man hatte stets zwei Mann um sich herum und keine Luft zum Atmen." Ajax spielte sich in einen Rausch. Jeder Trick, jede Kombination glückte mühelos Die Zeitung „Algemeen Dagblad" applaudierte: „Cruyff – der kalte Racheengel in heißer Atmosphäre".

Der junge Christoph Dieckmann sah den Jenaer Vorsprung dahinschmelzen: „Auch die zweite Radioreportage ist mir unvergesslich. War's Wolfgang Hempel, war's Hubert Knobloch – in Telefonqualität, aber bühnenreif erscholl der markerschütternde Tragödensatz: ‚Hallo Heimat, liebe Fuß-

Die Mannschaft von Carl Zeiss Jena, die auch das große Ajax das Fürchten lehrte, u.a. mit dem damaligen Trainer Georg Buschner (hinten links) und dem späteren Trainer Hans Meyer (mittlere Reihe, Mitte).

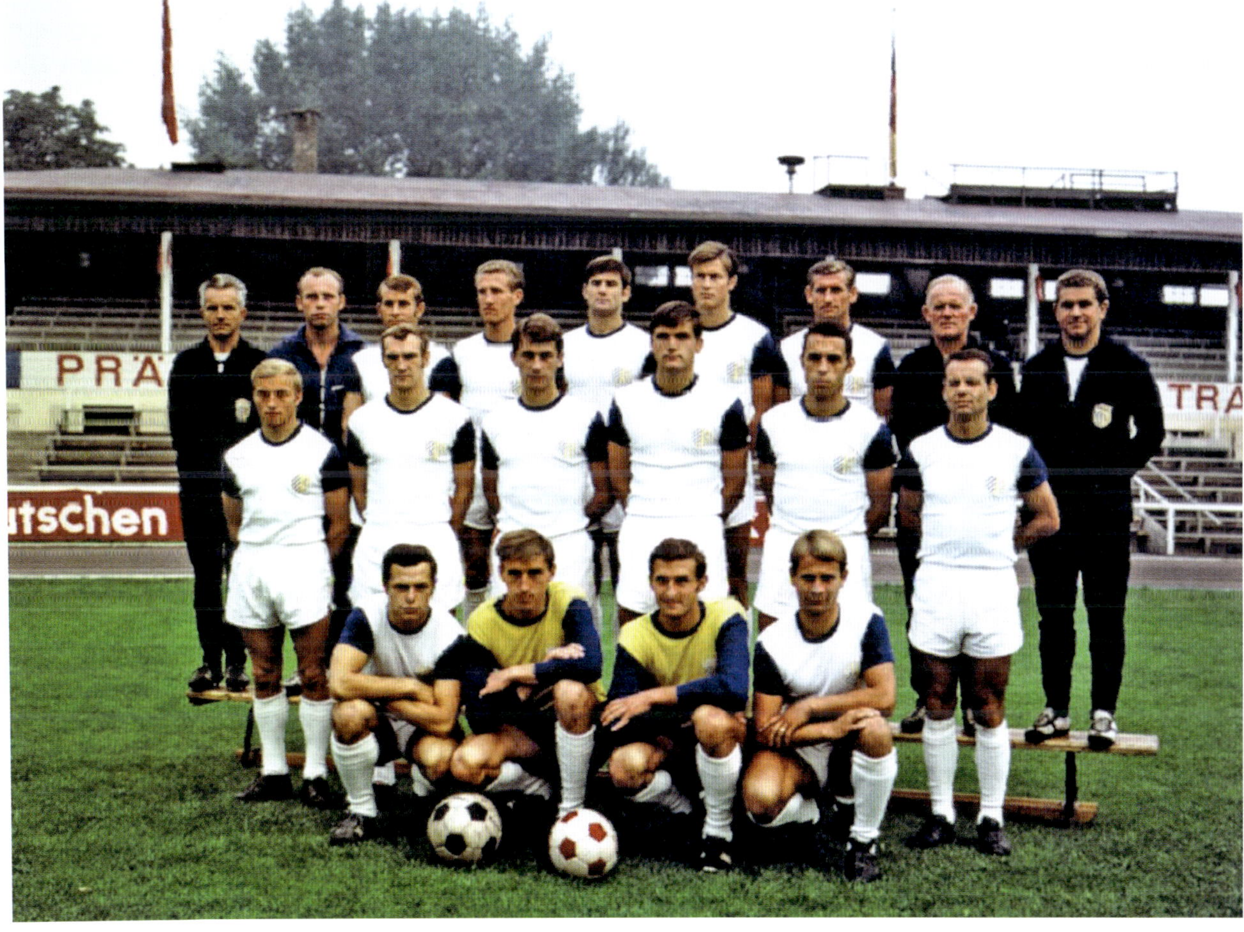

ballfreunde an den Geräten, der 3:1-Vorsprung des FC Carl Zeiss aus der ersten Partie – er ist (Pause) dahin!"

1:3 stand es bereits, am Ende 1:5. Swart (2), Vasovic, Keizer und Cruyff garnierten die phantastische Show mit ihren Toren.

Ajax Amsterdam hatte dem FC Carl Zeiss Jena die momentanen Grenzen aufgezeigt. Die Niederländer bewegten sich in einer anderen Liga als die Konkurrenz zuvor. Dabei hatte dieselbe Jenaer Elf in sieben Partien zuvor keineswegs nur gegen Laufkundschaft überzeugt und brillante Leistungen abgeliefert. Gegen die jeweiligen Spitzenreiter ihres Landes setzte sich das Buschner-Team dreimal ohne Gegentor durch: gegen Altay Izmir (1:0/0:0), US Cagliari (2:0/1:0) mit den vier 1970er Vizeweltmeistern Albertosi, Cera, Domenghini und Starstürmer Luigi Riva (in Jena verletzt, nur Zuschauer). Ebenso behauptete sich Carl Zeiss ohne Kratzer gegen den zehnmaligen ungarischen Meister Dozsa Ujpest (1:0/3:0), wobei besonders der aggressive Erfolgsstil beim 3:0 in Budapest die Experten verblüffte. Das schützte den designierten dreifachen DDR-Meister nicht vor Einbrüchen gegen eine Weltklassemannschaft in Hochform.

Welches Potenzial in dieser Ajax-Mannschaft steckte, zeigten die darauffolgenden drei Jahre. Acht Ajax-Spieler aus den Jena-Partien, darunter Superstar Johan Cruyff, stürmten 1971, 1972 und 1973 erfolgreich den europäischen Meistergipfel, bevor die große Bayern-Elf mit Beckenbauer, Müller, Maier, Hoeneß, Breitner Europa dominierte.

Vielleicht ein kleiner Trost für Buschners frustrierte Zöglinge: Europas Aufsteiger Nummer eins im Jahr 1970, Ajax Amsterdam, schickte schon das mythische Liverpool ebenfalls mit 5:1 nach Hause, das feurige Neapel mit 4:0 und das biedere Chorzów gar mit 7:0. Also für Carl Zeiss eine Beerdigung erster Klasse.

Auf dem „Jenaer Weg" ins Geschichtsbuch

„Für einen richtigen Fußballer gibt es keine langen Abende, keinen Frühschoppen und keine Zigaretten." Mit dieser nicht gerade sympathischen Antrittsrede begann der Hochschullehrer Georg Buschner im August 1958 seinen Trainerjob beim FC Carl Zeiss Jena, der damals noch FC Motor hieß. Der Wechsel vom Spieler zum Trainer kam fast über Nacht, aber letztlich nicht ganz überraschend. „Jedes Mal, wenn eine Krise herannahte, wollten sie mich als Spielertrainer installieren", erzählte der beinharte Ex-Nationalverteidiger. Mit neuen Methoden im Sprint- und Ausdauerbereich führte der „Graf", so sein Spitzname, Jena zu einem Pokalsieg und drei Meistertiteln. Der Jenaer Klub hatte mit dem Zeiss-Werk einen Wirtschaftsgiganten hinter sich, der in der DDR konkurrenzlos war. Buschner kämpfte um Talente wie den 18-jährigen Stürmer Peter Ducke aus Schönebeck, den er mit Hilfe von dessen älterem Bruder Roland im zweiten Anlauf nach Jena locken konnte. Aber der clevere Buschner, „von der Uni nur beurlaubt" (O-Ton Buschner), zeigte auch keine Scheu, gestandene Spieler wie Eberhard Vogel (Karl-Marx-Stadt), Lothar Kurbjuweit (Riesa), Harald Irmscher (Zwickau), Helmut Stein (Halle), Wolfgang Blochwitz (Magdeburg) in die Zeiss-Stadt zu holen.

Buschners Philosophie hieß: „Alle stürmen, jeder verteidigt." Beim Titelgewinn 1968 fehlte in der Torschützenliste kein einziger Feldspieler. Auch Hans Meyer hat sich in jener Saison mit einem Torerfolg verewigt. Der profilierteste Fußballreporter im Osten, Wolfgang Hempel, war überzeugt: „Jena hat den erbarmungslosesten, totalsten Fußball gespielt, der je in der DDR-Oberliga gespielt wurde." Trotzdem reichte es in der Ära Buschner – im Gegensatz zu Hans Meyers Epoche – nicht zu einem Vorstoß in ein europäisches Finale.

Rein von den Zahlen her betrachtet, blieb vielmehr das Erreichen des Halbfinals 1961/62 im Cup der Pokalsieger 20 Jahre lang Jenas bestes internationales Resultat. Nach Erfolgen über Swansea Town aus Wales (2:2/5:1), Alliance Düdelingen aus Luxemburg (7:0/ 2:2) und Leixoes Porto (1:1/3:1) unterlag Jena dem späteren Europacupgewinner Atlético Madrid (0:1/0:4).

Da Regierungen von NATO-Staaten, als Reaktion auf den Mauerbau 1961, DDR-Sportlern in der Regel keine Einreisedokumente erteilten, musste Jena sein Auswärtsspiel gegen Atlético Madrid im April 1962 in Malmö austragen, von gerade einmal 5.000 Zuschauern. Wenn auch der große Coup beim ersten Anlauf nicht gelang (0:1, 0:4), so waren die „Männer der ersten Stunde" und ihr Trainer Georg Buschner doch überall im Gespräch. Kapitän Roland Ducke und die Zeiss-Elf seiner Generation schrieben Geschichte. Sie sorgten für die ersten positiven Schlagzeilen eines DDR-Klubs im Europapokal der Pokalsieger: Harald Fritzsche, Hans-Joachim Otto, Dieter Stricksner, Hilmar Ahnert, Siegfried Woitzat, Walter („Waldi") Eglmeyer, Roland Ducke, Helmut Müller, Peter Ducke, Dieter Lange und Siegfried Kirsch. Euphorie ließ der ehrgeizige und konsequente Trainer „Schorsch" Buschner gar nicht erst aufkommen. Seine klare Ansage: „Zur internationalen Spitze ist es noch ein weiter Weg."

Den ersten größeren Erfolg konnten die Männer aus dem „Paradies", so heißt der Saale-Park zu Füßen der Kernberge, wo das Stadion eingebettet liegt, noch vor den drei Meistertiteln (1963, 1968, 1970) im FDGB-Pokal 1960 feiern. Gegen Rostock zahlte sich schon die überlegene Kondition aus. Ein 0:2 nach einer Stunde konnte noch in der Verlängerung zum 3:2 gekippt werden. Zweimal traf der erst 18-jährige Peter Ducke, den Siegtreffer besorgte Horst Kirsch. Der Pokalsieg war die Fahrkarte für den Einstieg ins internationale Europacup-Geschäft und der Auftakt zu den weiteren großen Erfolgen.

Es war das Werk eines Mannes, der aus der Fußballprovinz Jena eine Hochburg im Osten entwickelte: Georg Buschner.

▶ *Fortsetzung auf S. 54*

ZEITZEUGE JOHAN CRUYFF

REBELL MIT NUMMER 14

Der Eingang des Interhotels Elephant in Weimar war von keinem Sicherheitsdienst abgeschirmt, ebenso wenig das Foyer von Bodyguards. Das Servicepersonal bestaunte die Lockerheit und Gelassenheit der smarten Stars von Ajax Amsterdam vor dem Spiel. Jungstar Johan Cruyff, Überflieger von Ajax und der Nationalelf, lehnte lässig im Ledersessel, die Beine auf der Tischkante, bestellte wie die meisten der Kollegen ein Bier und rauchte Kette. Man konnte ungehindert auf Cruyff zugehen und fragen: „Wären Sie zu einem Interview bereit, Herr Cruyff?" „Kein Problem. In zehn Minuten, ist das okay?" „Perfekt."

Selbst der englische Autor David Winner schwärmte später von seinen favorisierten Kickern: „Die Holländer wirken … wie soll ich sagen? … so holländisch." Dafür stand damals, im März 1970, Johan Cruyff – keine Diva, kein arroganter Provokant. Ein selbstbewusster junger Profi, dessen rebellische und weltoffene Qualität die jungen Amsterdamer begeisterte.

Herr Cruyff, wir produzieren eine Dokumentationsserie „Mittelsturmer im Wandel der Zeiten". Gibt es für Sie ein Idol?

Ja, Alfredo di Stéfano von Real Madrid. Ein Herrscher, ein Genie, ein harter Arbeiter für das Team. Er hatte eine eindeutige Philosophie und begriffen, dass auf dem Feld eine klare Hierarchie erkennbar sein muss. Gesteuert wird sie vom wichtigsten Kreativspieler. Und das war bei Real Madrid di Stéfano, der mit den Madrilenen fünfmal den europäischen Meistercup gewann.

Aber Größen wie der Brasilianer Didi oder der Franzose Kopa kamen an di Stéfanos Seite nie zu ihrer Topleistung…

Sie haben einen Fehler gemacht, sie haben di Stéfano nicht als den unantastbaren Anführer akzeptiert. Don Alfredo war nicht nur ein genialer Spielmacher und Torjäger, sondern auch ein gewiefter Strippenzieher. Er hatte sich eine starke Lobby aufgebaut, mit dem mächtigen und einflussreichen Präsidenten Bernabéu an der Spitze.

Der große Ungar Ferenc Puskás begrüßte Don Alfredo gleich beim ersten Treff mit dem „Offenbarungseid": „Du bist der General, ich bin dein Soldat." Schlau?

Nicht nur schlau, auch absolut realistisch. An der strategischen Führungsrolle von di Stéfano wollte Puskás nie rütteln. Ihm war klar, dass er mit seinen Toren Don Alfredo und Real Madrid mehr dienen kann. Der Ungar war damals sicher der gefährlichste Linksfuß im Weltfußball. Diese Qualitäten hatten weder Didi noch Kopa.

Wann wechselt Johan Cruyff nach Spanien?

Ich denke, in ein, zwei Jahren. Noch aber will ich mit Ajax eine große Zeit haben und wertvolle Trophäen gewinnen. Wir sind mit unserem „totaal voetbal" noch nicht am Ende, tüfteln mit unserem Coach Rinus Michels weiter enthusiastisch am neuen Label.

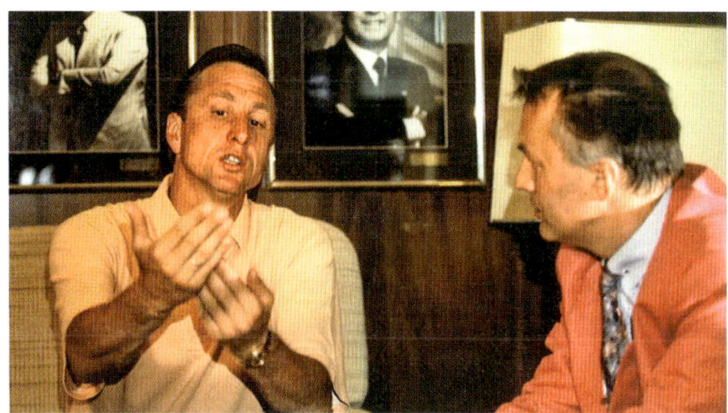

Der Autor im Gespräch mit Johan Cruyff – allerdings nicht im Jahr 1970, sondern 2001 in Barcelona.

Was ist Ihr Motiv?

Ja, ich will viel Geld verdienen. Man weiß ja nie, wie lange die Karriere anhält. Nach dem Ende meiner Laufbahn kann ich nicht in eine Bäckerei gehen und sagen: Ich bin Johan Cruyff, geben Sie mir bitte ein Brot.

Wie wichtig ist Ihnen Geld?

Wenn man es nicht hat, kann es wichtig sein. Wenn man es hat, ist es nicht so wichtig.

Die einen sagen, der junge Cruyff geriet schnell in alle möglichen Konflikte, weil er in Zeiten der kulturellen, politischen und sozialen Revolution im Holland der sechziger Jahre anfing, Fragen zu stellen, die seine ganze Generation stellte: „Warum sind die Dinge so geregelt, wie sie geregelt sind?"

Ja, warum sollte ich nicht Fragen stellen? Verkalkte Strukturen mussten aufgebrochen werden. Es konnte nicht mehr sein, dass ein Spiel für die Nationalmannschaft nur eine Frage der Ehre ist. Und es konnte auch nicht mehr sein, dass Verbandsfunktionäre auf Reisen versichert waren, aber wir Spieler nicht. Künftig zahlte der Verband für Länderspiele, und alle Spieler waren auf Reisen versichert.

In Ihrem zweiten Länderspiel im November 1966 gegen die Tschechoslowakei (1:2) wurden Sie von Schiedsrichter Rudi Glöckner aus Leipzig, der 1970 das WM-Finale zwischen Brasilien und Italien leitete, vom Platz gestellt. Sie sollen den Referee recht unsanft gerempelt haben. Der „Mann an der Pfeife" kannte keine Gnade und schickte den 19-jährigen Hitzkopf vorzeitig unter die Dusche. Der Niederländische Verband sperrte den jungen Cruyff für ein Jahr. Wie haben Sie das Ganze reflektiert?

Das war eine bittere, aber lehrreiche Lektion für mich. Als mich jedoch der Verband auch für Spiele mit Ajax Amsterdam sperren wollte, habe ich mich erfolgreich gewehrt. Das waren zwei Paar Schuhe. Ajax war mein tägliches Brot.

Sind Sie jemals Schiedsrichter Rudi Glöckner wiederbegegnet?

Ja, in Holland Ende der sechziger Jahre. In einer TV-Show hatte ich die Gelegenheit, Persönlichkeiten einzuladen, die meine Fußballkarriere geprägt haben. ■

PORTRÄT GEORG BUSCHNER

„IHR SPIELT FÜR EUCH, NICHT FÜR EUER LAND"

Von Christoph Dieckmann

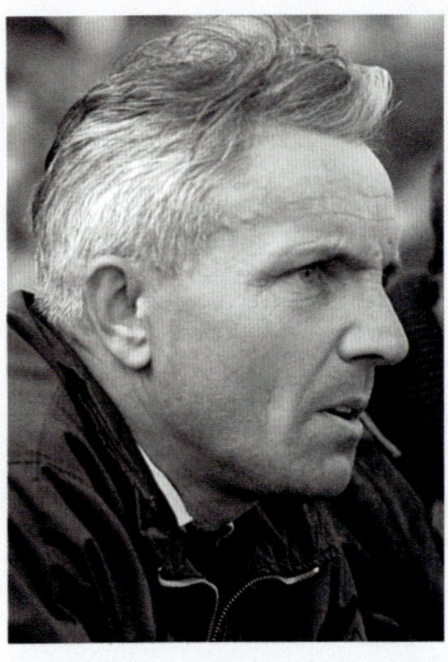

Herbst 1970, Kurt-Wabbel-Stadion, Halle. Mein erstes Flutlicht-Spiel: eine unvergessliche Nacht. Jenas 2:2 fiel in der 90. Minute. 24.000 fanatische Hallenser tobten. Jenas Trainer Georg Buschner stand gelassen im Kabinengang, schrieb mir das Autogramm und sprach kühl zu seinem Assistenten Stange: „Bernd, das da draußen ist der aufgeputschte Mob."

Georg Buschner, geboren 1925, war der berühmteste aller DDR-Fußballtrainer. Er gehörte zu Jena wie Fritz Walter zu Kaiserslautern. Ein gesegneter Techniker ist „Schorsch" nicht gewesen, aber ein knallharter Verteidiger, der es zwischen 1954 und 1957 auf sechs Länderspiele brachte. 1958 wurde er in Jena Cheftrainer der eigenen Kameraden. Fortan ließ er sich siezen und drehte den Bierhahn zu. Er rekrutierte Sportwissenschaftler wie Paul Dern, Winfried Wesiger und Manfred Dressler, ließ Kondition bolzen und formte eine Dauerbrenner-Kavallerie, die im heimischen Ernst-Abbe-Sportfeld jeden Gegner unter den Rasen ritt. Dreimal (1963, 1968 und 1970) wurde Buschner mit Jena Meister. Sein FC Carl Zeiss stellte eine Fülle von Nationalspielern: Weise, Vogel, Irmscher, Kurbjuweit, die Gebrüder Peter und Roland Ducke…

1971 musste Buschner Auswahltrainer werden. Er sträubte sich lange, wohl wissend, dass die DDR-Auswahl vielen Ost-Fans weniger am Herzen lag als „unsere von drüben". Der Auswahlcoach Buschner brachte es auf enorme 115 Länderspiele (60 Siege, 33 Unentschieden, 22 Niederlagen). Als sein größter Sieg gilt üblicherweise das „Sparwasser"-Spiel, jenes sagenumwobene 1:0 gegen die Bundesrepublik bei der WM 1974. Buschner selbst favorisierte den Olympiasieg von Montreal 1976. Auf dem Weg dorthin bezwangen seine Blau-Weißen dieselben Tschechoslowaken, die dann gegen Helmut Schöns Bundesdeutsche Europameister wurden.

Nur einmal schaffte die DDR die WM-Qualifikation, unter Buschner. Die Auswahl stagnierte, wie überhaupt der Fußball in der DDR. Buschners Truppe wirkte oft schematisch, er rechtfertigte das mit dem Mangel an Talenten. 1981 brauchte man, um zur WM zu dürfen, einen Sieg gegen Polen und unterlag in Leipzig 2:3. Daraufhin wurde Buschner entlassen. „Herzprobleme", las man; selbstredend war er auf „eigenen Wunsch" gegangen. Er hat nie wieder einen Verein trainiert. Nach dem Bettelstab musste er trotzdem nicht greifen. Das Trainergehalt bekam er bis zur Wende weiter überwiesen.

Die DDR-Sportführung duldete den Fußball wie ein ungeliebtes Kind. Bei schulischen Sichtungen wurden zunächst die „medaillenintensiven" Disziplinen mit Nachwuchs versorgt. Es war eben billiger, einträglicher und nicht mit Krawall verbunden, wenn man eine Riege Schwimmerinnen zu Wasser ließ. Diese Hintanstellung des Fußballs erzeugte nach 1989 bei vielen alten Spielern, sogar bei Fußballfunktionären der DDR, einen retrospektiven Opferstolz – auch bei Georg Buschner. In seinen späten Tagen besuchte ich ihn daheim am Jenaer Sankt-Wendel-Stieg. Der Coach a.D. – Spitzname „der Graf" – blickte wie ein Feldherr auf seine Stadt hernieder. Er sah die Gegenwart, den Abstieg des einst stolzen FC Carl Zeiss, der zeitweilig bis in die vierte Liga rutschte. Schwungvoll griff Buschner ins Anekdotensäckel. Nicht nur der DDR-Sportführer wurde bissig gedacht, auch dem neuen Starkult konnte er nichts abgewinnen. Wer einen 20-Meter-Pass zum Mitspieler bringe, gelte als Genie. „Ich", bekundete der alte Herr, „bin nicht durch Medienbefall moralisch verkommen."

Ob er manchmal empfinde, im falschen Land, in der verkehrten Zeit Fußball betrieben zu haben? Geld sei ihm nicht so wichtig, sonst müsse er klagen, sagte Buschner. Und für sein Geburtsjahr könne keiner was. „Caesar hat zweitausend Jahre vor mir gelebt und Goethe hundertfünfzig. Bloß ein Oppositioneller war ich nicht, noch würde ich heute einer sein. Ich habe Geschichte studiert, die Französische Revolution. Die größten Köpfe: abgeschlagen. Ich weiß, was passiert. Weizsäcker und Schmidt waren auch keine Oppositionellen."

„Herr Buschner, Sie wirken sehr geschmeidig."

„Jaaa", rief er fröhlich, „das Lavieren war immer mein größtes Talent."

Seine ehemaligen Schützlinge halten auf ihn große Stücke. „Buschner war zu mir wie ein Vater", sagt Konrad Weise. „Nach dem Spiel hat er mich manchmal zur Ratte gemacht, aber nichts drang nach außen. Da stand er immer vor den Spielern." Lothar Kurbjuweit erinnert sich an einen SED-Funktionärsbesuch im Trainingslager. Georg Buschner habe einen ideologisch triefenden Vortrag abgesondert. „Und als die Leute weg waren, hat er sich totgelacht, wie er denen die Taschen gefüllt hat."

Buschners Lieblingsschüler hieß Peter Ducke, der Fußballartist und Wunderstürmer, den Pelé zu den zehn weltbesten Spielern zählte. Buschner erklärte: „Wenn ich was zu Peter sagte, dann war das für den natürlich wie das Evangelium in der Kirche. Logischerweise."

War es schwierig, die Spieler für eine wenig geliebte Auswahlmannschaft zu motivieren? „Ein Kunststück habe ich vollbracht", strahlte Buschner. „Ich sagte einfach: Ihr spielt für euch, für euren Erfolg. Ich sagte nie: Spielt für euer Land. Das hätte ich auch drüben nicht getan."

Am 12. Februar 2007 ist Georg Buschner im Alter von 81 Jahren in Jena gestorben.

(Der Abdruck der Beiträge 52 und 53 erfolgt mit freundlicher Genehmigung des Ch. Links Verlags.)

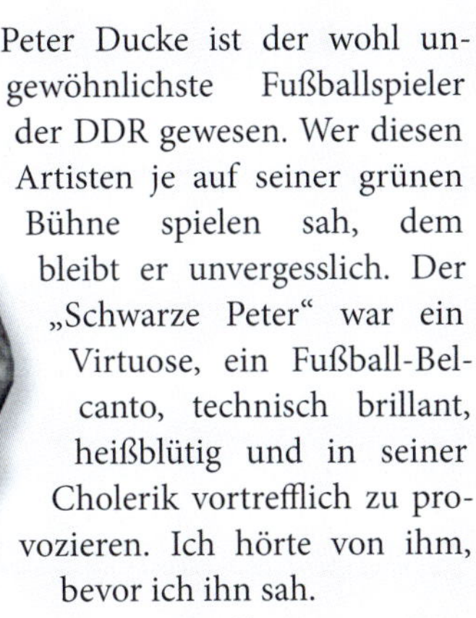

PORTRÄT PETER DUCKE

JENAS SCHWARZE PERLE

Von Christoph Dieckmann

Peter Ducke ist der wohl ungewöhnlichste Fußballspieler der DDR gewesen. Wer diesen Artisten je auf seiner grünen Bühne spielen sah, dem bleibt er unvergesslich. Der „Schwarze Peter" war ein Virtuose, ein Fußball-Belcanto, technisch brillant, heißblütig und in seiner Cholerik vortrefflich zu provozieren. Ich hörte von ihm, bevor ich ihn sah.

Kindheit im Dingelstedter Pfarrhaus, Samstagnachmittag: Ich krieche fast ins elterliche Röhrenradio und lausche der DDR-Oberliga-Radiokonferenzschaltung. Jena schlägt Leipzig 3:0, wobei die Auswahlspieler Ducke und Geisler nach dem Austausch sportfremder Aktivitäten schon nach zwölf Minuten duschen dürfen, beim Stand von 1:0 durch Peter Ducke.

Deutschland gegen Ungarn, das war mein erstes Länderspiel. Ich entsinne mich aber nur zu genau, dass die Ungarn 3:2 gewannen: am 9. Oktober 1965 gegen die DDR, im Budapester Nep-Stadion, das der erregte Reporter, vermutlich Wolfgang Hempel, immer wieder „Hexenkessel" nannte. „80.000 Magyaren wollen ihre Mannschaft siegen sehen, doch wir müssen hier gewinnen, wenn wir das große Ziel erreichen wollen, dass unsere Jungen nächstes Jahr nach England fahren, zur Weltmeisterschaft!"

Vorn im Sturm machten die Brüder Roland und Peter Ducke die Ungarn verrückt. Peter schoss zwei Tore, ein drittes fast dazu. Ich war neun Jahre alt, seit ein paar Monaten Jena-Fan. Peter Duckes Budapester Gala weckte in mir fußballerische Allmachtsfantasien. Dennoch reiste Ungarn zur 66er WM. Dort ging der Stern des Portugiesen Eusébio auf. Jedes bolzende Kind auf dem Sportplatz von Traktor Dingelstedt wollte „Ebio-Sebio" sein. Ich nicht. Ich war sogar als Torwart Peter Ducke.

Ein Lebensweg mit Kurven

Duckes Lebensweg hat Kurven, Gipfel und Tiefen. Sein impulsiver Charakter drückte ihm etliche Beulen in die Biografie. Das lag auch am Land und an der Zeit. Der medaillensüchtige DTSB-Boss Manfred Ewald suchte den Fußball zu deckeln, wo er konnte. Dafür wachten die SED-Bezirksfürsten eifersüchtig über ihr Spielzeug, die Fußballklubs. Die DDR-Oberliga war die konservativste der Welt. Spielerwechsel gab es kaum. Auch diese Sesshaftigkeit hat den Ostfußball und seine Fans geprägt. Peter Ducke ist eine Jena-Legende, so wie Dixie Dörner für immer nach Dresden gehört und Jürgen Croy ewiglich Zwickauer bleiben wird. Nur Joachim Streich müssen sich Rostock und Magdeburg teilen.

Der Mensch Peter Ducke ist von charmanter Freundlichkeit. Der Spieler war unberechenbar, auch für sich selbst. Ein Beispiel: Am 8. Mai 1965, dem 20. Jahrestag der Befreiung, duellieren sich im DDR-Pokalfinale Jena und Magdeburg. Vor dem Anstoß werden die Friedensfahrer auf die Reise geschickt. „Rund um Berlin" strampeln sie auf der ersten Etappe der „Tour de France des Ostens". Doch nun rückt die Ankunft der Straßenbolzer bedrohlich näher. Also ist beim Fußball keine Verlängerung erwünscht. Jena führt, doch zehn Minuten vor Ultimo zappelt der Ball im Kasten der Thüringer. Dem Ausgleich folgt wenig später ein Pfiff. Schiedsrichter Wolfgang Riedel hat ein Foul gesehen. Magdeburg trifft, Riedel pfeift ab. Tumult, Skandal. Ducke brüllt Funktionäre an: „Euren Pokal könnt ihr behalten!" Zehn Wochen Sperre. Ducke habe „durch sein Verhalten in grober Weise das Ansehen der sozialistischen Sportbewegung geschädigt".

Auf der europäischen Bühne war Peter Ducke heiß begehrt. 1962 traf er mit Jena im Halbfinale des Europapokals auf Atlético Madrid. Daraufhin wollte der Nobelklub FC Barcelona den gerade 20-Jährigen sofort verpflichten. Auch Werder Bremen begehrte den Stürmer. Handgeld und ein Mercedes warteten, dazu lag ein lukrativer Vertrag zur Unterschrift bereit. So etwas hatte es im Ostfußball noch nie gegeben. Doch Ducke zögerte und blieb, er war zum ersten Mal verliebt und hätte vermutlich auch keine Freigabe von den „Oberen" bekommen.

Abwerbeversuche gab es später noch in Mexiko, Chile, Uruguay – kurzum, auf der ganzen Welt. Marseille, 1975: Ducke, inzwischen 33, bekommt seine letzte Offerte. „So ein Mist", ärgert er sich. „Warum kann ich nicht meine Familie nehmen und dahin gehen?" Der heutige Peter Ducke schaut versöhnt zurück. Die Irrsinnsgehälter des Hochfinanz-Fußballs sieht er mit Befremden. Essen, Kleidung, auskömmliches Leben – mehr brauche kein Mensch.

Peter Ducke hat es in einer gesamtdeutschen Fußball-Rangliste des 20. Jahrhunderts immerhin auf Platz neun gebracht, gemeinsam mit Jürgen Klinsmann. Es bleibt eine ostdeutsche Kränkung: Die Granden des DDR-Fußballs sind im Westen viel weniger bekannt als die Weststars im Osten. Das machte die deutsche Teilung. Die Ostdeutschen guckten westwärts, die Westdeutschen auch. Im Jahr 2001, als Hans Meyer das erste Mal Trainer von Borussia Mönchengladbach war, interviewte ich ihn am Bökelberg, gemeinsam mit einem (West-)Kollegen. Der fragte Meyer: „Möchten Sie nicht auch einmal Weltstars trainieren? Figo, Zidane, Beckham?" Meyer verständnislos: „Junger Mensch, ich hab's in Jena doch gehabt: Peter Ducke." ■

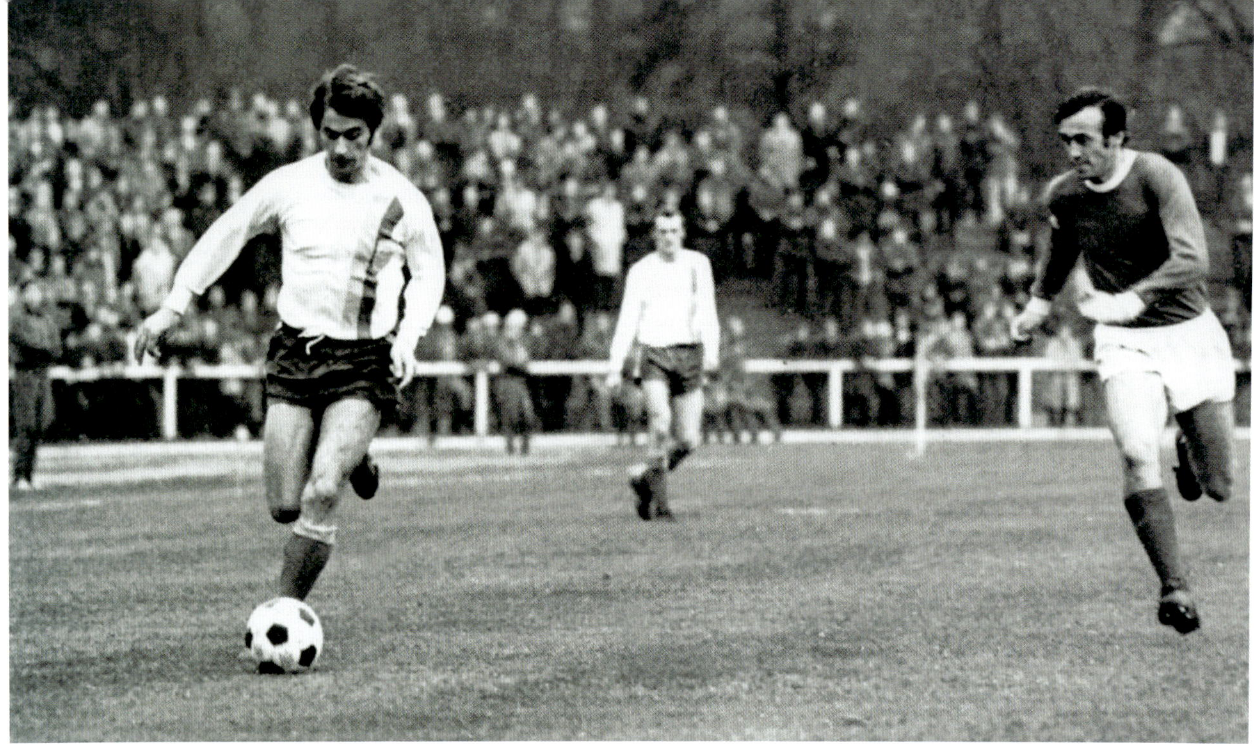

Harald Irmscher spielte auch im November 1971 gegen den OFK Belgrad stark auf.

„WIR HATTEN DIE HÄNDE SCHON AM POTT"

1970/71: Schlagerstar Matthieu beschert Roter Stern

Bevor Georg Buschner mit der Nationalmannschaft die erfolgreichste Etappe des DDR-Fußballs einleitete, nahm er noch einmal mit seinem Zeiss-Team Anlauf, im europäischen Meistercup 1970/71 etwas zu reißen. Die schmerzliche 1:5-Pleite vor einem Jahr im Messecup-Viertelfinale gegen Ajax Amsterdam lag noch schwer auf der Seele. Die neue Europacupsaison lief optimal an: vier Spiele, vier Siege. Fenerbahce Istanbul wurde in der ersten Runde souverän mit 4:0 und 1:0 ausgeschaltet, der portugiesische Meister Sporting Lissabon im Achtelfinale zweimal mit 2:1.

Ein wundervolles Tor auf dem Weg ins Viertelfinale gelang Peter Ducke beim 2:1 in Lissabon. Über „Matz" Vogel wurde ein Superkonter eingeleitet. Seine Flanke jagte der „Schwarze Peter" mit vollem Risiko volley unter den Balken. Mit dem 2:0 ging es in die Pause. „Die Mannschaft hat unser Vorhaben optimal umgesetzt", lobte „Schorsch" Buschner sein Team nach dem 2:1 gegen Sporting. „In der ersten Halbzeit wollten wir auf Sieg spielen, in der zweiten das Resultat sichern. Beides gelang."

Bei der Auslosung des Viertelfinales in Paris, im November 1970, spielte Frankreichs Schlagerstar Mireille Matthieu die Dame Fortuna. Doch hat sie auch eine glückliche Hand? Nicht Liverpool, nicht Celtic Glasgow, nicht Ajax Amsterdam, sondern Roter Stern Belgrad! Der vielfache jugoslawische Meister mit seinem Weltstar Dragan Dzajic galt als unangenehmer Kontrahent. Aber der FC Vorwärts hatte ein Jahr zuvor gezeigt, wie das spielstarke Team mit den drei Europameistern Dzajic, Acimovic und Pavlovic auszubremsen ist.

Erst großes Kino – dann wildes Spiel

Die Männer um Kapitän Roland Ducke legten einen Traumstart hin: 2:0 nach 20 Minuten! Michael Strempel mit einem Kopfball (15.) und Peter Ducke (20.) mit einem Volley-Kracher (20.) kratzten empfindlich am Nervenkostüm des zehnfachen jugoslawischen Meisters. In der Jenaer Kreativzone dominierten Roland Ducke und der junge Harald Irmscher nach Lust und Laune.

Doch Roter Stern Belgrad kam ein vorübergehender Schlendrian beim FC Carl Zeiss entgegen. Die spielintelligenten Gäste befreiten sich mit raffinierten Kontern vom Dauerdruck: Jankovic (41.) und Kapitän Dzajic (58.) stürzten Jena mit ihren technisch brillant vollendeten Treffern ins Tal der Tränen. 2:2 nach einer knappen Stunde. Dieses Remis wollte Roter Stern mit allen Mitteln verteidigen.

Doch dieses Konzept ging nicht auf. Als Peter Ducke zu einem seiner diabolischen Dribblings ansetzte, konnte er von Bogicevic nur noch durch ein Foul im Strafraum gebremst werden. Der irische FIFA-Schiedsrichter Carpenter zeigte sofort auf den Punkt. Die gereizten Jugoslawen protestierten wild, verzögerten die Ausführung des Elfmeters um gefühlte fünf Minuten. Skandalös der Auftritt von Kapitän Dragan Dzajic, der den Unparteischen provozierte, schließlich bespuckte. Die einzig mögliche Konsequenz: Platzverweis.

In dieser aufgeheizten und hektischen Atmosphäre blieb Irmscher nicht cool genug und ballerte den Elfmeter scharf neben das Tor. Doch fünf Minuten vor dem Abpfiff bot sich dem Versager noch eine zweite Chance, die der 22-jährige Ex-Zwickauer entschlossen zum 3:2 nutzte. „Es war mehr drin, aber immerhin ein Sieg", bilanzierte Zeiss-Trainer Georg Buschner kurz und knapp.

Das Nachspiel spickte die UEFA mit drakonischen Strafen. Dzajic wurde für vier, Antonijevic, der Peter Ducke nach dem Schlusspfiff zu Boden schlug, für drei Europacupspiele gesperrt. Außerdem erhielten noch je drei Spieler von beiden Klubs Verwarnungen. Da es für Abwehr-Prellbock „Micha" Strempel und Stürmerstar Peter Ducke bereits die zweite Gelbe Karte war, fielen beide für den Höllenritt im Belgrader Roter-Stern-Stadion Marakana aus.

Nervenflattern vor 90.000

Mit „Zvezda-Zvezda"-Sprechchören zogen Zehntausende Anhänger von Roter Stern („Crvena Zvezda") schon am Morgen durch die jugoslawische Metropole Belgrad. Die glühenden Fans waren mit Transparenten, Spruchbändern, Bildern und Flaggen bepackt. In der Innenstadt drohte der Verkehr zu erlahmen.

Auf den hohen Rängen des Stadions Marakana krachten Böller und Raketen, zischten Leuchtkugeln in den klaren Märzhimmel. Übermannsgroße Bilder vom gesperrten Superstar Dragan Dzajic, dicht am Spielfeldrand postiert, sollten 90.000 Fans auf die große Konfrontation einstimmen. Die Belgrader Presse nutzte die Begleitumstände des Hinspiels und schwor die Fans ein auf „90 Minuten, für die wir leben". Wer wollte da früher als notwendig in das Tollhaus und ausgebuht werden?

Hans Meyer, einst Spieler und Trainer in Jena, kann sich noch gut an die „unglaublich aufgeheizte Atmosphäre und die gewaltigen Poster von Dzajic" erinnern, aber auch an Georg Buschners verzweifelte Aufforderungen an seine Schützlinge, sich doch endlich aufzuwärmen: „Kommt raus, kommt raus, zeigt euch!"

Ohne die drei Schlüsselspieler Helmut Stein, Michael Strempel und Peter Ducke war der FC Carl Zeiss Jena von Anfang an ein Opfer seiner flatternden Nerven. Nur eine Viertelstunde konnte der DDR-Meister sein Defensivkonzept erfolgreich umsetzen. Das frühe, umstrittene Strafstoßtor (15.) durch Djoric erhöhte die Unruhe. Die sonst so clevere Jenaer Defensive fand keine Einstellung zu dem gewitzten, ideenreichen Spiel der Jugoslawen. Ein müheloses 4:0 für Roter Stern war die Folge. „Eine Kettenreaktion von Schwächen kann nichts anderes als ein Debakel nach sich ziehen, das zum Ausscheiden führt", zog Günter Simon im ostdeutschen Fachblatt „Fußball-Woche" kritische Bilanz.

Damit war der zweite Anlauf von Georg Buschner gescheitert, mit der großen Meisterelf Ende der Sechziger, Anfang der Siebziger ein europäisches Cupfinale zu erreichen. Belgrad war sein letztes Europapokalmatch als Vereinstrainer mit dem FC Carl Zeiss Jena. Nach einem Jahr in der Doppelrolle als Auswahltrainer und Klubcoach übergab er im Sommer 1971 Hans Meyer den Trainerposten in Jena. Mit Georg Buschner als Nationaltrainer („Gegen meinen Willen. Das war pure Erpressung!") begann die erfolgreichste Zeit der DDR-Auswahl.

1980/81: „Sturm auf Rom"

Im Pokalsiegercup der Saison 1980/81 setzte der FC Carl Zeiss Jena mit seinem Trainer Hans Meyer zu einem Sturmlauf über Europas Fußballfelder an. In der ersten Runde traf es den AS Rom, dem im Hinspiel ein 3:0 (durch Pruzzo, Ancelotti, Falcao) gelang und der daher die Reise zum Rückspiel in Jena eher als überflüssige Stippvisite betrachtete.

Die Roma setzte zu jener Zeit, als Tabellenzweiter der italienischen Liga, zum Gipfelsturm an. AS-Präsident Dino Viola, nebenbei auch Senator und Multimillionär, hatte den Klub total auf den Kopf gestellt. Die erste Maßnahme von Signore Viola: Im Klubwappen ließ er die saugende Wölfin durch einen heulenden aggressiven Wolfskopf ersetzen. Ein Zeichen auch für die neue Philosophie: Abkehr vom Catenaccio. Bei den „Gelb-Roten" wird jetzt mit „hochgekrempelten Ärmeln und ohne Krawatte gespielt", wie Kapitän Romeo Benetti, mit Italien 1978 WM-Vierter, glaubhaft versicherte.

Die wichtigsten neuen Personalien: Den Trainerjob übernahm Nils Liedholm, mit Schweden 1948 Olympiasieger und 1958 Vizeweltmeister. Viola erfüllte dem einstigen Halbstürmer Liedholm nahezu jeden Wunsch. Dazu gehörte auch der Kauf des brasilianischen Mittelfeldstrategen Paulo Roberto Falcao aus Porto Alegre. Für Brasiliens „Fußballer des Jahres 1979" musste Signore Viola umgerechnet eine Million Euro auf den Tisch packen. Damit war er der teuerste Einkauf, seitdem die 16-jährige Sperre aufgehoben worden war und im italienischen Fußball wieder Ausländer verpflichtet werden konnten. „Mit Falcao stoßen wir in die europäische Klubspitze vor", wagte der ansonsten zurückhaltende schwedische Coach drei Wochen vor dem Saisonstart eine Prognose. Er entschied sich für den Ökonomen Falcao und gegen den Künstler Zico. Schon bald nannten ihn die Römer „Feldherr".

Mit den italienischen Nationalspielern Carlo Ancelotti, Bruno Conti und dem Toptorjäger Roberto Pruzzo waren die „Giallarossi" („Gelb-Roten") herausragend besetzt. Conti wurde zwei Jahre darauf mit Italien Weltmeister, während Falcao gemeinsam mit Zico, Socrates und Toninho Cerezo zu verschwenderisch und großspurig mit ihrem weltmeisterlichen Kreativpotenzial umging. Allein Paolo Rossi fegte die Seleção 1982 mit drei surrenden Pfeilen frühzeitig von der WM-Bühne.

Geniestreich auf Knopfdruck

Gegen Jena nahm Falcao erst Anlauf zur WM, doch im Rückspiel wurde der Brasilianer durch die Power und Wucht der Gastgeber beiseite gedrückt. „Aber selbst, als wir zur Pause durch die Tore von Krause und Lindemann 2:0 im Rückspiel führten, hatte ich nicht unbedingt den Eindruck, dass noch etwas Verrücktes passieren würde", berichtete Hans Meyer vom sensationellen Spielverlauf.

So griff der Trainer mit einem „Geniestreich auf Knopfdruck" selbst ein. „Ich habe in der 70. Minute Andreas Bielau eingewechselt. Eine Minute später wurde er angeschossen, und es steht 3:0." Damit war das Ergebnis des Hinspiels egalisiert, es zeichnete sich eine Verlängerung ab. Doch Joker Bielau hatte etwas dagegen und traf in der 87. Minute zum 4:0. Von einer Nebenrolle zu einer Hauptrolle in 20 Minuten – das schaffte Andreas Bielau, aus Zwickau ins nahe Jena gewechselt, an diesem grandiosen Abend. Sein Trainer lobte: „Andreas gehört das Kompliment, stets topfit gewesen zu sein, psychisch die Joker-Rolle angenommen zu haben." Im Fach-

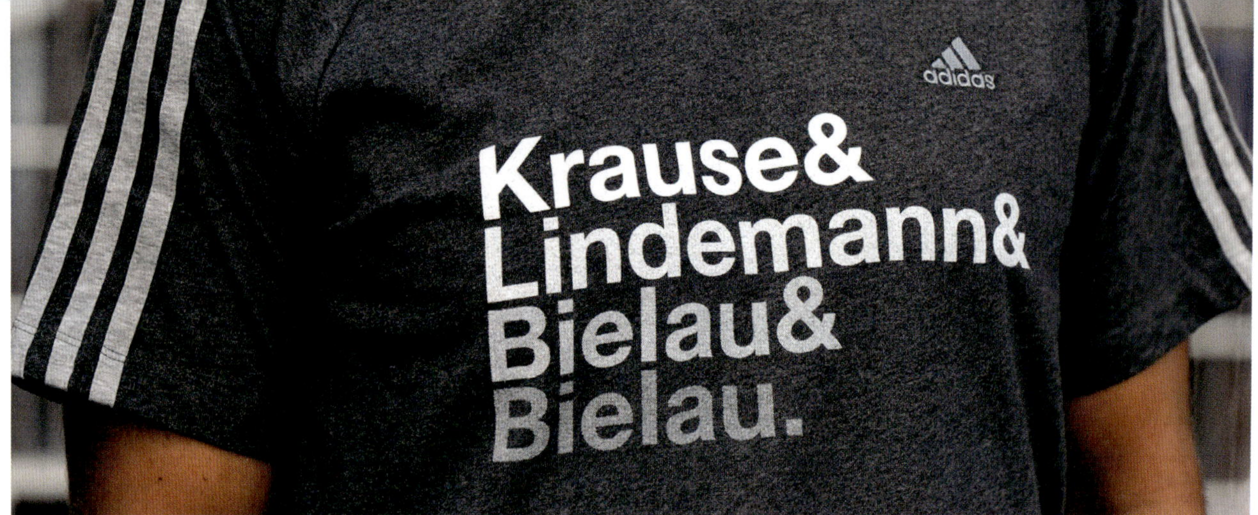

Die Namen der Torschützen gegen Rom zierten noch Jahrzehnte später Trikots in Jena.

blatt „Fußball-Woche" dichtete Günter Simon: „Kein ‚dolce vita' für die Roma-Stars". Vom 0:3 in Rom zum 4:3 im Jenaer „Paradies" – eine echte Sensation, wie sie Hans Meyer „auf der Trainerbank nie wieder erlebte". Und der Mann hockte in satten 80 Europacupspielen auf der Trainerbank.

Mario, der Entzauberte

Die Uhr ging schon auf Mitternacht zu, als im Interhotel „Gera" der FC Valencia eintrudelte – Jenas Achtelfinalrivale nach dem Erfolg über Rom. Superstar Mario Kempes schien nach der Busfahrt von Frankfurt am Main und den peniblen Kontrollen an der Grenze genervt. Ich war mir nicht sicher, ob der argentinische Weltmeister und Torschützenkönig von 1978 noch Lust auf ein Fernsehinterview hätte.

Doch der 26-jährige Weltstar aus dem argentinischen Cordoba hatte schnell wieder zu seinem fröhlichen Naturell zurückgefunden. Vielleicht lag es auch daran, dass keine Meute von Journalisten auf der Lager lag, sondern außer mir nur noch Klaus Feuerherm von der „Jungen Welt" ausgeharrt hatte.

Kempes, der noch immer die langen zotteligen Haare über den Nacken trug, kam mit dem FC Valencia als Titelverteidiger des Pokalsiegercups angereist. Auf die Frage, was sich seit der vergangenen Erfolgsaison verändert habe, antwortete er offen: „Ich persönlich finde es schade, dass der Verein den renommierten Trainer Alfredo di Stéfano und Weltmeister Rainer Bonhof nicht halten konnte. Mit Rainer funkte ich fußballerisch auf einer Welle. Wir hatten eine fantastische Saison."

Zur bevorstehenden Begegnung gab er sich dennoch optimistisch: „Wir wollen natürlich den Cup verteidigen. Dazu brauchen wir, so denke ich, ein Unentschieden. Abgerechnet wird in Valencia."

Intuition, Kombinationssicherheit und Härte setzten die Spanier tatsächlich sehr viel besser ein als der AS Rom. Dennoch kam die Doppelspitze von Weltruf, Kempes und Fernando Morena, das Duo aus Argentinien und Uruguay, kaum zu den vom Trainer Bernardino Perez erhofften „tödlichen Akzenten". Im Gegenteil: Cupverteidiger Valencia drohte nach einer guten halben Stunde ein Fiasko. Dietmar Sengewald (2.), Rüdiger Schnuphase (10./Foulstrafstoß) und Martin Trocha (31.) sorgten für eine funkelnde halbe Stunde: 3:0!

Torjäger Kempes, exzellent von Krause aus dem Spiel genommen, blieb wegen einer Schulterverletzung zur Pause gleich in der Kabine. Allein das Gegentor von Morena linderte ein wenig die Depression der sieggewohnten Gäste, die am Rande des Debakels taumelten. In ihren 84 EC-Spielen erlitten sie nur elf Niederlagen mit zwei Toren Unterschied. Die Mannschaft von Hans Meyer unterfütterte das 4:0 gegen Rom mit einer weiteren hochklassigen Partie. Jetzt galt es, das 3:1 am Mittelmeer zu verteidigen.

Regen, Regen, Regen. 20 Stunden lang kam der Regen in Kübeln über Valencia herunter. Gegen Mittag riss der Himmel endlich auf. Die Ausrichter von fünf Fachmessen atmeten auf. Die Iberer präsentieren jedes Jahr um den Miguelete, den weltberühmten Glockenturm, ihre Produkte. Am 5. November 1980, so verspricht ein Plakat am Sportartikelstand, werde der FC Valencia die Gäste aus Jena mit einer Messe von attraktiven Toren aus dem Wettbewerb kicken.

Die Temperatur ist inzwischen auf acht Grad gefallen. Der Boden ist weich und schwer. Trotzdem macht der FC Valencia erwartungsgemäß von Beginn an mächtig Alarm. Immerhin spielen beim Tabellenzweiten fünf EM-Kandidaten Spaniens, darunter Mittelfeldstratege Saura. Argentiniens Dario Felman, ein erfahrener Stürmer, gewann 1977 im Trikot der Boca Juniors den Weltpokal gegen Borussia Mönchengladbach und schoss beim 3:0 ein Tor. Die Weltklasse-Torjäger Morena und Kempes setzen Jenas Abwehr mit dem überragenden Libero Schnuphase enorm unter Druck. Mit Nervenstärke und taktischer Souveränität kann ein Gegentor bis zur 61. Minute verhindert werden. Aber mehr als das unhaltbare Kopfballtor von Vorstopper Botubots läßt der FC Carl Zeiss Jena nicht zu, obwohl 50.000 ihre Elf in der letzten halben Stunde pausenlos nach vorn peitschten. Ein Fight auf der Rasierklinge. Mit einem überzeugenden Grapenthin im Tor kann das 1:0 gegen einen konditionell nachlassenden Cupverteidiger ins Viertelfinale gerettet werden. Erst Falcao und Conti, jetzt Kempes und Morena – was für Giganten von der großen Bühne geschubst!

„Great save by Grapenthin"

Swansea City, Cardiff City, Wrexham United – durchaus bekannte Waliser Teams im Europacup. Aber Jenas Viertelfinalgegner Newport County? Der Drittdivisionär reiste schon zwei Tage früher an, übernachtete in Weimar und feierte am ersten Abend bis zum Stehkragen Fasching, wie Zeitzeugen berichteten. Auch deshalb geisterte im Umfeld von Carl Zeiss eigentlich nur noch die Höhe des Resultats herum. Doch trotz der zweimaligen Führung durch Jürgen Raab riss ein gewisser Tynan in der 90. Minute Jena aus allen Siegesträumen. Hans Meyer knurrte seinerzeit trotzig ins Mikrofon: „Jetzt gewinnen wir eben auf der Insel 1:0!"

Mutig gebrüllt. Immerhin fehlten dem Jenaer Coach zum Rückspiel sechs Stammkräfte. Krause und Lindemann waren gesperrt, Kapitän Weise, Hoppe, Töpfer und Trocha verletzt. Trotz der Notsituation riskierten Hans Meyer und sein Assistent Helmut Stein eine ungewöhnliche Variante. Der fast 38-jährige Linksaußen „Matz" Vogel musste Libero spielen. Er hielt mit Schnuphase, Brauer, Oevermann und Schilling hinten den Laden dicht.

Aber Jena benötigte unbedingt ein Auswärtstor. In der 27. Minute traf Lothar Kurbjuweit mit einem Freistoß. Das 1:0 retteten leidenschaftlich kämpfende, grätschende, hechtende Jenaer und ein „zehnhändiger" Keeper „Sprotte" Grapenthin. Unfassbar, was der „überirdische" Nationalkeeper im Sekundentakt aus den Winkeln fischte. Dieses Dauerfeuer im Fünf-Meter-Raum nahm auch dem britischen Reporter fast die Luft zum Sprechen: „Great save by Grapenthin ... Phantastic save ... Oakes ... incredible save ... unbelievable ..." Nicht so schlecht, dass sich die Macher vom „Fußball-Panorama" das historische Schnipselchen aus dem täglichen Angebot der europäischen Fernsehanstalten herausgekrallt hatten.

Halbfinale: Benfica und 17 Nationalspieler

Draußen, vor den Toren Lissabons, in der malerischen Bucht von Cascais, im Hotel Praia mare, hatte Lajos Baroti, der erfahrene Ungar, seinen Kader mit 17 Nationalspielern vor dem Halbfinal-Rückspiel gegen Jena versammelt. Trotz der 0:2-Niederlage im Hinspiel durch Tore von Andreas Bielau (8.) und Jürgen Raab (20.) strotzten die Portugiesen vor Selbstvertrauen. Der große Eusébio, zweimaliger europäischer Champion mit Benfica Lissabon, prophezeite: „Wir respektieren Jena als ein Team mit Kampfkraft und Willensstärke, aber ich denke, wir haben das größere spielerische Potenzial." Zumindest ließ sich der 23-fache portugiesische Meister auf dem Weg ins Finale weder von Altay Izmir und Dinamo Zagreb noch von Malmö FF und Fortuna Düsseldorf aufhalten.

Spätestens nach dem 2:0 von Jena im Hinspiel realisierte das Team von Hans Meyer, welche fantastischen Endspielchancen für die Thüringer bestanden. Zweimal schon lag Benfica gegen DDR-Klubs nach den Hinspielen mit zwei Toren im Rückstand und ging prompt k.o.: 1967 im Messecup gegen Lok Leipzig (1:3, 2:1) und 1977 gegen Dynamo Dresden (0:2, 0:0). Außerdem hatte Carl Zeiss mit Benfica noch eine Rechnung aus der Saison 1974/75 offen. Ohne eine Niederlage (1:1, 0:0) flog Jena damals im Achtelfinale gegen „Portugals Stolz" („Orgulho de Portugal") aus dem Cupsieger-Wettbewerb raus.

80.000 sorgten für die Hölle. Raketen zischten, Böller krachten, Rockstars lärmten. Nervenzerfetzend. Jena überstand das Inferno mit viel Selbstdisziplin und unglaublicher Willenskraft. Auch ohne den verletzten Kapitän Konrad Weise und den gesperrten Lutz Lindemann steckten die Meyer-Zöglinge sowohl ein aberkanntes Freistoßtor von Lothar Kurbjuweit (7.) als

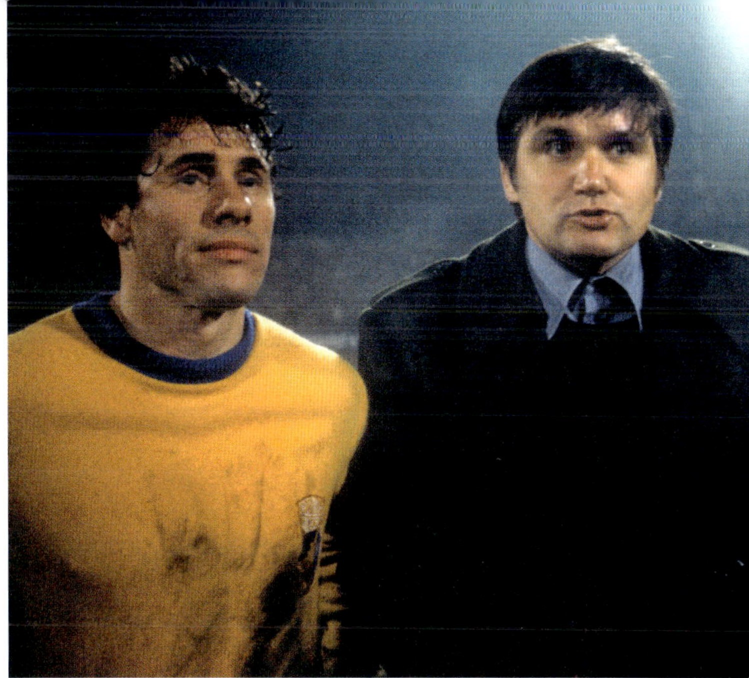

Trainer Hans Meyer mit dem alten Recken Eberhard Vogel, der als 38-Jähriger noch im Europapokal mitspielte.

auch die permanenten Angriffswellen der Rot-Weißen clever weg. In der hochdramatischen Schlussphase mit den unentwegt stürmenden Portugiesen Nene, Sheu und Regisseur Chalana brauchte Jena nach Reinaldos Kopfballaufsetzer zum 1:0 (59.) allerdings auch eine Portion Glück des Tüchtigen. Mit dem AS Rom, FC Valencia und Benfica Lissabon wurden drei Weltklasseteams auf dem Weg ins Finale gegen Dynamo Tiflis aus dem Rennen geworfen. Das 70. Europacupspiel – der bisher größte Triumph in Jenas Klubgeschichte.

Vereinschef Ernst Schmidt rief noch in Lissabon, im Taumel der Emotionen, kühn aus: „Nach Düsseldorf fahren alle Frauen mit." Ob's dazu kam – schlag nach bei Hans Meyer!

Finale: Aus der Ferne droht der Kaukasus

Als Hans Meyer, Jenas Coach, die georgische Metropole wieder verließ, war ihm klar: „Dynamo Tiflis ist ein Team der europäischen Extraklasse." Meyer hatte nach einem längeren TV-Interview für das georgische Fernsehen den Finalgegner beim 4:0-Sieg gegen Dnjepr Dnjepropetrowsk beobachtet und schwärmte: „Ein über Jahre eingespieltes Team mit fantastischen Einzelkönnern." Kapitän Tschiwadse war der Chef in der Abwehr, Kipiani im Kreativbereich. Das Mittelfeld komplettierten der athletische „Kanten" Sulakwelidze und der kleine Kurvenläufer Darasselija. Und vorn hatte Dynamo Tiflis mit Schengelija und Gusajew zwei trickreiche Sprinter, ideal für ein wahnsinnig schnelles Konterspiel.

Die Mannschaft von Trainer Nodar Achalkazi hatte im Halbfinal-Heimspiel Feyenoord Rotterdam mit 3:0 aus dem Stadion gefegt, vorher mit einem 4:1 bei Westham United in London die Experten beeindruckt. „Von der spielerischen Klasse her", bilanzierte Meyer, „sind die Georgier mit Valencia und Benfica zu vergleichen, aber sie haben athletisch weit mehr drauf." Man brauchte kein Prophet zu sein, um zu ahnen: Aus der Ferne droht der Kaukasus.

Die große Leistungsexplosion begann 1979. Dynamo Tiflis überraschte im Meistercup den Titelverteidiger FC Li-

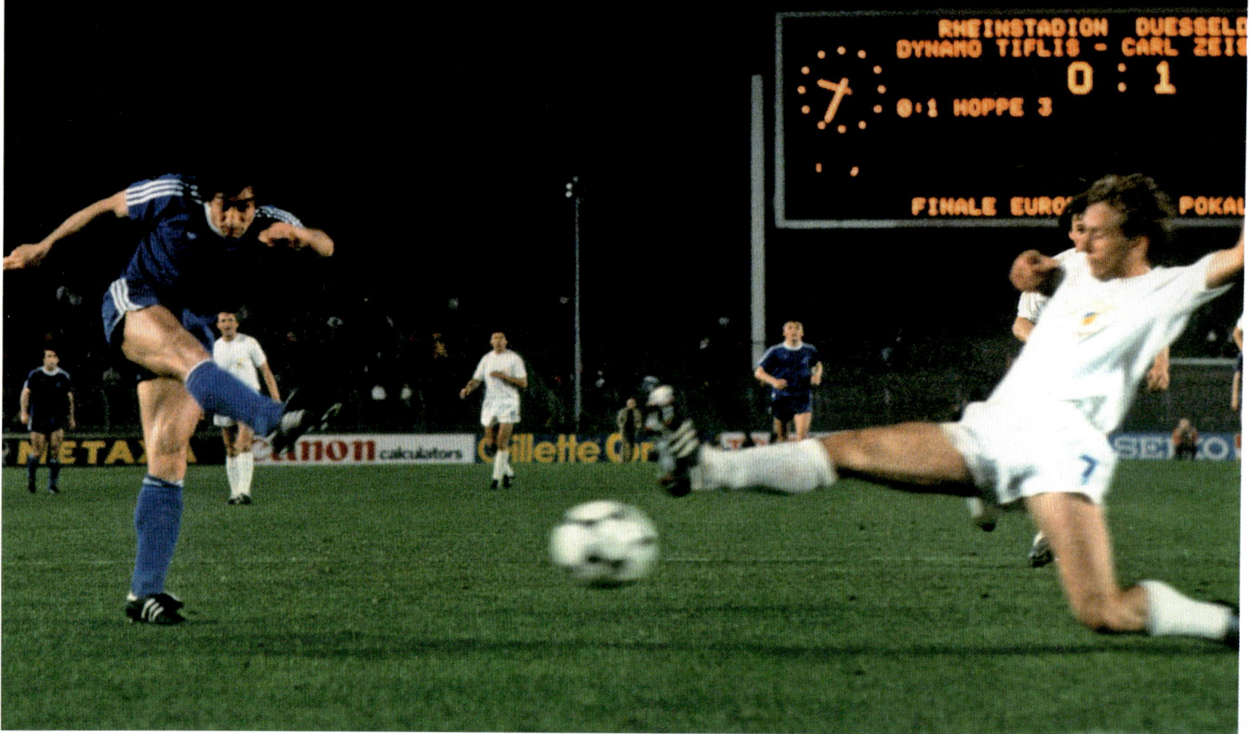

Finale im Europapokal der Pokalsieger, 1981: Wladimir Guzajew zieht ab und schafft für Tiflis den Ausgleich zum 1:1.

verpool mit 3:0. Guzajew, Schengelija und Tschiwadse entzauberten die „Reds" mit ihrem Superstar Kenny Dalglish. Seit dem 8. April 1981 aber, als Feyenoord Rotterdam ebenfalls mit 3:0 besiegt wurde, rückte das Highlight Liverpool in die zweite Reihe. Trainer Achalkazi wertete das 3:0 gegen die Niederländer als „eine der besten Leistungen meiner Mannschaft. Das waren 99 Prozent unserer Leistungskraft." Dabei hatten die Georgier noch Chancen zu einem 5:0 oder 6:0. Ein herausragender Auftritt mit sechs aktuellen Nationalspielern, von denen vier, Tschiwadse, Sulakwelidse, Darasselija und Schengelija, das georgische Element in der damaligen 82er WM-Mannschaft der Sowjetunion vertraten, beispielsweise im hochklassigen Auftaktspiel gegen Brasilien (1:2).

Im Düsseldorfer Rheinstadion bestritt der FC Carl Zeiss Jena das Europacupfinale der Pokalsieger gegen Dynamo Tiflis am 13. Mai 1981 vor der „Geisterkulisse" von 9.000 Zuschauern. Ein schwacher Besuch – unwürdig für ein europäisches Finalspiel.

„Tiflis mit besseren Solisten"

Ein leuchtender wie bitterer Moment in Jenas Vereinschronik. Dabei standen die Vorzeichen länger auf „Grün". In fünf Minuten hätte der FC Carl Zeiss Jena das Finale entscheiden können. Der erfolgreiche „Kempes-Bewacher" Andreas Krause hatte Magier Kipiani ganz gut im Griff, Lutz Lindemann brachte mit feinen Pässen Schwung ins Offensivspiel. Aber Raab, Kurbjuweit und Schnuphase vergaben die Chance, Geschichte zu schreiben. Die nächste Gelegenheit tat sich erst in der zweiten Hälfte auf. Gerhard Hoppe veredelte in der 63. Minute die gewitzte Vorarbeit über links zur 1:0-Führung.

„Da hatten wir die Hände schon am Potte", kann sich Hans Meyer noch heute richtig erregen. Die Thüringer begingen den Fehler, plötzlich fußballerisch mithalten zu wollen. Das spielte den technisch stärkeren Solisten aus Georgien in die Karten. Erst nutzte Guzajew den freien Raum zu einem blitzschnellen Kontertor: 1:1. Danach tat der Kurvenläufer Darasselija mit seinem Siegestor dem FC Carl Zeiss Jena auf ewig weh. Mit dem Abstand der Jahre meint Hans Meyer gewohnt sarkastisch: „Zum Glück wurde das Rheinstadion inzwischen abgerissen."

Mit Dynamo Tiflis hatte eine Mannschaft gewonnen, die Experten zwischen 1979 und 1982 ganz oben sahen. So urteilte DFB-Bundestrainer Helmut Schön nach dem Finale: „Tiflis präsentierte in einem Topteam die besseren Solisten." Das hochgeschätzte französische Fußballmagazin „France Football" wertete nach einem Punkte-Ranking: „Dynamo Tiflis steht von allen osteuropäischen Teams am höchsten in der ‚südamerikanischen' Tradition. Unsere Mannschaft des Jahres 1981." Die Ausnahmeklasse bestätigte im darauffolgenden Jahr Dynamo Tiflis noch einmal mit dem Vordringen ins Halbfinale des Pokalsiegerwettbewerbs, wo man zweimal (0:1) nur hauchdünn an Standard Lüttich mit dem holländischen Vizeweltmeister Arie Haan und den belgischen Vizeeuropameistern Michel Preud'homme, Walter Meeuws und Eric Gerets scheiterte.

Das Finale von 1981 wurde noch zweimal mit den Helden von einst gespielt. In Tiflis feierten 80.000 nostalgisch gestimmte Georgier zunächst ein 3:1 ihrer gealterten Lieblinge. 2003, zum 100-jährigen Geburtstag des Jenaer Fußballs, trennten sich die Protagonisten 3:3. Als Geschenk hatten die georgischen Freunde ein Schwert aus der Heimat des Kaukasus mitgebracht. Wenn der FC Carl Zeiss in Gefahr sei, sollte er einen Hilferuf starten. Die Not kam – und georgische Fußballer wie Georgi Lomaia oder Mittelstürmer Ashvetia halfen aus.

Inzwischen ist der FC Carl Zeiss Jena bis in die vierte Liga abgerutscht. Doch ein glühender Zeiss-Fan wie „Zeit"-Autor Christoph Dieckmann ist dem Verein auch bis in die Niederungen treu geblieben. Im köstlichen Sammelband „Eine Liebe im Osten" nimmt der brillante Erzähler den Leser in literarischen Reportagen mit zum „Jena-Report und anderen blaugoldweißen Fußballgeschichten". Das Büchlein flatterte mir eines Tages mit Widmung ins Haus:

„Lieber Gottfried Weise, einst unterlagen wir Tiflis. Heute gelingen uns 45-Meter-Tore beim Berliner AK! Herzlich, Ihr Christoph Dieckmann (26. 10. 2013)."

STATISTIK

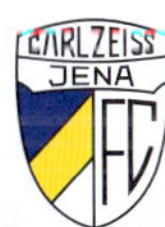

Die Bilanz des **FC Carl Zeiss Jena**
87 Spiele: 40 Siege, 17 Unentschieden, 30 Niederlagen

Europacup der Landesmeister

1963/64
Dinamo Bukarest – SC Motor Jena 2:0
18.09.1963 in Bukarest Stadion der Republik
SC Motor Jena – Dinamo Bukarest 0:1
25.09.1963 in Jena Ernst-Abbe-Stadion

1970/71
Fenerbahce Istanbul – FC Carl Zeiss Jena 0:4
14.09.1970 in Istanbul Şükrü-Saracoğlu-Stadion
FC Carl Zeiss Jena – Fenerbahce Istanbul 1:0
28.09.1970 in Jena Ernst-Abbe-Stadion
FC Carl Zeiss Jena – Sporting Lissabon 2:1
21.10.1970 in Jena Ernst-Abbe-Stadion
Sporting Lissabon – FC Carl Zeiss Jena 1:2
04.11.1970 in Lissabon Estadio de Alvalade
FC Carl Zeiss Jena – Roter Stern Belgrad 3:2
10.03..1971 in Jena Ernst-Abbe-Stadion
Roter Stern Belgrad – FC Carl Zeiss Jena 4:0
24.03.1971 in Belgrad Stadion Roter Stern

Europacup der Pokalsieger

1961/62
Swansea Town – SC Motor Jena 2:2
16.10..1961 in Linz (Österreich) Stadtstadion
SC Motor Jena – Swansea Town 5:1
18.10.1961 in Jena Ernst-Abbe-Stadion
SC Motor Jena – Alliance Düdelingen 7:0
17.12.1961 in Jena Ernst-Abbe-Stadion
Alliance Düdelingen – SC Motor Jena 2:2
19.12.1961 in Erfurt Georgi-Dimitroff-Stadion
SC Motor Jena – Leixoes Porto 1:1
22.02.1962 in Jena Ernst-Abbe-Stadion
Leixoes Porto – SC Motor Jena 1:3
24.02.1962 in Gera Stadion der Freundschaft

Halbfinale

SC Motor Jena – Atlético Madrid 0:1
28.03.1962 in Jena Ernst-Abbe-Stadion, 26.000 Zuschauer
Schiedsrichter: Lundell (Schweden)
Tor: 0:1 Peiro (63.),
SC Motor: Fritzsche – Otto, Stricksner, Ahnert – Marx, Eglmeyer – R. Ducke, Müller, P. Ducke, Lange, Kirsch. Trainer: Georg Buschner
Atlético: Madinabeytia – Rivilla, Calleja – Ramiro, Chuzo, Glaria – Jones, Adelardo, Mendoza,Peiro, Collar. Trainer: José Villalonga Llorente

Atlético Madrid – SC Motor Jena 4:0
11.04.1962 in Malmö Malmö-Stadion, 5.000 Zuschauer
Schiedsrichter: van Nuffel (Belgien)
Tore: 1:0 Mendoza (14.), 2:0, 3:0 Jones (17. u. 34.), 4:0 Mendoza (60.)
Atlético: Madinabeytia – Rivilla, Calleja – Ramiro, Chuzo, GlariaIV – Jones, Adelardo, Mendoza,Peiro, Collar. Trainer: José Villalonga Llorente
SC Motor: Fritzsche – Otto, Stricksner, Ahnert – Woizat, Eglmeyer – R. Ducke, Müller, P. Ducke, Lange, Kirsch. Trainer: Georg Buschner

1972/73
FC Carl Zeiss Jena – MP Mikkeli 6:1
13.09.1972 in Jena Ernst-Abbe-Stadion
MP Mikkeli – FC Carl Zeiss Jena 3:2
27.09.1972 in Mikkeli (Finnland) Sportpark
FC Carl Zeiss Jena – Leeds United 0:0
25.10.1972 in Jena Ernst-Abbe-Stadion
Leeds United – FC Carl Zeiss Jena 2:0
28.11.1972 in Leeds Elland Road Ground

1974/75
Slavia Prag – FC Carl Zeiss Jena 1:0
18.09.1974 in Prag Dr.-Vacka-Stadion
FC Carl Zeiss Jena – Slavia Prag 1:0/E 3:2
02.10.1974 in Jena Ernst-Abbe-Stadion
FC Carl Zeiss Jena – Benfica Lissabon 1:1
23.10.1974 in Jena Ernst-Abbe-Stadion
Benfica Lissabon – FC Carl Zeiss Jena 0:0
06.11.1974 in Lissabon Estadio da Luz

1980/81
AS Rom – FC Carl Zeiss Jena 3:0
17.09.1980 in Rom Olympiastadion
FC Carl Zeiss Jena – AS Rom 4:0
01.10.1980 in Jena Ernst-Abbe-Stadion
FC Carl Zeiss Jena – FC Valencia 3:1
22.10.1980 in Jena Ernst-Abbe-Stadion
FC Valencia – FC Carl Zeiss Jena 1:0
05.11.1980 in Valencia Luis-Casanova-Stadion
FC Carl Zeiss Jena – Newport County 2:2
04.03.1981 in Jena Ernst-Abbe-Stadion
Newport County – FC Carl Zeiss Jena 0:1
18.03.1981 in Newport

Halbfinale

FC Carl Zeiss Jena – Benfica Lissabon 2:0 (2:0)
08.04.1981 in Jena Ernst-Abbe-Stadion, 18.000 Zuschauer
Schiedsrichter: Barberesco (Italien)
Tore: 1:0 Bielau (8.), 2:0 Raab (20.)
FC CZ: Grapenthin – Schnuphase – Brauer, Oevermann (ab 79. Kulb), Sengewald – Krause, Kurbjuweit, Lindemann – Bielau, Raab, Vogel (ab 74. Töpfer). Trainer: Hans Meyer
Benfica: Bento – Humberto – Bastos Lopes, Laranjeia (ab 85. Reinaldo), Veloso – Carlos Manuel, Alves, Jorge Gomez, Sheu – Vital (ab 64. Cesar), Nene. Trainer: Lajos Baroti

Benfica Lissabon – FC Carl Zeiss Jena 1:0 (0:0)
22.04.1981 in Lissabon Estadio da Luz, 80.000 Zuschauer
Schiedsrichter: Partridge (England)
Tor: 1:0 Reinaldo (59.)
Benfica: Bento – Humberto – Veloso, Bastos Lopes, Pietra – Carlos Manuel, Jorge Gomez (ab 63. Jose Luiz), Sheu (ab 81. Vital) – Reinaldo, Nene, Chalana. Trainer: Lajos Baroti
FC CZ: Grapenthin – Schnuphase – Brauer, Kurbjuweit, Schilling – Krause, Oevermann (ab 72. Hoppe), Sengewald – Bielau, Raab (ab 20. Töpfer), Vogel. Trainer: Hans Meyer

Finale

Dynamo Tiflis – FC Carl Zeiss Jena 2:1 (0:0)
13.05.1981 in Düsseldorf Rheinstadion, (nur) 9.000 Zuschauer
Schiedsrichter: Lattanzi (Italien),
Tore: 0:1 Hoppe (63.), 1:1 Guzajew (67.), 2:1 Darasselija (87.)
Dynamo: Gabelija – Kostawa, Tschiwadse, Chisanischwili, Tawadse, Darasselija, Swanadze (ab 76. Kakilaschwili), Sulakwelidse – Guzajew, Kipiani, Schengelija. Trainer: Nodar Achalkazi
FC CZ: Grapenthin – Schnuphase – Brauer, Kurbjuweit,

Schilling – Hoppe (ab 89. Oevermann), Krause, Lindemann – Bielau (ab 74. Töpfer), Raab, Vogel. Trainer: Hans Meyer

1988/89
FC Carl Zeiss Jena – Sparkasse Krems 5:0
07.09.1988 in Jena Ernst-Abbe-Stadion
Sparkasse Krems – FC Carl Zeiss Jena 1:0
05.10.1988 in Krems Wachau-Stadion
FC Carl Zeiss Jena – Sampdoria Genua 1:1
26.10.1988 in Jena Ernst-Abbe-Stadion
Sampdoria Genua – FC Carl Zeiss Jena 3:1
09.11.1988 in Genua Stadio Luigi Ferraris

Messecup

1969/70
FC Carl Zeiss Jena – Altay Izmir 1:0
17.09.1969 in Jena Ernst-Abbe-Stadion
Altay Izmir – FC Carl Zeiss Jena 0:0
17.10.1969 in Izmir Alsancak Stadi
FC Carl Zeiss Jena – US Cagliari 2:0
12.11.1969 in Jena Ernst-Abbe-Stadion
US Cagliari – FC Carl Zeiss Jena 0:1
26.11.1969 in Cagliari Stadio Is Arenas
FC Carl Zeiss Jena – Dosza Ujpest 1:0
14.01.1970 in Jena Ernst-Abbe-Stadion
Dosza Ujpest – FC Carl Zeiss Jena 0:3
21.01.1970 in Budapest Dosza-Stadion
FC Carl Zeiss Jena – Ajax Amsterdam 3:1
04.03.1970 in Jena Ernst-Abbe-Stadion
Ajax Amsterdam – FC Carl Zeiss Jena 5:1
11.03.1970 in Amsterdam Olympiastadion

UEFA-Cup

1971/72
FC Carl Zeiss Jena – Lok Plowdiw 3:0
15.09.1971 in Jena Ernst-Abbe-Stadion
Lok Plowdiw – FC Carl Zeiss Jena 3:1
29.09.1971 in Plowdiw Lok-Stadion
OFK Belgrad – FC Carl Zeiss Jena 1:1
20.10.1971 in Belgrad OFK-Stadion
FC Carl Zeiss Jena – OFK Belgrad 4:0
03.11.1971 in Jena Ernst-Abbe-Stadion
FC Carl Zeiss Jena – Wolverhampton Wanderers 0:1
24.11.1971 in Jena Ernst-Abbe-Stadion
Wolverhampton Wanderers – FC Carl Zeiss Jena 3:0
08.12.1971 in Wolverhampton Molineux Stadium

1973/74
FC Carl Zeiss Jena – MP Mikkeli 3:0
19.09.1973 in Jena Ernst-Abbe-Stadion
MP Mikkeli – FC Carl Zeiss Jena 0:3
03.10.1973 in Mikkeli (Finnland) Sportpark
Ruch Chorzów – FC Carl Zeiss Jena 3:0
24.10.1973 in Chorzów Ruch-Stadion
FC Carl Zeiss Jena – Ruch Chorzów 1:0
07.11.1973 in Jena Ernst-Abbe-Stadion

1975/76
FC Carl Zeiss Jena – Olympique Marseille 3:0
17.09.1975 in Jena Ernst-Abbe-Stadion
Olympique Marseille – FC Carl Zeiss Jena 0:1
01.10.1975 in Marseille Stade Velodrome
FC Carl Zeiss Jena – Stal Mielec 1:0
22.10.1975 in Jena Ernst-Abbe-Stadion
Stal Mielec – FC Carl Zeiss Jena 1:0 / E 3:2
05.11.1975 in Mielec Stal-Stadion

1977/78
FC Carl Zeiss Jena – Altay Izmir 5:1
14.09.1977 in Jena Ernst-Abbe-Stadion
Altay Izmir – FC Carl Zeiss Jena 4:1
28.09.1977in Izmir Alsancak Stadi
RWD Molenbeck – FC Carl Zeiss Jena 1:1
19.10.1977in Brüssel Edmond-Machtens-Stadion
FC Carl Zeiss Jena – RWD Molenbeck 1:1 / E 6:5
02.11.1977 in Jena Ernst-Abbe-Stadion
FC Carl Zeiss Jena – Standard Lüttich 2:0
23.11.1977 in Jena Ernst-Abbe-Stadion
Standard Lüttich – FC Carl Zeiss Jena 1:2
07.12.1977in Brüssel Edmond-Machtens-Stadion
SEC Bastia – FC Carl Zeiss Jena 7:2
01.03.1978 in Bastia Stade Armand Cesari
FC Carl Zeiss Jena – SEC Bastia 4:2
15.03.1978 in Jena Ernst-Abbe-Stadion

1978/79
FC Carl Zeiss Jena – Lierse SK 1:0
14.09.1978 in Jena Ernst-Abbe-Stadion
Lierse SK – FC Carl Zeiss Jena 2:2
27.09.1978 in Lierse Sportstadion
FC Carl Zeiss Jena – MSV Duisburg 0:0
18.10.1978 in Jena Ernst-Abbe-Stadion
MSV Duisburg – FC Carl Zeiss Jena n .V. 3:0
01.11.1978 in Duisburg Wedau-Stadion

1979/80
FC Carl Zeiss Jena – West Bromwich Albion 2:0
19.09.1979 in Jena Ernst-Abbe-Stadion
West Bromwich Albion – FC Carl Zeiss Jena 1:2
03.10.1979 in Birmingham Stadion The Hawthorns
Roter Stern Belgrad – FC Carl Zeiss Jena 3:2
24.10.1979 in Belgrad Stadion Roter Stern
FC Carl Zeiss Jena – Roter Stern Belgrad 2:3
07.11.1979 in Jena Ernst-Abbe-Stadion

1981/82
Dinamo Tirana – FC Carl Zeiss Jena 1:0
16.09.1981 in Tirana Nationalstadion
FC Carl Zeiss Jena – Dinamo Tirana 4:0
30.09.1981 in Jena Ernst-Abbe-Stadion
Real Madrid – FC Carl Zeiss Jena 3:2
21.10.1981 in Madrid Estadio Santiago Bernabéu
FC Carl Zeiss Jena – Real Madrid 0:0
04.11.1981 in Jena Ernst-Abbe-Stadion

1982/83
FC Carl Zeiss Jena – Girondins Bordeaux 3:1
15.09.1982 in Jena Ernst-Abbe-Stadion
Girondins Bordeaux – FC Carl Zeiss Jena 5:0
29.09.1982 in Bordeaux Stade Municipal

1983/84
IBV Vestmannaeyjar – FC Carl Zeiss Jena 0:0
14.09.1983 in Vestmannaeyjar Kopa-Vogur-Stadion
FC Carl Zeiss Jena – IBV Vestmannaeyjar 3:0
28.09.1983 in Jena Ernst-Abbe-Stadion
Sparta Rotterdam – FC Carl Zeiss Jena 3:2
19.10.1983 in Rotterdam Kasteel-Stadion
FC Carl Zeiss Jena – Sparta Rotterdam 1:1
02.11.1983 in Jena Ernst-Abbe-Stadion

1986/87
Bayer 05 Uerdingen – FC Carl Zeiss Jena 3:0
17.09.1986 in Krefeld Grotenburg-Kampfbahn
FC Carl Zeiss Jena – Bayer 05 Uerdingen 0:4
01.10.1986 in Jena Ernst-Abbe-Stadion

HANS MEYER
„MENSCH, MR. EUROPACUP"

Erzähle, sonst wirst du ohne Vergangenheit sein.
Wolfgang Hilbig, Schriftsteller

„Ach, Herr Meyer, damals gegen Rom…"

Man kennt ihn im Osten wie im Westen. Die Fans lieben ihn für seine spitze Zunge, die Journalisten fürchten ihn für seine bissige Ironie, die Fachleute achten ihn für seine hohe Kompetenz. Auch jetzt noch, wo er nach 38 Trainerjahren und rund 1.500 Spielen (darunter 1.182 Pflichtpartien!) nicht mehr auf dem „heißen Stuhl" sitzt. Er lebt in Nürnberg und fliegt mehrmals im Monat zu Borussia Mönchengladbach, wo er seit 2011 Mitglied im Präsidium ist und mit Rainer Bonhof den sportlichen Kompetenzbereich stärkt.

Hans Meyer ist im deutschen Profifußball der Trainer mit der vielschichtigsten Karriere und der einzige gesamtdeutsche Erfolgscoach, der sowohl im Osten mit dem FC Carl Zeiss Jena 1972, 1974 und 1980 den FDGB-Pokal gewinnt als auch im Westen mit dem 1. FC Nürnberg 2007 den DFB-Pokal. Der Däne Jan Kristiansen sichert dem „Club" gegen den VfB Stuttgart den 3:2-Erfolg in der Verlängerung. Damit holt der erste ehemalige DDR-Trainer die DFB-Trophäe. In typischer Meyer-Manier legt der Ironiker nach: „Wurde auch Zeit, so viele gibt es nicht mehr aus unserer Gilde."

Mit Jena feiert der Thüringer seine größten Triumphe. Nach den drei nationalen Pokalgewinnen gegen Dynamo Dresden (2:1 und 3:1 n.V.) und Rot-Weiß Erfurt (3:1 n.V.) stürmt der Taktikfuchs mit dem FC Carl Zeiss Jena 1981 ins europäische Pokalsiegerfinale, das gegen Dynamo Tiflis nach einer 1:0 Führung noch mit 1:2 verloren geht. „So eine Niederlage verfolgt dich ein Leben lang", gibt Meyer aus seinem Seelenleben preis. „Gleichzeitig war es auch der größte Erfolg für den Verein wie für mich als Trainer." Mit 64 Europacupeinsätzen auf der Trainerbank von Jena (56) und Chemnitz (8) erwirbt sich der erfolgreichste „Zeissianer aller Zeiten" den Ruf eines „Mister Europacup" im DDR-Fußball. Mit den UEFA-Cupspielen als Coach des FC Twente und des 1. FC Nürnberg kommt der Spätankömmling der Bundesliga auf satte 80 Europacuppartien.

Ein Gespräch mit Hans Meyer über seine Anfänge als Spieler und Trainer, über 1.800 Protestbriefe, über seine schwerste wie bitterste Stunde, über seine kritische Sicht auf die Welt und warum die DDR-Kluberfolge kleinen Wundern glichen und die Fans noch heute feuchte Augen bekommen, wenn von der Jenaer 4:0-Sensation gegen den AS Rom die Rede ist. „Ach, Herr Meyer, damals gegen Rom…"

Herrliche Jenaer Ironie

Fußball verbindet. Trainer und Reporter kennen sich seit nunmehr 50 Jahren, ohne jemals gemeinsam den Urlaub verbracht zu haben. Am häufigsten haben wir uns am Wochenende auf den Oberligaplätzen zwischen Jena und Dresden, Leipzig und Aue, Magdeburg und Berlin, Chemnitz und Zwickau, Halle und Rostock, Erfurt und Frankfurt (Oder) getroffen. Später auch auf Europacupreisen.

Doch zu dem Zeitpunkt, als ich meinen ersten Artikel über Hans Meyer, am 4. Juli 1967 für die „Neue Fußball-Woche", schrieb, dem ostdeutschen Pendant zum „kicker", da hatte der begabte 24-jährige Innenverteidiger seine Spielerkarriere noch nicht abgehakt. Er sollte in seinen insgesamt sechs Jahren unter Trainer Georg Buschner noch zweimal DDR-Meister werden, „allerdings mit mir als fünftem Rad am Wagen".

Näher kennen und schätzen gelernt hat man sich erst, als Hans Meyer 1971 seinen Job als verantwortlicher Trainer von Carl Zeiss Jena antrat. Äußerliches Aufsehen in der Branche erregte der schlanke 29-jährige Trainer bei seinem ersten Siegerinterview im leichten Sommermantel und mit Krawatte. „Diese Nummer hatte sich unser Klubchef, Herbert Kessler, ausgedacht. Ein bisschen spleenig, wie er war, hatte er zum Pokalfinale 1972 gegen Dynamo Dresden Schlips und Kragen angeordnet. Ich habe aber schnell herausbekommen, dass zu unserem Job besser Trainingsklamotten passen."

Wenn auch Spieler, Fans und Journalisten den Neuen anfangs nicht so recht ernst nehmen wollten, so fiel der „Lange" schon bald in Diktion und Gestik als unverkennbarer Schüler von Georg Buschner auf. Mit seiner herrlichen Jenaer Ironie belebte Hans Meyer sowohl das populäre Magazin „Fußball-Panorama" in der Sendung „Sport aktuell" am Sonntag als auch die Analysen in dem Europacup-Format „Pokal spezial" am Donnerstagabend. Sein komödiantisches Talent musste er allerdings noch etwas unterdrücken, weil die „Fußballjournalisten im Osten, im Vergleich zur heutigen Generation, auf eine unglaubliche Art und Weise ganz stark fachlich ausgerichtet waren" und nicht so „blöde Fragen" gestellt haben.

Das Echo auf die Sendungen aus Hannover, Bremen, Braunschweig, Nordbayern oder aus Westberlin, wo das DDR-Fernsehen empfangen werden konnte, war sehr, sehr positiv, denn eine derartige Rückschau-Sendung wie „Pokal spezial", in einer Länge von zwei Stunden mit Interviews vor Ort und im Studio, mit Analysen und rund 200 Toren, hatten ARD und ZDF in den frühen Achtzigern nicht auf dem Schirm.

„Thom und Kirsten ja, Meyer und Co. nein"

Mit der Fachkompetenz von über 60 Europacupspielen, darunter der legendäre „Sturm auf Rom", eroberte Hans Meyer

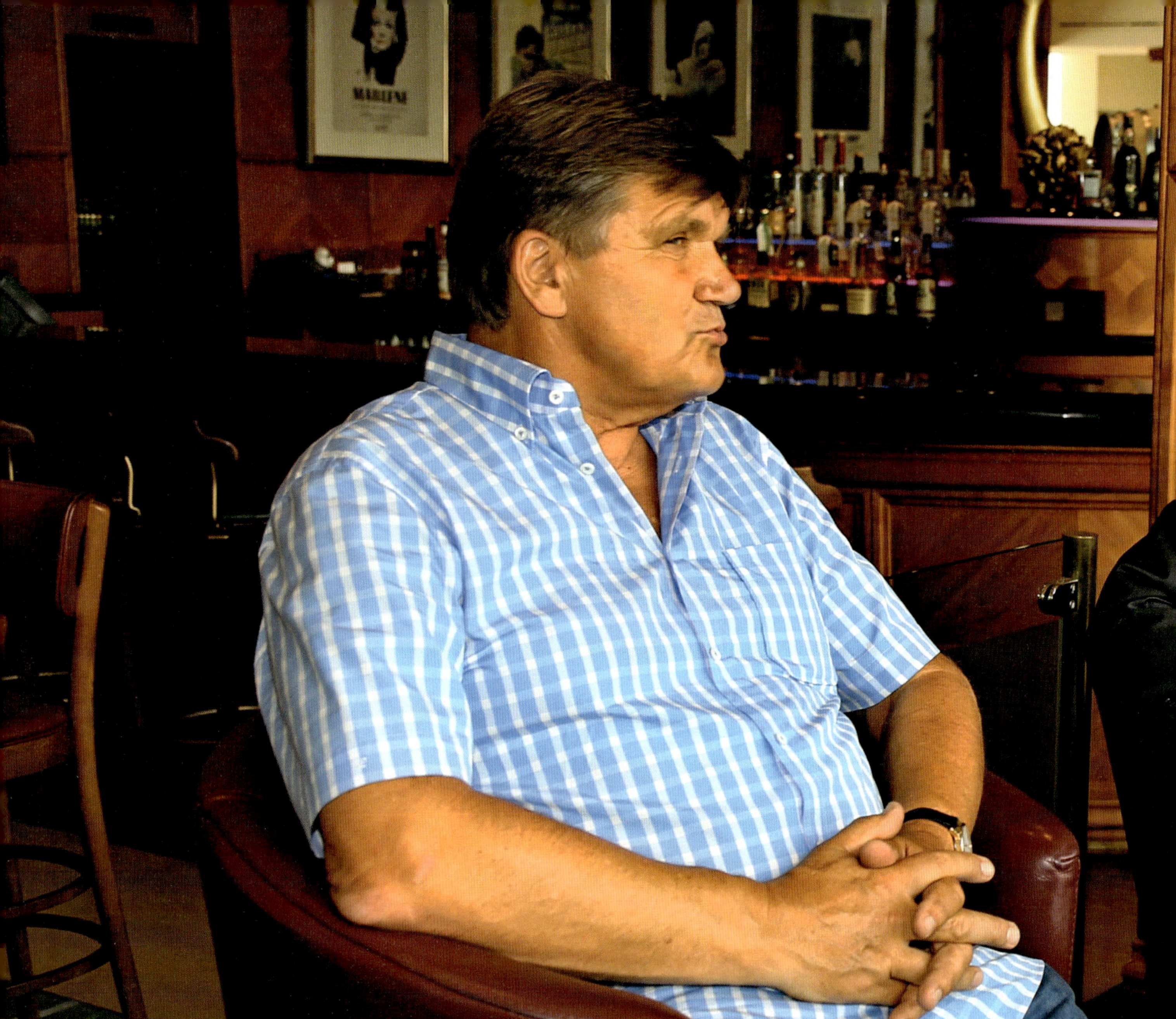
Autor Gottfried Weise im Gespräch mit Hans Meyer.

mit den Zeiss-Städtern Europa. Hintereinander fegte der FC Carl Zeiss Jena in seiner Traumsaison 1980/81 in nachtfiebriger Atmosphäre Weltklasseteams wie den AS Rom, Valencia mit Weltmeister Kempes sowie Benfica Lissabon, fast identisch mit Portugals Nationalelf, von der Europacupbühne.

„Eigentlich", dachte der ansonsten nüchterne Realist Meyer später zur politischen Wende, „kann die Bundesliga gar nicht an dir vorbei. Doch sie konnte. Die sechs, sieben richtig guten Trainer sind eben nicht mit offenen Armen empfangen worden wie Sammer, Doll, Thom, Kirsten oder etwas später Steinmann. Das waren Schnäppchen, top ausgebildete, hochtalentierte Spieler. Allein daran hätte man erkennen können, dass wir ordentlich gearbeitet haben. Aber im Gegensatz zu den Spielern waren wir lästige Konkurrenten. So erging es ja vielen ehemaligen DDR-Bürgern, ob Sänger, Journalist, Geiger, Dramaturg oder Schauspieler. Meine 45-jährige Partnerin Maren hatte schon vor der Grenzöffnung am Theater gearbeitet. Sie schwärmt noch heute davon, was DDR-Schauspieler oder Theaterregisseure geleistet haben. Dabei denkt sie nicht nur an Heiner Müller."

An einem der erfolgreichsten DDR-Trainer hatte in der Wendezeit kein Bundesligaklub Interesse, „dafür konnte sich ein holländischer Manager an Hans Meyer erinnern. Wir hatten nach einem Intertoto-Spiel, von der UEFA als Sommercup deklariert, einen netten Abend mit den holländischen Gästen vom FC Twente. Wir haben schön miteinander gequatscht, gegessen und getrunken." Nach einem „Schnupperkurs" erhielt Hans beim FC Twente einen gut dotierten Vierjahresvertrag: „Die Holländer waren von meiner Arbeit überzeugt, wohl aber besonders von meiner Schönheit." Da haben wir den Meyer, wie manche meinen, der nicht nur lustig kann, aber vermeintlich lustig eben am besten.

„Ich musste mich nicht mehr verbiegen"

Ab 1996 konnte ich wieder Meyer-Spiele kommentieren. Der niederländische Fußball war lange Jahre fester Bestandteil der Kultsendung „Eurogoals" auf dem Sender Eurosport. Die holländischen Kollegen Frank Kramer, Jurijan van Wessem

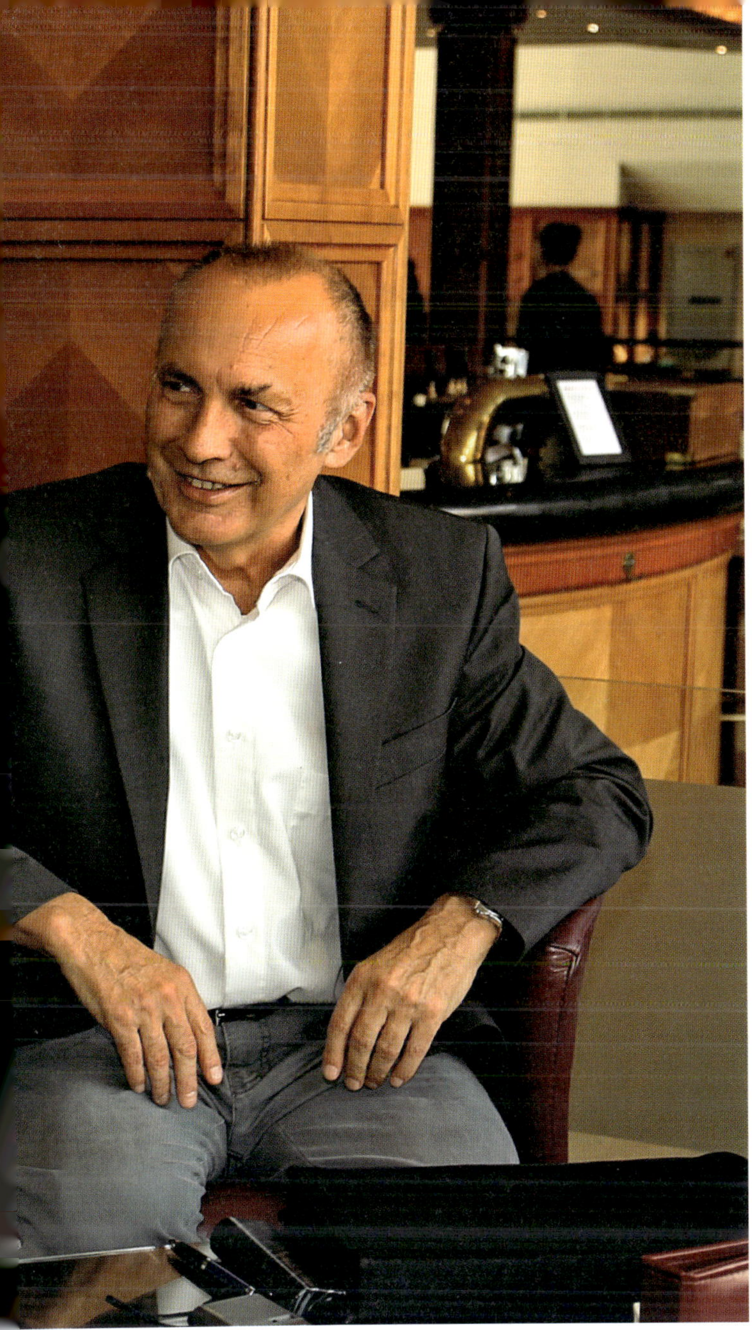

und Hans Kraay fragten anfangs: „Was ist denn das für ein Typ?" Meine Antwort: „Ein Guter, aber auf jeden Fall kein Bequemer." Der ostdeutsche Trainer führte den Provinzverein FC Twente schnell in den UEFA-Cup und 2001 die Borussia aus Mönchengladbach in die 1. Bundesliga zurück. Fortan unterhielt Meyer die „First Class" des deutschen Profifußballs prächtig – ein Jahrzehnt mit unangetasteter Kompetenz und beißender Ironie. „Bis 1990 habe ich nicht für Geld, sondern für den Sozialismus gearbeitet. Ich bin von Haus aus Kommunist, das heißt, ich bin von Haus aus arm." Sprüche ohne Risiko? „Ich musste mich bei meiner Ankunft in der Bundesliga nicht mehr verbiegen. Der Vertrag mit Twente hatte mich finanziell unabhängig gemacht."

Ein Tag mit „Mister Europacup"

Für dieses Buch hat sich Hans Meyer noch einmal Zeit für dreimal volle 90 Fußballminuten in Berlin und Nürnberg genommen. Das letzte Mal trafen wir uns im Februar 2014.

Treffpunkt: Hauptbahnhof Nürnberg. Auf Hans ist wie stets Verlass, weniger auf die Deutsche Bahn. Ich trudele mit 20 Minuten Verspätung ein, am frühen Nachmittag. Hans hat gerade seine täglichen Bahnen im Westbad gezogen. „Komm, lass uns einen Kaffee trinken, dann gehen wir zu mir…"

Noch bevor wir in die Gänge kommen, stoppt uns ein hechelnder Mittsechziger: „Herr Meyer, haben Sie eine Autogrammkarte für mich?" „Junger Mann, ich habe doch schon vier Jahre abgeschlossen mit dem Job." Der betagte Sammler fühlt sich auch mit der Signatur auf der Fachzeitschrift „kicker" gut beschenkt. Ein sichtbares Zeichen für die nach wie vor außergewöhnliche Popularität von Hans Meyer in seiner Wahlheimat Nürnberg.

Auch in dem hübschen Café der Altstadt ist der prominente Kaffeetrinker und Kuchenesser schnell erkannt. Beinahe wie damals in der Universitätsstadt Jena, wo er ähnliche Popularität genoss wie Udo Lattek im Westen. Wer sich bei Hans Meyer in Jena zum Interview angemeldet hatte, meist vor Europacupspielen, konnte sich auf zwei Dinge freuen: auf ein leckeres Stück Kirschtorte in der Klubgaststätte Jenas und auf ein Gespräch, das nicht zwingend mit Fußball endete. Der Freund historischer Bücher war schon immer bemüht, in der „Fußballmühle nicht zu verblöden". Dramatiker und Schriftsteller Moritz Rinke, unter Meyers Regie in der deutschen Nationalmannschaft der Autoren erfolgreicher Torjäger und Vizeweltmeister, hat präzise beobachtet: „Wenige, die im Sport arbeiten, kommen an Intelligenz, Witz und Weisheit dem so entgegen wie der Fußballtrainer Hans Meyer." Für den studierten Sport- und Geschichtslehrer lieferten Stefan Heym oder Heiner Müller ebenso streitbaren Diskussionsstoff wie Falladas „Jeder stirbt für sich allein". Ein typischer Meyer setzte die Schlusspointe: „Den Arsch hochnehmen, das musst du schon allein machen."

Zurück nach Nürnberg. In der gemütlichen, rustikalen Spezialitäten-Gaststätte „Kaiserburg" tastet sich ein Mann mittleren Alters an unseren Tisch und bittet: „Herr Meyer, können Sie mir nicht helfen, dass mein Sohn beim Club einmal vorspielen kann?" Der Vater des Jungen kommt aus dem Bekanntenkreis des im Frankenland nach wie vor geschätzten Tunesiers Jawhar „Joe" Mnari, der sich unter Hans Meyer als „Sechser" zum Stammspieler entwickelte und mithalf, dass Nürnberg wieder Europacupspiele erlebte. Entgegen seinen Gepflogenheiten unterbricht Hans das Essen und sucht sofort den Handykontakt zur Nachwuchsabteilung des „Club". „Wenn man hier helfen kann, warum nicht?" Harter Hans? Klischees können hartnäckig sein…

Champions League auf der Couch

Für das Interview haben wir eine ruhige, lauschige Ecke in der Lobby des Hotels Dürer auswählen können. Noch einmal eine harte Nummer. Eines hat sich in all den Jahren nicht verändert: Wer seine Gedanken erst während des Gesprächs ordnen will, der ist bei dem spöttelnden Ironiker Hans Meyer hoffnungslos verloren. „Willst du mich verscheißern?", „Wo hast du in den letzten zehn Jahren gelebt?"„Ich streiche dir die Passage aus dem Text!" Immer wieder dieser spürbare Gegensatz von Gefühl und Kompetenz, von Harmonie und Konsequenz, wie bei Heiner Müllers „Der Mann im Fahrstuhl". Meint er's so oder meint er's so?

Der Abend gehört dann der Champions League. Bayern spielt bei Arsenal. Hans hat mich schon früh am Tage zum gemeinsamen Gucken eingeladen. Hat mich unglaublich gefreut. Bei einem Glas Weißwein sehen wir zunächst wackelnde Bayern, aber dann einen Toni Kroos „mit einem unglaublichen Tor", wie der Gastgeber nüchtern festhält. Schließlich beendet Bayern die „souveräne Vorstellung" in London mit dem 2:0 durch Thomas Müller. „Hast du mitbekommen, dass die Bayern nicht groß auf Konter spielen. Dazu haben sie augenblicklich nicht das Personal auf dem Platz. Sie brauchen den permanenten Ballbesitz für ihr Spiel." Es ist nicht das erste Mal, dass ich mit Hans Meyer ein Spiel im Fernsehen anschaue. Jedes Mal bin ich als fachlich interessierter Fußballjournalist verblüfft, wie viel und was er alles sieht.

Ein Tag mit Hans Meyer – fast ein perfekter. Aber nur fast, denn wir haben es nicht mehr geschafft, eine Partie Schach zu spielen. Dafür hat sich Hans für das Interview noch einmal reichlich Zeit genommen.

Danke, Hans. Für Zeit, Geduld, Aufklärung, Humor und Gastfreundschaft.

Als Jungspund Trainer in Jena

Was sagt dir die Titelzeile vom 21. März 1967: „Meyer war zur Stelle – mit einem kapitalen Kopfball"?

Ja, mein erstes und einziges Tor in 30 Spielen der DDR-Oberliga. Aber immerhin gegen einen der kopfballstärksten Abwehrspieler dieser Zeit, Michael Strempel. Er spielte damals noch für Gera, später wechselte er nach Jena. Damit wurde für mich die Luft noch dünner, im Abwehrzentrum einen Stammplatz zu erreichen. Das Tor war auch deshalb so interessant, weil es genau in der Phase fiel, als ich in die Partei eingetreten bin. Eine Woche danach oder davor stand in der Zeitung: „Hans Meyer: Mein Platz in der Partei".

Was hat dich motiviert, diesen Schritt zu gehen?

Ich habe einfach daran geglaubt, dass der Staat der überwiegenden Mehrheit der Bevölkerung ein würdevolles Leben in sozialer Sicherheit bieten kann. Ich habe mich in der DDR zu Hause gefühlt und war lange Zeit der Auffassung, diese alternative Gesellschaft hat, bei allen Problemen, weiter eine Chance verdient. Wenn allerdings dann das, woran man geglaubt hat, wie ein Kartenhaus zusammenfällt, wird es schwierig, weiter mit dem System zu sympathisieren. Obwohl: Nicht die Theorie war Scheiße gewesen, sondern eine Partei mit einem perversen Machtanspruch und ihren fatalen Fehleinschätzungen.

Der Fußballer Meyer konnte sich schon sehr früh recht realistisch einschätzen. Hans, beschreib doch mal für die www-Generation: Was warst du für ein Spielertyp? Langer Schlaks mit Pferdelunge? Kopfballungeheuer mit rustikaler Zweikampfhärte?

Bis 15 war ich eher klein und kümmerlich. Erst danach schoss ich in die Höhe. Ich war weder ein Treter noch ein Kopfballungeheuer, obwohl ich 1,87 Meter groß wurde. Trotz meiner Länge war ich ein richtig Guter am Ball. Wenn es danach gegangen wäre, hätte ich spielen müssen. Aber zum Fußball gehört mehr.

Ich bin ziemlich tief ins Archiv eingestiegen und habe eine interessante Aussage von deinem Trainer-Übervater Georg Buschner vom April 1969 entdeckt: „Mit dem 1,87 Meter großen Meyer habe ich einen jungen Mann für das Deckungszentrum gefunden, der sich in den vergangenen Wochen gut entwickelt hat." Jetzt frage ich mich, warum du mit diesem Standing bei Buschner nicht den nächsten Schritt hinbekommen hast?

Das kann ich dir genau sagen. Da ich stets sehr selbstkritisch mit meinen Leistungen umgegangen bin, habe ich rechtzeitig erkannt: Wenn du im Leistungsfußball nicht laufen kannst, und zwar nicht schnell und nicht ausdauernd, dann solltest du besser aufhören. Und das war bei mir der Fall. Zwar hatte ich ein Angebot vom erfahrenen Pädagogen Alfred Kunze, der sensationell mit Chemie Leipzig Meister und Pokalsieger wurde. Doch ich wusste eh: Als Spieler wirst du kein Großer. Deshalb bin ich auch schon mit 27 Jahren Trainer geworden. (*Fröhliches Augenzwinkern*)

Schon zwei Jahre später, 1971, hast du nach kurzer Assistenzzeit die Startruppe von „Schorsch" Buschner mit den Ducke-Brüdern als jüngster Trainer der DDR-Oberliga übernommen. Mit 29 Jahren. Wie kam es dazu?

„Schorsch" hatte mich schon anderthalb Jahre vorher, weitsichtig, wie er nun einmal war, im Trainingslager Scheibenberg angesprochen, ob ich ab Sommer 1970 sein Assistent werden möchte. Ich hatte zwei Wochen Bedenkzeit. Danach habe ich freudig Ja gesagt, ohne zu wissen, was alles auf mich zukommt: „Herr Buschner, so sprach ich ihn damals noch an, ich mach' es." „Schorsch" agierte noch ein Jahr in der Doppelrolle als Auswahl- und Vereinstrainer, bevor er mir 1971 die Geschäfte in Jena übertrug. Nach seiner Lesart war er gedrängt worden, den Job als Vereinstrainer aufzugeben und sich voll auf die Nationalmannschaft zu konzentrieren. „Schorsch" hat zweifellos sehr gern und erfolgreich in Jena gearbeitet. Ich bin andererseits fest davon überzeugt, dass ihn der aufreibende und komplizierte Job mit der DDR-Auswahl, zumindest in den Siebzigern, gelockt und herausgefordert hat. Besessenheit und auch ein wenig Eitelkeit waren ausreichend Motivation.

„Rennen" statt „spielen"

Du giltst als Musterschüler von „Schorsch" Buschner, der drei Titel gewann, einen Pokalsieg und 1962 mit Jena als erste DDR-Mannschaft in ein europäisches Halbfinale einzog. Was für eine Botschaft hat er dir mitgegeben?

Seine Kernbotschaft lautete: „Eine Mannschaft muss fit sein." Die Fitness war bei allen seinen Mannschaften die Grundlage für die Erfolge. Die Maxime: „Rennen, rennen, rennen." Seine größte Stärke allerdings lag in seiner Überzeugungskraft, die auf der Basis von Wissen, Rhetorik und sogar Demagogie beruhte. Er konnte eine Mannschaft richtig heißmachen, die ihm ohne Wenn und Aber folgte. Kritiker warfen ihm allerdings vor, die andere Seite des Fußballs vernachlässigt zu haben: „Spielen, spielen, spielen." Aber auf technische Kreativität war seine Philosophie grundlegend nicht ausgerichtet. Kraft, Taktik und Disziplin dominierten weiter den DDR-Fußball. Buschner selbst und seine Trainerschule beförderten diese Entwicklung. Damit waren wir auf der falschen Fährte.

Der renommierte Fußballjournalist Christoph Biermann schreibt in seinem hochinteressanten Buch „Die Fußball-Matrix“: „Hans Meyer gibt seit drei Jahrzehnten, ob er Trainer in Jena, Holland, bei Hertha BSC, dem 1. FC Nürnberg oder Borussia Mönchengladbach war, seinen Spielern nach jedem Training und nach jedem Spiel eine Note. Sie ist für ihn eine Art von Warnsystem, weil er Spieler bei Notenabfall gezielt ansprechen kann, ob sie gesundheitliche oder private Probleme haben.“ Kommt da der studierte Lehrer durch oder im Ansatz der Hang zu systematischer Auswertung?

Ich bin ja der Auffassung, die modernste digitale Spielanalyse und das umfangreichste Datenarchiv können zwar die detaillierte Vorbereitung optimieren, aber sie garantieren nie den Sieg. Im Osten hat man alles, was im Fußball wissenschaftlich interessant war, akribisch und aufwendig unter die Lupe genommen. An der Deutschen Hochschule für Körperkultur in Leipzig. Weltmeister sind wir, zumindest vor Toni Kroos, trotzdem nicht geworden, aber die Nachwuchsarbeit hat davon profitiert. Das Fördersystem, vom neunten Platz in der Sichtung mal abgesehen, mit Trainingszentren und Kinder- und Jugendsportschulen, gab es also schon vor mehr als 30 Jahren. Es ähnelte dem Konzept, das wir jetzt mit Leistungszentren oder Eliteschulen installiert haben. Bei diesem Prozess hat Matthias Sammer aber so was von viel an Kreativität und Motivation aus der DDR-Fußballschule in das Talentförderungsprogramm eingebracht. An der Ausbildung sind wir definitiv nicht gescheitert. Es wäre also durchaus mehr als nur der logische grüne Pfeil aus dem Straßenverkehr zu übernehmen gewesen.

Gleich zu Beginn deiner Trainerlaufbahn hagelte es nach einem halben Jahr Proteste. Welche Anekdote verbirgt sich dahinter?

Der „Schorsch“ hatte mir eine unglaublich gut trainierte Mannschaft mit acht Nationalspielern hinterlassen. Das Team hätte auch der Hausmeister coachen können. Bis auf Peter Ducke war die Mannschaft leicht zu führen. Im UEFA-Cup lief es zunächst gegen Lok Plowdiw mit Bonew und gegen OFK Belgrad mit „Stepi“ Stepanovic recht ordentlich. Doch in der dritten Runde kam gegen Wolverhampton Wanderers das Stoppzeichen. Nach einem halben Jahr stimmten die Ergebnisse nicht mehr. Im Zeiss-Werk kam Unruhe auf. Kann der junge Mann das? Meyer hat keine große Trainererfahrung, war kein großer Spieler. Er möge doch endlich abgelöst werden. 1.800 Proteststimmen haben sie zusammenbekommen. Das hat die Leute schon bewegt. Am Saisonschluss reichte es in der Tabelle nur zum vierten Platz. Der 2:1-Pokalsieg 1972 gegen Dynamo Dresden entschädigte für die verkorkste Saison und gab auch mir Rückenwind.

Zwölfeinhalb Jahre FC Carl Zeiss Jena folgten, mit drei Pokalsiegen, fünf zweiten Plätzen und Europacupfinale. Wie verträgt sich die systembedingte Sesshaftigkeit mit der Reputation eines „Feuerwehrmannes“?

Das liegt an den Medien. In meiner Karriere gab es nur zwei Kurzeinsätze, darunter der in Berlin 2004. Da gab es eine tolle Mannschaft, da war Potenzial, da war Substanz. Die Berliner hätten auch andere Trainer vor dem Abstieg in die Zweitklassigkeit gerettet. Darauf bilde ich mir nichts ein. Ich betrachte mich aber dennoch nicht als „Feuerwehrmann“ oder „Retter in letzter Not“. Da, wo ich über mehrere Jahre arbeiten konnte, habe ich auch etwas aufgebaut. Das war in Chemnitz so, wo ich mit Steinmann, Heidrich, Schmidt ins Pokalfinale kam, Vizemeister wurde und im UEFA-Cup erst in der dritten Runde an Juventus Turin mit Dino Zoff auf der Bank scheiterte. In Nürnberg konnte ich zwischen 2005 und 2008 auch etwas entwickeln. Mit Mintal, Galasek, Mnari, Schäfer, Kristiansen, um nur einige zu nennen, wurde der Club 2007 DFB-Pokalsieger.

Welche Spieler mit Wurzeln im Osten haben dir in der Bundesliga imponiert?

Natürlich Matthias Sammer, den schon sein Vater, Klaus Sammer, behutsam in Europacupspielen von Dynamo Dresden einsetzte. Dann wurde er mit dem VfB Stuttgart und mit Borussia Dortmund Meister, auch Champions-League-Sieger und mit der Nationalmannschaft 1996 Europameister. Als Sahnehäubchen bekam er noch den Titel „Europas Fußballer des Jahres“ oben drauf. Mehr geht schon nicht. Nicht zu vergessen seine zweite Karriere als Meistertrainer mit Dortmund, als DFB-Sportdirektor mit einem wissenschaftlich durchdrungenen Konzept für den Nachwuchs und jetzt als überzeugender Vorstand Sport bei den Bayern.

Prägend waren die Tore von Ulf Kirsten, der wie Matthias Sammer von Trainer Klaus Sammer schon in jungen Jahren das Vertrauen erhielt, im Europacup mitzustürmen. Wer hätte jemals prophezeit, dass Ulf dreimal Torschützenkönig der Bundesliga wird. Der Gerd Müller der neunziger Jahre. Was hat der Junge für charaktervolle Tore gemacht. Wo andere den Fuß zurückzuckten, flog Ulf mit dem Kopf über der Grasnarbe heran. Einfach phantastisch!

Dann muss ich gleich Michael Ballack nennen. Er war mit seinen 16 Jahren so talentiert, dass ich ihn sogar zum Männertraining in Chemnitz einbezogen habe. Man konnte schon damals erkennen: Der Junge hat was Großes vor. Mit den Bayern wurde er Meister und Pokalsieger. Er hatte Pech, dass er keinen großen internationalen Titel gewinnen konnte, obwohl er mit Leverkusen und Chelsea zweimal im Champions-League-Finale stand. Zwar warf man ihm hin und wieder mangelnde Führungsqualitäten vor, doch für mich war „Micha“ ein hundertprozentiger Profi. Er war zwar kein Regisseur wie Wolfgang Overath oder Günter Netzer, aber in seiner besten Zeit der torgefährlichste Mittelfeldspieler im Weltfußball.

Dass wir nicht an der Ausbildung gescheitert sind, zeigte der Ballkünstler „Schnix“ Schneider aus Jena. Ob im 1:2 verlorenen Europacupfinale gegen Real Madrid oder im 0:2 verlorenen WM-Finale gegen Brasilien, jeweils 2002 gespielt, beide Male brillierte Bernd Schneider mit exzellenter Technik, mit „brasilianischer“ Ballkontrolle. Und für das jüngste Beispiel steht Toni Kroos, der in Greifswald an der Ostseeküste seinen ersten Schliff bekam. Wie bei Matthias Sammer spielte auch bei Toni Kross in der Entwicklung der Vater eine nicht unwesentliche Rolle, Roland Kroos.

Geheimprämie: 10.000 Mark

Hinter dem „Fußballclub“ in Jena stand das Kombinat Carl Zeiss und ihr mächtiger Generaldirektor Wolfgang Biermann. Zeiss war damals das Wirtschaftsdorado der DDR. Buschner arrangierte sich mit dem Zeiss-Boss und konnte erstklassige

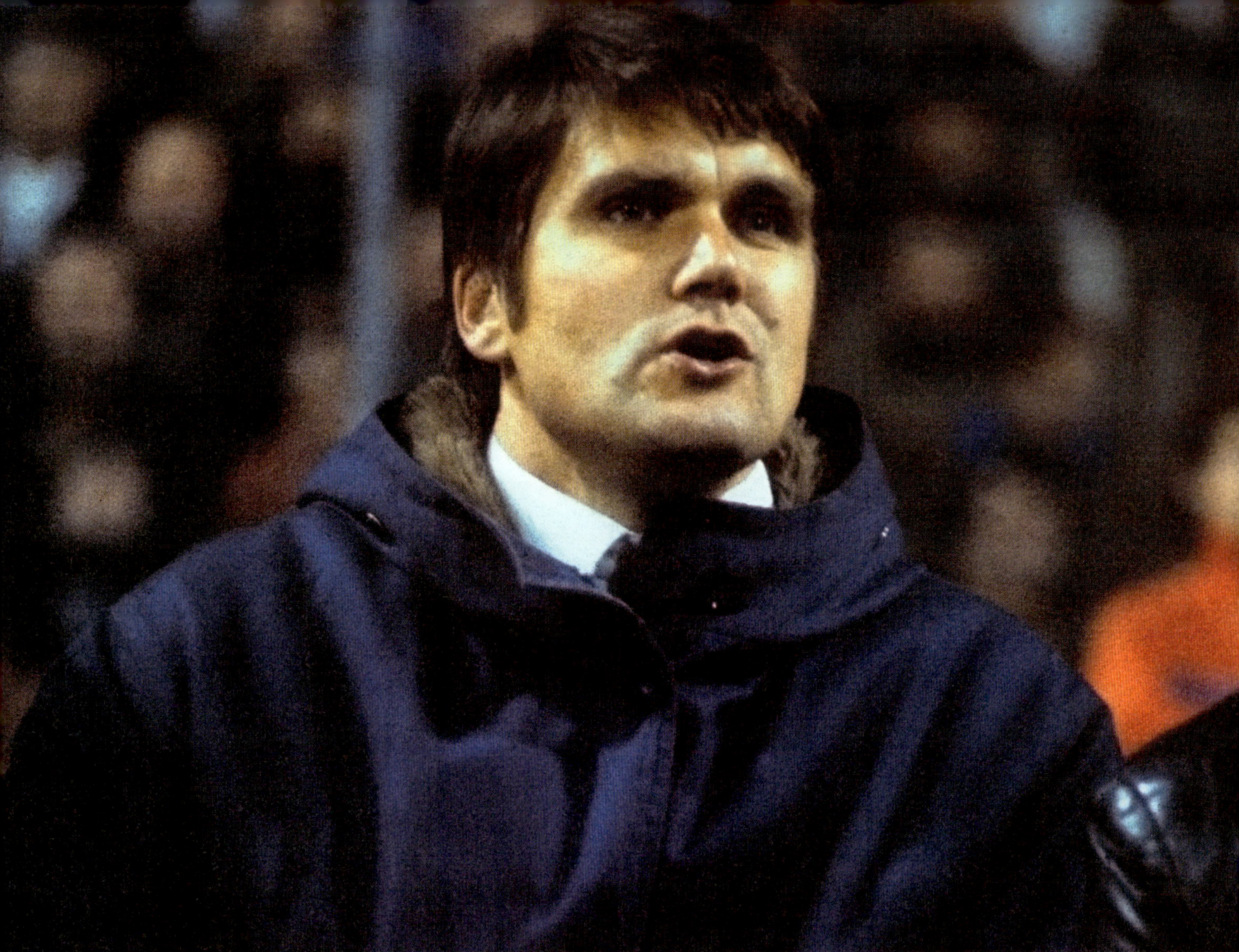

Engagiert auf der Jenaer Bank: Hans Meyer in der Saison 1978/79. Neben ihm Assistenztrainer und Ex-Nationalspieler Helmut Stein.

Spieler verpflichten: Blochwitz aus Magdeburg, Stein aus Halle, Irmscher aus Zwickau, Vogel aus Karl-Marx-Stadt, Kurbjuweit aus Riesa… Wie wurden solche Kontakte geknüpft?

Handys gab's zu jener Zeit noch nicht, es hatte nicht mal jeder ein Telefon. Da schoss Paul Dern, ein Assistent von „Schorsch" Buschner, durch die Gegend, verkleidet wie ein Schauspieler. Treffpunkte waren meist Autobahnraststätten. Willst du? Da wurden die ersten Kontakte geknüpft, die ersten Summen genannt. Es gab kein Versteckspiel mehr. Das Ganze lief ein bisschen wie bei der Mafia ab. Aber Spieler wie Blochwitz, Irmscher oder Kurbjuweit mussten nicht etwa nach Jena geprügelt werden. Teilweise waren sie gerade mit ihrem Klub abgestiegen, wie Blochwitz, Stein oder Vogel. Die meisten signalisierten Eigeninteresse…

„…weil bei Carl Zeiss gute Prämien gezahlt wurden, eingerichtete Wohnungen zur Verfügung standen, günstige Kaufverträge für Häuser und Autos lockten, wobei Häuser und Autos natürlich bezahlt werden mussten. Das war das, weshalb die Spieler nach Jena gekommen sind." So hat es einmal der einstige Spieler und Klubchef Hilmar Ahnert formuliert. Was ist da dran?

Als Generaldirektor hatte Wolfgang Biermann natürlich die Möglichkeit, über den Kultur- und Sozialfonds für die Gewerkschaft den Fußballern einige Vorteile zu verschaffen. Du bekamst die Wohnung eher, bist auf der Warteliste für ein Auto nach oben gerutscht. Hinzu kamen die Anreize, auch für die Frauen, zum Studium am Institut für Körperkultur oder an der Ingenieurschule. Außerdem reizte die Perspektive, nach der Karriere einen Job im Zeiss-Werk zu bekommen. Ich glaube nicht, dass ein VW-Chef wie Martin Winterkorn in vielen Dingen anders reagiert hätte. Übrigens, auch andere Klubs hatten finanzielle Trägerbetriebe im Rücken. In Magdeburg war es das Schwermaschinenkombinat SKET, bei Lok Leipzig die Reichsbahn und so weiter. Auf Fußballreisen war Zeiss oft der erste Anlaufpunkt. In den Handelsmissionen wurden Stadtrundfahrten organisiert, kleine Erinnerungsgeschenke verteilt. Das waren schon Vorteile. Na, du kennst das ja. Manchmal habt ihr Journalisten auch davon profitiert…

…wie auf der Tour 1972 zu Leeds United, als in London Zwischenstation gemacht wurde und du mir nach dem 0:0 von Jena Konterfußball ausgeredet hattest. Wir saßen auf der halbleeren Tribüne im Stadion Elland Road und beobachteten gemeinsam das Training mit Weltmeister Jack Charlton. Ich erinnere mich noch an deine Worte: „Pass auf: Der Peter Ducke ist 31, der „Matz" Vogel bald 30. Konterfußball? Vergiss es. Dazu sind beide nicht mehr schnell genug." Jena verlor trotz harter Gegenwehr 0:2.

Der junge Norbert Schumann, nicht so talentiert wie Peter Ducke, aber dennoch begabt, musste mit seinen 19

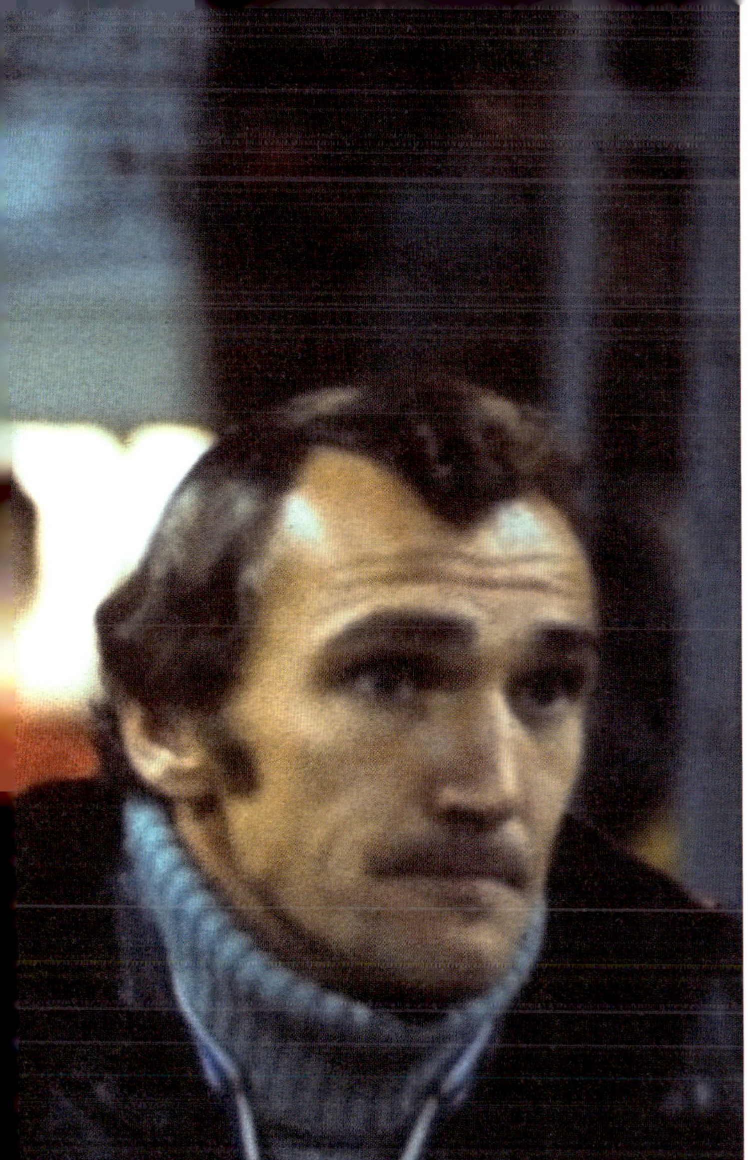

Jahren gleich im kalten Wasser gegen abgezockte Profis von Leeds ran, zu Hause, die letzte Viertelstunde für „Matz" Vogel. Ich hatte bis auf Dieter Scheitler keine Alternative, keinen weiteren Stürmer von annähernd der Qualität eines Peter Ducke und eines „Matz" Vogel. Dagegen konnte sich Leeds United nicht nur auf den englischen Weltmeister Jack Charlton stützen, sondern auf eine britische Auswahl. Überragend im Mittelfeld die beiden schottischen Nationalspieler Billy Bremner und Peter Lorimer. Dazu kamen zwei weitere Nationalspieler, der Waliser Terry Yorath und der Ire Johnny Giles. Die Chefetage von Manager Don Revie hatte ordentlich in die Schatulle gegriffen, um vor allem Bremner und Lorimer zu halten. Eine Wettbewerbsverzerrung ohne Ende. Die zog sich wie ein roter Faden durch die Europacupspiele der DDR-Klubs.

Also setzte sich am Ende das teuerste Team durch?

Nein, absolut nicht. Ich erzähl' dir mal eine Geschichte. Biermann stellte jedem Spieler 10.000 Mark in Aussicht, wenn die Mannschaft mit sieben Toren Unterschied gegen Chemie Leipzig gewinnt. So viele Tore mussten wir schießen, wenn wir international im Geschäft mitmischen wollten. Das war schon eine unglaubliche Summe. Ich hab' dem Klubchef gedroht: Wehe, du machst den Spielern nur eine Andeutung, dann erschlag' ich dich. Er konnte es trotzdem nicht lassen, und wir haben gerade mal in der vorletzten Minute das 1:1 erzwungen.

„Weltstars? Ich hatte Peter Ducke!"

Geld konnte auch den jungen Peter Ducke, nur der „Schwarze Peter" genannt, nicht locken. Er sah sein Erfolgsgeheimnis darin: „Fußball war mein Leben. Dabei habe ich keine Kante ausgelassen, um anzuecken. In mir wehrte sich einfach etwas, so zu sein, wie andere mich gerne haben wollten. Da habe ich oft genau das Gegenteil gemacht. Vielleicht war's das." Diese Einstellung verhalf ihm offenbar zu Gala-Auftritten auf der Europacupbühne – wie beim 3:1 im Messecup 1970 gegen Cruyffs Ajax Amsterdam.

Als Fußball-Feinschmecker musste man Peter Ducke und seine Art zu spielen lieben. Unglaublich, wie viele Tricks er draufhatte, welche Haken er schlug. Keiner hat ihm das beigebracht. Er hat einfach losgelegt. Peter war kreativ, virtuos, in seiner Zeit einfach ein Weltklassestürmer. Das hat ja sogar der große Pelé bestätigt, der Peter bei einem Turnier in Südamerika in die Top Ten einreihte. Beim 3:1 im Messecup gegen Ajax Amsterdam 1970 hat Peter aber ein ganz großes Spiel gemacht, traf einmal und hat dem jungen Superstar Johan Cruyff absolut die Show gestohlen.

Wo hast du das Spiel verfolgt?

Als Reservist auf der Bank. Auf dem Platz standen acht Nationalspieler. Ajax konnte nicht pressen, die sind wie auf Schlittschuhen über Schnee und Eis gerutscht. Wir hätten nicht 3:0, sondern 5:0 führen können. Jürgen Werner, ein guter Charakter, zwang Cruyff zum „Hürdensprint", der gegen den bedingungslos grätschenden Werner jedem Risiko aus dem Weg ging. Cruyff bekam im Prinzip kein Bein auf die Erde.

Aber dafür im Rückspiel…

…da zeigte Cruyff vor 60.000, dass er ein ganz, ganz großer Individualist ist. Obwohl Peter Ducke Jena mit 1:0 in Führung brachte, führte Cruyff dann sein Ajax-Team in rauschender Spiellaune zum 5:1-Sieg. Noch mehr für die Mannschaft herausgeholt hat für mich, in vergleichbarer Position, nur der Argentinier di Stéfano, der in den Fünfzigern fünfmal mit Real Madrid die europäische Meistercup-Trophäe gewann. Als Trainer hatten wir ihn sowie die Weltmeister Mario Kempes und Rainer Bonhof mit dem Cupverteidiger FC Valencia schon im Herbst 1980 in Jena erwartet. Doch Alfredo di Stéfano fiel den internen Machtkämpfen und Intrigen zum Opfer und wurde kurzfristig durch Bernardino Perez ersetzt. Auch Rainer Bonhof blieb nicht an Bord. Zusammen mit Mario Kempes, auf unterschiedlichem Terrain, hatte er den FC Valencia 1980 zum Europacupgewinn über Arsenal London geführt, als souveräner Schütze im Elferkrimi. Hingegen hatte Kempes gleich den ersten Ball vergeigt. Der Argentinier konnte, wie auch in Jena zu beobachten war, eine etwas launische Diva sein.

Solche Tage gab es auch bei Peter Ducke…

In der Tat. Da war der „Vulkan" auf dem Spielfeld weder von Buschner und schon gar nicht von Meyer zu bändigen. Aber du gewinnst kein Spiel mit elf Duckes, wie man heute kein Spiel mit elf Messis gewinnt. Dass mich Peter als jungen Trainer nicht akzeptierte, habe ich ihm nicht übel genommen. Früher, im Training, bin ich nie an Peter vorbeigekommen. Ja, und dann stand ich als Trainer-Jungspund vor ihm. Heute haben wir ein sehr gutes Verhältnis.

Du hast in einem „Zeit"-Interview einem Journalisten aus dem Westen auf die Frage, ob du nicht auch mal gern einen Weltstar trainieren würdest wie Figo, Beckham, Zidane, geantwortet: „Junger Mann, ich hab's in Jena doch gehabt: Peter Ducke." Wie kann man der heutigen Generation diesen Ausnahmestürmer vermitteln?

Ein Typ Südamerikaner. Fußball war für ihn Bühne, Drama. Mal Komödie, mal Tragödie, mal Tragikomödie. Nicht selten bekam er von den Rängen zu hören: „Ducke, du Schauspieler!" Das war er tatsächlich, im positiven Sinn. Peter unterhielt die Massen, zeigte ein paar Finten, die er selbst gar nicht überschaut hat. Er hatte Bewegungen drauf, die nicht abgespeichert waren. Er hat Tore geschossen, wo du rein vom Lehrbuch her gesagt hast, der darf doch aus diesem Winkel gar nicht schießen. So ein begnadeter Fußballer wird in der falschen Zeit geboren, spielt bei der falschen Mannschaft. Spielt der bei Ajax Amsterdam oder Barcelona, wird er ein Jahrhundertrenner. Barcelona lockte den 20-jährigen Stürmer nach dem Erreichen des Halbfinals im Europacup der Pokalsieger 1961 mit 25.000 Mark Handgeld, einem Mercedes vor der Tür und einem lukrativen Vertrag. Doch Peter war zum ersten Mal verliebt…

Einen noch besser dotierten Vertrag legte ihm Olympique Marseille 1975 vor. Peter, schon 33, spielte beim 3:0 zu Hause gegen die Franzosen noch einmal wie ein junger Gott auf. Aber es kam zu keinem Transfer. Im Gegensatz zur Tschechoslowakei, Sowjetunion oder Polen, wo verdienstvolle Spieler wie Panenka, Blochin oder Lato mit über 30 zu westlichen Klubs wechseln durften, blieben die Sportoberen bei uns stur bei ihrer Linie und gönnten bewährten Spielern keine paar Westmark.

Sturmlauf über Europas Fußballfelder

Fünf Jahre später, in der Saison 1980/81, setzte der FC Carl Zeiss Jena mit Trainer Hans Meyer zu einem unglaublichen Sturmlauf über Europas Fußballfelder an. Dabei starteten die Thüringer gegen den AS Rom in der ersten Runde des Cupsiegerwettbewerbs mit einem kleinen Wunder: vom 0:3 zum 4:3. Wie ging das denn?

Der berühmte Trainer der Römer, Niels Liedholm, mit Schweden Olympiasieger und Vizeweltmeister, kam zu mir und zollte Respekt, wie wir gespielt und uns verhalten hätten. Trotz der unglaublichen Benachteilungen durch den bulgarischen Schiedsrichter Dondine haben wir uns nicht provozieren lassen, obwohl wir zwei klare Elfmeter, Raab und Töpfer wurden böse gefoult, nicht bekommen haben. Da war es doch für mich einfach, in den 14 Tagen vor dem Rückspiel zu sagen: Scheiße, wir sind praktisch draußen. Immerhin nicht gegen irgendeine Mannschaft, sondern gegen ein Weltklasseteam. Der AS Rom lag damals in der italienischen Liga auf dem zweiten Platz und war mit Roberto Falcao, Carlo Ancelotti, Bruno Conti, Luciano Spinosi, Roberto Pruzzo überragend besetzt. Aber wir waren andererseits in Rom nicht so schlecht, wie das 0:3 vermuten lässt. Deshalb hab' ich den Jungs im Vorfeld gesagt: Wenn wir das Ding zu Hause in den Griff bekommen und Remis spielen, wenn wir zeigen, dass wir das 0:3 nicht verdient haben, dann haben wir alles erreicht.

Und dann folgte eine tolle erste Hälfte.

Okay, wir hatten einen engagierten Start hingelegt, gegen diese stinküberheblichen Römer. Dann traf Krause mit einem Hammer aus 20 Metern. Lindemann legte kurz vor der Pause nach. Da war die euphorische Atmosphäre da, die wir brauchten. Wir mussten schließlich ein 0:3 aufholen. Aber bis zur 75. Minute hatte ich nie so das rechte Gefühl, dass noch eine Sensation in der Luft liegt.

Aber viele im Jenaer „Paradies" ahnten offenbar: Da geht noch was…

…dann schauen wir uns noch mal gemeinsam das Video an. Von der 45. bis zur 75. Minute war das richtiger Scheißfußball.

„Mensch, Herr Meyer, Sie irren ja furchtbar!", seufzte der glühende Jena-Fan Christoph Dieckmann in der „Zeit". Hatte er recht?

Vom Resultat und von der Stimmung her hat der Christoph ja total recht. Aber in der zweiten Halbzeit haben wir teilweise grässlichen Fußball gespielt. Das geht natürlich unter, wenn du mit einem Joker unglaubliches Glück hast…

Glück? Dein größter Geniestreich!

20 Minuten vor Schluss wechsle ich Andreas Bielau ein, diesen Leichtathleten. Der wird nach einer Minute angeschossen, und es steht 3:0. In der 87. Minute trifft er zum 4:0. Zum damaligen Zeitpunkt war das eine wirkliche Sensation, die ich in dieser Form als Trainer nie wieder erlebt habe.

Dabei wollte der mächtigste Mann vom Carl-Zeiss-Kombinat den Turbosprinter Andreas Bielau schon in der Startelf sehen. Was lief da hinter den Kulissen ab?

Bereits nach dem ersten Spiel in Rom erhielt ich von Wolfgang Biermann, dem Generaldirektor vom VEB Carl Zeiss Jena, einen bitterbösen Brief, in dem er mich gnadenlos beschimpfte. Unser Hauptsponsor, damals in einer vergleichbaren Rolle wie heute VW-Boss Martin Winterkorn, wollte Bielau unter allen Umständen in der Startelf sehen, obwohl Andreas gerade erst von Zwickau gekommen war. Doch trotz seiner überragenden Einstellung und körperlichen Fitness kam er in der damaligen Mannschaft am Toptrio Töpfer, Raab, Vogel nur selten vorbei. Für Andreas spricht, dass er auch die Jokerrolle mit 100 Prozent wahrnahm. Wie an jenem unvergesslichen Abend gegen Rom.

Unvergesslich dürfte der „Fall des römischen Imperiums" auch für den Präsidenten vom AS Rom, Dino Viola, gewesen sein. Im Fußballmagazin „11 Freunde" erzählst du die köstliche Anekdote.

Auf jeden Fall hatten die Römer nach dem 3:0-Heimsieg das Rückspiel als überflüssigen, aber notwendigen Betriebsausflug betrachtet. Sie waren im Interhotel Gera untergebracht, rund 40 Kilometer von Jena entfernt. Nach Spielende, regulär gegen 21.45 Uhr, sollte der Bus die Römer direkt zur Sondermaschine nach Frankfurt am Main bringen. Als unser

Präsident Ernst Schmidt Roms Klubchef, einen kleinen und zuvorkommenden Mann, fragte, ob er auch eine Verlängerung einkalkuliert habe, grinste Viola in gutem Deutsch vielsagend: „Aber Herr Schmidt, es gibt doch keine Verlängerung." Der Rückflug der Römer war nur kurzzeitig gefährdet, als Bielau zum 3:0 traf. Beim 4:0 war klar: Verlängerung ausgeschlossen. Schmidt ging auf den entsetzten Präsidenten mit ungebremster Euphorie zu: „Herr Viola, es gab wirklich keine Verlängerung." Der Multimillionär Viola, in diesem Fall ein armes Schwein.

Mit dem AS Rom, FC Valencia und Benfica Lissabon wurden drei Weltklasseteams auf dem Weg ins Finale gegen Dynamo Tiflis aus dem Rennen geworfen. Kurioserweise hatte der FC Carl Zeiss Jena die meisten Probleme im Viertelfinale gegen den englischen Drittdivisionär Newport County aus Wales. Zu Hause nur 2:2. Danach hast du trotzig ins Mikrofon vom „Fußball-Panorama" geknurrt: „Jetzt gewinnen wir eben auf der Insel 1:0." Mutig gebrüllt…

(Meier lacht) …was heißt mutig? Mir fehlten gleich sechs Stammkräfte, die gesperrten Krause und Lindemann sowie die verletzten Weise, Hoppe, Töpfer und Trocha. So traten wir auf der Insel mit einer reinen Notbesetzung an. Außergewöhnliche Umstände erfordern außergewöhnliche Maßnahmen. Lässt sich leicht sagen, wenn es funktioniert. So ging die sicher etwas ungewöhnliche Variante mit dem fast 38-jährigen „Matz" Vogel als Libero auf, er hielt den Laden dicht. Lothar Kurbjuweit gelang mit einem Freistoß das wichtige Auswärtstor. Danach rollte eine Welle nach der anderen auf unseren Kasten. Aber wir hatten an diesem Tag mit „Sprotte" Grapenthin einen Weltklassekeeper im Tor, der unfassbare Bälle rauskratzte, das Spiel seines Lebens machte.

„Diese Chance bekommst du nie wieder"

Als du 70 wurdest, fragte dich der „kicker": „Gibt es in Ihrer Karriere eine Niederlage, die Sie noch ärgert?" Bleibst du bei deiner Antwort?

Ja, es bleibt diese eine Niederlage, das verlorene Endspiel im Europacup der Pokalsieger. Wir trafen 1981 in Düsseldorf auf die überragende Mannschaft von Dynamo Tiflis. Die hatten mit dem Regisseur Kipiani und den superschnellen Schengelija und Guzajew fantastische Einzelspieler, zwei von sechs aktuellen sowjetischen Nationalspielern. Wir konnten praktisch nur mit einer Thüringer Regionalauswahl gegenhalten. Trotzdem neutralisierten wir diese Klasse-Elf, die West Ham United in London 4:1 und Feyenoord Rotterdam zu Hause 3:0 besiegte, fast 70 Minuten total. Nicht mit attraktivem, aber zweckmäßigem Fußball.

Vorm Spiegel denkst du: Sie haben dich nicht verdient.

Dann schießt uns Gerhard Hoppe mit 1:0 in Führung. Da hatten wir die Hände schon am Pott. Was aber machen wir dann? Wir wollen so richtig schön aufspielen, als wären wir bereits die Europacupgewinner. Fast zehn Minuten tummeln wir uns nur in der Hälfte von Tiflis. Dann bekommen wir das Kontertor zum 1:1 und drei Minuten vor dem Abpfiff das 1:2. In dem Moment sagte ich mir: Hans, du bist so lange beim Fußball dabei, so eine Chance, Europacupsieger zu werden, bekommst du nicht wieder. Da rettest du dich als Trainer nur in dein Kämmerlein, schaust in den Spiegel und denkst: Diese Versager, sie haben dich nicht verdient.

Was war deine erste „Strafmaßnahme"?

Ich habe erst einmal angeordnet: Nur eine Flasche Bier für zwei Spieler (*grinst*). Aber im Ernst: Wenn auch nicht der ganz große Coup heraussprang, so hatten wir doch, trotz vieler Verletzungsprobleme, eine phantastische Europacupsaison gespielt und mit Rom, Valencia und Benfica Lissabon drei Große in dramatischen Begegnungen rausgekegelt. Doch intern wurde dieser „zweite Platz", durchaus systemtreu, in einer unglaublichen Art unter den Tisch gekehrt. Niemand hat von uns Notiz genommen. Wir haben uns regelrecht nach Jena zurückgeschlichen. Dabei wäre mehr Stolz angebracht gewesen. Normalerweise hätte man nach solchen Erfolgen den Jungs drei Tage freigeben sollen. Und ich hätte irgendwo noch ein bisschen Westgeld klauen und sagen müssen: Nun zieht mal um die Häuser und macht ordentlich einen drauf.

Welchen Einfluss hatte das leere Stadion? 9.000 Zuschauer – ein „Geisterspiel", nicht gerade würdig für ein Europacupfinale…

Wir hatten 1.000 Jenaer dabei, von denen 400 noch nie ein Spiel gesehen hatten. Der einzige Erfolg: 998 der Touristen sind mit in die DDR zurückgekehrt. Wenn für die Sicherheit als oberstes Prinzip gilt, dass auch alle zurückkommen, dann kannst du keine Fußballfans wahllos rausgreifen. Dann haben sie eben gesiebt und haben die rübergeschickt, von denen sie das Gefühl hatten, die kommen ganz sicher zurück. Klar, das waren schon eigenwillige Auswahlprinzipien.

Hat dich das nicht gedrückt?

Uns hat es insofern mehr getroffen, da in dem Moment, als nach dem 0:1 in Lissabon das Finale feststand, der Präsident Erich Schmidt relativ großspurig tönte: „Hergehört, am Montag alle die Personalausweise von den Frauen mitbringen. Nach Düsseldorf fahren sie alle mit." Nicht eine Frau war am Ende beim Finale dabei, auch meine nicht. Dabei hätten es die Männer verdient gehabt, das Fußballhighlight ihres Lebens gemeinsam mit den Frauen zu feiern. 350 Kilometer liegen zwischen Jena und Düsseldorf. Da sind schon einige Dinge idiotisch gelaufen. Und das hat nichts mit „denen da oben" zu tun. Auf unterer Ebene hast du nicht selten die größeren Arschlöcher gehabt. Kleingeister, weißt du…

Fußball und Doping – das bringt nichts. Das war jahrelang von Fußballtrainern zu hören. Ist die These noch aufrechtzuerhalten?

Ich weiß nur, dass in den siebziger Jahren einige Dinge mit Anabolika gelaufen sind, die Leistung durch Muskelzuwachs zu erhöhen. Ein paar Mannschaften haben es ein wenig probiert, aber nicht ernsthaft.

Warum?

Die Bewegungen im Fußball sind nicht zyklisch. Drehungen, Stopps gehen unheimlich über die Gelenke. Das Risiko von Bänderabrissen wollte man nicht eingehen. Du kannst dir zwar zwischenzeitlich mit Muskelzuwachs Vorteile in der Athletik verschaffen, aber bei hartem Training bekommst du Probleme, weil Bänder, Knorpel und Sehnen nicht konform mitwachsen. So entstanden in verstärktem Maße Muskelverletzungen. Da ist man schnell wieder davon abgekommen.

Sehr, sehr viel, so glaube ich, ist auf dem Sektor Psychopharmaka im Einzelnen manipuliert worden, im Westen wie bei uns. Da ist die Frage der Dosierung aber ein ganz, ganz entscheidender Faktor.

Kleine Wunder im Europapokal

Der DDR-Fußball taugt nicht für eine Erfolgsgeschichte. Welche Reputation hatte „Volkes liebstes Kind" aus deiner Sicht?

Gut, wir haben einmal bei der Weltmeisterschaft mitgespielt, 1974 mit diesem legendären 1:0 von Hamburg durch Sparwasser. Das Erreichen der Zwischenrunde gegen Australien, Chile und die Bundesrepublik, das war schon das Highlight. Zu einer Europameisterschaft haben wir es nie geschafft. Das waren nicht Ausweise fantastischer Arbeit. Mehr haben wir bei Olympia gewonnen: zweimal Bronze, 1964 in Tokio und 1972 in München. Einmal Silber 1980 in Moskau und Gold 1976 in Montreal. Olympia hat aber nicht den Stellenwert wie eine WM oder EM. Für Experten allerdings wog der 3:1-Finalsieg in Kanada über den WM-Dritten Polen mit Lato und Deyna mehr als der größte sportpolitische Sieg, das 1:0 über den späteren Weltmeister 1974 in Hamburg.

Und die DDR-Klubs im Europacup...

Die werden gern vernachlässigt oder ganz weggelassen. Dabei haben alle drei Klubs auf dem Weg ins Finale oder im Endspiel selbst kleine Wunder vollbracht. Als der 1. FC Magdeburg 1974 den einzigen Europacup gegen den AC Mailand (2:0) im Pokalsiegerwettbewerb gewann, hatte Trainer Heinz Krügel ausnahmslos Jungs aus Sachsen-Anhalt in der Mannschaft, wobei einer Wochen später weltberühmt wurde: Jürgen Sparwasser. 1981 gewannen wir mit einer Thüringer Bezirksauswahl gegen Weltklasseteams von Rom, Valencia und Benfica Lissabon, bevor wir gegen die besseren Fußballer aus Tiflis nach kämpferisch und taktisch starker Leistung am Ende noch mit 1:2 verloren. Auch Lok Leipzig schaffte den Finaleinzug 1987, bis auf Richter und Scholz mit Jungs aus der Umgebung von Leipzig. Die spielten ein sensationelles Halbfinale gegen Bordeaux mit dem Elfer-Held René Müller. Aber beim 0:1 im Finale gegen Cruyffs fantastisches Ajax Amsterdam war die Decke dann zu dünn. Es gab zu wenig Alternativen. Und für Ajax entschied mit Marco van Basten einer der weltbesten Stürmer das Spiel.

Ein Schmoren im eigenen Saft?

Absolut. Ein Beispiel: Uli Thomale, der Lok Leipzig ins Pokalsiegerfinale geführt hatte, suchte nach der Rückkehr von Richter nach Karl-Marx-Stadt einen Stürmer. Er konnte natürlich keinen Spieler aus dem Westen verpflichten, aber auch keinen Russen, Tschechen oder Polen. Da wäre sofort der Aufschrei gekommen: „Willst du modernen Menschenhandel?" Uli sah sich in Rostock um – Volker Röhrich gefiel die Aussicht, jedes Jahr im Europacup zu spielen, trainierte schon in Leipzig, nahm vor dem Saisonstart Fototermine mit Lok wahr, bis er vom Oberfan der Hanseaten, Gewerkschaftsboss Harry Tisch, zurückgepfiffen wurde. Auch ich musste mich über Jahre hinweg damit beschäftigen, Talente an die Oberligamannschaft heranzuführen, wenn ein alter Hase seine Karriere beendete. Auch ein Beispiel: Im Viertelfinale auf Bastia fiel der erfahrene Stürmer Vogel aus. Mit Raab und Töpfer musste ich zwei 19-Jährige in die heiße korsische Atmosphäre schicken und einen 21-jährigen Libero Uli Oevermann, der so schwer am Knie verletzt wurde, dass er seine Karriere sehr früh beenden musste. Diese Arbeit mit jungen Leuten war ja interessant, aber ich musste sie praktisch im „laufenden Betrieb" vornehmen. Es war auch eine Wettbewerbsverzerrung ohne Ende im Vergleich zu den Vereinen, die ihren Kader mit ordentlich viel Westgeld gezielt und schnell verstärken konnten.

„Fußball stand an achter Stelle"

„Kein Sport spiegelt mehr Lebenswelt des Landes DDR als der Fußball, den weder Erich Honecker noch Sportbund-Boss Manfred Ewald liebten", schreibt der Essayist Christoph Dieckmann. „DTSB-Chef Manfred Ewald beliebte den Olymp mit Bobfahrern und Kanuten zu stürmen." Koste es, was es wolle...

Auf jeden Fall hat kein Land der Welt mehr Geld in den Leistungssport investiert, im Verhältnis zum Bruttosozialprodukt, als die Deutsche Demokratische Republik. Für Manfred Ewald war der Fußball, das ist ein offenes Geheimnis, keine Herzensangelegenheit. Vermutlich lag ihm ziemlich im Magen, dass die meisten Bezirksfürsten und Parteispitzen so stark in den Fußball hineinregieren konnten. Dadurch kamen zum Beispiel auch schon mittelmäßige Fußballer an günstige Kaufverträge für Häuser und Autos heran. Aber das konnte auch Ewald nicht verhindern. Fußball blieb im Volk die Nummer eins. So konnte er uns nicht links liegen lassen, aber wir sind auch nicht explizit gefördert worden. Wir haben die gleiche fantastische Unterstützung erhalten wie die Leichtathleten, Schwimmer, Rennrodler. Das bisschen mehr, was für den Fußball getan wurde, kam von den Bezirksfürsten. Der einzige Unterschied bestand darin, dass allein wir Fußballer uns mit den Profis messen mussten.

Für „Schorsch" Buschner war Ewald ein „Fußballhasser" und ein „Krimineller im Sinne der Moral".

Das war „Schorsch" seine Version. Ich sehe das ein wenig anders. Das, was Ewald sollte für diesen Staat, die weltweite Anerkennung erreichen, hat er mit dem Sport geschafft. Im Gegensatz zur Politik und der Wirtschaft. Klar, seine Kernbotschaft war: Wir sind ein kleines Land, es reicht nicht für alle Sportarten. Das war sicher bitter für nicht ausdrücklich geförderte Sportarten wie Hockey oder Tennis, Wasserball oder Basketball. Anders wären die Erfolge bei Olympia aber nicht realisierbar gewesen. Für mich war Ewald, bei aller Detailkritik, ein Großer. Tut mir leid.

Wie stark hat der „Talenteklau" dem Fußball geschadet?

Der Fußball war immer die Nummer eins. Auf der Straße, in der Halle, auf dem Platz. Doch wenn die Sichtung begann, dann stand der Fußball nur noch an achter oder neunter Stelle. Da waren die Beweglichen und Schnellkräftigen meist schon weg. Wir haben mal einer Gruppe von zwölfjährigen Nachwuchsturnern in der Halle beim Fußball zugeschaut. Da waren zwei, drei dabei, die haben sich so toll bewegt und waren fußballerisch besser als meine Jungs. Ich hab' sie nach dem Spiel gefragt: Mal ganz ehrlich: Turnt ihr lieber oder spielt ihr lieber Fußball? Da haben alle, aber auch alle geschrien: „Fußball."

Aber da hatten sie schon eine Schlinge um den Hals, oder?

Ja, die waren schon vergeben. Da ging nichts mehr.

Stimmt es, dass Fußball in Suhl ein Tabu war?

Ja, aus dieser Region, in der ich aufgewachsen bin, durfte kein einziger Junge zum Fußball geschickt werden. Alle mussten Skilaufen. Oberhof, das Wintersportzentrum, sollte praktisch im Thüringer Wald konkurrenzlos sichten können. Aber mit List und Tücke, teilweise auf Umwegen, kamen nicht wenige wieder zum Fußball.

Im österreichischen Fußballmagazin „Ballesterer" analysierst du die Auffassungen der DDR-Fußballschule. Was lief grundsätzlich falsch?

Ich hatte schon früher große Bedenken, ob wir mit dem, was wir machen, richtig liegen. In unserer gesamten Trainingsmethodik haben wir den Fußball zu sehr als Ausdauersportart betrachtet. Dabei spielt die Schnelligkeit im Fußball eine überragende Rolle. Alle entscheidenden Dinge haben etwas mit Schnelligkeit zu tun, mit lokomotorischer Schnelligkeit, mit Schnellkraft, mit schnellem Denken. Wenn ich bedenke, dass wir Trainingslager nur mit Laufen abgehalten haben, ohne Ball, dann halte ich das heute für eine ganz schlimme Sache.

Das muss ja für einen wie den Rekordinternationalen Achim Streich, dem ein Bierdeckelradius nachgesagt wurde, die Hölle gewesen sein. Sein Glück: „Schorsch" Buschner verteidigte seinen individualistischen Torjäger mit einer atypischen Wortwahl im DDR-Fußball. Achim sei ein „Leck-mich-am-Arsch-Typ", sagte mir Georg Buschner ins Mikrofon. Streich sei nun mal ein gottbegnadet cooler Torjäger, aber kein Leichtathlet.

Ja, zwei Drittel der Schiedsrichter hatten beim sogenannten Cooper-Test bessere Werte als der mit Abstand erfolgreichste DDR-Torjäger aller Zeiten. Gemessen wurden die gelaufenen Kilometer in zwölf Minuten. Ich war im Trainerrat und habe in zehn Jahren erlebt, wie die Trainer von Streich, ob Heinz Krügel oder Klaus Urbanczyk, regelmäßig angezählt wurden. Achim hatte Glück, dass ihn auch der „Schorsch" Buschner öffentlich verteidigte. Streich haben am Ende allein seine Tore geschützt. 55 in 102 Länderspielen.

Mit dem „kicker" und einem Porno unter dem Arm

Hat die Wissenschaft den DDR-Fußball auf eine falsche Fährte gelockt?

Kann man so sehen. Der zweite grobe Fehler wurde in Zusammenarbeit mit der Deutschen Hochschule für Körperkultur gemacht. Das Spiel wurde in seine Einzelteile zerlegt. Wir glaubten, dass wir leistungsfähiger werden, wenn wir Athletik, individuelle Technik oder gewisse taktische Dinge verbessern und dann wieder zusammenfügen. Nichts stimmt weniger als das. Wesentlich ist die ganzheitliche Methode, das Spielen mit Korrekturen, aber nicht zu häufigen Unterbrechungen.

Es war ein offenes Geheimnis, dass jeder Fußballjournalist auf der Rückreise vom Europacupspiel aus dem Westen einen „kicker" oder die „Sport Bild" im Reisegepäck hatte, denn diese Fachzeitschriften wurden zu DDR-Zeiten nicht am Kiosk vertrieben. Wie war dein Trick, diese Westlektüre am Grenzer vorbeizuschmuggeln?

Der „kicker" wurde, wie dir ja bekannt ist, zwar nicht öffentlich vertrieben und am Kiosk angeboten, aber in Sportinstituten, Unibibliotheken oder in Archiven von Rundfunk und Fernsehen kam man, soviel ich weiß, schon an Westlektüre heran. Über den „kicker" und andere Fachzeitschriften waren wir sehr gut informiert und haben auch beim Fernsehen seitlich nicht an der Leier gedreht. Eure Sportsendungen im DDR-Fernsehen waren ja teilweise sehr ausführlich und für mich auch qualitativ in Ordnung. Da ihr ja auch mehrmals im Jahr in den Westen reisen konntet, hat doch sicher jeder Journalist Fachlektüre mitgebracht. Pech konntest du haben, wenn sich der Grenzer überhaupt nicht für Fußball interessiert hat. Am besten, du kamst mit einem Porno und einem „kicker" zur Kontrolle. Der Grenzer hat dann schon mal weggesehen und dir den Porno abgenommen. Den „kicker" durftest du behalten.

Du hast in einer deiner Kolumnen für „11 Freunde" einmal enthüllt: „Engel sind sie nicht, auch keine Halbgötter", die Spieler. Womit sind sie denn im Einzelnen vor der Wende bei Europacupreisen an dich herangetreten?

Da fallen mir die unterschiedlichsten Dinge ein. Wir hatten einmal eine Fahrt zu den Pyramiden organsiert. Die Reaktion des Kapitäns darauf: Ooch, schon wieder Steene. Ein anderer, prominenter Torjäger konnte sich nicht vom Skat trennen und verzichtete auf eine Stadtrundfahrt zur Akropolis mit dem Hinweis: „Die Akropolis steht noch ewig, aber so einen Grand bekomme ich wahrscheinlich nie wieder auf die Hand." Es gab auch immer wieder die Typen, die über den Tellerrand hinausschauten. Ein Beispiel: Mit Rot-Weiß Erfurt weilten wir Mitte der Achtziger zu einem Trainingsaufenthalt in Polen. Wir hatten gegen Ruch Chorzów gespielt. Da kam der Kapitän Martin Busse zu mir und meinte: „Trainer, wir würden gern einmal Auschwitz besuchen, die Gedenkstätte vom Konzentrationslager. Kann dafür mal eine Trainingseinheit wegfallen? Was halten Sie davon?" Gute Idee, war meine Antwort. Dann bestellt euch schon einmal einen Bus. „Haben wir schon gemacht, Trainer", meinte Martin Busse. „Wir konnten uns schlecht vorstellen, dass Sie zu diesem Vorschlag Nein sagen würden." Für unsere polnischen Gastgeber im Trainingsquartier war wichtig zu hören: „Sie waren in Auschwitz."

„Komm, lass uns eine Flasche aufmachen"

Am 7. November 1989 haben wir noch zusammen den 4:1 Erfolg deiner „Himmelblauen" vom FC Karl-Marx-Stadt im UEFA-Cup gegen den FC Sion im Sportforum erlebt. Es lockte in der nächsten Runde Juventus Turin mit Trainer Dino Zoff. Zwei Tage später fiel die Mauer. Wie laut war dein Jubelschrei?

Warum sollte ich laut aufgejubelt haben? Ich war mit meiner fünfköpfigen Familie relativ zufrieden, mit einem guten Auskommen, einem hübschen Heim, Kindern, die in aller Ruhe und ohne Angst lernen und studieren konnten, mit der Gewissheit, anschließend einem Beruf nachgehen zu können. Ich mag nicht die Verallgemeinerung, dass alle in der DDR nur gelitten hätten.

Über Nacht galten andere Gesetze, von einem Tag zum anderen hatten Ossis keine Geschichte mehr. Hat diese Entwicklung bei dir Existenzängste ausgelöst?

Kurzzeitig auf jeden Fall. Ich war 48, hatte drei Kinder im Ausbildungsalter und keine Eigentumswohnung. Außer Fußball hatte ich nichts gekonnt, obwohl ich eine Lehrerstelle an der Fichteschule hatte. Wir hatten in der ganzen Familie 34.000 Westmark. Alle wurden bei der Aufteilung mit einbezogen, auch die Oma. Aus der Bundesliga kam kein Zeichen.

Dann kam das Angebot vom FC Twente...

Ton van Dalen, der ehemalige Manager von FC Twente, erinnerte sich an Hans Meyer und einen schönen Abend nach dem Intertoto-Spiel beim FC Rot-Weiß Erfurt.

Wie wurde die Sprachbarriere gelöst?

Der Manager erklärte mir, Enschede sei zwölf Kilometer von der deutschen Grenze entfernt. Die Menschen hier können alle Deutsch. Sie haben 30 Jahre lang geschmuggelt. Insofern brauchst du nicht Holländisch zu lernen.

Wie bist du in den Niederlanden klargekommen?

Nach einer paar Monaten erhielt ich einen gutdotierten Vier-Jahresvertrag. Ich verdiente bei Twente Enschede erstmals so viel Geld, wie ich mir im Fußball nie erträumt hatte. Ich unterschrieb den Vertrag, ging nach Hause und sagte zu meiner Frau Anne: Komm, lass uns eine Flasche aufmachen, jetzt können uns alle am Arsch lecken. Ich wusste, meine Frau hat keine luxuriösen Ansprüche, ich brauche keine Yacht. Das reicht für ein angenehmes Leben, für die Kinder bleibt auch noch was übrig.

Über den Umweg Twente ging es im Raketentempo auf die Überholspur in die Bundesliga. Du hast dich als Einziger der ehemaligen DDR-Trainer im Westen durchgesetzt. Woran lag's?

Ich denke, es gab nach der Wende mindestens eine Handvoll gut ausgebildeter Trainer mit ausreichendem Persönlichkeitsprofil. Aber die bekamen aus Konkurrenzgründen keine Chancen. Ich habe nicht allzu lange gebraucht, diese Logik zu durchschauen.

Welche ehemaligen DDR-Spieler hätten den Sprung in das Haifischbecken Bundesliga am ehesten geschafft?

Viele. Peter Ducke, „Konny" Weise, „Matz" Vogel, Jürgen Croy, Hansi Kreische, „Dixie" Dörner, Achim Streich, Jürgen Sparwasser, Henning Frenzel, „Kuppe" Nöldner, Reinhard Häfner. Aber das haben ja nach der Wende, außer den vier, fünf überragenden Talenten wie Kirsten, Thom, Doll, Sammer, Steinmann, auch rund 150 mittelmäßige Spieler gepackt. Einige, wie „Wuschi" Rohde in Hamburg oder Burkhard Reich in Karlsruhe, erhielten sogar das Vertrauen als Kapitän.

„Dazu stehe ich auch heute noch"

Gut 20 Jahre nach der Wende finden wir viele Traditionsklubs in den Niederungen der vierten Liga wieder. So auch alle drei Europacupfinalisten 1. FC Magdeburg, Carl Zeiss Jena und 1. FC Lok Leipzig. Was muss passieren, damit der Ostfußball aus der Talsohle kommt?

Ich bin überzeugt, es steht und fällt mit der ortsansässigen produzierenden Industrie. Auf dieser Basis erst lässt sich ein stabiles Sponsoring aufbauen, als verlässliches Standbein für die Planung der Klubfinanzen.

Wäre der Absturz zu verhindern gewesen?

Allenfalls mit der Hilfestellung der Politik. Da hätte aber die Treuhand, von den Politikern installiert, die wirtschaftlichen Voraussetzungen nicht so brutal auf null senken müssen. Tausenden wäre der Weg in die Arbeitslosigkeit erspart geblieben. Fakt ist, nicht alle großen wirtschaftlichen Unternehmen waren so marode und abrissreif, dass sie in einem Höllentempo rigoros aufgelöst wurden.

Der Publizist Hans-Dieter Schütt zitiert in einem Essay Hans Meyer: „Man kann uns glücklich aus dem Scheinsozialismus Herübergerettete alles Mögliche vorwerfen. Nur über eines darf die Welt, die übrig geblieben ist, mit mir bitteschön nicht diskutieren: über Moral."

Dazu stehe ich auch heute noch.

Eine deiner ironisch-bissigen Aussagen warnt: „Im Fußball baut man dir schnell ein Denkmal, aber genauso schnell pinkelt man es an."

Ich habe immer den Abstand zu Sieg und Niederlage gewahrt. In Berlin wollten sie mich 2004 mit einer Sänfte durchs Brandenburger Tor tragen. Nee, nee.

Wie stehst du zum Image des „Sprücheklopfers"?

Von den rund 100 Sprüchen, die im Internet umhergeistern, gehen vielleicht 20 auf meine Kappe.

Reizt dich noch mal eine Rückkehr auf die Trainerbank, vielleicht als Nationalcoach wie Giovanni Trapattoni?

Als ich schon das Kapitel Trainer abgeschlossen hatte, bekniete mich der Vorstandschef Martin Winterkorn von VW eine Dreiviertelstunde lang am Telefon, ob ich nicht doch den Job beim VfL Wolfsburg übernehmen wolle. Das war zwei Tage, bevor Felix Magath zum zweiten Mal beim VfL unterschrieben hatte. Ich bleibe dabei: Ich stehe für diesen Job nicht mehr zur Verfügung.

Aber für Borussia Mönchengladbach als Präsidiumsmitglied ist noch Zeit?

Nach kurzem Überlegen habe ich mir gesagt: Hans, das kannst du annehmen. Mit Rainer Bonhof haben wir damit im Präsidium den sportlichen Kompetenzbereich erweitert. Auch schön, mal nicht für alles verantwortlich zu sein.

„Hans Meyer ist eine Romanfigur", sagt Bestsellerautor Thomas Brussig. Sind die ersten Kapitel schon geschrieben oder hältst du es – frei nach Brecht – mit der Erkenntnis: „Glücklich das Land, das keinen Helden braucht?"

Ich schwenke nach den Interviews nicht um. Ein Buch werde ich auch weiterhin nicht schreiben, wenn ich sehe, wer alles meint, dass seine scheißkleine Persönlichkeit wichtig genug wäre, um der Menschheit erhalten zu bleiben.

Ich empfehle deinen letzten Satz für den „Spruch des Jahres". (Schmunzeln...)

PORTRÄT HANS MEYER

„ALS SPIELER WAR ICH NIE EIN GROSSER“

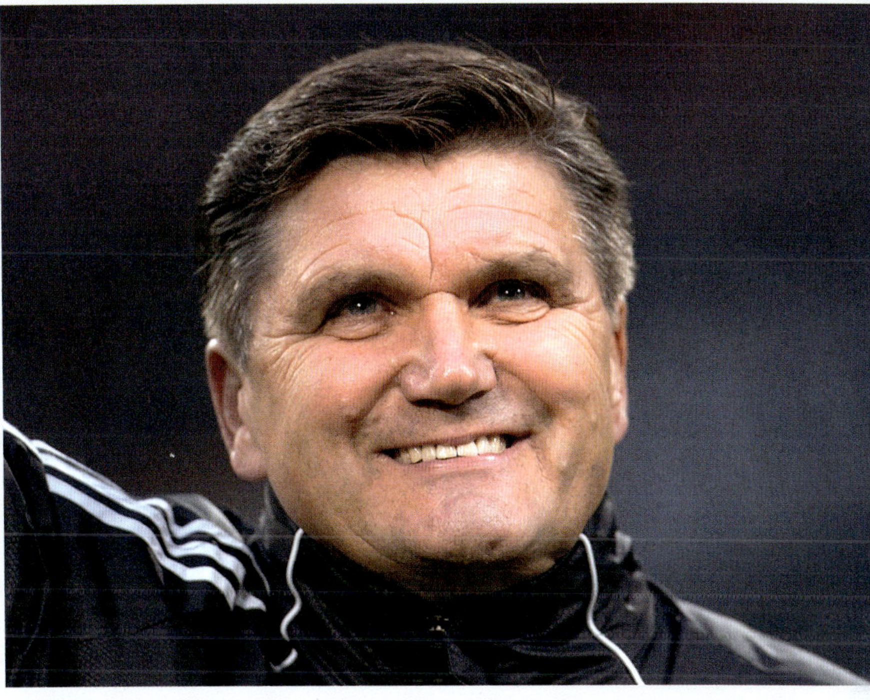

Hans Meyer wurde am 3. November 1942 in Briesen, dem heutigen Bilin in Tschechien, in der Nähe von Teplice, geboren. Er ist Vater von drei erwachsenen Kindern und hat acht Enkel. Heute lebt er mit seiner Partnerin, einer Theaterdramaturgin, in „einer sehr harmonischen Beziehung“ in Nürnberg.

Nach 38 Trainerjahren kann der unbequeme wie konsequente Coach auf unglaubliche 1.500 Spiele, darunter 1.182 Pflichtpartien, verweisen. Der „Mister Europacup“ des DDR-Fußballs saß 64-mal bei europäischen Spielen auf der Trainerbank, für den FC Carl Zeiss Jena 56-mal und für den FC Karl-Marx-Stadt (Chemnitz) achtmal. Seinen größten internationalen Erfolg bedeutete in der „goldenen Saison“ 1980/81 der Einzug ins Finale des Europapokals der Pokalsieger. Gegen Dynamo Tiflis verlor der FC Carl Zeiss Jena im Düsseldorfer Rheinstadion unglücklich mit 1:2.

Hans Meyer hatte das Fußballspiel bei Motor Dietlas in der Rhön erlernt und gehörte 1968 und 1970 als Innenverteidiger und Mittelfeldspieler zum Jenaer Meisterkader. Ein Tor ist ihm in 30 Oberligaspielen gelungen (21. März 1967: Kopfball zum 1:1 gegen Wismut Gera), und er bekennt: „Als Spieler war ich nie ein Großer.“

Noch unter seinem Lehrmeister Buschner wurde er Assistent, bevor er 1971 als jüngster Oberligatrainer mit 28 Jahren die alleinige Verantwortung übernahm. Zwar war ihm in zwölf Jahren als Chefcoach ein Meistertitel nicht vergönnt, doch er führte den FC Carl Zeiss schon 1972 zum 2:1-Pokalsieg gegen Dynamo Dresden. Zwei weitere Cupgewinne gegen Dynamo Dresden 1974 (3:1 n.V.) und Rot-Weiß Erfurt 1980 (3:1 n.V.) sowie fünf zweite Plätze schmücken seine imponierende Vita mit Jena. Gewichtet und gemessen an den nackten Zahlen, ist Hans Meyer der mit Abstand erfolgreichste „Zeissianer“.

Nach einer Zwischenstation bei Rot-Weiß Erfurt (1984–1987) baute Hans Meyer in Karl-Marx-Stadt bzw. Chemnitz (1988–1993) eine junge talentierte Mannschaft um Rico Steinmann auf. Mit ihr zog er 1989 ins Pokalfinale (0:1 gegen BFC Dynamo), wurde 1990 DDR-Vizemeister. Im UEFA-Cup wurden die „Himmelblauen“ erst in der dritten Runde von Juventus Turin mit Trainer Dino Zoff gestoppt.

Nach der Wende blieben zunächst Angebote aus der Bundesliga aus. Aber über den „Umweg“ Twente-Enschede (1996–1999), wo der ausgewiesene Fachmann den Provinzverein in den UEFA-Cup führte und von den Fans zum beliebtesten Coach der Vereinsgeschichte gewählt wurde, fand Meyer den Weg zu Borussia Mönchengladbach. Er führte den Traditionsklub vom letzten Platz (!) der 2. Bundesliga 2001 zurück in die Eliteliga. Der „Spiegel“ schrieb seinerzeit: „Meyers eigentliche Leistung besteht darin, den Verein vom Ballast des Heiligenscheins befreit und endlich verweltlicht zu haben.“ Hunderttausend Borussen-Fans sangen nach dem Wiederaufstieg in Anlehnung an den einstigen Trainer-Übervater Hennes Weisweiler nun Loblieder auf „Hennes“ Meyer.

2004 lockte ihn die Hertha nach Berlin. Mit Meyer kam der Hauptstadtverein auf einen gesicherten zwölften Rang. 2007 holte er mit dem 1. FC Nürnberg in der Rolle des Außenseiters gegen den VfB Stuttgart (3:2 n.V.) den DFB-Pokal. Damit ist Hans Meyer der einzige Trainer, der sowohl den FDGB-Pokal im Osten als auch den DFB-Pokal im Westen gewinnen konnte. 2009 löste er sein zweites Engagement bei Borussia Mönchengladbach (2008–2009) mit dem Einverständnis des Vereins vorzeitig auf. Seit 2011 sitzt Hans Meyer dort im Präsidium und unterstützt neben Rainer Bonhof die sportliche Komponente von Borussia Mönchengladbach.

Hans Meyer, diplomierter Lehrer für Sport und Geschichte, ist Mitglied der Deutschen Akademie für Fußballkultur, die ihm 2007 auch den Spruch des Jahres zuschrieb: „In schöner Regelmäßigkeit ist der Fußball doch immer das Gleiche.“ Von 2011 bis 2018 hatte hat er im Fußballmagazin „11 Freunde“ eine Kolumne in der Interviewrubrik: „Gehen Sie davon aus – Hans Meyers Wahrheiten“. Vor der Fußball-WM der Schriftsteller in Schweden 2007 trainierte er kurz die deutsche Autoren-Nationalmannschaft. Hans Meyer lakonisch: „Wenn Thomas Brussig so gut spielen würde, wie er schreibt (‚Helden wie wir‘), dann würde er bei mir immer spielen.“ ■

DYNAMO DRESDEN
DY-NAAAA-MOOO – EWIGE LIEBSCHAFT

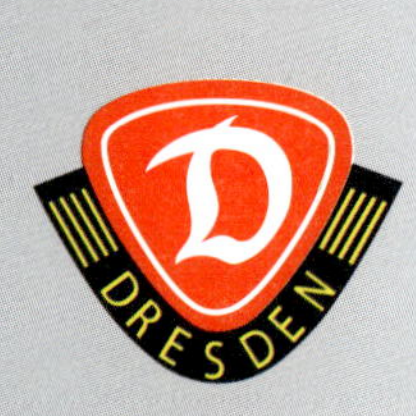

Dynamo Dresden
Gegründet: 12. April 1953
Vorläufer: Volkspolizei Dresden 1950–1953
Erfolge:
DDR-Meister 1953, 1971, 1973, 1976, 1977, 1978, 1989, 1990
Pokalsieger: 1952, 1971, 1977, 1982, 1984, 1985, 1990
Europacup-Bilanz: 20 Teilnahmen, 98 Spiele (42 Siege, 25 Remis, 31 Niederlagen)
Größter Erfolg: Europapokal-Halbfinalist 1988/89
Heute: 2. Bundesliga (2021/22)

Was mich antreibt, ist die Angst vor dem Vergessen der Geschichte.
Wolfgang Hilbig, Schriftsteller

„Große, feierliche Lage"
„Dreßden hat eine große, feierliche Lage,
in der Mitte der umkränzenden Elbhöhen,
die in einiger Entfernung,
als ob sie aus Ehrfurcht nicht näher zu treten wagten,
es umlagern…"

Ob sich der große, ältere, erhabene Mann mit dem schlohweißen Haar von der Schwärmerei des Dichters Heinrich von Kleist, aus dem Jahr 1801, beeindrucken ließ? Kein Geringerer als der mächtigste Mann im Weltfußball, FIFA-Präsident Sir Stanley Rous, hatte im Frühjahr 1967 Dresden besucht. Er stand auch dem Messecup-Komitee vor, dem Vorläufer des UEFA-Pokals, der heutigen Europa League. In Begleitung seiner jungen, charmanten Sekretärin Rosemarie Breitenstein und Pierre Joris, Generalsekretär des Messestädte-cups, war der Engländer von Leipzig, wo die Exekutive des Messestädte-Pokals tagte, mit einer hochkarätigen Delegation in das Elbflorenz gereist. Als „Unterhändler" konnte Manfred Scheler, damals Vorsitzender vom Bezirksrat, den ranghöchsten Fußballchef und seine Sachberater mit weltberühmter Pracht für eine Messecup-Teilnahme Dynamo Dresdens gewinnen. Die Nähe zur Leipziger Messe, zur Porzellanmanufaktur Meißen, der Besuch von Gemäldegalerie und Zwinger, von Staatskapelle und Kreuzchor, von Brühlscher Terrasse und Grünem Gewölbe sowie das Hygiene-Museum mit den dort regelmäßig präsentierten Veranstaltungen, das alles hatte Sir Stanley Rous überzeugt. Dresden brauchte jetzt nur noch eine Flutlichtanlage. Doch daran, so der 71-jährige Rous, werde das Messepokal-Debüt von Dynamo Dresden nicht scheitern. Mit Oberligarang vier sicherten die Kreische, Sammer, Ziegler, Hofmann den Weg nach Europa.

Premierengast: Alex Ferguson

Zum Auftakt traf man auf Alex Ferguson – am 20. September 1967 vor 40.000 im Heinz-Steyer-Stadion (das Rudolf-Harbig-Stadion erfüllte noch nicht den geforderten Standard). Ganz Dresden war vom Europacupfieber erfasst. Die international erfahrenen Glasgow Rangers, die Ende Mai im Pokalsiegerfinale an den Münchner Bayern mit 0:1 durch ein Tor von Franz „Bulle" Roth gescheitert waren, gaben sich mit der Nullnummer zur Pause zufrieden. Nach dem Wechsel spielte Dynamo endlich etwas mutiger. Doch zunächst kassierten die Dresdner in der 49. Minute das 0:1. Torschütze: Mittelstürmer Alex Ferguson; exakt jener Ferguson, der später als Erfolgscoach mit Manchester United mehrmals den europäischen Olymp stürmen und vom Königshaus geadelt werden würde. Aber eine Viertelstunde später gelang einem talentierten 20-jährigen Dynamo-Stürmer der Ausgleich. Dieter Riedel, wie Klaus Sammer und Ralf Minge aus der Gröditzer Talentschmiede, drosch das Zuspiel von Sammer in der 66. Minuten volley ins Netz. Die Massen tobten. Der dänische Nationalkeeper Sörensen konnte nur konsterniert hinterherschauen. Dieter Riedel – mit seinem ersten Europacuptor für Dynamo setzte er eine historische Marke. Doch das Glücksgefühl hielt sich am Ende in Grenzen, denn die „Blues" reisten mit ihrem Wunschresultat auf die Insel zurück. Dynamos Premiereteam hatte sich dennoch achtbar aus der Affäre gezogen. Da machte der Vorstand schon einmal eine Prämie von 500 Mark für jeden Spieler locker.

***

Es war die Zeit, als ich in Dresden als Lokalreporter beginnen durfte, beim „Sächsischen Tageblatt", einem „liberalen" Blatt, wo jedes frech gedruckte Wort als mittlerer Mut sanft beklatscht wurde. Aber ansonsten wurde in der Branche, wie im ganzen Land, jeder Satz zweimal umgedreht und einmal kontrolliert. Aber hatte nicht Großvater Rudolf, nach dem Ersten Weltkrieg drei Jahre in russischen Lagern, gewarnt: „Pass auf! Politik ist eine Hure." Ich wollte ja später auch „nur" in die Sportredaktion, in der gelegentlich ein verbotener „kicker" versteckt von Hand zu Hand ging. Schöne Geschichten. Aber ich konnte natürlich nicht großspurig sagen: „Ich gehe weiter, die Geschichten folgen mir", wie es Bestsellerautor Uwe Tellkamp in der Dresdner „Schwebebahn" eindrucksvoll gelang. Nebenbei schrieb ich weiter für das „Sportecho". Fußball-Abteilungsleiter Horst Friedmann, später jahrelang Berlin-Chef des „kicker", gefiel mein Interview mit „King Richard" Hofmann, dem Dresdner Welttorjäger aus der Vorkriegszeit, und holte mich für 600 Mark in seine Berliner Redaktion – einige Monate vor dem ersten Inselauftritt von Dynamo Dresden bei den Glasgow Rangers.

Im grünen Rock zu den „Blauen"

Vor dem Rückspiel im gefürchteten Ibrox Park bangt das Dynamo-Team um die Flugtickets. Ein Travel Board am Westberliner Grenzübergang Checkpoint Charlie entscheidet nach Goodwill über die Einreise der Dresdner Kicker in das NATO-Land Großbritannien. Eine Reaktion des Westens auf den Bau der Mauer. Die patrouillierenden Amerikaner sind an diesem Tag locker drauf, rücken die Pässe mit Stempel schon nach einer knappen Viertelstunde wieder raus. Über Amsterdam, London geht's nach Glasgow. Für manchen Spieler ist es die erste Reise in den goldenen Westen. Kein Problem, den Auftragszettel abzuarbeiten, wenn zwei andere Probleme nicht wären: Es gibt nur zehn Mark richtiges Geld am Tag und eine Stunde für den Einkaufsbummel. „Später sind wir dann mit der gesamten Truppe ins Kino gegangen", erinnert sich Klaus Sammer. „Wir hatten uns für einen Film mit James Bond entschieden. Für uns Spieler war das schon ein spannendes Erlebnis. Soviel ich weiß, hatte zuvor noch keiner einen Streifen mit dem 007-Agenten gesehen."

Vor den zweiten 90 Minuten lieferte zunächst eine Frau die „Headlines" für schottische Journalisten. Trotz vieler Warnungen erschien Dynamos „Lady doc", die Mannschaftsärztin, in einem grünen Kostüm. „Inzwischen hatte ich mich über die Hintergründe schlaugemacht", verriet mir Dr. Israel, heute Passehr, später in einem Interview für die TV- Sendung „Sportreporter". „Alles Grün, geprägt von der Konfession der Katholiken, war halt die Klubfarbe des verhassten Ortsrivalen Celtic. Klar, dass die Blauen, die Protestanten, keine Grüne duldeten. Schon gar nicht auf ihrem heiligen Rasen."

So erwartete die Medizinerin im Ibrox Park ein schaurig-gellender Empfang. „So schlimm hatte ich es mir tatsächlich nicht vorgestellt", erklärte die damals 33-Jährige „Lady in Green". „Erst flogen Papierrollen, dann aber auch Bierbüchsen. Erich Jahnsmüller, unserem damaligen Klubchef, wurde die ganze Sache wohl zu heiß. Er hängte mir spontan seinen blauen Regenmantel über. Sofort gab es rauschenden Beifall. Die Situation war entschärft. Zum Glück."

Dafür spitzte sich auf dem Rasen noch einmal alles zu. Dramatik pur in den letzten drei Minuten. Kurz vor Ultimo schaffte Hans-Jürgen Kreische den Ausgleich: 1:1. Damit rückte eine Verlängerung in Reichweite. Glückselig lagen sich die Dresdner in den Armen. Doch die kühlen Schotten witterten genau in jenem Moment ihre Chance und nutzten die freudetrunkene Unaufmerksamkeit bei den Gästen eiskalt. In den Schlusssekunden fiel nach einem Freistoß das 2:1, erzielt durch Kapitän John Craig. Dynamos Kicker schieden nach einem guten und beherzten Spiel aus. Ihnen fehlten noch Reife und Routine.

Aber die Treffen gegen die Rangers hatten den Schwarzgelben eine Menge Selbstvertrauen vermittelt. Abwehrstratege Klaus Sammer: „Wir hatten gespürt, dass wir auf der internationalen Bühne mithalten können. Viele Kritiker hatten uns ja ein Desaster vorausgesagt." Und Torjäger Hansi Kreische: „Ich denke, wir haben uns in Schottland Respekt erarbeitet. Hinzu kam das nötige Glück: Keeper Manfred Kallenbach war super drauf."

Beim abschließenden Bankett stand die Mannschaftsärztin von Dynamo Dresden noch einmal im Mittelpunkt.

„Lady, what do you like to drink? Sherry?"

„No! I would like a glass of Scotch Whisky …" (Raunen)

„Really?"

„Really!

Und so haben die „Blauen" dann doch noch die „Grüne" im Freundeskreis aufgenommen.

Das war's erst einmal auf Europas Bühne, denn schon ein Jahr später, 1968, gab es einen schmerzhaften Absturz aus der DDR-Oberliga, der höchsten Spielklasse im Osten.

Brennende Fahnen – welche Trauer

„Von Dresdens Brücken ließen zerstörte Fans brennende Dynamo-Fahnen in die Elbe sinken. Welche Trauer!", dachte erschüttert Christoph Dieckmann, Festredner zu Dynamos 60. Geburtstag. „Was für eine Fußballstadt!"

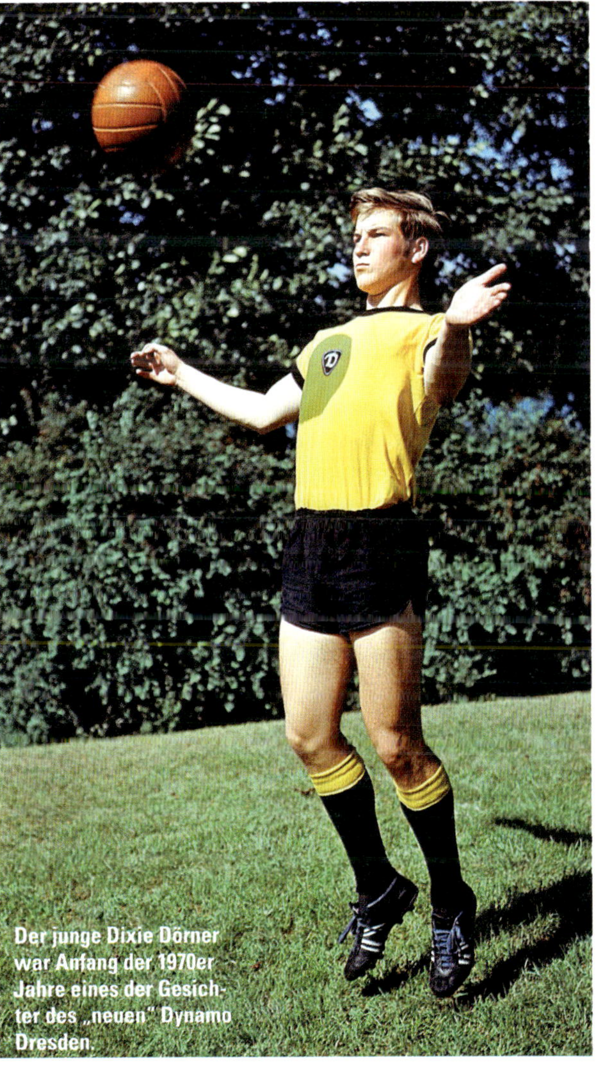

Der junge Dixie Dörner war Anfang der 1970er Jahre eines der Gesichter des „neuen" Dynamo Dresden.

Dynamo Dresden ist gerade abgestiegen – gemeint ist nicht jenes Fiasko vom 11. Mai 2014, als Dynamo durch die Heimniederlage gegen Arminia Bielefeld in die dritte Liga stürzte. Nein, erinnert wird an den 2. Juni 1968, als bei Dynamo durch ein 1:1 im direkten Duell zu Hause gegen Chemie Leipzig die Lichter ausgingen. Sammer und die Seinen hätten einen Sieg gebraucht. Das Thema Europacup war erst einmal kein Thema mehr.

***

Das legendäre Rundfunktrio Heinz-Florian Oertel, Wolfgang Hempel und Werner Eberhardt spielte bisher auch beim Fußball-Europacup im Fernsehen die erste Geige. Mit dem Start des zweiten Programms in Farbe wurde auch die Sportredaktion erweitert. Außer Peter Woydt und Horst Mempel hatte Adlershof kaum eigene Reporter. So wechselte ich 1969 mit mehreren Kandidaten nach einem Schilderungstest vom „Sportecho" zum Fernsehen. Es folgte ein Jahr Ausbildung, richtig gut: Stilistik, Reportage, Sprecherziehung, Training vor der Kamera.

Manchmal stellte sich auch unser „Jahrhundertreporter", der Florian, den Übungen. Das muss man ihm lassen. Das Ganze hatte Werner Preiß in der Hand, ein erfahrener Talentvater der Sportredaktion. Nach einer ziemlich scharfen Auslese blieben Sybille Künstler (Die „Frankfurter Allgemeine Zeitung" schrieb 1988: „Die Moderatorin Sybille Künstler hätte in der Bundesrepublik längst einen hohen Beliebtheitsgrad erreicht"), Uwe Grandel, Ulf-Dieter Hesse, Ecki Herholz, Ulli Jansch, Achim Schröter, Dirk Thiele und Gottfried Weise übrig.

Für die „Fußballer" in der Sportredaktion kamen die goldenen Jahre mit Dynamo Dresden. Im „Tal der Ahnungslosen", wo selbst mit den ausgeklügeltsten Antennenkonstruktionen kein Westfernsehen zu empfangen war, mussten die Fans mit den DDR-Reportern leben, mit Grandel oder Weise,mit Thiele oder Schröter, mit Hesse oder Boeck. Der Kampf um ein Ticket für ein Dresdenspiel war beinhart. Immerhin waren die Kommentatoren im Dresdner Raum ähnlich bekannt wie heute Delling oder Beckmann. Und eine gewisse Eitelkeit konnte keiner leugnen. Atmosphärische Probleme bekam derjenige Reporter, der als BFC-Sympathisant abgestempelt war.

Das erste Doppel

Nur drei Jahre nach dem Absturz, 1971, war Dynamo Dresden wiederauferstanden und wurde Meister und Pokalsieger. Unter dem kleinen, unbequemen, ungeliebten und manisch ehrgeizigen Trainer Walter Fritzsch schnappte sich Dresden als erster DDR-Verein mit einem 2:1 in der Verlängerung gegen den Erzrivalen BFC Dynamo (Berlin) das Doppel. Das Pokalfinale fand, wie schon Wochen zuvor der Meistertriumph, auf regengetränkter Bühne in Halle an der Saale statt.

Mit 26 Jahren das erste FDGB-Pokalfinale am TV-Mikrofon – es war für mich, der im Umfeld von Dresden aufgewachsen war, ein erfüllter Kindheitstraum. Unvergessen die beiden Sammer-Tore zum 2:1. 65. Minute: Eine scharfe Flanke von Rainer Sachse kann BFC-Schlussmann Werner Lihsa nur abklatschen, Sammer verwandelt abgeklärt. Doch die Führung vom „Langen" zwingt den BFC Dynamo noch nicht in die Knie. Norbert Johannsen bringt sich mit dem Ausgleich vom Punkt in die richtige Stimmung. Doch als ein Elferkrimi droht, zirkelt Eduard Geyer in der 119. Minute die pitschnasse Kugel von der Eckfahne auf den Kopf von Klaus Sammer. Der 1,93-Meter-Riese wuchtet den Ball ins Netz. Abpfiff durch WM-Final-Schiedsrichter Rudi Glöckner. Ein uriger Sachsenschrei, eine schwarz-gelbe Eruption auf der flutgrünen „Wiese" des Kurt-Wabbel-Stadions. 4.000 Dresdner Fans setzen zur enthemmten Verfolgungsjagd an.

„Jetzt auch verrückt auf Fußball"

An jenem Abend 1971, mit dem Pokalgewinn in Halle, wurde der Mythos Dynamo Dresden gegründet. Der Mythos der Moderne. Eine Fußballstadt war Dresden ja schon immer. Mit „König Richard" Hofmann und dem späteren Bundestrainer Helmut Schön gewann der Dresdner SC zwischen Kriegsbeginn und Kriegsende zweimal den Meistertitel und zweimal den Pokal. Die Schwarz-Roten zählten in jener Zeit neben dem FC Schalke 04 zu den Größen im deutschen Fußball. Als Schön und seine Mitspieler 1950 vom Strukturwechsel des DDR-Fußballs in den Westen getrieben wurden, sollte die Neugründung Dynamo die Lücke schließen.

Die Elbmetropole hat sich zu Recht schon immer als klassische Kulturstadt gesehen – als Barockstadt, als Wiege der Romantik. Die Fußballer von Dynamo zogen Anfang der Siebziger signifikant nach, mit dem „sächsischen Karajan" Hansi Kreische, dem „romantischen Geiger" Dixie Dörner oder dem „samtigen Streicher" Reinhard Häfner. Nunmehr war die Stadt Dresden nicht nur verrückt auf Musik, Malerei, Architektur und Literatur, sondern auch wieder auf Fußball.

„Ein Ritual waren die Besuche am Sonnabendnachmittag im Dresdner Dynamo-Stadion", schwärmt Autor und Dramaturg Ingo Schulze in einem wunderbaren Essay: „In der DDR war es das konkurrenzlos bestbesuchte Stadion. Häufig war es zu Oberligazeiten mit 34.000 Zuschauern (oder waren es 36.000?) ausverkauft. Da ich bis dahin richtige Fußballspiele nur aus dem Fernsehen gekannt hatte, war ich überrascht von der Farbigkeit der Kulisse, von dem leuchtenden Grün des Rasens und den schwarz-gelben Trikots. Allerdings vermisste ich Wiederholung und Zeitlupe, wenn ein Tor gefallen war. Sobald die Zahl der Opfer des ‚anglo-amerikanischen Terrorangriffs' erwähnt wurde, hatte ich als Stadionbesucher eine klare Vorstellung."

Brauchte es solcher Beispiele, fragt der Literat, wenn es denn einen Mythos Dresden gäbe, „der sich sowohl aus dem einstigen Glanz wie aus dessen Zerstörung speist?" Für die Staatskapelle vererben Eltern im Todesfall ihre Konzertabos an ihre Kinder. „Vergleichbare Treue zeigen die Dresdner nur für ihren Fußballverein", wagt Autor Manuel Eckart eine Parallele: „Wenn Dynamo Dresden spielt, ist das neue Stadion voll. Doch anders als bei der Staatskapelle fehlt es dem Spiel an Glanz."

Wie denn aber auch! Beim verlorenen Kampf gegen den Absturz in Liga drei, beim schlechten Image der Fanszene, beim verzweifelten Ringen gegen das Verblassen eines mythischen Vereins. Doch Geschäftsführer Ralf Minge kann auch positive Signale versenden: „Die Fans sind enorm. Die Mitgliederzahl ist nach dem Abstieg, man glaubt es kaum, noch angestiegen. Bei den Logen gibt es Wartelisten. Jeden Tag haben wir das Gefühl, dass uns der Mittelstand in der Region unterstützt. Diese Förderer wollen allesamt dabei sein."

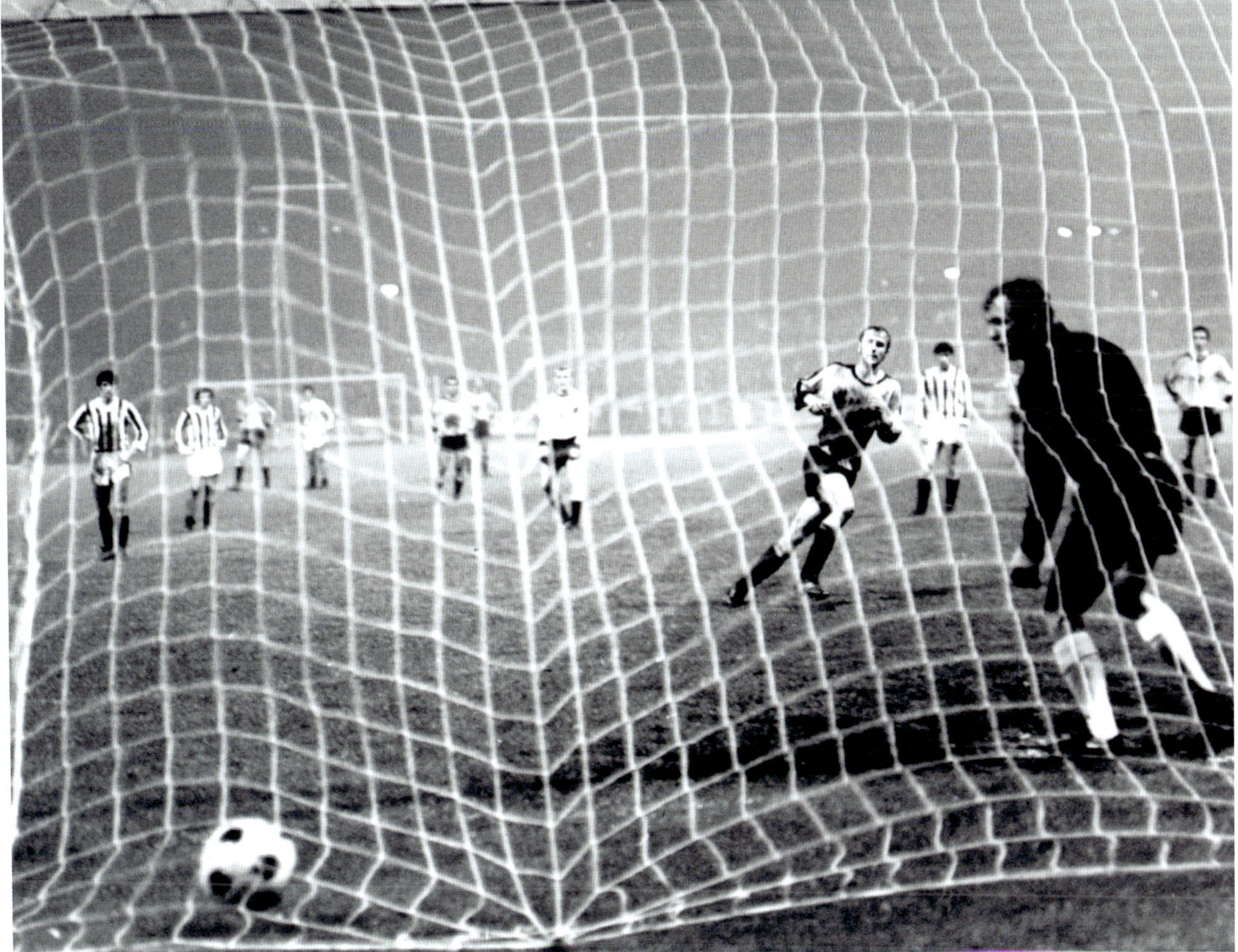

Unter anderem mit diesem Strafstoß schaffte Dresdens Torjäger Hansi Kreische gegen Belgrads Torhüter Ivan Curkovic einen Viererpack.

Dynamo ist eine Institution, gehört wie die Semperoper einfach zu Dresden: Glanz auf altem Gold – da muss man schon eine DVD aus den Siebzigern auflegen…

1970/71: Kreisches One-Man-Show

Nach einer Durststrecke von drei Spielzeiten kehrte Dynamo Dresden 1970 auf Europas Bühne zurück. Der Gegner im Messecup: Partizan Belgrad. Gemeinsam mit dem anderen Hauptstadtklub Roter Stern dominierte Partizan den jugoslawischen Vereinsfußball seit 25 Jahren. Einmal kratzte Partizan sogar an der europäischen Meistercuptrophäe. Letztlich mussten die Schwarz-Weißen den Pokal nach einem 1:2 Real Madrid überlassen. Nun nahm Dynamo am Ende des Tages ein schwer erkämpftes 0:0 mit nach Hause. Zum Rückspiel war das Rudolf-Harbig-Stadion (später Dynamo-Stadion) bei sintflutartigem Regen schon zwei Stunden vor dem Anpfiff durch den Schotten Davidson total ausverkauft. Der Sprecherturm gegenüber der Haupttribüne schwankte bei jedem Tor verdachtig mehr. Dort oben saß ich in der Reporterkabine und durfte mein erstes Europacupspiel live übertragen. Die Fans brüllten schon nach 45 Minuten das Glück zum 4:0 heraus. Gänsehaut pur auch beim Kommentator. Partizan, wie Dynamo aktueller Spitzenreiter in der heimischen Liga, taumelte am Abgrund und fand nur noch (unerlaubte) Notbremsen.

Im Prinzip war es eine One-Man-Show. Hansi Kreische, mit gottbegnadetem Talent gesegnet, schaffte einen sagenhaften Viererpack gegen Nationalkeeper Ivan Curkovic. Dreimal traf der blonde Schlaks als „unverfrorener Strafstoßdebütant", lobte die lokale Presse. Dreimal schoss der Fanliebling scharf und präzise in die rechte untere Ecke. Selbst der kritische Fritzsch sprang über seinen Schatten und adelte den Star des Abends: „Kreische: bester Mann!"

Zuvor hatte der stürmende Mittelfeldkönig schon zum 1:0 eingelocht, mal ganz normal, aus dem Spiel heraus. Klaus Sammer traf schlitzohrig mit einem Lob aus 30 Metern zum 2:0, und der 20-jährige Europacupdebütant Rainer Sachse beendete das Preisschießen zum 6:0-Endstand. Archivare nahmen Notiz: Dynamo feierte am 30. September 1970 seinen ersten Europacupsieg. Mit einem feurigen Kreische-Spektakel im peitschenden Regen.

Dixie als „Torhüter" gegen Leeds

Es musste erst der „kleine General" eine Schwäche zeigen. Walter Fritzsch lag im Krankenhaus. Als Ursache seiner Kopfschmerzen stellte sich ein geplatztes Äderchen im Kopf heraus. Eine große Herausforderung für den bisherigen Assistenztrainer Harry Nippert. Im Herbst 1970 mussten die Schwarz-Gelben in Runde zwei zuerst auf die Insel. Leeds United hatte sich in den vorangegangenen Jahren zu einem der stabilsten Teams in England entwickelt. Zu den Leistungsträgern von Manager Don Revie gehörte der englische Weltmeister und Stopper, „Giraffe" Jack Charlton, die dynamischen schottischen Mittelfeldspieler Lorimer und Bremner, Linksverteidiger Cooper und die Angreifer Clarke und Jones.

Dynamo Dresden hingegen rückte erst in der Saison 1970/71 in die Spitze des DDR-Fußballs auf. Zu den genial Begabten gehörte der 19-jährige Hans-Jürgen Dörner, schon seit Kindertagen nur „Dixie" genannt. Beim „General"

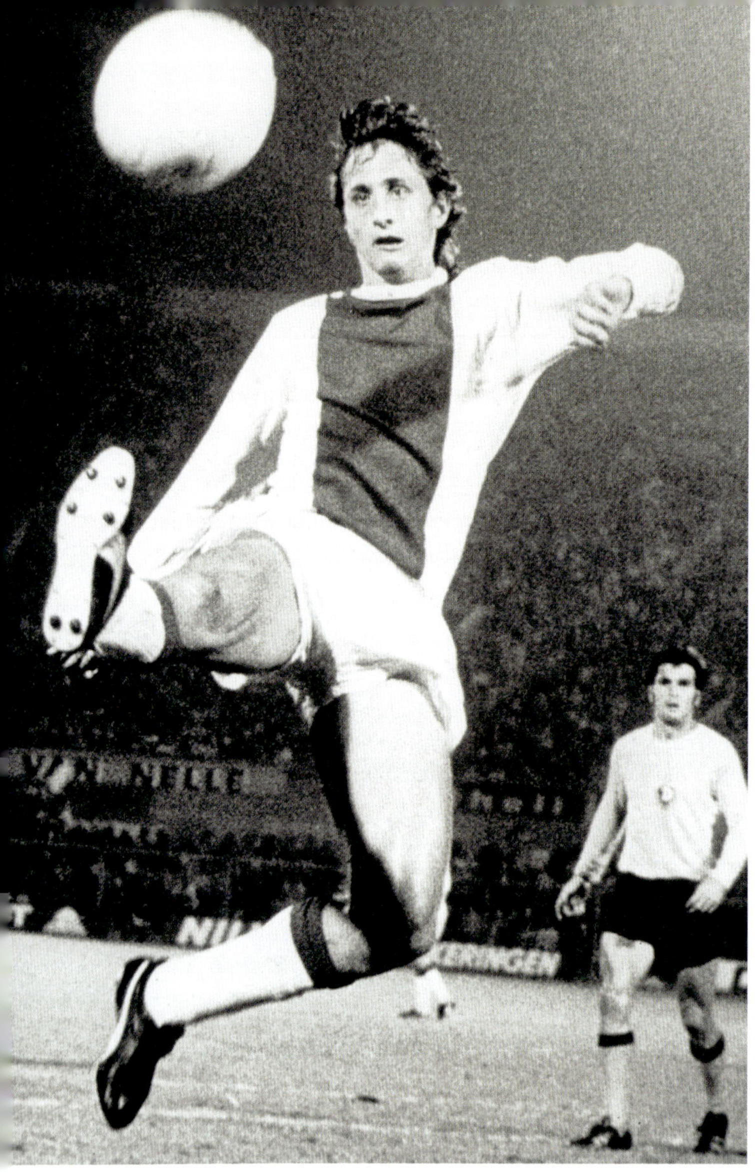

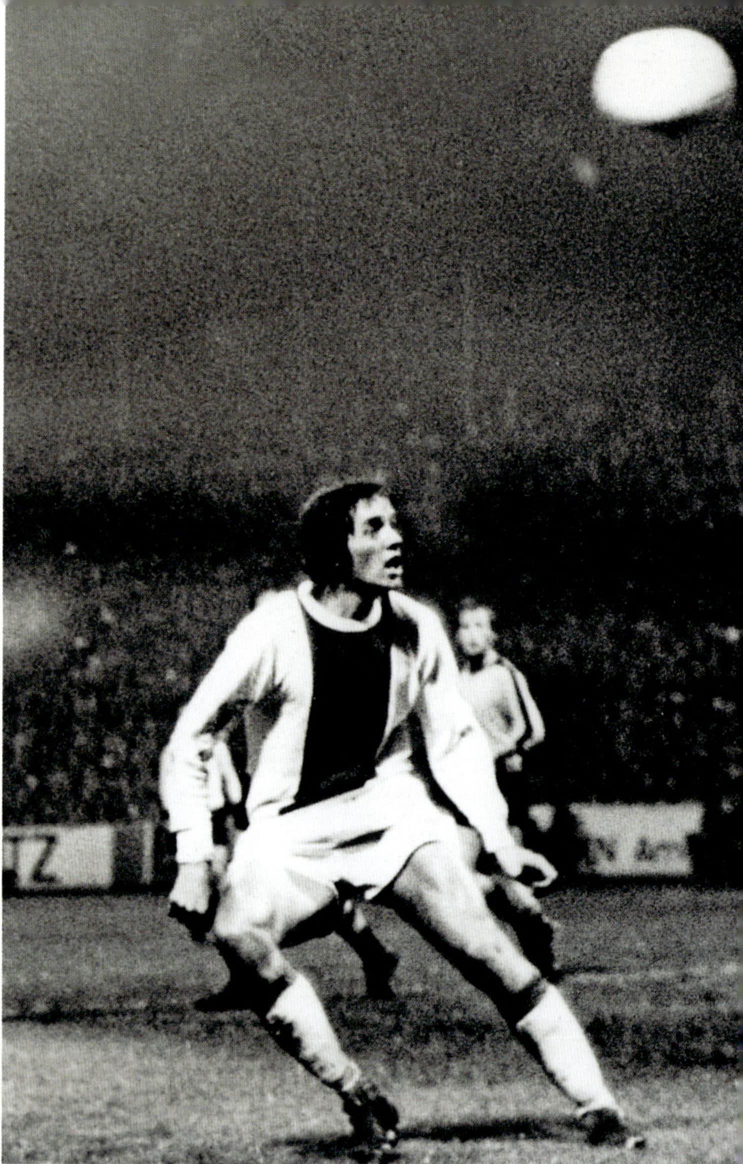

Superstar Johan Cruyff und seine Amsterdamer Ajax waren für die Dresdner eine Nummer zu groß. Auf dem rechten Foto klärt Torhüter Peter Meyer vor Arie Haan und Piet Keizer.

Fritzsch durfte der universell einsetzbare Dörner zuerst Mittelstürmer spielen, dann im Mittelfeld, aber noch nicht auf seiner Lieblingsposition. Harry Nippert, der neue Coach auf Zeit, traute dem selbstbewussten Jungen mit seiner filigranen Technik zu, in Leeds als Abwehrchef zu bestehen. So erlebte Walter Fritzsch das internationale Debüt von Dixie Dörner als Libero auf dem Krankenbett.

Trotz der 0:1-Niederlage verkaufte sich Dynamo Dresden gut. Auch in der größten Bedrängnis behielt Jungspund Dörner die Übersicht. Als Torhüter Kallenbach schon überlistet war, kratzte der Europacup-Neuling im Stile eines Torwarts die Kugel aus dem äußersten Eck. Sein Torhütertalent nutzte schon 1969 beim UEFA-Junioren-Turnier Trainer Rudi Krause, der Dörner als Libero und Ersatzkeeper ins Aufgebot berief. Allerdings konnte der junge „Flieger" in Leeds seine gelungene Luftnummer nur für Momente genießen, denn Lorimer verwandelte den folgenden Handelfmeter zum 1:0-Siegtreffer souverän.

Das Rückspiel sah der Chefcoach wieder nur vor dem TV-Gerät. Kreische dirigierte meisterhaft, Sammer machte Druck, Heidler brachte frischen Wind. Die Schwarz-Gelben scheiterten nach tollem Auftritt nur an der Auswärtstorregel. Erst bejubelten 35.000 den wunderbaren Effetball von Hemp zum 1:0 gegen Torhüter Sprake. Dann litten die Fans mit Dixie Dörner bei dessen Missgeschick, das Jones brutal cool zum Ausgleich nutzte. Nach dem fulminanten Kopfball-Siegtor von Hansi Kreische zum 2:1 hoffte die Fangemeinde noch auf eine Sensation. Doch Leeds kam mit einem blauen Auge davon.

1971/72: Verhängnisvolle Amsterdamer Nacht

Die siebziger Jahre, Dynamos große Jahre. Titel-Hattrick zwischen 1976 und 1978, das Doppel 1971 und 1977. Im europäischen Meistercup traf man nun aber auch auf kontinentale Giganten. Amsterdam lockte: Stadt der Schönheit und Sünde, Stadt des liberalen Stils und Spiels. Ajax Amsterdam mit Superstar Johan Cruyff war jedoch eine ganze Nummer zu groß. „Wir hatten nicht die Spur einer Chance", gestand Dixie Dörner mächtig beeindruckt: „Ajax war die beste Mannschaft, gegen die wir jemals gespielt haben. Die machten, was sie wollten. So sah es zumindest aus. In dieser Phase konnten auch Liverpool, Juve und Bayern nicht mithalten. Gegen Ajax kamst du gefühlte 20 Minuten nicht an den Ball. Das neuartige Pressing nahm uns die Luft. Mit dem 0:2 waren wir noch gut bedient. In Amsterdam hätten wir auch sechs Dinger bekommen können."

Und dann dieser Cruyff – wach wie ein Luchs. „Normalerweise sind Fußballer langweilig", fand der niederländi-

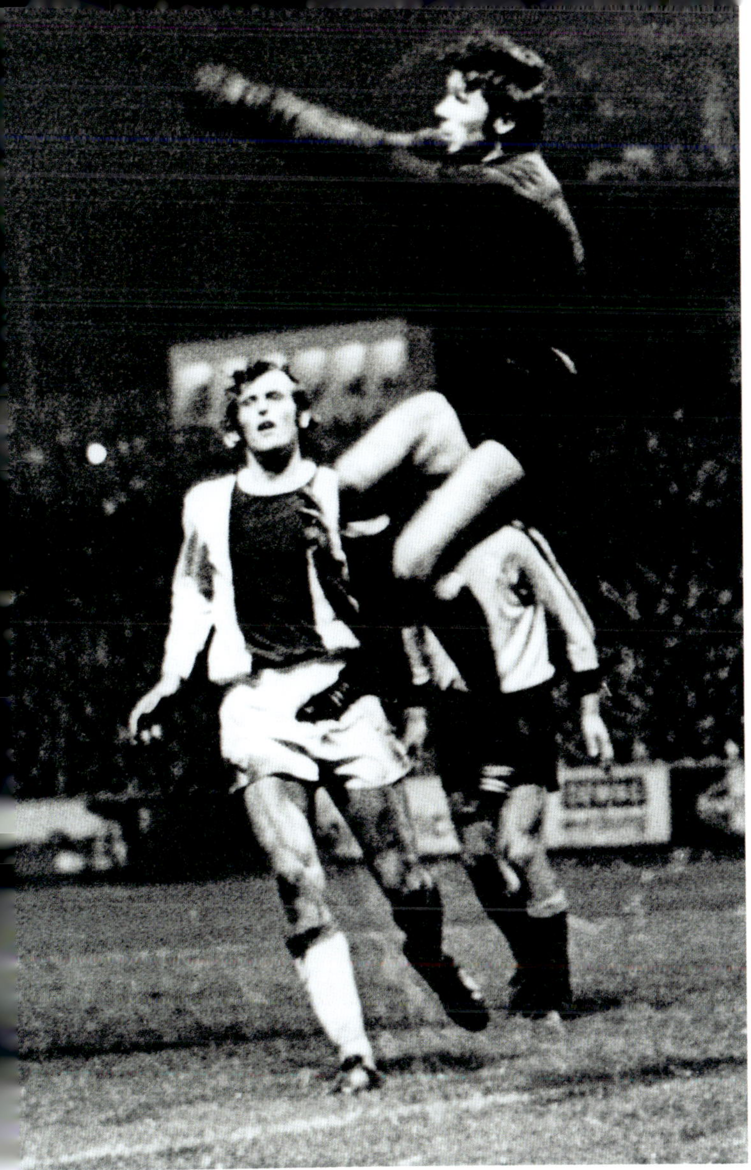

sche Choreograph und Tänzer Rudi van Dantzig: „Aber mit Cruyff und den anderen war es das reinste Feuerwerk. Als ob Maria Callas singt. Cruyff war eine Callas auf dem Platz. Die Callas war die Erste, die Feuer in eine Opernrolle gebracht hat, und die gleiche Leidenschaft spürte man bei Cruyff.“

Mit einem 0:2 ließ es sich noch gut feiern. Feiern? Vier Dresdner Kicker lud der deutsche Ajax-Libero Horst Blankenburg zu einer Stippvisite ins genüssliche Amsterdamer Nachtleben ein: Torhüter Peter Meyer, die Verteidiger Frank Ganzera und Eduard Geyer sowie Stürmer Dieter Riedel. Trainer Walter Fritzsch hatte seinen Jungs Ausgang bis Mitternacht gewährt. Doch um diese Zeit machten die vier Dynamo-Spieler noch richtig Party und ließen Geburtstagskind Dieter Riedel hochleben. Riedel, Ganzera und Geyer kamen früh um halb fünf im Taxi an, Meyer gar erst morgens um sechs.

Dynamos oberster Boss, Stasi-Chef Mielke, hätte am liebsten alle vier Sünder aus dem Verein geworfen. Diese Konsequenz traf letztlich nur Wiederholungstäter Meyer. Ganzera wurde ein Jahr lang für die Auswahl gesperrt, Riedel kam vier Monate lang nicht im Oberliga-Team zum Einsatz. „Für Eduard Geyer hat die Nacht von Amsterdam die härteste Konsequenz“, heißt es in der Vereinschronik der Autoren Karte und Zimmermann. „Er wird vom Ministerium für Staatssicherheit vor die Wahl gestellt, entweder als Inoffizieller Mitarbeiter tätig zu sein oder Schluss mit Leistungssport. Geyer will Fußball spielen und verpflichtet sich als IM.“

Im Rückspiel vor 35.000 setzte Dynamo voll auf Offensive: Ajax-Keeper Stuy entschärfte einen Kopfball von Klaus Sammer (10.), drehte einen Distanzschuss von Heidler um den Pfosten (20.), hatte Glück bei Dörners Lattenkracher (30.) Klaus Sammer zog sich gegen Superstar Cruyff beachtlich aus der Affäre. Aber das war's dann auch schon an heftigen Attacken gegen einen souveränen Titelverteidiger Ajax Amsterdam, der dreimal hintereinander erfolgreich den europäischen Meistergipfel stürmte und Weltpokalsieger wurde. „In Ballbesitz strebte Ajax danach, den Platz so groß wie möglich zu machen, indem man das Spiel auf die Flügel verlagerte. Bei Ballverlust spielten sie offensiv auf Abseits, um den Raum noch aggressiver und enger zu machen.“ Mittelfeldspieler Reinhard Häfner, gerade von Erfurt nach Dresden gewechselt, beobachtete aus ungewöhnlicher Perspektive den neuen Ajax-Stil. „Ich saß beim Spiel in Amsterdam hinter unserem Tor. Wahnsinn, was Ajax für ein verwirrendes Positionsspiel aufzog. Die waren technisch erste Klasse, konnten aber auch körperlich gegenhalten. Und über allen stand der unglaubliche Cruyff. O Gott, war der stark. Ähnlich kompakt hatte ich später nur noch Liverpool mit Keegan in Erinnerung.“

1972/73: Starker Auftritt vor dem „Kop“

Das schmiedeeiserne Treuegelöbnis über dem Stadiontor an der Anfield Road in Liverpool versprach: „You'll never walk alone“. Es ist so etwas wie ein pathetischer Fahneneid auf die berühmten „Reds“, auf Keegan und Toshack, auf Souness und Dalglish. Die Liverpooler Fans lebten dieses Gemeinschaftsgefühl, besungen in der sentimentalen Klubhymne, besonders in der Enge der Stehrampen, des legendären „Kop“, den es seit den Neunzigern allerdings nicht mehr gibt. Der sogenannte Taylor-Report ließ nach der Stadionkatastrophe von Sheffield 1989 mit 95 Todesopfern nur noch Sitzplätze zu. Dynamo Dresden erlebte Kevin Keegan und Liverpools Fußball noch so, wie er war: für viele Jugendliche im Rücken der Hinterhöfe die harte Romance, zu der die Beatles mit „Hey Jude“ oder „Revolution“ manche Vorlage lieferten.

Von dieser melancholischen wie schaurigen Atmosphäre waren auch die Spieler von Dynamo Dresden im UEFA-Cup bei ihrem ersten Duell mit dem FC Liverpool an der Anfield Road berührt. Rote Mützen, rote Schals, rote Trikots. Dresdens Verlegenheitself, ohne Häfner, Wätzlich, Sachse und Kreische, der verletzt in der Kabine blieb, konnte die „Rote Maschine“ nicht wirklich stoppen. Hall und Boersma sorgten für eine komfortables 2:0-Polster. Trotz der Niederlage hatte sich Dynamo beim Spitzenreiter der englischen Eliteklasse gut verkauft. Das „Liverpool-Echo“ lobte: „Eine der besten Kontinental-Mannschaften, die je hier spielte“ Der langjährige Kapitän Hansi Kreische meinte: „In unserem ersten Spiel in Liverpool haben wir wahrscheinlich unsere beste Leistung abgerufen. Auf alle Fälle in den ersten 45 Minuten. Liverpool war in diesen Jahren eines, wenn nicht das Topteam in Europa.“

Zum Rückspiel wollten 100.000 Fans dabei sein. Die Begeisterung der Dresdner kannte keine Grenzen. Doch viele der 30.000 Kartenbesitzer waren nach dem 0:1 maßlos enttäuscht. Die „britische Auswahl“ mit dem Iren Heighway, dem Waliser Toshack oder dem Engländer Keegan spielte einen frostigkalten Ergebnisfußball. Ohne Häfner, Kreische und den gesperrten Heidler kam der Dynamo-Kreisel einfach nicht auf Touren. So begnügte sich der große FC Liverpool mit einer schnell gezündeten Konterattacke, die ein gewisser Kevin Keegan, der in der Bundesliga noch zum besten Spieler Europas reifen sollte, perfekt vollendete und damit Dynamos Halbfinalträume erst einmal auslöschte.

Liverpool und Kevin Keegan – Dresdens Schicksal

Drei Jahre später, in der Saison 1975/76, scheiterte Dynamo Dresden erneut im UEFA-Cup-Viertelfinale am übermächtigen englischen Meister FC Liverpool, für den noch immer Kevin Keegan auf Torejagd ging. Der Nullnummer bei eisigen Temperaturen Anfang März folgte ein 1:2 an der Anfield Road. Wieder fehlte gegen ein europäisches Eliteteam irgendein Quäntchen Souveränität, als die Stunde der Wahrheit heranrückte. Bei etwas mehr Cleverness wäre nach dem Anschluss von Gert Heidler in der letzten halben Stunde noch ein Remis und damit das Weiterkommen möglich gewesen. „Aber allein die kribbelnde Atmosphäre im Spielertunnel war Gänsehaut pur", erinnert sich der elegante Kurvenflitzer Reinhard Häfner: „Über dem Eingang zum Spielfeld hast du dann auf ein riesiges Schild geblickt, worauf stand: ‚This is Anfield'. Dann die Gesänge von 40.000, von Anfang bis Ende, unglaublich."

Als im Herbst 1977, im Achtelfinale des Meistercups, zum dritten Mal in den Siebzigern der FC Liverpool als Kontrahent aus dem Lostopf gezogen wurde, verkündete Manager Bob Paisley: „Aller guten Dinge sind drei. Erstens haben wir gegen Dresden schon zweimal im UEFA-Cup-Viertelfinale gewonnen. Zweitens wollen wir den Cup verteidigen. Und drittens hat uns der Verkauf von Kevin Keegan zum Hamburger SV keineswegs geschwächt. Dalglish, der Schotte, von Celtic Glasgow gekommen, kann ihn 1:1 ersetzen." Paisley, gerade zum „Manager des Jahres" gewählt, bevorzugte beim 5:1 gegen Dynamo eine simple wie wirkungsvolle Taktik: hohe Bälle auf den langen Waliser Nationalspieler Toshack, präzise Kopfballzuspiele auf die Kollegen – exakt nach diesem Muster vollendeten Hansen und Kennedy. Zweimal noch traf Case, und je einmal netzten Neal und Häfner ein. Ein Desaster für Trainer Walter Fritzsch, der unberechtigterweise die brutale Klatsche allein Kapitän Hansi Kreische in die Schuhe schob. Ein weiteres trauriges Kapitel in einer langjährigen „Männerfeindschaft" zwischen zwei verdienstvollen, aber auch absoluten Sturköpfen.

Das 2:1 im Rückspiel, der erste Sieg in sechs Duellen gegen die „Reds", ließ keine wirkliche Freude aufkommen. Nur 15 Minuten flackerte der Hoffnungsfunke schwach – nach dem 1:0 von Kotte und dem 2:0 von Sachse. Doch statt einer 3:0- oder 4:0-Führung kam der „giftige" Pfeil von Heighway. Das Endresultat von 2:1 für Dynamo blieb nur für die Archivare bedeutungsvoll.

Ein kleiner Trost in der unendlichen Geschichte „immer wieder Liverpool". Nach Siegen über Dynamo holte sich der FC Liverpool auch jeweils den Europacup: im UEFA-Cupfinale 1973 gegen Borussia Mönchengladbach, 1976 gegen den FC Brügge und im Finale des Meistercups 1978 erneut gegen den FC Brügge.

***

Ich wollte Kevin Keegan treffen, dabei rannte er mir fast jeden Tag über den Weg. Wieso das denn? Bei „Match of the Day" aus den siebziger Jahren, TV-Renner anfangs der Neunziger auf der Insel, mit Desmond Lynam als Starmoderator der BBC. Es war die Zeit, als der Mittvierziger Kevin Keegan Newcastle United als Manager an die Spitze der englischen Premier League

Am Boden: Hans-Jürgen Dörner und seine Mannen unterlagen dem FC Liverpool 1973 auch beim Rückspiel im eigenen Stadion.

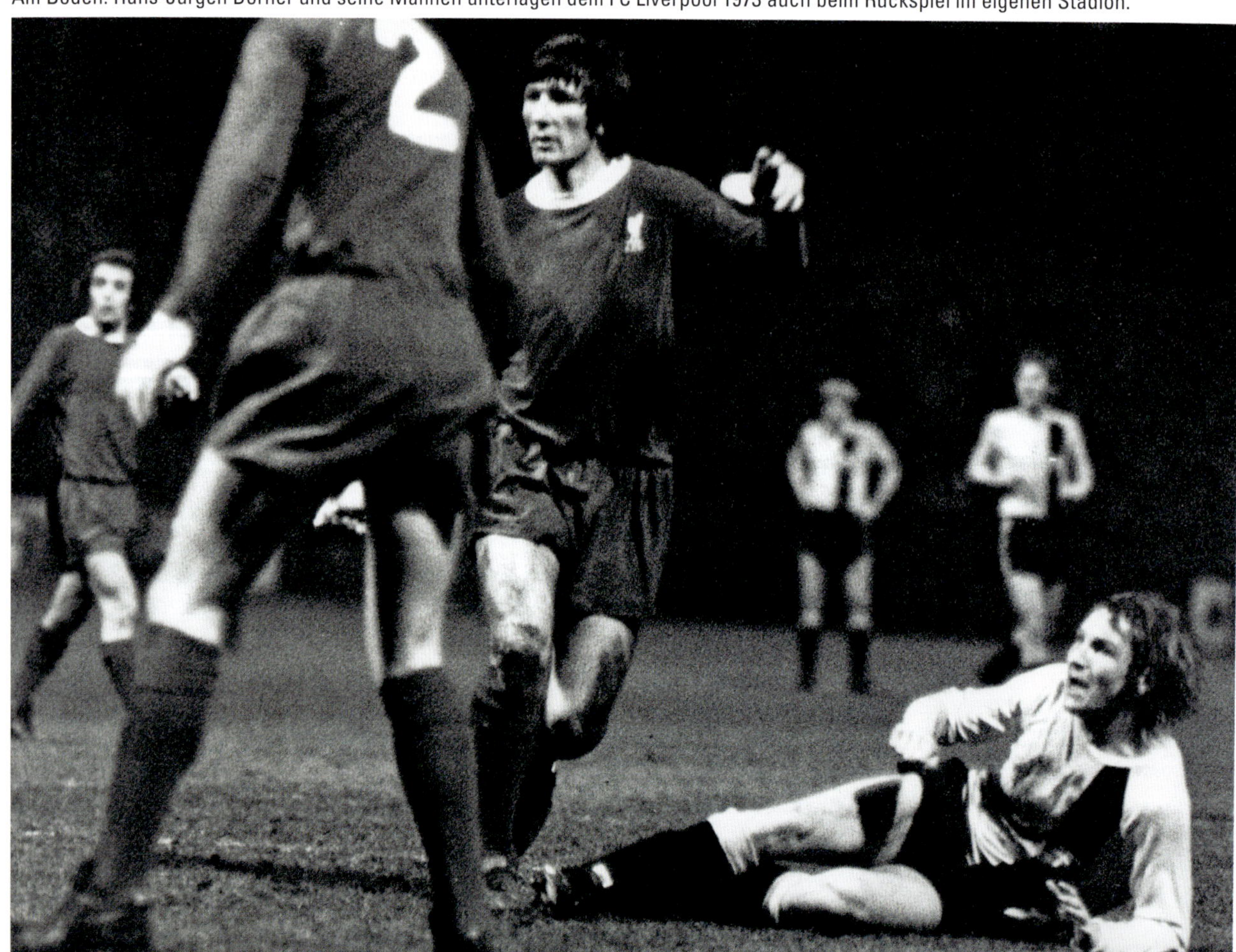

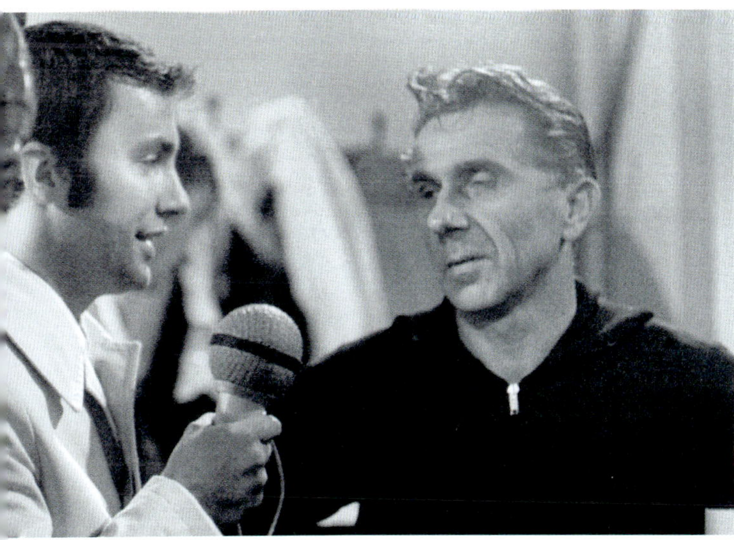

Der Autor als junger TV-Reporter im Interview mit Walter Fritzsch.

*führte und ich in London meinen Halbjahresjob beim TV-Sender „Screensport" begann. Mit verbessertem Englisch, so mein junger Chef, könne der Vertrag verlängert werden. Kurz zuvor hatte ich meinen kanadischen Kollegen mit der Frage irritiert: „Is anything sitting here?"(„Sitzt hier irgendetwas?") Oh Gott. Stattdessen musste die Frage natürlich lauten: „Is any***one*** *sitting here?" („Sitzt hier jemand?") Sorry, Philipe! Mit „Radio 5 live", dem populären Inforadio, kam ich mit Englisch Tag für Tag, teils auch nachts, ganz gut voran. Wenn die Funzel gegen drei Uhr in meinem möblierten Zimmer immer noch brannte, half mir beim Übersetzen ein Vermieter und Engländer, wie er im Klischee vorkommt – Bob Vaughan. Ich bin mir bis heute nicht ganz sicher, ob er aus purer Nächstenliebe handelte oder nur deshalb, weil seine Stromrechnung fortan sprunghaft in die Höhe kletterte. Bekanntlich sollen die meisten Engländer erfroren sein…*

Inzwischen hatte Kevin einer Laudatio zu Walter Fritzschs 75. Geburtstag für MDR 1, Radio Sachsen, zugestimmt. Mit Ines Meinhardt, Gert Zimmermann, Ronny Maiwald, Peter Neumann, Mario Hille arbeitete ich in einer kleinen, aber feinen Journalistengruppe seit vielen, vielen Jahren zusammen. Unmögliches wurde unbürokratisch schnell möglich gemacht, wie auch beim Keegan-Überspiel zu Walter Fritzschs 75.

„Lieber Walter,
was ein guter Trainer bewegen kann, habe ich in sieben Jahren bei Bill Shankly erlebt. (…) Sein außergewöhnliches Motto: Fußball in Liverpool ist mehr als Leben oder Tod. (…) Ich erinnere mich daran, dass Deine Mannschaft zweimal auf dem Weg zum UEFA-Cup-Gewinn der härteste Brocken war. Dynamo trug die klare Handschrift eines kleinen Trainers (…) Es tut mir leid, dass Liverpool Dein Fußballschicksal wurde. Ich hoffe, Du behältst Anfield trotzdem in guter Erinnerung. Bleib gesund, das ist das Wichtigste.
Dein Kevin Keegan"

1973/74: Alte Dame „Juve" verführt

Zurück in die siebziger Jahre, genauer: in den Herbst 1973. Da empfängt eine gereiftere Dynamo-Mannschaft, mit einem Hansi Kreische in der Form seines Lebens, in der ersten Runde des Meistercups, der heutigen Champions League, Juventus Turin. Ein Hammerlos. Die halbe italienische Nationalmannschaft mit Zoff, Spinosi, Capello, Morini, Causio, Bettega und dem eingebürgerten brasilianischen Altstar Altafini erhält keine Sekunde Zeit zur Besinnung. Dynamo, brillant von Hans-Jürgen Kreische und Reinhard Häfner geführt, kombiniert in einem Höllentempo. Juve, die „alte Dame", in permanenter Atemnot. Hansi Kreisches 1:0 gegen Torwartgott Dino Zoff und das 2:0 durch den erst 18-jährigen Dauerläufer und Europacup-Debütanten Hartmut Schade perfektionieren das funkelnde und einfallsreiche Spiel der Sachsen. Allein „Dino Nazionale" im Tor der Turiner verhindert mit sensationellen Reflexen eine noch größere Blamage. Vielleicht die beste Präsentation der Schwarz-Gelben in ihrer Vereinsvita. Uwe Karte und Gert Zimmermann erzählen in ihrer fulminanten Fibel „Das Dynamo-Buch": „Die Reaktionen sind überwältigend. In hunderten Briefen, Telegrammen und Glückwunschschreiben bringen Anhänger, Arbeitskollektive oder auch nur neutrale Beobachter ihre Begeisterung zum Ausdruck. Nie zuvor und nie wieder hat ein Erstrundenspiel einer ostdeutschen Mannschaft eine ähnliche Euphoriewelle ausgelöst. Diese 90 Minuten gegen Stars wie Zoff, Causio, Bettega oder Altafini haben bis heute nur einen Makel. Es gibt nicht einen einzigen Schnipsel im bewegten Bild von diesem Auftritt zu bestaunen."

Eine Woche nach dieser Galavorstellung wird Kopfballspezialist und Regisseur Hans-Jürgen Kreische im entscheidenden WM-Qualifikationsspiel gegen Rumänien durch Torhüter Raducanu schwer am Knie verletzt. Diese 59. Minute ist für Dresdens „Fußballer des Jahres" die bisher schmerzlichste seiner Karriere. WM-Ticket 1974 in Gefahr, das Rückspiel gegen Juventus kein Thema mehr.

In Turin lässt sich die große Alte Dame „Juve" nicht so schnell aufs gefährlich blanke Parkett führen. Der Fiat-Werksverein liegt schon mit 3:1 vorn. Noch ist Dresden weiter, aber die Schwarz-Gelben taumeln vor fanatischen 70.000 im Stadion Communale am Abgrund. Dann die 75. Minute, der Wendepunkt: Frank Ganzera löst sich mit seinem bekannten Übersteigertrick, spielt Rainer Sachse die Kugel präzise in den Lauf: 3:2! Einen weiteren Gegentreffer lassen die Dresdner mit dem kopfballstarken Organisator Klaus Sammer nicht zu. Die Fans im Communale rasten aus. Die Sachsen werden mit Tomaten, Eiern, sogar mit Steinen beworfen. Das schmerzhafte Fiasko enthemmt Juves Fanvolk.

In der Kabine von Dynamo gibt es Tränen, nicht nur der Freude. Dr. Gisela Passehr, früher Israel, sagt aufgewühlt: „Macht's gut, Jungs!" Emotionaler Abschied nach zwölf Jahren Mannschaftsärztin von Dynamo Dresden. Dabei sollte dieses prägende Kapitel ihres Lebens schon nach dem Abstieg 1968 abgeschlossen sein. „Was willst du denn weiter bei dieser Gammeltruppe?", stichelten Bekannte und Freunde. Ihre Reaktion darauf war in erster Linie Trotz: „Nach zweimal Abstieg breche ich meine Zelte bei Dynamo erst mit zwei Titeln ab."

Versprechen eingelöst, Respekt, Frau Doktor! So manch ein Spieler weinte der zupackenden Ärztin nach zwölf Jahren ein paar Tränen nach, eine verstohlene auf jeden Fall auch der Mann vom alten Schrot und Korn – Walter Fritzsch.

Thanks very much indeed, Lady in Green!

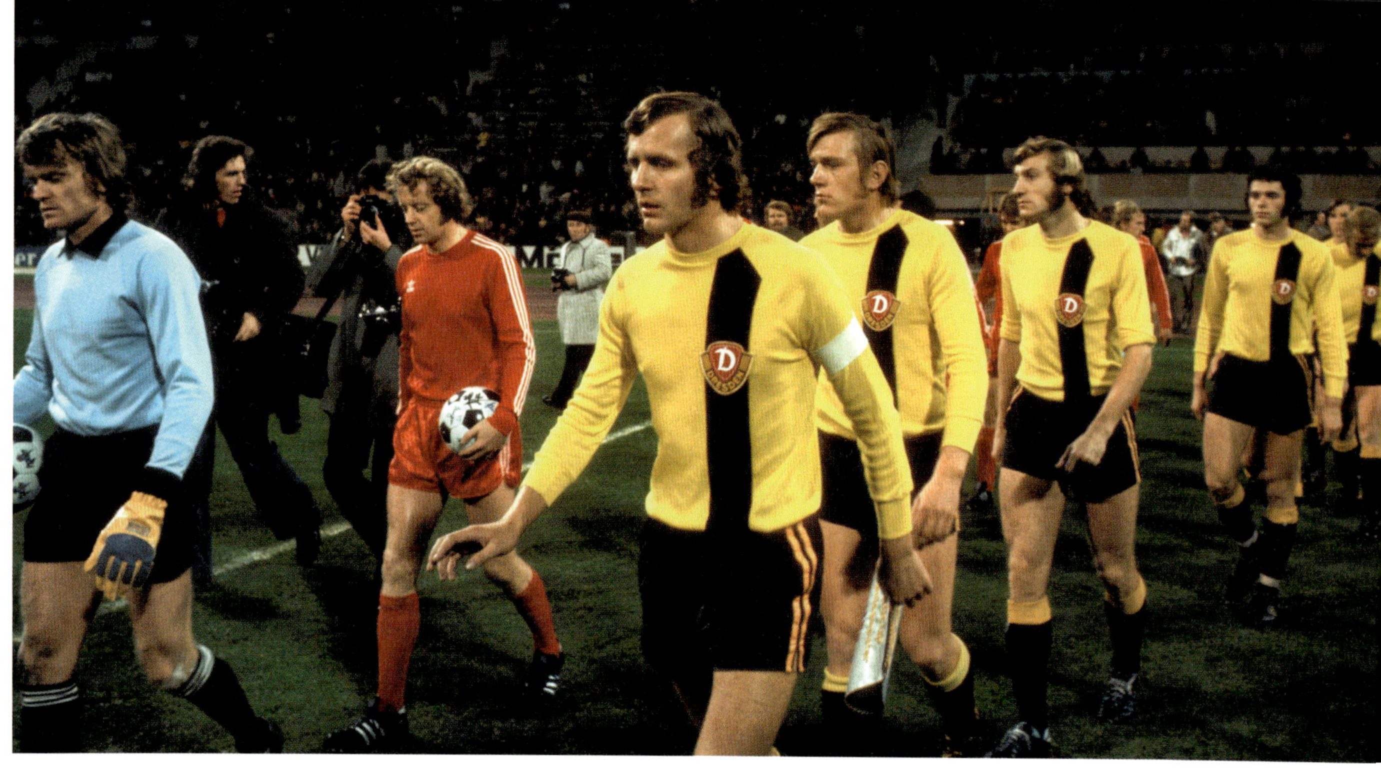

Auftakt zur Begegnung mit den „großen Bayern": Frank Ganzera (als Kapitän für den verletzten Kreische), Horst Rau, Eduard Geyer, Hartmut Schade und die übrigen Dresdner laufen neben Sepp Maier und Co. ins Münchener Olympiastadion ein.

1973/74 DYNAMO GEGEN BAYERN – DIE SPIELE ALLER SPIELE

Nie bin ich einer Mannschaft in der DDR-Oberliga vom Gefühl her näher gekommen als Dynamo Dresden aus den frühen Siebzigern. Es war nicht sonderlich schwer, ihrem Zauber zu erliegen. Was für eine solistische Kunstfertigkeit: Kreische, Dörner, Häfner, Sammer… Könige! Zur klangvollen Kapelle gehörten aber auch die Meister am Flügel: Riedel, Heidler. Oder die hinten mal auf die Pauke hauten: Wätzlich, Ganzera, an guten Tagen auch Geyer. Was für ein Ensemble, dem noch ein gutes Dutzend top ausgebildeter Solisten angehörte wie Boden, Jakubowski, Helm, Kern, Schmuck, Klaus Müller, Matthias Müller, Weber, Schade, Sachse, Rau, Kotte, Richter. Dresden war mit seinem Fanenthusiasmus, seiner gewinnenden Spielkultur und seinem – für den Gegner – zermürbenden „Dresdner Kreisel" noch einmal etwas ganz Besonderes. Die Stadt im Elbtal schrie nach Europas großen Bühnen – und erhielt zum 24. Oktober und zum 7. November 1973 die von vielen Fans besonders im Osten, aber auch im Westen, schon länger herbeigesehnten Gipfeltreffen Bayern München gegen Dynamo Dresden. Zum ersten Mal in der Europapokalgeschichte trafen die Meister der DDR und der Bundesrepublik aufeinander.

Überrumpelungstaktik

Die Vorfreude der Dresdner auf die „Spiele aller Spiele" war durch den Ausfall von Torjäger und Regisseur Hans-Jürgen Kreische stark getrübt. Der DDR-„Fußballer des Jahres 1973" spielte in der Runde zuvor beim 2:0 gegen Juventus Turin überragend. Beim 2:3-Rückspiel, das in der Hölle von Turin zum Weiterkommen reichte, konnte der Kapitän seinen Schwarz-Gelben schon nicht mehr helfen. Er hatte sich beim vorentscheidenden WM-Qualifikationsspiel gegen Rumänien (2:0), das praktisch das Ticket zur ersten WM-Teilnahme 1974 in der Bundesrepublik sicherte, schwer verletzt. Noch immer, rund einen Monat nach dem Schock, war sein rechtes Knie in Gips gepackt.

Ein ZDF-Team überraschte Hansi Kreische vor der ersten Begegnung in seiner Dresdner Wohnung. Ohne jegliches „grünes Licht" von Verein, Sportbund oder Fußballverband. Da kam der „überrumpelte" Kreische bei der einen oder anderen Frage nach Verträgen, Dienstgrad, Gehältern oder Siegprämien doch ein wenig ins Schwitzen. Die Fernsehleute vom Mainzer Lerchenberg zeigten sich gönnerhaft und entschädigten den „überrollten" Dynamo-Kapitän mit einem „Blauen", mit 100 Westmark, die der Gastgeber unter der Obstschale entdeckte.

Der Verlust von Kreische schüttelte das Konzept von Trainer Fritzsch gehörig durcheinander. Seine schärfste Waffe wurde die AK 8, die 8-mm-Kamera. Damit sezierte der Coach die großen Bayern schon Tage vor dem Hinspiel. Im Münchner Olympiastadion sah der kleine Ehrgeizling sein erstes Bundesligaspiel. Das 4:2 der Bayern gegen das Schlusslicht MSV Duisburg jagte ihm allerdings keinen Schrecken ein. Seine Spähertour ging weiter zum berühmten „Betze", wo Jungfilmer Fritzsch ein historisches Bundesligadrama erlebte. Die Bayern führten schon 4:1, bevor die „Roten Teufel" noch sensationell die Kurve kriegten und mit einem 7:4 die FCK-Fans berauschten. Mit seiner Schmalfilmkamera hielt Fritzsch vor allem das Zweikampfverhalten und die Laufwege der Bayern-Stars fest.

Lockruf ins „Aktuelle Sportstudio"

ZDF-Star Harry Valérien wollte den Augenzeugen Walter Fritzsch unbedingt am Abend als Gast im „Aktuellen Sportstudio" begrüßen. Doch der Dynamo-Trainer lehnte die Einladung mitsamt dem finanziell lukrativen Honorar ab. Er befürchtete, zu viel von seinen Beobachtungen über die Bayern ausplaudern zu müssen. Moderator Valérien setzte noch einmal alle Hebel in Bewegung, flog sogar höchstselbst mit einem Hubschrauber von Mainz nach München. Doch auch die zweite Annäherung blieb erfolglos. Der kleine Trainerkauz flüchtete sich in die abgesprochene offizielle Version: „Kein grünes Licht von oben!"

Mehr Glück hatte die ARD, als die Dresdner einen Tag vor dem ersten Match mit einer Regierungsmaschine auf dem Flughafen München-Riem landeten. Für einen Beitrag der „Tagesschau" legte das kleine sächsische Original alle Political Correctness ab.

Vor laufender Kamera wurde Fritzsch gefragt, ob seine Spieler bei weiter anhaltendem Dauerregen und schwerem Boden in München Probleme bekämen. Seine Antwort ließ bei manch einem staunenden Münchner Journalisten die Kinnlade herunterklappen: „Wissen Sie, ich bin beim Russlandfeldzug 80 Kilometer barfuß durch den Osten marschiert, da werden die Spieler wohl diese 90 Minuten durchhalten."

„Dann wandere ich in die Zone aus"

„Guten Abend, verehrte Zuschauer! Hier ist das Olympiastadion in München. Es ist nicht ausverkauft. Nur etwa 50.000 Zuschauer bis jetzt kurz vor Beginn des Spiels. Herzlicher Beifall gilt beiden Mannschaften. Den Bayern ebenso wie den Dresdnern, auf die man sich ehrlich freut, und man hat ja auf dieses Spiel bei den Fußballanhängern seit Jahren gewartet, auf diese Auseinandersetzung zweier Spitzenmannschaften aus Ost und West."

So begann ARD-Reporter Oskar Klose, ein gebürtiger Cottbuser, seine Übertragung vom Spiel. Vor 55.000 im Münchner Olympiastadion präsentiert sich Dynamo Dresden in hellstem Glanz, das Offensivkonzept von Walter Fritzsch scheint voll aufzugehen. Die Sachsen beginnen keck, mutig, voller Ideen. Das Mittelfeld mit dem kreativen und quecksilbrig eleganten Häfner, dem strategischen Organisator Ganzera sowie dem Marathonmann Schade hat gegenüber Zobel, Roth und Gersdorf klare spielerische Vorteile. Dynamo setzt die Bayern frühzeitig unter Druck und zwingt sie permanent zu Ballverlusten. Intelligenter, innovativer und moderner Tempofußball! Nicht wenige Bayern-Fans reiben sich die Augen: nix da vom alten Klischee „Roboterfußball". Dabei hatte Bayern-Manager Robert Schwan vor dem Spiel noch markig schwadroniert: „Wenn wir gegen die rausfliegen, dann wandere ich in die Zone aus." Und als die Sachsen auf der elektronischen Anzeigetafel noch einige ihrer Namen falsch geschrieben sehen und Oskar Klose vom „Libero Döner" spricht, fühlen sie sich erst recht gedemütigt und herausgefordert.

„Walter Fritzsch brauchte uns nicht mehr sonderlich zu motivieren", schmunzelt Kapitän Frank Ganzera heute, der den schwer verletzten Kreische zwar nicht ersetzen konnte, aber als spielgestaltende Kraft im Mittelfeld überragend auftrat. Der spektakuläre Angriffsfußball, der im Osten längst als gefürchteter „Dresdner Kreisel" wahrgenommen wurde, brachte die Bayern vorübergehend in Atemnot. Das 3:2 zur Pause für die Schwarz-Gelben durch zwei Tore von Sachse und einen Treffer von Heidler war völlig verdient.

Neuberger erhöht zur Pause auf 12.000 Mark

Wilhelm Neudecker, der Bayern-Präsident, hätte sich nicht träumen lassen, dass er noch vor seiner Geburtstagsparty, in der Halbzeitpause, in die große Schatulle greifen muss. Aber sein Bayern-Team wackelt. So marschierte Neudecker zur Pause in die Mannschaftskabine und erhöhte die ausgelobte

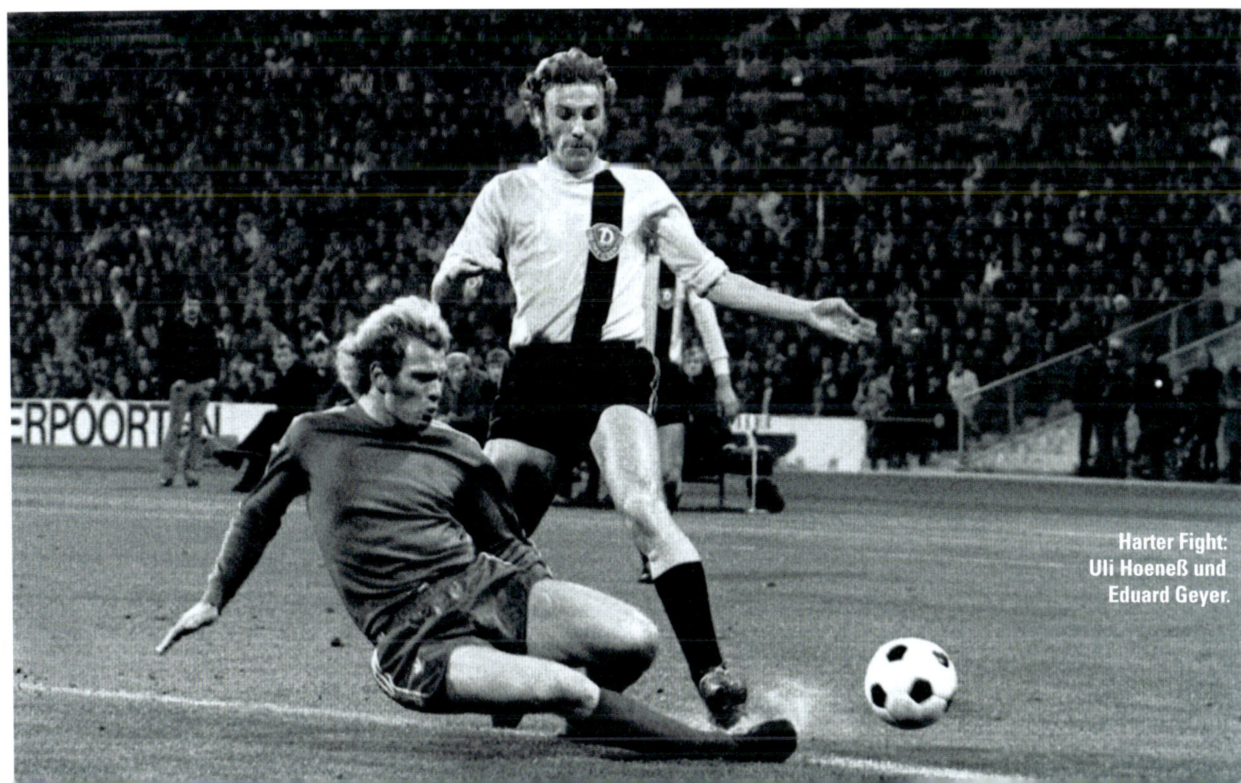

Harter Fight: Uli Hoeneß und Eduard Geyer.

Siegesprämie. Jeder Bayern-Spieler sollte bei einem Erfolg nun komfortable 12.000 Mark erhalten. Die Münchner „Abendzeitung" beschrieb sachlich-frustriert die Not der Bayern: „Alle Trümpfe lagen bei dem überraschend starken Dynamo-Team: die geschicktere Spielanlage, das bessere Spiel ohne Ball und die weitaus schnellere Überbrückung des Mittelfeldes."

Bis zur 71. Minute funktionierte Plan A von „General" Fritzsch. Eduard Geyer und Siegmar Wätzlich hatten Uli Hoeneß und Gerd Müller weiterhin ganz gut im Griff. Danach, im Rausch der überbordenden, aber trügerischen Erfolgsgefühle, öffneten die Dresdner die Abwehrtore zu weit. Die ausgebufften Bayern von Udo Lattek, bis auf den verletzten Breitner mit ihren fünf Europameistern Maier, Beckenbauer, Schwarzenbeck, Hoeneß und Müller, spielten ihre größere Reife und Routine aus, drehten das Spiel noch vom 2:3 zum 4:3. Franz „Bulle" Roth, Siegtorschütze beim 1:0 von Bayerns erstem Europacuperfolg 1967 gegen die Glasgow Rangers, und Gerd Müller ließen mit ihren Toren Präsident Neudecker kräftig durchatmen.

Experten rätselten, weshalb Coach Walter Fritzsch den kopfballstarken Klaus Sammer, in Turin noch Turm in der Schlacht, auf der Bank schmoren ließ und nach 75 Minuten den offensiven Dieter Riedel für Sachse einwechselte. Eine taktische Todsünde. Insider wussten, dass Fritzsch mit dem selbstbewussten und eigenwilligen Sammer ein Problem hatte.

Das Rückspiel: „Die Bayern kommen nicht"

Das Rückspiel schaukelte sich zu einem Politikum hoch. Dafür hatte in erster Linie Bayern-Präsident Wilhelm Neudecker gesorgt. Er entschied sich, sein Starensemble in der grenznahen fränkischen Stadt Hof übernachten zu lassen und nicht im bereits gebuchten Hotel Newa in Dresden (siehe dazu auch den Bericht von Gert Zimmermann). Leidtragende besonders jene Tausende, die stundenlang vor dem Hotel Newa froren und vergeblich auf die Bayern-Stars warteten.

Mancher Zuschauer gelangte auf abenteuerlichen Wegen zu Dresdens „Spiel aller Spiele". Wilfried Metzler, ein Souvenirjäger aus dem sächsischen Vogtland, wollte den Bayern nicht erst in der Stadt Dresden begegnen. Der pfiffige Fan aus Lengenfeld, dessen Sammlung von Trikots und Torhüterhandschuhen bundesweit wohl einzigartig ist, hatte sich bereits auf der Autobahnausfahrt Dresden-Altstadt auf einem Parkplatz postiert und musste feststellen: „Die Bayern kommen nicht!" Erst am Spieltag. Trotzdem wurde der Lehrer für Sport und Geografie eine Hilfe für den Bayern-Boss. Metzler lotste Neudecker sowie Gattin ins Dresdner Hotel Newa und beschaffte ihm ein verloren gegangenes Nummernschild. Das war der Beginn einer langjährigen Freundschaft.

Auf ungewöhnlichem Weg erreichte der damalige BRD-Innenminister Hans-Dietrich Genscher mit einer ziemlich großen Reisegruppe das Stadion. Für dieses Buch enthüllte der Mann aus Sachsen-Anhalt: „Es war eine Sensation, dass ausgerechnet ein Hubschrauber des Bundesgrenzschutzes die Genehmigung zum Überfliegen der Grenze von den DDR-Behörden erhielt. Für mich als Hallenser war die Begegnung mit Dresden die Begegnung mit der erweiterten Heimat. Es war keineswegs nur sportpolitisches Interesse." (Näheres siehe „Zwischenspiel" im Anschluss an dieses Kapitel)

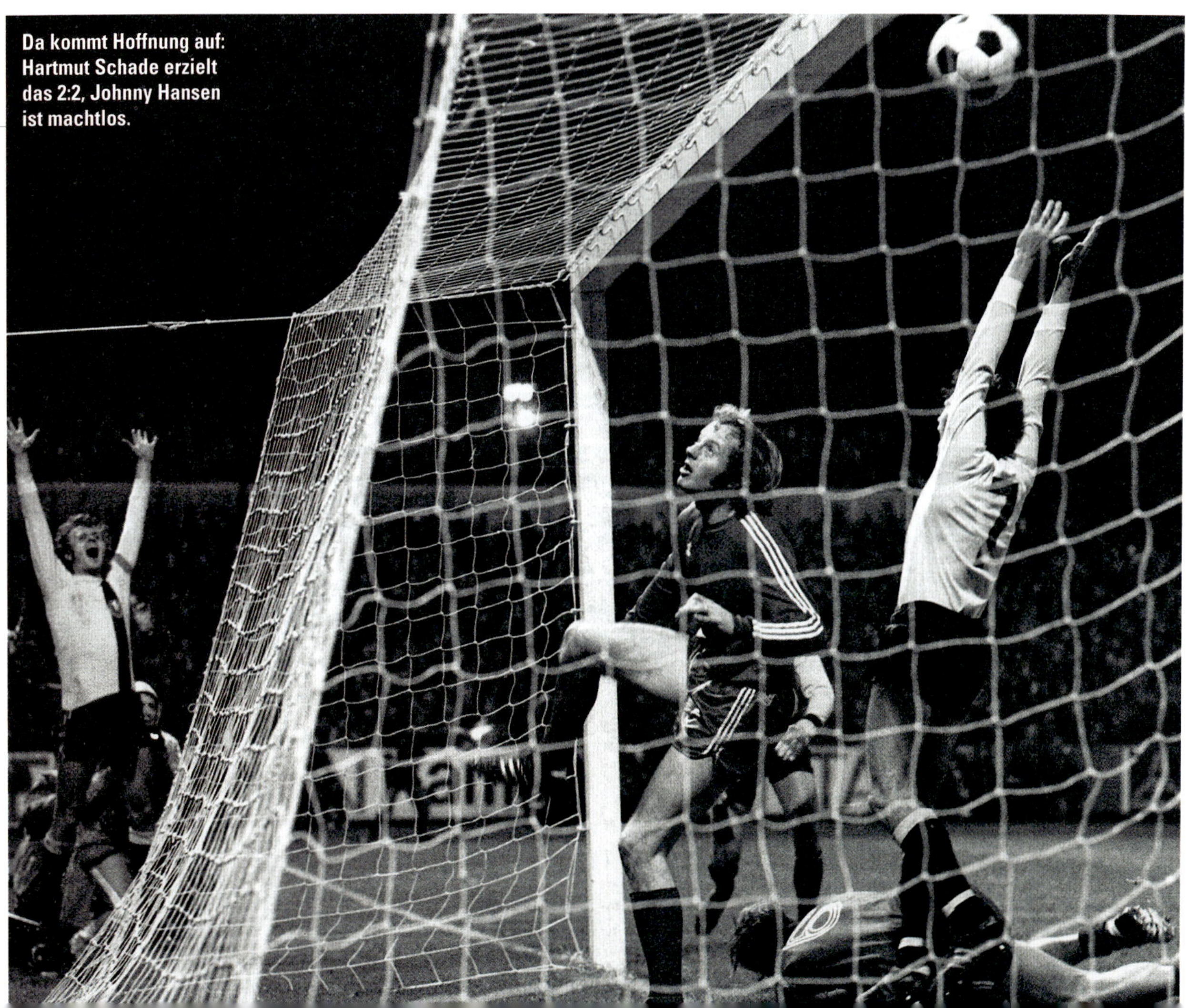

Da kommt Hoffnung auf: Hartmut Schade erzielt das 2:2, Johnny Hansen ist machtlos.

Der Aufstellungspoker

Wie DFF-Chefregisseur Helmut Gerhardt zu den Bayern-Namen kam

Es war meine erste und einzige persönliche Begegnung mit Franz Beckenbauer. Der FC Bayern kam am 7. November 1973 zum Landesmeister-Rückspiel zu Dynamo nach Dresden. Das war zu jener Zeit, da Spiele zwischen Mannschaften der DDR und der BRD für beide Seiten eine besondere Brisanz hatten, nicht nur sportlich. Es gab nach dem sehr knappen 4:3 Sieg beiderseits viele Vorbehalte zu diesem Rückspiel in Dresden.

Um 17 Uhr war die übliche Pressekonferenz mit der Bekanntgabe der Mannschaftsaufstellungen angesetzt. Nach den Erfahrungen des Hinspiels sollten die natürlich von beiden Seiten so lange wie möglich geheim gehalten werden. Unter dem Aspekt: Wer beschattet Uli Hoeneß? Mit welchem Abwehrstrategen hat es „Bomber" Gerd Müller zu tun? Eine Aufstellung war im Vorfeld für alle Medienvertreter nicht zu bekommen. Also Hoffnung auf diese Pressekonferenz, die in einem Konferenzraum des nahen Dresdener Hygiene-Museums angesetzt und nur durch einen Hinterausgang des Stadions direkt zu erreichen war.

Kurz vor 17 Uhr erschienen Dynamos Klubvorsitzender Wolfgang Hänel und Trainer Walter Fritzsch. Die Bayern ließen auf sich warten, kamen letztendlich gar nicht. Nach 15 Minuten wurde die Pressekonferenz abgebrochen. Die Journalisten erhielten nur einige organisatorische Informationen, denn auch Walter Fritzsch war unter diesen Umständen nicht gewillt, seine Aufstellung zu verkünden.

Was nun? Unser Grafiker wollte mit dem Schreiben der Namen beginnen (die Elektronik fürs TV war damals noch nicht so entwickelt wie später). Mit Rücksicht auf unsere Arbeit und durch jahrelang erworbenes Vertrauen erhielt ich von Trainer Fritzsch an einem unbeobachteten Ort die Dresdener Formation.

Wie aber weiter mit den Münchnern? Eine halbe Stunde vor dem Anpfiff noch immer keine Aufstellung. Da ergriff ich selbst die Initiative und verließ den Übertragungswagen, holte mir bei den Kollegen des ZDF Hilfe, die ihren Kommentatorenplatz bereits eingenommen hatten. Mit Unterstützung des Reporters Oskar Wark und des ihn begleitenden Redakteurs Hans Nusser wollte ich versuchen, zur Bayern-Kabine zu kommen. Nusser, Bayern-Intimus beim ZDF, wusste sofort, was zu tun ist: „Wir müssen in die Münchener Kabine." Einige unseres TV-Teams hatten Ausweise für den „Hochsicherheitsbereich", nur nicht die Kollegen des ZDF. Also mussten wir tricksen. Ich bat ihn, das Passbild meiner Produktionsleiterin bei einer Kontrolle zu verdecken, nur die Ausweisfarbe sichtbar zu machen und hart an meinen Fersen zu bleiben. So wühlten wir uns durch die Zuschauermenge bis zur „heiligen letzten Außentür". Nach einem Statement von mir mit dem letzten „Wächter" – schließlich war man durch viele Übertragungen und Kontakte nicht unbekannt – konnten wir passieren.

Der Vorraum war leer, die Stille für uns knisternd, unsere Anspannung, hier etwa zu stören, groß. Dann öffnete sich die Kabinentür der Bayern, die Spieler erschienen, voran Sepp Meier, auf dem Weg zum Aufwärmen nach draußen. Als Zweiter erschien Franz Beckenbauer. ZDF-Kollege Nusser sprach ihn an, stellte mich als seinen Ostkollegen kurz vor. Beckenbauer folgte unserem Anliegen und sagte uns die Bayernformation auf: „Maier, ich, Hansen, Schwarzenbeck, Dürnberger…", da kam Trainer Udo Lattek vorbei: „Franz, was ist?" – „Die Jungs haben keine Aufstellung." – Lattek: „Geh raus, ich mache weiter." Franz winkte uns noch kurz zu und ging zum Aufwärmen, wir nach dem letzten Namen in Windeseile zu unseren Arbeitsplätzen.

Dem Grafiker blieben zwölf Minuten bis zum Spielbeginn. Er, im Fernsehen ähnlich eilige Dinge gewöhnt, ließ sich von diesem Aufstellungspoker nicht beeindrucken. Vor Spielbeginn konnten wir dann den damals üblichen Grafikservice bieten.

Mir bleibt diese Begegnung mit Franz Beckenbauer unvergessen, weil er vor einem so eminent wichtigen Spiel für den FC Bayern die Geduld hatte, „uns Jungs", wie er es nannte, zu helfen. Aber so ist er eben. Man stelle sich so etwas heute vor.

Helmut Gerhardt, ehem. Chefregisseur Sport beim DFF

Wie kompliziert es für Westdeutsche werden konnte, nach Dresden zu gelangen, zeigte sich am Beispiel Rudi Michels. Die Pfälzer Reporterlegende hatte sich zum Rückspiel mit dem einstigen Sportchef der Berliner „Morgenpost" verabredet. Günter Weise verriet in seiner Kolumne der Berliner „Fußball Woche", warum Rudi Michels damals zornig wurde: Für die ARD nicht aktuell am Ball, aber als Beobachter beauftragt, wollte Michels über die Berliner Friedrichstraße in die DDR einreisen. Die Volkspolizei hat ihn 40 Minuten festgehalten und einen Packen mit Fach-und Tageszeitungen beschlagnahmt. Da geriet der sonst so ruhige Rudi in Rage: „Das ist mein Arbeitsmaterial. Wenn Sie mir das abnehmen, drehe ich mich auf der Stelle um und fahre nach Hause." Das wirkte. Die Grenzwächter ließen ihn passieren – mit den Zeitungen. Rudi Michels und Günter Weise erreichten noch rechtzeitig den Anpfiff zum zweiten Spiel.

Dieses Mal berichtete in Westdeutschland das ZDF über das Spiel. Oskar Wark begann seine Reportage mit folgenden Eindrücken: „Hier ist das Dynamo-Stadion in Dresden. Guten Abend, meine Damen und Herren (…)

Ja, so etwas hat es im Europapokal noch nicht gegeben, dass der Gast erst am Tag des Spiels anreiste. Es war 14:35 Uhr, als der Bus des FC Bayern am Hotel Newa um die Ecke bog, ganz dicht an die Eingangstür heranfuhr. Tausende Zuschauer hatten sich versammelt. Es gab Sprechchöre, aber auch vereinzelte Pfiffe. Keiner der Schaulustigen hat einen der Bayern-Spieler leibhaftig sehen können. Der Abstand zwischen Bus und Eingangstür war so gering, dass die Spieler im Handumdrehen verschwanden, hielten sich auch nicht lange im Empfangsraum auf, sondern gingen spornstreichs auf ihre Zimmer. Selten war die Informationsarmut um eine deutsche Mannschaft so karg wie heute."

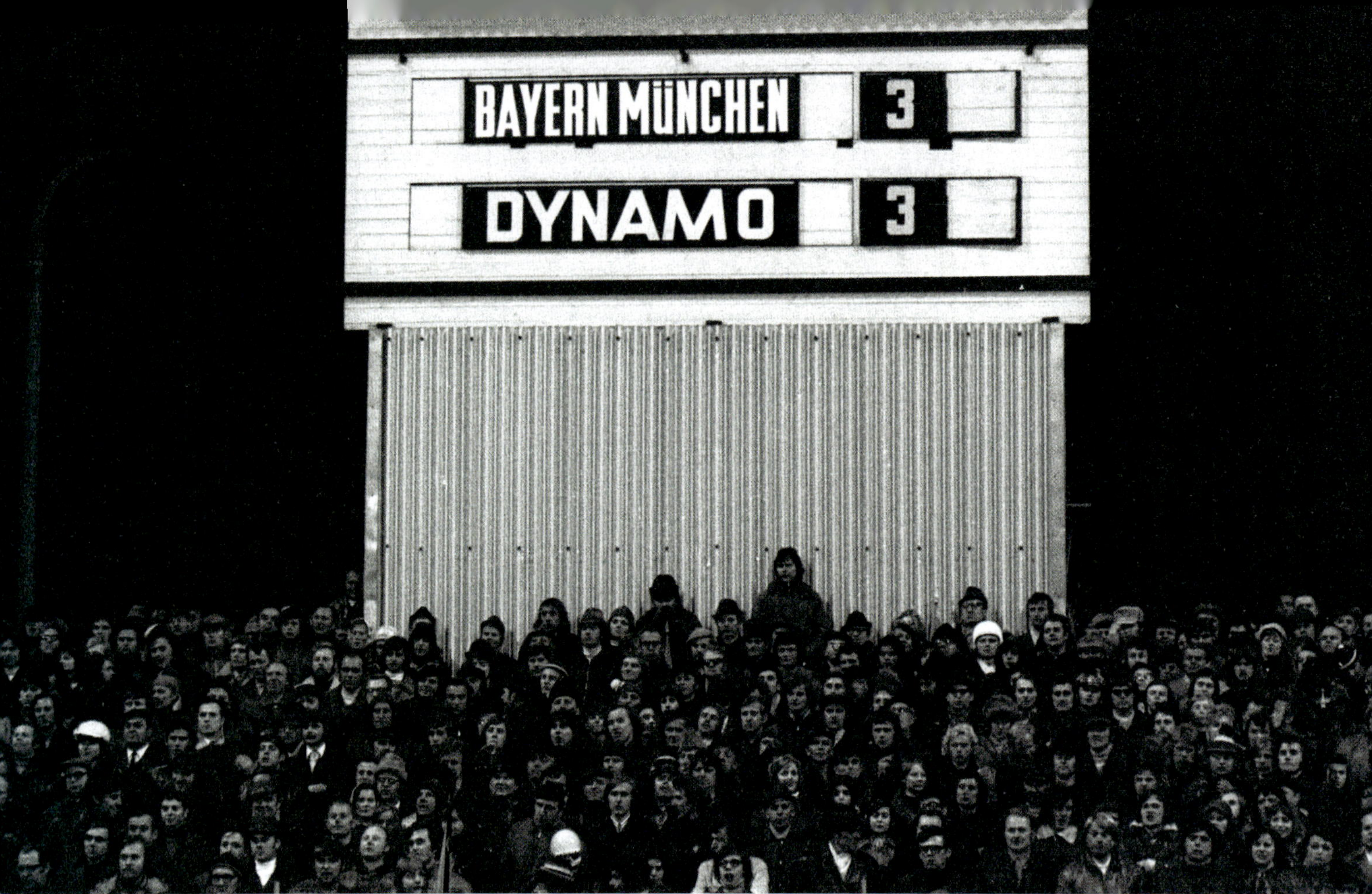

Doch der Endstand lautete 3:3, und das bedeutete das Aus für die Dresdner.

Drama in der „Kathedrale"

Uli Hoeneß sollte an diesem Abend das „Spiel seiner Spiele" machen. Viermal düste der blonde Stürmer übers halbe Feld seinem verzweifelten Bewacher Eduard Geyer davon, zweimal konnte Torhüter Claus Boden die Kugel nur frustriert aus dem Netz holen: 0:2 nach zwölf Minuten! Bayern-Coach Udo Lattek hatte sich einen taktischen Geniestreich ausgedacht, nahm Torjäger Gerd Müller ins Mittelfeld zurück und schob Sprinter Uli Hoeness in die Spitze.

Diese unerwartete Finte versetzte Dynamo vorübergehend in Schockstarre. Grabesstille nach einer Viertelstunde. Libero Dixie Dörner spielte von Anfang an einen Tick zu offensiv. Natürlich wollte der 22-jährige Supertechniker vor einem Millionenpublikum seine herausragenden Fähigkeiten als „Beckenbauer des Ostens" zelebrieren. Doch in dieser Rolle wurde Dörner nicht genügend abgesichert.

Mit dem Anschlusstreffer von Siegmar Wätzlich erwachte die kleine „Kathedrale". Dynamo spielte sich in einen Rausch. Funkelnder und furioser Fußball. Ein unvergessliches und elektrisierendes Drama. Hartmut Schade mit einem Kopfball, Reinhard Häfner mit einem 18-Meter-Effetball kippten das Spiel: vom 0:2 zum 3:2. Die Schwarz-Gelben für vier Minuten im siebten Himmel, eine Runde weiter. Bis wieder einmal Gerd Müller, weltbester Torjäger jener Zeit, das hinreißend aufspielende Dynamo-Team und 36.000 Fans mit wässrigen Augen und verwundeter Seele in der Kälte zurückließ: 3:3. Der „Bomber der Nation" schaufelte Dynamo das Grab und den Bayern in typischer Pose den Weg frei zum ersten Europacuperfolg der Landesmeister.

Schmerzender Applaus

Die meisten der 36.000 blieben auch nach dem Abpfiff im Stadion, applaudierten stolz. Es war ein schmerzender Applaus, denn Dynamo hatte ein wunderbares Spiel abgeliefert und nur gegen ein Team den Kürzeren gezogen, das einen Tick cleverer und glücklicher war. Bayern blieb zwar Sieger, aber Dynamo kein Verlierer. Die unvergesslich betörenden zweimal 90 Minuten im besten deutsch-deutschen Duell haben ihren Platz in der gesamtdeutschen Erinnerung gefunden. Auf ewige Zeiten. Für die besten Schwarz-Gelben gab es eine Prämie von 1.000 Ostmark, für den Rest wurde in abgestufter Form Geld ausgeschüttet. Wahrlich nicht die Regel in einem „verlorenen Klassenkampf". Doch Dynamo Dresden hatte vor allem die Herzen der Fans erreicht und wurde in der traditionellen „Junge Welt"-Umfrage zur „Mannschaft des Jahres" gewählt.

Und kleiner Trost am Rande: Die Bayern mit Kapitän Franz Beckenbauer holten am Ende erstmals die begehrte europäische Trophäe im Wettbewerb der Meister. Nach einem 1:1 gegen Atlético Madrid im ersten Spiel zerlegten sie die Spanier im Wiederholungsspiel mit 4:0. Jeweils zweifache Torschützen Gerd Müller und Uli Hoeness. Der Mai 1974 – für die Bayern der Beginn einer großartigen Epoche.

▶ *Fortsetzung auf S. 93*

EXKURS WHISKY FÜR CRUYFF, KEIN SCHNITZEL FÜR BECKENBAUER

WIE GERT ZIMMERMANN DEN BESUCH BAYERNS IN DRESDEN ERLEBTE

Am 5. Oktober 1973 schellt auf der Geschäftsstelle der SG Dynamo Dresden das Telefon. Es ist kurz vor halb eins am Mittag. Klubsekretär Hans Seidel hebt den Hörer ab und glaubt nicht, was ihm da eine männliche Stimme beizubringen versucht. „Ich wollte nur mal Ihre Meinung hören zur Auslosung der zweiten Runde im Europapokal. Immerhin ist ja mit dem FC Bayern München nicht irgendwer zu Gast in Ihrem Stadion." Die Stimme auf der anderen Seite gehört dem 29-jährigen Ottmar Neidhardt, damals Sportredakteur bei der „tz" in München. Der Dynamo-Funktionär glaubt dem Journalisten nicht. Er will wissen, woher der Mann seine Informationen nimmt. Neidhardt klärt auf: „Ich bin hier im Hotel Atlantis in Zürich. Als Erstes wurde die Kugel mit Bayern und dann die mit Dynamo Dresden aus dem Topf gefischt." Dem Dresdner Seidel wird abwechselnd heiß und kalt. Er weiß nicht, ob er sich freuen soll. Das erste deutsch-deutsche Duell im Fußball. Und ausgerechnet in Dresden. Da werden die Genossen in Berlin aber überhaupt nicht glücklich sein. Immerhin wird Dynamo Dresden prinzipiell von der Zentrale aus der DDR-Hauptstadt gemanagt. Seidel vertröstet Neidhardt mit den Worten: „Ich kann Ihnen gar nichts dazu sagen. Noch ist ihre Geschichte auch noch nicht offiziell."

Wurde sie aber in den nächsten Minuten. Ein Jubelsturm bei den Dresdner Fans. Kopfschütteln bei Partei und Regierung. Gerade hatte auch die DDR an den KSZE-Verhandlungen teilgenommen. Darin ging es vor allem um die Wahrung der Menschenrechte und die Grundfreiheiten der Bürger. Und nun dieses Fußballspiel. Es reichten wohl noch nicht die gerade zu Ende gegangenen Olympischen Spiele von München und die anstehende Fußball-Weltmeisterschaft. Jetzt auch noch Bayern gegen Dynamo.

Als Erstes wurde das Unternehmen „Vorstoß" gegründet. Die Genossen von Partei und Staatssicherheit wollten nichts dem Zufall überlassen. Dieser FC Bayern sollte schon auf dessen Territorium geschlagen werden. Diese Ideologie übernahmen sie von der Armee. Nur, der Sportplatz ist nun einmal kein Schlachtfeld. Auch wenn manche Stadien nach den 90 Minuten zumindest auf dem Rasen so aussahen.

Nicht nur der Osten, auch die Bayern hatten so ihre Probleme mit den zwei Vergleichen. Präsident Wilhelm Neudecker fragte schon einmal bei der UEFA nach, ob denn dieses Brisanz-Duell nicht vielleicht auf neutralem Boden ausgetragen werden könnte. Bei diesen Überlegungen spielte die Hallstein-Doktrin eine gewichtige Rolle. Benannt nach einem Staatssekretär im Auswärtigen Amt der Bundesrepublik. Darin war die Aufnahme diplomatischer Beziehungen von Drittstaaten zur DDR von der BRD als unfreundlicher Akt deklariert. Die Bundesrepublik bestand auf ihrem Alleinvertretungsrecht für das gesamte deutsche Volk. Aber auch Wilhelm Neudecker musste sich mit Manager Robert Schwan internationalen Realitäten beugen. Trotzdem fiel den Bayern einiges ein.

In der Halbzeitpause in München marschierten Neudecker und Schwan bei einem Rückstand von 2:3 gegen die Sachsen in die Kabine und verdoppelten die Siegprämie. Eine Niederlage im eigenen Olympiastadion – nein, diese Blamage sollte mit 12.000 DM pro Spieler verhindert werden. Tatsache, die Partie wurde noch mit 4:3 gedreht. Doch vor dem Rückspiel hatten alle Magenschmerzen.

Unterdessen lief in Dresden der Kartenvorverkauf für das Rückspiel am 7. November an. In Dresden gab es damals ein kleines Familienunternehmen namens Moden-Helfer. Die Abrisshütte stand auf der Schäferstraße / Ecke Weißeritzstraße und bot im Vorverkauf Dynamo-Eintrittskarten an. 300.000 Kartenwünsche lagen bei Dynamo in Wäschekörben auf der Geschäftsstelle. Diese Aussage traf der inzwischen verstorbene Klubvorsitzende der damaligen Zeit, Wolfgang Hänel.

Doch die Stasi hatte etwas gegen eine freie Kartenvergabe. Sie wollte das Dresdner Dynamo-Stadion fest im Griff haben. Und so gelangten gerade mal 8.000 Tickets in den freien Verkauf. 36.000 Zuschauer passten damals ins Dresdner Stadion. Der Rest der Karten ging an stramme Genossen in den sozialistischen Betrieben. Und außerdem saß bei der Öffnung schon jeder Stasi-Mann mit einem Verpflegungsbeutel auf seinem Platz. Den teuren Genossen wurden mitten in der Woche zwei Bananen, ein Knacker und ein Ei mitgegeben. Damit sie vom normalen Volk auch besser zu unterscheiden waren.

Ich hatte das große Glück und arbeitete bereits seit zwei Jahren im Hotel Newa auf der Prager Straße als Kellner. Mein Kollege in der sozialistischen Brigade Leningrad war der Sohn von jenem besagten Moden-Helfer. So hatte ich wenigstens kein Problem mit der Eintrittskarte. Denn der Dynamo-Fan begann schon an einem Sonntagnachmittag mit dem Anstellen auf jener besagten Schäferstraße. Und dabei wurde auch in Feldbetten und auf alten Sofas genächtigt. Für die sozialistische Grundordnung im Tal der Ahnungslosen damals einfach undenkbar. Menschen schliefen 1973 in Dresden auf offener Straße. Das sollte nie wieder so sein. Deshalb wurde 1989 der Kartenvorverkauf für das Spiel gegen Stuttgart an den Rand der Stadt, an die Galopprennbahn nach Dresden-Seidnitz verlegt. Nur, dort kam es schon vor Kassenöffnung zu Tumulten mit mehreren Schwerverletzten.

Zurück zum Bayern-Spiel. Dem Hotel Newa kam eine mehr als zwielichtige Bedeutung zu. Denn diese Übernachtungsstätte war als offizielles Hotel für europäische Teams im Europapokal ausgesucht worden. Stolz wie Bolle durfte ich beispielsweise den Stars von Ajax Amsterdam jeden Wunsch erfüllen. Hinter dem großen Feldherrn Johan Cruyff schloss ich die Tür zum Salon Repin. Denn die Ajax-Jungs wollten in aller Ruhe bei einer Flasche Johnny Walker mit vielen Eiswürfeln eine gepflegte Pokerrunde nach dem Abendessen angehen. Und bei Juventus Turin kam der große Brasilianer Altafini erst nach dem Frühstück die Treppe runter und murmelte immer etwas von „Late". Er wollte kalte Milch in sich hineinstürzen.

Und nun also die Bayern. Ich träumte damals tatsächlich davon, dem Kaiser zusammen mit dem Maier Sepp und Gerd Müller ein Wiener Schnitzel vom schweren Silbertablett vorlegen zu dürfen. Oder ihnen vielleicht doch lieber eine Forelle zu filetieren? Nichts wurde aus meinen Träumen. Obwohl ich in den Minusstunden auf meinem Dienstplan rumhing, bekam ich in der Woche des Spieles in Dresden vier Tage Ausgang. Von meinem Direktor Horst Näther erfuhr ich, dass das schließlich eine Anweisung von ganz oben sei. Meine Frage wurde zur Bettelei: „Ich bin doch noch nie aufgefallen, weshalb darf ich denn nicht arbeiten? Das geht so nicht." Schneidige Antwort: „Mein lieber Zimmermann, du wirst dich doch mit denen von drüben unterhalten. Und genau das geht nicht." Ich sollte Sachen begreifen lernen, die heute kein Mensch mehr begreifen würde. Es war halt Kalter Krieg. Und wer nicht treu zur Sache stand, der war außen vor. Wer sich damals neben der Oberliga für die Bundesliga interessierte, stand auf dem Zettel.

Deshalb sprang ich vor Freude bald aus dem Schiebedach meines PKW, eines Wartburgs, als ich am Montagabend vor dem deutsch-deutschen Treffen zu meiner Arbeitsstelle fuhr. Ich hatte die Europawelle Saar eingeschaltet, die täglich fünf Minuten nach 22 Uhr Sportnachrichten im Programm hatte. Werner Zimmer las gerade die Meldung vor, dass die Bayern aufgrund des Höhenunterschiedes zwischen München und dem Elbtal Dresden einen Zwischenstopp in Hof eingelegt hatten und keinesfalls anreisen würden. Inzwischen war ich auf dem Parkplatz hinter dem Newa angekommen und sah eine dichte Menschentraube, die von der Polizei bewacht wurde. Ich lief hinter die Absperrgitter und versuchte, diese Nachricht meinen Mitbewohnern der Stadt zu verklickern. Doch die erklärten mich für verrückt. Einige zischten mich an, ich sei wohl einer von der Stasi und müsste Blödsinn erzählen. Ins Hotel rein durfte ich ja nicht, denn ich hatte ja als Mitarbeiter Lokalverbot bekommen.

Unterdessen saß auch beim Vater von Torschützenkönig Hans-Jürgen Kreische die Stasi in der Küche. Hans Kreisches einstiger Mitspieler beim DSC und bei der nachfolgenden SG Friedrichstadt, Helmut Schön, hatte sich angemeldet. Genau dieses Treffen mit dem berühmten Sohn der Stadt sollte unter allen Umständen verhindert werden. Schließlich waren Schön und Kreische nach dem unseligen 1:5 gegen die BSG Horch Zwickau über Nacht mit der Taxe mit fast der gesamten Mannschaft nach Westberlin verschwunden. Kreische war zurückgekehrt, Schön inzwischen deutscher Bundestrainer. Der war mit den sich langweilenden Journalisten im Newa der gefragteste Mann. Auch beim übrigen Personal. So schrieb er dem Küchenleiter im Fahrstuhl ein Autogramm auf dessen Mütze. Genosse Opfermann, so dessen Name, wusste aber gar nicht, wer das eigentlich war. Als Parteisekretär musste man das auch nicht.

Die Bayern logierten stattdessen in einem Hotel in Hof. Als der Gegner festgestanden hatte, waren Uli Hoeneß und Paul Breitner zu Trainer Udo Lattek geeilt und hatten von Magen-Darm-Problemen berichtet, die sie ganz spontan während des UEFA-Juniorenturniers 1969 in der Nähe von Leipzig bekommen hätten. Sepp Maier, der Torhüter, glaubt noch heute, dass sie ihn in der Zone damals vergiften wollten. Ganz ehrlich, so weit gingen die Anfeindungen damals wirklich nicht. Im Gegenteil, die Vorsitzende für Handel und Versorgung im Bezirk Dresden hatte sogar ihr Sonderkontingent für besondere Gäste den Bayern reserviert.

Wahr ist allerdings, dass die Zimmer und die Salons, in denen die Fußballstars ihren Kaffee und das Kleingebäck einnahmen, vollständig verwanzt waren. Hinter aufgehängten Bildern oder in Grünpflanzen waren die kleinen Mikros versteckt. Deshalb verzichtete Lattek auch im Newa auf eine Mannschaftsbesprechung.

Unser Weg zum Stadion glich einer Gruseltour. Überall Absperrungen, Kontrollen, die sonst so keiner in Dresden kannte. Nur mit Karte ging es weiter durch den Blüherpark im Novemberregen in Richtung Stadion. Die Bayern-Fans wurden hinter dem Hauptbahnhof aus ihren Bussen gelassen und auf separaten Wegen zu ihren Plätzen geführt. Damit ja keiner ins Gespräch mit einem Einheimischen kommen konnte. Doch die meisten Bundesbürger hatten sich schon mittags mit ihren Verwandten getroffen.

Am Ende triumphierten die Bayern mit Glück und Cleverness. Nachdem Hoeneß viermal Ede Geyer entwischt war und zwei Tore erzielt hatte, drehten Wätzlich, Schade und Häfner die Partie. Dynamo wäre weiter gewesen. Doch dann kam Müller. Für die Bayern war Dresden nur eine Episode auf dem Weg zum Europapokalsieger. Für Dynamo waren es *die* Spiele unter den 98 Europapokalabenden. Noch heute diskutieren sie, ob denn wirklich Geyer an allem schuld war. Oder vielleicht doch der Dörner, der zu offensiv auftrat. Der Häfner, der einen Ball am Strafraum vertändelte. Oder doch Walter Fritzsch, der erfolgreichste aller Trainer in Dresden. Weil er ein Problem mit Klaus Sammer hatte, ließ er den Langen draußen in beiden Partien draußen auf der Bank schmoren. Oder war es gar die Stasi, die eine Anweisung für Fritzsch parat hielt. Weil doch Klaus Sammers Vater ein Münchner war, Franz Xaver hieß. Die Dresdner Kicker blamierten sich nicht. Doch wohl eher die Genossen, die mit ihrer Aktion „Vorstoß" eine ordentliche Niederlage noch lange genießen durften.

Gert Zimmermann ■

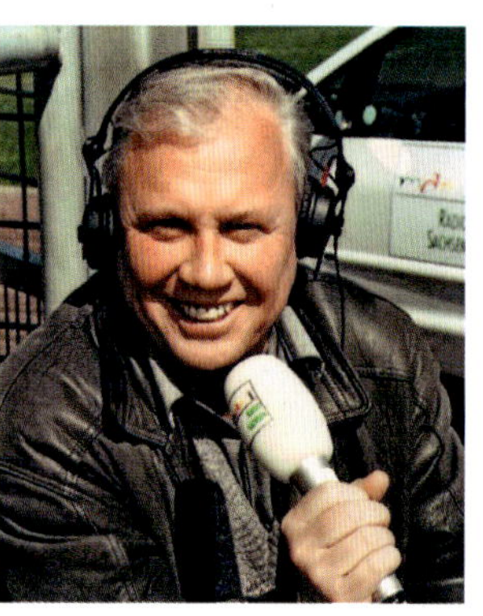

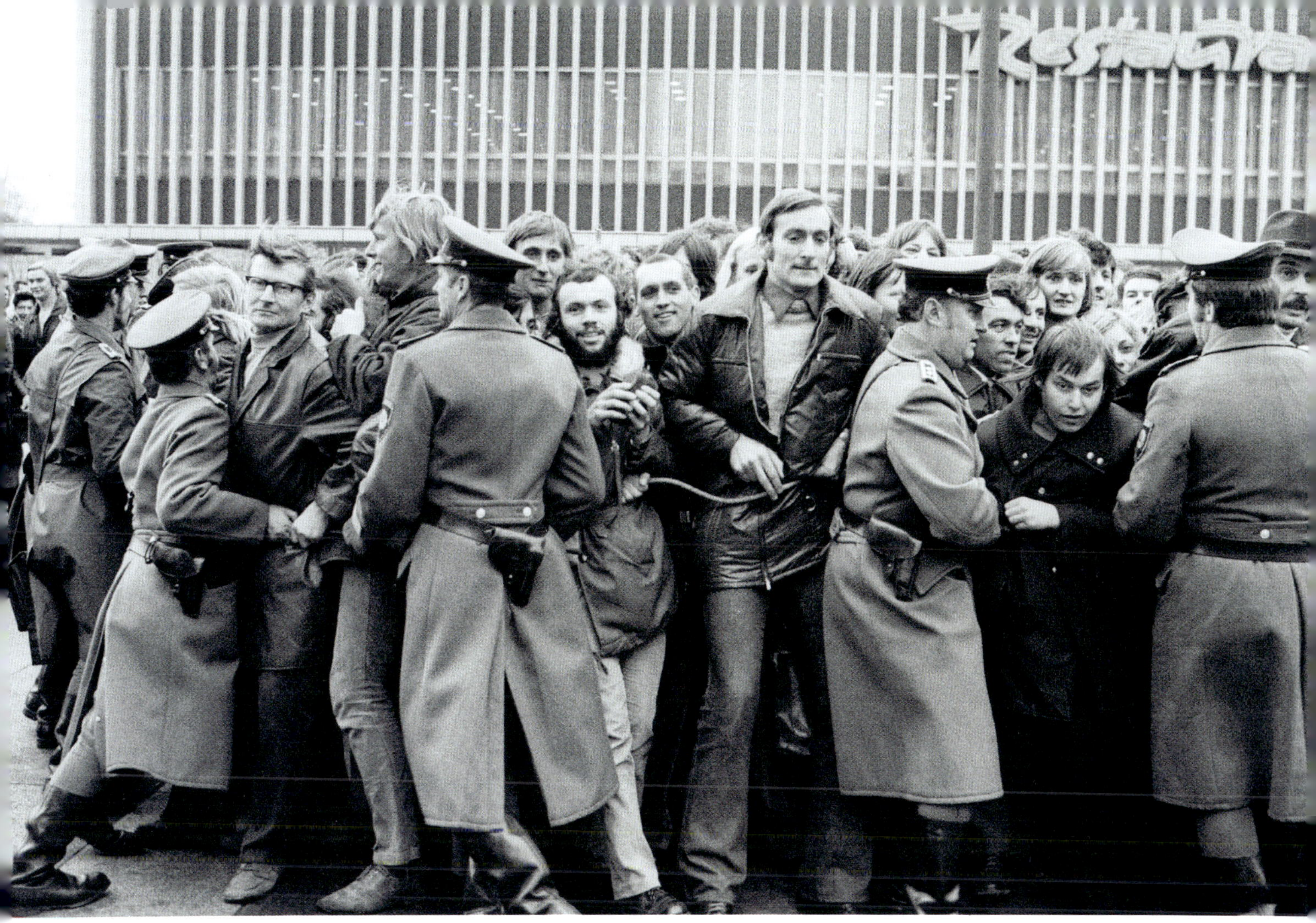

Großer Andrang vor dem Hotel Newa in Dresden: Fußballfans wollen die Stars des FC Bayern sehen.

AUS DER FANKURVE

„Ins Herz getroffen"

Mein Fußballheld hatte Dauerwelle, die „3" auf dem Rücken und wurde „Dixie" genannt, obwohl er eigentlich Hans-Jürgen hieß. Hans-Jürgen Dörner war Libero meines Lieblingsvereins Dynamo Dresden und – der beste Libero weit und breit. Seine Pässe waren ein Gedicht, er war der General, der Dynamo nach vorne trieb, und so schmückte die „3" auch mein schwarz-gelbes Kindertrikot.

Zehn Jahre lang ging ich zu jedem Dynamo-Spiel, die ersten Jahre mit meiner fußballverrückten Mutter. Wir hatten zwei Jahres-Sitzplatzkarten, und dann hockten wir im Stadion, bei Wind und Wetter, bei Hitze und Schneefall …

Meist war es eine große Freude, Dixie und Co. bei der Arbeit zuzusehen, doch es gab auch schwarze Fußballnächte. Die dunkelste, schrecklichste brach über mich am 4. November 1981 über mich herein. Dynamo Dresden musste gegen Feyenoord Rotterdam im UEFA-Cup ein 1:2 aus dem Hinspiel aufholen. Und als keiner mehr damit rechnete, traf Lippmann zum umjubelten 1:0 in der 85. Minute. Ich schrie mein Glück in den Herbsthimmel, wir waren eine Runde weiter.

Feyenoord schien geschockt, da spielte Verteidiger Atze Döschner in der letzten Minute einen schlimmen Fehlpass. Mit wenigen Zügen manövrierten die Holländer die Dynamo-Deckung aus, und Balkestein schob den Ball ins Dresdner Tor. 1:1, aus, vorbei.

Ich konnte nicht glauben, was da gerade geschehen war. Und begann hemmungslos zu weinen. Und hörte gar nicht mehr auf, ich wankte aus dem Stadion und heulte wie ein Schlosshund. Ich lief zur Straßenbahnhaltestelle … die Tränen rannen über mein Gesicht. Ich saß in der Bahn und wurde von einem Weinkrampf geschüttelt. Eine alte Frau wollte mich trösten. Vergebens. Völlig verheult kam ich daheim an, wollte niemanden sehen, mit niemandem reden, ging in mein Kinderzimmer, legte mich ins Bett und weinte weiter.

Balkestein hatte nicht nur Dynamo aus dem UEFA-Cup geschossen, er hatte mich ins Herz getroffen, an diesem Novembertag vor 40 Jahren.

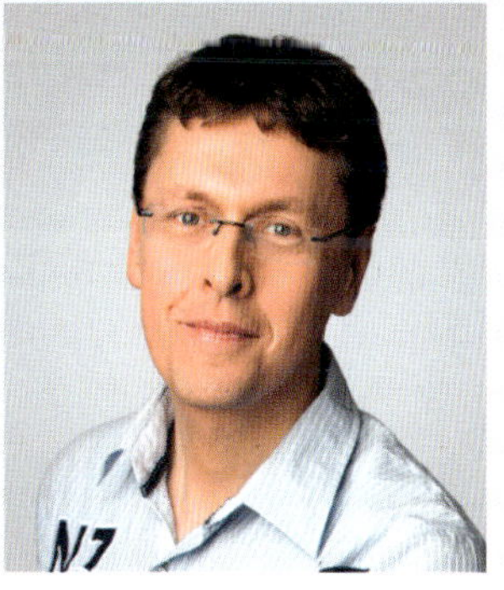

Peter Neumann, damals Schüler, heute Moderator und Chef vom Dienst beim MDR ■

ZEITZEUGE FRANZ BECKENBAUER

„DAS WAR EUROPÄISCHE SPITZENKLASSE“

Frühjahr 1990: Ein gut gelaunter „Kaiser“ wird im russischen Lada vom Westen in den Osten entführt. Noch muss man bewachte Grenzübergänge passieren, noch ist die Einheit nicht vollzogen, noch hat das Ostfernsehen keinen Mercedes oder BMW im Fuhrpark. Berliner Sonnenallee: Ein Grenzer witzelt: „Herr Beckenbauer, ohne Autogramm kommen Sie nicht in den Westen zurück.“ Charmantes Lächeln: „Des klappt scho.“ Ohne Kolbenfresser erreichen wir den ostdeutschen Fernsehfunk in Berlin-Adlershof. Der Lada hält durch. Wir können den Interviewtermin halten. Danke, Franz Beckenbauer.

Können Sie sich noch an Ihre Reise zum deutsch-deutschen Gipfel 1973 nach Dresden erinnern?

Die Erinnerung daran ist ein bisschen düster. Wir hatten ja praktisch keinen Kontakt zur Bevölkerung, waren von der Öffentlichkeit total abgeschirmt. Es war ja auch genug Polizei aufgefahren, so dass wir isoliert blieben. Ja, und der Umgang mit den Funktionären war auch nicht der freundlichste.

Dynamo war zuvor in diesem Achtelfinale krasser Außenseiter. Immerhin trat Bayern mit fünf Europameistern an. Am Ende ging es in diesem Krimi aber ganz eng zu. Haben Sie Dresden unterschätzt?

Das glaub' ich nicht. Udo Lattek, unser Trainer, hat ja Dynamo mehrfach beobachtet und uns vor der Offensivstärke der Sachsen gewarnt. Außerdem waren wir ja gerade aus so einem Duseldrama ohne Schrammen herausgekommen. Eine Runde zuvor sind wir ja nur durch ein Elfmeterschießen gegen Atvidaberg aus Schweden weitergekommen.

Sie haben in der Pressekonferenz unmittelbar nach dem Dresdner Spiel geurteilt: „Wenn man das 4:3 in München und das 3:3 im Rückspiel zum Maßstab nimmt, dann gehört Dynamo Dresden zur europäischen Spitze. Auf jeden Fall.“ Was meinten Sie damit konkret?

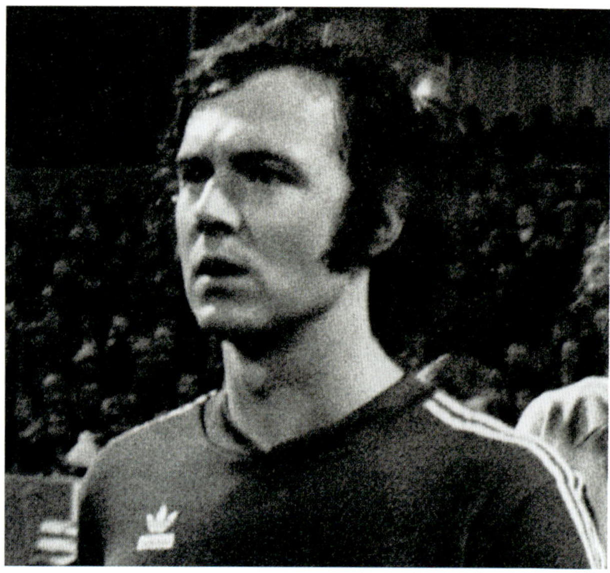

Franz Beckenbauer beim Einmarsch zum Spiel in Dresden.

Ich habe zuvor noch nie eine Mannschaft aus dem Ostblock so ideenreich und voller Tempo kombinieren sehen. Ich denke, sie hätten auch das Finale erreichen können. Sofia und Budapest wären sicher machbar gewesen. Und im Finale? Gegen Atlético Madrid hätten die Chancen dann meiner Meinung nach 50:50 gestanden.

Was gab Ihrer Meinung nach den Ausschlag?

Zunächst muss man wohl beiden Mannschaften ein riesiges Kompliment machen. Das waren zwei hochdramatische Spiele auf Augenhöhe. Das war europäische Spitzenklasse. Nach dem 3:2 wollte Dynamo wohl zu viel. Man muss auch mal ein Ergebnis verwalten können. Ich glaube, ich war nur ein- oder zweimal über die Mittellinie gekommen. Aber wir hatten ja dann noch den Gerd gehabt... ■

ZEITZEUGE HANS-JÜRGEN (DIXIE) DÖRNER

„FRITZSCH WURDE ÜBERLISTET“

1985: Der Libero der Extraklasse von Dynamo Dresden, im Westen auch gern als „Beckenbauer des Ostens“ bezeichnet, war auch für so manche schräge Nummer zu haben. Für ein Filmporträt „Ich bin ein Dixie-Fan“ konnte ich jemanden aus Görlitz, seiner Heimatstadt an der östlichen Landesgrenze, gewinnen, der uns einen richtigen „Dixi“-Kleinwagen lieh. Drehort: Dresden, Großer Garten, in der Nähe des alten Stadions. Das Problem: Dixie bekam den Oldtimer bei ordentlichen PS-Runden nicht mehr zum Stehen. Seine charmante Frau Eva hatte schon kleine Schweißperlen auf der Stirn, bevor der „Dixie-Fan“ des Tages sein geliehenes Renngefährt gestoppt bekam.

Immer nach vorn, mit viel PS – war das in 65 Europacupspielen deine Philosophie?

Unser Trainer Walter Fritzsch wollte ideenreichen, schnellen und intelligenten Kombinationsfußball. Als „Dresdner

Kreisel“ erwarb sich diese Spielweise ja auch viel Anerkennung. Fritzsch hat mich auch immer wieder ermuntert, den Libero sehr offensiv zu interpretieren. Wir bestanden so ja auch gegen Größen wie Juventus Turin, Liverpool und natürlich auch Bayern. Nur Ajax mit Cruyff und Neeskens lag uns nicht so richtig.

Weshalb wird an den Stammtischen noch heute von diesem deutsch-deutschen Meisterduell im Achtelfinale von 1973 diskutiert?

Erst einmal steckte da natürlich eine politische Brisanz. Hüben wie drüben wurden die beiden Spiele zum Klassenkampf auf dem grünen Rasen hochgejubelt. Fußballerisch hatten uns die Bayern, so denke ich, nicht ganz ernst genommen. Die Münchner waren wahrscheinlich ein bisschen überrascht, dass da eine Mannschaft aus dem Osten kam, mutig nach vorne spielte und richtig guten Fußball zeigte. Beide Spiele waren ja auch in der Dramatik nicht zu toppen. Wir führten im Olympiastadion, die Bayern in Dresden.

Hinderte die Philosophie des totalen Offensivfußballs Dynamo bis 1989 daran, in ein Halbfinale oder Finale vorzustoßen?

Das kann gut sein. Ich denke da an Spiele gegen Austria Wien und den FC Zürich. Hätten wir uns da taktisch cleverer verhalten, wären wir weitergekommen. Trainer Fritzsch wollte stets und ständig Offensivfußball. Das war vielleicht bei vielen Stärken eine seiner Schwächen. Er hätte zum Beispiel bei den vier Sprints von Uli Hoeneß über das halbe Feld, die zum 0:2 führten, schneller oder überhaupt reagieren müssen. Mit der Bayern-Finte, dem Tausch von Hoeneß in die Spitze und Müller ins Mittelfeld, wurde Fritzsch überlistet. Das muss man klar sagen. Die Aufholjagd zum 3:2 kostete zu viel Power, um noch einmal erfolgreich reagieren zu können. Ja, und dann kam Müller: 3:3. Ich denke, wir waren nicht schlechter, sind aber an uns selber gescheitert.

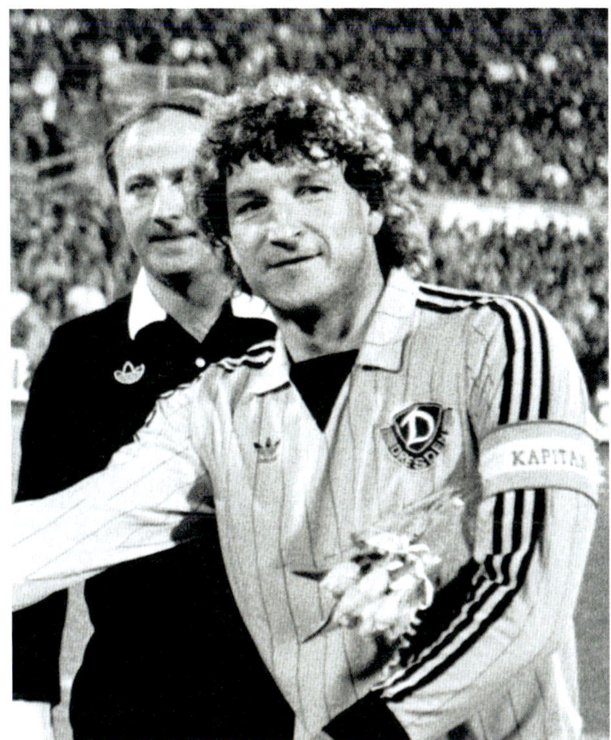

Dixie Dörner vor dem Europapokalspiel gegen Bayer Uerdingen.

Hättest du nicht gern mal neben Franz Beckenbauer gespielt?

(Grinsen) Hab’ ich doch, 1990 bei der Weltfußball-Gala in Dresden. Da hat noch der Udo Lattek zu mir gesagt: „Ob ein schlampiges Genie oder zwei – ich nehm’ den Franz und dich. Die Drecksarbeit für euch beide macht der Katsche Schwarzenbeck.“ Aber Spaß beiseite: Mit Abhauen habe ich mich nie ernsthaft beschäftigt. Ich war zeitig verheiratet, mir und meiner Familie ging es gut. Und jeder, der flüchtete, wusste, welche Konsequenzen das für Frau und Kinder, für die gesamte Familie gehabt hätte. ■

ZEITZEUGE WALTER FRITZSCH

„AUCH SEX IST EINE WAFFE“

1978 war das Goldene Zeitalter von Dynamo Dresden vorbei. Der Zornzwerg (1,64 Meter) Walter Fritzsch, mit den Schwarz-Gelben fünfmal DDR-Meister und zweimal Pokalsieger, klappte sein Tagebuch zu. Mit letzten Einblicken auch ins Sexleben.

An einem 11.11.1985, kurz vor seinem 65. Geburtstag, besuchte ich Fritzsch mit einem Kamerateam im 14. Stock der Grunaer Straße in Dresden. Fantastischer Panoramablick. Mit dem Feldstecher konnte der gestrenge Fritzsch sogar die Trainingseinheiten überblicken. Seine Frau Käthe empfing uns mit einem Tablett und reichlich gefüllten Kognakgläsern. Darauf reagierte der Alkoholverächter Fritzsch in seiner typischen Art: „Was willst du denn mit der braunen Brühe? Die will doch eh keiner.“ Aber einen in Ehren… Mehr nicht, sonst wandern wir in die Mappe „Vorkommnisse im Kollektiv“.

Hier, kannst du lesen: „Kreische trank Bier statt Limo“.

(Hansi Kreisches Kommentar: Dieser Mann war so borniert und nachtragend, dass er jungen Spielern keinen Fehler verziehen hat.)

Walter Fritzsch, warum hast du von deinen Spielern verlangt, dass sie in ihren DIN-A4-Heften nach jedem Spiel ihre Leistung einschätzen mussten?

Ich habe das bewusst gemacht, damit der Spieler mit mir denkt, meinen Stil versteht, meine Philosophie.

(Frank Ganzeras Kommentar: Im Nachhinein war das gar nicht so verkehrt.)

Wie bist du mit einem wie Dixie umgegangen, der als Libero eine Schlüsselposition einnahm?

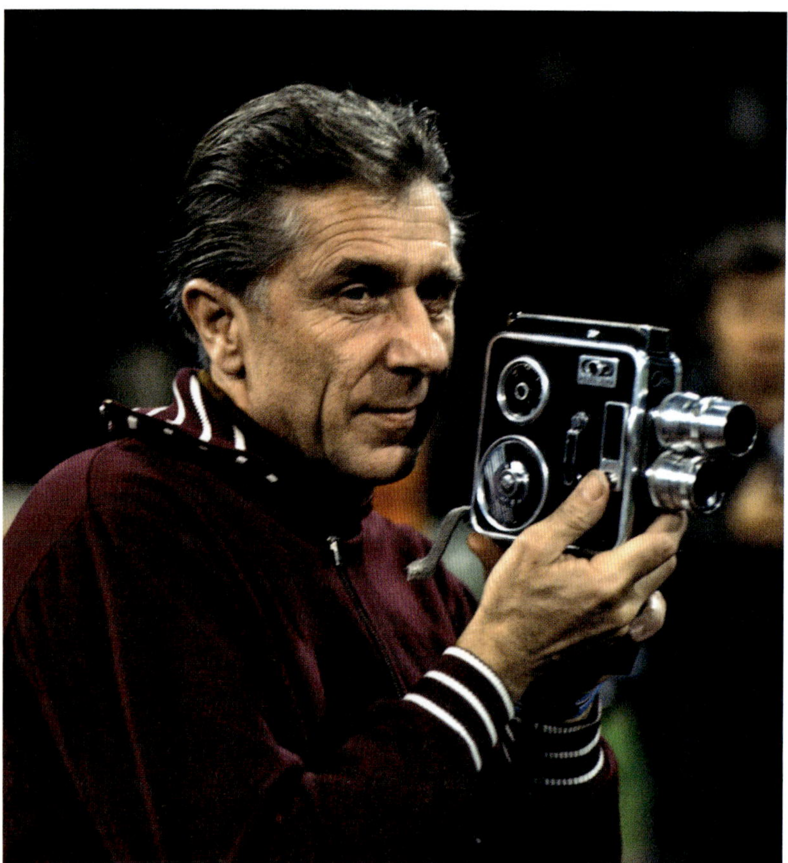

Akribischer Arbeiter: Walter Fritzsch.

Der Dixie war ein sehr ruhiger Mann auf dem Platz. Als Libero hatte er aber die Aufgabe anzuleiten, auf dem Platz den Trainer zu spielen. Da habe ich ihm laufend ins Buch geschrieben: „Reden!", „Anweisen!". Damit das Spiel, das wir bevorzugten, richtig läuft. Es hat aber Jahre gedauert, bis der Dixie angefangen hat, zu leiten und zu steuern. Wenn der „Gung" (auf Erzgebirgisch: Junge) später mal sein Buch hernimmt, dann wird er feststellen: Der hat laufend dasselbe gesagt, der Alte.

(Dixie Dörners Kommentar: Fritzsch war für mich ein Glücksfall, weil er auf junge Leute gesetzt hat, sie hart und konsequent herangenommen und auf das Spielerische Wert gelegt hat.)

Es ist kein Geheimnis, dass du im Umgang mit Stars – in Rostock mit Herbert Pankau, hier in Dresden mit Hansi Kreische – gewisse Probleme hattest. Stimmt das, Walter Fritzsch?

Ja, das stimmt. Ich mag keine sogenannten Stars, die sich einbilden, sie wären etwas Besseres, sie brauchten deshalb weniger zu machen. Darauf habe ich in Rostock schon keine Rücksicht genommen, auch in Dresden nicht. Ich habe mit vielen Nationalspielern, die unter meiner Fahne rausgekommen sind, häufig Ärger gehabt. Es war immer sehr schwer, die Spieler zu überzeugen, dass sie mehr können. Mein Anspruch war immer: europäische Spitze. Mit dem DDR-Niveau im Allgemeinen war ich nicht zufrieden. Die Europacupspiele, wie Dynamo gegen Bayern, haben meinen Blick geschärft.

Würdest du dem zustimmen, dass Kreische, Dörner, Häfner das spielerische Herzstück von Dynamo verkörperten?

Für mich war es zunächst immer ein Kollektivspiel. Aber ich muss mal sagen, der Kreische Hans war schon ein hochbegabter Spieler, im Angriffsbereich. Im Deckungsverhalten haben wir immer unsere Probleme gehabt. Der Dixie war ein ausgesprochenes Talent, schon als junger Libero recht ausgefuchst. Ein guter Mann. Der Reinhard Häfner war extrem schnell, ein wenig sensibel. Er musste sich nach seinem Wechsel von Erfurt zu uns aber umstellen. Bei Dynamo war er nicht mehr zentraler Anspielpunkt, da musste er sich einordnen. Häfner hat aber auf der rechten Seite seinen Platz gefunden. Mit seiner Dribbelstärke hat er viele Tore vorbereitet.

Eine deiner Forderungen: Ab Mittwoch dürfen die Spieler nicht mehr überfordert werden. Heißt das, du hast auch Einfluss auf das Sexualleben deiner Spieler genommen?

Sex kann eine Waffe sein. Ich war ja älter, habe mehr Erfahrungen gehabt. So konnte ich ganz gut einschätzen, wer sich gegen Ende der Woche wieder überschätzt hat. Sex konnte bei negativen Leistungen nur ein Symptom sein. Aber ich wusste schon, na, der Kollege hier, der den Kopf nach unten hält, scheint sich wieder verausgabt zu haben. Den Namen nenne ich jetzt mal nicht, aber er wird schon wissen, wen ich gemeint habe, wenn er jetzt draufhorcht.

(Dr. Gisela Passehr: Walter war gegen das Rauchen, das Trinken und auch noch zu bestimmter Zeit gegen das andere.)

Der Chef ist meine Frau – hast du gesagt…

… ja, das ist richtig. *(Frau Käthe lacht im Hintergrund.)*

Wie soll man das verstehen?

Mein Frau erledigt alles, was in einer Familie so anfällt. Ich kümmere mich also um nichts. Ich wüsste nicht einmal, sollte sie nicht mehr da sein, wo ich die Miete bezahlen müsste.

(Ede Geyers Kommentar: So, wie der Walter gearbeitet hat, darfst du keine Frau, keine Kinder haben. Und der Tag braucht 28 Stunden.)

Kinder hast du keine?

Nein, dazu hatte ich keine Zeit.

Das soll man glauben?

Das muss man glauben, weil ich laufend unterwegs war.

Wie fällt deine Bilanz zum 65. Geburtstag aus?

Das meiste würde ich wieder so machen, nur besser, spezieller. Allen, die Trainer sind oder es mal werden wollen, ein Tipp: Ich habe als junger Dachs viel auf die Älteren gehört und dann meine Schlüsse daraus gezogen. ■

1985/86: Das „Jahrhundertspiel" von Uerdingen

Ein 7:3? Nein, *das* 7:3 – der bittere Zehn-Tore-Wahnsinn. Am 19. März 1986 schrieb Bayer Uerdingen mit einem 7:3 im Europacup-Viertelfinale gegen Dynamo Dresden nicht nur deutsche, sondern auch europäische Fußballgeschichte. In einer spektakulären Aufholjagd vom 0:2 in Dresden zum 7:3 in der Grotenburg-Kampfbahn sorgte der Krefelder Verein für eine der sensationellsten Wendungen in der Europacuphistorie.

Wahnsinn, verrückt, unfassbar, irre. Die Superlative aus Uerdinger Sicht schienen bald auszugehen. „Das war außerhalb unserer Vorstellungen", sagte der dreifache Torschütze Wolfgang Funkel mit Tränen im Gesicht. Hingegen musste Dynamo-Kapitän Dixie Dörner frustriert eingestehen: „Das war ein Zusammenbruch, der schlimmer nicht kommen konnte."

Mit 2:0 hatte die Elf von Klaus Sammer das Viertelfinal-Hinspiel gewonnen. In der Uerdinger Grotenburg dominierten die Schwarz-Gelben auf schmierigem Terrain auch die ersten 45 Minuten, lagen zur Pause mit 3:1 vorn, in der Totalwertung sogar mit 5:1. Scheinbar ein uneinholbarer Vorsprung.

In der Kabine versuchte ein leichenblasser Bayer-Coach Karl-Heinz Feldkamp seine niedergeschlagenen Kicker an der Ehre zu packen. „Jungs, lasst euch nicht hängen. 18 Millionen schauen diese Live-Übertragung." Das ZDF hatte sich für das deutsche Duell und gegen die Bayern entschieden, die zeitgleich gegen den RSC Anderlecht antraten. Wer aus Frust nicht zuschaute, verpasste die einzigartige Dramaturgie eines Pokalfights.

Dynamo musste in der zweiten Hälfte auf seinen Keeper Bernd Jakubowski verzichten, der nach einem folgenschweren Zusammenprall mit Wolfgang Funkel verletzt in der Kabine bleiben musste. Für ihn kam, in seinem ersten Spiel für Dynamo, der unerfahrene wie unsichere Jens Ramme ins Tor. „Bei uns herrschte jetzt im Abwehrbereich die pure Angst", erklärte Klaus Sammer, der schon nach einer knappen halben Stunde seinen Sohn Matthias wegen Magen-Darm-Schmerzen durch Torsten Gütschow ersetzen musste. Spätestens mit dem 3:3 in der 63. Minute spielte sich Uerdingen in einen wahren Rausch, während der ungarische Schiedsrichter Lajos Nemeth „nach 60 Minuten umgefallen ist", wie Klaus Sammer seine Sicht erklärte. Und in der Tat hatte Nemeth zunächst in der 58. Minute einen umstrittenen Foulelfmeter für Bayer gepfiffen, in der 79. Minute noch einen zweifelhaften Handelfmeter gegeben: Für Uerdingen durch Wolfgang Funkels Dreifachen das erlösende 6:3. Schäfer setzte in der 87. Minute noch einen drauf: 7:3. Wahnsinn pur!

Das Fußball-Magazin „11 Freunde" kürte diesen wohl legendärsten deutsch-deutschen Vergleich zum „Jahrhundertspiel", setzte das Zehn-Tore-Spiel von der Grotenburg auf Rang eins. Das sah Dynamo-Trainer Klaus Sammer logischerweise etwas anders. „Jahrhundertspiel?", fragte Dynamos Coach fast entrüstet. „Das war doch kein Jahrhundertspiel." Gewiss, rein fußballerisch hält es keinen Vergleich mit dem hochklassigen und erhabenen Duell Bayern München gegen Dynamo Dresden aus. Aber es gab mehr Begleitumstände, die zu einem Politthriller taugten.

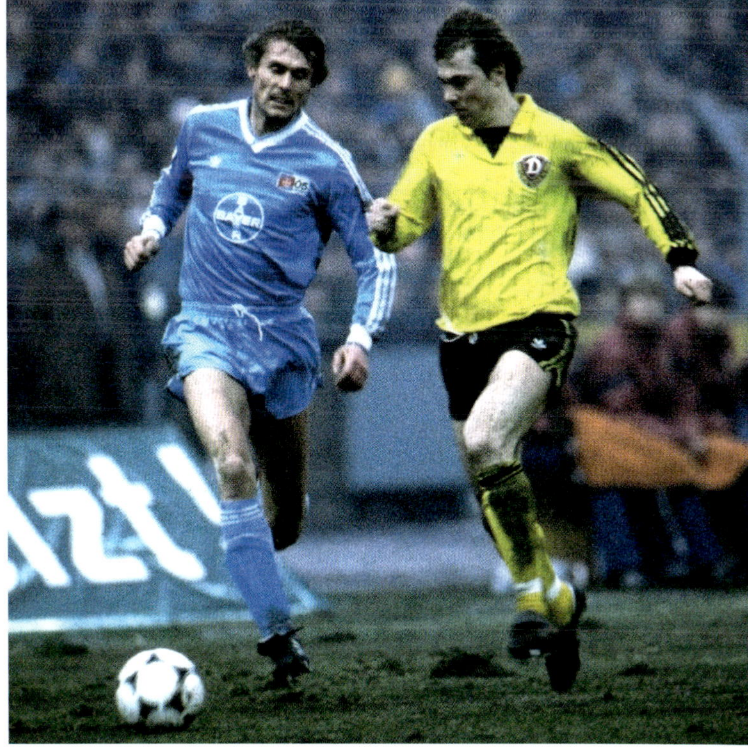

Jahrhundert-Frust: Gegen Bayer Uerdingen unterlag Dynamo Dresden 3:7. Hier kann Matthias „Atze" Döschner den Uerdinger Rudi Bommer nicht bremsen.

Politische Begleitmusik

Zur Vorgeschichte: Nach dem brutalen Karriere-Aus für Weber, Kotte, M. Müller 1981 ging die Balance in der Struktur der Mannschaft verloren. Dörner und Häfner hatten die 30 bereits überschritten, gleichwertige Qualitätsspieler waren auf dem regionalen „Markt" nicht zu haben. Klaus Sammer setzte auf die Jugend und integrierte die 17-jährigen Burschen Ulf Kirsten, Jörg Stübner und später Sohn Matthias erfolgreich in die Mannschaft. Es folgten Traumspiele im Europacup, die ich am Mikrofon erlebte: 4:1 gegen Malmö, 3:1 gegen Metz, 3:0 gegen Rapid Wien mit Weltstar Hans Krankl. Dresden feierte die neue „Summertime".

Aber alles Fußballfeste im eigenen wohlbehüteten Wohnzimmer. Aus der Fremde brachte Dynamo in der Saison 1984/85 aus dem Cupsieger-Wettbewerb in drei Begegnungen nur ein Törchen und keinen Sieg mit. So ist das 0:5 im Viertelfinal-Rückspiel bei Rapid Wien, von einem einseitig pfeifenden französischen Schiedsrichter Delmere abgesehen, vielleicht ein Stück weit eher zu begreifen. Zu Hause Weltklasse – auswärts meistens nur Mittelmaß. Dixie Dörner beklagte dann auch zu Recht in einem Interview, dass im DDR-Sport nur olympische Medaillengewinner optimal unterstützt würden und im Fußball kaum ein Spielerwechsel zustande käme. Darunter litt auch der Dresdner Auftritt in Uerdingen.

Erstens: Jörg Klimpel, der eigentliche zweite Torhüter, wurde von der Klubführung suspendiert. Er hatte sich vor dem Match mit Bekannten aus der Bundesrepublik getroffen: Verdacht der Republikflucht. So musste die Nummer drei ran, Jens Ramme, noch ohne ein Spiel für Dynamo. „Mit Klimpel wäre das Fiasko nicht passiert", ist Klaus Sammer überzeugt.

Zweitens: Dynamo verlor nicht nur einen Fußballvergleich im Klassenkampf, sondern auch noch Stürmer Frank Lippmann, der gegen Mitternacht über die Tiefgarage nach Nürnberg türmte.

Drittens: Klaus Sammer, der widerwillig und nur auf Druck von oben den Männerjob übernommen hatte, erhielt

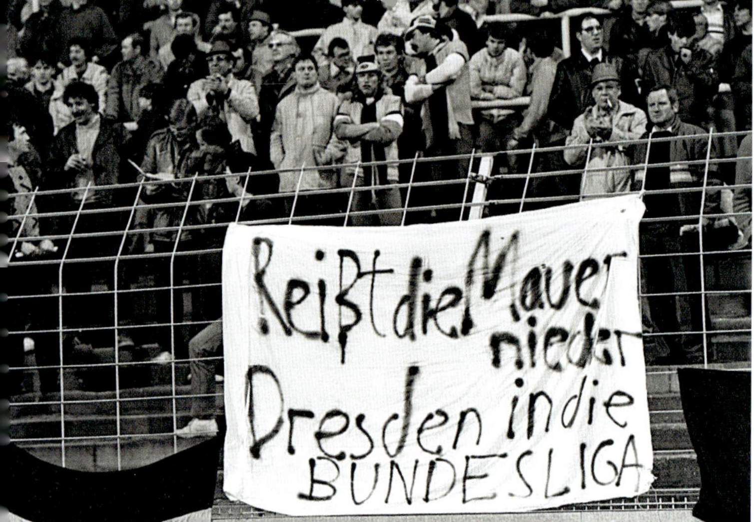

Kleine politische Verlockungen der Uerdinger Fans.

nach der 3:7-Niederlage und der Flucht Lippmanns erwartungsgemäß den „blauen Brief“. Heute kann er sarkastisch antworten: „Bei allem, was geschehen ist: Schuld ist der Sammer.“ Der Sammer hatte seine drei Jungs, Jörg Stübner, Ulf Kirsten und Sohn Matthias, für Nachfolger Eduard Geyer längst fit gemacht. Sie sorgten mit für die Super-UEFA-Cup-serie 1989, die mit dem ersten Halbfinaleinzug in der Geschichte Dynamos endete.

***

Garniert wurden Dynamos Heimspiele mit den Stadionshows, organisiert von der lokalen Größe „Zimmi“, vom einstigen Stadionsprecher und jetzigen MDR-Journalisten Gert Zimmermann. Er rief, und sie alle kamen: Gunther Emmerlich und Theo Adam, die Gruppen Puhdys und City, Skispringer Jens Weißflog und Radsportler Olaf Ludwig. Auch Fußballer gingen an den Start. Auch Freizeitkicker. So kam auch ich in den Genuss, vor 36.000 einen Elfmeter gegen Nationalkeeper Dirk Heyne zu verwandeln. Der Magdeburger (und spätere Gladbacher) Torwartriese war fast noch dran, Innenpfosten, drin, puuh. Einmal gefeierter Elfmeterschütze im Dynamo-Stadion. Bleibt unvergesslich. Danke, Zimmi!

1988/89: Mit Geyer erstmals ins Halbfinale

Endlich, endlich. Mit Ede Geyer feierte Dynamo Dresden 1989 den größten Triumph der Vereinsgeschichte. Bei den Erfolgen über den FC Aberdeen, KSV Waregem (mit Dreierpack von Ulf Kirsten), Victoria Bukarest und AS Rom waren die zwei 2:0-Siege gegen Rudi Völlers damaliges italienisches Team die spektakulärsten. „Die hatten eine tolle Mannschaft“, meinte im Rückblick der heutige Sportdirektor von Leverkusen: „Ulf Kirsten und Matthias Sammer fielen mir schon damals mit ihrer Klasse auf. Die Jungs wussten noch gar nicht richtig, was sie draufhatten.“

Im UEFA-Cup-Halbfinale gegen den VfB Stuttgart fehlte Dynamo ein wenig Coolness und besonders der gesperrte Ulf Kirsten. „Alles spekulativ“, wehrt sich noch heute Ulf Kirsten, der beste deutsche Torjäger der neunziger Jahre. 0:1 in Stuttgart und 1:1 in Dresden hieß es am Ende. Karl Allgöwer brachte seine Mannschaft in Führung. In Dresden kam es nur noch zum 1:1 durch Frank Lieberam. Dynamo war raus und feierte zum ersten Mal gesamtdeutsch. Richtiger Nutznießer: Matthias Sammer, der vom charismatischen VfB-Trainer Arie Haan im Hotel Bellevue versichert bekam: „Du musst in die Bundesliga!“ Insofern wäre ein Finale gegen den SSC Neapel mit dem Weltmeister Maradona ein weiterer Türöffner gewesen. An Fan-Support hätte es nicht gefehlt. Am 5. April 1989 begann die schwarz-gelbe Tour mit mehreren Sonderbussen. Neun Fans verzichteten auf das Rückspielerlebnis und blieben im Schwabenland.

***

Kurz vor der Rückreise aus Stuttgart erreichte Redakteur Heinrich Müller und mich im Hotel noch eine Nachricht: Karl, ein einstiger Produktionsleiter aus der Sportredaktion von Berlin-Adlershof, hatte nach einem Ausreiseantrag beim Süddeutschen Rundfunk in Stuttgart einen Job gefunden. Er wolle uns bei dieser Gelegenheit noch den Besuchsbeutel übergeben, den jeder SR-Gast bekommt. Wir schauten uns kurz an und fragten uns wohl beide, ohne es auszusprechen: Sollte man oder sollte man nicht?

Wir hätten diese Begegnung in einem Fragebogen festhalten müssen, den jeder Dienstreisende, ob aus dem Jenaer Zeiss-Werk oder dem DDR-Fernsehen, ausfüllen und dem Abteilungsleiter übergeben musste (nicht zu verwechseln mit IM-Berichten). Wir waren uns einig – wir machen es nicht, hinterließen eine Nachricht mit einem Dankeschön.

Ein Beispiel, das zeigt, dass die Obrigkeit es geschafft hatte, immer und überall Misstrauen zu sehen. Jeder traute dem anderen nicht so recht. Ich hatte ein schlechtes Gefühl, denn Karl war ein netter Kerl und zugleich ein Experte in der Archivrecherche, der mich bei Fußballdokumentationen hilfreich unterstützt hatte. Auf der Rückreise dachte ich: Es war ein Fehler, nicht auf ihn zugegangen zu sein. Sorry, Karl!

Sieben Monate später fiel die Mauer. Karl kehrte ins Brandenburgische zurück und wurde beim neu gegründeten Ostdeutschen Rundfunk Brandenburg (ORB) als Produktionsleiter eingestellt. Wir arbeiteten 2002 wieder gemeinsam an der Fußballdokumentation „Im Osten geht der Fußball auf – Geschichten aus der WM-Geschichte“.

Bitterer Kehraus gegen Roter Stern

Mehr als bitter endete die 24-jährige Europacupgeschichte Dynamo Dresdens. Das 98. Europacupspiel – nur zwei vor dem 100. Jubiläum. Doch Roter Stern Belgrad hatte mit Savicevic, Prosinecki, Mihajlovic, Jugovic eine Super-Mannschaft zusammen. Dynamo, vorletzter Landesmeister der sich auflösenden DDR, hatte die erste Viertelfinalpartie gegen Roter Stern in Belgrad chancenlos mit 0:3 verloren. Die Schwarz-Gelben lagen auch im Heimtreffen mit 1:2 zurück, als die Lage auf den Rängen außer Kontrolle geriet. Vermummte Hooligans, vermutlich aus dem gesamten Bundesgebiet, schleuderten Flaschen und warfen Steine in den Innenraum. Die Polizei griff zu zaghaft ein, die Wasserwerfer erschienen zu spät. Abbruch in der 78. Minute durch den Spanier Aladren. Dresden wurde für zwei Jahre gesperrt.

Im Innenraum erlebte ich das schwärzeste Kapitel von Dynamo Dresden in seiner langjährigen Chronik. Ich hoffe wie Jens Genschmar in seiner faktenreichen und gut illustrierten Dokumentation „Mit Dynamo durch Europa“: Ja, ich möchte in Dresden noch einmal Europacupspiele erleben. Tagtraum oder Traumtag?

STATISTIK

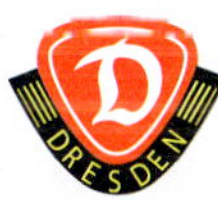

Die Bilanz von **Dynamo Dresden**
98 Spiele: 44 Siege, 26 Unentschieden, 28 Niederlagen

Europacup der Landesmeister

1971/72
Ajax Amsterdam – Dynamo Dresden 2:0
15.09.1971 in Amsterdam Olympiastadion
Dynamo Dresden – Ajax Amsterdam 0:0
29.09.1971 in Dresden Rudolf-Harbig-Stadion
1973/74
Dynamo Dresden – Juventus Turin 2:0
19.09.1973 in Dresden Rudolf-Harbig-Stadion
Juventus Turin – Dynamo Dresden 3:2
in Turin Stadio Comunale

FC Bayern München – Dynamo Dresden 4:3
24.10.1973 in München Olympiastadion 55.000 Zuschauer
Schiedsrichter: Davidson (Schottland)
Tore: 0:1 Sachse (13.), 1:1 Hoffmann (17.), 2:1 Dürnberger (26.), 2:2 Sachse (34.), 2:3 Heidler (42.), 3:3 Roth (71.), 4:3 Müller (83.)
Bayern: Maier – Beckenbauer – Hansen, Schwarzenbeck, Dürnberger – Roth, Zobel, Gersdorff, (ab 46. Hadewicz), U. Hoeneß – Müller, Hoffmann. Trainer: Udo Lattek
Dynamo: Boden – Dörner – Helm, Wätzlich, Geyer – Häfner, Schade, Ganzera – Heidler, Rau (ab 84. Schmuck), Sachse (ab 75. Riedel). Trainer: Walter Fritzsch

Dynamo Dresden – FC Bayern München 3:3
07.11.1973 in Dresden Rudolf-Harbig-Stadion, 36.000 Zuschauer
Schiedsrichter: Wurtz (Frankreich)
Tore: 0:1, 0:2 (11. u. 13.) U. Hoeneß, 1:2 Wätzlich (42.), 2:2 Schade (52.), 3:2 Häfner (56.), 3:3 Müller (58.).
Dynamo: Boden – Dörner – Helm, Wätzlich, Geyer – Häfner, Schade (ab 78. Riedel), Ganzera – Heidler, Rau, Sachse. Trainer: Walter Fritzsch
Bayern: Maier – Beckenbauer – Hansen, Schwarzenbeck, Dürnberger – Roth, Schneider, Zobel, Hoffmann – U. Hoeneß, Müller. Trainer: Udo Lattek

1976/77
Dynamo Dresden – Benfica Lissabon 2:0
15.09.1976 in Dresden Rudolf-Harbig-Stadion
Benfica Lissabon – Dynamo Dresden 0:0
29.09.1976 in Lissabon Estadio da Luz
Ferencvaros Budapest – Dynamo Dresden 1:0
20.10.1976 in Budapest FTC-Stadion
Dynamo Dresden – Ferencvaros Budapest 4:0
02.11.1976 in Dresden Rudolf-Harbig-Stadion
FC Zürich – Dynamo Dresden 2:1
02.03.1977 in Zürich Letzigrund
Dynamo Dresden – FC Zürich 3:2
16.03.1977 in Dresden Rudolf-Harbig-Stadion
1977/78
Dynamo Dresden – Halmstads BK 2:0
14.09.1977 in Dresden Rudolf-Harbig-Stadion
Halmstads BK – Dynamo Dresden 2:1
28.09.1977 in Halmstad HBK-Stadion
FC Liverpool – Dynamo Dresden 5:1
19.10.1977 in Liverpool, Anfield Road
Dynamo Dresden – FC Liverpool 2:1
02.11.1977 in Dresden Rudolf-Harbig-Stadion
1978/79
Partizan Belgrad – Dynamo Dresden 2:0
14.09.1978 in Belgrad JNA-Stadion
Dynamo Dresden – Partizan Belgrad 2:0 / E 5:4
27.09.1978 in Dresden Rudolf-Harbig-Stadion
Bohemians Dublin – Dynamo Dresden 0:0
18.10.1978 in Dublin Oriel Park
Dynamo Dresden – Bohemians Dublin 6:0
01.11.1978 in Dresden Rudolf-Harbig-Stadion
Austria Wien – Dynamo Dresden 3:1
02.03.1979 in Wien Prater-Stadion
Dynamo Dresden – Austria Wien 1:0
21.03.1979 in Dresden Rudolf-Harbig-Stadion
1989/90
Dynamo Dresden – AEK Athen 1:0
19.09.1989 in Dresden Rudolf-Harbig-Stadion
AEK Athen – Dynamo Dresden 5:3
27.09.1989 in Athen Philadelphia-Stadion
1990/91
Union Luxemburg – Dynamo Dresden 1:3
24.09.1990 in Luxemburg Stade Achille Hammerel
Dynamo Dresden – Union Luxemburg 3:0
07.10.1990 in Dresden Rudolf-Harbig-Stadion
Dynamo Dresden – Malmö FF 1:1
29.10.1990 *in Dresden Rudolf-Harbig-Stadion*
Malmö FF – Dynamo Dresden 1:1 / E 4:5
12.11.1990 in Malmö FF-Stadion
Roter Stern Belgrad – Dynamo Dresden 3:0
20.03.1991 in Belgrad Stadion Roter Stern
Dynamo Dresden – Roter Stern Belgrad 1:2
25.03.1991 in Dresden Rudolf-Harbig-Stadion

Europacup der Pokalsieger

1982/83
Dynamo Dresden – BK 1893 Kopenhagen 3:2
15.09.1982 in Dresden Rudolf-Harbig-Stadion
BK 1893 Kopenhagen – Dynamo Dresden 1:2
29.09.1982 in Kopenhagen Idraetspark
1984/85
Malmö FF – Dynamo Dresden 2:0
19.09.1984 in Malmö FF-Stadion
Dynamo Dresden – Malmö FF 4:1
03.10.1984 in Dresden Rudolf-Harbig-Stadion
Dynamo Dresden – FC Metz 3:1
24.10.1984 in Dresden Rudolf-Harbig-Stadion
FC Metz – Dynamo Dresden 0.0
07.11.1984 in Metz Stade St. Symphorion
Dynamo Dresden – Rapid Wien 3:0
06.03.1985 in Dresden Rudolf-Harbig-Stadion
Rapid Wien – Dynamo Dresden 5:0
20.03.1985 in Wien Hannapi-Stadion
1985/86
Cercle Brugge – Dynamo Dresden 3:2
18.09.1985 in Brügge Olympisstadion
Dynamo Dresden – Cercle Brügge 2:1
02.10.1985 in Dresden Rudolf-Harbig-Stadion
HJK Helsinki – Dynamo Dresden 1:0
23.10.1985 in Helsinki Olympiastadion
Dynamo Dresden – HJK Helsinki 7:2
06.11.1985 in Dresden Rudolf-Harbig-Stadion
Dynamo Dresden – Bayer 05 Uerdingen 2:0
05.03.1986 in Dresden Rudolf-Harbig-Stadion
Bayer 05 Uerdingen – Dynamo Dresden 7:3
19.03.1986 in Krefeld Grotenburg-Kampfbahn

Messecup

1967/68

Dynamo Dresden – Glasgow Rangers 1:1
20.09.1967 in Dresden Rudolf-Harbig-Stadion
Glasgow Rangers – Dynamo Dresden 2:1
04.10.1967 in Glasgow Ibrox-Park

1970/71

Partizan Belgrad – Dynamo Dresden 0:0
14.09.1970 in Belgrad JNA-Stadion
Dynamo Dresden – Partizan Belgrad 6:0
30.09.1970 in Dresden Rudolf-Harbig-Stadion
Leeds United – Dynamo Dresden 1:0
21.10.1970 in Leeds Stadion an der Elland Road
Dynamo Dresden – Leeds United 2:1
04.11.1970 in Dresden Rudolf-Harbig-Stadion

UEFA Cup

1972/73

Dynamo Dresden – Vöest Linz 2:0
13.09.1972 in Dresden Rudolf-Harbig-Stadion
Vöest Linz – Dynamo Dresden 2:2
27.09.1972 in Linz Stadtstadion
Ruch Chorzów – Dynamo Dresden 0:1
25.10.1972 in Chorzów Ruch-Stadion
Dynamo Dresden – Ruch Chorzów 3:0
08.11.1972 in Dresden Rudolf-Harbig-Stadion
FC Porto – Dynamo Dresden 1:2
29.11.1972 in Porto, Estadio Antas
Dynamo Dresden – FC Porto 1:0
13.12.1972 in Dresden Rudolf-Harbig-Stadion
FC Liverpool – Dynamo Dresden 2:0
07.03.1973 in Liverpool, an der Anfield Road
Dynamo Dresden – FC Liverpool 0:1
21.03.1973 in Dresden Rudolf-Harbig-Stadion

1974/75

SK Freja Randers – Dynamo Dresden 1:1
18.09.1974 in Randers AutoC Park
Dynamo Dresden – SK Freja Randers 0:0
02.10.1974 in Dresden Rudolf-Harbig-Stadion
Dynamo Dresden – Dynamo Moskau 1:0
23.10.1974 in Dresden Rudolf-Harbig-Stadion
Dynamo Moskau – Dynamo Dresden 1:0 / E 3:4
06.11.1974 in Moskau Dynamo-Stadion
Hamburger SV – Dynamo Dresden 4:1
27.11..1974 in Hamburg Volkspark-Stadion
Dynamo Dresden – Hamburger SV 2:2
11.12.1974 in Dresden Rudolf-Harbig-Stadion

1975/76

ASA Targu Mures – Dynamo Dresden 2:2
17.09.1975 in Targu Mures (Rumänien) Laszlo Bölöni-Stadion
Dynamo Dresden – ASA Targu Mures 4:1
01.10.1975 in Dresden Rudolf-Harbig-Stadion
Honved Budapest – Dynamo Dresden 2:2
22.10.1975 in Budapest Nep-Stadion
Dynamo Dresden – Honved Budapest 1:0
05.11.1975 in Dresden Rudolf-Harbig-Stadion
Dynamo Dresden – Torpedo Moskau 3:0
26.11.1975 in Dresden Rudolf-Harbig-Stadion
Torpedo Moskau – Dynamo Dresden 3:1
10.12.1975 in Simferopol Lok-Stadion
Dynamo Dresden – FC Liverpool 0:0
03.03.1976 in Dresden Rudolf-Harbig-Stadion
FC Liverpool – Dynamo Dresden 2:1
17.03.1976 in Liverpool, Anfield Road

1979/80

Atlético Madrid – Dynamo Dresden 1:2
19.09.1979 in Madrid Estadio Vicente Calderon
Dynamo Dresden – Atlético Madrid 3:0
03.10.1979 in Dresden Rudolf-Harbig-Stadion
Dynamo Dresden – VfB Stuttgart 1:1
24.10.1979 in Dresden Rudolf-Harbig-Stadion
VfB Stuttgart – Dynamo Dresden 0:0
07.11.1979 in Stuttgart Neckarstadion

1980/81

Dynamo Dresden – Napredak Krusevac 1:0
17.09.1980 in Dresden Rudolf-Harbig-Stadion
Napredak Krusevac – Dynamo Dresden 0:1
01.10.1980 in Krusevac (Serbien) Mladost-Stadion
Twente Enschede – Dynamo Dresden 1:1
22.10.1980 in Enschede De Grolsch Veste
Dynamo Dresden – Twente Enschede 0:0
05.11.1980 in Dresden Rudolf-Harbig-Stadion
Standard Lüttich – Dynamo Dresden 1:1
26.11.1980 in Lüttich Maurice-Dufrasne-Stadion
Dynamo Dresden – Standard Lüttich 1:4
10.12.1980 in Dresden Rudolf-Harbig-Stadion

1981/82

Zenit Leningrad – Dynamo Dresden 1:2
16.09.1981 in Leningrad (St. Petersburg) Kirow-Stadion
Dynamo Dresden – Zenit Leningrad 4:1
30.09.1981 in Dresden Rudolf-Harbig-Stadion
Feyenoord Rotterdam – Dynamo Dresden 2:1
21.10.1981 in Rotterdam Fenijenoord-Stadion „De Kuip"
Dynamo Dresden – Feyenoord Rotterdam 1:1
04.11.1981 in Dresden Rudolf-Harbig-Stadion

1987/88

Spartak Moskau – Dynamo Dresden 1:2
16.09.1987 in Moskau Olympiastadion Luschniki
Dynamo Dresden – Spartak Moskau 1:0
30.09.1987 in Dresden Rudolf-Harbig-Stadion

1988/89

FC Aberdeen – Dynamo Dresden 0:0
07.09.1988 in Aberdeen Pittdrie Park
Dynamo Dresden – FC Aberdeen 2:0
05.10.1988 in Dresden Rudolf-Harbig-Stadion
Dynamo Dresden – KSV Waregem 4:1
26.10.1988 in Dresden Rudolf-Harbig-Stadion
KSV Waregem – Dynamo Dresden 2:1
09.11.1988 in Waregem Regenboogs-Stadion
Dynamo Dresden – AS Rom 2:0
22.11.1988 in Dresden Rudolf-Harbig-Stadion
AS Rom – Dynamo Dresden 0:2
07.12.1988 in Rom Olympia-Stadion
Victoria Bukarest – Dynamo Dresden 1:1
01.03.1989 in Bukarest Dinamo-Stadion
Dynamo Dresden – Victoria Bukarest 4:0
15.03.1989 in Dresden Rudolf-Harbig-Stadion

Halbfinale

VfB Stuttgart – Dynamo Dresden 1:0
05.04.1989 in Stuttgart Neckarstadion, 50.000 Zuschauer
Schiedsrichter: Nemeth (Ungarn)
Tor: Allgöwer (69.)
VfB: Immel – Buchwald , Allgöwer, N. Schmäler – Katanec, Gaudino, Sigurvinsson, Hartmann, Schröder – Walter, Klinsmann (ab 61. O. Schmäler). Trainer: Arie Haan
Dynamo: Teuber – Lieberam – Hauptmann, Kirchner, Trautmann – Döschner (ab 46. Büttner), Pilz, Stübner, Minge – Sammer, Gütschow (ab 77. Jähnig). Trainer: Eduard Geyer

Dynamo Dresden – VfB Stuttgart 1:1
19.04.1989 in Dresden Rudolf-Harbig-Stadion, 38.000 Zuschauer
Schiedsrichter: Brummeier (Österreich)
Tore: 0:1 Allgöwer (64.), 1:1 Lieberam (83.)
Dynamo: Teuber – Lieberam – Kirchner (ab 67. Jähnig), Trautmann, Büttner –Hauptmann, Stübner, Minge, Pilz – Gütschow, Sammer. Trainer: Eduard Geyer
VfB: Immel – Schäfer, Hartmann, Allgöwer, Schröder – Buchwald (ab 79. Zietsch), Katanec, N. Schmäler, Sigurvinsson – Klinsmann, Gaudino. Trainer: Arie Haan

ZWISCHENSPIEL

HANS-DIETRICH GENSCHER

„EINE SENSATION – DER FLUG ÜBER DIE GRENZE“

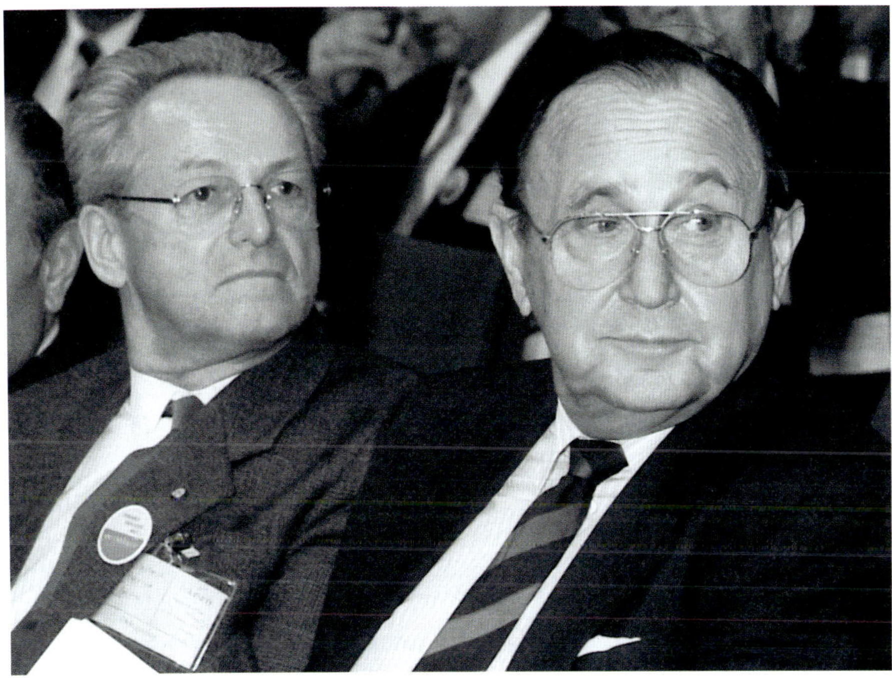

Im Februar 1990 kam Hans-Dietrich Genscher (1926–2017) wieder nach Dresden. Inzwischen war die Grenze offen, und die Liberal-Demokratische Partei der DDR (LDPD) bereitete auf einem Parteitag ihr Zusammengehen mit der westdeutschen FDP vor. Links neben Genscher der damalige DDR-Staatsratsvorsitzende Manfred Gerlach.

Hans-Dietrich Genscher, damals BRD-Innenminister und damit auch Chef des Bundesgrenzschutzes, flog 1973 vor dem Spiel Dynamo Dresden gegen Bayern München mit dem in Dresden geborenen FDP-Politiker Wolfgang Mischnik im Helikopter über die DDR-Grenze.

Woher kam das sportliche Interesse der damaligen Bundeshauptstadt Bonn für die Reise ins sächsische Dresden?

Die Reisegruppe war noch größer. Der bayerische Fußballfan Richard Stücklen von der CSU gehörte auch dazu. Ebenso Manfred Wende und Hermann Scheffler vom Sportausschuss im Bundestag. Unsere Fünf-Mann-Crew flog mit einem Hubschrauber des Bundesgrenzschutzes. Es war eine Sensation, dass ausgerechnet ein Hubschrauber des Bundesgrenzschutzes die Genehmigung zum Überfliegen der Grenze von den DDR-Behörden erhielt. Für Richard Stücklen war es neben dem Fußballereignis die Begegnung mit dem anderen Deutschland, die ihn reizte, für Wolfgang Mischnik die Heimat und für mich als Hallenser die weitere Heimat. Es war keineswegs nur sportpolitisches Interesse.

Wie haben Sie die Rufe „Genscher kommt“ aufgenommen? Können Sie sich überhaupt noch an die Atmosphäre und die Umstände erinnern?

Zur Atmosphäre muss man sagen, dass es keine Berührungen mit Dresdnerinnen und Dresdnern im Stadion gab. Es waren nicht nur Politiker, die gekommen waren. Auch eine ganze Reihe Westdeutscher hatten das Ereignis zum Anlass genommen, nach Dresden aufzubrechen. Rund 1.000 Fußballfans waren aus der Bundesrepublik in Sonderzügen und Bussen gekommen, suchten schnell den Weg zu Verwandten, Freunden und Bekannten. Dort fanden sie ein wenig die Tuchfühlung, die sie dann im Stadion vermissten. Wolfgang Mischnik und ich, nicht nur politisch, sondern auch durch eine tiefe Liebe zu unserer Heimat verbunden, empfanden diesen Tag als viel mehr als nur ein Sportereignis. So habe ich auch voller Dankbarkeit und Demut die Rufe „Genscher kommt“ wahrgenommen.

War dieser Europapokalvergleich ein Türöffner? Erfüllte er gewissermaßen die Funktion des Durchbruchs? Welche Wünschen verbanden sich damit bei Ihnen?

Ich gaube nicht, dass diese Pokalbegegnungen Türöffner waren. Aber sie hatten eine Wirkung, die sehr tief ging. Die Tatsache, dass die Begegnung einer Mannschaft aus der Bundesrepublik Deutschland mit einer Mannschaft aus der DDR als ganz besonders emotional empfunden wurde, zeigte im Bewusstsein der Menschen stets über alle politischen Grenzen hinweg die Einheit der deutschen Nation. Dieses Bewusstsein machte die emotionale und politische Bedeutung des Pokalspiels aus.

Gab es Gedanken zwischen 1973 und 1989?

Ich habe noch oft an das Spiel in Dresden denken müssen. Was ich nicht voraussehen konnte, war, dass Dresden und sein Hauptbahnhof, ganz in der Nähe des alten Stadions, in der deutschen Nachkriegsgeschichte noch einmal eine solche Rolle spielen würde, wie bei der Durchfahrt der Züge von Prag über Dresden nach Hof.

Werden wir Sie noch einmal an der ZDF-Torwand sehen?

Wenn ja, dann natürlich im gelben Pullover. ■

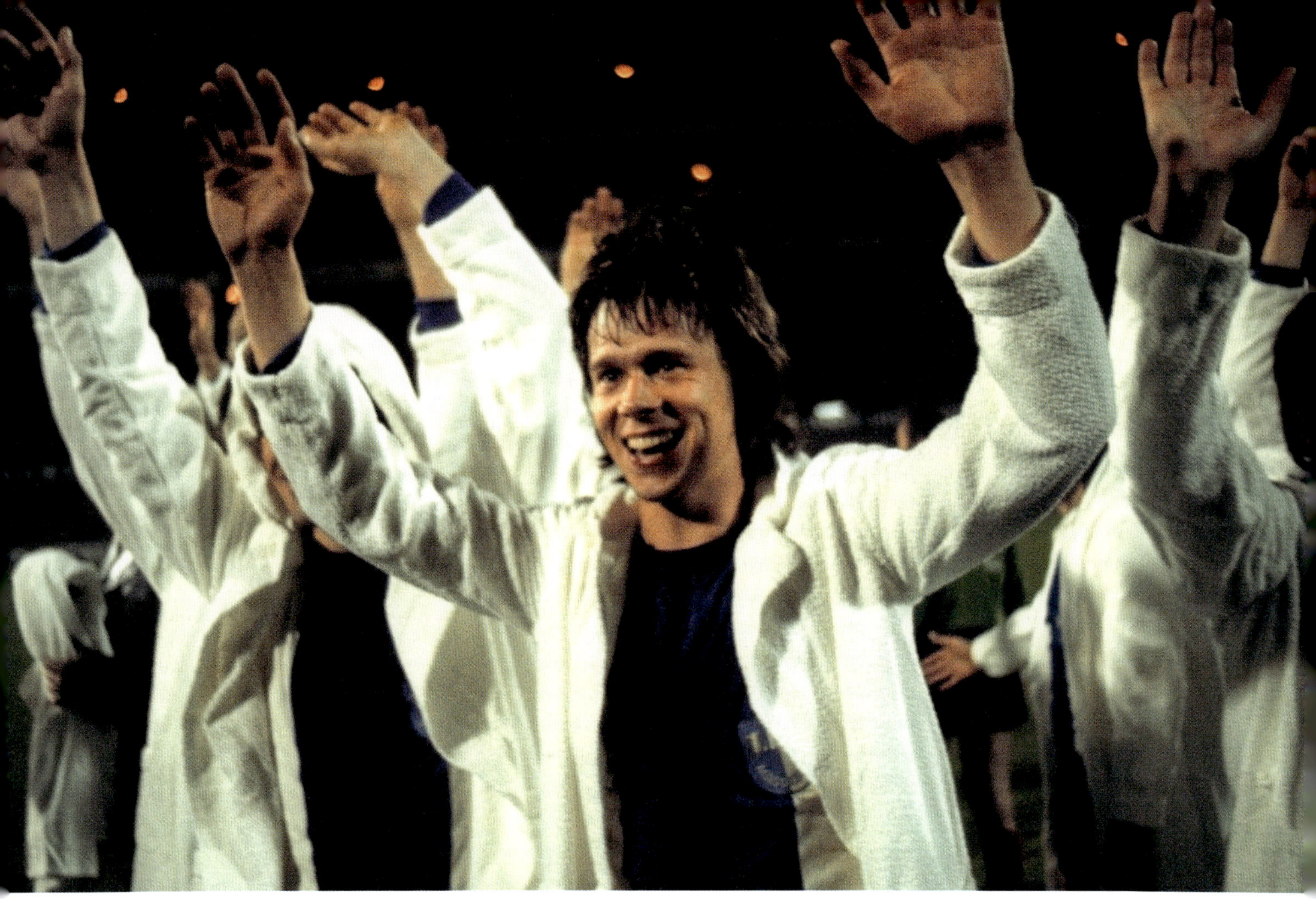

Im weißen Malimo-Bademantel: Jürgen Sparwasser nach dem Triumph gegen den AC Mailand.

1. FC MAGDEBURG

JÜRGEN SPARWASSER – AUS KRÜGELS KINDERGARTEN

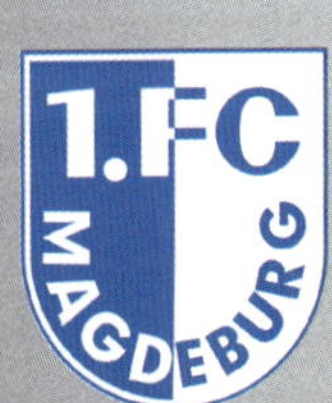

1. FC Magdeburg
Gegründet: 22. Dezember 1965
Vorläufer: 1946 SG Einheit Sudenburg
1946 bis 1951 BSG Krupp Magdeburg
1951 bis 1952 BSG Stahl Magdeburg
1952 bis 1953 BSG Motor Magdeburg
1953 bis 1956 BSG Motor Mitte Magdeburg
1957 bis 1965 SC Aufbau Magdeburg
Erfolge:
DDR-Meister: 1972, 1974, 1975
Pokalsieger: 1964, 1965, 1969, 1973, 1978, 1979, 1983
Europacupbilanz: 16 Teilnahmen, 72 Spiele
(32 Siege, 15 Unentschieden, 25 Niederlagen)
Größter Erfolg im Europapokal:
1974 Europacupsieger im Cup der Pokalsieger
Heute: 3. Liga (2021/22)

Vergessen heißt kostbare Erfahrung zum Fenster hinauswerfen.
Arthur Schopenhauer, deutscher Philosoph

Magdeburgs Triumph über Rivera und Schnellinger

„Weiter Flankenwechsel von Tyll auf Seguin … Seguin ist da, Seguin läuft in den Strafraum … Seguin knallt den Ball hoch in den Winkel … Tor! … Toor … Toooaar!! … Paule Seguin macht in der 74. Minute das 2:0 gegen den AC Mailand von der gleichen Stelle aus, wo noch kurz zuvor Sparwasser nicht getroffen hat …"

So schilderte Rundfunkreporter Werner Eberhardt die entscheidende Szene im Europacup der Pokalsieger zwischen dem 1. FC Magdeburg und dem AC Mailand. Am 8. Mai 1974 sorgte die von Heinz Krügel geformte und lustvoll aufspielende Mannschaft für *die* Sternstunde im DDR-Klubfußball. Im Finale des Europapokals der Pokalsieger besiegte der 1. FC Magdeburg den großen AC Mailand in Rotterdam sensationell mit 2:0 und hatte damit Geschichte geschrieben. Zum ersten und einzigen Mal stemmte ein DDR-Klub eine Europapokaltrophäe.

Gegen 22.15 Uhr war das Wunder perfekt. Die Protagonisten der Stunde, Seguin, Sparwasser, Zapf, gingen mit entrückten Gesichtern und dem silbernen Henkelpott im Arm auf die Ehrenrunde – eingehüllt in strahlend weiße Malimo-Bademäntel aus Limbach-Oberfrohna bei Chemnitz. Die vom jungen Trainer Giovanni Trapattoni dirigierte Weltauswahl mit Gianni Rivera am Regiepult und dem deutschen Legionär Karl-Heinz Schnellinger in der zentralen Abwehr schlich, am Boden zerstört, in die Kabine. Frustrierte Milan-Fans verbrannten im Stadion De Kuip ihre rot-schwarzen Fahnen.

Mittlerweile ist es mehr als 45 Jahre her, dass eine bis dahin relativ namenlose Regionalauswahl von Sachsen-Anhalt gegen den etwas in die Jahre gekommenen Titelverteidiger AC Mailand als krasser Außenseiter ins Spiel ging. Trainer Heinz Krügel konnte sich auf dem Weg zum europäischen Gipfel auf ein potentes Nachwuchssystem stützen, das maßgeblich von Bezirkstrainer Horst Ruddat gesteuert wurde. Seine Helfer Kurt Holke oder „Anti" Kümmel grasten kleine Städte und Dörfer ab. So konnte Krügel auf junge, unverbrauchte Kerle setzen. Das war im Prinzip immer seine Philosophie. Da fiel kaum ein Talent durchs Sieb. Allesamt Bördefrüchtchen, alle kamen aus Magdeburg und Umgebung – aus Darlingerode (Keeper Schulze), Stapelburg (Ausputzer Zapf), Osterburg (Vorstopper Abraham), Diesdorf (Linksverteidiger Klaus Decker), Burg (Dauerbrenner Seguin), Wegeleben (Edeltechniker Pommerenke und Rechtsverteidiger Enge), Niederndodeleben (Manndecker Gaube), Magdeburg (Power-Mann Tyll, „Keule" Mewes, Defensivmann Achtel), Haldensleben (Rechtsaußen Raugust, Abwehrspieler Ohm), Gommern (mit 18 Jungstar Hoffmann), Kläden (Rechtsaußen Hans-Jürgen Hermann). Aus Halberstadt stieß der Mittelstürmer zum „Club" und schrieb Wochen später Weltmeisterschaftsgeschichte: Jürgen Sparwasser, der im legendären deutsch-deutschen Duell von Hamburg 1974 den Siegtreffer erzielte.

Der athletische Torjäger hatte schon im Halbfinale gegen Sporting Lissabon (1:1 und 2:1) mit zwei sehenswerten Treffern die Weichen Richtung Finale gestellt. Doch Milan, das im anderen Halbfinale die Borussia aus Gladbach ausgebremst hatte, war noch ein ganzes Stück höher einzustufen als die Portugiesen. Der Topverein aus dem Stiefelland hatte zuvor schon zweimal den europäischen Pokalsieger-Wettbewerb gewonnen, 1968 gegen den Hamburger SV und 1973 gegen Leeds United. Insgesamt brachte der Vorzeigeverein die Erfahrung von 95 Europacupspielen in sein sechstes Finale ein.

„David gegen Goliath"

„Wir hatten zwar Respekt, aber bei uns starb keiner vor Ehrfurcht", erzählte der Held von Rotterdam, Wolfgang „Paule" Seguin, noch immer voller Begeisterung. „Unser Trainer konnte uns mit psychologischen Tricks so richtig scharf machen", grinste Seguin. „Bei der Abschlussbesprechung, in der Kabine, las er uns aus einem ‚kicker'-Artikel mit der Schlagzeile ‚David gegen Goliath' vor." Das genügte als Motivationsspritze für die vielen jungen Burschen im Team. „Wir waren zwar krasser Außenseiter", relativierte Seguin, „aber Krügel hat uns optimal vorbereitet, auf den Punkt genau eingestellt. Er war ein gewiefter Psychologe." Dies bewies der kernige Sachse auch, als er entscheiden musste: Wer spielt gegen Mailands genialen Spielmacher Gianni Rivera? Der ansonsten gesetzte Defensivmann Klaus Decker war gelbgesperrt und musste ausgerechnet im wichtigsten Europapokalspiel seines Vereins aussetzen. So blieben noch der Allrounder Siegmund „Keule" Mewes, der kopfballstarke Jörg Ohm oder der zähe Manndeckertyp Helmut Gaube übrig.

Krügel hielt diese Problematik bis zur letzten Sekunde von der Mannschaft fern. Er entschied sich überraschend für Gaube, der bis dahin in dieser Europacupserie nur gegen Beroe Stara Zagora zum Einsatz gekommen war, hauptsächlich aber in der Reserve gespielt hatte. „Diese Entscheidung war im Spielerrat nicht unumstritten", erinnerte sich der damalige Vizekapitän Seguin. „Aber Krügel schaffte es, Helmut Gaube ganz stark zu reden. ‚Rivera? Na und? Helmut, Sie sind Diplomsportlehrer! Rivera hat nicht mal eine Ausbildung!'" Nur nebenbei: Gaube hat sich dann so in den Weltfußballer Rivera verbissen, dass der Superstar resignierte und praktisch von der Bildfläche verschwand. (Siehe Interview mit Helmut Gaube.)

Den großen Höhepunkt wollte sich ganz Magdeburg und Umgebung natürlich nicht entgehen lassen. Doch am 8. Mai, dem Tag der Befreiung, kündigten viele Programmvorschauen in Rundfunk und Fernsehen für 20 Uhr alles andere als Fußball an: nämlich ein „Sowjetisches Filmkunstwerk" mit dem Titel „Im Morgengrauen ist es noch still". Im II. Programm sollte „Mit Lutz und Liebe" laufen. Radio DDR II hatte sich „Unterwegs mit Moskauer Studenten" verabredet.

„In derselben Minute begann in Rotterdam bei strömendem Regen das Spiel", dokumentiert die Autorin Annett Gröschner in ihrer unterhaltsamen Magdeburger Geschichte „Sieben Tränen muss ein Clubfan weinen". „Aber es gab dann doch eine TV-Übertragung, kommentiert von Heinz Florian Oertel, und eine Rundfunkreportage auf Radio DDR, die von Routinier Wolfgang Hempel (und Werner Eberhardt, d.A.) sprachartistisch bewältigt wurde. Und auch wenn diese Übertragungen in der ‚Volksstimme' erst unmittelbar am Spieltag angekündigt werden konnten, an diesem Abend schienen die Straßen wie leergefegt zu sein. Ganz Magdeburg saß vor dem Fernseher oder Radio und hörte oder schaute selten so einvernehmlich ‚Osten'."

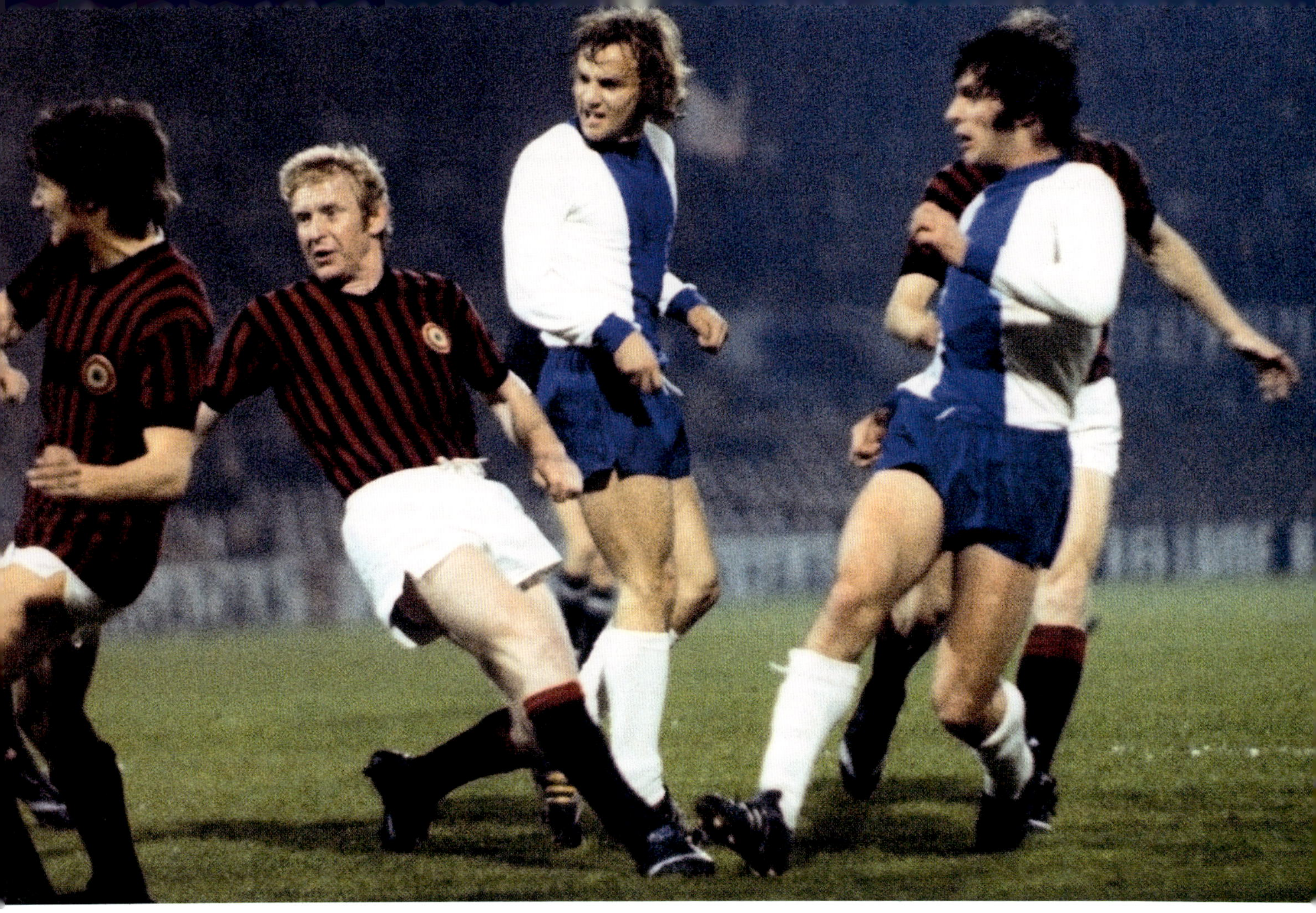

Sitzt der Schuss? Gebannt verfolgen die Magdeburger Detlef Raugust (rechts) und Wolfgang Seguin sowie ihr Mailänder Gegenspieler Karl-Heinz Schnellinger den Weg des Balles.

Tränen in den Augen

„Mister" Trapattoni hatte vorausgesagt: „Wer das erste Tor erzielt, holt den Cup." Er lag daneben. Das erste Tor schoss auch einer seiner lombardischen Millionäre. Nach einer Flanke von Detlef Raugust hatte sich in der 41. Minute Enrico Lanzi allerdings in der Richtung geirrt, Eigentor: 1:0 für die Underdogs, die jetzt leidenschaftlich, respektlos und lustvoll den Favoriten übers Feld hetzten.

In der 74. Minute hat nach Maßflanke von Martin Hoffmann Torjäger Jürgen Sparwasser die Chance zum 2:0, aber er bekommt den Ball nicht optimal unter Kontrolle. Erfolgreicher beim sogenannten zweiten Ball ist „Paule" Seguin, der die hohe Flanke von Axel Tyll perfekt mitnimmt, noch ein paar Schritte läuft und dann den Ball unhaltbar in den Giebel zimmert: 2:0, die Vorentscheidung. Der Matchwinner Seguin: „Der Winkel, aus dem ich schoss, war so spitz. Eigentlich konnte der Ball gar nicht reingehen."

Um 22.15 Uhr läuft die Sensationsmeldung über alle Ticker: Der 1. FC Magdeburg hat mit seiner juvenilen Mannschaft, die ein Durchschnittsalter von 23 Jahren aufweist, gegen die fünf Jahre älteren Weltstars mit ihrer konservativen Catenaccio-Defensive triumphiert. „Paule" Seguin war immer noch emotional bewegt, als wir bei einem Hallen-Oldie-Turnier in Chemnitz über sein „Hammertor" und die Pokalübergabe sprachen. „Ich glaube, ich hatte Tränen in den Augen. So einen Moment kannst du auch nicht wirklich beschreiben. So'n Pokal in der Hand zu halten, das war für mich das größte Erlebnis."

Bei der Siegerelf prägten ganz entscheidend Rhythmus und Spiel die sechs Nationalspieler: Manfred „Zappel" Zapf, Jürgen Pommerenke, Wolfgang „Paule" Seguin, Axel Tyll, Martin Hoffmann und Jürgen Sparwasser. Und Helmut Gaube erwarb sich ewige Verdienste als erfolgreicher Bodyguard von Rivera.

Einen Wermutstropfen im Becher der Freude gab es doch: die kümmerliche und für ein Finale fast peinliche Kulisse von knapp 5.000 zahlenden Zuschauern, unter ihnen auch ein paar Matrosen von DDR-Handelsschiffen, die im Hafen von Rotterdam ankerten. Die Holländer interessierte das Finale nicht, die Italiener glaubten schon vor dem Anpfiff an eine klare Angelegenheit ihrer „Rossoneri". Doch wo waren die eigenen Fans? Eine ausgesuchte Gruppe von 350 sogenannten „Club"-Anhängern durfte mit auf Reisen gehen. „Paule" Seguin, der in Rotterdam das Spiel seines Lebens machte, betrauerte: „Die wahren Fans mussten zu Hause bleiben, auch unsere Frauen."

Gefeiert wurde aber dann doch mit einheimischem Rotkäppchensekt im Hotel von Katwijk. Mannschaftsleiter Günter Behne hatte seinen Jungs einen Sieg zugetraut und heimlich vor dem Abflug in Berlin-Schönefeld noch ein paar Flaschen gekauft und im Gepäck verstaut. Mit dem perlenden „Weihwasser" aus Freyburg an der Unstrut wurde dann der Pott gefüllt. Und die Prämie? Paule Seguin weiß noch genau: „Es gab 75 Gulden Taschengeld für drei Tage und nach der Rückkehr 5.000 Mark Ost. Auf einen neuen russischen Lada-PKW brauchte ich jetzt nur noch drei bis vier Jahre warten. Bezahlt habe ich den aber selbst, dann an

Verwandte verkauft. Das waren so unsere Privilegien." Und hat er noch den weißen Bademantel von der Stadionrunde mit den Europacupgewinnern? „Den hatte ich schon fast im Koffer, musste ihn aber wieder rausrücken. Der war nur zum Warmhalten gedacht, für Siegerehrung und Ehrenrunde, wurde mir gesagt."

Der Coup der Namenlosen

Die Wegstrecke bis zum Endspiel in Rotterdam war lang. Für das Trio Zapf, Seguin, Sparwasser begann der Anlauf zum Gipfel schon knapp acht Jahre zuvor – mit dem Einzug ins Pokalsieger-Viertelfinale 1966 gegen den Londoner Klub West Ham United. Gegen die späteren Weltmeister Bobby Moore, Martin Peters und Geoffrey Hurst, der durch das Wembley-Tor im WM-Finale 1966 Unsterblichkeit erreichte, verloren die Teenager aus Magdeburg nur knapp. Nach dem 0:1 in Englands Metropole reichte es lediglich zum 1:1 im Rückspiel. Achim Walters Führung konterte West Ham United schon 60 Sekunden später. Jürgen Sparwasser, ein rotzfrecher Grünling, hätte bei seinem Europacupdebüt schon nach 100 Sekunden treffen können. Noch heute kann sich der spätere WM-Held darüber ärgern: „Ich traf leider nur mit dem Schienbein. So ging der Ball weit über das Tor." „Spary", damals zarte 17, sollte in seiner Karriere noch viele und einige wichtige Tore erzielen.

1969/70 und 1972/73 scheiterten die Magdeburger jeweils in der zweiten europäischen Runde. Eine neuerliche Teilnahme am internationalen Wettbewerb sicherte Sparwasser mit zwei Treffern beim 3:2-Pokalgewinn 1973 gegen den 1. FC Lok Leipzig. Erster Gegner war der holländische Verein NAC Breda, der für die Auftaktpartie ins De Kuip wechselte, in die größere Heimarena von Feyenoord Rotterdam. Dort erhoffte man sich bessere Einnahmen. Heinz Krügel erinnerte noch einmal hintersinnig an die reizvolle Konstellation: „Männer, vergesst nicht, hier findet das Finale statt. Da sehen wir uns wieder." Bis dahin sollte es noch ein paar Monate dauern, aber die erste Hürde Breda wurde immerhin ohne ein Gegentor genommen. Nach dem 0:0 in Rotterdam zermürbte Magdeburg den niederländischen Pokalsieger mit hohem Tempo nach einer runden Stunde. Erst traf Mittelfeldspieler Axel Tyll (20) zum 1:0 nach 59 Minuten, dann machte Shootingstar Martin Hoffmann (19) mit seinem 2:0 nach 62 Minuten die nächste Runde perfekt.

Kritischer wurde es für den 1. FC Magdeburg gegen Banik Ostrava. Nach der 0:2-Niederlage in der nordmährischen Bergarbeiterstadt gab es für den DDR-Pokalsieger nur eine Devise: „Da musstest du volles Risiko nach vorn gehen", erinnert sich „Paule" Seguin. „Aber du durftest dir hinten auch keinen einfangen. Das war ein Spiel mit dem Feuer." Lange zehrte der 1. FC Magdeburg vom Strafstoßtor Abrahams aus der 33. Minute. Doch die Zeit lief dem Gastgeber davon. „Spielen, spielen, den Ball laufen lassen", krächzte Krügel mit heiserer Stimme von der Trainerbank in Richtung Pommerenke, Seguin, Tyll, Sparwasser, Hoffmann. Der Weckruf kam noch rechtzeitig. Der junge Martin Hoffmann erzwang in der 84. Minute die Verlängerung, Jürgen Sparwasser das erforderliche 3:0 in der 104. Minute zum Einzug ins Viertelfinale.

Im Januar 1974 wurde in Paris der Gegner des 1. FC Magdeburg ermittelt. Das Los bescherte Sparwasser & Co den bulgarischen Vertreter Beroe Stara Zagora. Erstes Aufatmen, doch Heinz Krügel warnte sofort vor einer Unterschätzung des Provinzvereins. „Am Ball sind die Balkan-Fußballer alle versiert", referierte der Trainer aus eigenem Erleben: „Mit Halle habe ich mal gegen diese Truppe aus Bulgarien gespielt. Zu Hause sind die eine Macht." Das hieß im Klartext: Magdeburg musste am 6. März zunächst die Heimkarte rigoros ausspielen. Dabei tat sich die Mannschaft vor 27.000 zunächst sehr schwer. „Wir versuchten es mit zu viel Gewalt", analysierte Kapitän „Zappel" Zapf die ersten 45 Minuten. „Jeder wollte zu sehr mit dem Kopf durch die Wand. Dabei hätten wir uns bald einen tüchtigen Nasenstüber eingefangen." Spät, erst nach rund 70 Minuten, trafen Hans-Jürgen Hermann und Siegmund „Keule" Mewes hintereinander zum 2:0. Ein ausreichendes Polster für das Rückspiel in den Bergen von Stara Zagora?

Zwischendurch machten sich lautstark die rund 1.000 Beroe-Anhänger bemerkbar. Ohne Vorwarnung waren sie in Magdeburg eingetrudelt. Iwan Dentschew, ein Meister aus dem Stickstoff- und Düngemittelkombinat von Stara Zagora, hatte mit seiner kompletten Brigade die 2.000 Kilometer im Bus absolviert. „Wir haben uns diese Reise durch Überstunden verdient", erzählte der Anführer der Abenteuertour stolz: „Wir sind seit dem 1. März unterwegs, hatten auch schon ein paar Pannen, aber haben es doch noch rechtzeitig gepackt."

Beim Achtelfinal-Rückspiel trafen die Magdeburger auf 24 Grad im Schatten und fanatische 30.000 im proppevollen Stadion. In dieser heißen Atmosphäre hatten die Bulgaren schon Athletic Bilbao mit 3:0 nach Hause geschickt. Doch in dieser „lärmenden Hölle" blieben die Schützlinge von Heinz Krügel souverän. Vor allem der Defensivblock mit Torhüter Uli Schulze, dem Aushilfsvorstopper „Paule" Seguin (für den gesperrten Abraham) und dem kopfballstarken Abwehrchef Manfred Zapf ließ die Bulgaren verzweifeln. Ein von Wutow verwandelter Strafstoß in der 72. Minute verwandelte das Stadion vorübergehend in ein Tollhaus. Erst das 1:1 durch Rechtsaußen Hermann neun Minuten vor dem Abpfiff sicherte dem 1. FC Magdeburg das ersehnte Halbfinale. Dagegen natürlich Frust und Niedergeschlagenheit beim Verlierer, der sich jedoch damit getröstet haben soll, dass sozialistische Freunde das Halbfinale erreicht hätten. „Ein derart kommunistisches Bruderverhalten konnte der 1. FCM für die nächste Runde nicht erwarten", bemerkt Annett Gröschner amüsiert. Klar, neben dem „Club" waren nur noch drei Topteams aus Westeuropa im Loskübel. Borussia Mönchengladbach, AC Mailand und Sporting Lissabon.

Die „höllische Nacht von Lissabon"

Am 22. März 1974 zog in Zürich die Dame Fortuna für den 1. FC Magdeburg den Halbfinalgegner Sporting Lissabon. Der 13-malige Landesmeister führte zu jenem Zeitpunkt in Portugals Beletage die Tabelle an, also vor dem mehrfachen europäischen Champion Benfica, dem Verein Eusébios. 13 Internationale, Portugiesen wie günstig eingekaufte Spieler aus den noch bestehenden oder ehemaligen Kolonien, prägten das Profil des „Sporting Clube de Portugal". Der drangvolle und dribbelstarke Stürmer Denis, „Tänzer im Sand" genannt, kam aus Angola, die Abwehrspieler Manaca und Alhinho entdeckten Scouts in Mosambik und am Cap Verde. Aus Brasilien konnten Vagner und Cabral verpflichtet werden. Als Ausländer wurde in den Augen der „Grünen" nur der argentinische Weltklasse-Torjäger Yazalde angesehen. „Alle anderen sind Portugiesen", sagte Sporting-Präsident Rocha gemäß der kolonialistischen Doktrin des faschistischen Diktators Salazar. „Mosambik, Angola, Cap Verde sind Überseeprovinzen und gehören somit Portugal."

10. April 1974, 21.45 Uhr, eine ungewöhnliche Zeit selbst für Flutlichtzauber. Fast jeder Magdeburger im reifen Alter kann sich noch an die „höllische Nacht von Lissabon" erinnern. Der 1. FC Magdeburg musste in seinem ersten Halbfinalspiel in der portugiesischen Hauptstadt antreten. „Ich sehe darin einen kleinen Vorteil", mutmaßte Trainer Heinz Krügel. „Wenn's zum Elfmeterschießen kommt, dann kannst du diese Nervenschlacht vor eigenem Publikum bestreiten." Zunächst ging es über 90 Minuten im Estádio José de Alvalade. Allerdings startete der 1. FCM mit einem Riesenhandicap: Mittelfeldstratege Jürgen Pommerenke fiel wegen einer Gelbsperre aus. So waren Seguin und Tyll mehr denn je in der kreativen Rolle gefragt.

Aber beide, wie das gesamte Team, kamen vor enthusiastischen 45.000 Zuschauern kaum zum Atemholen. Sporting brannte ein unglaubliches Feuerwerk ab. Von der ersten Minute an stand Keeper Ulrich Schulze im Fokus dieser Partie. Das einheimische Fachblatt „A Bola" brachte seine Leistung mit einem Wort auf den Punkt: „Phänomenal!" Viele seiner außergewöhnlichen Reaktionen verhalfen den Magdeburgern dazu, dass die Null in diesem Kessel lange stand. In der 52. Minute musste Wolfgang Abraham, der so zuverlässige Vorstopper, die Hand zu Hilfe nehmen, weil Keeper Uli Schulze unversehens mit Chico zusammengerauscht war und für Augenblicke die Übersicht verloren hatte. Der bulgarische Schiedsrichter Petar Nikolow zeigte unmissverständlich auf den Punkt. „Nach heutigen Maßstäben hätte ich Rot gesehen", gab Wolfgang Abraham bei einer Jubiläumsfete zu.

Uli Schulze, der Bördejunge aus Darlingerode, kam mit Hilfe von Dr. Heinz Eckhardt und Masseur Hans Weber wieder zu sich und auf die Beine. Gott sei Dank fand er auch schnell wieder zu seiner Konzentration. Er fixierte den Schützen Denis ganz genau und tauchte rechtzeitig und richtig in die linke Ecke ab. Der blanke Wahnsinn. „Da Denis auffällig in die rechte Ecke guckte, warf ich mich nach links", weihte der Elfmeterkiller später die Betrachter in sein Geheimnis ein. Es war der Abend des Uli Schulze. Ihm glückte so ziemlich alles, er riskierte bei Turbulenzen vor der eigenen Kiste Kopf und Kragen, imponierte dann wieder mit Bärenruhe und sagenhaften Reflexen. „Weltklasse", adelt Wolfgang Seguin noch heute den Superauftritt seines Keepers in der mythischen Nacht von Lissabon. Uli Schulze damals zu „Paule" Seguin: „Jetzt wollen wir auch ins Finale."

Nach dem vergebenen Elfmeter schlich sich bei Sporting immer mehr Nervosität in das Spiel ein, das gnadenlose Tempo konnte nach einer Stunde nicht mehr gehalten werden. Jetzt kam die Zeit für den 1. FCM. Martin Hoffmann, junge 19, brachte sich immer nachhaltiger auf Linksaußen in Schwung. Seinen präzisen Flankenball lochte Jürgen Sparwasser nach 62 Minuten zur Führung ein: 0:1. „Martin Hoffmann, der Jüngste

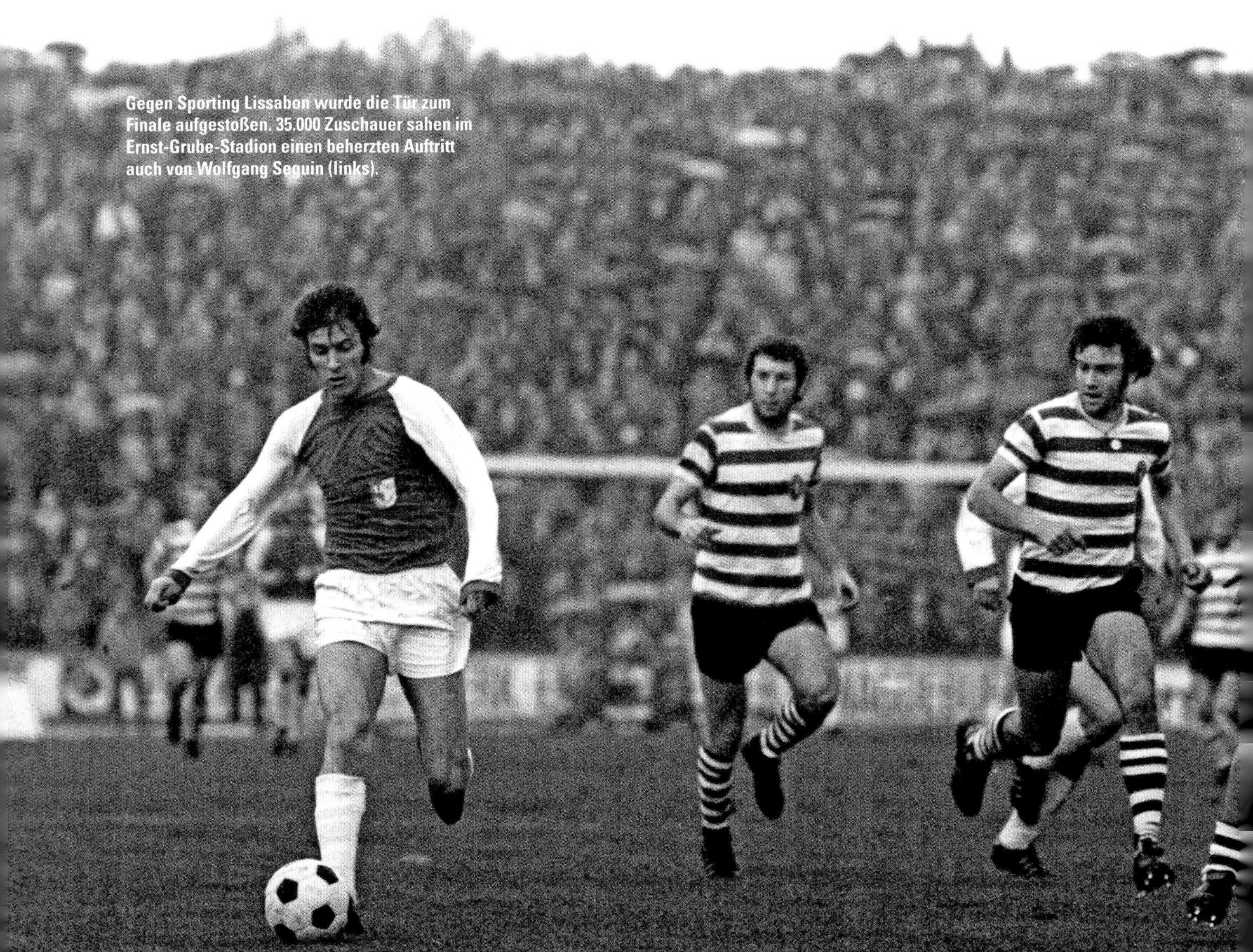

Gegen Sporting Lissabon wurde die Tür zum Finale aufgestoßen. 35.000 Zuschauer sahen im Ernst-Grube-Stadion einen beherzten Auftritt auch von Wolfgang Seguin (links).

im Siegerteam", würdigte Steffen Rohr im „kicker" zum 40-jährigen Jubiläum des Magdeburger Gewinns im Europapokal, „wurde 1973/74 zum Shootingstar des DDR-Fußballs. Der Linksaußen war als Einziger bei den drei großen Erfolgen dabei – bei Magdeburgs Europacup-Sieg 1974, der WM-Teilnahme im gleichen Jahr und bei Olympia-Gold 1976 in Montreal." Noch davor, im Halbfinale bei Sporting Lissabon, sorgte der schnelle „Linksfuß" für Schockstarre unter den 55.000. Kein Trommelwirbel, kein Hupkonzert, keine Trillerpfeifen. Sporting hatte nur noch die Power für den Ausgleich durch den Defensivmann Manaca aus Mosambik. Das 1:1 aus der 76. Minute verteidigte der DDR-Pokalsieger leidenschaftlich und mit letztem kämpferischen Einsatz. Der 1. FC Magdeburg, inzwischen in einem dramatischen Finish zum zweiten Mal DDR-Meister geworden, ging übers Limit. Die Ostberliner „Fußball-Woche" titelte:

„Das Traumziel erreicht"

Vor dem heißersehnten Europacupfinale stand aber noch das Rückspiel an. Zum 53. Geburtstag von Trainerfuchs Heinz Krügel kamen 35.000 ins Ernst-Grube-Stadion. Das erste Geschenk: Der 21-jährige Jürgen Pommerenke, für das Hinspiel in Lissabon gesperrt, löste bereits nach neun Minuten sein Versprechen ein: „Meine Sperre von Lissabon mache ich mit einem Tor wieder gut." „Pomme", der Techniker und Taktiker, ging höchst ambitioniert in die zweite Halbfinalpartie. Nach Vorarbeit von Sparwasser und Seguin sorgte der intuitive und torgefährliche Ballakrobat für die 1:0-Führung. Zu diesem Zeitpunkt versäumten die Magdeburger, schnell ein zweites Tor nachzulegen. Chancen dafür waren vorhanden. Sparwasser und Hoffmann hatten große Szenen in der Offensive. Es fehlte nur die letzte Konsequenz vor dem Tor von Nationalkeeper Damas. Aber auch die technisch perfekten Portugiesen setzten gegen die Zapf-Elf Alarmsignale, konterten gefährlich: Vagner, Chico, Marinho fehlten beim Abschluss nur die berühmten Zentimeter.

Mit Beginn der zweiten Halbzeit wurde unter Flutlicht gespielt. Bei strömendem Regen. Die Vorentscheidung fiel in der 68. Minute: Axel Tyll, technisch brillant, legte für seinen Auswahl-Kollegen Jürgen Sparwasser auf, der mit einem scharfen und präzisen Ball in die lange Ecke das 2:0 erzielte. Häufig hat der Torschütze später betont, dass ihm dieser Treffer mehr wert gewesen sei als das mythische 1:0 von Hamburg '74. Sein 2:0 im Halbfinalrückspiel gegen Sporting war der Wegweiser zum Pott.

Aber mit dem Anschlusstor von Marinho in der 78. Minute gab es noch einmal aufregende zwölf Minuten. Ein 2:2 hätte ja Sporting ins Finale gebracht. In der Schlussphase musste Uli Schulze ein weiteres Mal seine große Klasse zeigen. Als der Mann an der Pfeife, der Engländer Jacky Taylor, die Partie beendete, gab es unter den 35.000 im Ernst-Grube-Stadion einen erlösenden Aufschrei.

Historiker hielten fest: Mit dem 1. FC Magdeburg gelang der ersten DDR-Mannschaft der Vorstoß in ein Europacupfinale. Annett Gröschner, Schriftstellerin und einst selbst Mädchen-Kickerin in Magdeburg, dichtete pointiert: „Wie aus dem Bilderbuch des Sozialismus abgeschrieben, hatte das großartige Kollektiv über die technisch perfekten Individualisten gesiegt."

Als der Flieger am 25. April mit Sporting Lissabon vom Flughafen Berlin-Schönefeld abhob, düsten die Sporting-Fußballer ins Nebulöse. Exakt an diesem Tag begann in Portugal die „Nelkenrevolution", die vom Liedermacher José Afonso mit dem bis dahin verbotenen Song „Grandola Vila Morena" in der Nacht vom 24. zum 25. April eingeleitet wurde.

Da war den Aufständischen klar: Die Revolution beginnt. Nur Stunden später war die älteste faschistische Diktatur Geschichte. Das Symbol der friedlichen Revolution: eine rote Nelke in den Gewehrläufen der Soldaten.

Portugal musste in der Folge dieser politischen Umwälzung seine Kolonien in die Unabhängigkeit entlassen. Damit war zunächst eine große und billige Talentequelle versiegt. Einen Eusébio aus Mosambik zum Spottpreis würde es nicht mehr geben.

Erst 1987 gewann mit dem FC Porto nach einem 2:1-Sieg über Bayern München wieder ein portugiesischer Verein einen Europacup.

Applaus von allen Seiten, Feier auf dem Alten Markt

Nach dem Finale von Rotterdam diktierte der italienische UEFA-Präsident Artemio Franchi den Journalisten in die Blöcke: „Selten wurde ein Favorit von einem spielfreudigen jungen Außenseiter so überrascht." Und Milan-Trainer Giovanni Trapattoni bekannte realistisch: „Ein verdienter Sieg der Magdeburger, das muss ich neidlos anerkennen."

Auch das Rotterdamer „Algemeen Dagblad" applaudierte: „Der DDR-Fußball lieferte am Mittwochabend einen erneuten Beweis seiner gewachsenen Stärke. Der Pokalverteidiger unterlag trotz seiner riesigen Erfahrung und seiner Stars den moderner und zweckmäßiger spielenden Magdeburgern. Im Mittelfeld dominierten nicht Rivera und Benetti, sondern Pommerenke, Tyll und Seguin."

Erich Honecker lobte in einem Glückwunschtelegramm den „bewundernswerten Kampfgeist, die hohe taktische Disziplin und das gewachsene sportliche Können" beim Europacupsieger 1. FC Magdeburg. Die Masse der Fans interessierte allerdings nicht das sportpolitische Gewicht dieses Erfolgs – sie hätten dafür lieber eine Reiseerlaubnis zum „Spiel ihres Lebens" in Rotterdam gehabt. Umso herzlicher war der Empfang bei der Rückkehr der Helden.

Als Kapitän Manfred Zapf, mit dem Pokal in der Hand, als Erster auf der Gangway erschien, fing ihn mein Kollege Uwe Grandel zu einem ersten Interview fürs Fernsehen ab. Man musste um die heisere Stimme von „Zappel" Zapf fürchten. Denn die Party auf dem Magdeburger Rathausplatz ging ja erst richtig los. Tausende kamen schon lange vor dem angekündigten Termin um 17 Uhr auf den Alten Markt. Keiner wurde dorthin beordert oder geprügelt. Jeder wollte seine Rotterdamer Helden nach dem sensationellen 2:0-Erfolg im Europacup der Pokalsieger gegen den großen AC Mailand sehen. Manche Augenzeugen von damals berichten, dass Magdeburg in den Jahren der DDR weder vorher noch nachher solch eine emotionale Kundgebung erlebt habe.

Der überwiegende Teil der Zuschauer und der Fußballer war damals eng mit dem SKET verbunden, dem „Schwer-

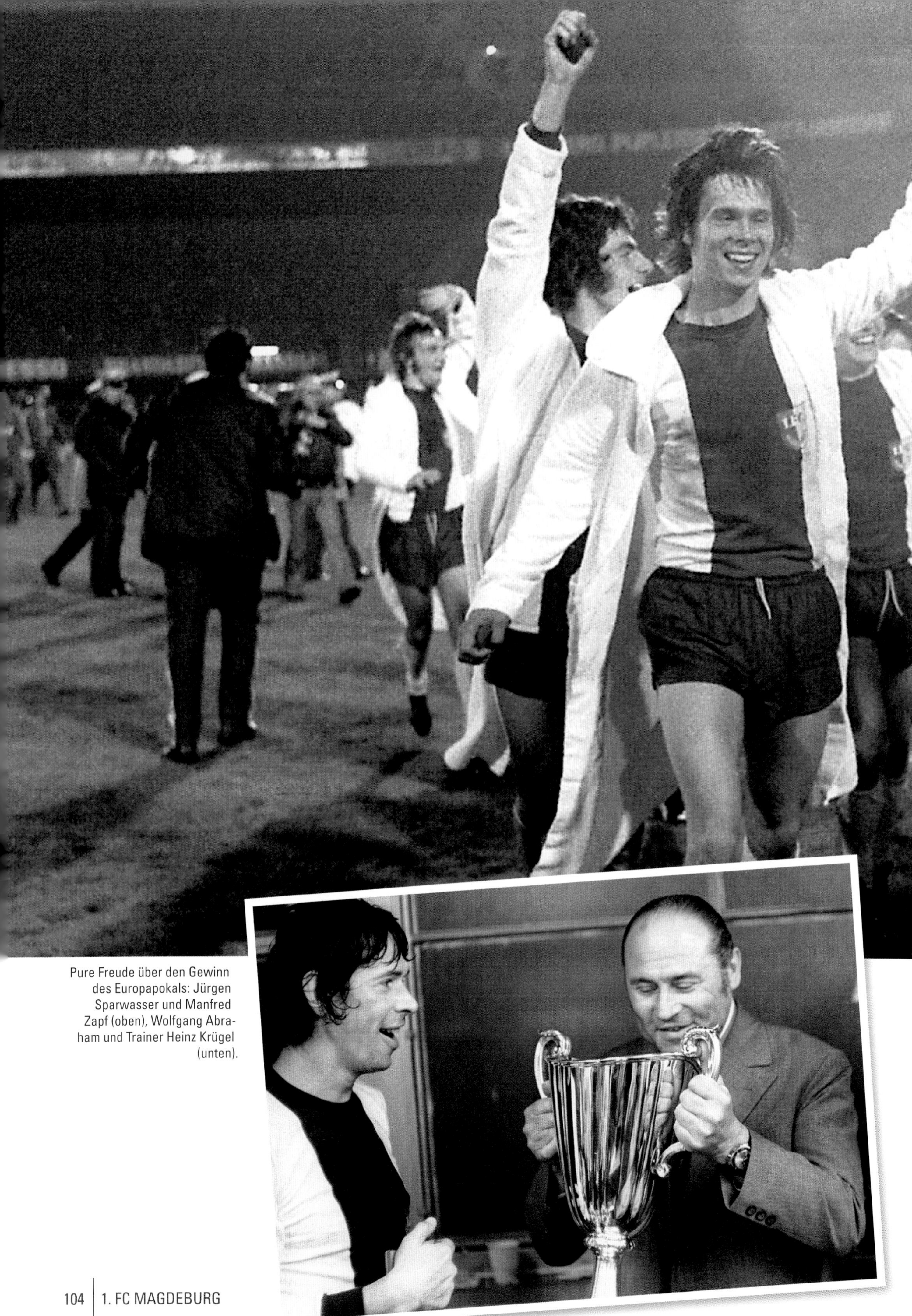

Pure Freude über den Gewinn des Europapokals: Jürgen Sparwasser und Manfred Zapf (oben), Wolfgang Abraham und Trainer Heinz Krügel (unten).

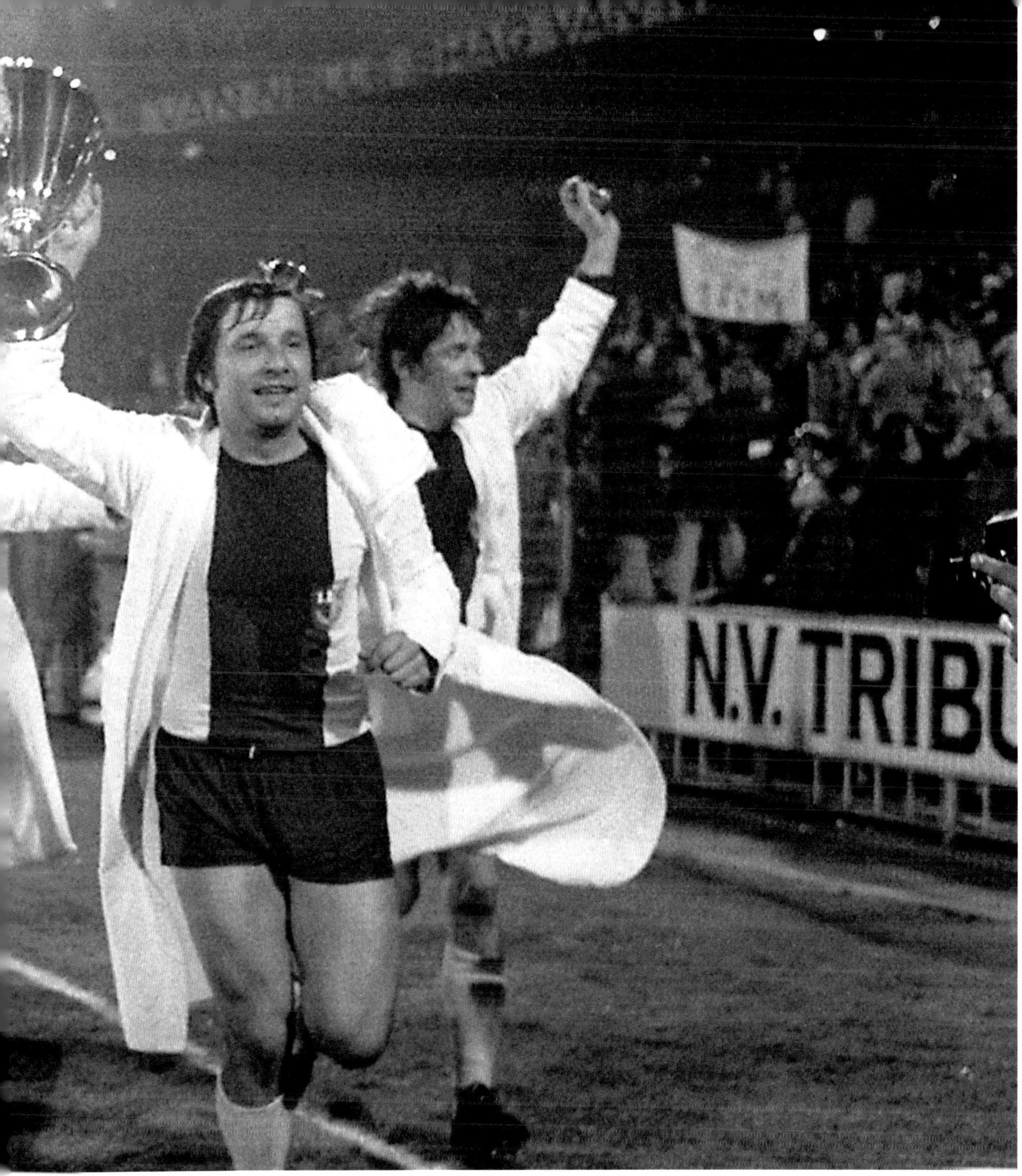

maschinenkombinat Ernst Thälmann". Von der Maschinenbauindustrie lebte die Stadt an der Elbe bis zur Wende. Mit dem Niedergang dieser Branche ging auch das Kombinat mit 13.000 Thälmann Werkern in Konkurs. Damit war auch der Hauptsponsor weggebrochen und die sportliche Talfahrt des 1. FC Magdeburg vorgezeichnet.

„Wir haben im SKET nicht nur unser Gehalt am Monatsende abgeholt", erzählte mir einmal „Paule" Seguin, der in diesem Trägerbetrieb mit seinem Kumpel „Zappel" Zapf ein fünfjähriges Fernstudium zum Ingenieur für Maschinenbau mit „gut" abgeschlossen hat.

„Zappel (Manfred) und ich sind zweimal in der Woche richtig arbeiten gewesen. Später haben wir natürlich trainiert wie die Profis. Im Prinzip den ganzen Tag." Trotzdem gönnten sich die jungen Burschen hin und wieder, nach dem Training am Abend, in „Friedrichs Gaststätten", an der Großen Diesdorfer, ein Bierchen aus dem Stiefel. Trainer Heinz Krügel, auch kein Mann von Traurigkeit, hatte nichts dagegen, solange jeder bei Trainingsabschluss das Kugelchen ins „O" auf der Bandenwerbung für die Magdeburger „Volksstimme" traf.

Seinen ersten größeren Titel hatte Krügel schon 1972 mit dem 1. FC Magdeburg gewonnen. Sinnigerweise wurde dieser erste Meistertitel am „Internationalen Tag des Kindes", also am 1. Juni, richtig abgefeiert. Mit einem Durchschnittsalter von 22,3 Jahren war der 1. FC Magdeburg, „Krügels Kindergarten", der jüngste Champion, den es je in der Geschichte des DDR-Fußballs gab.

ZEITZEUGE HELMUT GAUBE

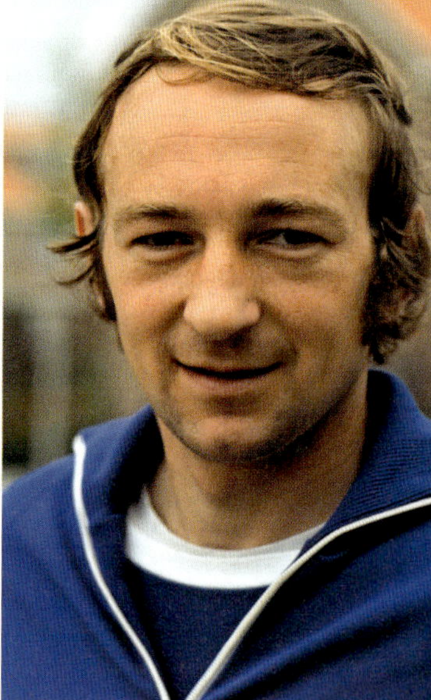

„HELMUT, DEN RIVERA LAUFEN SIE TOT"

Sie wurden noch bis in die Achtziger gesucht und geadelt – die „Schattenmänner", die Sonderbewacher. Darunter konnten Edelmänner sein wie Franz Beckenbauer bei der WM 1966 (gegen Bobby Charlton) oder Guido Buchwald bei der WM 1990 (gegen Maradona). Aber es konnten auch „Giftzähne" sein wie Nobby Stiles im englischen WM-Siegerteam 1966 oder Claudio Gentile, der italienische „Stiefeltreter" bei der WM 1982. Auf Klubebene machte sich Wolfgang Rolf einen Namen, als der Hamburger im europäischen Meistercupfinale 1983 den französischen Superstar Platini in den Schatten stellte und damit die Basis für den 1:0-Sieg über Juventus Turin durch das Tor von Felix Magath schuf. Einen Treppenabsatz tiefer finden wir den Magdeburger Helmut Gaube, der den italienischen Weltstar Rivera auf Schritt und Tritt verfolgte.

Helmut Gaube (Jahrgang 1946) aus Niederndodeleben gab mit 23 Jahren seinen Oberliga-Einstand, bestritt 43 Pflichtspiele (1 Tor) für den 1. FC Magdeburg sowie zwei Europacuppartien. Der diplomierte Sport-und Geschichtslehrer gab auch als Pensionär noch Kurse an der Uni Magdeburg.

Wie hast du erfahren, dass du als Sonderbewacher von Rivera vorgesehen warst?

Als der Trainer in der letzten Mannschaftsbesprechung meinen Namen genannt hat, muss ich wohl zusammengezuckt sein. So geht zumindest die Legende. Aber Tatsache ist, dass mich unser Trainer sofort starkgeredet hat: „Helmut, den Rivera laufen Sie tot. Rivera? Na und…!"

Woher hast du das Selbstvertrauen genommen? Immerhin warst du in der Saison 1973/74 häufig Bankhalter oder nur im Team der zweiten Mannschaft erste Wahl. Was hat es mit dir gemacht, als du den Auftrag erhieltst, praktisch im bedeutendsten Match der Klubhistorie einen Superstar der Siebziger wie Rivera aus dem Spiel zu nehmen?

Ich konnte es gar nicht so schnell verarbeiten. Damit erfüllte sich natürlich ein Traum. Im Innersten habe ich aber gehofft, dass ich zum Einsatz komme, denn in den letzten zwei Spielen in der Oberliga war ich gut dabei. In Dresden kam ich zur Halbzeit rein. Und im entscheidenden Spiel gegen Vorwärts durfte ich von der ersten Minute ran. Mit dem 3:2 hatten wir den zweiten Titel nach Magdeburg geholt. Da ist die Brust schon ein wenig breiter.

Wer hätte dir den Platz noch streitig machen können?

Der Trainer hatte praktisch vier Optionen. Hans-Jürgen Hermann, Siegmund Mewes, Jörg Ohm oder Helmut Gaube.

Und Heinz Krügel entschied sich goldrichtig. Rivera fand nicht statt. Wie oft warst du schon in die Rolle des Sonderbewachers geschlüpft?

Schon häufig, eigentlich gegen alle großen Spielmacher des DDR-Fußballs zu meiner Zeit: Jürgen Nöldner, Dieter Erler, Roland Ducke, Herbert Pankau. Darauf setzte natürlich unser Trainer.

Wie stark war denn das Lampenfieber?

Groß, groß. Schon beim Auflaufen blutete mir die Nase. Aber das legte sich Gott sei Dank ziemlich schnell.

Heinz Krügel erzählt dem Autor Volker Laube in „Der Meistermacher", dass er „von der Staatssicherheit bedrängt" wurde, „persönliche Informationen aus dem Leben von Helmut Gaube und seiner Familie preiszugeben". Krügel weiter: „Helmut Gaube war Christ. Für mich spielte das keine Rolle, er sollte guten Fußball spielen. Aufgrund seiner Religion galt er als politisch unzuverlässig. Ihm sollte die Reise ins kapitalistische Ausland verwehrt werden. Schließlich hatten sich die sportlichen Argumente durchgesetzt. Helmut Gaube hat uns nicht enttäuscht." Ein Christ unter Atheisten?

Möglich. So genau weiß ich das nicht. Auf jeden Fall: Meine Eltern kommen aus dem Sudetenland. Ich bin katholisch erzogen worden. Habe mit zehn oder elf Jahren die Erstkommunion erlebt. Es ist schon mehr als traurig, wenn einem allein aufgrund seiner Religion derart misstraut wurde.

Hat dir Rivera den Handschlag angeboten?

Rivera stand wie seine Kollegen unter Schock. Da hatte jeder mit sich selbst zu tun. Mailand hatte als Titelverteidiger niemals damit gerechnet zu verlieren.

Wie ordnest du den Europacupgewinn in deiner Karriere ein?

Der Sieg in Rotterdam 1974 gegen den AC Mailand bleibt natürlich der absolute Höhepunkt. Dann folgen gleich die drei Meistertitel 1972, 74 und 75.

Welchen Kontakt hast du noch zum „Club"?

Wie die anderen Europacupsieger bin ich Ehrenmitglied beim „Club". Ins Stadion komme ich seltener, da ich selbst noch eine kleinere Truppe trainiere.

Was wünschst du dir für deinen Verein?

Schade, dass wir den Anschluss zum Profibereich verpasst haben. Regionalliga sollte deshalb zunächst ein reales Ziel sein.

Werden wir eines Tages einen neuen „Sonderbewacher" Gaube erleben?

Sohn Steffen hat den Zug verpasst. Meine Frau Brigitte und ich setzen jetzt auf Enkel Oskar. Vielleicht erlebt der Knirps noch einmal so eine Sternstunde wie wir auf dem Alten Markt. ■

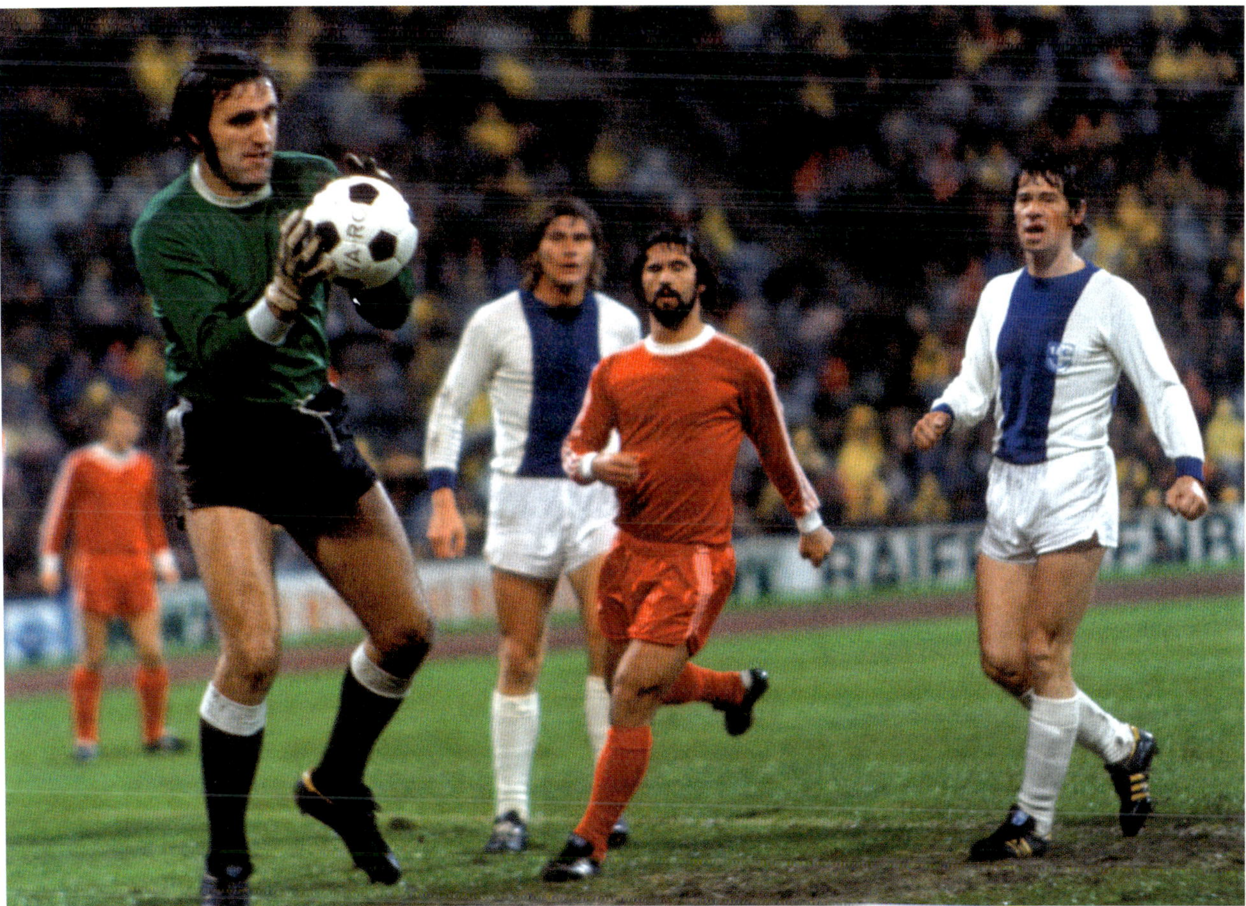

In München unterlagen die Magdeburger nur knapp mit 2:3. Hier beobachten Wolfgang Abraham, Gerd Müller und Siegmund Mewes (v.r.), wie Torhüter Uli Schulze den Ball abfängt.

1975/75: Sparwasser gegen Müller – der verhinderte Supercup

Die Saison 1974/75 begann mit einer weiteren reizvollen Herausforderung. In der zweiten Runde des Europacups der Meister traf der 1. FC Magdeburg auf den Titelverteidiger FC Bayern München. Eigentlich sollten beide Mannschaften schon im Spätsommer den Supercup ausspielen. Diese Begegnung boykottierten aber die DDR-Oberen. Die Los-Dame holte im Europacup dann mit einem Siegerlächeln diese Partie nach.

Bayern München hatte man in der DDR schon erlebt. Im November 1973 blamierte sich der damals vierfache Meister, indem er argumentierte: Der Höhenunterschied von 424 Metern zwischen München und Dresden kann aus medizinischer Sicht nur mit Zwischenstopps überwunden werden. So übernachteten die Bayern im fränkischen Hof und trafen erst – entgegen der UEFA-Bestimmung – am Spieltag ein. In Wahrheit hatte man befürchtet, schlafbetäubende Mittel ins Essen gemischt zu bekommen. Vom Koch bis zum Kaffee – die Bayern brachten alles zur Selbstverpflegung im Oberdeck ihres Busses mit.

Damit hatten sich die Münchner als Gäste auch in ganz Magdeburg von einem Tag zum anderen unbeliebt gemacht. Der aufgeblähte Sicherheitsapparat mit einem unglaublichen Kontrollwahn mutete dadurch fast überflüssig an. Aber es gab ihn. Längere Auszüge aus dem Befehl des Chefs der Bezirksbehörde dokumentiert Annett Gröschner in ihrer anekdotenreichen Geschichte „Sieben Tränen muss ein Clubfan weinen". Unter der Anweisung 5.8 wird befohlen: „Exakte Prüfung aller Anträge für Reisen in dringenden Familienangelegenheiten nach der BRD, um das Vortäuschen von Reisegründen anlässlich des Fußballspiels am 23.10.74 in München zu erkennen und unberechtigtes Ausreisen zu verhindern. Das betrifft besonders Reisen von männlichen Personen (…), die mit PKW erfolgen sollen (…)."

Wie ein Jahr zuvor in Dresden ging es um mehr als einen sportlichen Vergleich, aber Fußball wurde auch gespielt. Die Bayern waren im Münchner Olympiastadion haushoher Favorit. Die angesehene Fachzeitung „France Football" hatte die Bayern, die mit den fünf Weltmeistern Maier, Beckenbauer, Schwarzenbeck, Hoeneß, Müller antraten, gerade als „Elf des Jahres 1974" ausgezeichnet. Da musste doch so mancher Edelfan der Bayern nach 45 Minuten geschockt gewesen sein, denn die Magdeburger überrumpelten den Titelverteidiger mit einem 2:0-Pausenstand durch Tore von Martin Hoffmann und Jürgen Sparwasser. Sepp Maier soll gestöhnt haben: „O mei, scho wieder der Sparwasser."

Auch ohne Breitner, der zu Real Madrid gewechselt war, behaupteten sich am Ende die cleveren Bayern mit einem mühevollen 3:2. „Als Pommerenke verletzt ausschied", blickt „Paule" Seguin zurück, „hat der Trainer vielleicht den einzigen Fehler gemacht. Er brachte mit Hermann einen Stürmer für einen Mittelfeldspieler. Das war natürlich ein gefundenes Fressen für den Doppeltorschützen Gerd Müller, der jetzt mehr Räume hatte." Im Rückspiel, ohne zwei kreative Spieler wie Pommerenke und Tyll, konnte Magdeburg das Spiel nicht mehr kippen, zumal sich die Elf von Udo Lattek nicht

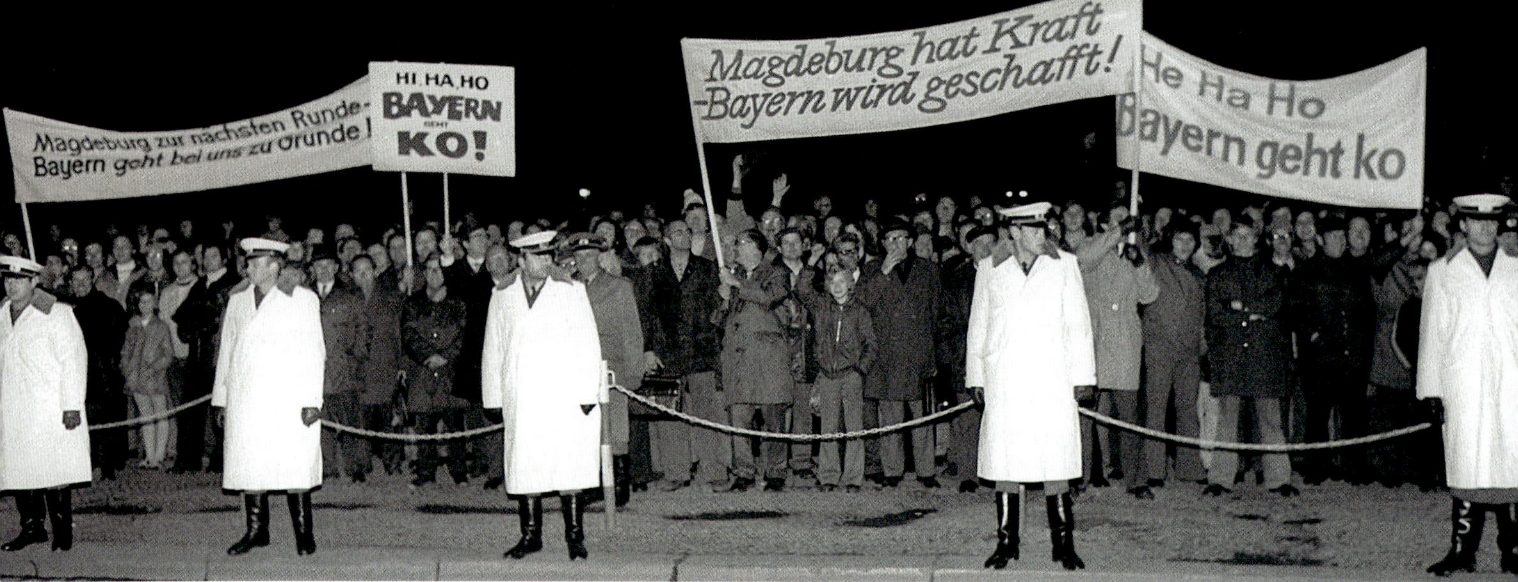

Mit starken Sprüchen wurden die als arrogant empfundenen Bayern in Magdeburg empfangen.

nur aufs Kontern verließ. Wieder konnten sich die Bayern auf ihren „Bomber“ verlassen. Erst beim Stand von 0:2 ließ Jürgen Sparwasser noch einmal Hoffnung aufkommen. Doch obwohl der „Hamburger“ eines seiner besten Europacupspiele ablieferte, blieb es beim 1:2-Aus.

Trainer Krügel lehnte Stasi-Wanzen ab

In der Nachwendezeit machte eine Anekdote in Magdeburg die Runde. In jenem Spiel gegen die Bayer soll die Stasi Trainer Heinz Krügel Wanzen angeboten haben, um die Pausenpredigt von Udo Lattek mitzuhören. Doch der stolze Sachse lehnte es ab, sich mit unlauteren Mitteln Vorteile zu verschaffen. Damit lieferte der exzellente Fachmann Krügel seinen Kritikern und Neidern Argumente, die 1976 zu seinem Berufsverbot führten. So gut der Magdeburger Coach junge Spieler packen und begeistern konnte, so undiplomatisch war oft sein Umgang mit den Politoberen im Bezirk. Krügel legte sich mit dem 2. Sekretär, dem Partei-Besserwisser Kirnig, an, der eine passende Gelegenheit suchte und letztlich fand, Krügel abzuschießen. Im Sommer 1976 überschlugen sich die Dinge, die Staatsmacht schlug zu. Mit dem Hauptargument „Ost-West-Versöhnler“ wurde Krügel seines Postens enthoben, sogar vom Fußball verbannt. „Wir haben versucht, was wir konnten“, erzählte „Paule“ Seguin und meinte auch Kapitän Manfred Zapf und Jürgen Sparwasser. „Wir waren bei Kirnig, aber der hat uns eiskalt die Tür gezeigt, mit den Worten: „Wir brauchen frischen Wind, nicht nur bei den Spielern, sondern auch auf dem Trainerposten.“ Die Mannschaft zog sogar einen Streik in Erwägung, „doch der Trainer hat uns inständig davon abgeraten“.

Heinz Krügel wurde als Sportstättenverwalter zur BSG Motor Mitte abgeschoben, strafversetzt. Es vergingen beinahe 15 Jahre, bevor der einstige Magdeburger Erfolgstrainer wieder auf der Bildfläche erschien und rehabilitiert wurde.

Großes Kino gegen Schalke 04

Krügels Nachfolger, der einstige Weltklasseverteidiger Klaus Urbanczyk, kam von Halle. „Banne“, wie er nur genannt wurde, hatte es nicht leicht, ihn mochte das blau-weiße Fanvolk nicht so recht. Sicher hatte das auch mit dem Denkmal Krügel zu tun, aber ihm fehlten auch die großen, denkwürdigen Titel. Keine Meisterschaft, geschweige denn Europacupgewinne. Immerhin fuhr er mit dem 1. FC Magdeburg zwei Pokalsiege ein. Auch im Europacup hinterließ er mit seiner Mannschaft durchaus Spuren. Die Bilanz: zweimal EC-Viertelfinale. Denkwürdig bleibt Magdeburgs zweiter Ost-West-Vergleich – nach den Duellen mit Bayern – mit dem FC Schalke 04 in der zweiten UEFA-Cup-Runde 1977. Gegen den Bundesliga-Tabellenführer und Vizemeister mit Fischer, Abramczyk, Rüssmann, Helmut und Erwin Kremers gab es zwei Superspiele.

Im ersten Vergleich vor 36.000 im Ernst-Grube-Stadion entfachten Pommerenke, der Ex-Rostocker Streich und wieder einmal Sparwasser einen tollen Angriffswirbel. Dabei bastelte „Spary“ mit seinem Triple an seinem Ruf, ein besonderer Protagonist für fußballerische Ost-West-Treffs zu sein. Zur Pause stand es durch zwei Sparwasser-Tore 2:0. Demange und Abramczyk brachten den Revierklub, auch im Osten sehr beliebt, vorübergehend auf 2:2 heran. Als Jürgen Sparwasser sechs Minuten später mit seinem 3:2 die Seinen wieder in Führung brachte, war Gegenspieler Rolf Rüssmann fix und fertig. „Der Rolf Rüssmann tat mir richtig leid“, sprach Sparwasser später in die Mikrofone. „Ich hatte einen traumhaften Tag erwischt, und Rüssmann war eigentlich an keinem Tor direkt schuld.“ Auf der anderen Seite hatte das Stopper-Duo Zapf-Seguin den gefährlichen Torjäger Klaus Fischer im Griff. Der kleine Pfiffikus Wolfgang „Maxe“ Steinbach rundete den ersten Vergleich mit einem spektakulären Schuss hoch ins Eck zum 4:2-Endstand ab.

In der „Bild-Zeitung“ versprach Rolf Rüssmann vor dem Rückspiel glaubhaft: „Ich folge dem Spar-

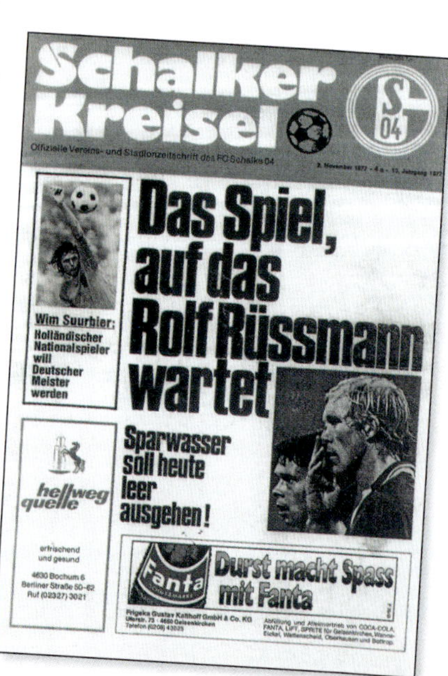
Schalker Kreisel
S 04
Offizielle Vereins- und Stadionzeitschrift des FC Schalke 04
Das Spiel, auf das Rolf Rüssmann wartet
Wim Suurbier: Holländischer Nationalspieler will Deutscher Meister werden
Sparwasser soll heute leer ausgehen!
hellweg quelle
Durst macht Spass mit Fanta

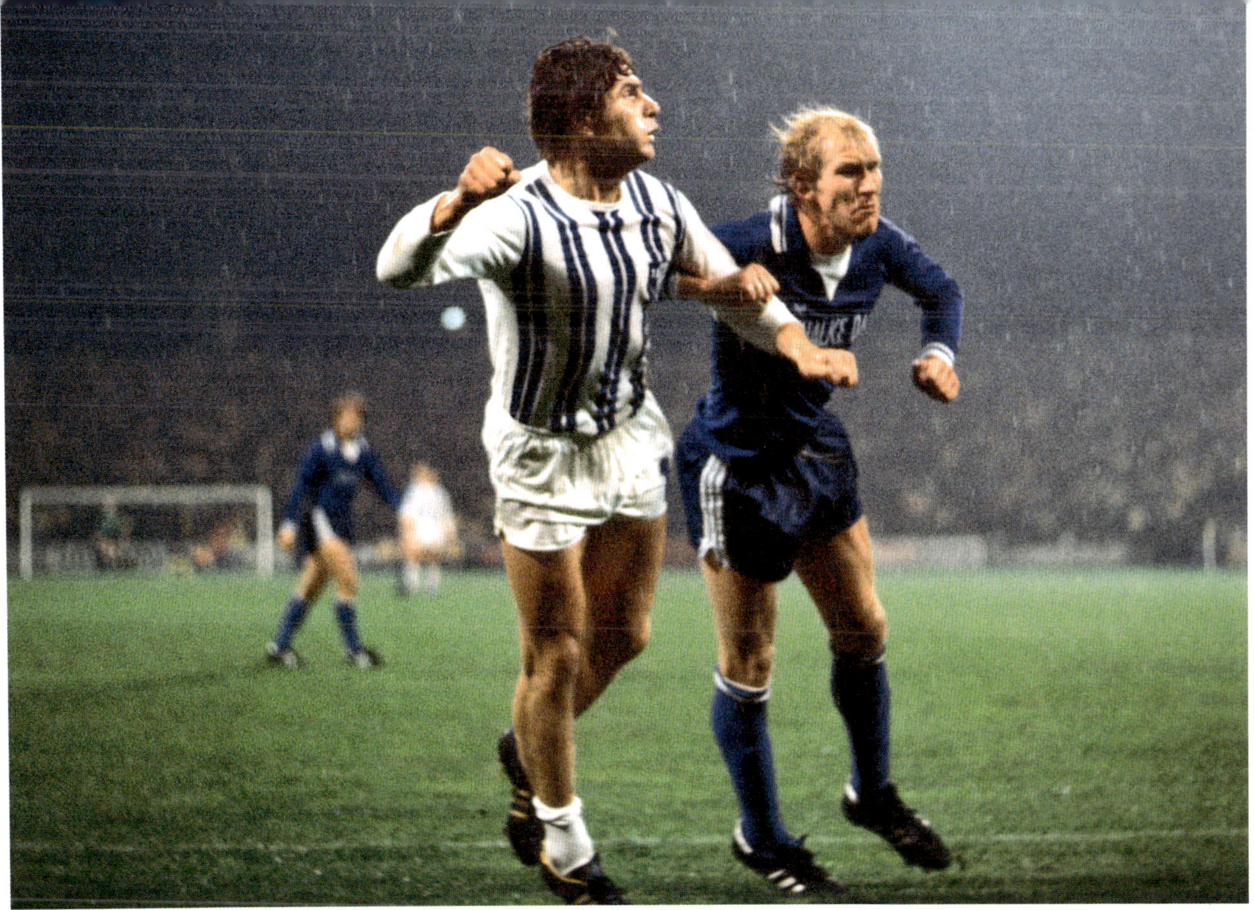

Siegmund Mewes im Zweikampf mit Rolf Rüssmann. Der 1. FC Magdeburg kam gegen Schalke 04 eine Runde weiter.

wasser bis auf die Toilette." Magdeburgs Trainer Klaus Urbanczyk nahm sich seinen Torjäger zur Seite: „Jürgen, was der Rüssmann hier sagt, das macht der auch. Du gehst in den ersten zehn Minuten auf rechts. In die Lücke kann dann überraschend ‚Pomme' (Pommerenke, d. A.) reinstoßen." Obwohl Sparwasser von dieser taktischen Variante nicht besonders angetan war, ergab sich diese Situation schon wenig später: Pass aus der Tiefe, Sprint von Jürgen Pommerenke in den freien Raum. Ballannahme, Torschuss: 0:1. Danach wechselte Rüssmann wieder auf seine Libero-Position.

Nach 50 Minuten führte der 1. FC Magdeburg durch weitere Tore von Steinbach und wiederum Pommerenke sensationell mit 3:0. 70.000 sahen eine Magdeburger Elf, die das stolze Schalke über weite Strecken vorführte. Erwin Kremers Ehrentreffer schönte das Endresultat nur unwesentlich.

„Da blutet einem das Herz"

Nach den Schalkern konnten die Magdeburger 1977/78 auch noch Racing Lens ausschalten, bevor sie im Viertelfinale an der PSV Eindhoven scheiterten. Danach gastierten zuweilen noch große Mannschaften im Ernst-Grube-Stadion – beispielsweise 1979 Arsenal London, 1981 Borussia Mönchengladbach und 1983 der FC Barcelona –, aber sie erwiesen sich jeweils als unüberwindbare Hürden. Heute ist der Magdeburger Traditionsklub, der über viele Jahre den Fußball im Osten Deutschlands ganz entscheidend geprägt hat, von der großen Bühne weit entfernt.

„Da blutet einem schon das Herz", betrauert Jürgen Sparwasser die Situation, denn „die Voraussetzungen mit neuem Stadion und Internat sind hervorragend. Aber der Abstand zum Profifußball ist wohl schon zu groß."

Gestern besiegte der 1. FC Magdeburg den Weltverein AC Mailand mit 2:0, heute muss der anhaltinische Verein in der 3. Liga gegen den TSV Havelse ran…

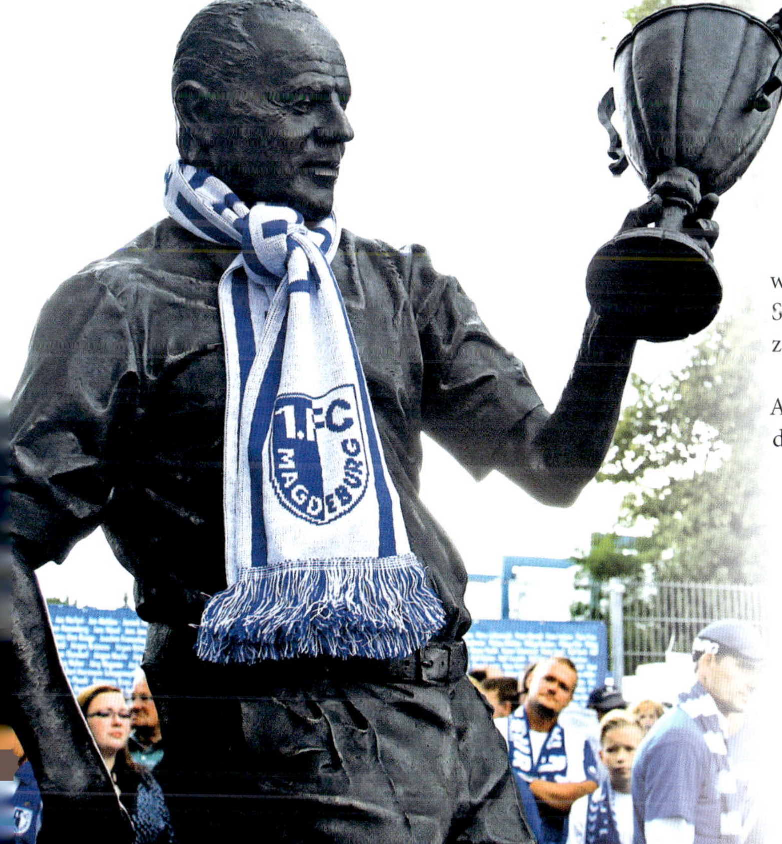

Die Erinnerung an große Zeiten wird in Magdeburg rege gepflegt. Für Erfolgstrainer Heinz Krügel wurde im August 2014 ein Denkmal enthüllt, bei dem er die Europapokaltrophäe hoch hält.

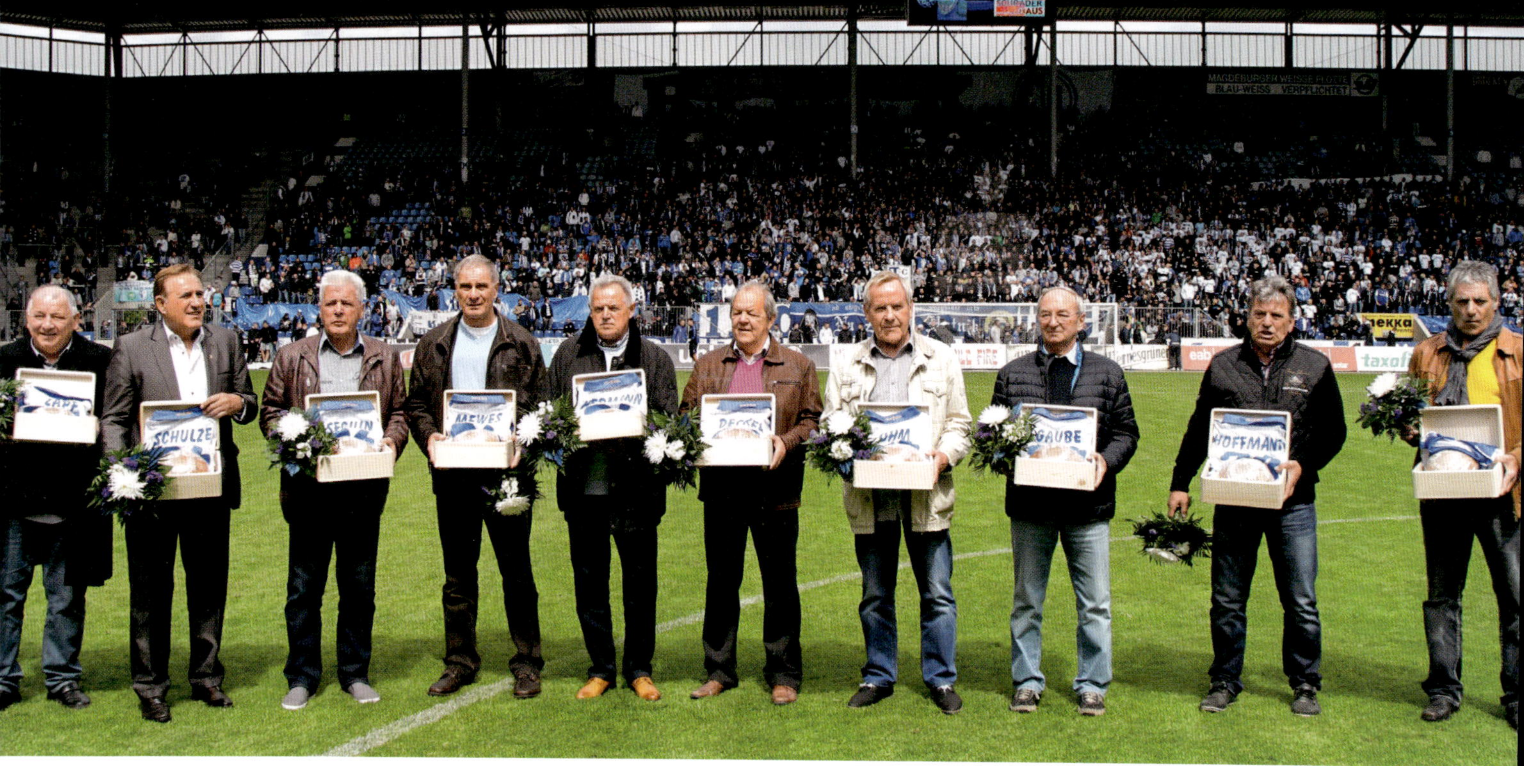

40 Jahre nach dem Europapokaltriumph: Zehn der Recken von Rotterdam werden geehrt (von links): Manfred Zapf, Uli Schulze, Wolfgang Seguin, Siegmund Mewes, Hans Jürgen Hermann, Klaus Decker, Jörg Ohm, Helmut Gaube, Martin Hoffmann, Axel Tyll. (Es fehlt Jürgen Pommerenke.)

ZEITZEUGE JÜRGEN SPARWASSER

„ICH HATTE ANGEBOTE AUS GLADBACH UND KÖLN"

Wenn an den Stammtischen von Sparwasser die Rede ist, dann macht es bei jedem klick: Ach ja, dieses eine Tor in Hamburg 1974. Was hat der Sparwasser doch da gesagt: „Wenn man auf meinen Grabstein eines Tages nur ‚Hamburg 74' schreibt, weiß jeder, wer darunter in der Kiste liegt." Anlässlich des 40-jährigen Jubiläums seines wohl berühmtesten Tores sprach der Autor im Jahr 2014 mit Jürgen Sparwasser.

Kannst du das Tor von Hamburg überhaupt noch sehen?

Ich komme ja nicht umhin, es wird ja bei allen möglichen Anlässen gezeigt.

Geht es dir auf den Nerv, wenn du immer wieder erzählen musst, wie das Tor zustande kam?

Eigentlich gar nicht, weil es ein wunderschöner Konter war: Abwurf von Torhüter Jürgen Croy zum eingewechselten Erich Hamann, der noch ein paar Schritte lief, dann den Diagonalball auf mich schlug. Ich wollte ihn, wie es normal gewesen wäre, mit der Brust mitnehmen, doch ich kriegte ihn auf die Nase. Dadurch erhielt der Ball einen anderen Drall. Ich ließ mich aber nicht aus der Ruhe bringen und täuschte vor Sepp Maier noch kurz einen Schuss an, bevor ich wirklich abzog.

Du hast nach dem Tor einen Purzelbaum hingelegt. Wem sollte er etwas sagen?

Das kam völlig spontan aus mir heraus. Ich glaube, das war der einzige Purzelbaum, den ich je geschlagen habe.

Wer sich etwas näher mit Jürgen Sparwasser und seiner Karriere befasst, der weiß, dass der Magdeburger Mittelstürmer viele wichtige Tore erzielt hat: 20 Treffer im 40 Europacupspielen – das ist ein ewiger Topwert im DDR-Fußball. An welches Tor erinnerst du dich besonders?

Für mich bleibt das 2:0 im Europacup-Halbfinale 1974 in Magdeburg gegen Sporting Lissabon das wichtigste. Damit hatten wir praktisch das Finale im Pokal der Pokalsieger in Rotterdam erreicht.

Wie habt ihr nach dem sensationellen 2:0 in Rotterdam gegen den Titelverteidiger AC Mailand gefeiert?

Erst einmal haben wir die Ehrenrunde als Kapuzenmänner in weißen Bademänteln genossen. Mit „Zappel" Zapf und dem Pokal sind wir auf die Ehrenrunde gegangen. Das bleibt unvergessen. Für die dreimal 25 Gulden Tagesgeld konnten wir schlecht um die Häuser ziehen. Außerdem wurde das Ganze dadurch getrübt, dass die Auswahlspieler Pomme-

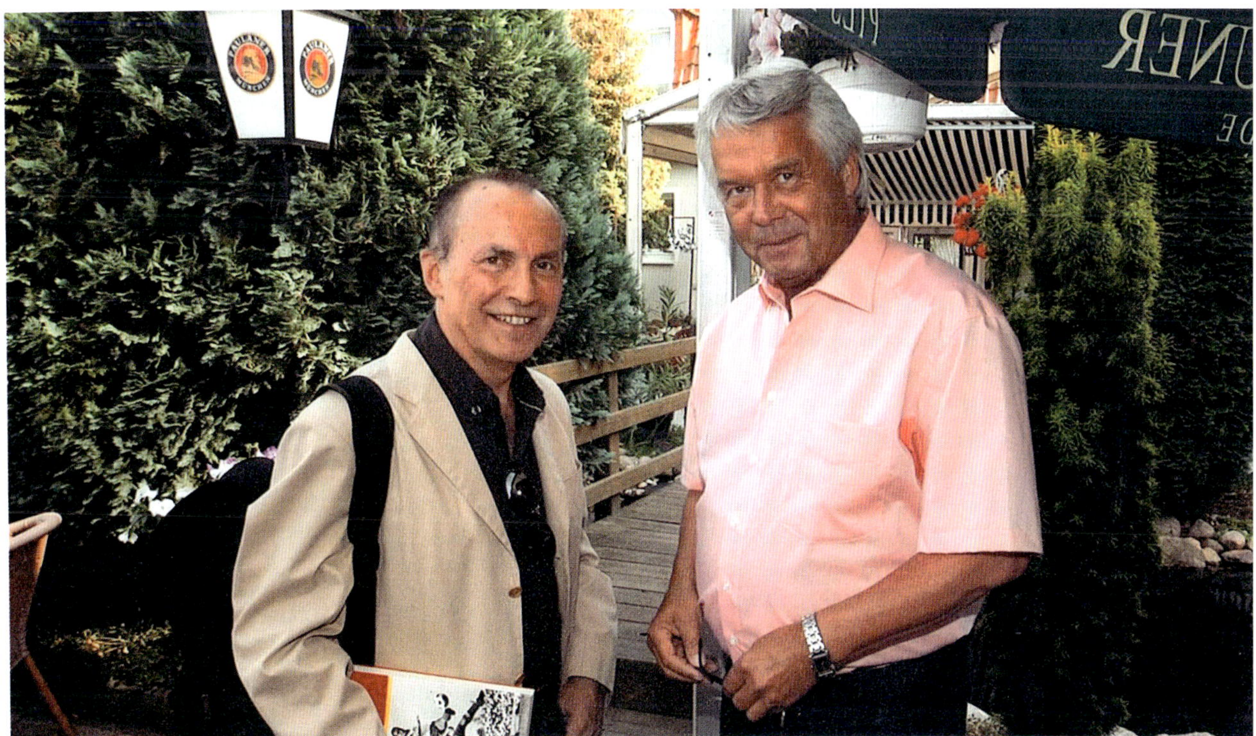

Jürgen Sparwasser mit dem Autor, 2008.

renke, Seguin, Hoffmann und Sparwasser früher in die Kiste mussten, weil der Flug zur Nationalmannschaft nach Schweden anstand.

Warst du nicht ein wenig frustriert, dass du den Empfang auf dem historischen Alten Markt in Magdeburg nicht miterleben konntest?

Aber wie. Da fehlt einfach ein wichtiger Abschnitt. So etwas willst du doch aufsaugen, zusammen mit den echten Fans, auch mit deiner Frau. Aber die Frauen durften ja weder nach Rotterdam mitfahren noch nach Schweden nachkommen.

Hast du dir in so einem Moment gesagt: Wenn ich ein Angebot aus dem Westen bekomme, dann bin ich weg…?

Ich hatte ja Angebote in meiner besten Zeit, von Gladbach und Köln, doch die Familie wollte ich in dieser Zeit nicht im Stich lassen.

Warum hast du erst 1988 die Konsequenzen gezogen und bist mit deiner Frau Christa in den Westen gegangen?

Nach dem Ende meiner Karriere 1979 arbeitete ich als Diplom-Sportlehrer an der Uni in Magdeburg. 1986 war ich schon in meine Doktorarbeit vertieft, auf dem Gebiet Sportspiele. In dieser Zeit sollte ich den Posten des Cheftrainers beim 1. FC Magdeburg übernehmen. Dreimal habe ich dieses Angebot abgelehnt. Da haben mir die Parteigewaltigen die Pistole auf die Brust gesetzt: „Entweder Trainer oder Rausschmiss von der Uni." Ich spürte plötzlich einen kalten Wind um die Nase. Ich hatte keine Option. Mit 40 wollte ich noch etwas bewegen.

Wie sieht deine Bilanz heute aus?

Wir haben nicht geglaubt, als wir in den Westen kamen, beim Sparwasser, da gehen die Türen auf und fallen die Hähnchen runter. Nein, nein. Wir haben uns in Bad Vilbel, im Hessischen, inzwischen eingerichtet. Tochter Silke wohnt auch um die Ecke.

Bist du noch beruflich am Ball?

Eigentlich wollte ich kürzer treten, aber dann bin ich doch in der Fußballschule von Charly Körbel eingestiegen, dem Urgestein der Eintracht in Frankfurt. Ich habe das Talenttraining als Projektleiter übernommen. Die Jungs hier sind zwischen sechs und zwölf Jahren. Sie trainieren neben dem Üben im Verein einmal in der Woche bei uns ganz individuell.

Wer war dein Förderer?

Mein Onkel Kurt Sparwasser. Er war zunächst als Spieler eine regionale Größe in Halberstadt, später ein geachteter Trainer. So kam ich technisch gut ausgebildet mit 15 Jahren zum „Club" in Magdeburg.

Ihr habt in eurer Talentschule Jungs aus Ost und West. Spürst du 25 Jahre nach dem Mauerfall immer noch Unterschiede?

Absolut. Die Jungs aus dem Westen haben viel mehr Selbstvertrauen, fahren die Ellenbogen schneller raus.

Hast du noch Kontakt zu ehemaligen Spielern der Siegermannschaft von Rotterdam? Ich selbst habe noch unseren Treff vor einem Jahr im Magdeburger Hotel „Zum Lindenweiler" in Erinnerung. Da lebte noch Trainerikone Heinz Krügel…

Ja, Heinz Krügel bleibt für mich als Mentor, Lehrer, Motivator unvergessen. Schade, seine Lust am Streiten fehlt. Ansonsten ist das dreitägige Wiedersehen, auch mit den Frauen, ein jährlicher Höhepunkt. Diesmal war der Ex-Torhüter Uli Schulze dran. Er hat die Feier in Thale organisiert, wo er jetzt lebt. ■

STATISTIK

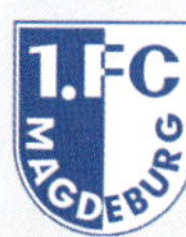

Die Bilanz des **1. FC Magdeburg**
72 Spiele: 32 Siege, 15 Unentschieden, 25 Niederlagen

Europacup der Landesmeister

1972/73

1. FC Magdeburg – TPS Turku 6:0
13.09.1972 in Magdeburg Ernst-Grube-Stadion
TPS Turku – 1. FC Magdeburg 1:3
27..09.1972 in Turku Kupittaan jalkapallostadion
Juventus Turin – 1. FC Magdeburg 1:0
25..10.1972 in Turin Stadio Communale
1. FC Magdeburg – Juventus Turin 0:1
08.11.1972 in Magdeburg Ernst-Grube-Stadion

1974/75

FC Bayern München – 1. FC Magdeburg 3:2
23..10.1974 in München Olympiastadion
1. FC Magdeburg – FC Bayern München 1:2
06.11.1974 in Magdeburg Ernst-Grube-Stadion

1975/76

Malmö FF – 1. FC Magdeburg 2:1
27..09.1975 in Malmö FF-Stadion
1. FC Magdeburg – Malmö FF 2:1/E 1:2
08.11.1972 in Magdeburg Ernst-Grube-Stadion

Europacup der Pokalsieger

1964/65

SC Aufbau Magdeburg – Galatasaray Instanbul 1:1
09.09.1964 in Magdeburg Ernst-Grube-Stadion
Galatasaray Istanbul – SC Aufbau Magdeburg 1:1
17..09.1994 in Istanbul Ali-Sami-Yen-Stadion
Entscheidungsspiel
Galatasaray Istanbul – SC Aufbau Magdeburg n.V. 1:1
07.10.1964 in Wien Praterstadion (Los für Galatasaray)

1965/66

SC Aufbau Magdeburg – Spora Luxemburg 1:0
22.09.1965 in Magdeburg Ernst-Grube-Stadion
Spora Luxemburg – SC Aufbau Magdeburg 0:2
13.10.1965 in Luxemburg Stade Municipal
SC Aufbau Magdeburg – FC Sion 8:1
17.11.1965 in Magdeburg Ernst-Grube-Stadion
FC Sion – SC Aufbau Magdeburg 2:2
08.12.1965 in Sion de Stade de Ville
West Ham United – 1. FC Magdeburg 1:0
02.03.1966 in London West Ham Upton Park
1. FC Magdeburg – West Ham United 1:1
16.03.1966 in Magdeburg Ernst-Grube-Stadion

1969/70

1. FC Magdeburg – MTK Budapest 1:0
17.09.1969 in Magdeburg Ernst-Grube-Stadion
MTK Budapest – 1. FC Magdeburg n.V. 1:1
01.10.1969 in Budapest Nándor-Hidegkuti-Stadion
1. FC Magdeburg – Academica Coimbra 1:0
12.11.1969 in Magdeburg Ernst-Grube-Stadion
Academica Coimbra – 1. FC Magdeburg 2:0
26.11.1969 in Coimbra Estadio Cidade

1973/74

NAC Breda – 1. FC Magdeburg 0:0
19.09.1973 in Breda Rat Verlegh Stadion
1. FC Magdeburg – NAC Breda 2:0
in Magdeburg Ernst-Grube-Stadion
Banik Ostrava – 1. FC Magdeburg 2:0
24.10.1973 in Ostrava Stadion Bazaly
1. FC Magdeburg – Banik Ostrava n.V. 3:0
07.11.1973 in Magdeburg Ernst-Grube-Stadion
1. FC Magdeburg – Beroe Stara Zagora 2:0
06.03.1974 in Magdeburg Ernst-Grube-Stadion
Beroe Stara Zagora – 1. FC Magdeburg 1:1
20.03.1974 in Stara Zagora Beroe-Stadion

Halbfinale

Sporting Lissabon – 1. FC Magdeburg 1:1 (0:0)
10.04.1974 in Lissabon
Estadio José Alvalade, 45.000 Zuschauer
Schiedsrichter: Nikolow (Bulgarien)
Tore: 0:1 Sparwasser (62.), 1:1 Manaca (76.)
1. FCM: Schulze – Zapf – Enge, Abraham, Decker – Raugust, Tyll, Sparwasser, Seguin – Mewes (ab 78. Hermann). Hoffmann. Trainer: Heinz Krügel
Sporting: Damas – Alhinho – Manaca, Bastos, Carlos Pereira (ab 73. J. Rocha) – P. Rocha (ab 73. Tome), Vagner, Baltasar – Marinho, Chico, Dinis. Trainer: Mário Goulart Lino

1. FC Magdeburg – Sporting Lissabon 2:1 (1:0)
24.04.1974 in Magdeburg
Ernst-Grube-Stadion, 35.000 Zuschauer
Schiedsrichter: J. Taylor (England)
Tore: 1:0 Pommerenke (9.), 2:0 Sparwasser (70.), 2:1 Marinho (78.)
1. FCM: Schulze – Zapf – Enge, Abraham, Decker – Seguin, Pommerenke, Tyll – Raugust (ab 79. Hermann), Sparwasser, Hoffmann. Trainer: Heinz Krügel
Sporting: Damas – Bastos – Manaca, Alhinho, Carlos Pereira (ab 63. J. Rocha) – P. Rocha (ab 81. Tome), Nelson,Vagner – Baltasar – Marinho, Chico. Trainer: Mário Goulart Lino

Finale

1. FC Magdeburg – AC Mailand 2:0 (1:0)
08.05.1974 in Rotterdam „De Kiup", 5.000 Zuschauer
Schiedsrichter: Arie van Gemert (Niederlande)
Tore: 1:0 Lanzi (40. Eigentor), 2:0 Seguin (74.)
1. FCM: Schulze – Zapf – Enge, Abraham – Seguin, Pommerenke, Gaube, Tyll – Raugust, Sparwasser, Hoffmann. Trainer: Heinz Krügel
ACM: Pizzaballa – Schnellinger – Anquilletti, Lanzi, Sabadini – Bergamaschi (ab 60. Turini), Benetti, Rivera, Maldera, Bigon. Trainer: Giovanni Trapattoni

1978/79

Valur Reykjavik – 1. FC Magdeburg 1:1
14.09.1978 in Reykjavik, Laugerdal-Stadion
1. FC Magdeburg – Valur Reykjavik 4:0
27.09.1978 in Magdeburg Ernst-Grube-Stadion
1. FC Magdeburg – Ferencvaros Budapest 1:0
18.10.1978 in Magdeburg Ernst-Grube-Stadion
Ferencvaros Budapest – 1. FC Magdeburg 2:1
01.11.1978 in Budapest Albert-Flórián-Stadion
1. FC Magdeburg – Banik Ostrava 2:1
07.03.1979 in Magdeburg Ernst-Grube-Stadion
Banik Ostrava – 1. FC Magdeburg 4:2
21.03.1979 in Ostrava Stadion Bazaly

1979/80

FC Wrexham – 1. FC Magdeburg 3:2
19.09.1979 in Wrexham Racecourse Ground
1. FC Magdeburg – FC Wrexham 3:2/E 5:2
03.10.1979 in Magdeburg Ernst-Grube-Stadion

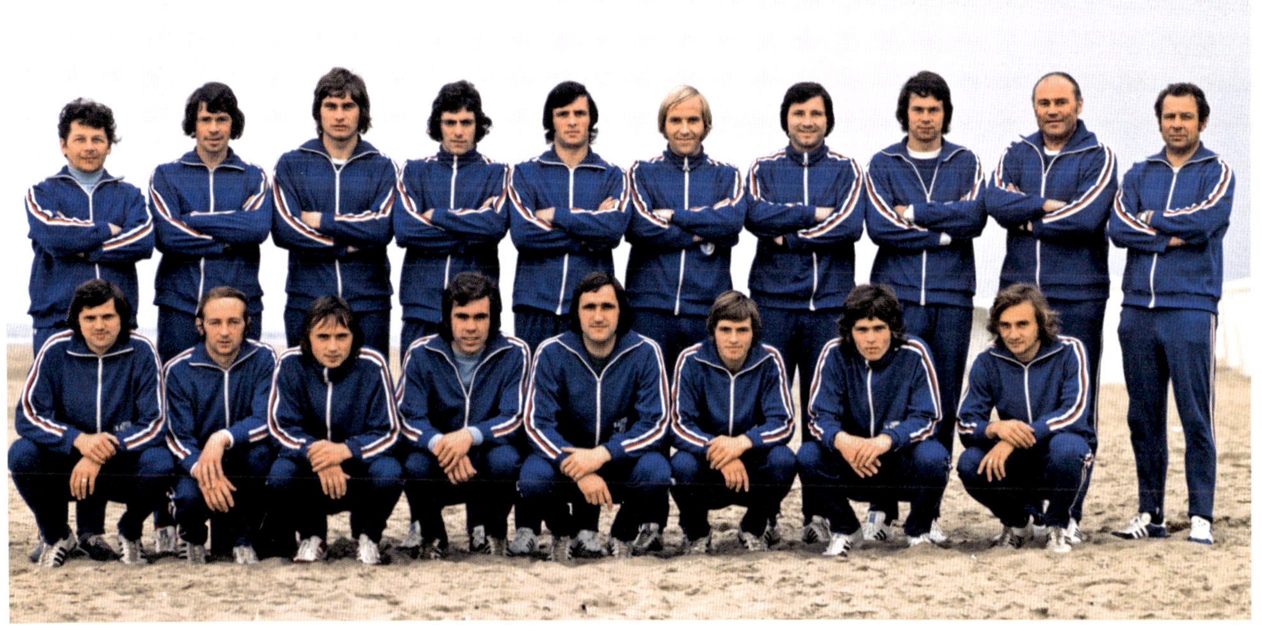

Der Magdeburger Kader der Erfolgssaison 1973/74. Hinten von links: Physiotherapeut Weber, Abraham, Mewes, Tyll, Seguin, Ohm, Zapf, Sparwasser, Trainer Krügel, Co-Trainer Konzack. Vorne von links: Hermann, Gaube, Enge, Heine, Schulze, Hoffmann, Pommerenke, Raugust.

FC Arsenal London – 1. FC Magdeburg 2:1
24.10.1979 in London Arsenal Stadium „Highbury"

1. FC Magdeburg – FC Arsenal London 2:2
07.11.1979 in Magdeburg Heinrich-Germer-Stadion

1983/84

Swansea City – 1. FC Magdeburg 1:1
24.08.1983 in Swansea (Wales) Vetch Field

1. FC Magdeburg – Swansea City 1:0
31.08.1983 in Magdeburg Ernst-Grube-Stadion

1. FC Magdeburg – FC Barcelona 1:5
14.10.1983 in Magdeburg Ernst-Grube-Stadion

FC Barcelona – 1. FC Magdeburg 2:0
28.10.1983 in Barcelona Camp Nou

UEFA-Cup

1976/77

1. FC Magdeburg – AC Cesena 3:0
15.09.1976 in Magdeburg Ernst-Grube-Stadion

AC Cesena – 1. FC Magdeburg 3:1
29.09.1976 in Cesena Stadio La Fiorita

1. FC Magdeburg – Dinamo Zagreb 2:0
20.10.1976 in Magdeburg Ernst-Grube-Stadion

Dinamo Zagreb – 1. FC Magdeburg 2:2
03.11.1976 in Zagreb Stadion Maksimir

1. FC Magdeburg – Videoton Szekesfehervar 5:0
24.11.1976 in Magdeburg Ernst-Grube-Stadion

Videoton Szekesfehervar – 1. FC Magdeburg 1:0
08.12.1976 in Szekesfehervar Sóstói Stadion

1. FC Magdeburg – Juventus Turin 1:3
02.03.1977 in Magdeburg Ernst-Grube-Stadion

Juventus Turin – 1. FC Magdeburg 1:0
16.03.1977 in Turin Stadio Comunale

1977/78

Odra Opole – 1. FC Magdeburg 1:2
14.09.1977 in Opole Oder-Stadion

1. FC Magdeburg – Odra Opole 1:1
28.09.1977 in Magdeburg Ernst-Grube-Stadion

1. FC Magdeburg – FC Schalke 04 4:2
19.10.1977 in Magdeburg Ernst-Grube-Stadion

FC Schalke 04 – 1. FC Magdeburg 1:3
02.11.1977 in Gelsenkirchen Parkstadion

1. FC Magdeburg – Racing Lens 4:0
23.11.1977 in Magdeburg Ernst-Grube-Stadion

Racing Lens – 1. FC Magdeburg 0:2
07.12.1977 in Lens Stade Félix Bollaert

1. FC Magdeburg – PSV Eindhoven 1:0
01.03.1978 in Magdeburg Ernst-Grube-Stadion

PSV Eindhoven – 1. FC Magdeburg 4:2
15.03.1978 in Eindhoven Philips-Stadion

1980/81

1. FC Magdeburg – Moss FK 2:1
17.09.1980 in Magdeburg Heinrich-Germer-Stadion

Moss FK – 1. FC Magdeburg 2:3
01.10.1980 in Moss Melløs Stadion

Torino Calcio – 1. FC Magdeburg 3:1
22.10.1980 in Turin Stadio Communale

1. FC Magdeburg – Torino Calcio 1:0
05.11.1980 in Magdeburg Heinrich-Germer-Stadion

1981/82

1. FC Magdeburg – Borussia Mönchengladbach 3:1
16.09.1981 in Magdeburg Ernst-Grube-Stadion

Borussia Mönchengladbach – 1. FC Magdeburg 2:0
30.09.1981 in Mönchengladbach Bökelbergstadion

1986/87

Athletic Bilbao – 1. FC Magdeburg 2:0
17.09.1986 in Bilbao Estadio San Mamés

1. FC Magdeburg – Athletic Bilbao 1:0
01.10.1986 in Magdeburg Ernst-Grube-Stadion

1990/91

1. FC Magdeburg – Rovaniemi PS 0:0
19.09.1990 in Magdeburg Ernst-Grube-Stadion

Rovaniemi PS – 1. FC Magdeburg 0:1
02.10.1990 in Rovaniemi Stadion Keskuskenttä

1. FC Magdeburg – Girondins Bordeaux 0:1
23.10.1990 in Magdeburg Ernst-Grube-Stadion

Girondins Bordeaux – 1. FC Magdeburg 1:0
06.11.1990 in Bordeaux Stade du Parc Lescure

ZWISCHENSPIEL

OTTMAR HITZFELD

„FUSSBALLERISCH BESTENS AUSGEBILDET"

„In der Führung der Mannschaft war er unschlagbar", sagt Matthias Sammer über seinen früheren Trainer Ottmar Hitzfeld, der mit 25 Titeln zum erfolgreichsten deutschen Fußballtrainer aufstieg. Mit Bayern München wurde der „General" fünfmal Deutscher Meister und 2001 Champions-League-Sieger. Mit Borussia Dortmund gewann Hitzfeld bereits 1997 die Königsklasse und zuvor zweimal die Meisterschaft. Neben Ernst Happel, José Mourinho, Jupp Heynckes und Carlo Ancelotti ist er einer von nur fünf Trainern, die die Champions League mit zwei verschiedenen Vereinen gewannen. Dabei standen sowohl im Erfolgsteam der Dortmunder (Sammer, Freund, Heinrich, Tretschok) als auch in der Siegermannschaft der Bayern (Jeremies, Linke, Jancker, Zickler) jeweils vier Spieler mit ostdeutscher Sozialisation. Sein Kurzurteil: „Ich hatte zu allen eine gute Beziehung."

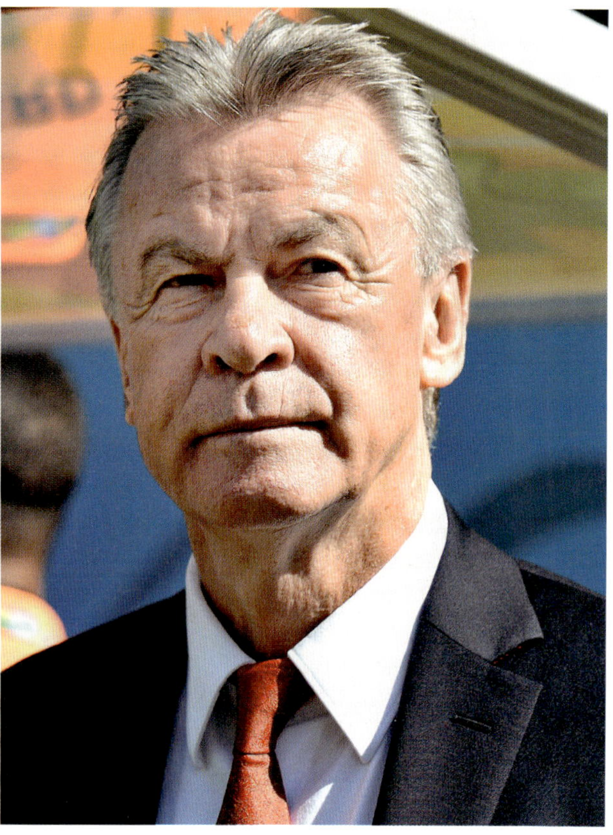
Bei der WM 2014 bewies Ottmar Hitzfeld noch einmal seine große Trainerkunst, als er die Schweizer ins Achtelfinale führte.

Herr Hitzfeld, während die DDR-Klubs in 40 Jahren nur dreimal ein Europacupfinale erreichten, haben Sie gleich mit acht ehemaligen Spielern aus dem Osten Deutschlands zweimal die Krone im europäischen Klubfußball gewonnen. Wie erklären Sie diesen Widerspruch?

Das möchte und kann ich als Außenstehender nicht beurteilen. Ich habe nicht in der DDR gelebt, weiß nicht, inwieweit eine gewisse Zurückhaltung durch die Erziehung geprägt wurde. Als Trainer habe ich versucht, die Spieler aus dem Osten relativ schnell zu integrieren. Das war eigentlich kein Problem. Sie sprachen Deutsch, passten von der Mentalität, waren fußballerisch bestens ausgebildet, diszipliniert, zuverlässig.

Wer war für Sie der typische Ostkicker?

Das kann man so pauschal nicht sagen. Jörg Heinrich, vielseitig verwendbar, und Steffen Freund, stets aufgeladen mit positiver Energie, waren für das Funktionieren einer optimalen Struktur genauso wertvoll wie der klassische Jokertyp René Tretschok. Oder nehmen wir Thomas Linke. Auf ihn konnte ich mich hundertprozentig verlassen. Mit seiner Kopfballstärke war er ein Eckpfeiler in der Bayern-Defensive. Außerdem war er nervenstark, wenn es darauf ankam. So verwandelte er im Champions-League-Finale 2001 gegen Valencia den entscheidenden Elfmeter. Jens Jeremies mit seiner Zweikampfstärke, mit seiner unglaublichen Power und auch, was oft unterschätzt wurde, mit seinen Leaderfähigkeiten hätte jeder andere Coach gern in seinem Team gehabt. Auf der anderen Seite haben Carsten Jancker und Alexander Zickler das Maximum aus ihren Möglichkeiten herausgeholt. Sie konnten bei dem herausragenden Bayern-Kader nicht immer spielen, haben aber durch das tägliche Training auf hohem Niveau letztlich ihre Einsätze bekommen, auch in der Nationalmannschaft.

Am hellsten von den Rohdiamanten aus dem Osten strahlte 1996/97 der frühere Dresdner Matthias Sammer. Deutscher Meister, Europameister, Champions-League-Sieger, Europas Fußballer des Jahres. Aber kein pflegeleichter Zeitgenosse…

…davon kann ich schon ein kleines Lied singen.

In einem „kicker"-Interview behauptet Matthias Sammer: „Manche Falte in seinem Gesicht verdankt Hitzfeld mir." Hat er recht?

Er hat mir gegenüber zumindest gesagt, dass er mit dem Abstand von Jahren einige Fehler bedauert. Ich habe es aber stets so gesehen, dass es Matthias immer um die Sache ging. Ich habe immer an ihm geschätzt, dass er die Dinge offen und ehrlich angesprochen hat. Da spielte sicher eine Rolle, dass sein Vater, auch Nationalspieler und Erstligatrainer, ein dankbarer und streitbarer Partner in Gesprächen über Training, Taktik und Kondition war. Von ihm hat Matthias wahrscheinlich auch die Detailbesessenheit. „Sammer denkt wie ein Trainer", war mir schon zu Beginn unserer gemeinsamen Dortmunder Zeit klar.

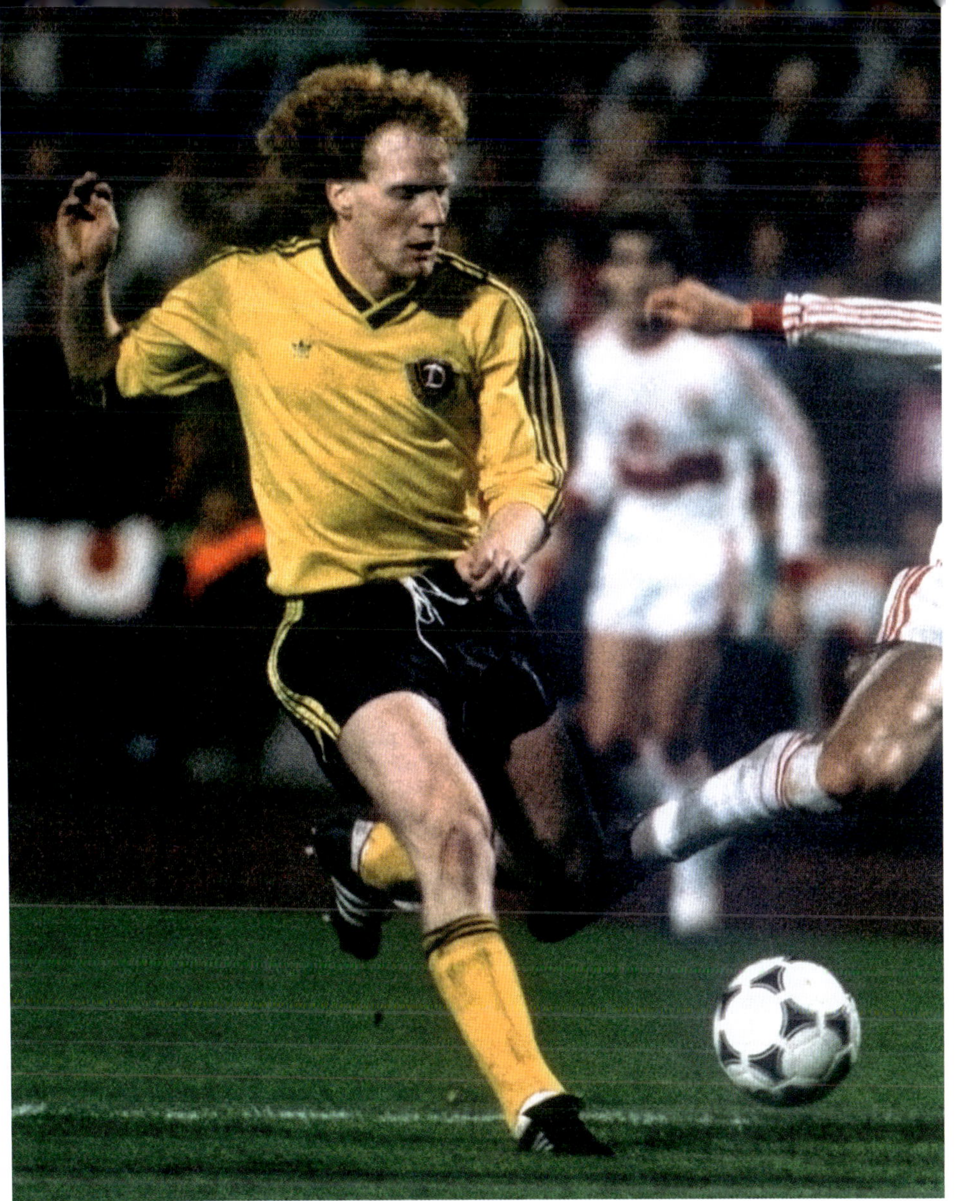

„Sammer dachte wie ein Trainer", lobt Hitzfeld seinen einstigen Schützling. Mit seinem Stammverein Dynamo Dresden erreichte Matthias Sammer 1989 das Halbfinale im UEFA-Pokal. Das Foto zeigt ihn beim Hinspiel in Stuttgart, das die Dresdner knapp verloren. Durch das Unentschieden im Rückspiel wurde der Einzug ins Finale verpasst. Acht Jahre später, in Mai 1997, gewann Sammer mit Borussia Dortmund die Champions League.

Sie erfanden für den klassischen Libero Matthias Sammer den „Libero hinter den Spitzen". Mit welchem Ziel?

Matthias war ja in seiner ganzen Zeit als Nachwuchsfußballer Mittelstürmer gewesen. So ein Gen verlässt einen bekanntlich nicht so schnell…

Sorry, Herr Hitzfeld, Sie als einstiger Torschütze der BRD-Olympiamannschaft beim 2:3 von München 1972 gegen die DDR-Auswahl müssten das ja wissen…

Ja, aber so übermäßig wiederum hatte ich von diesem Torjäger-Gen nicht abbekommen. Matthias soll ja schon mit 13 Jahren unglaubliche 265 Tore in einer Saison geschossen haben. Kein Wunder: Ihn zog es immer mehr zum gegnerischen Tor und weniger zum eigenen. Mit der neuen taktischen Finte konnte Matthias sein Spiel kreativer gestalten, unberechenbarer für den Gegner.

Hat es Sie überrascht, dass Matthias Sammer beim großen FC Bayern als Vorstand Sport gelandet ist?

Es war mir ziemlich klar, dass Matthias eines Tages auf einem bedeutenden Managerposten landen würde, mit großer Verantwortung. Dies hat er zunächst erreicht. Das Tagesgeschäft brachte ihm wohl Erfahrung und Erfolge im Trainerjob, Titel als DFB-Direktor im Nachwuchsbereich, aber nicht die große Erfüllung.

Dagegen scheint ein anderer Großer mit ostdeutschen Wurzeln, Michael Ballack, noch auf der Suche nach einer passenden Funktion im deutschen Fußball zu sein. Fehlte ihm die Feuerglut von Sammer?

Michael war ein Großer seiner Zeit. Ein absoluter Profi. Kein klassischer Spielgestalter. Aber in seinem Jahrzehnt, von 2001 bis 2010, gehörte Michael Ballack zu den torgefährlichsten Mittelfeldspielern der Welt. Er hatte ein paar Mal Pech. Zweimal das Champions-League-Finale verloren. Bitter.

Als der Bayern-Leader einmal das Hitzfeld-System öffentlich kritisierte, hagelte es eine Geldstrafe. Gehörte Michael Ballack zu den Anführern wie Effenberg, Kahn und Sammer, die sich schwierig in den Gruppendienst einbinden ließen?

I wo. Ballack hatte kritisiert, er werde nicht genügend in torreifen Situationen angespielt. Da hab' ich nur gesagt: Du, es ist nicht verboten, in den Strafraum zu gehen. Wir hatten uns ausgesprochen. Damit war die Sache vom Tisch. Das war's aber auch schon.

Herr Hitzfeld, Sie haben schon vor vier Jahren prophezeit: „Toni Kroos ist ein Riesenjuwel." Bei der U17-Weltmeisterschaft 2010 wurde der Mittelfeldspieler von der Ostseeküste von den Journalisten zum „besten Spieler des Turniers" gewählt. Was machte Sie so sicher, dass der Junge aus Greifswald, in der Nähe von Rostock durch Trainer-Vater Roland geformt, das Zeug zum Weltmeister hat?

Ich war mir sicher, dass dieser Junge eines Tages Nationalspieler wird. Er ist der Kompletteste seiner Generation. Toni ist zurückhaltend, aber selbstbewusst, überzeugt von seinen Stärken. Er mischt Kunst und Zweckmäßigkeit in seiner zentralen Mittelfeldrolle, macht immer das Richtige, ohne dass man es ihm sagen muss. Ich bin stolz, dass ich ihn einige Zeit trainieren durfte.

1. FC LOK LEIPZIG
„MEINE LOKSCHE LOB' ICH MIR"

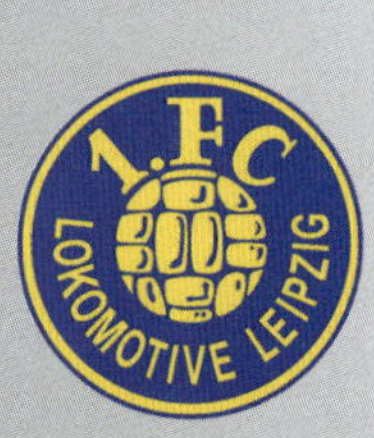

1. FC Lok Leipzig
Gegründet: 20.Januar 1966
Vorläufer: 1945 bis 1948 SG Probstheida,
1948 BSG Erich Zeigner,
1949 bis 1954 BSG Einheit Ost Leipzig,
1954 bis 1963 SC Rotation Leipzig
1963 bis 1965 SC Leipzig
Neugründung: 10. Dezember 2003
Erfolge:
DDR-Vizemeister: 1967, 1986, 1988
Pokalsieger: 1976, 1981, 1986, 1987
Europacupbilanz: 18 Teilnahmen, 77 Spiele
(33 Siege, 15 Remis, 29 Niederlagen)
Größte Erfolge im Europacup:
1986/87 Europapokalfinalist der Pokalsieger
1973/74 UEFA-Cup-Halbfinalist
Heute: Regionalliga Nordost (4. Liga, 2021/22)

Die Erinnerung ist ein seelisches Organ,
das die Vergangenheit verdaut und uns hilft,
mit dem, was war, ganz gut leben zu können.
Thomas Brussig, Schriftsteller

Die „Loksche" im Express durch Europa

Eine Fehde ohne Ende: Kein Friedensgipfel konnte die zwei verfeindeten Leipziger Traditionsvereine zueinanderbringen. 1963 legte der DDR-Fußballverband die Lunte für die bis heute lodernde Brandfläche. Die vermeintlichen Topleute spielten fortan beim SC Leipzig, dem späteren 1. FC Lokomotive. Der „Rest von Leipzig" bildete die BSG Chemie. Das Unglaubliche: Die gedemütigten Chemiker wurden sensationell Meister: mit dem großen Trainerpädagogen Alfred Kunze, mit dem gnadenlosen Strafraumfeger „Manner" Walter, mit dem herausragenden und energischen Torjäger „Spießer" Bauchspieß oder mit der kantigen und kopfballstarken Doppelspitze Scherbarth-Matoul. Die „Besseren" vom SC Leipzig, mit Frenzel, Löwe oder Geisler, kamen über den dritten Platz nicht hinaus. Nicht nur ganz Leipzig-Leutzsch jauchzte vor Glück und Häme. Die Politoberen hatten ein fatales Eigentor geschossen.

Lok blieb, obgleich staatlich befeuert, mit seinen Formschwankungen eine „Sphinx" ohne einen einzigen Meistertitel. Erst unter Taktik-Fuchs Ulli Thomale brauste die „Loksche" als klassische Kontermannschaft 1987 im Expresstempo bis ins Finale von Athen gegen Ajax Amsterdam. Dieser Zug mit First-Class-Waggons ist abgedampft. Heute jubeln die Jungs von Ex-Nationalspieler und Lok-Legende Heiko „Scholle" Scholz über Siege gegen Mannschaften aus Bernburg, Sandersdorf, Rudolstadt, Neugersdorf oder Engelsdorf. Im Kampf ums Überleben. Lang ist's her, dass in der Messestadt Leipzig Weltklassespieler vorspielten: Paolo Rossi, Rudi Völler, Diego Maradona. Schon vor denen kam ein anderer Großer und lockte 75.000 ins Zentralstadion.

„Tausche drei Eusébios gegen einen Drößler"

Leipzig. 21. Dezember 1966. Die Sensation: der große Eusébio im Zentralstadion. Für das Achtelfinale im Messecup, dem Vorläufer des UEFA-Pokals, hat der 1. FC Lok Leipzig das große Los gezogen – Benfica Lissabon. Zwischen 1961 und 1965 stürmte der portugiesische Champion viermal in das europäische Meistercupfinale und stemmte dabei zweimal die begehrte Trophäe. Benfica stellte das Gros beim WM-Dritten Portugal. Mehr Erfolg geht in dieser Zeit in Europa nicht. Wer und was soll die „Roten Adler" aufhalten?

Schneeweiße Flocken tanzen immer ungehemmter. Eusébio fröstelt, hüpft auf dem Fleck, zieht die Knie an, ein paar Sprints noch vor dem Anstoß. Viele Eingemummte in der dunklen „Schüssel" sind nur gekommen, um den Wunderstürmer zu sehen. Ein halbes Jahr zuvor verzauberte der in Mosambik geborene „Schwarze Panther" die Fußballwelt, wurde im Trikot Portugals mit neun Treffern der WM-Rekordschütze des Turniers von 1966.

„Auf den ersten 20 Metern muss ich ihn packen", analysiert Leipzigs Kapitän Karly Drößler beim Studium der abenteuerlich beschafften Videos von Portugals WM-Auftritten. Vor der Wahnsinnskulisse von 75.000 Besuchern (Rekord für ein Messecupspiel) funktioniert Loks Strategie beim sensationellen 3:1 perfekt. „Dem 2:1 ging ein tolles Solo von Löwe voraus, von dem man noch in zehn Jahren an den Stammtischen sprechen wird", schwärmt das Fachblatt „Fußball-Woche". Das spielentscheidende Duell gewinnt „Schattenmann" Karly Drößler gegen Eusébio. Er verdient sich neben Frenzel und Löwe die Bestnoten beim 3:1-Triumph. Für „Käpt'n

Charly", später Biologie-Professor, ist es „das Spiel meines Lebens".

Ein frustrierter Eusébio findet erst beim abendlichen Bankett im Hotel Astoria wieder seine Fassung, klopft seinem Gegenspieler Drößler respektvoll auf die Schulter und zieht eine farbige Autogrammkarte aus seiner Westentasche. An der Tauschbörse vor dem Hotel haben sich die Kurswerte inzwischen verschoben. Ein Bieter schreit: „Tausche drei Eusébio gegen einen Drößler."

***

Gut, dass ich das Interview mit Eusébio nach dessen „Marktverlust" schon in Sack und Tüten habe. Die Sportredaktion genehmigt 500 Ostmark – mit dem üblichen Hinweis, den Star aus dem Westen, wenn möglich, zum Kauf eines gefragten DDR-Produkts zu begeistern. Eine Fotokamera von Zeiss Jena ist in jener Zeit ein durchaus begehrtes Erzeugnis. Doch Delegationschef Carlos Oliveira besteht auf einer Gage von 700 Ostmark. Sollte das Interview jetzt an der im Grunde läppischen Differenz von 200 scheitern? Einer meiner Kameramänner rät mir ab, den Rest aus der privaten Börse draufzulegen. „Das Geld siehst du nie wieder." Ich löhne – und er irrt.

Spieltag, zwölf Uhr. Vierter Stock im Hotel Astoria, damals erstes Haus am Platz in der Messestadt. Spot on, Kamera läuft: Eusébio, umgeben von zwei Aufpassern, erzählt seine Familiengeschichte: Geboren 1942 in Maputo, in der Hauptstadt Mosambiks, in der damaligen portugiesischen Kolonie. Mutter Dona Lisa musste neun Kinder allein großziehen. So habe er sich die Zeit für den Fußball stehlen müssen. Aber dann sei es ganz schnell gegangen. Mit 17 sei er einem Scout aufgefallen. Als ihn Benficas Starcoach Bela Gutmann das erste Mal am Ball sah, war ihm sonnenklar: „Der Junge ist Gold wert." Mit Benfica holt Eusébio den europäischen Meistercup, auf der WM-Bühne wird er zu Afrikas erstem Superstar.

Warum aber hat er nach der WM keines der lukrativen Auslandsangebote angenommen? Als ich diese Frage stelle, verfinstern sich die Mienen der beiden Aufpasser.

„Das ist zuerst eine Sache meines Vereins Benfica. Das kann ich nicht allein entscheiden", antwortet Eusébio ausweichend, und ich verstehe: Er will keine Konfrontation riskieren – weder mit dem Klub noch mit dem diktatorischen Kolonialregime in Portugal.

Hätte ich mich doch lieber an Mario Coluna hängen sollen, den Kapitän? Er stammt ebenfalls aus Mosambik, ist ein politischer Kopf, unterstützt die Befreiungsbewegung in seiner Heimat, die FRELIMO, und soll Kontakt zum Rebellenführer Samora Machel halten. Nein, ich will einen Beitrag über Eusébio. Also frage ich den Vizepräsidenten des Vereins, Carlos Oliveira, wie viele Ausländer bei Benfica unter Vertrag stünden. Er erklärt, es sei eine Tradition von Benfica, keine ausländischen Spieler zu verpflichten.

„Aber Eusébio und Coluna kommen aus Mosambik, Santana da Silva aus Angola. Zählen Sie diese Länder nicht zum Ausland?

Seine Antwort ist eindeutig: „Mosambik und Angola gehören zu Portugal, auch wenn sie in Afrika liegen. Das sind Überseeprovinzen."

In den frühen sechziger Jahren begann die Rivalität zwischen Lok und Chemie Leipzig. Hier ein Derby im Zentralstadion in der Saison 1968/69. Ganz rechts Loks Kapitän Peter Gießner im Gespräch mit Chemie-Kapitän Manfred Walter.

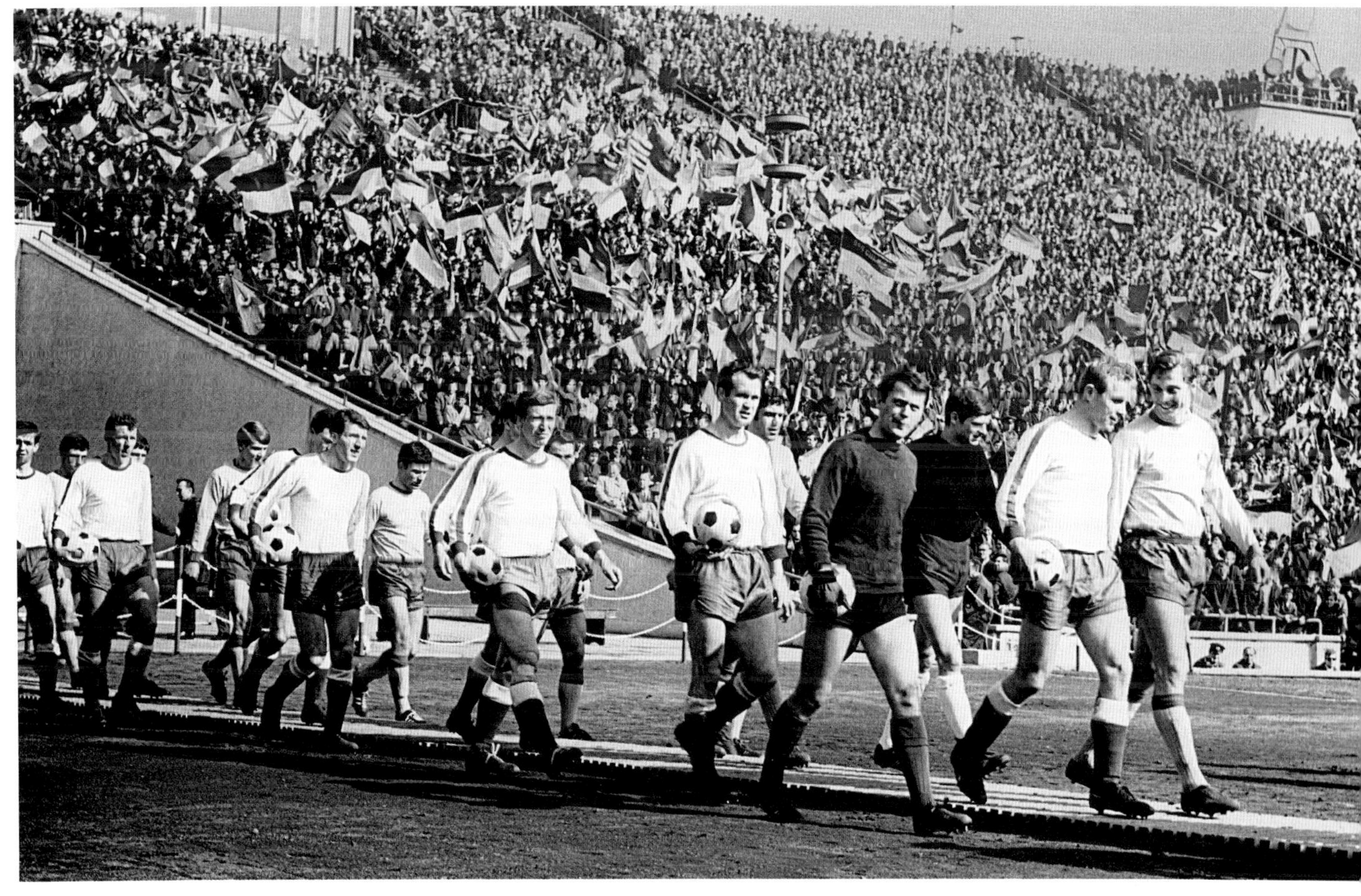

Na endlich! Das Bekenntnis der alten Kolonialherren, die später – wie der langjährige bayerische Korrespondent Bartholomäus Grill in seinem brillanten Buch „Ach, Afrika" beschreibt – „in Mosambik und Angola verbrannte Erde hinterlassen haben".

Oliveiras Statement überzeugt. Der Beitrag über Eusébio läuft.

Sturmflut vom Atlantik

Elf Wochen nach ihrer „Sternstunde" reisen die Leipziger nach Lissabon. Über Benficas Stadioneingang breitet ein majestätischer Seeadler seine Schwingen aus – „Orgulho de Portugal", der „Stolz von Portugal". 3.500 Pokale im Trophäensaal zeugen von der Sonderstellung Benficas in den Sechzigern. Doch die Leipziger lassen sich weder von der imponierenden Trophäensammlung noch von der eindrucksvollen Heimbilanz Benficas beeindrucken: Gnadenlos werden europäische Klubs mit unterschiedlicher Vita im „Estadio da Luz" gehetzt: Austria Wien (5:1), 1. FC Nürnberg (6:0), Tottenham Hotspur (3:1), Rapid Wien (3:0), IFK Norrköping (5:1) und auch das große Real Madrid (3:1).

50.000 fanatische Portugiesen treiben die Eusébio, Coluna, Augusto, Simoes von der ersten Minute an in einen regelrechten Spielrausch. Die Fachzeitschrift „A Bola" fasst die erste Hälfte mit einem Wort zusammen: „Weltklasse!" Doch Lok Leipzig wehrt sich an diesem 7. März 1967 mit selten erlebter Leidenschaft und Kampfkraft gegen die Sturmflut vom Atlantik. „Männe" Geisler, der für den erkrankten Peter Gießner im Deckungszentrum spielt, organisiert seine Defensive hervorragend. Auch ein umstrittener Handelfmeter bringt den nervenstarken Abwehrchef nicht aus der Ruhe. Colunas Volleyknaller aus kurzer Entfernung hat unglücklich die Hand Geislers getroffen und der schottische Schiedsrichter Syme zur Überraschung der Blau-Gelben auf den Punkt gezeigt. Superstar Eusébio vollendet souverän. Keine Chance für Keeper Horst Weigang, der eine Stunde lang mit tollen Reflexen die Null hält.

Die 1:0-Führung nach 65 Minuten setzt beim zweimaligen Europacup-Gewinner noch einmal neue Kräfte frei. Das Eckenverhältnis steigt auf 24:4 für Benfica. Doch in der 80. Minute gelingt Henning Frenzel mit einem wunderbaren Kopfball aus dem Nichts der entscheidende Treffer. „Ich konnte kaum noch laufen", erzählte der Torschütze später in der Kabine. „Als aber Engelhardts Ecke von Naumann verlängert wurde, da dachte ich nur: Zähne zusammenbeißen, diesen Kuller erwischst du noch." Damit ist auch die Moral der Portugiesen gebrochen. Eusébios Schlenzer zum 2:1 in der 87. Minute wird nur als Schönheitsfehler betrachtet. Benficas chilenischer Coach, Fernando Riera, stammelt fassungslos und hilflos nur ein Wort in Richtung Blau-Gelb: „Glück… Glück… Glück." Tags darauf feiern die Lissaboner Blätter den „brillanten Flieger", Torhüter „Teddy" Horst Weigang. Günter Simon dichtet in der „Fußball-Woche": „Die Nacht von Lissabon hat sich in unsere Herzen eingebrannt."

Nach Erfolgen gegen Djurgarden Stockholm, FC Lüttich (mit zwei Treffern des überragenden Wolfram Löwe) und nun also Benfica Lissabon waren die Leipziger ins Messecup-Viertelfinale eingezogen. Dort kam gegen die raubeinigen und kampfstarken Schotten vom FC Kilmarnock (1:0/0:2) das Stoppzeichen. Die Erinnerungen an den „Antifußball" (Wolfram Löwe) der Kilmarnock-Spieler verblassten schnell, geblieben aber sind ewiglich die Erinnerungen an die Duelle mit Eusébio und Benfica Lissabon.

1973/74: Selbstbewusst gegen Torino

Die erste Reise im UEFA-Cup führt den 1. FC Lok Leipzig nach fünf Jahren Europa-Abstinenz 1973 nach Italien. Diesmal heißt der Kontrahent: „Torino", AC Turin. Die Norditaliener haben zwischen 1945 und 1949 viermal hintereinander den Titel gewonnen und 1949 in einem Länderspiel bis auf den Torhüter die komplette Nationalmannschaft gestellt. Eine Flugzeugkatastrophe beendete jedoch auf tragische Weise die Erfolgsserie. Am 4. Mai 1949 zerschellte auf dem Rückflug von Lissabon bei Regen, Nebel, Wind die Maschine mit der Turiner Mannschaft am Superga-Hügel, nahe der Basilika.

Ein schlichter Gedenkstein erinnert daran. Die Leipziger Delegation ehrt die verunglückten Fußballer wie Ballarin, Bacigalupo, Maroso, Rigamonti, Grezar, Castigliano oder Valentino Mazzola, den Kapitän und Vater des späteren Inter-Stars, mit einem Blumenstrauß.

Im Stadio Comunale von Turin, das im Wappen einen Stier trägt, packen die Sachsen den AC Turin spät, aber noch nicht zu spät bei den Hörnern. Lok bleibt auch nach dem 1:0 durch Puis in der 50. Minute konzentriert und beherrscht. Vor 50.000 kippen die Schützlinge von Horst Scherbaum durch Tore von „Wolle" Löwe und Eberhard Köditz das Match zum 2:1-Auswärtserfolg. Im Rückspiel drängt Lok auf eine schnelle Vorentscheidung: Erst sprintet Rainer Lisiewicz der Turiner Deckung davon, dann verwandelt Hans-Bert Matoul einen Handelfmeter zur beruhigenden 2:0-Pausen-Führung. Das Anschlusstor von Angreifer Sala ist nur noch ein wenig Kosmetik.

Wolverhampton – vertriebener Inselfluch

„Wir wollen den England-Komplex vertreiben", sagt Lok-Angreifer Hans-Bert Matoul kämpferisch vor dem UEFA-Cupspiel in Runde zwei gegen die berühmten „Wölfe" aus Wolverhampton. Weder Vorwärts noch Jena, weder Dresden noch Magdeburg, weder der BFC noch Lok schafften es bisher, gegen einen englischen Klub in der Gesamtwertung zu triumphieren. In der Lok-Mannschaft brennen alle darauf, dieses „ungeschriebene Gesetz" zu kippen.

Gegen die Erben des legendären Billy Wright, lange Zeit mit 105 Länderspielkappen Englands Rekordinternationaler, setzt Trainer Horst Scherbaum auf Spielwitz und Kombinationssicherheit. Erst legt Rechtsverteidiger Gunter Sekora geschickt für Angreifer Hans-Bert Matoul auf, dann verwandelt der Torjäger einen Foulstrafstoß selbst, bevor „Ebi" Köditz einen Freistoß von „Männe" Geisler zum 3:0 veredelt. Der dreifache englische Meister und viermalige Pokalsieger muss im gefürchteten „Molineux Ground" auf seine Heimstärke vertrauen.

In einer „atemberaubenden Partie", wie der „Daily Telegraph" vom Rückspiel berichtet, „reißen die Wölfe Leipzig fast in den Abgrund". Friese, Gießner, Gröbner, Sekora, Geisler stemmen sich bis zur Erschöpfung gegen diese Flutwelle und halten bis zur Pause mit Glück ein 0:0.

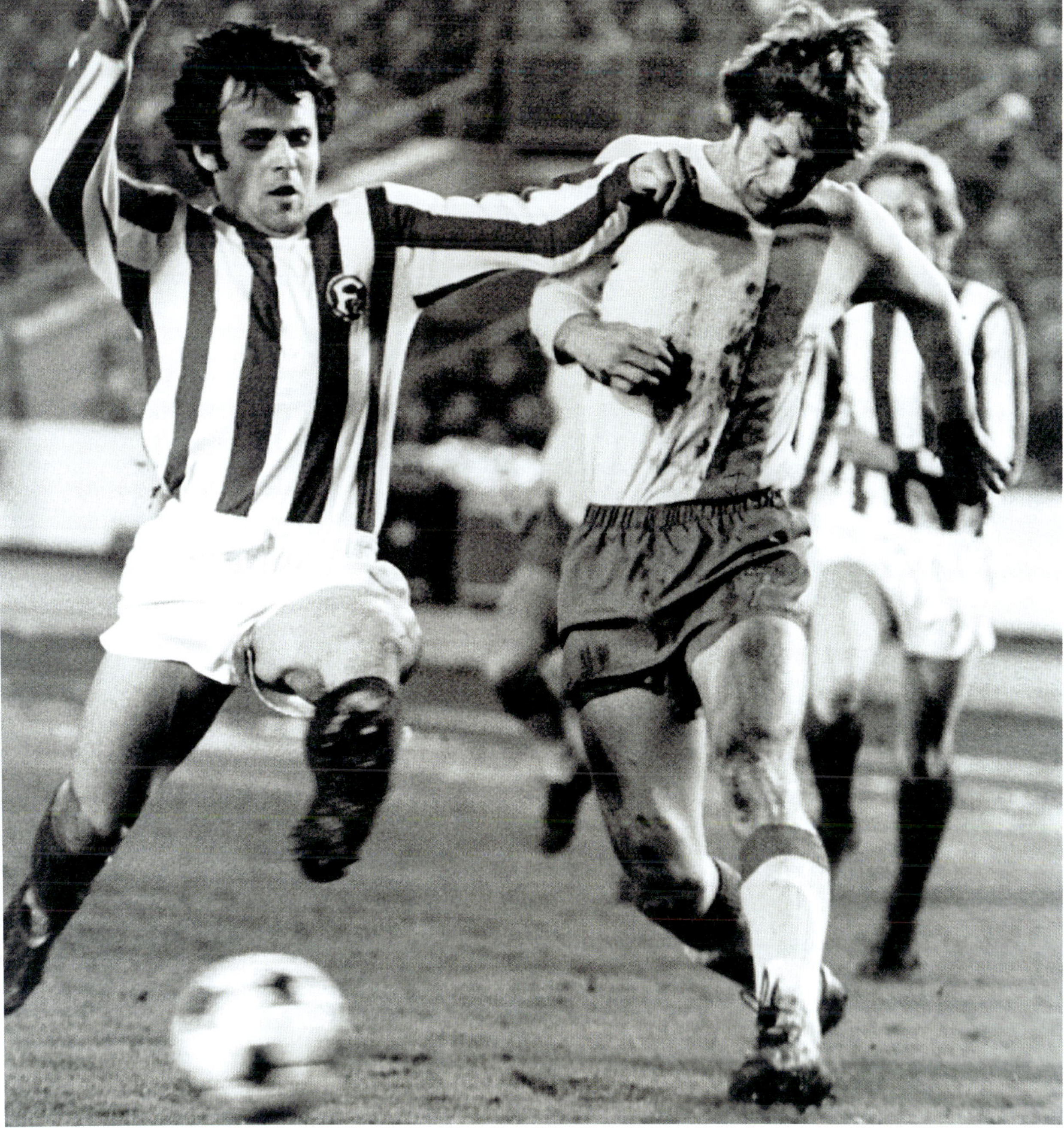

Zweikampf zwischen Wolfgang Altmann (rechts) und Wolfgang Seel. Im UEFA-Cup-Achtelfinale kann sich Lok Leipzig gegen Fortuna Düsseldorf durchsetzen.

„Ihr macht schon euer Tor", muntert der Regisseur im offensiven Mittelfeld, Frenzel, die beiden Angreifer Löwe und Matoul auf. Dieses eine Tor von Löwe aus der 72. Minute ist auch bitter nötig, denn der UEFA-Cup-Finalist von 1972 dreht noch einmal wahnsinnig auf und siegt 4:1. Nach 90 Minuten steht es in der Gesamtwertung 4:4. Löwes Gegentor zählte dem Reglement nach doppelt. Im zehnten Vergleich mit einer englischen Mannschaft kann der Inselfluch erstmals vertrieben werden. Allerdings nicht ohne eine „deftige Lektion in Athletik" bekommen zu haben, wie Trainer Horst Scherbaum kritisch anmerkt.

„Düsseldorf war ein Traumlos"

Klassenkampf pur? Nach der politisch wie sportlich hochbrisanten Begegnung im europäischen Meistercup zwischen Bayern München und Dynamo Dresden (4:3/3:3) kommt es nur wenige Wochen später im Achtelfinale des UEFA-Pokals erneut zu einem deutsch-deutschen Duell.

Der Leipziger Wolfram Löwe trifft mit seiner „Loksche" im November 1973 auf die Fortuna aus Düsseldorf. „Ich hätte damals gern in der Bundesliga gezeigt, was ich drauf habe. Die Kohle hätte ich natürlich auch eingesteckt. Aber darum ging es gar nicht in erster Linie. Gegen bundesdeutsche Mannschaften sah die Lok auch als Team immer gut aus, hat kaum ein Spiel verloren. Ganz einfach, weil da jeder 120 Prozent brachte und beweisen wollte, dass die aus dem Osten auch ganz gut Fußball spielen können."

„Wolle" Löwe gehört zu den Sprintern im DDR-Fußball, läuft die 100 Meter unter elf Sekunden, hat im Trikot der Nationalmannschaft schon Abwehrgrößen wie Facchetti zum brutalen Hinterherlaufen gezwungen. Mit Henning Frenzel, einst Vollblutstürmer und jetzt treibende Offensivkraft im Mittelfeld, bildet er bei Lok über Jahre ein kongeniales Paar.

„Klar bist du besonders motiviert, wenn du die Chance hast, mal rauszukommen", gibt Löwe unumwunden zu und kommt gleich noch einmal auf die Fortuna zurück: „Düsseldorf, das war ein Traumlos. Wir durften in den Westen! Dafür haben wir die Rotlichtbestrahlung vor so einer Reise als kleines Übel geschluckt. Für die überzeugten Genossen war so ein Duell gleich Klassenkampf pur. Aber bei Lok ging es immer noch ein wenig lockerer zu als bei Dynamo oder Vorwärts."

Die Leistungskurven von Fortuna Düsseldorf und Lok Leipzig verlaufen vor dem Hinspiel im Düsseldorfer Rheinstadion entgegengesetzt. Während die Fortuna nach holprigem Beginn Tuchfühlung zum Tabellenführer Eintracht Frankfurt bekommen hat, fliegt Lok in Jena aus dem Pokal und rutscht nach drei Niederlagen in Folge auf Rang sechs der Oberliga. Kommt der UEFA-Cup, Stunde der Wahrheit, für die Männer um Kapitän Peter Gießner nach einem mitreißenden Herbst zu spät? Eine Frage, die vor 40.000 offen bleibt. Fortuna Düsseldorf, in der Vorsaison der Schrecken aller etablierten Klubs der Bundesliga, kann in der ersten Hälfte nur mit einer gehörigen Portion Glück einen Rückstand verhindern. Dreimal werden Altmann, Matoul und Löwe elfmeterreif zu Fall gebracht. Nach viel Langmut zeigt der Waliser Jones auf den Punkt. Spezialist Matoul stellt die Weiche zur 1:0-Pausenführung. Den Leipzigern gelingt es, das starke Trio Geye, Budde, Herzog aus dem Spiel zu nehmen. Ballschlepper Seel kann sich nicht von dem jungen laufstarken Altmann lösen. Eine Stunde lang dominiert Lok das Spiel. Mit dem Ausgleich von Brei entwickelt Fortuna eine neue Dynamik, wobei Löwe unfreiwillig mithilft. Eine Flanke von Herzog lenkt Loks Angreifer, unhaltbar für Friese, ins eigene Netz. Innerhalb von acht Minuten dreht der Bundesligist das Spiel zum schwer erkämpften 2:1-Heimsieg. Der „kicker" titelt: „Jetzt beginnt das große Zittern".

Noch im Kabinengang klopft jemand Leipzigs Pechvogel Wolfram Löwe auf die Schulter und sagt: „Mach dir nichts draus. Ein Eigentor kann immer passieren." Der Tröster war Keeper Wilfried Woyke, „zu dem ich heute noch Kontakt habe. Danach hat er Werner Friese, Joachim Fritsche und mich abgeholt und in eine Disco geschleppt. Morgens sind wir dann noch in die Sauna gegangen. Natürlich ging das auch nur, weil ‚Schere' Scherbaum, der Trainer, und ‚Pit' Gießner, der Klubvorsitzende, nicht so Scharfe waren und einen großzügigen Ausgang genehmigten." „Wolle" Löwe beteuert: „Natürlich blieb alles im Rahmen. Gegen halb sieben waren wir zurück, Koffer gepackt – um acht Uhr waren wir wieder fit." Der Bus fuhr früh um acht Uhr ab.

Loks Trainer Horst Scherbaum bastelt schon auf dem Rückflug nach Leipzig an seinem taktischen Plan: „Wir halten an unserem Konterstil fest." Vor 80.000 hat Lok spielerische und athletische Vorteile. Der noch 20-jährige „Alte", Wolfgang Altmann, bremst Spielmacher Seel weitestgehend aus. Die Leipziger ziehen mit flüssigen Konterattacken die Mehrzahl der 80.000 Fans auf ihre Seite. Nach der Führung von Rainer Lisiewicz kurz vor der Pause erhöht Löwe kurz nach Wiederbeginn zum 2:0. Einen Stern vom Himmel holt dann Leipzig-Idol Henning Frenzel. Beim 3:0 schlenzt der „sanfte Killer", mit dem Rücken zum Tor und fast parallel zur Grundlinie stehend, den Ball mit viel Effet aus der Drehung über den Keeper hoch ins Dreieck. Ein genialisches Tor.

Der Sechste der DDR-Oberliga hat sich als erstes ostdeutsches Team im Europapokal gegen einen Bundesligisten durchgesetzt, gegen den Vierten. Die „Süddeutsche" schreibt: „Das Ende einer Legende".

Werner Friese – der Held gegen Ipswich

Nach Erfolgen über den AC Turin, Wolverhampton Wanderers und Fortuna Düsseldorf wartete im UEFA-Cup-Viertelfinale der zweite englische Brocken auf die „Loksche": Ipswich Town. Die Londoner machen an der englischen Nordostküste gern Urlaub. Doch die Leipziger wussten, dass sie im 100 Kilometer nordöstlich von der Hauptstadt entfernten Ipswich kein Ferienausflug erwartete. Der Vierte der 1. Division, der damals höchsten Spielklasse, hatte die Konkurrenz im Stadion an der Portman Road überrannt: Real Madrid 1:0, Lazio Rom 4:0, FC Twente 1:0. Gesänge, rhythmisches Klatschen – die 26.486 Fans befeuerten das scharfe Passspiel mit den zwei irischen Nationalspielern Hamilton und Johnson. Zu den absoluten Leistungsträgern gehörte auch Torjäger Whymark. Doch keine Offensivkraft, sondern der Verteidiger Beattie erzielte in der 86. Minute das kaum noch erwartete 1:0. „Nach dem 1:4 in Wolverhampton haben wir heute zu wenig riskiert", gestand Henning Frenzel kritisch. Die „East Anglian Times" prophezeite: „In Leipzig erwartet Ipswich ein Tanz auf dem Seil".

***

Nach dem 0:1 reiste ich im Bus mit der Mannschaft die 100 Kilometer von Ipswich nach London. Ich saß in der letzten Reihe neben „Männe" Geisler. Der Mann mit den buschigen Augenbrauen war für sein gnadenlos hartes, aber auch technisch brillantes Spiel bekannt. Plötzlich fragte mich das Schlitzohr: „Bist du ein Kerl?" Warum nicht? Da steckte er mir eine Dose Bier zu und warnte mich: „Pass auf, ‚Schere' darf das nicht sehen." Doch der Coach war auf dem Beifahrersitz schon leicht dahingeschlummert. Keine Gefahr. Mann, Büchsenbier. Was für eine Rarität. Prost „Männe" und Danke!

Kapitän Peter Gießner köpfte vor 57.000 im Zentralstadion seine Lok mit dem 1:0 („Der Ball war hart wie eine Eisenkugel") in die Verlängerung und schließlich ins Elfmeterdrama. Unter dem gleißenden Flutlicht treffen für die Blau-Gelben: Matoul, Fritsche, Moldt – und auch mein Freund „Männe" Geisler. Den besten und herbeigesehnten Reporterstoff liefert mir aber Keeper Werner Friese. Morris, Johnson und Hunter – ich erkenne auch in der Riesenschüssel alle englischen Versager. Nicht immer ganz einfach, bei peitschendem Regen hinter geschlossenem Glas. Also, die Dose Bier hat weder „Männe" noch mir den Blick vernebelt. Die Gala von Torhüter Werner Friese bildete ein Präludium zum Elfer-Krimi mit René Müller 1987, der 1973, also 14 Jahre zuvor, seinem Idol Friese als Balljunge die Kugel zuwarf.

***

Ganz knapp also hatte Lok Leipzig das Halbfinale im UEFA-Cup erreicht. Leider kam dort das Aus gegen den dritten englischen Verein, Tottenham Hotspur mit Weltmeister Martin Peters und mit dem nordirischen Ausnahmekeeper Pat Jennings. Lok-Legende Henning Frenzel boxt noch heute seinen Kumpel „Wolle" Löwe leicht in die Seite: „Wenn du am Anfang die zwei Dinger gegen Jennings gemacht hättest…" So aber konnten die Engländer mit 0:2 davonziehen, bevor Löwe noch den Anschlusstreffer schaffte. Beim Rückspiel in London siegten die „Spurs" dann klar mit 2:0. Aber die Bilanz stand: Lok war erstmals in ein europäisches Halbfinale gedampft.

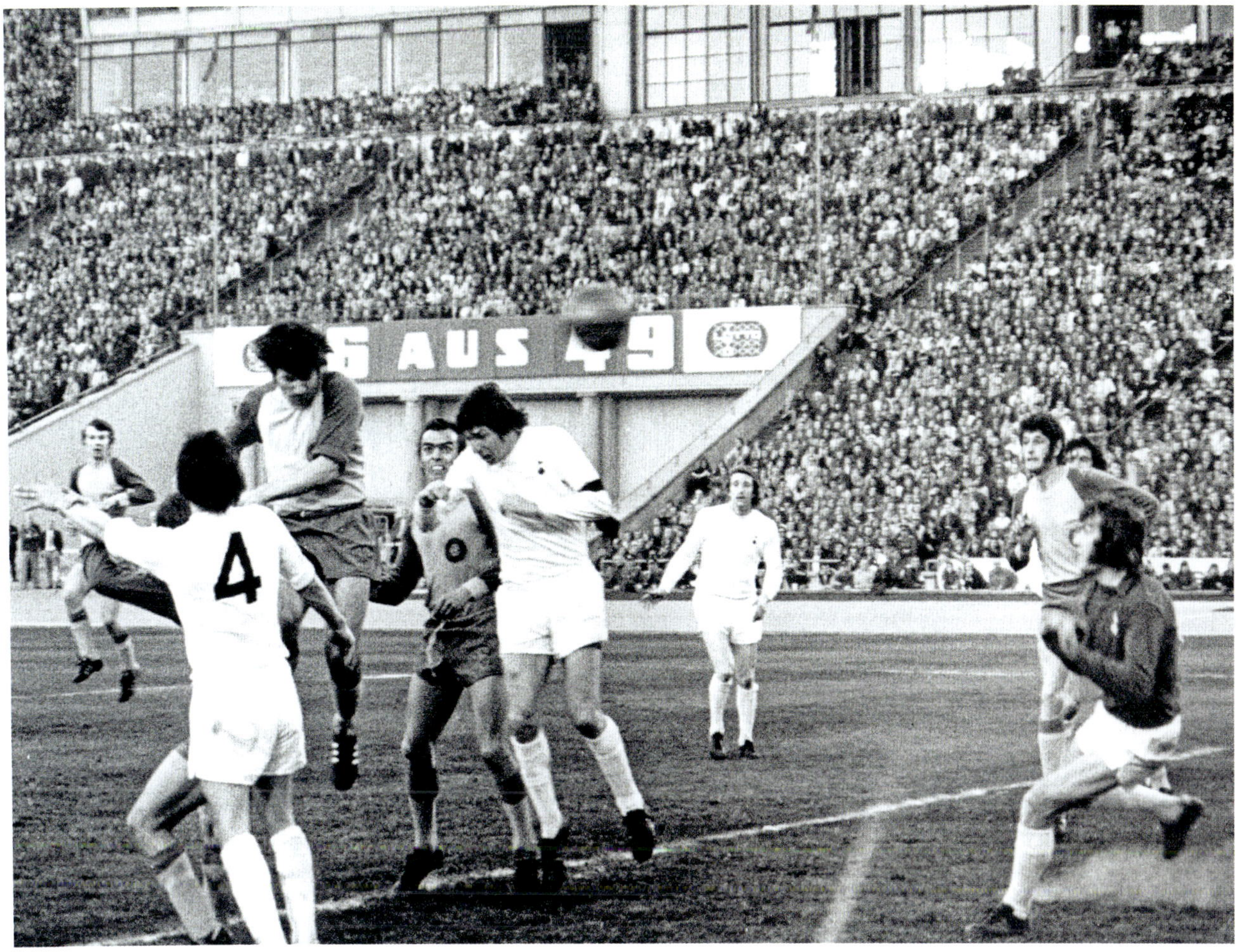

Ein Löwe beißt zu – Wolfram Löwe beim Kopfball zum 1:2 im Halbfinal-Hinspiel 1974 in Leipzig (0:2 in London). Auf dem Foto unten köpft Martin Chivers aufs Leipziger Tor, Wilfried Gröbner kann nicht mehr eingreifen.

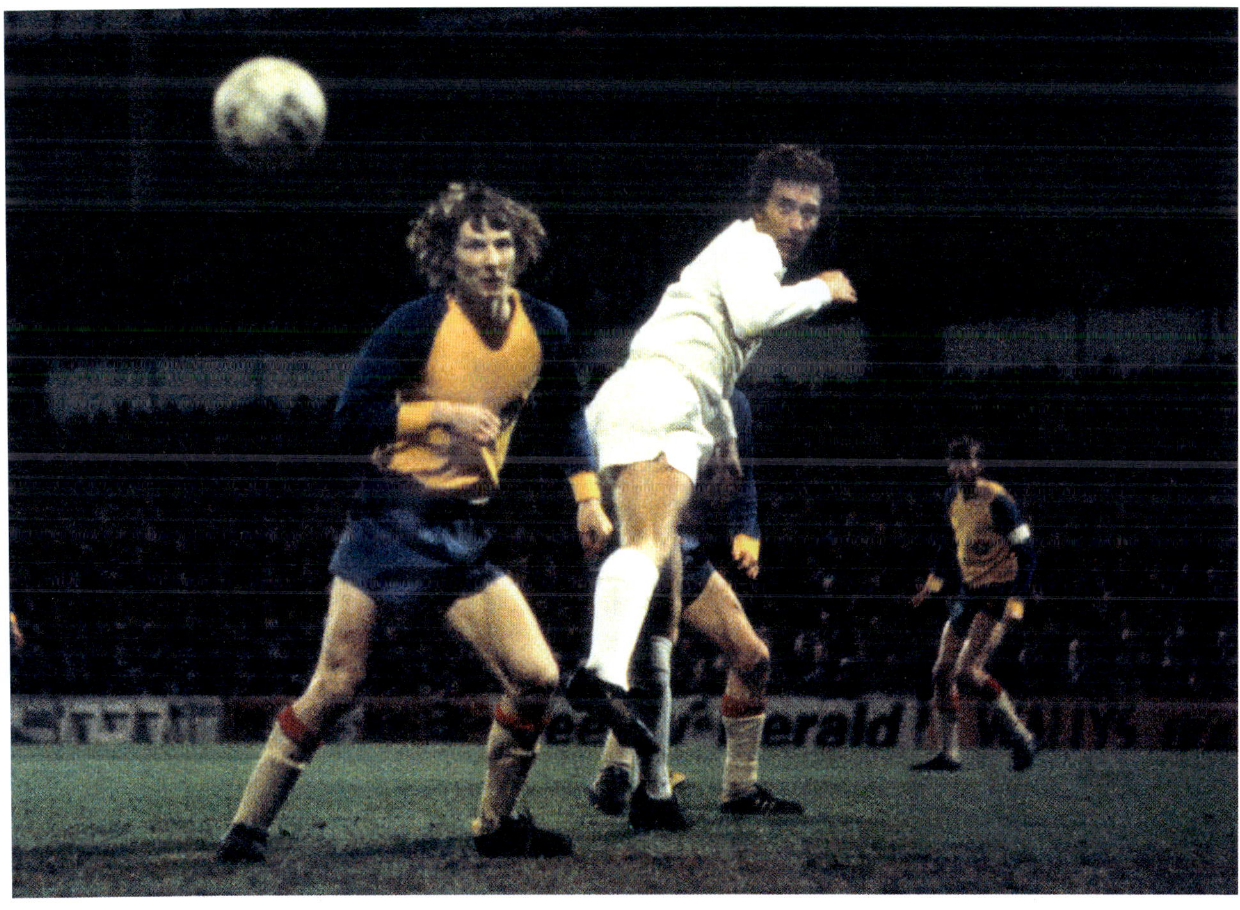

ACHTZIGER JAHRE: GIPFELATMOSPHÄRE

1983/84: René Müller – geadelt von Ruuuudi

In seinen besten Zeiten verzweifelten Weltstars an ihm: Maradona, Platini, Gullit. Oder auch Rudi Völler, der überzeugt ist: „René Müller war seiner Zeit Jahre voraus. Er beherrschte das Mitspielen schon nahezu perfekt, als die meisten Torhüter noch Mühe hatten, den Ball zu stoppen." Dies bekam der Ex-Werder-Angreifer schon in der Saison 1983/84 in der zweiten Runde des UEFA-Cups auf schmerzhafte Art und Weise zu spüren, als der schlanke und lediglich 1,81 Meter große Lok-Torhüter im Weserstadion eine Gala bot und damit wesentlich zum Aus von Werder Bremen (0:1, 1:1) beitrug. Aber nicht erst seit diesem Europacupduell hatte Rudi Völler einen besonderen Blick auf René Müller geworfen. Er guckte schon zuvor die Sportsendungen des DDR-Fernsehens. „Das ‚Fußball-Panorama' am Sonntag habe ich selten verpasst. So war ich recht fit, was den Fußball im Osten angeht. Mir brauchte keiner mehr zu erzählen, was für ein Klassetorhüter René Müller ist."

In seinem offenen und spannenden Erinnerungsbuch „Ins linke obere Eck" erzählt René auch vom Interesse Werder Bremens am Lok-Torhüter: „Bei passender Gelegenheit fragte mich der legendäre Bremen-Manager Willi Lemke, ob ich Lust hätte, zu Werder zu kommen. Die Bremer waren eine Spitzenmannschaft, der Trainer Otto Rehhagel genoss einen ausgezeichneten Ruf, und in einer Mannschaft mit dem Torschützenkönig Rudi Völler zu stehen, war für mich durchaus reizvoll." Doch in mehreren Interviews ließ René Müller gleichzeitig durchblicken: „Es sollte kein krummes Ding sein. Illegal wollte ich das unter keinen Umständen machen. Meine Familie hätte ich nie verlassen."

Olaf Marschall: „Rehhagel hat mich anfangs glatt verkannt"

Ebenfalls im blau-gelben Aufgebot stand bei diesem UEFA-Cupvergleich gegen Werder Bremen der erst 17-jährige Wuschelkopf Olaf Marschall. Beim Hinspielerfolg mit dem 1:0-Siegtor von Hans Richter musste der Jüngste noch auf der Bank schmoren. Beim 1:1-Rückspiel aber bekam der schnelle Angreifer noch 17 Minuten Spielzeit. Die reichten offenbar noch nicht aus, um sich bei Bremens Trainer, Otto Rehhagel, ins Gedächtnis zu spielen. „König Otto" liebäugelte zu jener Zeit mehr mit René Müller, Uwe Zötzsche – aber (noch) nicht mit dem späteren pfälzischen „Fußballgott" Olaf Marschall. „Der Otto hat mich 1983 in Bremen glatt übersehen", amüsiert sich heute Olaf Marschall und gesteht: „Niemals hätte ich geglaubt, dass ich einmal als Spieler bei Otto Rehhagel lande."

Erst drei Jahre später, 1986/87, bestaunen Experten wie Fans den großen Auftritt von Olaf Marschall, nun im Europacup der Pokalsieger. Es ist die Zeit nach der von Uwe Karte eindrucksvoll beschriebenen Ruhr-Erkrankung der Mannschaft. Für den Großteil der geschwächten Lok-Spieler kommt der nordirische Pokalsieger Glentoran Belfast als lockere Auftakthürde gerade recht. Auch für Olaf Marschall. Fünf Minuten darf der 20-Jährige noch beim Stand von 1:1 in Belfast ran. Nach dem Remis gegen mittelklassige Nordiren auf der Insel schreit keiner Halleluja. Aber das 1:1 (Torschütze Lindner) ist eine solide Basis für das Rückspiel. Vor der Magerkulisse von 7.200 im Bruno-Plache-Stadion sorgen Uwe Bredow und Hans Richter für ein standesgemäßes 2:0.

Es bleibt noch eine interessante Randnotiz: Erstmals bekommt ein gewissser Heiko Scholz eine Einsatzchance von einer Viertelstunde. In zwei Jahren von der Bezirksliga – damals drittklassig – in rasender Geschwindigkeit in den Europapokal. Einst hatte man den begabten Techniker aus Görlitz von der Dresdner Sportschule mit dem Hinweis ausgemustert: „zu klein". Der „zu Kleine" wurde Nationalspieler in Ost und West. Zwischen 2013 und 2018 kämpft der Trainer Heiko Scholz mit der neu gegründeten Lok in den Niederungen der Oberliga und Regionalliga Nordost. „Scholle" Heiko Scholz damals: „Ziel bleibt die 3. Liga."

1986/87: „Aus dem Hinterhalt schoss Leitzke"

1986 wartete auf die Männer aus Probstheida in der zweiten Runde ein anderes Kaliber: Rapid Wien, der Pokalfinalist von 1985. Das erste Spiel ging im Wiener Gerhard-Hanappi-Stadion über die Bühne. Psychoterror am Nachmittag auf dem Busweg ins Stadion: Viele Rapid-Fans zeigten eine Hand mit fünf gespreizten Fingern. Eine Anspielung auf das 0:5-Fiasko von Dynamo Dresden an gleicher Stätte vor einem Jahr. Doch der intelligente und fachlich brillante Trainer Hans-Ulrich Thomale hatte die Niederlage der Dresdner messerscharf seziert. Österreichs Fußballmagazin „Ballesterer" lobte Loks Trainer als „Coach westlicher Prägung: dynamisch, ehrgeizig, konsequent. Aus der verspielten Leipziger Mannschaft formte er ein homogenes Team."

Rapid bekommt gegen die perfekte Kombination von Mann-Raum-Deckung der Leipziger keinen Stich. Und die Gäste sind nicht nur defensiv gut unterwegs, sondern auch offensiv. Bester Beleg: Lindners 0:1 nach einer guten halben Stunde. Wie schon in Belfast bekommt der quarantänegeschädigte Olaf Marschall lediglich ein paar Minuten, um sich zu zeigen. Statt fünf wie in Belfast sind es in Wien schon zehn. Zu diesem Zeitpunkt kann Olaf Marschall noch nicht ahnen, dass seine Profikarriere mehr oder weniger auf dieser Südschiene beginnen wird – in Wien. Zwar schaffen die Grün-Weißen von Otto Baric durch einen umstrittenen Strafstoß noch das 1:1. Doch selbst die berühmte Rapid-Viertelstunde, mit permanentem Klatschen der Fans im heimischen Stadion, bringt keinen Erfolg mehr. Eine fantastische taktische Leistung der Notabwehr mit Zötzsche, Edmond, Lindner und Bredow, die das fehlende Trio aus der Stamm-Defensive, Baum, Kreer, Kracht, herausragend vertreten. Immerhin stoppen die Sachsen eine imponierende Serie von Rapid-Trainer Otto Baric: zehn Siege in zehn Europacup-Heimspielen.

Beim Rückspiel: Regen, Regen, Regen, dazu ein tiefer matschiger Boden – und der junge Olaf Marschall bekommt von Trainer Uli Thomale erstmals in dieser Europacuprunde das Vertrauen von Anfang an. Für ihn muss „Zwecke" Kühn auf die Bank. Doch das Talent kann sich an diesem „britischen" Abend noch nicht etablieren. Unmittelbar nach dem 0:1-Schock reagiert der Coach Uli Thomale: Marschall raus, der erfahrene Kühn rein. Eine geniale Momenthandlung. „Zwecke" Kühn setzt sofort ein kurioses Signal: Sein Schuss prallt von Pfosten zu Pfosten, bevor Hans Richter die schlammige Kugel im Kasten von Feurer versenkt: 1:1. Dieter Kühn, der untersetzte und schlaue Angreifer, bereitet auch in der 28. Minute der Verlängerung mit einer Flanke das 2:1-Siegtor durch Hans-Jörg Leitzke vor. „In der Mitte verpasste Richter den Ball, aber aus dem Hinterhalt schoss Hans-Jörg Leitzke unter Feurer hindurch ins Tor und setzte nun jubelnd zu einem Sturmlauf an", liest man amüsiert in der großartigen Vereinschronik „neunzehn87" von Thomas Franke und Marko Hofmann. „Erst kurz vor dem Glockenturm konnten ihn seine Teamkollegen einholen."

Michael Kuhn, Reporter des österreichischen Rundfunks, schließt seinen Kommentar mit den dramatischen wie martialischen Worten: „Das war die Schlacht von Leipzig, die leider zu keinem besseren Ende für Rapid geführt hat."

Marschall – junger „Fußballgott"

Der Winter ist ein harter Mann, hart und scheinbar endlos. Auch die Spielfläche in der großen „Schüssel" von Leipzig ist mit einer dicken Schneedecke überzogen. So wird das Viertelfinale gegen den Schweizer Kontrahenten FC Sion zur Schlitterpartie. Die Männer aus dem Wallis lässt der Schnee offenbar kalt. „Wir gehören jetzt zu Europas Spitze", posaunt Sions Trainer Donze, der die Schweizer Topklubs aus Zürich und Genf herausfordert. Gegen Lok Leipzig soll der „Traum vom Halbfinale („Sport") wahrgemacht werden. Doch dagegen sträuben sich die Leipziger. Lok dominiert fast die komplette Spielzeit. Das Rezept: lange Bälle auf die Spitzen Richter und Marschall. Doch auf dem rutschigen Boden haben die Angreifer Probleme bei der kontrollierten Ballmitnahme. Ein Kurzpass-Spiel bietet sich auf dem seifigen Boden nicht an. Bis zur Pause erarbeiten sich die Leipziger nur zwei Chancen, die Kühn und Marschall vergeigen.

Uli Thomales Kabinenpredigt zeigt Wirkung: Es wird mehr gespielt als geschlagen, mehr über die Flügel kombiniert als durch die Mitte „getankt". Die Uhr tickt inzwischen für die Schweizer. Noch drei Minuten. Zwei roten Bällen ging schon schnurstracks die Puste aus. Doch das Glück kommt mit dem dritten, einem schwarz-weißen Ball. Am meisten profitiert Olaf Marschall davon. Er kennt sich mit den heimischen Produkten am besten aus. Endlich holt der 20-Jährige den ersten Stern vom Himmel: 1:0 nach 87 Minuten. In den Schlusssekunden legt Marschall noch für Hans Richter zum 2:0 auf. Die zwei Paukenschläge bescheren eine tolle Ausgangsposition für das Rückspiel.

Trotz der leidenschaftlichen Kulisse in Sion übersteht Lok alle Turbulenzen im Stadion Tourbillon. Im Gegensatz zum FC Aberdeen und GKS Katowice, die zuvor jeweils mit 3:0 nach Hause geschickt wurden. Mit dem kontrollierten 0:0 ziehen die Schützlinge von Uli Thomale verdient ins europäische Halbfinale der Pokalsieger ein. Zum zweiten Mal in der Vereinschronik.

„So ein Tag, so wunderschön wie heute", dirigiert Trainer Uli Thomale seinen Männerchor in einem kleinen Restaurant der historischen Innenstadt von Sion. Bei einem Glas Rotkäppchen-Sekt, von daheim mitgeschleust, und ein paar Sprüchen wird um Mitternacht Olaf Marschall zum 21. Geburtstag gratuliert. Aus lauten Kehlen klingt's aus dem Hintergrund: „Unser Olaf ist der Größte." Er war schließlich der entscheidende Spieler des Viertelfinals. Die Lok-Insider Franke/Hofmann schauen hinter die Fassade. „Nach einer eher mauen Vorsaison und der Ruhr-Erkrankung zu Beginn der neuen Spielzeit hatte Marschall gegen Sion (mit einem Tor und einem Assist) offenbar den Schlüssel zu seinem Potenzial wiedergefunden."

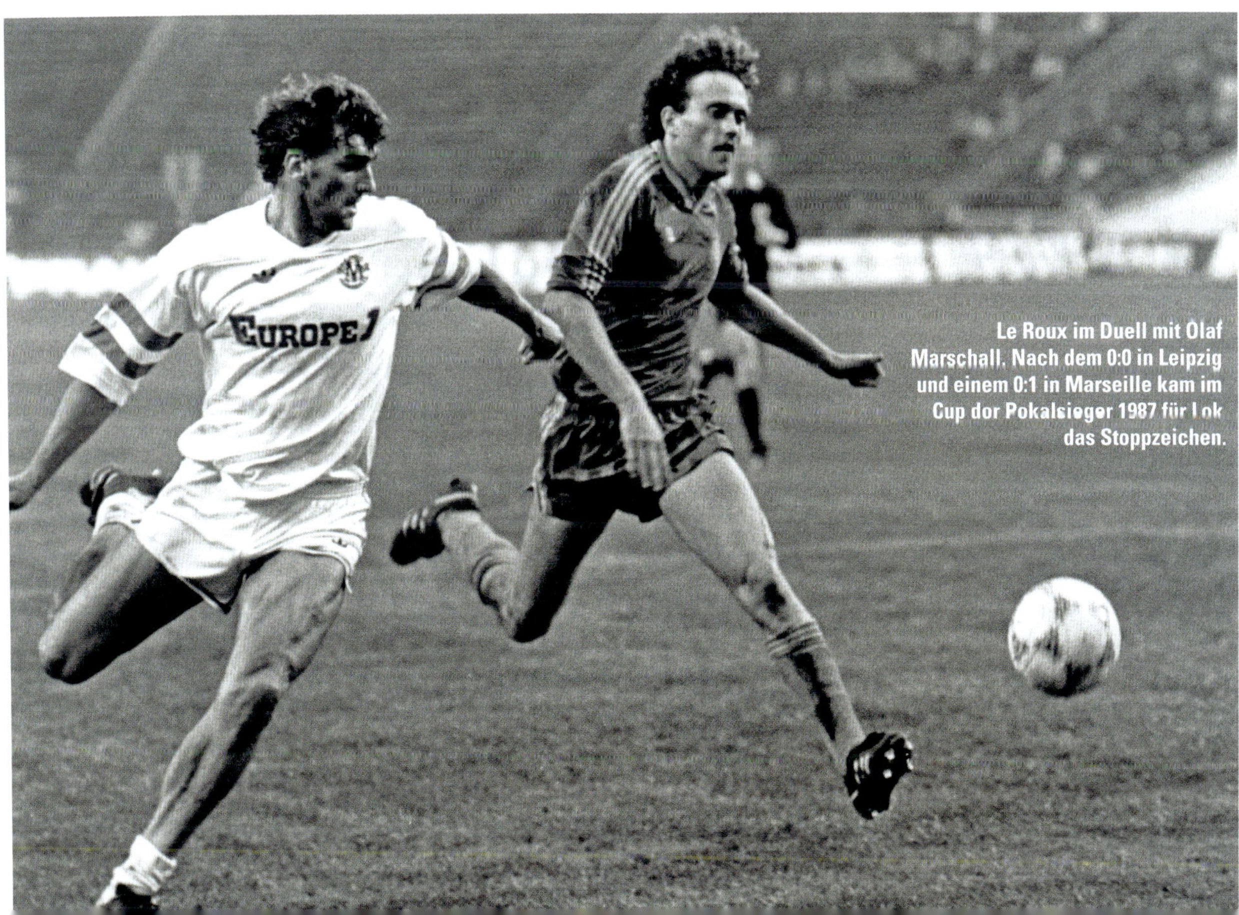

Le Roux im Duell mit Olaf Marschall. Nach dem 0:0 in Leipzig und einem 0:1 in Marseille kam im Cup der Pokalsieger 1987 für Lok das Stoppzeichen.

ZEITZEUGE OLAF MARSCHALL

„DIE ALTEN KNIFFEN BEIM ELFMETER"

Debüt im Europacup mit 17, im Oberliga-Team vom 1. FC Lok und in der DDR-Auswahl mit 18. Ins Europacupfinale 1987 gegen Ajax Amsterdam (0:1) stürmte der schlaksige Sachse mit 21. Nach der Wiedervereinigung fand der begnadete Stürmer über die Südschiene Wien-Dresden seine fußballerische Heimat in der Pfalz, wo er unter Trainer Otto Rehhagel mit dem 1. FC Kaiserslautern 1998 als Aufsteiger sensationell Deutscher Meister wurde. Dabei stieg Olaf Marschall zum „Fußballgott" auf und machte sich mit spektakulären und wichtigen Toren unsterblich. Daran war am späten Abend des 18. März 1987 im Schweizer Wallis noch nicht zu denken.

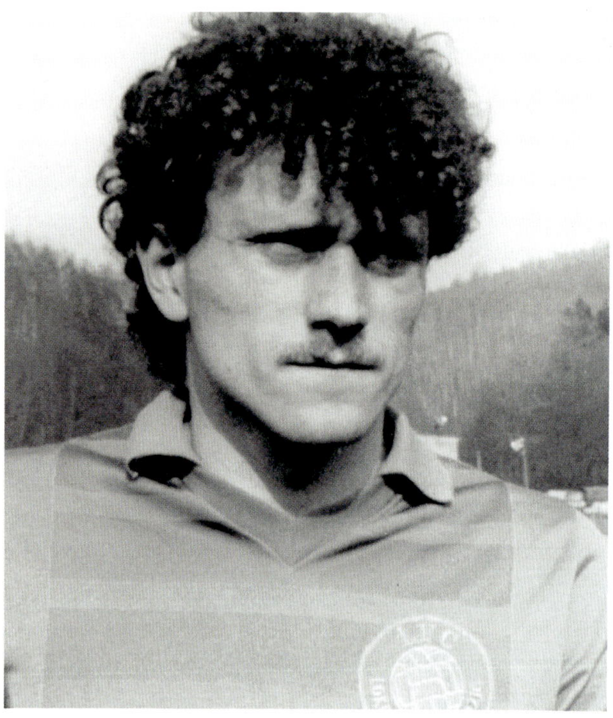

Olaf Marschall 1988.

Kannst du dich noch an die kleine Feier in Sion erinnern?

Ja, ja. Alles schön spontan: Die Männergesänge, die Sprüche. Da ging ja der Uli (Thomale) als Dirigent, ob auf dem Stuhl oder der Massagebank, auch gern vorneweg. Es war ja keine Riesenparty, eine kleine Fete eben. Klar, wir haben das Halbfinale mehr gefeiert als meinen Geburtstag

Wann und wo hast du mit dem Kicken begonnen?

Auf der Straße, in Torgau, meiner Heimatstadt, 50 Kilometer nordöstlich von Leipzig. Da haben wir Jungs auf Wiesen geknödelt. Mein Vater war praktisch mein erster Übungsleiter.

Torgau ging als „Amerikanischer Frühling" in die Geschichte ein. Am 25. April 1945 reichten sich kurz vor Ende des Zweiten Weltkriegs russische und amerikanische Soldaten am Elbufer von Torgau die Hände. Je davon etwas wahrgenommen?

Ein wenig schon. Als ich zehn oder elf Jahre alt war, wohnten wir gleich in der Nähe der Kasernen. Ab und zu haben wir auch mit den russischen Soldaten gebolzt. Wenn der Offizier mal ein Auge zudrückte, dann warfen sie hastig die Reisigbesen zur Seite. Dann ging's zur Sache. Meine Eltern hatten nichts dagegen.

Wie verlief dein weiterer Weg?

Ich war noch kurz bei Chemie Torgau aktiv, bevor ich mit zwölf Jahren zur Sportschule von Lok wechselte. Dort hat vor allem Lothar Priebe für das notwendige Rüstzeug gesorgt. Wir waren 16 gleichaltrige Jungs, haben siebenmal die Woche trainiert und am Wochenende gespielt. Also, das war ganz schön intensiv. Dort traf ich auch das erste Mal Matthias Lindner. Wir haben uns praktisch gemeinsam bis in die Nationalelf gespielt, haben unsere ganze Jugend dort verbracht. Schöne Zeit. Denke gern daran zurück.

Wenn du vergleichst: DDR-Sportschule gestern und Fußballinternat heute?

Parallelen sind natürlich unverkennbar. Der DFB hat das System, in abgewandelter Form, wieder eingeführt. Ohne Parteilehrjahr *(schmunzelt)*. Matthias Sammer hat da ganz sicher einen Riesenanteil. Er hat den wissenschaftlichen Aspekt mit hineingebracht, das Siegergen bei den Jungs herausgekitzelt. Ich würde jedenfalls diesen Weg noch einmal gehen. Er hat mir viel gebracht.

Inwiefern hat dich Trainer Uli Thomale geprägt?

Uli war einer der besten Trainer in meiner Laufbahn. Fachlich, pädagogisch super. Ein detailbesessener Tüftler. Und er wollte immer gewinnen, egal, ob beim Fußballtennis oder Kartenspiel. Ich denke, das eine oder andere Mal hat er uns dabei auch übers Ohr gehauen. Er konnte einfach nicht verlieren. Als Trainer hat er dich auch mal zappeln lassen, wenn du nicht hundertprozentig Leistung gebracht hast. Ich habe nicht gleich bei ihm gespielt. Du musstest kontinuierlich gut sein. Dafür hat schon der „Schleifer" Gunter Böhme gesorgt, Ulis Assistent. Der hat dir schon Beine gemacht, wenn du nicht richtig fit warst.

Wäre gegen Bordeaux der Einzug ins Finale ohne die jungen Wilden verpasst worden?

Das wäre gut möglich gewesen *(lacht)*. Einige Routiniers hatten sich beim Elfmeterschießen schnell verkrümelt. Dagegen nahmen wir jungen Dachse, Matthias Lindner und ich, das Drama nicht ganz so schwer, machten uns weniger einen Kopf. Lindner und ich legten erst einmal vor. Aber dieser Abend gehörte eh vor allem René Müller. Wann bekommst du so eine Situation geschenkt? Zwei gehaltene Elfmeter vor gefühlten 100.000, und dann machst du als Torhüter selbst noch den entscheidenden rein. Mehr geht nicht. ■

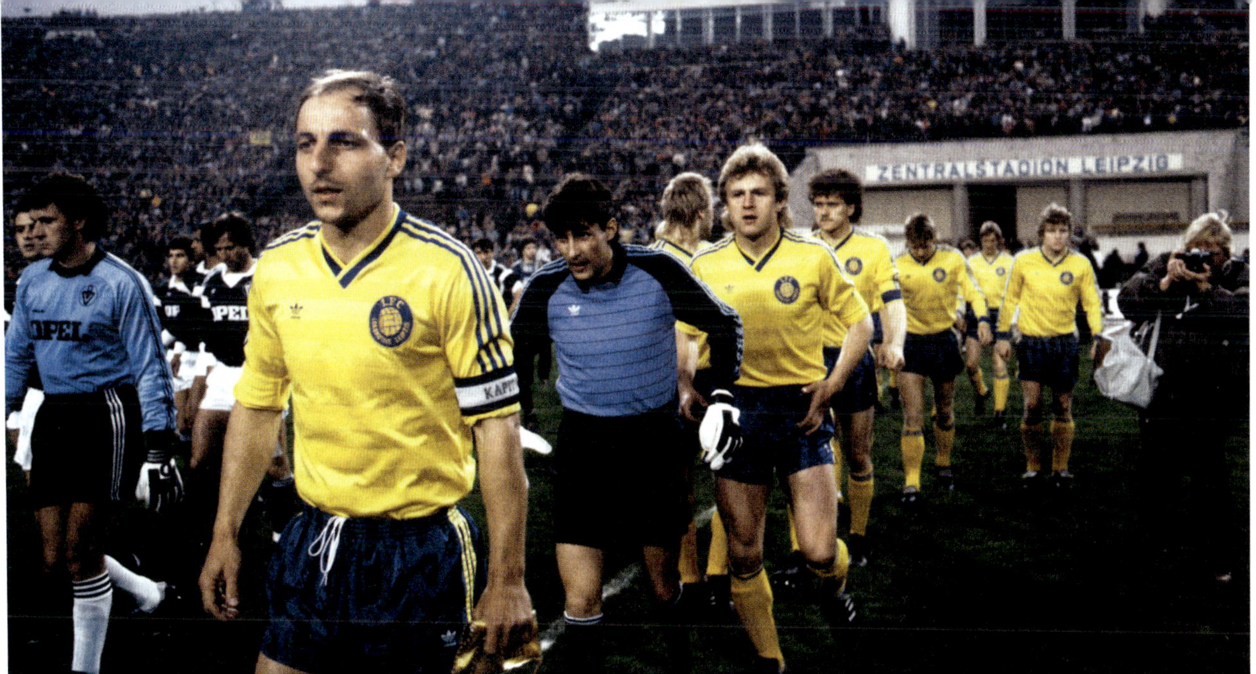

Vor dem Halbfinale gegen Girondins Bordeaux. Vorweg gehen Frank Baum, René Müller, Uwe Zötzsche und Olaf Marschall.

100.000 sehen Drama gegen Girondins Bordeaux

Auch nach über 30 Jahren bekommen die Fans, die bei einem der dramatischsten Kapitel des DDR-Fußballs in der großen „Schüssel“ mitfieberten, Gänschaut pur. Für das Halbfinale 1. FC Lok Leipzig gegen Girondins Bordeaux gingen schlappe 73.000 Tickets im Vorverkauf über den Tresen. Als die im Schnitt 6,10 Ostmark teuren Karten total vergriffen waren, stürmten die Fans die Kassenhäuschen. „Die Menschen quetschen sich auf Sitzbänke und Treppen. Junge Männer mit Schnurrbärten nehmen ihre Freundinnen auf den Schoß“, schildern Thomas Franke und Marko Hoffmann plastisch in einer Chronik des Zentralstadions. Gefühlte 100.000 Zuschauer empfangen an diesem 22. April 1987 die Lok-Spieler. Eine überwältigende, teils gespenstische Kulisse, die selbst gestandenen Männern um Kapitän Frank Baum den Atem stocken lässt. Auf der TV-Sprecherkabine des Kollegen Achim Schröter balancieren die Fans. Auf der Dammkrone, eigentlich von Fans unbesetzt, schmiegen sich die Leute dicht aneinander. René Müller, der sich in der 5. Etage des Sportforums vor einer Glastür warm schießen ließ und damit einer Tradition folgte, schaut erstaunt: „Das ist der Hammer.“ Immerhin, andere Klubs mussten sich bisher in Cupspielen häufig mit 20.000 Anhängern begnügen. Trainer Hans-Ulrich Thomale ist bemüht, den Druck von der eigenen Mannschaft zu nehmen, und schwört sie noch einmal richtig ein: „Selbstbewusstes, eiskaltes Spiel und nicht durch Fans und Kontrahent zu euphorischen Fußball verleiten lassen.“

Was Uli Thomale, vor zwei Jahren mit besten Referenzen von Wismut Aue nach Leipzig gewechselt, ahnte, trifft auf grässliche Weise ein: Flanke von Ferreri, Fargeon verlängert, Zlatko Vujovic und Leipzigs Pechvogel Matthias Lindner stoßen den Ball gemeinsam über die Torlinie: 0:1 nach nur zwei Minuten und 48 Sekunden. Harter Nerventest für 100.000. Lok macht es spannend. Das mühsam erkämpfte Plus vom Hinspiel gegen Pattrick Battiston, Gernot Rohr und Jean Tigana schon dahin. Uwe „Biene“ Bredow hatte das favorisierte Bordeaux im Hinspiel mit seinem 1:0-Siegtor überrascht. Mit Girondins wurde eine bekannt heimstarke Mannschaft bezwungen, die mit den 84er Europameistern Tigana und Ferreri, den 86er WM-Dritten Vercruysse und Battiston sowie den kroatischen Zwillingen Zlatko und Zoran Vujovic super besetzt ist und von einem Supertrainer gecoacht wird: Aimé Jacquet, dem späteren Trainer des Weltmeisters von 1998.

Lok hat zunächst mit einer Schockstarre zu kämpfen. Die Leipziger versuchen über den Fight ins Spiel zu kommen. Ein schwieriges Unterfangen bei dem buckligen Rasen. 0:1 zur Pause. In Halbzeit zwei erwischt es Uwe Zötzsche – Platzwunde. Mannschaftsarzt Dr. Eberhard Fleischer hat Mühe, die klaffende Stelle zu schließen. Zweiter Patient: Hans-Jörg Leitzke, für ihn kommt das Aus nach einem Zweikampf. Das Lazarett weitet sich, Tore bleiben aus: 0:1 nach 90 Minuten, 0:1 bis zur 107. Minute in der Verlängerung.

Jetzt muss der „Bär“ ran. Zoran Vujovic hat Hans Richter gerammt. Nicht brutal, aber regelwidrig. Der Engländer Courtney zeigt auf den Punkt: Alle träumen schon von der Führung, denn Uwe Zötzsche gilt als Loks sicherster Elfer-Schütze. „Der hat eigentlich eine Arschruhe“, erzählt René Müller später: „In meiner ganzen Zeit bei Lok habe ich ihn höchstens zweimal gesehen, als er einen Elfer vermasselte.“ Doch diesmal? Sind es schwindende Kräfte oder psychischer Verschleiß? Seinen in die linke Ecke gedroschenen Ball kann Keeper Dominique Dropsy noch mit den Händen erwischen, den zweiten Ball donnert Olaf Marschall gegen die Querstange. So bleibt es auch nach 120 Minuten beim 0:1.

Ein Elfmeterschießen entscheidet über die Reise nach Athen. Wer geht mit breiter Brust auf den Punkt zu, und wer macht sich aus dem Staub? Bei Lok „genießen“ in dieser nervenzerfetzenden Hölle die Jungen den Vortritt. Uwe Zötzsche muss von den Kollegen überredet werden, ein zweites Mal anzutreten. „Komm, Bär, diesmal klappt's!“ Für Lok treffen bis zum 5:5 Lindner, Marschall, Zötzsche, Kühn, Altmann. Je einmal haben die Torhüter die Oberhand behalten. Dann kommt für Bordeaux Verteidiger Zoran Vujovic. Sein Zwillingsbruder Zlatko signalisiert Trainer Jacquet: „Mein Bruder hat seit vielen Jahren keinen Elfmeter in einem wichtigen Spiel verwandelt.“

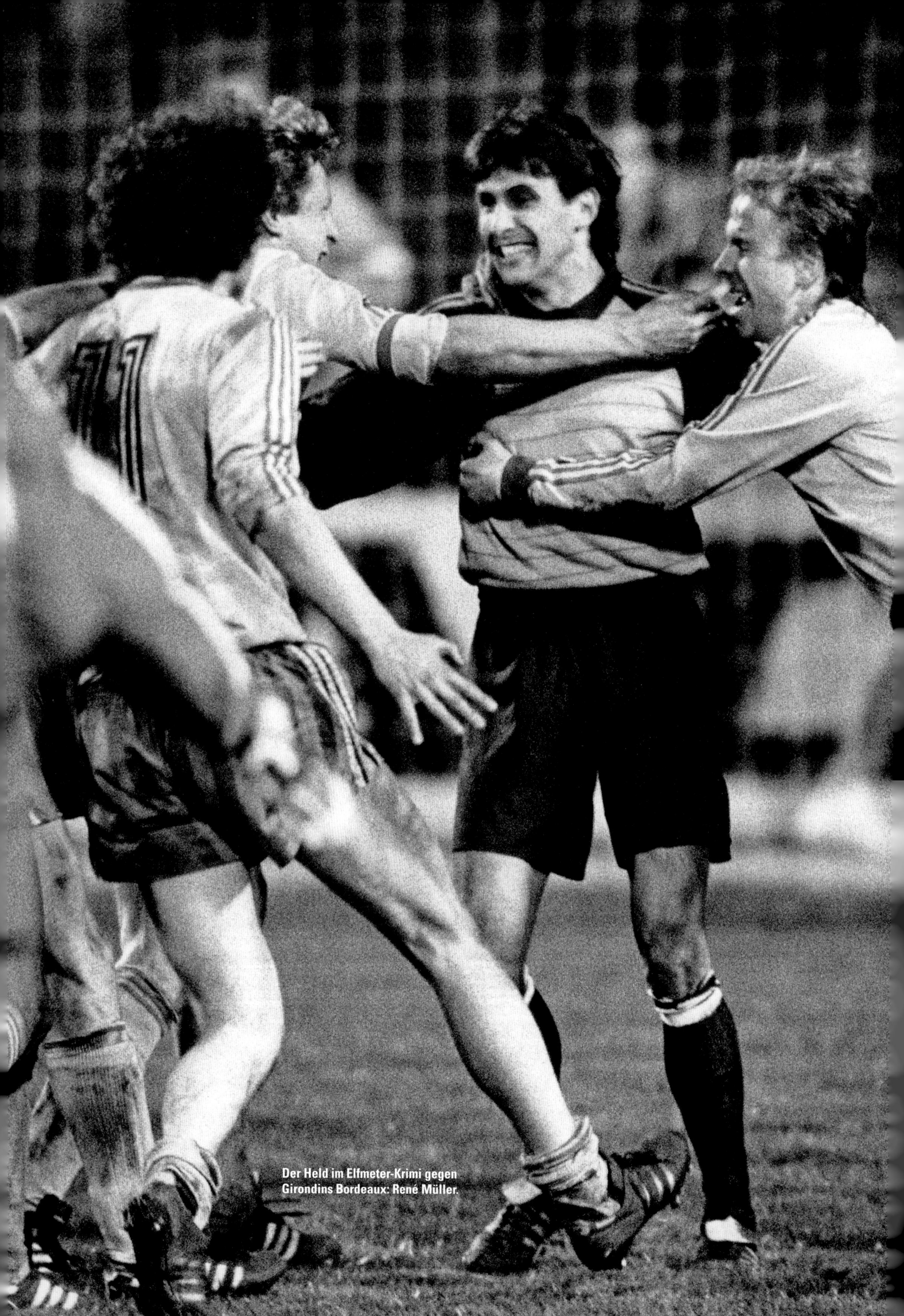

Der Held im Elfmeter-Krimi gegen Girondins Bordeaux: René Müller.

Und tatsächlich: Müller hält. Vorteil Leipzig. Doch auch Ronald Kreer, der nun für Lok schießen soll, plagen Zweifel. Da schnappt sich René Müller den Ball: Drei Schritte Anlauf, der nervenstarke Keeper der Weltklasse drischt die Kugel ins linke obere Eck. „Ein Teufelskerl, dieser René Müller", schreit mein Kollege Achim Schröter. Field-Reporter Bodo Boeck kann den Helden der Nacht noch greifen: „Woher diese Nervenstärke?" Entrückte geweitete Augen: „Ich habe einfach draufgehaun."

Lok war im Finale. Die Betonschüssel ein Tollhaus!

Was hat die Lok nach Athen gebracht? Ein klares Konzept von Trainer Hans-Ulrich Thomale, der eines der besten Konterteams Europas geformt hat. Teamgeist, individuelle Klasse ohne Starallüren haben die Sachsen mit den zwei „Ausländern" (Richter von Chemnitz und Scholz von Görlitz) den Weg in die griechische Metropole geebnet.

Finale: „Van Basten machte den Unterschied aus"

Akropolis oder Cruyff? Aufgrund unserer chronischen Devisenknappheit traf ich erst am Endspieltag der europäischen Pokalsieger ein, am 13. Mai 1987. Als ich Cruyff im Hotel der Holländer traf, zog sich seine Stirn in bekannte Falten: „Die offizielle Pressekonferenz ist vorüber…" Er schaute auf seine überdimensional große Uhr: „Okay, zehn Minuten."

Offenbar müssen meine Augen gebettelt haben wie ein kleines Kind. An Internet war noch nicht zu denken. Hintergrundinformationen waren nicht leicht zu beschaffen. Cruyff erzählte mir unverkrampft von den Stärken seiner Spieler. Mittelstürmer van Basten? „Herausragendes Kopfballspiel, taktische Intelligenz und die Fähigkeit, von zehn Optionen die optimale zu wählen."

Marco van Basten entscheidet dann auch am 13. Mai im Athener Olympiastadion das Finale zwischen Ajax Amsterdam und Lok Leipzig mit seinem Kopfball in der 21. Minute. Der aufstrebende Matthias „Linde" Lindner kommt gegen einen der talentiertesten Angreifer Europas um Zentimeter zu spät und verhilft damit unfreiwillig Cruyff zu seinem ersten internationalen Titel als Trainer.

Lok kommt im Finale mit den späteren Bundesliga-Kickern Marschall und Scholz nicht an die herausragenden Auftritte gegen Rapid Wien und Girondins Bordeaux heran. Trotzdem hat das Team von Uli Thomale nach 35 Minuten die Chance zum Ausgleich. Doch Edmond, erfolgreicher Schattenmann des uninspirierten Mittelfeldregenten Rijkaard, startet nach dem Pass von Liebers zu spät in den freien Raum. Der falsche Mann am falschen Ort.

Erst mit dem eingewechselten schnellen Hans-Jörg Leitzke kommt mehr Dynamik in den Leipziger Angriff. Aber der „Loksche" gelingt kein Tor. „Wir waren insgesamt nicht auf der Höhe", bedauert Abwehrspieler Ronald Kreer. Aber man sollte nicht vergessen: Von dieser Ajax-Garde, noch nicht überragend und trotzdem schon mit brillanten Konturen, wurden 1988, nur ein Jahr später, mit den Niederlanden in Deutschland Europameister: van Basten, Rijkaard, van t'Schip, Wouters und Mühren. Der „kicker" fasste zusammen: Diese Mannschaft „kämpfte wacker und diszipliniert bis zum Schlusspfiff, wirkte jedoch als typisches Produkt des DDR-Fußballs zu hausbacken und spielerisch bieder". Da ich die begrenzten personellen Möglichkeiten der DDR-Klubs kannte, sah ich das ein wenig anders. Mein Meinung drückte ich auch im TV-Kommentar aus: Trainer Uli Thomale habe es verstanden, „Lok psychologisch und fußballerisch in neue Dimensionen" zu führen. Thomale vollbrachte mit der „Loksche" ein kleines Wunder.

Im TV-Studio mit Johan Cruyff, Marco van Basten und Matthias Lindner traf der Lok-Trainer sofort den Kern: „Wir haben keinen van Basten."

„Ich wollte Doll und Steinmann"

Während Johan Cruyff nach Zoff mit seiner Vorstandsetage für ein Jahresgehalt von fünf Millionen wieder zum FC Barcelona ging und 1992 sein „Dreamteam" mit Stoitchkov, Koeman, Laudrup und Guardiola zum europäischen Meistergipfel führte, blieb Uli Thomale für 2.000 Ostmark weiter bei Lok Leipzig. Wie konnte der Coach das Niveau halten und den Konkurrenzdruck erhöhen?

„Stell dir vor", enthüllte kurze Zeit später Leipzigs erfolgreichster Trainer: „Unmittelbar nach dem Finale von Athen bin ich zu den großen Genossen und habe gebohrt: Wieso bekomme ich keine Spitzenleute für ein Spitzenteam? Bei mir standen Thomas Doll aus Rostock und Rico Steinmann aus Chemnitz ganz oben auf der Liste. Aber da ging kein Weg rein, da bin ich gegen Wände angerannt. Nur der BFC Dynamo konnte sich dicke Fische angeln. Selbst den Rostocker Angreifer Volker Röhrich konnten wir nicht halten, obwohl er schon bei uns trainierte. Die höchsten Parteileute im Bezirk kamen zu mir und jammerten: ‚Uli, Rostock macht Druck. Du musst ihn wieder zu Hansa zurückschicken.'" Leipzig hatte keinen mächtigen Mann im Politbüro, keinen fußballverrückten Gewerkschaftsboss wie Harry Tisch. Ansonsten hätte der kopfballstarke Rostocker Volker Röhrich nicht wieder seine Siebensachen packen müssen.

Ohne Topleute in der Offensive – die Abwehr war eine europäische Marke – scheiterte Lok 1987/88 in der ersten Runde des Pokalsieger-Cups an Olympique Marseille (0:0/0:1).

Und dann kommt, wiederum ein Jahr später, der SSC Neapel mit seinem Superstar Diego Maradona. Ihm bin ich schon im Dezember 1986 persönlich begegnet.

***

Neapel sehen und dann sterben? Eher nicht. Dann schon lieber: Neapel sehen und dann ihn sehen, den „Göttlichen", Maradona. Das ist 1986 mehr als ein kleines Abenteuer. Der kleine „Weltfußballer des Jahres" vom SSC Neapel, zwei Jahre später mit seinem Verein Gast in Leipzig, jagt von einer Ehrung zur anderen: Paris, London, Buenos Aires, Havanna. Zwischendurch Nachrichten über ein Attentat auf den Kapitän des Weltmeisters Argentinien. Welcher vernünftige Chefredakteur hätte jetzt grünes Licht für ein Interview mit Maradona in Neapel gegeben?

Chefredakteur Uli Meier ruft mich in sein Zimmer. Ich hatte in der Gewerkschaftsversammlung die Frage gestellt, warum die Unterhaltungsbranche fünfstellige Summen für eine Mireille Mathieu ausgeben darf und die Sportredaktion keine 3.000 Ostmark für einen Besuch bei Maradona. Meier, erfahrener Nahost-Korrespondent, knickt nicht gleich ein. Exposé,

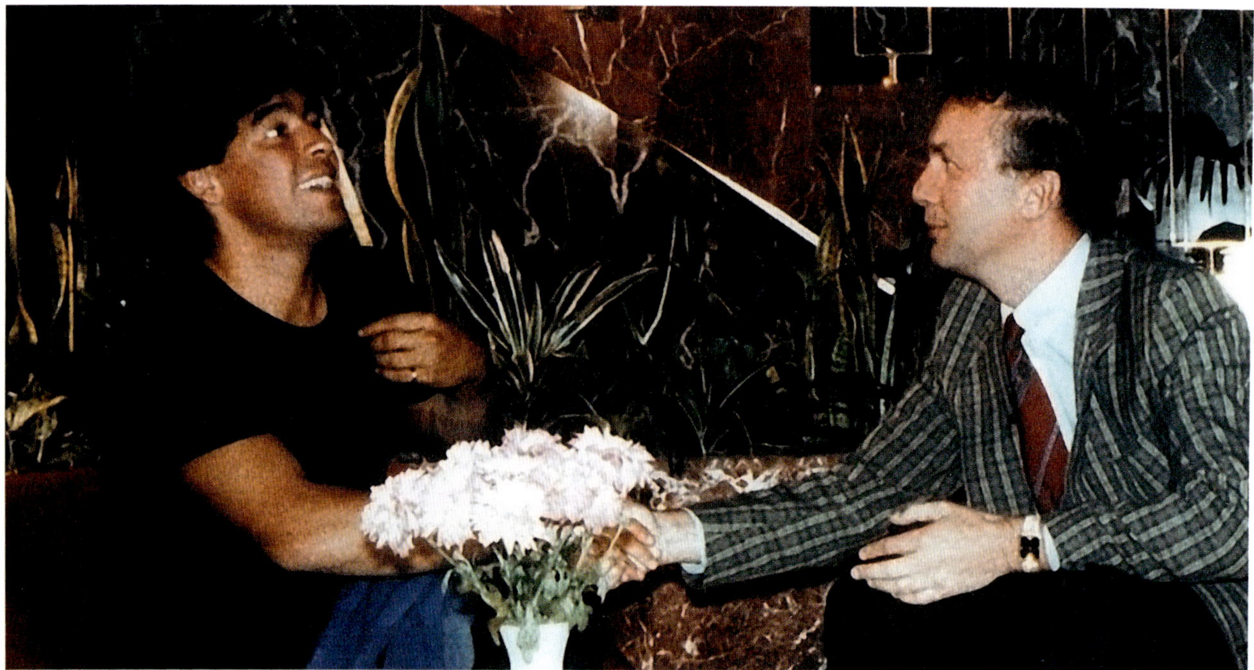

Diego Maradona im Interview mit dem Autor.

Interviewfragen, Kostenschlüssel – es geht um kalkulierte 2.500 Ostmark. Meier ist kein Hochstapler. In meinem Beisein ruft er den „Großen Vorsitzenden" an und gibt mir mit auf den Weg: „Nun mach was draus. Gute Reise."

Neapel, 18. Dezember, 14 Uhr. Mit meinem italienischen Kameramann warten wir vor dem „Campo Paradiso", dem Trainingsgelände vom SSC Neapel. Es öffnet sich das große schmiedeeiserne Tor. Mit Sirenengeheul fährt eine schwarze Polizeilimousine vor. Dicht dahinter folgt Maradonas Mercedes, abgeschirmt von einem Jeep mit vier persönlichen Leibwächtern. „Diego, Diego", schreien die rund 5.000 Tifosi, mit Schals, Mützen, Fähnchen. Eine Stadt im Fußballwahn. In nicht wenigen Häusern hängt neben dem unverzichtbaren Bild der „Jungfrau Maria" auch das von „Santa Maradona". Ein italienischer Kollege meint zu mir: „In Diego entdecken viele den neapolitanischen Lausbub wieder, der all die Widersprüche dieser Stadt am Vesuv verkörpert."

Diego hält Wort. Er weicht keiner Frage aus. Auch zum umstrittenen Handtor beim 2:1 im Viertelfinale gegen England hat er seine Meinung. Er grinst und antwortet in der dritten Person: „Man kann nicht sagen, Maradona habe das erste Tor mit der Hand erzielt. Es war ein wenig der Kopf, ein wenig die Hand. Es war der ganze Maradona." Sein himmlisches Dribbling unmittelbar danach entlastet irgendwie den räuberischen Akt davor. „Gottes Hand war halt schneller als Shiltons Augen." Schnell noch ein Autogramm – und einmal mit Maradona jongliert? So viel Mut brachte ich dann doch nicht auf. Mille Grazie, Diego.

Maradona – Magnet für 80.000

Zwei Jahre später: 26. Oktober 1988. Diego Maradona reist mit seinem SSC Neapel zum UEFA-Cupspiel der zweiten Runde nach Leipzig. 80.000 kommen vor allem wegen des kleinen Zauberers. Und die Journalisten jagen nur ihn. Weltklasse-Mitspieler wie die Brasilianer Careca und Alemao werden überhaupt nicht wahrgenommen. Verrückt. Anders ist die Situation im weitgehend abgesperrten Hotel Merkur. Bis auf ein paar Autogrammjäger umgeben Maradona lediglich eine Handvoll italienischer Journalisten. Als es dem Weltmeister irgendwie zu langweilig wird, gibt er sein Okay für ein TV-Interview. Ich schrecke kurz zurück, als von der Rezeption das Signal kommt: „Diegos Frau am Telefon…" Aber Maradona bleibt professionell, zieht unsere gemeinsame Nummer bis zum Ende durch.

„Du musst immer hellwach sein", nimmt sich Trainer Uli Thomale Verteidiger Ronald Kreer in einem Einzelgespäch vor. „Wenn er über die Mittellinie kommt, dann greifst du ihn dir ganz schnell." Ronald Kreer, der sich Maradona in den WM-Tagen im Fernsehsessel angeschaut hat, kennt dessen Spezialtrick: „Er täuscht seine Übersteiger gern links an, dreht sich dann aber nach rechts ab."

Er kommt als letzter Neapolitaner. Ein Blitzlichtgewitter prasselt auf Maradona nieder, als der Superstar aus dem Spielertunnel trabt, noch einmal gemächlich seine kleinen Wunderstiefel schnürt. Ronald Kreer erfüllt seinen Auftrag bis zur 72. Minute mit Konsequenz. Maradona findet so gut wie nicht statt. Doch mit einer Aktion lässt der kleine „Wonneproppen" seine Weltklasse aufblitzen: Nur fünf Minuten nach der 1:0-Führung von Matthias Zimmerling bringt der Ballzauberer mit einem feinen Pass Francini ins Laufen, der den Ball an René Müller vorbeischlenzt: 1:1.

Das Rückspiel im „San Paolo" von Neapel beginnt gleich mit einem Schock. Francini trifft diesmal bereits nach drei Minuten. Als Heiko Scholz später noch ein Eigentor fabriziert, bricht im „San Paolo" der Fußballwahn aus: 2:0.

Im Finale besiegt der SSC Neapel den VfB Stuttgart. Maradona gewinnt seinen einzigen europäischen Vereinspokal, den UEFA-Cup, an dem die Leipziger 1987 in Athen schon ganz nah dran waren. Als Reporter vom DDR-Fußball habe ich mit dem 1. FC Lok Leipzig die meisten Sternstunden erlebt. Dank dem Team um René Müller und Trainer Uli Thomale: Meine „Loksche" lob' ich mir…

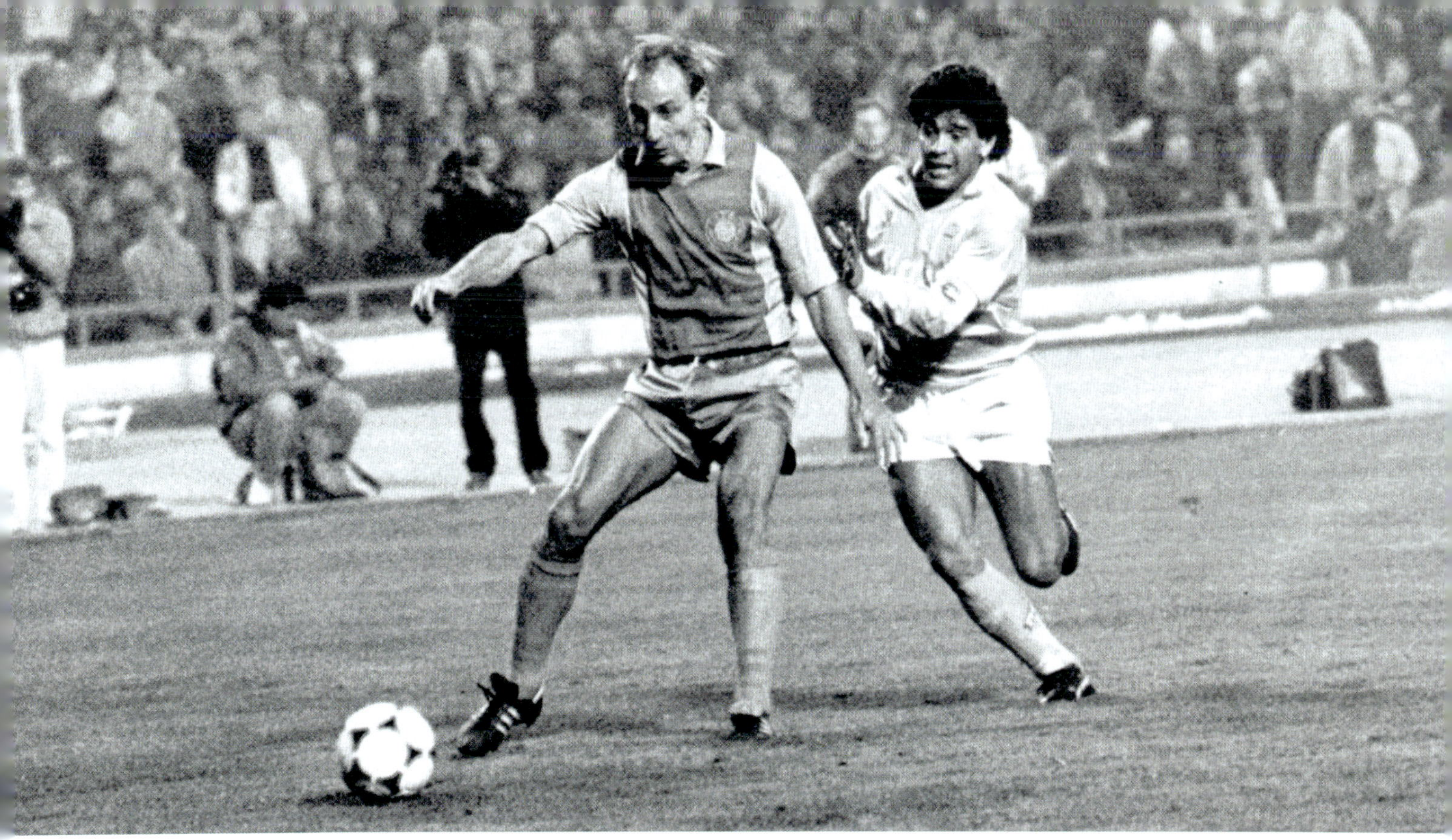

Wenig Raum für Diego Maradona – hier wird der Weltstar von Libero Frank Baum abgeblockt. Mit seinem einzigen Geniestreich leitet er dann aber doch den 1:1-Ausgleich ein.

Verfolgten mit Enthusiasmus die Europapokalspiele ihres Vereins: Fans von Lok Leipzig.

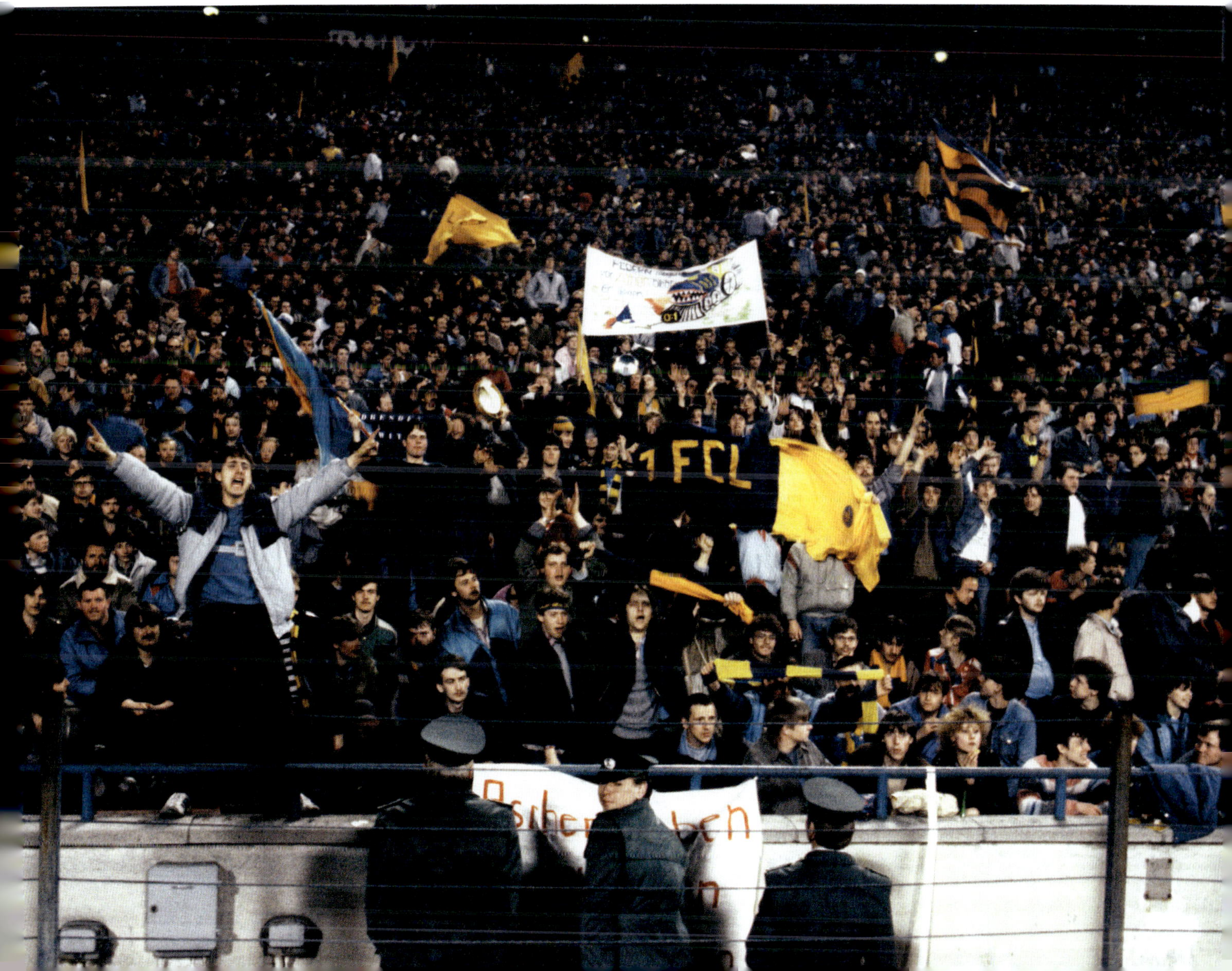

STATISTIK

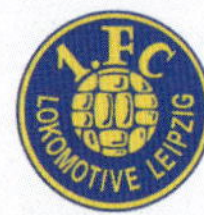

Die Bilanz des **1. FC Lok Leipzig**
77 Spiele: 33 Siege, 15 Unentschieden, 29 Niederlagen

Europacup der Pokalsieger

1976/77
1. FC Lok Leipzig – Heart of Midlothain 2:0
15.09.1976 in Leipzig Zentralstadion
Heart of Midlothain – 1. FC Lok Leipzig 5:1
29.09.1976 in Edinburgh Tynecastle Stadium
1977/78
FC Coleraine – 1. FC Lok Leipzig 1:4
14.09.1977 in Coleraine Showgrounds
1. FC Lok Leipzig – FC Coleraine 2:2
28.09.1977 in Leipzig Zentralstadion
1. FC Lok Leipzig – Real Betis Sevilla 1:1
19.10.1977 in Leipzig Zentralstadion
Real Betis Sevilla – 1. FC Lok Leipzig 2:1
02.11.1977 in Sevilla Estadio Manuel Ruiz de Lopera
1981/82
Politehnica Timisoara – 1. FC Lok Leipzig 2:0
19.08.1981 in Timisoara Stadion 1. Mai
1. FC Lok Leipzig – Politehnica Timisoara 5:0
26.08.1981 in Leipzig Zentralstadion
Swansea City – 1. FC Lok Leipzig 0:1
16.09.1981 in Swansea Vetch Field
1. FC Lok Leipzig – Swansea City 2:1
30.09.1981 in Leipzig Zentralstadion
1. FC Lok Leipzig – Velez Mostar 1:1
20.10.1981 in Leipzig Zentralstadion
Velez Mostar – 1. FC Lok Leipzig 1:1/E 0:3
04.11.1981 in Mostar Stadion „Bijeli Brijeg"
1. FC Lok Leipzig – FC Barcelona 0:3
03.03..1982 in Leipzig Zentralstadion
FC Barcelona – 1. FC Lok Leipzig 1:2
17.03.1982 in Barcelona Camp Nou
1986/87
FC Glentoran Belfast – 1. FC Lok Leipzig 1:1
17.09.1986 in Belfast Stadion The Oval
1. FC Lok Leipzig – FC Glentoran Belfast 2:0
01.10.1986 in Leipzig Bruno-Plache-Stadion
Rapid Wien – 1. FC Lok Leipzig 1:1
20.10.1986 in Wien Gerhard-Hanappi-Stadion
1. FC Lok Leipzig – Rapid Wien n.V. 2:1/1:1
03.11.1986 in Leipzig Zentralstadion
1. FC Lok Leipzig – FC Sion 2:0
04.03.1987 in Leipzig Zentralstadion
FC Sion – 1. FC Lok Leipzig 0:0
18.03.1987 in Sion Stade Tourbillon

Halbfinale

Girondins Bordeaux – 1. FC Lok Leipzig 0:1
08.04.1987 in Bordeaux Stade du Parc Lescure, 50.000 Zuschauer
Schiedsrichter: Brummeier (Österreich)
Tor: 0:1 Bredow (65.)
Girondins: Dropsy – Battiston – Rohr, Specht, Zo. Vujovic – Ferreri, Toure, Tigana, Girard (ab 88. Lassagne) – Zl. Vujovic, Fargeon (ab 70. Vercruysse). Trainer: Aimé Jacquet
1. FC Lok: Müller – Baum –Lindner, Kreer, Zötzsche – Bredow, Liebers, Edmond, Scholz – Leitzke (ab 66. Marschall), Richter (ab 85.Altmann). Trainer: Hans-Ulrich Thomale

1. FC Lok Leipzig – Girondins Bordeaux 0:1/E 6:5
22.04.1987 in Leipzig Zentralstadion, 73.000 Zuschauer (offiziell)
Schiedsrichter: Courtney (England)
Tor: 0:1 Zlatkan Vujovic (3.) Elfmeter: 0:1 Toure – 1:1 Lindner / Vercruysse, Müller hält – Liebers, Dropsy hält / 2:1 Rohr – 2:2 Marschall / 2:3 Girard – 3:3 Zötzsche / 3:4 Roche – 4:4 Kühn /4:5 Tigana – 5:5 Altmann / Zoran Vujovic, Müller hält – 6:5 Müller.

1. FC Lok: Müller – Baum – Lindner, Kreer – Liebers, Scholz (ab 94. Altmann), Bredow, Zötzsche – Leitzke (ab 66. Kühn), Richter, Marschall. Trainer: Hans-Ulrich Thomale
Girondins: Dropsy – Battiston – Rohr, Specht, Zo. Vujovic – Ferreri, Toure, Tigana, Girard (ab 88. Lassagne) – Zl. Vujovic, Fargeon (ab 70. Vercruysse). Trainer: Aimé Jacquet

Finale

Ajax Amsterdam – 1. FC Lok Leipzig 1:0 (1:0)
13.05.1987 in Athen Olympiastadion, 35 000 Zuschauer
Schiedsrichter: Agnolin (Italien), Tor: 1:0 Marco van Basten (21.)
Ajax: Menzo – Boeve – Silooy, Verlaat – Wouters, Winter, Rijkaard, Mühren (ab 83. Scholten) – van't Schip, van Basten, Witschge (ab 66. Bergkamp). Trainer: Johan Cruyff
1. FC Lok: Müller – Baum – Kreer, Lindner, Zötzsche – Scholz, Bredow, Edmond (ab 54. Leitzke), Liebers (ab 76. Kühn), – Richter, Marschall. Trainer: Hans-Ulrich Thomale

1987/88
1. FC Lok Leipzig – Olympique Marseille 0:0
16.09.1987 in Leipzig Zentralstadion
Olympique Marseille – 1. FC Lok Leipzig 1:0
30.10.1987 in Marseille Stade Vélodrome

UEFA-Cup

1973/74
AC Turin – 1. FC Lok Leipzig 1:2
19.09.1973 in Turin Stadio Comunale
1. FC Lok Leipzig – AC Turin 2:1
03.10.1973 in Leipzig Zentralstadion
1. FC Lok Leipzig – Wolverhampton Wanderers 3:0
24.10.1973 in Leipzig Zentralstadion
Wolverhampton Wanderers – 1. FC Lok Leipzig 4:1
07.11.1973 in Wolverhampton Molineux Grounds
Fortuna Düsseldorf – 1. FC Lok Leipzig 2:1
28.11.1973 in Düsseldorf Rheinstadion
1. FC Lok Leipzig – Fortuna Düsseldorf 3:0
12.12.1973 in Leipzig Zentralstadion
Ipswich Town – 1. FC Lok Leipzig 1:0
06.03.1974 in Ipswich Portman Road Stadium
1. FC Lok Leipzig – Ipswich Town 1:0/E 4:3
20.03.1974 in Leipzig Zentralstadion

Halbfinale

1. FC Lok Leipzig – Tottenham Hotspurs 1:2
10.04.1974 in Leipzig Zentralstadion, 74.000 Zuschauer
Schiedsrichter: Helies (Frankreich)
Tore: 0:1 Peters (15.), 0:2 Coates (27.), 1:2 Löwe (57.)
1. FC Lok: Fiese – Gießner – Sekora, Gröbner, Hammer (ab 80. Köditz) – Moldt (ab 53. Altmann), Frenzel, Lisiewicz, Geisler – Löwe, Matoul. Trainer: Horst Scherbaum
Tottenham: Jennings – Evans, Knowles, Pratt, England – Kinnear, Coates, (ab 88. Gilzean) – Perryman, Chivers, Peters, Pearce. Trainer: Bill Nicholson
Tottenham Hotspurs – 1. FC Lok Leipzig 2:0
06.03.1974 in London-Tottenham Stadium White Hart Lane, 42.000 Zuschauer
Schiedsrichter: Delcourt (Belgien)
Tore: 1:0 McGrath (57.), 2:0 Chivers (87.)
Tottenham: Jennings – Evans, Knowles, Pratt, England – Kinnear, Gilzean, (ab 88. Coates) – McGrath, Chivers, Peters, Pearce. Trainer: Bill Nicholson
1. FC Lok: Fiese – Gießner – Sekora, Gröbner, Geisler – Altmann (ab 61. Hammer), Moldt, Frenzel, Lisiewicz (ab 76. Köditz) – Matoul, Löwe. Trainer: Horst Scherbaum

1978/79
FC Arsenal London – 1. FC Lok Leipzig 3:0
13.09.1978 in London Highbury-Stadium
1. FC Lok Leipzig – FC Arsenal London 1:4
27.09.1978 in Leipzig Zentralstadion
1982/83
Viking Stavanger – 1. FC Lok Leipzig 1:0
15.09.1982 in Stavanger Viking-Stadion
1. FC Lok Leipzig – Viking Stavanger 3:2
29.09.1982 in Leipzig Zentralstadion
1983/84
Girondins Bordeaux – 1. FC Lok Leipzig 2:3
14.09.1983 in Bordeaux Stade du Parc Lescure
1. FC Lok Leipzig – Girondins Bordeaux 4:0
28.09.1983 in Leipzig Bruno-Plache-Stadion
1. FC Lok Leipzig – SV Werder Bremen 1:0
19.10.1983 in Leipzig Bruno-Plache-Stadion
SV Werder Bremen – 1. FC Lok Leipzig 1:1
02.11.1983 in Bremen Weserstadion
Sturm Graz – 1. FC Lok Leipzig 2:0
23.11.1983 in Graz Liebenau-Stadion
1. FC Lok Leipzig – Sturm Graz 1:0
07.12.1983 in Leipzig Bruno-Plache-Stadion
1984/85
1. FC Lok Leipzig – Lilleström SK 7:0
19.09.1984 in Leipzig Bruno-Plache Stadion
Lilleström SK – 1. FC Lok Leipzig 3:0
03.10.1984 in Lilleström Åråsen-Stadion
1. FC Lok Leipzig – Spartak Moskau 1:1
24.10.1984 in Leipzig Bruno-Plache Stadion
Spartak Moskau – 1. FC Lok Leipzig 2:0
07.11.1984 in Moskau Torpedo-Stadion
1985/86
FC Coleraine – 1. FC Lok Leipzig 1:1
18.09.1985 in Coleraine Showgrounds
1. FC Lok Leipzig – FC Coleraine 5:0
02.10.1985 in Leipzig Bruno-Plache Stadion
AC Mailand – 1. FC Lok Leipzig 2:0
23.10.1985 in Mailand Guiseppe-Meazza-Stadion
1. FC Lok Leipzig – AC Mailand 3:1
06.11.1985 in Leipzig Zentralstadion
1988/89
FC Aarau – 1. FC Lok Leipzig 0:3
07.09.1988 in Aarau-Suhr Stadion Brügglifeld
1. FC Lok Leipzig – FC Aarau 4:0
05.10.1988 in Leipzig Bruno-Plache Stadion
1. FC Lok Leipzig – SSC Neapel 1:1
26.10.1988 in Leipzig Zentralstadion
SSC Neapel – 1. FC Lok Leipzig 2:0
09.11.1988 in Neapel Stadio San Paolo

Messecup

(Die 17 Spiele der Stadtelf 1956 bis 1963 werden den Klubspielen nicht zugerechnet!)
1956/58
Stadtelf Leipzig – Stadtelf Lausanne 6:3
06.03.1956 in Leipzig Bruno-Plache Stadion
Stadtelf Lausanne – Stadtelf Leipzig 7:3
21.10.1956 in Lausanne Olympiastadion
1958/60
Union St. Gilloise Brüssel – Stadtelf Leipzig 6:1
29.10.1958 in Brüssel Stade Joseph Marien
Stadtelf Leipzig – Union St. Gilloise Brüssel 1:0
04.03.1959 in Leipzig Bruno-Plache Stadion
1958/60
Stadtelf Leipzig – Stadtelf Belgrad 5:2
11.09.1960 in Leipzig Bruno-Plache Stadion
Stadtelf Belgrad – Stadtelf Leipzig 4:1
19.10.1960 in Belgrad Partizan-Stadion
Stadtelf Belgrad – Stadtelf Leipzig 2:0
09.11.1960 in Budapest Népstadion (Entscheidungsspiel)
1961/62
Spartak Brno – Stadtelf Leipzig 2:2
27.09.1961 in Brno Stadion na Srbské
Stadtelf Leipzig – Spartak Brno 4:1
04.10.1961 in Leipzig Zentralstadion
MTK Budapest – Stadtelf Leipzig 3:0
07.11.1961 in Budapest Nep-Stadion
Stadtelf Leipzig – MTK Budapest 3:0
15.11.1961 in Leipzig Zentralstadion
MTK Budapest – Stadtelf Leipzig 2:0
29.11.1961 in Bratislava Tehelné pole (Entscheidungsspiel)
1962/63
Vojvodina Novisad – Stadtelf Leipzig 1:0
03.10.1962 in Novisad *Stadion Karađorđe*
Stadtelf Leipzig – Vojvodina Novisad 2:0
17.10.1962 in Leipzig Zentralstadion
Petrolul Ploiesti – Stadtelf Leipzig 1:0
07.11.1962 in Ploiesti Stadionul Ilie Oană
Stadtelf Leipzig – Petrolul Ploiesti 1:0
28.11.1962 in Leipzig Zentralstadion
Stadtelf Leipzig – Petrolul Ploiesti 0:1
09.12.1962 in Budapest MTK-Stadion (Entscheidungsspiel)

1963/64
SC Leipzig – Dozsa Ujpest 0:0
04.09.19631 in Leipzig Bruno-Plache Stadion
Dozsa Ujpest – SC Leipzig 3:2
11.09.1963 in Budapest Megyeri úti stadion
1964/65
Wiener SK – SC Leipzig 2:1
02.09.1964 in Wien Praterstadion
SC Leipzig – Wiener SK 0:1
09.09.1964 in Leipzig Bruno-Plache Stadion
1965/66
SC Leipzig – Leeds United 1:2
24.11.1965 in Leipzig Zentralstadion
Leeds United – SC Leipzig 0:0
01.12.1965 in Leeds Stadion an der Elland Roadl
1966/67
Djurgarden Stockholm – 1. FC Lok Leipzig 1:3
24.08.1966 in Stockholm Olympiastadion
1. FC Lok Leipzig – Djurgarden Stockholm 2:1
27.09.1966 in Leipzig Zentralstadion
1. FC Lok Leipzig – FC Lüttich 0:0
12.10.1966 in Leipzig Zentralstadion
FC Lüttich – 1. FC Lok Leipzig 1:2
01.11.1966 in Lüttich Stade du Pairay
1. FC Lok Leipzig – Benfica Lissabon 3:1
21.12.1966 in Leipzig Zentralstadion
Benfica Lissabon – 1. FC Lok Leipzig 2:1
07.03.1967 in Lissabon Estadio da Luz
1. FC Lok Leipzig – FC Kilmarnock 1:0
19.04.1967 in Leipzig Zentralstadion
FC Kilmarnock – 1. FC Lok Leipzig 2:0
26.04.1967 in Kilmarnock Rugby Park
1967/68
1. FC Lok Loipzig – FC Linfield Belfast 5:1
20.09.1967 in Leipzig Zentralstadion
FC Linfield Belfast – 1. FC Lok Leipzig 1:0
04.10.1967 in Belfast Windsor Park
Vojvodina Novisad – 1. FC Lok Leipzig 0:0
01.11.1967 in Novisad Stadion Karađorđe
1. FC Lok Leipzig – Vojvodina Novisad 0:2
22.11.1967 in Leipzig Zentralstadion
1968/69
Hibernian Edinburgh – 1. FC Lok Leipzig 3:1
13.11.1968 in Edinburgh Easter Road Park
1. FC Lok Leipzig – Hibernian Edinburgh 0:1
20.11.1968 in Leipzig Zentralstadion

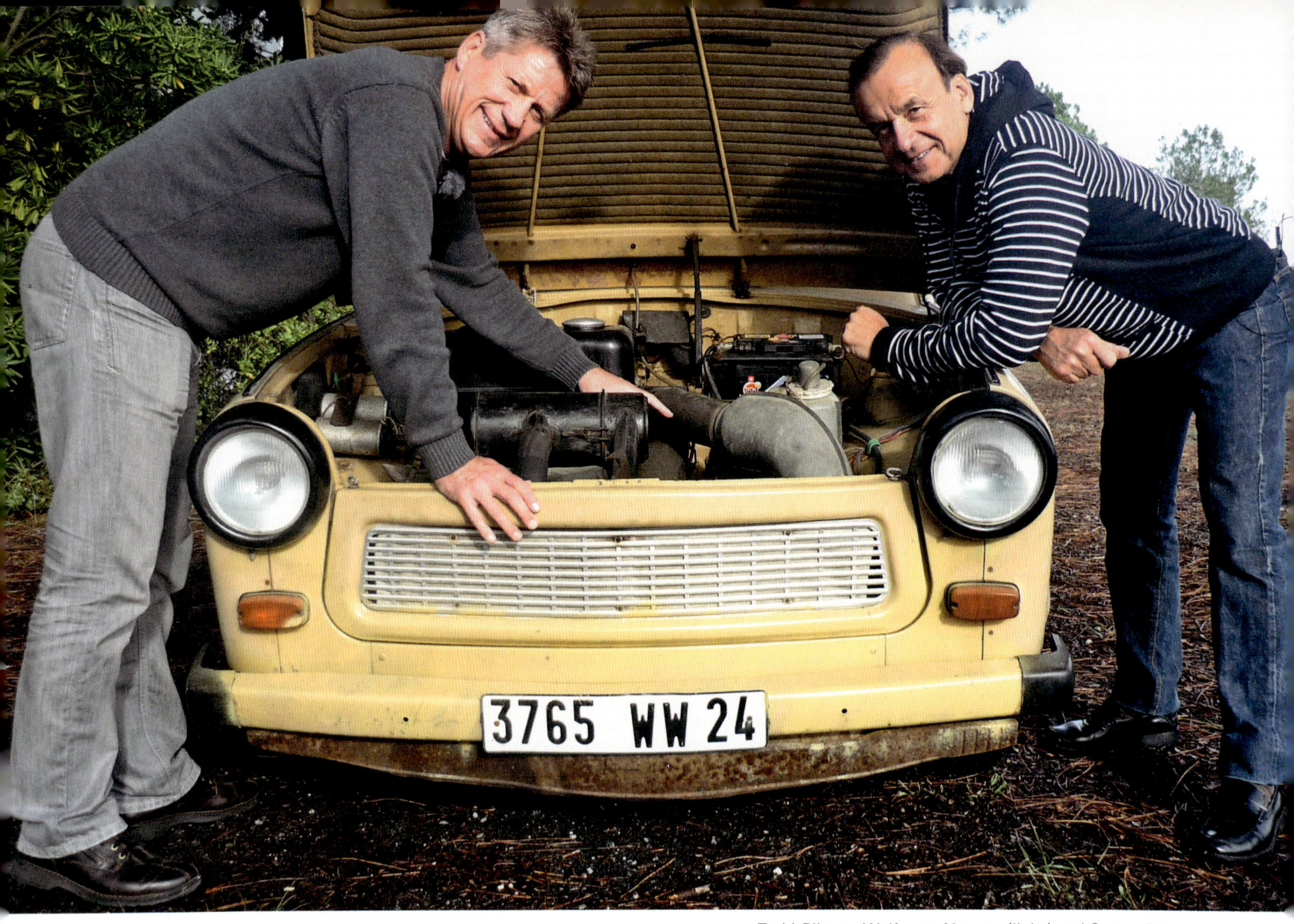

Trabi-Piloten: Wolfgang Altmann (links) und Gernot Rohr.

ZWISCHENSPIEL GO, TRABI, GO

WIE UWE KARTE DAS ENTSTEHEN EINER AUSSERGEWÖHNLICHEN OST-WEST-BEZIEHUNG MIT DER KAMERA BEGLEITETE

Zweitakt-Geknatter am Cap Ferret. Ein Trabant an der Atlantikküste? Touristen und Einheimische staunen amüsiert. Hinter dem Lenkrad hockt Gernot Rohr, seit mehr als 30 Jahren Wahlfranzose und gerade Nationaltrainer von Gabun geworden. Neben ihm sitzt der Mann, der mit diesem sandfarbenen Trabi einst von Leipzig aus in den äußersten Südwesten Frankreichs getuckert war. Es ist Wolfgang Altmann. Als zuverlässiger Allrounder ist er der einzige Lok-Spieler, der nach dem UEFA-Pokalabenteuer 1973/74 auch noch die große 1980er Ära erlebt hat.

„Der Alte", seufzt die ostdeutsche Fußballseele und denkt vor allem an diesen Abend im April 1987. Als Altmann mit festem Schritt und bangem Herzen in Richtung Tor marschiert. Das Team von Girondins Bordeaux führt, und alle wissen: Bringt dieser zwölfte Elfmeter die Entscheidung, ist Lok raus! Auch Gernot Rohr gehörte damals im Zentralstadion zu den Elfmeterschützen: „Ich war mir sicher, dass ich ihn reinmache!" Altmann, der nun nach 13 Jahren sein zweites Europapokal-Halbfinale erlebt, war es nicht: „Ich hatte ganz schön Bammel!" Als er anlief, hielten die über 100.000 den Atem an. Doch auf den „Alten" war Verlass, er verlud Gästekeeper Dropsy. Mit dem 5:5 stand die wunderbare Geschichte dieser Saison vor ihrem emotionalen Höhepunkt.

Ein Dreivierteljahr zuvor hätte niemand auch nur einen Pfennig auf die Lok-Elf gesetzt: „Wir hatten uns eine Schmutz- und Schmierinfektion zugezogen." Wolfgang Altmann erinnert sich, wie alle Teilnehmer einer Trainings- und

Wettkampfreise nach der Rückkehr aus der Sowjetunion ins Leipziger Bezirkskrankenhaus St. Georg eingeliefert werden mussten. Dort wurde die Oberligamannschaft unter Quarantäne gestellt. Zehn Spieler und Trainer Hans-Ulrich Thomale in einem Zimmer, dazu, abgetrennt nur durch eine spanische Wand, zwei Toiletten. Davon verschont blieben lediglich die Auswahlspieler, sie hatten mit der Nationalmannschaft in Österreich getestet. Von der Ruhrerkrankung als Mitbringsel aus dem Freundesland erfuhr die DDR-Öffentlichkeit nichts. Als der erste Oberliga-Spieltag ohne die Partie der maladen Leipziger gegen Union über die Bühne ging, meldete das Fachblatt „Fußball-Woche" äußerst knapp: „verlegt". Mit einigen Tagen Verspätung begann Loks Saisonvorbereitung mit Gymnastik im Krankenzimmer. Hinzu kamen Steigerungsläufe auf dem Flur. Am Ende stand die erfolgreichste Saison der Vereinsgeschichte.

***

„Ist der Altmann schon sehr alt?" Die Frage an meinen Vater blieb unbeantwortet. Es war einer dieser Mittwochnachmittage im Zentralstadion. Der Stadionsprecher gab die Aufstellungen bekannt. Seit September 1973 war ich nicht nur Schulkind, sondern auch Fußballexperte. Zumindest fühlte ich mich so. Nach AC Turin und Wolverhampton Wanderers erlebte ich gegen Fortuna Düsseldorf bereits mein drittes Europapokalspiel. Dabei saßen wir immer im falschen Block. Mein Vater war Chemie-Anhänger und wies unseren Banknachbarn auch noch darauf hin, dass meine Sympathien eher der „Loksche" gelten würden. Das fand ich mindestens unnötig. In der geteilten Fußballstadt gab es nur eine Frage: „Lok oder Chemie?" Danach wurde zugeordnet in gut und böse, in Freund oder Feind.

Atemlos staunte ich ins riesige Rund und las Spruchbänder wie: „Wir brauchen keinen Seeler, wir brauchen keinen Held. Wir haben Wolfram Löwe, den besten Mann der Welt!" Seeler und Held kannte ich als leidenschaftlicher Sammler von Fußballbildern aus der West-Schokolade. Sie hatten bei der Weltmeisterschaft gespielt. Und Löwe? Als die 80.000 den 3:0-Sieg der „Loksche" feierten, wusste ich Bescheid. Er konnte rennen wie ein Wiesel. Frenzel war ein Zauberer, hatte von der Grundlinie ein unglaubliches Tor geschossen. Und dieser Altmann? Schien noch gar nicht so alt.

***

„Weißt du noch?" Die Besatzung des ewigen DDR-Botschafters namens Trabi schwelgt in Erinnerungen. Kennengelernt hatten sich Wolfgang Altmann und Gernot Rohr im Frühjahr 1971. Beim UEFA-Juniorenturnier in der Tschechoslowakei sind alle 16 Mannschaften in Gottwaldov im Hotel Moskva untergebracht.

„Für mich war es die erste Reise in den Ostblock." Gernot Rohr blickt versonnen auf das herbstliche Glitzerlicht des Wassers. Wolfgang Altmann lehnt neben ihm am Trabi-Kotflügel und nickt: „Das war schon ne tolle Sache." Die bundesdeutschen Junioren besuchten ihre Landsleute auf deren Flur. Gegenbesuche gab es nicht. Den Ostkickern war jegliche Kontaktaufnahme untersagt. Drei Jahre vor dem legendären WM-Duell in Hamburg kam es im Gruppenspiel zum deutsch-deutschen Aufeinandertreffen. Die Ost-Bubis um Libero Altmann und den zweifachen Torschützen Jürgen Pommerenke schlugen das westdeutsche Teenager-Team mit 3:1. Für Rudi Kargus, Manfred Kaltz und auch Gernot Rohr war das Turnier bereits nach der Vorrunde beendet. Der 18-jährige Wolfgang Altmann hatte bei der Heimreise die Bronzemedaille im Gepäck.

***

Gegen Ende des ersten Schuljahres war ich in euphorischer Grundstimmung. Dafür gab es gleich mehrere Ursachen. Zum einen erschien mir mit dem regelmäßigen Erwerb von Solidaritätsmarken die Freilassung des in Chile inhaftierten Luis Corvalan nur eine Frage der Zeit. Dann gehörte Lok Leipzig nach dem Elfmeterkrimi gegen Ipswich Town im März 1974 zu den besten vier Mannschaften im UEFA-Cup. Schließlich erfuhr ich als junger Leser der „Leipziger Volkszeitung" von Magdeburger Heldentaten und wusste nun, wie DDR-Fußballer einen Europapokaltriumph feiern: im Bademantel!

Eine Woche später erzwangen die Bayern im Finale des Wettbewerbes der Landesmeister gegen Atlético Madrid ein Wiederholungsspiel. Gerettet von „Katsche" Schwarzenbecks Ausgleich in letzter Sekunde der Verlängerung. Dem Torschützen schwor ich ewige Dankbarkeit. Bei der Zweitauflage feierte ich mit sieben Lenzen meine Premiere bei einem abendlichen Live-Spiel vor der Glotze. Die Tore von Hoeneß und Müller krönten eine tolle Saison. Die nächste begann gleich mit einem Paukenschlag. In den Sommerferien notierte ich auf kleinkariertem Papier alle 26 kommenden Oberliga-Spieltage, tippte den Ausgang der 364 Begegnungen und erstellte die Abschlusstabelle. Der Titel 1974/75 ging – wie überraschend – an Lok Leipzig. Zu meinem Leidwesen sollte diese „Meisterschaft" für die „Loksche" die einzige bleiben.

***

Gernot Rohr und Wolfgang Altmann schlendern über den endlosen Strand. Vor ihnen ein riesiger heller Hügel: „Schau, das ist Europas größte Wanderdüne". Noch immer kramen sie in ihrer Vergangenheit. Nach einem Zwischenspiel beim FC Bayern kam Rohr im Frühjahr 1976 erstmals nach Leipzig. Beim Gastspiel der Offenbacher Kickers, offiziell ein „internationaler Fußballvergleich", glänzte das DDR-Fernsehen mit Abwesenheit. Auch der Druck eines Programmheftes schien überflüssig. Für Altmann sollte das Duell mit dem Klassenfeind unangenehme Konsequenzen haben. Eine Blutblase am großen Zeh hatte sich entzündet. Die nötige Operation vermasselte ihm eine Woche später das Pokalfinale gegen Vorwärts Frankfurt. Trotzdem behielt er das Offenbach-Spiel in angenehmer Erinnerung. Das Wiedersehen mit Rohr klang im „Eden" aus.

Unter Umständen hätte dieser Abend in Leipzigs Nobel-Diskothek das für sehr lange Zeit letzte gemeinsame Erlebnis werden können. Wolfgang Altmann erlebte im Herbst 1978 eine böse Überraschung. An seinem 26. Geburtstag fingerte er Post vom Wehrkreiskommando aus dem Kasten. Wochen später war er Soldat im Grundwehrdienst. Fünf Mitspielern im Leipziger Kollektiv erging es ähnlich. Der im Ostfußball einmalige Vorgang war die Quittung für das frühe Aus im Europapokal. Dass der Gegner Arsenal London hieß, spielte keine Rolle. Die Funktionäre stärkten einen umstrittenen Trainer um jeden Preis, opferten dafür ein halbes Dutzend Stammspieler.

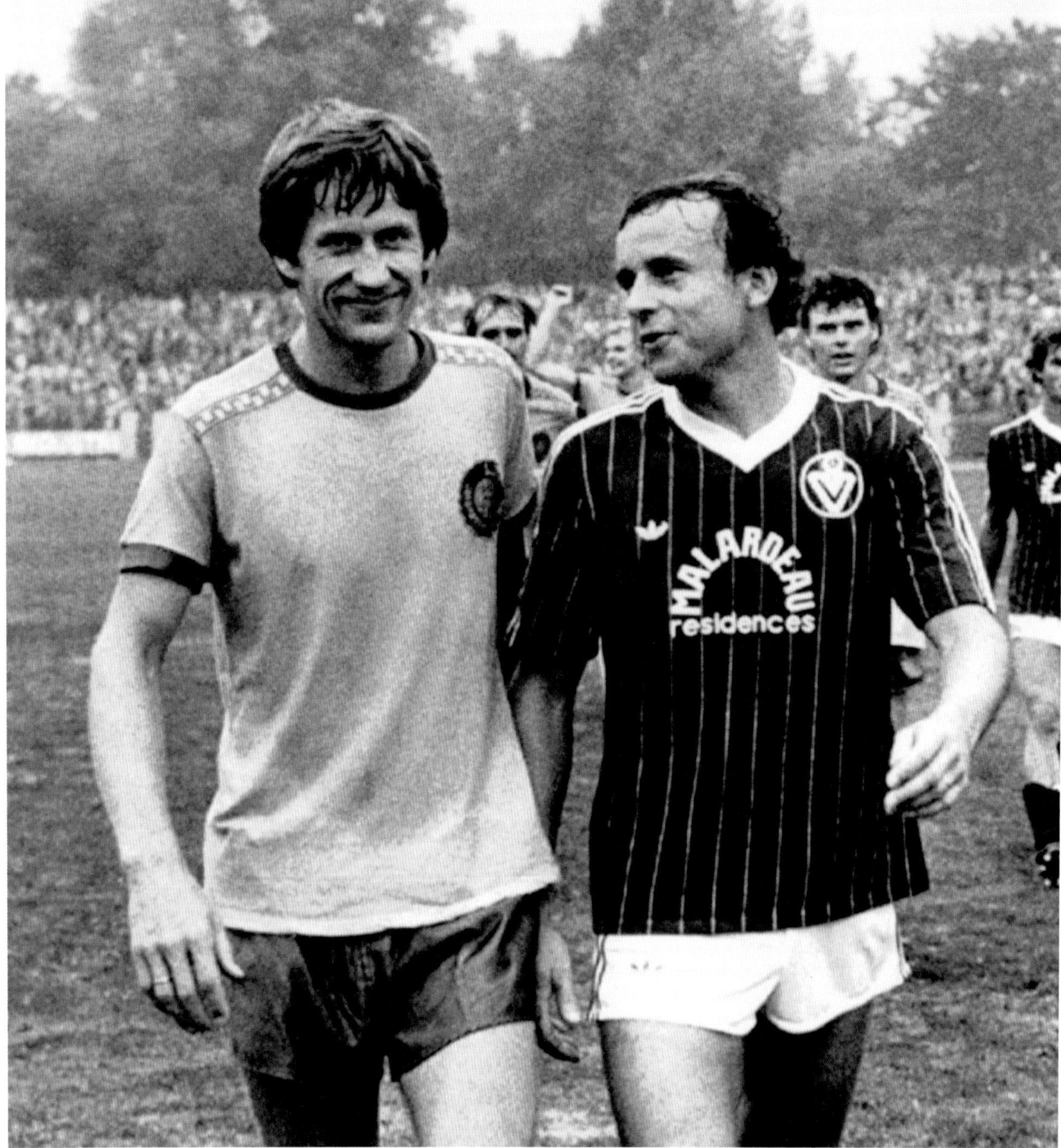

Lange Freundschaft über die Grenzen hinweg: Wolfgang Altmann (links) und Gernot Rohr im September 1983 beim UEFA-Pokalspiel Lok Leipzig gegen Girondins Bordeaux. Damals siegten die „Loksche" mit 4:0.

Doch Wolfgang Altmann ließ sich nicht unterkriegen. Nach 18 Monaten in Uniform kehrte er in die Oberliga-Elf zurück. Davon beflügelt, gelang ihm innerhalb weniger Wochen ein außergewöhnlicher Hattrick. Er holte mit Lok den FDGB-Pokal, wurde Vater und bekam die Zuweisung für einen Trabant.

Gernot Rohr trug zu diesem Zeitpunkt schon das Trikot von Girondins Bordeaux. Der gebürtige Mannheimer erhielt 1982 die französische Staatsbürgerschaft. Die beiden Freunde konnten jetzt einen regelmäßigen Austausch pflegen. Altmann verfügte inzwischen über einen Telefonanschluss, von der DDR konnte man nach Frankreich durchwählen. Ein Jahr später glühten die Drähte, das Erstrundenlos führte sie mit ihren Teams im Europapokal zusammen. Rohrs prominente Mitstreiter wie Giresse, Tigana oder Tresor sahen in den Duellen mit dem Ostklub nicht mehr als ein Warm-up. Sie wollten in dieser Saison als erste französische Mannschaft einen europäischen Titel holen. Ein Späher berichtete vom schmucklosen Lok-Erfolg gegen den FC Karl-Marx-Stadt und sah den Gegner „ungefähr so gut wie Jena". Damit schien alles klar. Die Thüringer waren in Bordeaux zwölf Monate zuvor vorgeführt worden – 5:0!

Doch statt des lockeren Heimsieges gab es lange Gesichter. Die Leipziger siegten nicht einmal unverdient 3:2. Kurz vor dem Abflug überraschte Gernot Rohr seinen Freund Wolfgang auf dem Flughafen mit zwei Flaschen Rotwein. Zwei Wochen später wankten die stolzen Franzosen fassungslos vom Rasen. Mit dem frühen Anpfiff um 15 Uhr im überfüllten Bruno-Plache-Stadion hatten sie einen Albtraum erlebt: 0:4 – Merde! Rohr wurde von Lok-Libero Altmann mit einer Flasche Krimsekt getröstet.

***

René Müller wurde im DDR-Fernsehen als „Fußballer des Jahres" porträtiert. Auffallend beim Training der Lok-Elf die gahnende Leere auf dem Platz. Das Auge der Kamera erfasste nicht mehr als vier Spieler. Doch dieser absurde Umstand blieb unkommentiert. Die Ruhrerkrankung der Lok-Elf blieb im Sommer 1986 ein Tabu. Im Europapokal musste das geschwächte Kollektiv zuerst gegen Glentoran Belfast ran. Die Nordiren erwiesen sich als perfekter Aufbaugegner.

Als die folgende Runde lief, steckte ich im Pressfilz der NVA. Großes Stuben- und Revierreinigen war angesagt, wir mussten das fünfstöckige Treppenhaus schrubben. Zur gleichen Stunde kämpfte Lok gegen Rapid Wien. In der Besenkammer gleich neben dem Eingang entdeckten wir einen ausrangierten Fernsehapparat. Tatsächlich bekamen wir ihn zum Flimmern, in Leipzig hatte gerade die Verlängerung begonnen. Wie im Hinspiel stand es 1:1. Vor der Tür stand einer von uns „Hüpfern" Schmiere. Drinnen rauschte der Ton, zappelte das Bild. Das späte Tor von Hans-Jörg Leitzke wurde zum ersten Lichtblick nach 14 lausigen Tagen in Uniform.

Fünf Monate später war ich perplex: „Willst du mit nach Leipzig?" Fragen dieser Art hatte ich in der Kaserne noch nicht gehört. Im Uniformmantel saßen wir auf der Ladefläche eines tarngrünen LKW „W50". Es ging zum Halbfinale gegen Bordeaux. Nie zuvor sah ich in dieser Riesenschüssel so viele Menschen. Gegen Barcelona nicht und auch nicht gegen den AC Mailand. Offensichtlich hat die Masse ein feines Gespür. Vermutlich war es der glücklichste Moment im DDR-Fußball, als René Müller den Ball oben links in den Winkel drosch. Ob Magdeburgs Triumph in Rotterdam, Hamburg '74 oder der Montrealer Olympiasieg, der normale Fußballanhänger blieb immer außen vor. Schon deshalb wollte in Leipzig an diesem 22. April 1987 niemand nach Hause.

***

Im Herbst 2010 fliegen Wolfgang Altmann und ich nach Bordeaux, begleitet von einer Kamera. Für den offiziellen Festakt „20 Jahre Fußball-Einheit" soll ein kleiner Einspielfilm entstehen, um die ungewöhnliche Freundschaft der beiden Fußballer aus Ost und West zu illustrieren. Gernot Rohr hat uns nach Hause eingeladen. Es gibt Austern. 1988 war Wolfgang Altmann die Reise verwehrt geblieben, als er zu Rohrs Abschiedsspiel nach Bordeaux kommen sollte, aber nicht fahren durfte. Dann fiel die Mauer, und es gab kein Halten mehr. Der Leipziger zögert auch nicht, als der Freund wenig später einen Trabi haben will. Besorgt das sandfarbene Exemplar und kutschiert es 1.600 Kilometer quer durch Europa. Um Mautgebühren zu sparen, weicht er auf Landstraßen aus. Was er völlig außer Acht gelassen hat, ist das Zentralmassiv. So wird aus der Überführung eine Geduldsprobe, die kein Ende nehmen will: „Die Anstiege im Gebirge bin ich im ersten Gang hoch!"

Wolfgang Altmann lacht, und wir stoßen mit dem Gastgeber an. Gernot Rohr schildert seine Eindrücke, als sie damals in Leipzig beim Gang durch den langen Tunnel in das gleißende Licht eintauchten. Den Lok-Spielern nahm die unglaubliche Kulisse den Atem, ihre Erwartungen waren weit übertroffen worden. Etwas mehr als 70.000 Karten hatte der Verein drucken lassen, viel zu wenig für solch einen Ansturm. Irgendwann waren die Tore offen: „Wahnsinn! Alle Gänge, selbst die Dammkrone war voller Menschen", erinnert sich Altmann. Die Lok-Elf trotzte an diesem Abend allen Widrigkeiten – der frühe Rückstand, ein vergebener Elfmeter – wie schon im Verlauf der ganzen Serie.

Wie aber geht das, praktisch ohne eine Saisonvorbereitung bis ins Europapokalfinale? „Heute geben Vereine für teambildende Maßnahmen sehr viel Geld aus. Bei uns war es die Zeit im Krankenhaus", sagt Altmann und schmunzelt. Auf der Quarantänestation hatten sie, von Darmkrämpfen geplagt, tagelang Karten gespielt, um die Zeit zu überbrücken. Irgendwann waren die Umstände mit zwei „stillen" Örtchen sowie einer Reihe Waschbecken im Raum zur Normalität geworden. Erst nach und nach waren gymnastische Übungen möglich. Später ging es mit einem Quarantänebus zum leichten Training auf den Platz. Nach den Übungseinheiten sprangen die Fußballer unter die mobilen Duschen, die vom Chemischen Dienst der Nationalen Volksarmee aufgestellt worden waren. Zum ersten Punktspiel der Lok-Elf in Aue reiste nur ein Teil der Mannschaft im Bus an. Der Rest kam mit einem Kleintransporter direkt aus dem Krankenhaus. Geschwächt durch die Erkrankung, aber letztlich gestärkt durch diese Erfahrungen, war aus dem relativ kleinen Kader eine verschworene Truppe geworden.

In diesen Tagen in Frankreich lerne ich den Lok-Fußballer, dessen Namen ich im Herbst 1973 zum ersten Mal zur Kenntnis genommen habe, ein wenig besser kennen. Nur selten stand er im Mittelpunkt. Meist waren es andere, erst Henning Frenzel oder Wolfram Löwe vielleicht, später vor allem René Müller oder Frank Baum. Zu Altmanns Stärken gehörte die Zuverlässigkeit. Wie in Loks größter Stunde, als er gegen Bordeaux die Verantwortung übernahm. Beim Gedanken an diesen Moment strahlen seine Augen. Fast vorsichtig wirft er ein: „Im Vergleich zu René (Müller) hatte ich ja die deutlich schwierigere Aufgabe. Mein Elfmeter musste, wie zuvor schon der von Dieter Kühn, unbedingt sitzen."

Danach war die Bühne frei für das spektakuläre Finale. Diese Bilder wurden legendär: Zoran Vujovic, der 13. Schütze, scheiterte an seinen Nerven. Müller hielt. Auf ein Zeichen seines Trainers ging der Keeper selbst zum Punkt, machte den Spann lang und ließ das Zentralstadion zu einer riesigen Hüpfburg werden. Ein Wahnsinn, Lok schaffte, was zuvor nur Magdeburg und Jena gelungen war! Die Umstände der Leipziger Endspielteilnahme im Europapokal aber dürften einmalig sein.

Uwe Karte

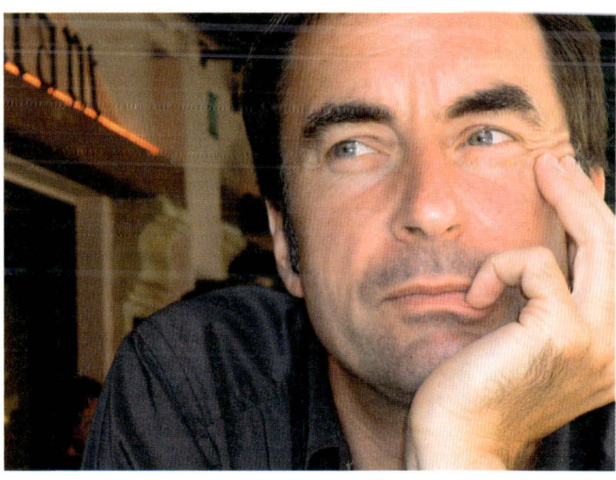

BFC DYNAMO

SIEGE AUF DER INSEL – KOPF UNTER AN DER WESER

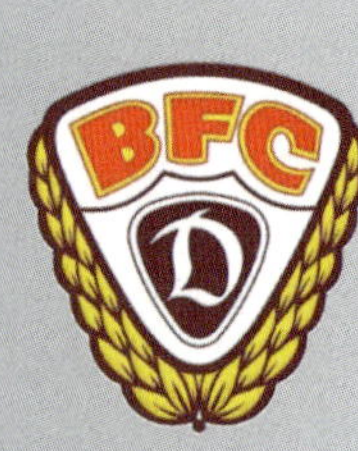

BFC Dynamo
Gegründet: 15. Januar 1966
Vorläufer: 1952 bis 1954 VP/Dynamo Berlin
1954 Neugründung (nach Versetzung der SG Dynamo Dresden nach Berlin)
1954 bis 1966 SC Dynamo Berlin
Größte Erfolge:
DDR-Meister: 1979, 1980, 1981, 1982, 1983, 1984, 1985, 1986, 1987, 1988
Pokalsieger: 1959, 1988, 1989
Europacupbilanz: 15 Teilnahmen, 60 Spiele (24 Siege, 15 Remis, 21 Niederlagen)
Größter Erfolg im Europacup:
1971/72 Europapokal-Halbfinale der Pokalsieger
Heute: Regionalliga Nordost (4. Liga, 2021/22)

Ich erzähle von Menschen,
denen die Geschichte widerfahre,
weniger von solchen, die meinen,
Geschichte zu machen.
Günter Grass, Schriftsteller

1972: Höhenflug mit Jaschin

Die IL 18 ist rappelvoll. Vor uns liegen Flüge von zweimal 1.000 Kilometern. Rund 300 Touristen und zwölf Journalisten begeben sich auf die fünfstündige Reise in die Westukraine. Im Halbfinale des Europacups der Pokalsieger fliegt Neuling BFC Dynamo nach einem 1:1 in Berlin zum Rückspiel gegen Dynamo Moskau, bei dem die Fußballlegende Lew Jaschin 20 Jahre lang das Tor gehütet hatte. Da im April in Moskau gewöhnlich noch klirrende Kälte herrscht, weicht das sowjetische Team nach Lwow aus.

Lwow? Wie den Zuschauern den richtigen Namen vermitteln – Lwiw, Lwów oder Lemberg? Die ukrainische, polnische oder österreichische Variante? Jeder Name steht für eine eigene Geschichte, die meist historisch aufeinanderfolgten. 1972, zu Zeiten des großen Sowjetreiches, zählt in der Ostdoktrin nur das russische Lwow als politisch korrekt. Die nostalgische Sehnsucht nach dem Lemberg der österreichisch-ungarischen Monarchie findet im ostdeutschen Fernsehen nicht statt.

***

Kein „Duft von Flieder und Veilchen" in ganz Lemberg, wie ein Prospekt verspricht. Hingegen feuchtkalter April. Die Zeit ist knapp. In fünf Stunden ist Anstoß zwischen Dynamo und Dynamo aus Moskau und Berlin. Ein bisschen noch auf Spurensuche gehen. Hinweis auf dem Bahnhof: Am Abend geht in Lemberg der Zug nach Czernowitz ab, in die rumänische Bukowina. So nahe war ich der Heimat meiner Großeltern und Mutter noch nie gewesen. Nur 250 Kilometer bis Czernowitz, bis an die rumänische Grenze, an den Karpatenbogen, an den Rand der Erinnerungen. Ein andermal, vielleicht.

In Lemberg werden vor dem Bahnhof Melonen verkauft, geröstete Sonnenblumenkerne, kleine Maiskolben. Aber wo sind die berühmten Lemberger Kaffeehäuser mit dem einstigen Wiener Flair? In der Altstadt. Lemberg hat nämlich den Zweiten Weltkrieg fast unbeschadet überstanden. Auch die Sowjetzeit mit grauen Plattenbauten, weniger die Folgen nach dem Untergang der Habsburger Monarchie.

Der ukrainische Autor Jurij Wynnytschuk schrieb über das alte Lemberg: „Nur Steine sind geblieben, alles andere, Menschen, Sprache, Kultur, ist verschwunden. Nicht mehr als ein Traum."

Und Fußball in Lemberg? „Karpaty" hat eine lange Tradition, seit 1894…

Traumziel – Finale in Barcelona

Eigentlich hatte Dynamo Dresden dem BFC die Chance eröffnet, sein Europacupdebüt zu geben. Als die Gelb-Schwarzen Titel und Pokal einsammelten, konnte der Cupfinalist BFC Dynamo erstmals ins Europapokalgeschäft einsteigen. Da der FC Vorwärts 1971 von seiner Heimstätte Jahn-Sportpark nach Frankfurt (Oder) abgeschoben wurde, sicher nicht ohne unsichtbares Zutun vom Dynamo-Boss Erich Mielke, konnten seine Weinroten das Europacupdebüt auch noch in der künftigen Heimarena feiern. Das Team von Hans Geitel und Günter Schröter nahm die Herausforderung an und machte auch ordentlich was daraus.

Nach den Erfolgen über Cardiff City, VAV Beerschot und Atvidaberg FF darf der BFC Dynamo weiter mit dem Traumziel Barcelona liebäugeln. Der Neuling auf der illustren Party hat den 24. Mai im Fokus – an diesem Tag steigt in der katalanischen Metropole das Finale. Die Mannschaft um Kapitän Peter Rohde, der älteste von vier kickenden Brüdern, muss jetzt noch eine Hürde erfolgreich überspringen – Dynamo Moskau, zweiter Neuling neben den Berlinern. Nach einem 1:1-Unentschieden im Hinspiel ist die Hürde noch ein Stück höher geworden.

***

Etwa eine halbe Stunde vor dem Anpfiff: Gut gelaunt grüßt Heinz Florian Oertel aus der Radioreporter-Kabine herüber. Wenn er stand, war Oertel ein ganz Großer. Er wird das Rückspiel zwischen Dynamo Moskau und dem BFC Dynamo zusammen mit Werner Eberhardt für Radio DDR übertragen und ich für das DDR-Fernsehen. Die Männer vom „guten alten Dampfradio“ können schon bald vergnüglich festhalten: Die Leitung nach Berlin steht. Glückliche Kollegen. Florian, wie der einzige echte Star der DDR-Reporterbranche nur gerufen wird, nutzt die verbleibende Zeit zu Mikrofonproben und Stimmübungen. Ein absoluter Profi eben, wie ein Heldentenor oder Starbariton.

Mir steht danach momentan nicht der Sinn. Meine Schweißperlen auf der Stirn vermehren sich ziemlich schnell. Fünf Minuten vor dem Anpfiff habe ich in meiner Kommentatoren-Box immer noch weder Bild noch Ton. Das Schlimmste, was man sich als Live-Reporter ausmalen kann. Man kann ja als Kommentator (mit stark limitierten Technikverständnis) eigentlich nichts für so ein Dilemma, sofern man rechtzeitig in der Kabine erscheint. Aber irgendwie beschleicht einen ein ungutes Gefühl; so nach der Fußballweisheit: „Wir gewinnen zusammen und wir verlieren gemeinsam.“

Ein weiterer Techniker, der sagenhaft in sich selbst ruht, kommt mit einem Lötkolben in der rechten und einem Schraubenzieher in der linken Hand. Wie soll das denn gehen? Und tatsächlich – „Towarischtsch“ zaubert Bild und Ton noch rechtzeitig herbei. „Bolschoje spassibo, molodjez“, so hatte ich es in der Schule gelernt: „Vielen Dank, Pfundskerl!“ Bei den Sowjets, so unsere Erfahrung, brauchtest du viel Geduld („Wsjo budjet“, „alles wird“). Am Ende funktionierte aber auch das meiste. Wie die Sache mit dem Lötkolben.

Das Rückspiel nach der hochdramatischen 1:1-Hinspielbegegnung konnte beginnen. Es war sogar noch Zeit, in Gedanken hurtig die einzelnen Erfolgsstationen des BFC Dynamo in Erinnerung zu rufen.

Mit den „Blue Birds“ fing alles an

September 1971: Die „Blue Birds“ aus Wales starten ihre siebte Europapokalteilnahme. Cardiff City steht im Berliner Jahn-Sportpark vor seinem 30. Match. Kein anderer europäischer Pokalsieger kann bis dahin auf eine vergleichbare Erfolgsbilanz verweisen. Deshalb sind die selbstbewussten Sprüche von Manager Jimmy Scoular, in den Fünfzigern schottischer Nationalspieler, durchaus ernst zu nehmen: „Ein Unentschieden ist unser Ziel. Wir haben genug internationale Erfahrung.“

Kurz vor der ultimativen 90. Minute steht der englische Zweitdivisionär sogar vor einem Erfolg. Linksaußen Gibson

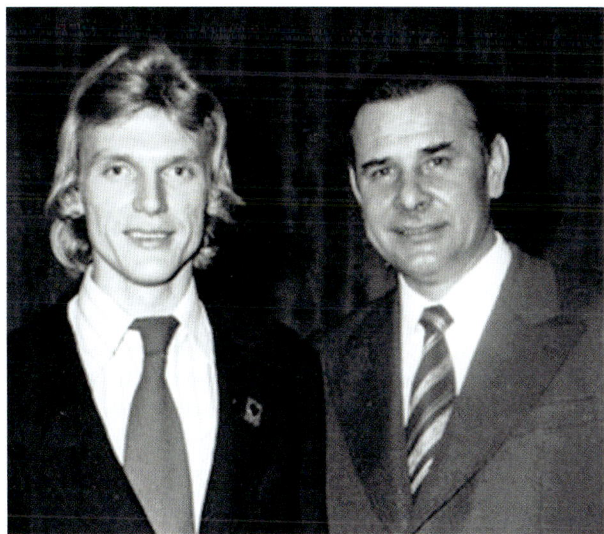

Begegnung mit einer Legende: BFC-Kapitän Peter Rohde und der große Jaschin von Dynamo Moskau.

profitiert in der 77. Minute von einem unglücklichen Ausrutscher des ansonsten soliden 20-jährigen BFC-Stoppers Bernd Brillat. Pures Glück für Dynamo, dass Harald Schütze trotz einer Kopfverletzung weiterspielen kann. Mit seinem weißen „Stirnband“ gelingt „Turban“-Schütze im Last-Minute-Verfahren das wichtige 1:1. Das Fazit von Cheftrainer Hans Geitel: „Wir waren unerfahren, zu nervös. Erst später kombinierten wir gelöster.“ Bringt die erste Auswärtspartie für den DDR-Neuling gleich das Aus? „Abwarten und Tee trinken“, muntert der einstige Nationalspieler und jetzige Trainerassistent aus Erfahrung auf.

„Im Ninian Park sind wir seit Mai 1968 ungeschlagen, und daran wird sich auch nichts ändern“, tönt Cardiffs kopfballstarker Flügelstürmer Warboys. Doch der 19. Platz in der Meisterschaft und das Aus im FA-Cup gegen West Ham United stärken nicht wirklich das Selbstvertrauen der Waliser. Vom verbalen Schwadronieren einmal abgesehen. Am Strand von Barry Island arbeitet Hans Geitel mit seinen Männern am Feinschliff. Dabei kommt der Cheftrainer nicht um unbequeme Personalentscheidungen herum. Er benennt den routinierten Jochen Carow statt Bernd Brillat als Libero. „Big“ John Charles, im Trikot von Juventus Turin einst teuerster Profi der Welt, applaudiert als Waliser Ex-Star auf der Tribüne zur Pause: „Torwart Werner Lihsa und Libero Jochen Carow waren einfach brillant.“ Nach dem Wechsel gelingt Clarke in der 59. Minute die 1:0-Führung. Doch nur zwei Minuten später gleicht der kleine wuselige Dietmar Labes zum 1:1 aus. Danach übersteht der BFC mit leidenschaftlichem Kampf die Verlängerung und erzwingt ein Elfmeterschießen.

Knisternde Spannung kriecht bis unter die Tribünendächer. „Jetzt nur die Nerven behalten“, schwört Kapitän Joachim Hall die fünf Auserwählten auf die Nervenprobe ein. Keiner zieht eine Niete, alle treffen: Johannsen, Terletzki, Carow, Becker und Labes. Da City-Kapitän Murray seinen Elfmeter als „Souvenir“ auf den Rängen verschenkt, setzt sich der BFC Dynamo sensationell mit 5:4 durch. „Wat hab ick jesacht“, macht sich der Brandenburger Günter Schröter, den alle nur „Moppel“ rufen, auf Berlinerisch laut bemerkbar: „Dit 1:1 in Berlin, det war's noch nüch. Ick hab det jewusst.“

Marschbefehle – gefragt wurde keiner

„Moppel" Schröter, ein genialer Techniker, der die DDR-Mannschaft bei ihrem ersten Erfolg, beim 3:2 im September 1955 in Rumänien, als Kapitän aufs Feld führte, wurde durch die Marschbefehle der Oberen durchs Land geschickt. Von VP Potsdam wurden 1950 die Besten, Halbstürmer „Moppel" Schröter, Stopper Herbert Schoen und Linksaußen Hannes Matzen, nach Dresden abkommandiert. In Forst, in der Lausitz, wurde eine VP-Auswahl für Dresden rekrutiert; quasi als Ersatz für die SG Friedrichstadt. Im Sog von Helmut Schön, dem späteren Bundestrainer, hatte sich der DDR-Vizemeister SG Friedrichstadt nach dem Westen abgesetzt; die meisten ankerten bei Hertha BSC. In Dresden wurde die neue Mannschaft relativ schnell angenommen. Als Dynamo Dresden spielten Schröter, Schoen, Matzen, Klemm, Hänsicke, Holze oder Möbius stets vor vollen Rängen. In der Saison 1952/53 wurde die neue Truppe vom Ostragehege sogar Meister und Pokalsieger.

Erneuter Marschbefehl für Schröter 1954 – nach Berlin. Ostberlin stand mit dem Abstieg von Oberschöneweide in der Oberliga mit leeren Händen da. Die Sportbosse kalkulierten, dass mit dieser Situation das Interesse am Westberliner Fußball, das ohnehin reichlich vorhanden war, nur noch ansteigen könnte. Damit das nicht passiert, wurde die Dresdner Meistermannschaft 1954, noch mitten in der Saison, nach Ostberlin befohlen. Mit der nach Berlin verpflanzten Mannschaft von Dynamo Dresden wurde das Vakuum bei der Polizei gefüllt. Ähnliches war kurz zuvor dem künftigen Rivalen ASK Vorwärts passiert: Mit der aus dem Boden gestampften Elf von Vorwärts Leipzig, die in einer Nacht- und Nebelaktion 1953 nach Berlin verlegt wurde, sicherte sich die Armee ihre Pfründe. Die Rangordnung im Berliner Fußball blieb auf viele Jahre unverändert: Vorwärts dominierte mit sechs Titeln die Szene eindeutig, Union und Dynamo konnten jeweils nur einen Pokal aus der Vitrine vorzeigen. Ein Wandel dieser Entwicklung wurde wiederum durch einen Marschbefehl eingeleitet, den keiner mehr für möglich hielt.

„Wer geglaubt hatte, dass sich die Rangierer in den unrühmlichsten Kapiteln des DDR-Fußballs selbst beerdigt hätten, dem bewies die Armeeführung 1971 leider etwas anderes", schreibt Wolfgang Hartwig in „100 Jahre Fußball Berlin" und legt nach: „Im Sommer bekam Vorwärts den Marschbefehl in Richtung Frankfurt/Oder. Gefragt wurde keiner. Nie ist geklärt worden, was NVA-Minister Heinz Hoffmann dabei stärker bedrängte: der Einfluss vom fußballverrückten Erich Mielke und das von ihm mit organisierte Desinteresse des Ost-Berliner Magistrats, oder die Versprechungen vom Frankfurter SED-Bezirkschef Erich Mückenberger, den Fußballern all das zu bieten, was Berlin verweigerte."

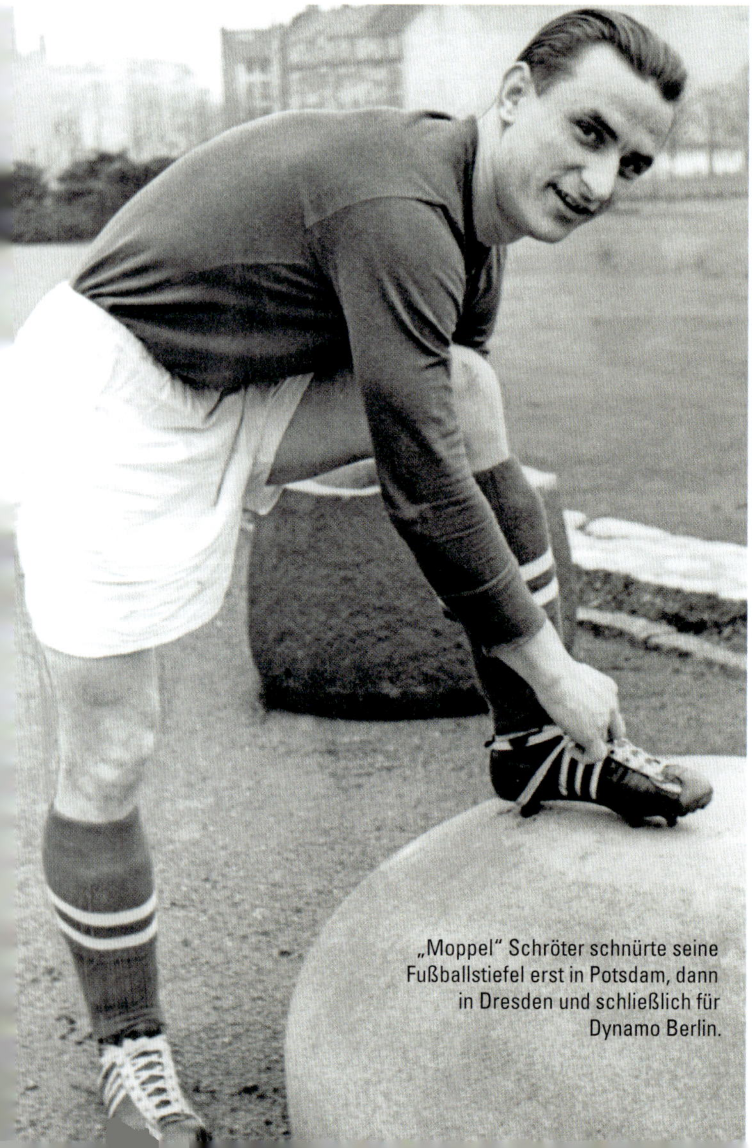

„Moppel" Schröter schnürte seine Fußballstiefel erst in Potsdam, dann in Dresden und schließlich für Dynamo Berlin.

Zaudernde „Mannekens"

Doch zurück zum Europacupdebüt des BFC Dynamo, zurück in den Herbst 1971: Nachdem Cardiff City, das Team aus der zweiten englischen Liga, als erster Gegner in einem dramatischen Elfmeterschießen aus dem Rennen geworfen worden war, wartete im zweiten Durchgang das belgische Team vom VAV Beerschot auf die Berliner. Gegen den siebenfachen belgischen Meister und vorjährigen Pokalgewinner beginnt die Elf von Hans Geitel im Olympiastadion von Antwerpen 1920 voll konzentriert. Schonungslos deckt sie die momentanen Defizite der Belgier auf. „Antrittsschnelligkeit, Wendigkeit, körperliche Fitness waren heute unsere Trümpfe", freut sich Trainer Hans Geitel nach dem überzeugenden 3:1-Erfolg in Antwerpen. Harald Schütze, Norbert Johannsen und Käpt'n Peter Rohde trafen für den Europacupneuling. Ein souverän erspielter Sieg gegen zaudernde „Mannekens", die „kleinen Leute", wie der Verein in Belgien genannt wird.

Dort bleibt die Niederlage nicht ohne Konsequenzen. Trainer Andras Beres wird gefeuert. „Berlin sieht eine andere Mannschaft", kündigt der neue Coach Franc Geeraets vollmundig an. Es bleibt bei der Ansage. Auch in Berlin dominiert am 3. November 1971 der BFC mit seinem kreativen Mittelfeld, Rohde, Terletzki und Becker, wobei Letzterer an allen drei Toren beteiligt ist. Johannsen, Labes und Becker schießen den BFC Dynamo ins Viertelfinale gegen Schwedens Atvidaberg FF.

Schwedischer Wirbelsturm

März 1972: Wie stark ist Schwedens Pokalsieger der letzten beiden Jahre? Atvidaberg gab schon eine Antwort: Titelverteidiger Chelsea wurde nach zwei Unentschieden (0:0, 1:1) dank des Auswärtstores aus dem Rennen geworfen. Die

Schweden haben für die Offensive ein tolles Trio zur Verfügung: Torstensson (später mit den Bayern Meister), Sandberg (später Topangreifer in Kaiserslautern) und Edström (später einer der weltbesten Kopfballspieler im Angriff des PSV Eindhoven).

Da auch am 8. März in Mittelschweden noch tiefer Winter ist, wird auf der beheizbaren Spielfläche des Stockholmer Rasunda-Stadions gespielt, der WM-Arena von 1958, die im Vorort Solna liegt. Der Pokalfinalist aus der DDR dominiert überraschend klar (13:2 Torschüsse). Tags darauf fragt die Zeitung „Svenska Dagblad": „Wie konnte dieses Atvidaberg an der Stamford Bridge in London Titelverteidiger Chelsea ausschalten?" Libero Jochen Carow zur Defensivarbeit: „Da Atvidaberg fast nur hohe Bälle in den Strafraum schlug, hatten wir leichtes Spiel." Mit einem Doppelpack (36., 58.) sicherte Torjäger Wolf-Rüdiger Netz den hochverdienten 2:0-Erfolg.

Im Rückspiel kann der BFC wieder dem 21-jährigen Ex-Schweriner vertrauen. Als die Schweden Ralf Schulenbergs 1:0-Führung durch Wallinder und Sandberg in 120 Sekunden kippen, sorgt Wolf-Rüdiger Netz im ausverkauften Jahn-Sportpark mit einem spektakulären Direktschuss für den Einzug ins Halbfinale. Sein 2:2 beendet eine Zitterphase im BFC-Spiel. Drei der vier Tore gegen die Schweden gehen auf das Konto von Netz, der mit 112 Toren erfolgreichster Oberliga-Torschütze der Berliner ist. Mit dem 2:2 bleibt der BFC auch im sechsten Europapokaltreffen ungeschlagen.

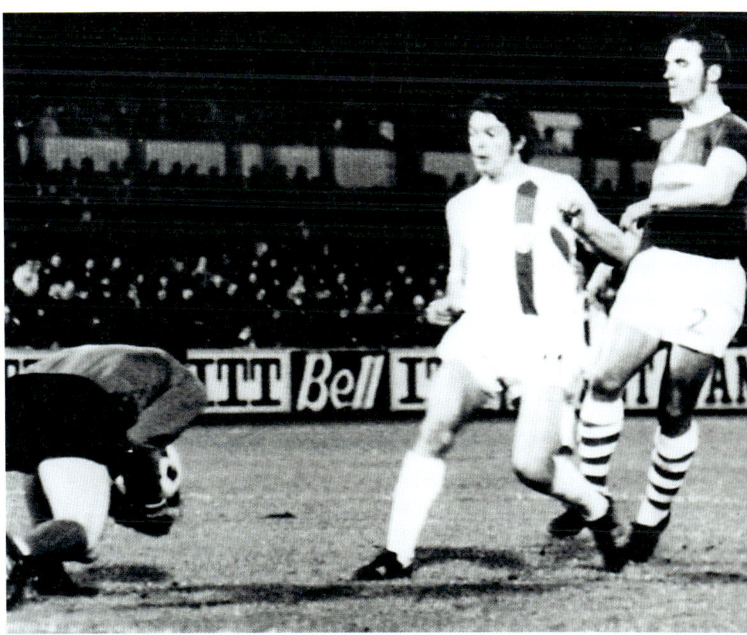

Gegen das belgische Team von VAV Beerschot konnten sich die Berliner im Herbst 1971 durchsetzen. Hier scheitert Norbert Johannsen (Mitte) im Olympiastadion von Antwerpen an Beerschots Torhüter Brosch.

Trost vom großen „Löwen"

5. April 1972, Halbfinal-Hinspiel. „Mein Respekt für den Auftritt von Dynamo Moskau, das lange wie der Sieger aussah", analysiert Erik Hyldstrup, dänischer UEFA-Beobachter. „Aber Kompliment auch dem BFC, der sich leidenschaftlich ins Spiel zurückkämpfte und hochverdient noch zum 1:1 kam."

Natürlich drehte sich zum Schluss fast alles um den dramatischen Aussetzer des jungen Mittelstürmers Koshemjakin, der in der 82. Minute den Ball im Strafraum in die Hand nahm. Er glaubte, nach einem Foul an Johannsen einen Freistoßpfiff gehört zu haben. Der 19-Jährige starrte entrückt auf den Elfmeterpunkt. Dem Ungarn Bircsak blieb nichts anderes übrig, als Elfmeter zu pfeifen. Mit einem konzentrierten Schuss glich Norbert Johannsen die Führung von Jewrjuschichin (53.) aus. Der legendäre Lew Jaschin, erst seit einiger Zeit statt im Tor als Mannschaftsleiter für Dynamo unterwegs, war der Erste, der den bitterlich weinenden Koshemjakin tröstete. Das große Stürmertalent kam wenig später bei einem mysteriösen Paternoster-Unfall ums Leben.

19. April 1972, Halbfinal-Rückspiel. „Unsere Chance ist die Offensive", weiht Hans Geitel ein paar Journalisten in seinen Taktikplan ein: „Dynamo wird im Mittelfeld nicht so viele Räume bekommen wie in Berlin." Der BFC spielt in Lwow in seiner Bestbesetzung, Dynamo Moskau in der „Berliner Formation". Frank Terletzki und der überragende Kapitän Peter Rohde drehen ordentlich auf, schaffen die spielerische Balance zu Schukow und Machowikow. Und im Angriff wirbeln Ralf Schulenberg und Wolf-Rüdiger Netz mit Speed durch die Moskauer Abwehr.

Dann die 37. Minute: Einen Eckball von Johannsen wuchtet Netz mit dem Kopf hammerhart ins Dreieck. „Was für ein Kopfball", lobt der Moskauer Torhüter-Titan Lew Jaschin: „Dieser kleine Kerl, sensationell." Gleichzeitig nimmt er seinen Nachfolger in Schutz: „Keine Chance für Pilgui. Da steckte ja eine unheimliche Power hinter dem Ball." In diesem Augenblick steht der BFC Dynamo im Finale. 21 Minuten später folgt der Dämpfer: Jewrjuschichin profitiert von einer Unkonzentriertheit des BFC-Keepers Werner Lihsa und verwandelt cool zum 1:1-Ausgleich. Pech für Lihsa, der in der gesamten Europacupserie sensationell hielt und dafür mit einem Länderspieleinsatz beim 3:1 in Bratislava gegen die Tschechoslowaken belohnt wurde.

Wer besitzt in diesem faszinierenden Fight, in dem Peter Rohde mit seiner Zweikampfraffinesse und seinem Organisationstalent noch herausragt, die größeren Kraftreserven? Weder der BFC noch Dynamo Moskau finden in der normalen Spielzeit den Schlüssel zum Erfolg, ebenso nicht in der Verlängerung.

Ohne Niederlage ausgeschieden

Wieder ein Elfmeterdrama – wie zum Auftakt der fantastischen Europacupserie, wie in Cardiff. Der Schwede Boström, Mann an der Pfeife, gibt die Lotterie frei. Dolmatow, Baidatschny und Jewrjuschichin bringen Dynamo Moskau mit 3:0 in Führung. Johannsen ballert vorbei, Terletzki trifft nur die Latte. Carows Schuss zum 3:1 ist nur noch etwas für die Statistiker. Mit dem 4:1 durch Machowikow sind alle Messen gesungen.

Aber was für eine tolle Performance! In acht Spielen, zwei Verlängerungen, in exakt 780 Minuten blieb der BFC Dynamo bei seiner Europapokalpremiere ungeschlagen. Man kann es auch auf die kurze Formel bringen: Ohne Niederlage ausgeschieden.

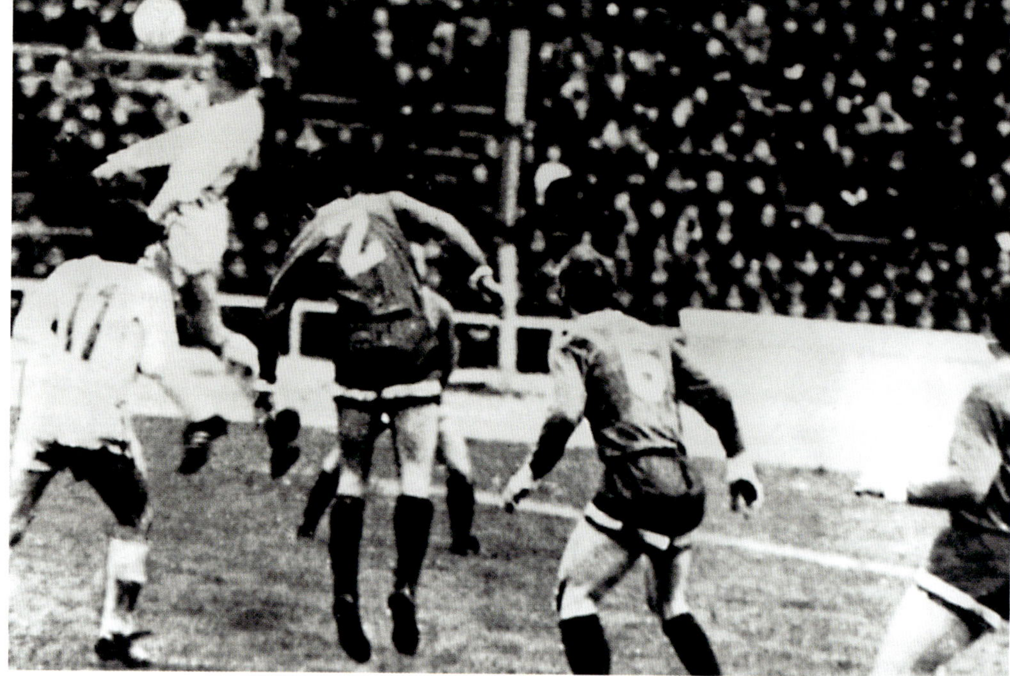

Rückspiel in Lwow gegen Dynamo Moskau: Wolf-Rüdiger Netz (2.v.l.) gewinnt ein Kopfballduell, sein Vereinskollege Norbert Johannsen schaut zu. Das Spiel endet 1:1, nun muss das Elfmeterschießen entscheiden.

Trotz des bitteren Endes im zweiten Elfmeterdrama vergaßen die Berliner auch die Fanwünsche nicht. Der 16-jährige Christoph Dieckmann hatte an den BFC geschrieben: „Bitte, bitte besorgen Sie mir Jaschins Autogramm!" Der Sammler aus Leidenschaft konnte jubilieren. Der beste Keeper aller Zeiten, der an vier Weltmeisterschaften teilnahm und bis 1971 für seinen Klub Dynamo Moskau im Tor stand, reagierte auf den Wunsch. „Tatsächlich kam Antwort: sein Bild! Die Rückseite zierte Jaschins schöne kyrillische Schrift, umkränzt von den Signaturen aller Moskauer Kicker…" 1984 musste dem Kettenraucher mit der bassigen Stimme ein Bein amputiert werden. 1990, kurz vor seinem 70. Geburtstag, starb Jaschin in Moskau.

Mit der IL 18, der sowjetischen Iljuschin, ging es mit ein wenig Verspätung auf den fünfstündigen Rückflug. Es herrschte keine Sektstimmung an Bord, aber alle der rund 300 BFC-Begleiter machten trotz des Ausscheidens einen zufriedenen Eindruck. Auch der Journalistentross mit einem Dutzend Medienleuten. Immerhin war der BFC Dynamo bei seiner Europapokalpremiere in 780 Minuten unbesiegt geblieben.

Günter Simon analysierte das Halbfinale in der „Fußball-Woche": „In der Stunde seiner größten Bewährung lieferte der BFC einen bestechenden Kampf, den er auch in der Verlängerung durchstand. Dann war seine nervliche Substanz verbraucht. Nach 13 packenden Stunden Europapokal-Geschehen kam das Aus."

Rundfunkreporter Heinz Florian Oertel wählte die philosophische Schlagzeile: „Ein Ende als Anfang". Im Text prophezeit der Wortakrobat: „Das im Cup Geleistete anzuerkennen bedeutet nicht, Hans Geitel und seinen Männern billigen Schmus mit einem Schuß Trost um die Nasen zu schmieren. Das haben sie gar nicht nötig. Aber: Sie werden auch in Lwow gemerkt haben", dass „dieses Spiel auch schon vorm Elfmeterschießen zu gewinnen" war, „sogar noch in den regulären 90 Minuten."

Meine Headline für das Fachblatt: „Wenn Schulenberg das Dribbling suchte" – der BFC-Stoßstürmer war der beste Flügelflitzer auf dem Platz. Mit seinem dynamischen und kopfballstarken Partner Netz erzielte Schulenberg diesmal mehr Wirkung als auf Moskauer Seite Baidatschny und Jewrjuschichin, die beide Wochen später mit der sowjetischen Nationalmannschaft bis ins EM-Finale stürmten, aber dann glatt mit 0:3 dem brillanten Europakönig Bundesrepublik unterlagen.

Die IL 18 landet am Freitag zwei Uhr morgens in Berlin-Schönefeld. Nach 1.000 Kilometern und rund fünf Stunden. Leicht verknautscht, leicht schläfrig, leicht angeschlagen tippeln wir die Gangway runter. Ich bin ganz zufrieden. Lwow war die kurze, aber aufregend intensive Reise in jeder Hinsicht wert gewesen.

Der unaufhaltsame Aufstieg des Jürgen B.

1971/72 fiel in eine Zeit, als der BFC Dynamo noch nicht als „Schiebermeister" oder „Stasi-Klub" verschrien war. Mit dem Vorstoß ins Europacupfinale und dem zweiten Platz in der Meisterschaft beendeten die Männer um Kapitän Peter Rohde, Werner Lihsa, Frank Terletzki, Jochen Carow, Wolf-Rüdiger Netz oder Ralf Schulenberg eine goldene Saison.

In der Folgezeit fehlte es dem BFC Dynamo aber an Stabilität. Trainer wie Hans Geitel, Fritz Bachmann, der Ungar Janos Gyarmati, Fritz Gödicke, Harry Nippert und auch Günter „Moppel" Schröter kamen über Teilerfolge zunächst nicht hinaus. Als die Weinroten 1976 hinter Dynamo Dresden Vizemeister wurden, schien man auch die Sympathien der Berliner Fans erobert zu haben. 215.000 pilgerten in jener Saison zum Jahn-Sportpark, also im Schnitt 16.500. Doch als unter Harry Nippert 1977 beide Saisonspiele gegen die Jungs von der „Alten Försterei" vergeigt werden, erfolgt der Rausschmiss des Trainers.

Jürgen Bogs, kaum 30 Jahre alt, steigt vom Jugendtrainer zum Chef der Oberliga-Mannschaft auf. Sein Bekanntheitsgrad ist selbst unter Kollegen zu diesem Zeitpunkt gleich null. „Schon mal was von Bocks oder Bugs gehört?", witzelte der frühere Auswahltrainer Georg Buschner. „War der Kofferträger beim BFC oder was (ha,ha,ha)?"

Schon deshalb wird Jürgen Bogs aus Schwedt an der Oder, an der Leipziger Sporthochschule zum Diplom-Fußballlehrer ausgebildet, von Beginn an kritisch beäugt. Der neue junge Mann macht einen Schnitt: Generationswechsel. Aus seiner Zeit als Nachwuchstrainer kennt er alle Talente, die er selbst trainiert hat. Sie spüren jetzt ihre Chance und drängen nach oben.

▶ *Fortsetzung auf S. 145*

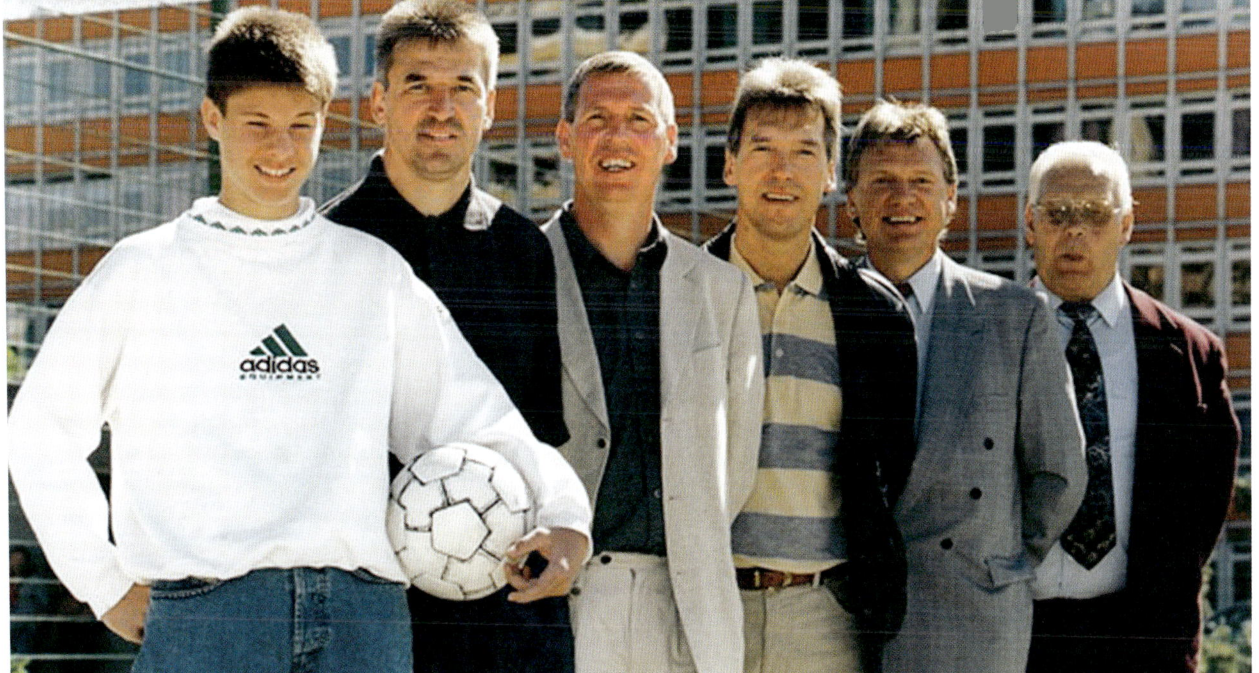

Eine Familie mit vielen Fußballern: die Rohdes. Von links: Franks Sohn Ronny, dann die Brüder Frank, Rainer (später Union und U18-Europameister sowie Olympia-Zweiter), Jürgen (BFC-Reserve) und Peter sowie Vater Egon Rohde.

ZEITZEUGE PETER ROHDE

„DAS MUSSTE ICH NICHT HABEN"

Peter Rohde begann seine Fußballerlaufbahn wie seine drei Brüder in Rostock. Mit neun Jahren wurde er beim SC Empor aufgenommen. Mit der Gründung des BFC Dynamo wechselte Peter Rohde mit seiner Familie 1966 nach Berlin. Die Rohde-Dynastie hat sich viele Verdienste um den BFC Dynamo erworben. Vater Egon war lange Nachwuchstrainer und Leiter der Jugendabteilung; er gilt auch als Entdecker von Andreas Thom. Die Söhne Peter, Jürgen, Rainer und Frank hatte ich Anfang der Siebziger in das TV-Studio zur Sendung „Sportreporter" am Montag eingeladen. Da prophezeite Vater Egon schon: „Der Kleinste, der zwölfjährige Frank, der wird mal der Beste." Volltreffer. Frank wurde Nationalspieler, Kapitän in den Wendejahren und dann sogar beim Hamburger Sportverein, wohin er zusammen mit Thomas Doll gewechselt war. Er bestritt 14 Europacupspiele und schoss ein Tor.

Peter, bist du 1966 mit Freuden nach Berlin gewechselt?

Naja, ich hatte immerhin schon sieben Jahre für den SC Empor Rostock gespielt. Da guckte man zu Größen wie Herbert Pankau auf. Mit Dieter Schneider, dem Ex-Keeper, wurde ich im Trikot von Empor zweimal Hallenmeister. Von dieser Zeit her habe ich auch meinen Spitznamen Kogge.

Aber?

Da hatte Vater wohl einen Parteiauftrag bekommen: Egon, der BFC Dynamo braucht dich. Ja, und da gab's kein großes Debattieren. Vater machte den Anfang, kam in einem Internatszimmer unter. Dann ging's in Etappen nach Berlin. Neben den vier Jungs gibt es ja noch Heike, unsere Schwester.

Wie ist dir die Berliner Luft bekommen?

Ich bin eigentlich recht schnell zurechtgekommen. Nach zwei Jahren gehörte ich zur Juniorenauswahl, die 1968 am traditionellen U18-Turnier teilnahm. Von dort war der Sprung ins Oberligateam nicht so groß. Ich konnte mich in der Mannschaft von Hans Geitel eigentlich auf Anhieb durchsetzen.

Als Kapitän hast du den BFC Dynamo bis ins Halbfinale des Europacups der Pokalsieger geführt. Welche Erinnerungen hast du daran?

Das war natürlich der Höhepunkt meiner Laufbahn. Mit einem bisschen Glück im Elfmeterschießen gegen Dynamo Moskau hätten wir im Finale gegen die Glasgow Rangers gestanden. Aber so reichten zwei 1:1-Spiele nicht. Trotzdem konnte ich als Kapitän mit dem Auftritt unserer Mannschaft mehr als zufrieden sein: acht Spiele und keine Niederlage, das ist schon mal eine Hausnummer.

Warst du als Kapitän schon einmal auf deinen großen Vorsitzenden, Erich Mielke, getroffen?

Ja, er hatte sich einmal im Trainingslager angekündigt. Er wollte mich sprechen. Es war eine Zeit, wo ich nach einer Verletzung noch nicht wieder in Bestform war. Alle hatten sich auf sein Kommen eingerichtet mit einer großen Ansage. Aber nichts von alledem. Er kam auf mich zu, grüßte kurz und fragte ganz direkt: Ey Rohde, wie loofst du denn übern Platz. Da habe ich ihm kurz erzählt, dass ich noch mit den Nachwehen meiner Verletzung zu tun habe. Das war's aber auch schon. Das musste ich nicht haben…

Wie bist du ihm aus dem Weg gegangen?

Ich bin länger unter der Dusche geblieben.

Wie hast du 1986 den berühmt-berüchtigten „Schand-Elfmeter" wahrgenommen, als der BFC am 22. März im Oberligaspiel beim Verfolger 1. FC Lok Leipzig in der 95. Minute noch zum 1:1 kam?

Ich war damals im Nachwuchsbereich für Dynamo tätig und habe mich geschämt. ■

EXKURS „ALSO AUFPASSEN!"

EINDRÜCKE VON EINER BARCELONA-REISE

Der Traum des BFC Dynamo von einer Endspielteilnahme am 24. Mai 1972 im Camp Nou von Barcelona wurde nicht Realität. Dynamo Moskau hatte im Elfmeterschießen das Glück auf seiner Seite und traf nun im Finale auf Glasgow Rangers. Die Schotten hatten sich im Halbfinale gegen die favorisierten Münchner Bayern durchsetzen können.

Ich hatte Gelegenheit, das Finale vor Ort zu sehen. Meine Reiseeindrücke sollen ein wenig die Umstände jener Zeit beleuchten.

***

Zu den Russen? Zu Dynamo Moskau? Aber doch bitteschön auch zu den Schotten. Oder?

Schon der leiseste Verdacht, die geplante Reise nach Barcelona sei politisch motiviert, reichte beim sogenannten Travel Board der Alliierten in Berlin-Schöneberg aus, um ein „No" zu erhalten. Geduld war gefragt.

Für zwei Mark echtes Geld konnte ich mich jetzt in Westberlin vergnügen. Ins Kino gehen, auf der Parkbank im „Kicker" schmökern, zur Siegessäule fahren…

Sollte es wirklich klappen?

Es klappt tatsächlich.

An Bord der spanischen Fluggesellschaft Iberia gehen nur schwarz gekleidete Stewards, mit der Pistole im Halfter. Nirgends eine Stewardess. Noch dreht sich nicht der Wind in Spanien, erst in drei Jahren, mit dem Tod des alten Diktators Franco und mit König Juan Carlos, der die junge Demokratie vor putschenden Generälen bewahrt.

Bei der Ankunft in Barcelona verzögert sich die Passkontrolle erheblich. Schottische Anhänger von den Glasgow Rangers lärmen mit Dudelsack und kommen bei Temperaturen um die 30 Grad schon mit leichter Whiskyfahne an. Francos Polizei hält sich vor den Augen der Welt sichtbar zurück. Noch.

***

Vor dem Finale drängen sich Spaniens Journalisten vor allem um einen Mann – um Lew Jaschin. Der weltbeste Keeper, auch der „schwarze Panther" oder die „schwarze Spinne" genannt, hat erst vor knapp einem Jahr seinen Abschied im Tor gegeben. Seitdem ist er bei seinem Klub Dynamo Moskau als Mannschaftsleiter tätig. „Mit 41 Jahren war es Zeit, die Schuhe an den Nagel zu hängen", erzählt der Mann, der 1963 als erster Torhüter zu „Europas Fußballer des Jahres" gewählt wurde. Die Schlagzeile der Zeitung „AS" konnte ich noch leicht decodieren: „Lew Jaschin, die sowjetische Fußball-Legende". Aber den Artikel auf der Innenseite? Ich hatte später bei Eurosport einen geschätzten Kollegen aus München, der mir das locker aus dem Spanischen ins Deutsche übersetzen konnte. Ralf Itzel hätte das aber auch aus dem Französischen tun können, aus dem Englischen sowieso. Inzwischen hat er noch Portugiesisch gelernt. Während der WM hat er für den brasilianischen Medien-Riesen TV Globo gearbeitet. Live im Studio. Beneidenswert. Sprachen, von Ausnahmen abgesehen, blieben eine Schwäche der Ostdeutschen meiner Generation. Bei Screensport in London und Eurosport in Paris bin ich später ganz ordentlich vorangekommen.

Ich wäre froh gewesen, wenn ich mich schon damals, im Mai 1972, auf dem jetzigen Level hätte verständigen können, denn ich hatte vor Beginn der Live-Übertragung des Europacupfinales mächtige Tonprobleme. Im Klartext: Ich hatte keinen Kontakt zur Heimatredaktion. Der Techniker sprach nur Spanisch und ein paar Brocken Englisch. Damals saßen die Reporter noch wie Hühner auf der Stange, ohne Kabine, total im Freien. An einen zusätzlichen Redakteur war aus Devisengründen nicht zu denken. Ich erinnerte mich nur an einen Tipp von den „alten Hasen": „Wenn du auch Berlin nicht hörst, einfach sprechen."

So hab' ich's dann auch gemacht. Richtige Wahl getroffen. Glück gehabt.

***

50.000 im Camp Nou sahen eine Elf der Glasgow Rangers, die gnadenlos Abwehrschwächen in der Dynamo-Defensive ausnutzte. Durch zwei Tore von Stein und Johnston bestätigten die Schotten ihre Favoritenposition bis zur Pause. Als Johnston in der 49. Minute den Vorsprung der Rangers auf 3:0 ausbaute, schienen alle Messen gesungen. So dachten die meisten Reporterkollegen und begannen die Inselkicker bereits zu feiern. Ich begab mich, um ehrlich zu sein, auch auf diese Welle. Was sollte da noch passieren? 3:0 nach einer knappen Stunde.

Doch dann beginnt der Dynamo-Rausch. Die Moskauer ziehen ein ungeahntes Powerplay auf. Der eingewechselte Eschtrekow und Machowikow bringen Dynamo Moskau bis zur 87. Minute auf 2:3 heran. Der Ausgleich liegt in der Luft.

Die Schlussoffensive der Jaschin-Elf wird zweimal durch whiskygeschwängerte Rangers-Fans unterbrochen. Inzwischen gehen die alkoholisierten schottischen Anhänger auch auf die Reporter los, bewerfen uns mit Bierbüchsen, Sitzkissen und anderen Gegenständen. Es ist der Anfang des Hooligan-Terrors in Großbritannien.

Die „Blauen" retten das knappe 3:2 über die Ziellinie. Die Alkoholeskapaden der Insulaner führen zu einer Horrorbilanz: zwei tote Schotten, 105 Verletzte, 150.000 Mark Sachschaden im klubeigenen Stadion Camp Nou des FC Barcelona. Dynamo-Präsident Lew Derjugin protestiert sofort bei der UEFA gegen die Wertung dieses Spiels und drängt auf Wiederholung. Diese Forderung lehnt die UEFA ab. Die Glasgow Rangers werden zunächst für zwei Jahre gesperrt. Nach einem Gnadengesuch wird die Sperre zu einer lächerlichen Ein-Jahres-Strafe herabgesetzt.

***

Als ich tags darauf in die Redaktion komme, spüre ich eine Mischung aus Neid und Häme. „Du sollst zum Doktor kommen", höre ich von der Sekretärin. Der Doktor ist der Bereichsleiter für Kinder, Jugend und Sport. Sein Vorwurf: „Du hast die Schotten schon zum Sieger gemacht, dabei hätte um ein Haar zum ersten Mal eine Mannschaft aus der Sowjetunion den Europacup gewonnen. Also aufpassen!" Man halte mir zugute, dass ich allein unterwegs war und die Umstände während der Übertragung problematisch waren.

Dass ich nicht nur mit einem blauen Auge davonkam, zeigte mir die Akteneinsicht Mitte der Neunziger. Irgendjemand aus meinem Umfeld musste schon lange vor der Barcelona-Reise das Gerücht gestreut haben: „Du, der Weise will abhauen." Daraufhin entwickelte die Stasi im März 1972 einen Maßnahmeplan mit operativer Kontrolle: „Alle Hausbewohner überprüfen, Weises politisch-ideologische Haltung, seine Reportagen speziell zu den Spielen des BFC Dynamo. Seine Familienverhältnisse. Über die Leitung des DDR-Fernsehens ist zu erwirken, dass Weise in den nächsten Wochen nicht im kapitalistischen Ausland eingesetzt wird." Das wunderte mich, weil ich bald, nachdem die Stasi ihren Verdacht notiert hatte, für das Europapokalspiel Glasgow Rangers gegen Dynamo Moskau eingeteilt war. Vermutlich hat der Stasi-Oberleutnant, der auf mich angesetzt war, grünes Licht gegeben. Bizarr, doch auch das gab es.

Ihr Verdacht hinderte die Stasi nicht daran zu versuchen, mich im März 1972, also zeitgleich zu ihren Kontrollmaßnahmen, als IM anzuwerben. Es war nicht so einfach, sich zu verweigern. Wie gefährlich ist das – für dich und die gesamte Familie? Wirst du deinen Job behalten können? Welche beruflichen Nachteile drohen deiner Frau? Vor so einer Situation muss man erst einmal stehen und nicht einknicken.

Ich vertraute mich einem Kollegen an, der als ehemaliger Schauspielschüler geübt im Fabulieren war und daher mit dieser Thematik klug umgehen konnte. Wir haben als junge Journalisten nicht nur Schlaues angestellt, aber hin und wieder auch über Brecht und seine „Flüchtlingsgespräche" im Ruderboot philosophiert. Der Kollege warnte: „Da kommst du niemals mehr raus, wenn du dich verpflichtest." Spätestens da schrillten die Glocken.

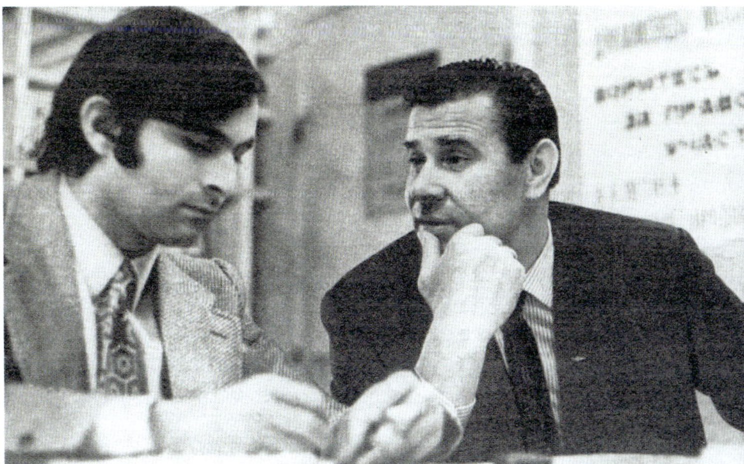

Lew Jaschin, der beim Finale in Barcelona als Mannschaftsleiter von Dynamo Moskau fungierte, war für die spanischen Medien ein begehrter Gesprächspartner.

Ich war im Zwiespalt: Wie sollte ich gegen ein System sein, das mir als Umsiedlerkind und Halbwaisen den sozialen Aufstieg zu meinem Traumberuf ermöglicht hatte? Andererseits entwickelte sich bei mir ein subjektives Widerstandsgefühl bei dem Gedanken, mitzuhelfen, Andersdenkende zu denunzieren.

Beim letzten Anwerbeversuch sollte schon ein Handschlag zur Verpflichtung als IM genügen. Ich lehnte ab und bin heute noch dem Kollegen dankbar für den Rat. Man werfe also nicht so schnell den ersten Stein. Ich hatte Glück, man ließ mich in Ruhe – und weiter als Fußballreporter arbeiten. ■

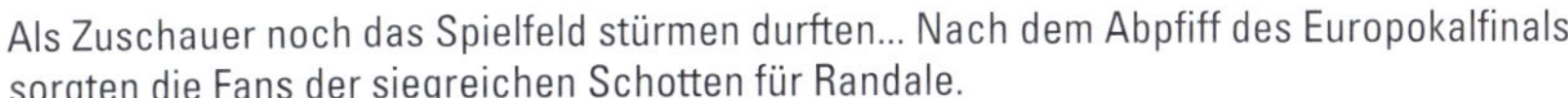

Als Zuschauer noch das Spielfeld stürmen durften... Nach dem Abpfiff des Europokalfinals sorgten die Fans der siegreichen Schotten für Randale.

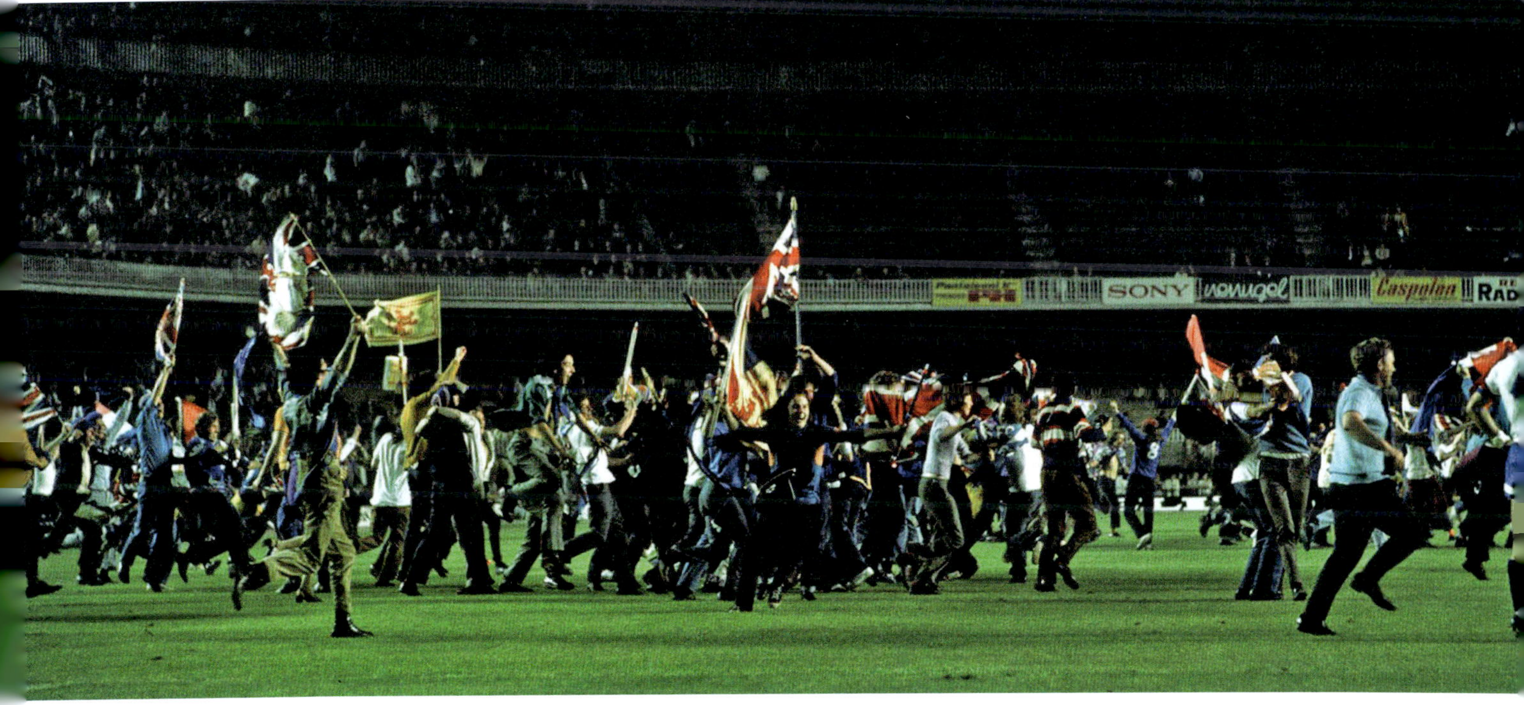

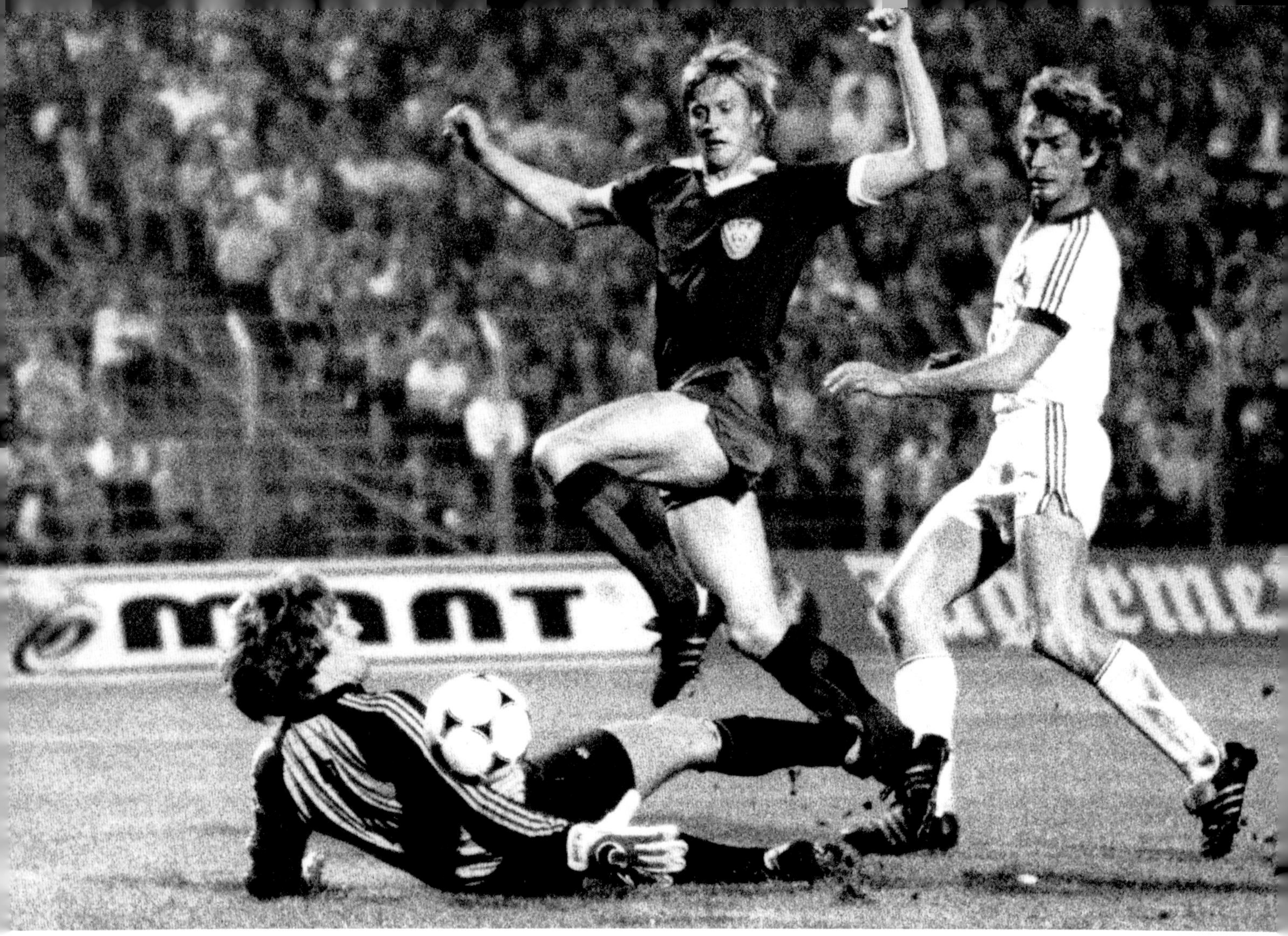

Hans-Jürgen Riedinger setzt sich im Jahn-Sportpark gegen HSV-Torhüter Uli Stein und Verteidiger Ditmar Jakobs durch und erzielt das 1:0. In der Endabrechnung (1:1, 2:0) kamen die Hamburger weiter und gewannen in dieser Saison 1982/83 auch den Europapokal der Landesmeister.

Wieder einmal DDR-Meister: Frank Rohde bejubelt 1987 mit den nicht sonderlich zahlreichen BFC-Fans den neunten Titelgewinn. Inzwischen galt der Klub als „Mielkes Schiebermeister".

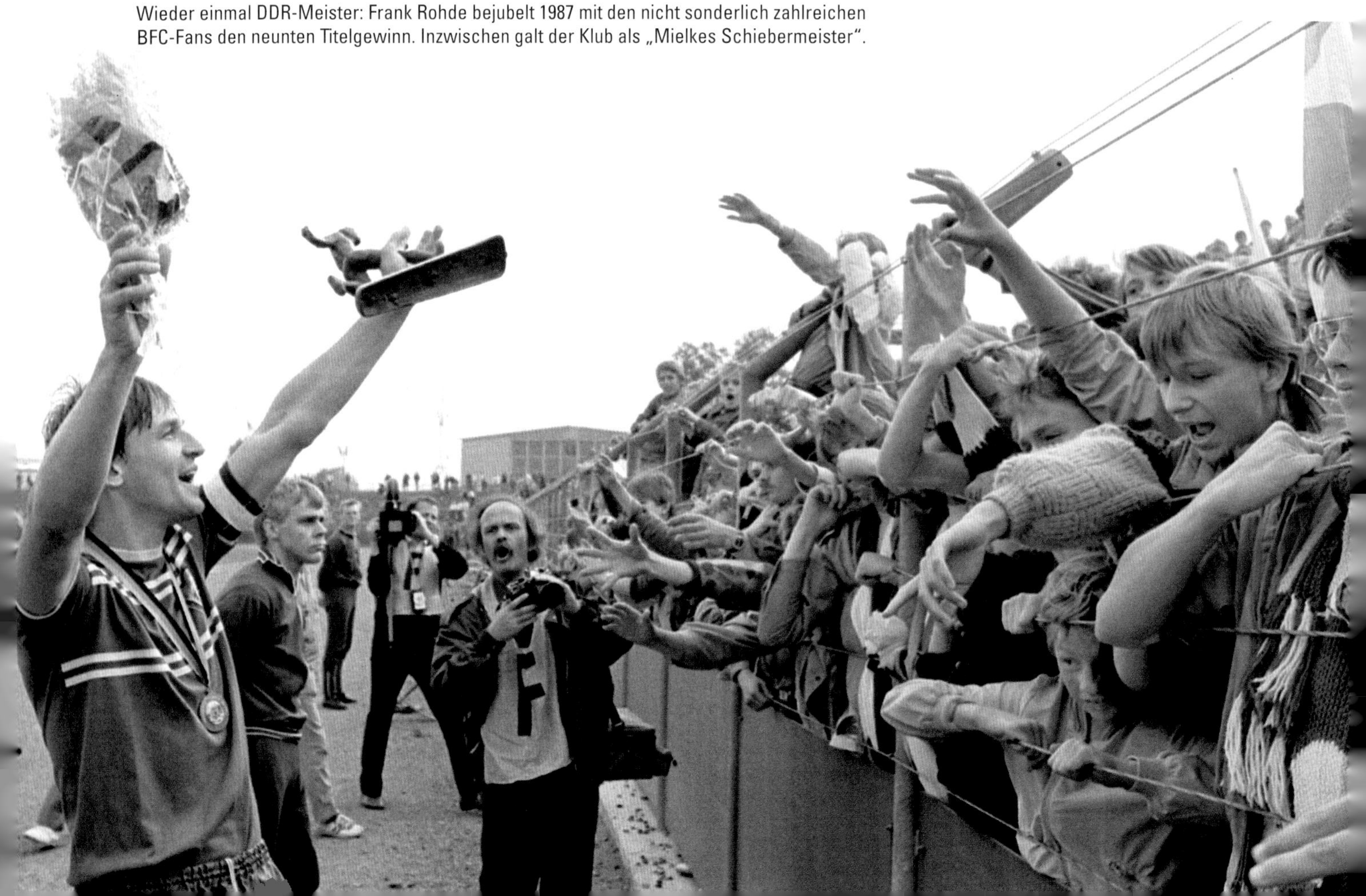

Gleich in seinem ersten Oberliga-Jahr greift Bogs mit seiner Jugendschar erfolgreich nach Bronze, hinter Dynamo Dresden und dem 1. FC Magdeburg. Die junge unverbrauchte Truppe mit Bodo Rudwaleit, Norbert Trieloff, Reinhard Troppa, Hans-Jürgen Riediger stürmt ungehemmt die Festungen Dresden und Magdeburg. Wolf-Rüdiger Netz ist für fast ein Jahrzehnt ein Top-Torjäger und Frank Terletzki ein Freistoßungeheuer. Ein Team mit viel Potenzial, das gar nicht den grotesken Eifer der „Schwarzen Männer" benötigt, ihn aber gleich auf dem Weg zum ersten Titel in der Saison 1978/79 bekommt.

2. Dezember 1978: Meister Dynamo Dresden führt gegen den BFC Dynamo mit 1:0 durch Hartmut Schade (57.). In der 68. Minute erläuft sich Hans-Jürgen Riediger (in einer für jeden klar erkennbaren Abseitsposition!) einen Steilpass und gleicht in der 68. Minute aus. Der Dresdner Kessel kocht. In der Kabine tobt Manfred Scheler, der Chef vom Rat des Bezirkes: „Das war übelster Betrug. Wir sind schlimm verladen worden. Schreibt die Wahrheit. So kann es nicht weitergehen." Es war aber erst der Anfang. Im „Sportecho"-Notizblock für den Montag schreibe ich: „Ein Tor mit einem fatalen Beigeschmack." Der Zensor muss beide Augen zugedrückt haben.

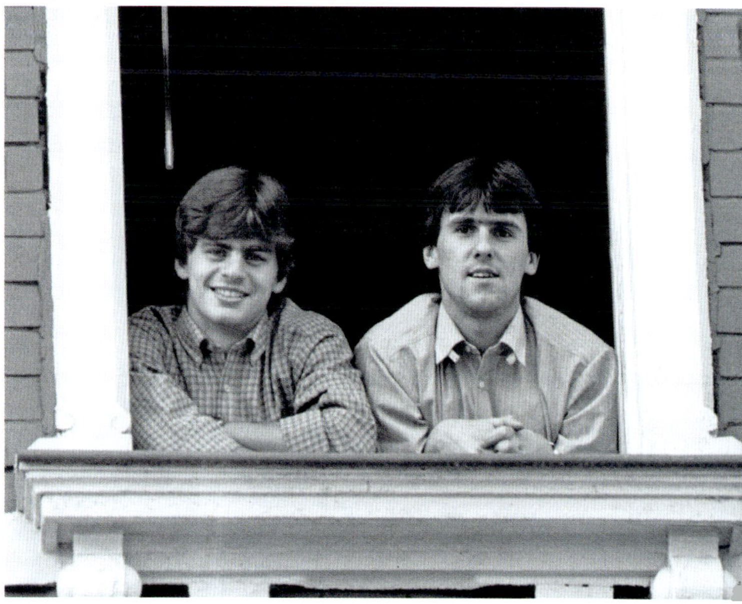

Falko Götz (l.) und Dirk Schlegel nutzen im November 1983 ein Europacupspiel in Jugoslawien, um sich abzusetzen und in der Bundesliga ihr Glück zu suchen.

Mielkes Schiebermeister?

In jener Saison 1978/79 ist der BFC Dynamo auf eilfertige Hilfe nie und nimmer angewiesen. Jürgen Bogs und sein Team holen sich den ersten von zehn Titeln. Noch nie hat ein Meister 46:6 Punkte und 75:18 Tore produziert. Sprinter Riediger mit 20 Treffern und Kopfballspezi Netz mit 16 erzielten praktisch die Hälfte aller BFC-Tore. Auswahltrainer Georg Buschner bringt die Superausbeute auf den Punkt: „Ein Produkt von Planung, Strategie und Taktik". Auch von der Konkurrenz gibt es viel Applaus. Reinhard Häfner, mit den Schwarz-Gelben Dauerrivale der Berliner: „Der BFC war athletisch stark besetzt und hatte herausragende Angreifer wie Thom und Doll. Zudem wurden die Berliner immer nervenstärker."

Hans Meyer, geschätzter Trainer in Ost und West, hält nichts von der These, dass der Stasi-nahe BFC nur durch Schiedsrichtergeschenke Serienmeister wurde: „Nimm mal die letzten Jahre beiseite, dann war der BFC schon die beste Mannschaft. Stets auf höchstem Fitness-Stand, hat Bogs über Jahre sein Team in Form gebracht."

Dynamo (Dresden) gegen Dynamo (Berlin) blieb das elektrisierende Duell. 1980 lieferten sich Dynamo Dresden und der BFC ein Kopf-an-Kopf-Rennen. Vor 30.000 im ausverkauften Jahn-Sportpark entschied Libero Norbert Trieloff mit seinem 1:0 das dramatische Duell um den Titel. Zuvor allerdings ging dem Tor eine Zweikampfattacke von Troppa an Kotte voraus, die ich am Mikro wie viele andere „als nicht ganz astrein" bewertete.

Seinen ersten Titelgewinn feierte der BFC mit 22.000, den zweiten sogar mit 30.000 Anhängern. Beim letzten, beim zehnten Meisterschaftserfolg, wollten nur noch 7.000 jubeln. Dem BFC schlugen im ganzen Land als Mielkes „Schiebermeister" Abneigung und Zorn entgegen. Ein intelligenter Spieler wie Rainer Ernst, eines der großen kreativen Talente aus den Achtzigern, erklärt das Hassobjekt BFC schlüssig: „Da kommen drei Dinge zusammen: der Hass auf die Hauptstadt und deren Sonderstellung, der Hass auf das Stasi-Dynamo und Neid auf unseren Erfolg."

Eines steht fest: Der BFC Dynamo hat seine zehn Titel nicht nur dank Mielkes Sponsoring und dank willfähriger Schiedsrichter gewonnen. Er profitierte auch von seiner landesweit vernetzten Nachwuchsarbeit. Und dann hatte er, davon bin ich überzeugt, mit den „Zwillingen" Andreas Thom und Thomas Doll zwei Weltklasse-Angreifer im Team.

Glanzlichter und Blamagen

Das vielleicht größte BFC-Talent aller Zeiten, Andreas Thom, musste praktisch über Nacht in Belgrad gegen Partizan ran, weil Falko Götz und Dirk Schlegel im November 1983 das Europacuprückspiel (0:1 nach 2:0 im Hinspiel) in Jugoslawien nutzten, um zu flüchten und in die Bundesliga zu wechseln. Beide wurden Profis von Bayer Leverkusen, Falko Götz gewann mit dem Werksverein 1988 den UEFA-Pokal. Damit kam der 17-jährige Angreifer Thom überraschend zu seinem Europacupdebüt.

Bereits im März 1979 hatte Mittelfeldspieler Lutz Eigendorf ein Gastspiel in Kaiserslautern zum Absprung in die Bundesliga genutzt. Vom 1. FC Kaiserslautern wechselte er zu Eintracht Braunschweig. Im März 1983 verunglückte der 26-Jährige mit seinem Alfa Romeo tödlich. Die Blutprobe ergab einen Wert von 2,2 Promille. Westdeutsche Medien vermuteten einen Anschlag der Stasi. Trotz gründlicher Recherchen blieb bis heute vieles mysteriös.

Einige Glanzlichter konnte der BFC in den achtziger Jahren auch im Europacup der Meister setzten. Dazu gehörten zwei Siege auf der Insel. Das 1:0 in Nottingham (1980) erzielte Hans-Jürgen Riediger, das andere 1:0 bei Aston Villa (1982) gelang Frank Terletzki. Da aber die Heimspiele vergeigt wurden, kam hier wie dort im Viertel- bzw. Achtelfinale das Aus – allerdings jeweils gegen den späteren Cupgewinner. Bemerkenswert auch die Erfolge über Michel Platinis AS St. Etienne (1981) und Alex Fergusons Aberdeen (1984).

Obwohl mich die BFC-Führung nicht im Mielke-Flieger mitnahm und die Sportredaktion daher einen Linienflug für mich nach Schottland buchte, schenkten mir die Spieler zwei tolle Auftritte gegen den FC Aberdeen. Der europäische Supercupgewinner 1983 begann zunächst ziemlich reserviert. Die zwei 1:0-Erfolge auf der Insel gegen Nottingham und Aston Villa hatten sich auch bis Aberdeen herumgesprochen. Der Verkauf von Gordan Strachan, dem rotblonden Powerpaket im Mittelfeld, an Manchester United und des Torjägers Mark McGhee an den Hamburger SV wurde von Manager Alex Ferguson forciert. Seine Auffassung: „Ohne die beiden wird unser Spiel schneller und unberechenbarer." Black lässt mit seinen zwei Kopfballtreffern in einer Stunde McGhee vergessen. Der BFC zeigt Moral, aber nur Thom und Bernd Schulz erreichen „schottisches" Niveau. Das Anschlusstor von Bernd Schulz, mit einer exzellenten Flanke vom eingewechselten Terletzki vorbereitet, erhöht wieder die Chancen aufs Weiterkommen.

Aberdeen kommt am 3. Oktober 1984 mit der Empfehlung von acht Spielen ohne Niederlage nach Berlin. Ohne Übereifer, wie gegen Nottingham (1:2) und Aston Villa (1:3), spielt der BFC diesmal absolut cool, beherrscht, zweikampfstark. Die Weinroten von Jürgen Bogs steigern sich zum vielleicht besten Europacupspiel in der Klubchronik. Frank Rohde, Rainer Ernst und Andreas Thom spielen herausragend. In dieser mitreißenden und phasenweise hochklassigen Partie knackt Andreas Thom (50.) als erster Dynamo das Abwehrbollwerk mit Leighton, Miller und McLeish. Die Schotten halten erfolgreich gegen: 1:1 durch Angus (68.). Doch der Ausgleich irritiert den BFC Dynamo nur wenige Minuten. Rainer Ernst gelingt in der 84. Minute das herbeigesehnte 2:1. Elfmeterschießen nach torloser Verlängerung. Bernd Schulz trifft nur die Querstange, aber Torhüter Bodo Rudwaleit reagiert zweimal super. Schließlich befreit Libero Norbert Trieloff, der ein Jahrzehnt nicht mehr vom Elfmeterpunkt Anlauf genommen hat, sein Team vom Druck. Erstmals nach Cardiff City hat der BFC wieder einen britischen Verein aus dem Europapokal-Wettbewerb gekickt – wie 1971 gegen Cardiff City. Und wieder nach einem Elfer-Krimi.

Ein Fiasko der besonderen Art: Die Europacup-Gastspiele des Hamburger SV (1982, 1:1, 0:2) und von Werder Bremen (1988, 3:0/0:5) fanden im Prinzip vor einem handverlesenen Publikum statt. Keine Karte ging in den öffentlichen Verkauf. Alle Tickets wanderten in die Dienststellen des MfS, des Innenministeriums, der SED und der Gewerkschaften.

In Bremen erlebten diese speziellen Auswärtsreisenden die größte sportliche Blamage des BFC. Die von Werder-Manager Willi Lemke pfiffig angeregte Shoppingtour durch Bremer Geschäfte zeigte Wirkung, wie Thomas Doll zu berichten weiß (siehe Interview). Drei Stunden vor dem Anpfiff wühlten und suchten die jungen Kerle in den weinroten Trainingssachen nach einer Stereoanlage, nach einem Videorecorder, wo ist der Farbfernseher… Bis unters Dach bepackt, fuhr der Mannschaftsbus 90 Minuten vor dem Anstoß ins Weser-Stadion ein.

22.000 Bremer brüllten den BFC nieder: 5:0! Und wo waren die BFC-Anhänger? Fehlanzeige… Der echte Berliner Fußballfan war ausgeschlossen geblieben.

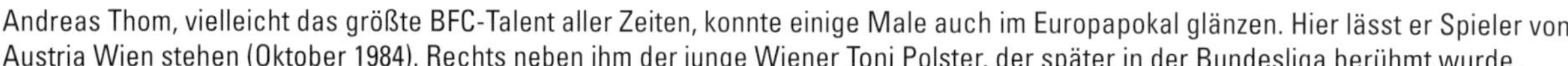

Andreas Thom, vielleicht das größte BFC-Talent aller Zeiten, konnte einige Male auch im Europapokal glänzen. Hier lässt er Spieler von Austria Wien stehen (Oktober 1984). Rechts neben ihm der junge Wiener Toni Polster, der später in der Bundesliga berühmt wurde.

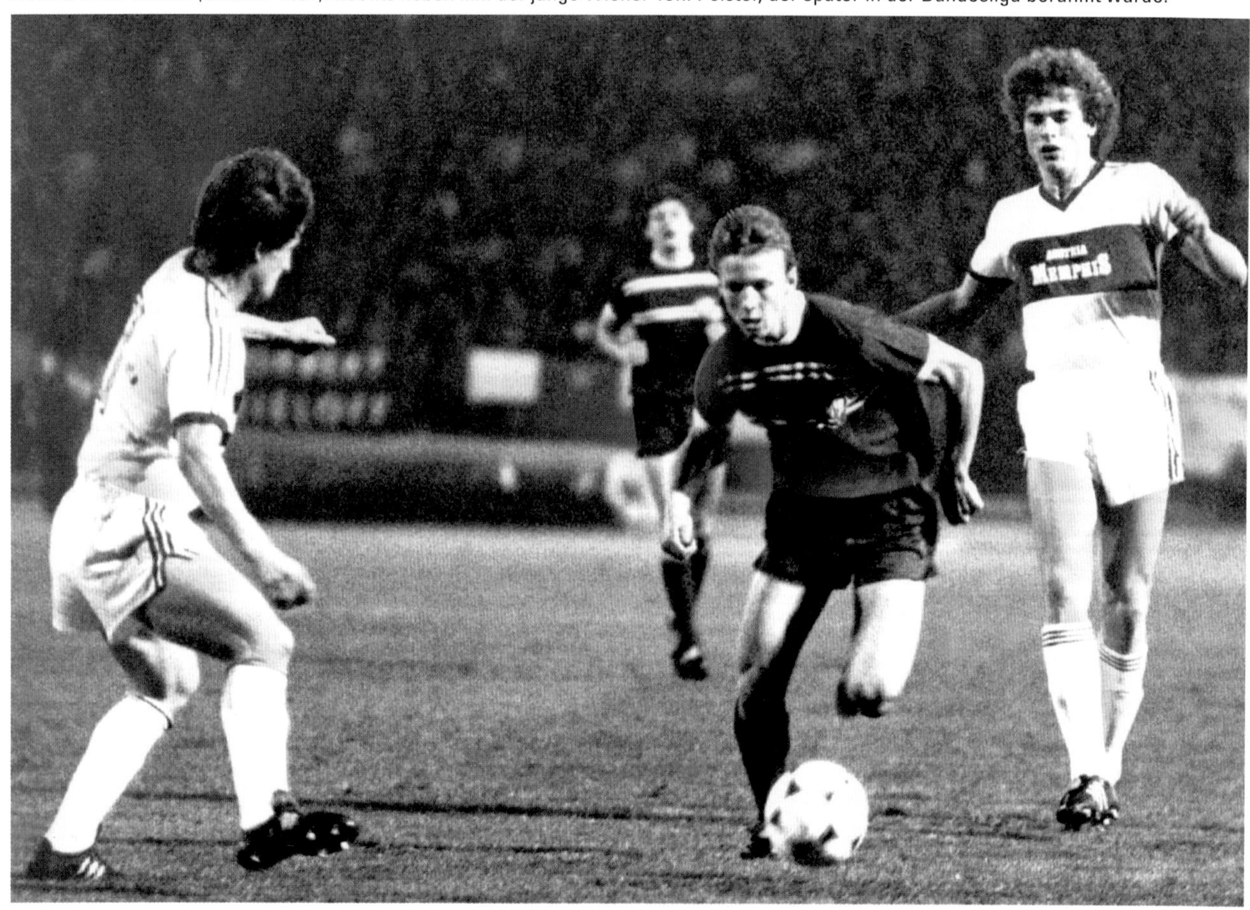

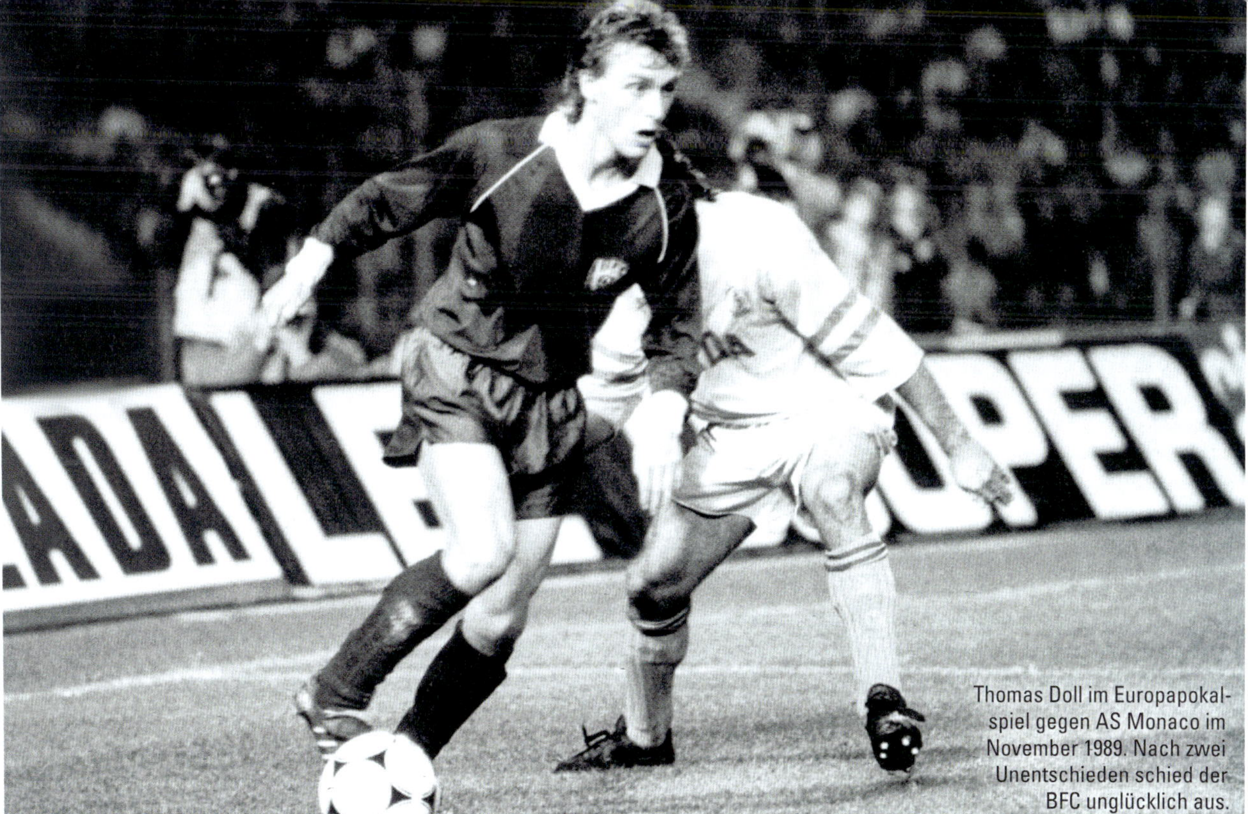

Thomas Doll im Europapokalspiel gegen AS Monaco im November 1989. Nach zwei Unentschieden schied der BFC unglücklich aus.

ZEITZEUGE THOMAS DOLL

„ALLE SIND ZUR SHOPPINGTOUR"

Thomas Doll begann mit dem Vereinsfußball bei Lok Malchin. Er wurde bei einem Jonglierwettbewerb in Neubrandenburg entdeckt. Von 1979 bis 1986 spielte der offensive Mittelfeldspieler bei Hansa Rostock. Nach dem Abstieg von Hansa aus der DDR-Oberliga wechselte der Nationalspieler zum Serienmeister BFC Dynamo.

Nach dem Abstieg von Hansa Rostock bist du zum BFC Dynamo gewechselt. Freiwillig?

Absolut. Zwar gehörte Malchin zum Einzugsgebiet Magdeburg. Uli Kamrad, der damalige Vorsitzende vom 1. FC Magdeburg, war damals auch schon bei uns zu Hause. Aber ich wollte wirklich zum BFC. Der Reiz, ständig mit Andreas Thom spielen zu können, war echt riesengroß. Wir kannten uns schon von der Juniorenauswahl. Seitdem waren wir gut befreundet. Alle wussten, wenn der Doll da ist, dann ist der Thom in der Nähe. Auf Reisen waren wir auch stets zusammen auf dem Zimmer.

Was war die größte Umstellung für dich?

So ein hartes Training, viermal am Tag, war ich ja nicht gewöhnt. Ich war die ersten zehn Tage abends platt wie eine Flunder. Aber mit der Zeit hat sich das ausgezahlt. Ich glaube, vom Fitnessstand waren wir auf Topniveau.

Wie erklärst du dir dann aber das 0:5-Fiasko des BFC 1988 an der Weser?

Das war mehr eine psychologische Geschichte. Das ging los mit der Verabschiedung durch Mielke, der uns alles Gute im Bruderkampf wünschte. Er gehe davon aus, dass wir uns alle wiedersehen. Also da wurde schon Druck aufgebaut.

Führst du das Desaster auch darauf zurück, dass Werders Manager Willi Lemke die Einkaufstour zu HiFi-Turm und Videorecorder am Spieltag anregte?

Das war schon clever vom Willi. Wir waren doch alle vom Spiel abgelenkt. 3:0 zu Hause, dachten viele, da kann uns doch nicht wirklich noch was passieren. Trainer, Physiotherapeuten, Ärzte, Spieler, alle sind auf zur Shoppingtour.

Ohne Anhängsel?

Nee, nee. Andy und ich hatten immer zwei Aufpasser am Hacken. Die haben sogar durch die Regale geguckt, um uns ja nicht aus den Augen zu verlieren. Du fühltest dich irgendwie immer gegängelt.

Ist daran der DDR-Klubfußball gescheitert?

Ja, uns mangelte es schon an Selbstbewusstsein. Du solltest nicht groß auffallen. Ein gewisses Duckmäusertum, das konnte man schon erkennen.

Hattest du ein Idol?

O ja, der Achim. Den Achim Streich habe ich nie verpasst in Sendungen wie „Sport aktuell". Alle seine Tore habe ich da aufgesogen. Westfernsehen konnten wir ja nicht empfangen. Ich bin also richtig mit euch aufgewachsen. Nach der Wende habe ich mir erst ein paar Kassetten besorgt, damit ich eine Vorstellung bekam, wie Overath, Netzer oder Beckenbauer gespielt haben.

Vielleicht laufen den Talentsuchern vom BFC wieder so ein paar hochbegabte „Zwillinge" über den Weg – wie Thomas Doll und Andreas Thom … ■

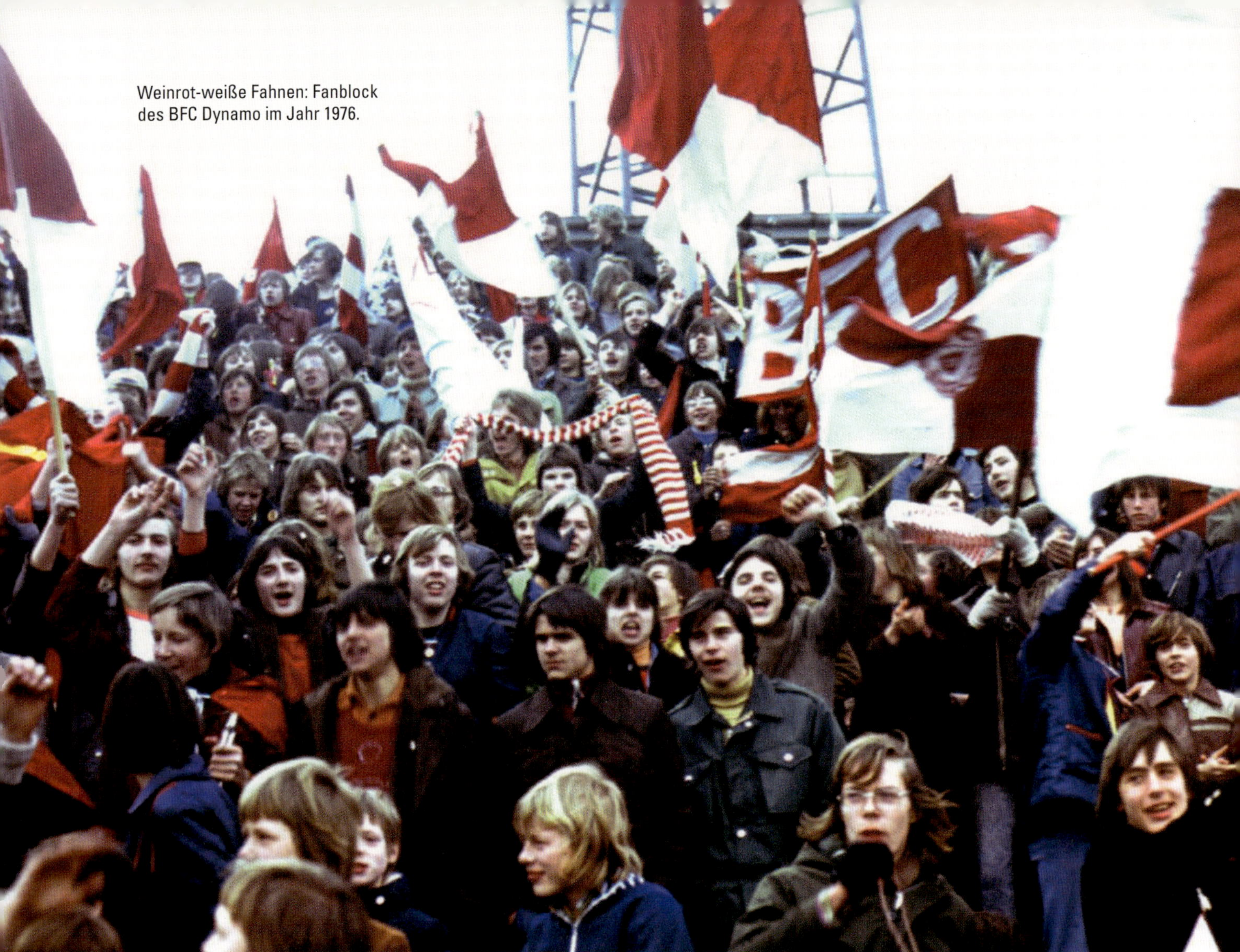

Weinrot-weiße Fahnen: Fanblock des BFC Dynamo im Jahr 1976.

AUS DER FANKURVE

„Ab ins Bett, morgen ist Schule!“

Es ist die Geschichte einer weinrot-weißen Fahne. Mein ältester Bruder nähte sie in einer Zeit, als der BFC Dynamo bei seiner ersten Europacupteilnahme gleich das Halbfinale erreichte. 1972 wurden die Weinrot-Weißen erst nach dem Elfer-Drama von Dynamo Moskau auf dem Weg ins Endspiel gestoppt.

Ich bin kein echter Berliner, wurde als vierter Sohn im Januar 1964 in Brandenburg mit Havelwasser getauft. 1967 zog die Familie nach Berlin. Vater seine Sympathien waren im Jahn-Sportpark beim FC Vorwärts Berlin. Viele große Gegner bekam er in den Europacupspielen zu sehen: Feyenoord Rotterdam, Benfica Lissabon, PSV Eindhoven usw. 1971 mussten die Rot-Gelben um Jürgen Nöldner Berlin verlassen und somit auch die große internationale Bühne. Ab sofort gingen meine älteren Brüder und Vater zu den Spielen vom BFC Dynamo. Ein Jahr später, 1973, spielten sich die Berliner im UEFA-Pokal bis in die dritte Runde. Erst der FC Liverpool mit Kevin Keegan konnte die Dynamos bremsen.

Und immer dabei die weinrot-weiße Fahne.

Ab der Saison 1973/74 war ich regelmäßiger Zuschauer im Sportforum, in Hohenschönhausen, am östlichen Stadtrand, wo der BFC bis zum endgültigen Umzug in den Jahn-Sportpark spielte. Und ich durfte jetzt die Fahne von meinem Bruder übernehmen.

Leider verschwand Dynamo erst einmal im Mittelmaß der höchsten Liga und konnte sich nicht für den Europacup qualifizieren. Dafür begann ich 1973/74, in der wohl besten Saison der DDR-Fußballgeschichte, meine eigene Laufbahn bei der BSG Kühlautomat Berlin. Mein großer Traum mit zehn Jahren: Europacupspiele im Trikot des BFC Dynamo.

In meiner Mannschaft lernte ich viele neue Spielgefährten kennen. In unserer Neubausiedlung, Lichtenberg, Frankfurter Allee Süd, wohnten zum größten Teil Familien, die die DDR für den besseren deutschen Staat hielten. Also hier war man für den BFC oder für den 1. FC Union.

In Friedrichshain, bei der BSG Kühlautomat, waren die meisten Spielkameraden Fans von Hertha BSC, Bayern oder Gladbach und gegen den DDR-Fußball. Wir wurden trotzdem Freunde, tolerierten die verschiedenen Ansichten.

Erst in der Saison 1978/79 zog der BFC, wieder mal im UEFA-Cup, ein tolles Los: Roter Stern Belgrad. Das Hinspiel hat niemand vergessen, der dabei war. Volles Stadion, 26.000 Zuschauer, Flutlichtatmosphäre, etwa 3.000 jugoslawische Fans, eine Superstimmung. Der Dynamo-Fanblock wuchs über die letzten Jahre. Der BFC lieferte ein Traumspiel ab: 3:0-Führung, dann starke Belgrader, nur noch 3:2, und zum Ende 5:2. Riediger, Netz, Terletzki spielten sich in einen tollen Rausch. Das Stadion kochte. Das war der wahre Europacup.

Voller Stolz ging ich mit meiner Fahne nach Hause und freute mich auf die nächste Runde.

Das Rückspiel wurde spät am Abend live im DDR-Fernsehen übertragen. Zur Halbzeit führte der BFC durch ein Tor von Riediger 1:0. Dynamo hatte das Spiel voll im Griff. Mein Vater sagte: „Ab ins Bett, morgen ist Schule.“ Gegen 22.30 Uhr holte er mich wieder raus: „Komm, Junge, ich habe ein blödes Gefühl.“ Es stand 3:1 für Roter Stern, und noch zehn Minuten zu spielen, in der letzten Minute das unfassbare 4:1 durch Eigentor von Reinhard Lauck. Dynamo war raus. Fan zu sein, kann grausam sein. Roter Stern Belgrad marschierte bis ins Endspiel und wurde dort erst von Borussia Mönchengladbach gestoppt.

1979 wurde der BFC Dynamo zum ersten Mal Meister und drang in der europäischen Königsklasse gleich bis ins Viertelfinale vor. Das Hammer-Los: Nottingham Forest, der englische Titelverteidiger.

Das Spiel in Nottingham wurde nur live im Radio übertragen. Die Gesänge der Forest-Fans waren lauter als die Stimme des Rundfunkreporters vom DDR-Radio. In der 63. Minute das Unglaubliche: Hans-Jürgen Riediger überwindet Peter Shilton, und es steht 1:0 für den BFC. Der Sieg wurde über die Zeit gerettet.

Zwei Wochen Warten auf das Rückspiel. Nichts war so wie sonst. Es gab keinen freien Verkauf der Eintrittskarten. Die sonst übliche Vorankündigung im BFC-Programm blieb aus.

Doch meine Mutter konnte mir eine Karte besorgen.

Mittwoch, 19. März 1980, der große Tag war da. Wie immer fuhr ich mit der U-Bahn zum Jahn-Sportpark. Die Bahn war voll, aber mit anderem Publikum als sonst. Alexanderplatz - umsteigen. Kein anderes Bild. U-Bahn Dimitroff-Straße - raus. Massen strömen zum Jahn-Sportpark, aber wo sind die normalen BFC-Fans? Im Stadion ist das ganze Rund in kleine Zuschauergruppen aufgeteilt. Wie soll hier Stimmung aufkommen? Wie soll Nottingham hier zittern?

Ungefähr 2.000 britische Soldaten aus West-Berlin machen sich mit ihren Gesängen schon mal warm… Das Spiel beginnt, nach 39 Minuten führen die Gäste von der Insel schon 3:0. Gezittert haben wohl nur meine BFC-Spieler. Nottingham war total abgezockt und konnte später im Finale gegen den Hamburger SV zum zweiten Mal den Europapokal der Landesmeister gewinnen.

Meine Enttäuschung war so groß über die Niederlage und die anderen Umstände im Stadion, dass ich meine weinrot-weiße Fahne bewusst dagelassen habe.

Leider war mein Talent nicht groß genug. Den Traum vom Europapokalspiel im BFC-Dress konnte ich mir nicht erfüllen.

Jörg-Michael Müller, Serviceberater

STATISTIK

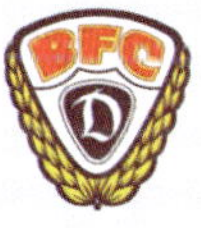

Die Bilanz des **BFC Dynamo**
60 Spiele: 24 Siege, 15 Unentschieden, 21 Niederlagen

Europacup der Landesmeister

1979/80

Berliner FC Dynamo – Ruch Chorzów 4:1
19.09.1979 in Berlin Friedrich-Ludwig-Jahn-Sportpark
Ruch Chorzów – Berliner FC Dynamo 0:0
3.10.1979 in Chorzów Stadion Miejski
Berliner FC Dynamo – Servette Genf 2:1
24.10.1979 in Berlin Friedrich-Ludwig-Jahn-Sportpark
Servette Genf – Berliner FC Dynamo 2:2
07.11.1979 in Genf Stade Charmilles
Nottingham Forest – Berliner FC Dynamo 0:1
05.03.1980 in Nottingham City-Ground
Berliner FC Dynamo – Nottingham Forest 1:3
19.03.1980 in Berlin Friedrich-Ludwig-Jahn-Sportpark

1980/81

Berliner FC Dynamo – Apoel Nikosia 3:0
17.09.1980 in Berlin Friedrich-Ludwig-Jahn-Sportpark
Apoel Nikosia – Berliner FC Dynamo 2:1
01.10.1980 in Nikosia Makario-Stadium
Banik Osrava – Berliner FC Dynamo 0:0
22.10.1980 in Ostrava Bazaly-Stadion
Berliner FC Dynamo – Banik Ostrava 1:1
05.11.1980 in Berlin Friedrich-Ludwig-Jahn-Sportpark

1981/82

AS St. Etienne – Berliner FC Dynamo 1:1
26.08.1981 in Saint-Etienne Stade Geoffroy-Guichard
Berliner FC Dynamo – AS St. Etienne 2:0
02.09.1981 in Berlin Friedrich-Ludwig-Jahn-Sportpark
Berliner FC Dynamo – FC Zürich 2:0
16.09.1981 in Berlin Friedrich-Ludwig-Jahn-Sportpark
FC Zürich – Berliner FC Dynamo 3:1
30.09.1981 in Zürich Letzigrund
Berliner FC Dynamo – Aston Villa 1:2
21.10.1981 in Berlin Friedrich-Ludwig-Jahn-Sportpark
Aston Villa – Berliner FC Dynamo 0:1
04.11.1981 in Birmingham Villa Ground

1982/83

Berliner FC Dynamo – Hamburger SV 1:1
15.09.1982 in Berlin Friedrich-Ludwig-Jahn-Sportpark
Hamburger SV – Berliner FC Dynamo 2:0
29.09.1982 in Hamburg Volksparkstadion

1983/84

Berliner FC Dynamo – Jeunesse Esch 4:1
14.09.1983 in Berlin Friedrich-Ludwig-Jahn-Sportpark
Jeunesse Esch – Berliner FC Dynamo 0:2
28.09.1983 in Esch Stade op der Grenz
Berliner FC Dynamo – Patizan Belgrad 2:0
19.10.1983 in Berlin Friedrich-Ludwig-Jahn-Sportpark
Patizan Belgrad – Berliner FC Dynamo 1:0
02.11.1983 in Belgrad JNA-Stadion
AS Rom – Berliner FC Dynamo 3:0
07.03.1984 in Rom Olympiastadion
Berliner FC Dynamo – AS Rom 2:1
21.03.1984 in Berlin Friedrich-Ludwig-Jahn-Sportpark

1984/85

FC Aberdeen – Berliner FC Dynamo 2:1
19.09.1984 in Aberdeen Pittodrie Stadion
Berliner FC Dynamo – FC Aberdeen 2:1/E 5:4

03.10.1984 in Berlin Friedrich-Ludwig-Jahn-Sportpark
Berliner FC Dynamo – Austria Wien 3:3
24.10.1984 in Berlin Friedrich-Ludwig-Jahn-Sportpark
Austria Wien – Berliner FC Dynamo 2:1
07.11.1984 in Wien Gerhard-Hanappi-Stadion

1985/86
Berliner FC Dynamo – Austria Wien 0:2
18.09.1985 in Berlin Friedrich-Ludwig-Jahn-Sportpark
Austria Wien – Berliner FC Dynamo 2:1
02.10.1985 in Wien Gerhard-Hanappi-Stadion

1986/87
Örgryte Göteborg – Berliner FC Dynamo 2:3
17.09.1986 in Göteborg Ullevi-Stadion
Berliner FC Dynamo – Örgryte Göteborg 4:1
01.10.1986 in Berlin Dynamo-Sportforum
Bröndby IF Kopenhagen – Berliner FC Dynamo 2:1
22.10.1986 in Kopenhagen
Berliner FC Dynamo – Bröndby IF Kopenhagen 1:1
06.11.1986 in Berlin Dynamo-Sportforum

1987/88
Girondins Bordeaux – Berliner FC Dynamo 2:0
16.09.1987 in Bordeaux Stade Municipal
Berliner FC Dynamo – Girondins Bordeaux 0:2
30.09.1987 in Berlin Friedrich-Ludwig-Jahn-Sportpark

1988/89
Berliner FC Dynamo – SV Werder Bremen 3:0
06.09.1988 in Berlin Friedrich-Ludwig-Jahn-Sportpark
SV Werder Bremen – Berliner FC Dynamo 5:0
11.10.1988 in Bremen Weserstadion

Europacup der Pokalsieger

1971/72
Berliner FC Dynamo – Cardiff City 1:1
15.09.1971 in Berlin Friedrich-Ludwig-Jahn-Sportpark
Cardiff City – Berliner FC Dynamo 1:1/E 4:5
29.09.1971 in Cardiff Ninian Park
VAV Beerschot Antwerpen – Berliner FC Dynamo 1:3
20.10.1971 in Antwerpen Olympiastadion
Berliner FC Dynamo – VAV Beerschot Antwerpen 3:1
03.11.1971 in Berlin Friedrich-Ludwig-Jahn-Sportpark
Advidaberg FF – Berliner FC Dynamo 0:2
08.03.1972 in Stockholm Rasunda-Stadion
Berliner FC Dynamo – Advidaberg FF 2:2
22.03.1972 in Berlin Friedrich-Ludwig-Jahn-Sportpark

Halbfinale

Berliner FC Dynamo – Dynamo Moskau 1:1
05.04.1972 in Berlin Friedrich-Ludwig-Jahn-Sportpark, 30000 Zuschauer
Schiedsrichter: Bircsak (Ungarn)
Tore: 0:1 Jewruschichin (53.), 1:1 Johannsen (82. Handelfmeter)
BFC: Lihsa – Carow – Stumpf, Trümpler, Hübner – P. Rohde, Schütze, Terletzki – Johannsen, Netz, Schulenberg.
Trainer: Hans Geitel
Dynamo: Pilgui – Bassalajew, Sabo, Dolmatow, Sykow – Jakubik, Schukow, Machowikow – Baidatschny, Koschemjakin, Jewruschichin.
Trainer: Konstantin Beskow

Dynamo Moskau – Berliner FC Dynamo 1:1/E 4:1
19.04.1972 in Lwow Druschba-Stadion, 25.000 Zuschauer
Schiedsrichter: Boström (Schweden)
Tore: 0:1 Netz (37.), 1:1 Jewruschichin (58.)
Elfmeter: 1:0 Dolmatow / Johannsen verschossen – 2:0 Baidatschny / Terletzki Latte – 3:0 Jewruschichin / 3:1 Carow – 4:1 Machowikow.

Dynamo: Pilgui – Bassalajew, Sabo, Dolmatow, Sykow – Jakubik (ab 61. Anitschkin), Schukow, Machowikow – Baidatschny, Koschemjakin (ab 47. Gerschkowitsch), Jewruschichin.
Trainer: Konstantin Beskow
BFC: Lihsa – Carow – Stumpf, Trümpler, Hübner – P. Rohde, Schütze(ab 112, Becker),Terletzki – Johannsen, Netz (ab 112. Brillat), Schulenberg. Trainer: Hans Geitel

1989/90
Valur Reykjavik – Berliner FC Dynamo 1:2
13.09.1989 in Reykjavik Laugardals-Stadion
Berliner FC Dynamo – Valur Reykjavik 2:1
03.10.1989 in Berlin Friedrich-Ludwig-Jahn-Sportpark
AS Monaco – Berliner FC Dynamo 0:0
18.10.1989 in Monaco Stade Louis II
Berliner FC Dynamo – AS Monaco 0:0/n.V. 1:1
01.11.1989 in Berlin Friedrich-Ludwig-Jahn-Sportpark

UEFA-Cup

1972/73
SCO Angers – Berliner FC Dynamo 1:1
13.09.1972 in Angers Stade Jean-Bouin
Berliner FC Dynamo – SCO Angers 2:1
27.09.1972 in Berlin Dynamo-Sportforum
Berliner FC Dynamo – Lewski/Spartak Sofia 3:0
25.10.1972 in Berlin Dynamo-Sportforum
Lewski/Spartak Sofia – Berliner FC Dynamo 2:0
08.11.1972 in Sofia Wassil-Lewski-Nationalstadion
Berliner FC Dynamo – FC Liverpool 0:0
29.11.1972 in Berlin Dynamo-Sportforum
FC Liverpool – Berliner FC Dynamo 3:1
13.12.1972 in Liverpool Stadium Anfield Road

1976/77
Schachtjor Donezk – Berliner FC Dynamo 3:0
15.09.1976 in Donezk Zentralstadion Schachtar
Berliner FC Dynamo – Schachtjor Donezk 1:1
29.09.1976 in Berlin Friedrich-Ludwig-Jahn-Sportpark

1978/79
Berliner FC Dynamo – Roter Stern Belgrad 5:2
14.09.1978 in Berlin Friedrich-Ludwig-Jahn-Sportpark
Roter Stern Belgrad– Berliner FC Dynamo 4:1
27.09.1978 in Belgrad Stadion Roter Stern

ULLI MEIER

„PASS MAL AUF, MEIN LIEBER HONECKER"

Ulli Meier, geboren 1940, lernte auf der Werft in Wismar Rohrschlosser, absolvierte von 1962 bis 1963 die Rundfunkschule in Berlin-Grünau. Danach war Meier bis 1967 außenpolitischer Redakteur der „Aktuellen Kamera" und des DDR-Fernsehens. Es folgte ein dreijähriges Hochschulstudium zum Diplom-Gesellschaftswissenschaftler. Von 1972 bis 1975 Fernsehkorrespondent im Nahen Osten, von 1978 bis 1983 Chefredakteur der „Aktuellen Kamera" und in der Folgezeit bis zur Wende Chefredakteur Sport im DDR-Fernsehen. Bis zum Rentenalter war Meier Leiter des Videostudios bei der OVB Allfinanz in Köln.

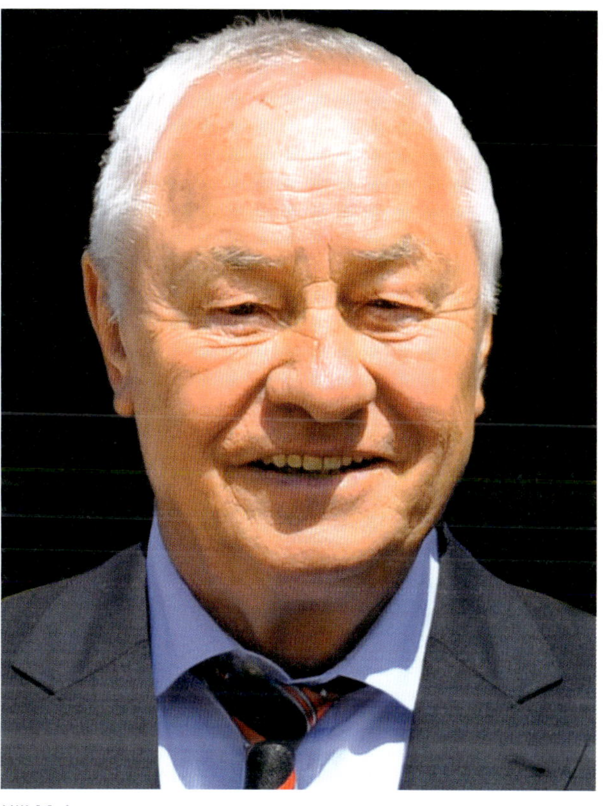

Ulli Meier.

Wie verhält man sich als Sportjournalist in einem System, das dem Sport und dem Sportjournalismus einen strengen politischen Rahmen vorgibt?

Boxen aus Las Vegas? Tabu. Formel 1 aus Silverstone? Tabu. Tennis aus Wimbledon? Tabu. Derart attraktive Sportarten fanden in der großen Live-Berichterstattung im Sportfernsehen der DDR nicht statt. Aus politischen, finanziellen und kommerziellen Gründen konzentrierten sich DTSB-Chef Manfred Ewald und seine Crew auf die sogenannten olympischen Sportarten. Bei Kanuten und Bobfahrern lockte eine Medaillenschwemme. Mannschaftssportarten waren kostenintensiv und nicht gerade medaillenträchtig. Straff nach marktwirtschaftlichen Kriterien organisiert, erreichte der Leistungssport – im Gegensatz zu anderen Bereichen – am ehesten die Marke „Weltspitze".

Wäre es mit dem Fußball so einfach gewesen, dann hätte Ewald ihn in die Rubrik „Randsportart" weggeschoben. Daran hätte kein journalistischer Sportchef des verblichenen Staates DDR etwas ändern können. Aber durch die Popularität des Fußballs mussten Ewald und seine fußballfeindliche Riege sich auch mit dieser Sportart beschäftigen. Der direkte Gradmesser für den DDR-Fußball war natürlich die Bundesrepublik mit ihrer starken Bundesliga. Was kann der „Sport" in Berlin-Adlershof der „Sportschau" entgegenhalten?

In dem vorgegebenen politischen Rahmen, den man natürlich mit seinen diversen Tabus akzeptieren musste, entdeckte Ulli Meier als Chefredakteur die kleinen liberalen Zeichen und unterstützte beispielsweise das Projekt der Macher vom „Fußball-Panorama" – im Gegensatz zu seinem Vorgänger, der die Idee als kosmopolitisch, indifferent, technologisch nicht machbar vom Tisch fegte. Und überhaupt: Beckenbauer und Bundesliga – wer will das verantworten? Vieles hing in der Tagesarbeit tatsächlich auch von einzelnen Personen ab (siehe Zwischenspiel zum „Fußball-Panorama"). Unter diesem Aspekt des Tagesgeschäfts sollte auch das folgende Interview eingeordnet werden.

Welchen Stellenwert hatte die Fußballberichterstattung vom Europapokal im DDR-Fernsehen?

Man konnte es drehen und wenden, wie man wollte: Fußball war auch in der DDR die Sportart Nummer eins. Trotz der spektakulären und großartigen Siege in anderen, sogenannten olympischen Sportarten. An dieser Tatsache kamen auch wir in der Berichterstattung nicht vorbei. Schließlich war es auch eine politische Frage. Für manchen DDR-Bürger fing der direkte Systemvergleich damit an: Wer hat die besseren Fußballer? Wer ist international erfolgreicher? Insofern waren die Leistungen von Magdeburg, Jena, Leipzig, Dresden schon sehr erfreulich, wenn auch noch nicht stabil genug. Fast alle wichtigen Europacupspiele haben wir live übertragen. Zur Abrundung des Europapokalgeschehens haben wir tags darauf in einer zweistündigen Magazinsendung, in „Pokal spezial", noch einmal eine Menge Europacup-Tore, Interviews und spezielle Betrachtungen zu den eigenen Mannschaften produziert.

Übrigens mit großer Resonanz, auch aus dem Westen. Die Briefe zeigten uns: Wir waren auf einem zuschauerfreundlichen Kurs.

Null ökonomische Probleme?

Zunehmend machte uns der Kauf von Lizenzen zu schaffen. Das war mehr und mehr, ich überspitze mal, ein Kampf um Leben und Tod. Oft standen wir vor der Frage: Können wir es übertragen oder können wir es nicht? Nur mal eine Zahl: Ich hatte einen Jahresetat von 500.000 Valuta-Mark zur Verfügung, womit ich sämtliche Lizenzen kaufen oder besser aushandeln musste. ARD und ZDF hatten damals, 1988, zusammen 200 Millionen im Geldbeutel. Schon ein beträchtlicher Unterschied. Aber die Leute waren daran gewöhnt, ihre erfolgreichen Sportler im Ausland auch auf dem Bildschirm siegen zu sehen. Lange funktionierte auf der Basis von Reziprozität, auf Austausch der Senderechte, das „Geschäft" ganz gut. Aber mit dem Aufkommen der Privatsender wurde die Sache immer komplizierter. Es handelte sich um Millionendeals. Bei diesem Poker um Senderechte hat Klaus Anders, nach der Wende erfolgreich in Günter Netzers TV-Geschäft tätig, einen unglaublich guten Job gemacht.

Welche Vorgaben kamen aus der Politik?

Wir hatten erfolgreiche Sportler und eine erfolgreiche Berichterstattung. So schrieb die Westberliner „Morgenpost" am 19. Februar 1988 zu den Winterspielen in Calgary: „Wohl dem, der auf Ostkanäle ausweichen kann. Dort wurden bislang all die Sensationen live geliefert und mit großem Sachverstand kommentiert. Weshalb schaffen das 16 DDR-Reporter und Techniker und 156 Mitarbeiter von ARD und ZDF nicht?" Man ließ uns machen. Es gab eigentlich nur eine Geschichte, die mich maßlos geärgert hat.

Welche?

Wenn ich mich richtig erinnere, dann ging es im Meisterwettbewerb um das Rückspiel zwischen dem BFC Dynamo und FC Aberdeen aus Schottland. Nach einem 1:2 in Schottland glich der BFC mit einem 2:1 im Jahnsportpark aus. Also Verlängerung. Das erste Ärgernis: Wir waren gezwungen, inmitten der Verlängerung zum „Sandmännchen" abzugeben, also zum Abendgruß. Wir alle wussten, dass Honeckers Enkel ein Fan von ihm ist. Keiner traute sich, den Abendgruß zu verschieben. Das zweite, weit größere Ärgernis kam mit der Entscheidung, kurz vor Beendigung des Elfmeterschießens aus der Berichterstattung auszusteigen. Wir mussten die entscheidende Phase, Rudwaleit parierte noch zwei Elfer, und Trieloff gelang das entscheidende 5:4 vom Elfmeterpunkt, mit dem BFC-Sieg nachreichen. Der Grund: Es gab zwei „heilige Kühe" im DDR-Fernsehen. Diese waren das „Sandmännchen" und die „Aktuelle Kamera". Honecker und Genossen wollten 19.30 Uhr die „AK" sehen. Das war sozusagen ein „von oben" vorgegebenes Gesetz. Aber keiner hat den Mumm gehabt, dem Honecker mal zu sagen: Pass mal auf, an dem Schirm hängt die halbe DDR. Jetzt musst du mal ein paar Minuten auf deine „Aktuelle Kamera" warten. Ich bin zwar Sturm gelaufen, aber meine Wassersuppe war dann nicht dick genug, um diesen Schwachsinn zu verhindern. Ein paar Millionen waren so richtig verärgert. Ich war es ja auch.

Wer wählte die Reporter aus?

Das war ich, kein anderer. Das lief im DDR-Fernsehen nach folgendem Prozedere ab: Ich musste an jedem Jahresende einen Reisekader-Plan, so nannte sich das wohl damals, aufstellen, in dem das Personal für das kommende Jahr aufgelistet war; also diejenigen Reporter, die aus meiner Sicht Auslandsaufgaben wahrzunehmen haben. Diesen Kreis habe ich stets ziemlich großzügig gehalten, weil ich ja nie exakt wusste, was wird im nächsten Jahr sein. Aber mir ist nie einer gestrichen worden. Leute, die ich ausgewählt habe, die sind dann auch gefahren. Nach der Stadiontragödie von Brüssel 1985 mit 39 Toten ging auch, zur Unterstützung des Reporters, ein Redakteur mit auf Reisen.

Nach welchen Kriterien hast du ausgewählt?

In erster Linie nach Fachkompetenz. Nur ein Beispiel: die zwei WM-Finalspiele 1986 und 1990 hat für das DDR-Fernsehen der parteilose Wolfgang Hempel kommentiert.

Demnach musste kein Sportreporter Genosse sein?

Nein. Allein sechs aus der Reporterriege, fast die Hälfte, waren nicht in der SED. Ein Grundbekenntnis zur DDR wurde aber schon vorausgesetzt.

Wie viel Einfluss hatte der BFC Dynamo auf den Einsatz von Reportern?

Es gab einen einzigen Versuch, den wir aber energisch und erfolgreich abgeblockt haben. Zwei Tage nach dem Oberligaspiel tauchten zwei Herrn in Zivil, völlig unangemeldet, in meinem Bürozimmer auf und stellten sich als Leitungs-Mitglieder vom BFC Dynamo vor. Schnell wurde klar, dass sie einen Reportertausch erreichen wollten. Der Kritiker vom Sonnabend-Oberligaspiel sollte nicht mit an Bord der Minister-Maschine nach Schottland gehen. Da habe ich den beiden Herren Folgendes gesagt: Bei mir ist es wie bei einer Mannschaft. Ich bin der Trainer und lasse mir von niemandem reinreden. Diese Mannschaftsaufstellung habe ich auch schon bekannt gegeben. Darüber habe ich den Vorsitzenden, Heinz Adameck, informiert, denn ich musste ja davon ausgehen, dass die zwei Herren im Auftrag des Ministers Mielke gekommen waren. Ich habe Adameck auch gleich mit meinem sofortigen Rücktritt als Chefredakteur Sport gedroht, wenn meine Entscheidung unterlaufen wird. Nix ist mehr passiert. Den unerwünschten Reporter haben wir mit einem Linienflug nach Aberdeen geschickt.

Es gab aber noch einen zweiten Versuch, sich massiv in die Belange der Sportredaktion des DDR-Fernsehens einzumischen…

…ja, da gab es Mitte der Achtziger einen dicken Brandbrief vom BFC-Vorsitzenden Kirste. Darin machte er – wie wohl auch dem Sportchef von der „Jungen Welt" – massive Vorwürfe über eine angebliche BFC-feindliche Berichterstattung im DDR-Fernsehen. Das fand ich, um es mit einem Wort zu sagen: ungeheuerlich.

Ich schrieb einen prinzipiellen Antwortbrief, den der Vorsitzende Heinz Adameck an das zuständige Politbüromitglied mit der Bitte übergab, das Schreiben an Mielke weiterzuleiten. Zwei Tage später traf ein Anruf von Mielke ein, nicht bei mir, sondern der Hierarchie entsprechend bei Adameck. Der Herr Minister beklagte, dass der Brief von Kirste ohne sein Wissen herausgegangen und als „nicht geschrieben" zu betrachten sei.

Ende 1986 haben wir über den argentinischen Weltmeister Maradona ein Porträt produziert, 1988 eins über Ruud Gullit, der als Niederländer mit surinamischen Wurzeln seinen „Goldenen Ball" für Europas Fußballer des Jahres dem eingekerkerten südafrikanischen Bürgerrechtler Nelson Mandela widmete…

…damit betraten wir Neuland. Es gab kein Lob aus der Storkower Straße, wo der Sportbund immer noch ein Problem hatte, mit weltbekannten Profifußballern umzugehen, ja sogar mit dem eigenen Eisprofi Kati Witt. Doch die Aufbruchsignale kamen im DDR-Fernsehen diesmal aus der Unterhaltung, wo im „Kessel Buntes" inzwischen laufend Stars aus dem Westen auftraten. Von der Matthieu bis zu Udo Jürgens. Warum dann nicht Fußballer wie Maradona oder Gullit, über die damals die halbe Welt sprach? Dies zu negieren, hätte nicht zum Zeitgeist gepasst.

Wie war dein Verhältnis zum Starreporter Heinz Florian Oertel?

Zunächst muss ich mal sagen: Heinz Florian Oertel war kein festes Mitglied der Fernseh-Sportredaktion, er war hauptsächlich beim Rundfunk beschäftigt. Ich habe mit ihm jedes Jahr einen freien Vertrag gemacht, in dem festgelegt wurde, welche Sportereignisse er für das DDR-Fernsehen überträgt. Fußball war darin mit eingebunden. Heinz Florian Oertel war ein großartiger Reporter, im Fußball allerdings nicht so unumstritten wie beispielsweise Wolfgang Hempel. Deshalb habe ich Heinz Florian Oertel für die Fußball-Weltmeisterschaft 1986 in Mexiko nicht berücksichtigt. Für mich war Wolfgang Hempel der bessere Fußballkommentator, ein ausgewiesener Fußballexperte. Das beziehe ich ausdrücklich auf die Übertragungen von Fußballspielen. Und in der Proportion gesehen, hatte Heinz Florian Oertel ohnehin in dem ganzen Jahr, wie der Vertrag es ausgewiesen hat, genug für das DDR-Fernsehen zu tun. So habe ich Wolfgang Hempel das Angebot gemacht, die WM bis zum Finale für das DDR-Fernsehen zu übertragen. Ich mochte und schätzte den Hempel, ich mochte und schätzte aber auch den Florian Oertel. Später habe ich mich mit Florian mal über die Situation vor Mexiko 1986 unterhalten. Ich habe damals gesagt, was ich heute gesagt habe. Ich hatte den Eindruck, Florian hat meine damalige Entscheidung akzeptiert und verstanden. ■

Erich Mielke, Minister für Staatssicherheit, bugsierte „seinen" BFC Dynamo mit fragwürdigen Methoden ganz nach oben.

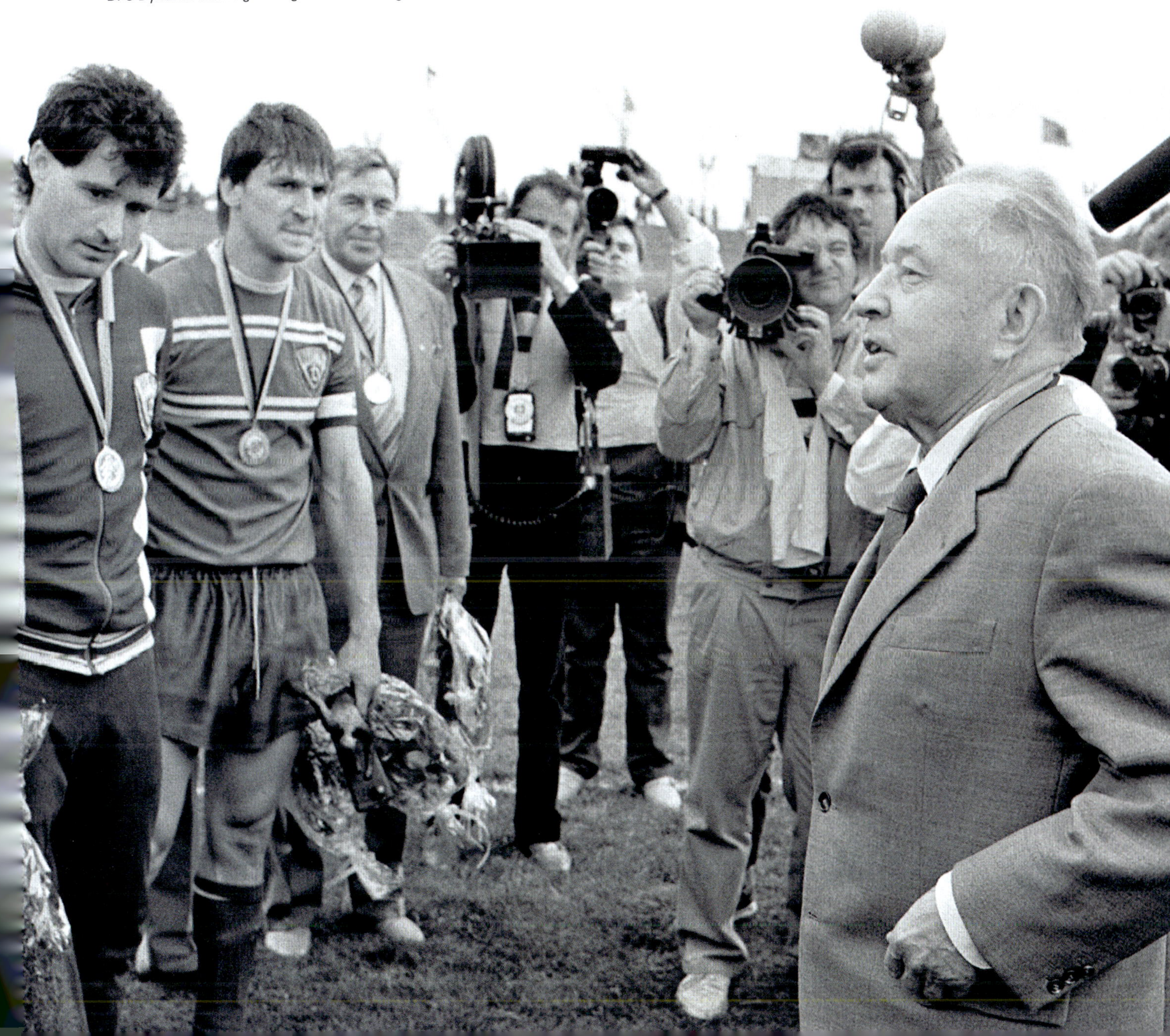

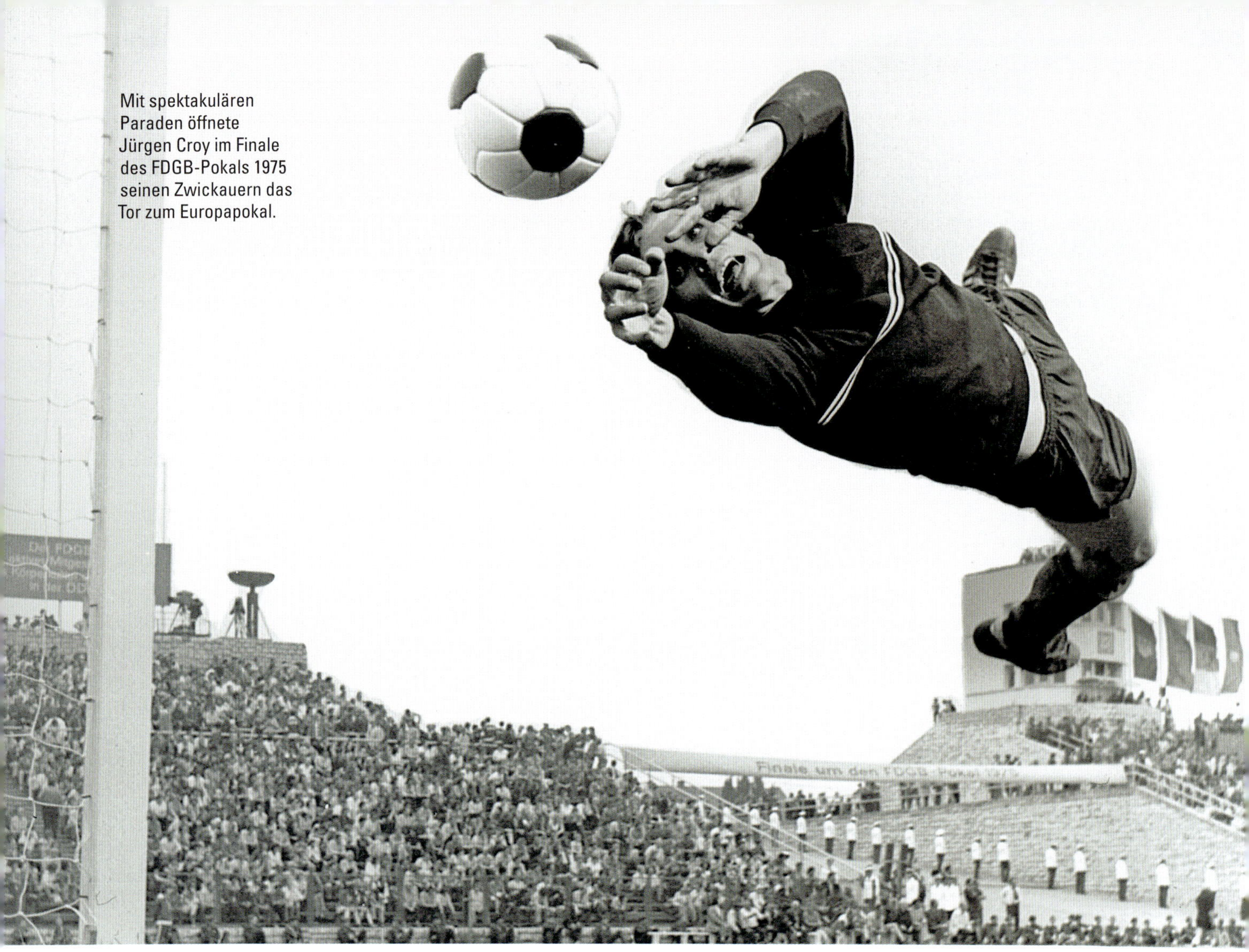

Mit spektakulären Paraden öffnete Jürgen Croy im Finale des FDGB-Pokals 1975 seinen Zwickauern das Tor zum Europapokal.

BSG SACHSENRING ZWICKAU

KENNY DALGLISH UND DER „SCHOTTENTOD“

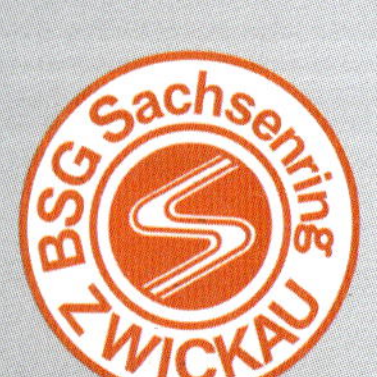

BSG Sachsenring Zwickau
Gegründet: 1. Mai 1968
Vorläufer: 1945 bis 1949 SG Planitz
1949 bis 1950 ZSG Horch Zwickau
1950 bis 1968 Motor Zwickau
Seit 1990 FSV Zwickau
Größte Erfolge:
Ostzonenmeister: 1948
DDR-Meister: 1950
Pokalsieger: 1963, 1967 1975
Europacupbilanz:
3 Teilnahmen, 12 Spiele
(4 Siege, 3 Remis, 5 Niederlagen)
Größter Erfolg im Europacup:
1975/76 Europapokal-Halbfinale der Pokalsieger
Heute: 3. Liga (2021/22)

Alles Erinnern ist das Schnuppern
an den Duftspuren,
die das Vergangene hinterlässt.
Dirk Pilz, Journalist der „Berliner Zeitung“

1975/76: Zwickaus glorreiche Saison

Elferkrimi. Der Held im Drama: Jürgen Croy. Der Clou: Wie schon im Pokalfinale gegen Dynamo Dresden (1975) entschied der 94-fache Nationaltorhüter aus Zwickau mit dem letzten Elfmeterball die Partie gegen den AC Florenz. Damit hat sich die Betriebssportgemeinschaft Sachsenring Zwickau am 5. November 1975 im Achtelfinale des Europapokals der Pokalsieger (0:1/1:0) mit 5:4 im Elfmeterschießen gegen die Italiener durchgesetzt. Der Elferkrimi gegen die „Fiorentina" wird auf ewig mit dem Weltklassekeeper Jürgen Croy verbunden sein.

Der Erfolg über den AC Florenz war nur eine „Perle" in der Kette herausragender Europapokalspiele. Innerhalb weniger Monate verloren im vormaligen Dimitroff-Stadion hochkarätige Teams wie Panathinaikos Athen, Celtic Glasgow und eben der AC Florenz. Die spektakuläre Europapokal-Reise 1975/76 endete für die Zwickauer Betriebssportgemeinschaft erst im Halbfinale, als der krasse Außenseiter vom späteren Cupgewinner RSC Anderlecht gestoppt wurde. Gefühlte 45.000 drängten sich im Betonoval, manche saßen auf Baracken oder hockten sogar in den Baumkronen.

An jene Zeit erinnern sich die Fans der Rot-Weißen noch heute an Stammtischen mit Wehmut. Zudem mussten die Westsachsen verkraften, dass ihr Trabi nach der Produktion von über drei Millionen Fahrzeugen nach drei Jahrzehnten auf dem Markt nicht mehr gefragt war – sein Knattern, der Soundtrack des ostdeutschen Alltags, dröhnt nur noch bei den traditionellen Trabi-Treffen. Inzwischen ist Zwickau mit VW Sachsen das Herz des sächsischen Automobilbaus. Und der Untergang des Fußballs scheint auch gestoppt zu sein: Seit Sommer 2016 spielt der seit 1990 FSV Zwickau heißende Klub ohne Unterbrechung in der 3. Liga.

Glanzlichter im Pokal

Von der glorreichen Saison im Europacup der Pokalsieger 1975/76 wird „die großartigste Kleinstadt" (Internet: „Zwickauerseiten") noch viele Jahre zehren müssen. Dabei stand die Fußballmarke Zwickau schon in den Anfangsjahren der Republik für Qualität. Die SG Planitz, damals noch nicht eingemeindet, gewann als Vorort-Champion 1948 die erste Ostzonenmeisterschaft. Der Planitzer Nachfolgeverein ZSG Horch Zwickau wurde 1950 erster DDR-Meister. Am letzten Spieltag gewannen die Westsachsen vor 60.000 Zuschauern mit 5:1 beim bisherigen Tabellenführer SG Friedrichstadt, dem vormaligen Dresdner SC von Helmut Schön und Richard Hofmann. Dem Mann an der Pfeife wurde unterstellt, Zwickau bevorzugt zu haben. Auf ihn soll der Tribünengast Walter Ulbricht, der spätere Staatsratsvorsitzende, Druck ausgeübt haben. Außenseiter ZSG Horch Zwickau, das Team der volkseigenen Automobilwerke, sollte über das bürgerlich geprägte Friedrichstadt triumphieren. Die Masse fühlte sich betrogen, viele stürmten wutentbrannt auf den Rasen. Polizei und Ordnungskräfte hatten Mühe, die Politoberen vor entrüsteten Anhängern zu schützen.

Etliche Dresdner Spieler verließen daraufhin verärgert ihren Klub und gingen in den Westen, darunter Helmut Schön, der spätere Trainer des 74er Weltmeisters. Trotzdem blieb der Feingeist Schön sachlich: „Zwickau hatte den Meistertitel verdient." Danach hatte die westsächsische Metropole nie wieder eine Mannschaft mit Meisterformat. Dafür setzten die Rot-Weißen im Pokal einige Glanzlichter.

Die drei Pokalsiege (1963, 1967 und 1975) öffneten das Tor zur europäischen Bühne. Peter Henschel stand dreimal in der Siegerelf. Alois Glaubitz, von seinen Fans nur kurz „Al" gerufen, holte den Pott als Rechtsverteidiger und Stopper zweimal, das dritte Mal als Mannschaftsleiter. Erst mit 39 Jahren und 428 Spielen beendete das Unikum 1973 seine Karriere. Doch „Al" blieb als Betreuer dicht am Team. Bei Zwickaus Premiere im Europacup noch als Spieler.

1963/64: Nach einer spielfreien Runde kam für Zwickau im Achtelfinale gegen MTK Budapest das Aus. Das 1:0 von Jakob zu Hause reichte nicht. MTK gewann das Rückspiel, auch ohne den verletzten Weltklasse-Rechtsaußen Károly Sándor, mit 2:0.

1967/68: Im zweiten Anlauf war die Auftakthürde mit Torpedo Moskau auch zu hoch. Stark aber Zwickaus Präsentation beim 0:0 in Moskau gegen Nationalspieler wie Strelzow, Woronin und Kawasaschwili. Die Defensivtaktik funktionierte, Oldie „Al" Glaubitz beherrschte Stürmerstar Eduard Strelzow. Peter Henschel spulte ein wahnsinniges Laufpensum herunter, Harald Irmscher inszenierte zwei, drei gefährliche Konter. Peter Henschel und Hartmut Rentzsch, Zwickaus Rekordschütze aller Zeiten, brachten die Kugel nicht am super reagierenden Nationalkeeper Kawasaschwili vorbei.

Beim 0:1 in Zwickau konnten die Männer um Jürgen Croy, „Al" Glaubitz und Albert Beier nicht an den Moskauer Auftritt anknüpfen. Zwar hatte Glaubitz Stürmerstar Eduard Strelzow wieder lange im Griff, aber eine winzige Unachtsamkeit nach 70 Minuten nutzte der Ausnahmestürmer diesmal zum 1:0-Siegtreffer.

„Luggi" Blank – der „Schottentod"

1975/76: Der Pokalsieg gegen Dresden im Berliner Stadion der Weltjugend vor 55.000 leitet eine traumhafte Saison ein. Kurz vor dem Ende der Verlängerung gelingt dem quirligen Linksaußen Peter Nestler das 2:2. Jetzt zeigt Torhüter Jürgen Croy allen, dass er der herausragende Keeper des Landes ist. Erst hält „Superman" Croy Bälle von Dörner und Weber, dann drischt ausgerechnet er, der Towartkollege von Claus Boden, die Kugel hoch ins Eck: 4:3 im Elfer-Krimi. Das sind die Tickets für den Europacup.

Nach Erfolgen über Panathinaikos Athen (0:0/2:0) und AC Florenz (0:1/1:0, 5:4 n.E.) kam es im Viertelfinale zum spektakulärsten Vergleich mit Celtic Glasgow. Mit Kenny Dalglish stürmte bei den Schotten ein Superstar. Doch Europacup-Geschichte in diesem Duell schrieb Ludwig Blank. Der flinke Offensivspieler, halb Mittelfeldakteur, halb Stürmer, hatte schon im 1:1-Hinspiel in der 88. Minute für den späten und wichtigen Ausgleich gesorgt.

Auch in Zwickau, wo die „Halde" mit 40.000 bebte, war „Luggi" Blank der Mann der Stunde. Diesmal schockte der kleine Wirbelwind Celtic Glasgow schon nach fünf Minuten. Nach diesem Coup hatte Ludwig Blank seinen Spitznamen weg: „Schottentod".

„Damit kann ich bis heute ganz gut leben", schmunzelt der inzwischen 65-Jährige und setzt überzeugt hinzu: „Das waren die wichtigsten Tore in meinem Leben." Welche Extraprämie gab es denn für den Doppeltorschützen? „Extraprämie? Das war ein Witz", ereifert sich Blank. „Zunächst wurde das Thema ganz abgeblockt. Vom Staat gab es für eine Betriebssportgemeinschaft ohnehin keine müde Mark. Am Ende spendierte das Werk für alle 400 Ostmark", erinnert sich der Matchwinner. Nicht das Geld, sondern die Kollegialität in der damaligen Zeit habe die Truppe stark gemacht.

So auch im Celtic Park von Glasgow. „Luggi" Blank versichert, er habe dort ein Publikum wie noch nie erlebt. „55.000 sangen von der ersten bis zur letzten Minute in einer unglaublichen Lautstärke."

Dieses Tollhaus brachten nur Torhüter Croy, der einen Elfmeter von Superstar Dalglish parierte, und Dauersprinter Blank in der 88. Minute mit seinem 1:1 zum Schweigen. „Der Pass kam von Dieter Leuschner", ist sich der Torschütze sicher. „Dann zog ich von der Mittellinie ab und war nicht mehr zu halten." Sein Torgeheimnis? „Beim Training in Glasgow fielen mir die kleinen knallharten Bälle auf", erzählt er mit Augenzwinkern. „Diese Bälle flogen dorthin, wo du sie haben wolltest."

Bob Dylan statt Rob Rensenbrink

In Zwickau träumten die rot-weißen Fans vor dem Halbfinale gegen den RSC Anderlecht noch einmal den großen Traum vom Endspiel. Viele im Sachsenring-Werk mit seinen 13.000 Mitarbeitern hatten extra vorgearbeitet, Kinder bekamen schulfrei, wieder zitterte die „Halde" mit ihren 40.000 Zuschauern. „Gegen Anderlecht waren wir chancenlos", gesteht „Luggi" Blank nüchtern und ordnet das 0:3 und 0:2 sachlich ein: „Nicht umsonst hat die Truppe mit den holländischen Stars Haan und Rensenbrink am Ende auch den Europacup gewonnen."

Eine große Zwickauer Fußballreise ging zu Ende. Das Reisen jedoch ist bis heute das bevorzugte Freizeitvergnügen der Familie Blank geblieben. „In Sri Lanka lernten wir eine Familie kennen, die 2004 dem Tsunami-Tod nur mit Glück entkommen ist", erzählt der Elektromonteur „Luggi" Blank. Mit drei weiteren Zwickauer Familien haben Bärbel und Ludwig Blank jeden Monat 100 Euro an die betroffene Familie geschickt – es war die des Reiseleiters Charly Silva. „Mit dem Skypen bleiben wir in Kontakt. Ein schönes Gefühl." Die Blanks haben Charly Silva auch schon nach Deutschland eingeladen. Dazu gehörte auch eine Veranstaltung in der Zwickauer Stadthalle, wo „Luggi" Blanks langjähriger Teamkollege Jürgen Croy viele Jahre lang erfolgreich Superstars zu Gast hatte. Gestern hießen die Stargäste in Zwickau also Dalglish, Antognoni, Haan, Rensenbrink, darauf folgten Bob Dylan oder Udo Jürgens.

Kenny Dalglish vor Dieter Leuschner. Der schottische Superstar verlor mit seinen Glasgower Celtics in Zwickau und schied aus dem Europapokal aus.

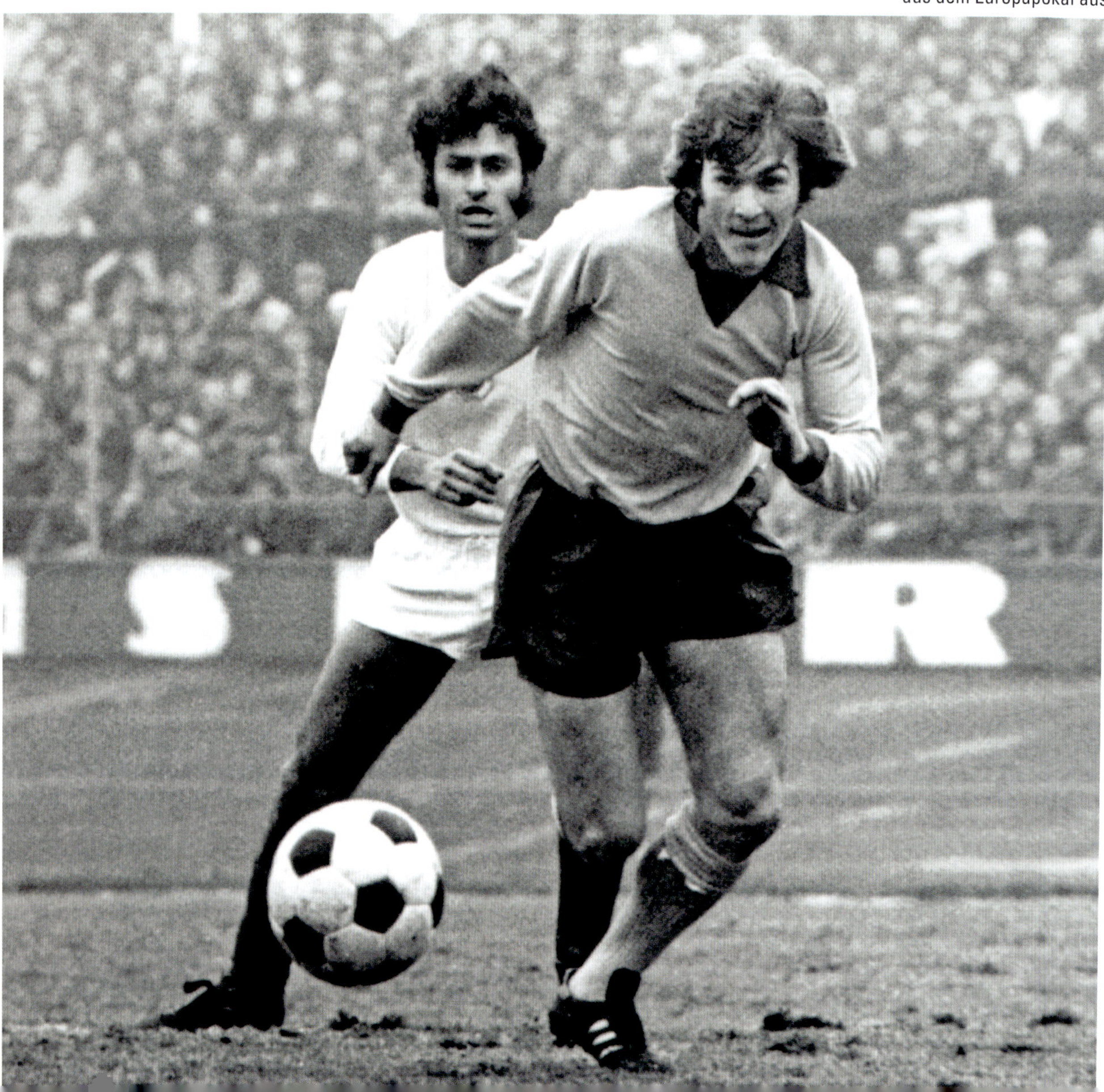

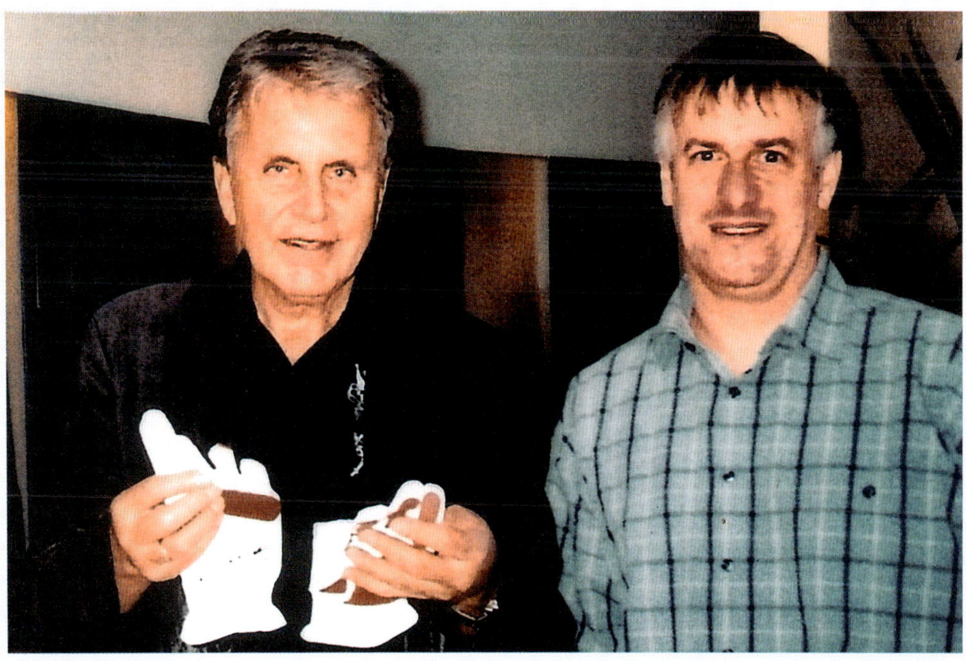

Gert Schubert (rechts) überreichte Jürgen Croy 2012 eine Nachbildung der Handschuhe, die er vier Jahrzehnte zuvor getragen hatte und die dann verloren gegangen waren.

AUS DER FANKURVE

Zwickaus Manuel Neuer

Schon als Steppke stand ich im Tor, für Traktor Großschirma, in einem kleinen Dorf ganz in der Nähe vom sächsischen Freiberg. Da war ich zehn Jahre alt. Für mich stand fest: „Ich bin heute wieder Croy!" Seitdem bin ich ein Fan vom Zwickauer Torhüter Jürgen Croy, den eigentlich alle meine Mitspieler bewunderten. Leider konnte ich ihn in seiner besten Zeit nie live erleben, erst mit der Traditionsmannschaft der DDR-Auswahl 1998. Da stand ich, inzwischen schon 32 Jahre alt, hinter seinem Tor.

Inzwischen hatte ich, der selbst zehn Jahre Torwart in der Kreisklasse war, alle Artikel über Jürgen Croy gesammelt, darunter waren auch Berichte und Fotos von der großen Europapokalsaison 1975/76. Für die älteren Fans unvergesslich, wie mein Held im Pokalsiegerwettbewerb das Elfmeter-Drama mit dem letzten Schuss gegen den AC Florenz entschied.

Ohne Jürgen Croy hätte Zwickau es nicht gepackt, bis 1982 ohne Unterbrechung die höchste Spielklasse zu halten. In dieser Phase führte er die Westsachsen auch zu zwei Pokalsiegen und im Europacup 1976 bis ins Halbfinale. Dazu bestritt der gebürtige Zwickauer 94 Länderspiele, gewann 1976 Olympia-Gold und 1972 Olympia-Bronze. 1974 bei der WM war er auch im Westen als einer der weltbesten Torhüter anerkannt. Sogar die „Bild"-Zeitung gab Jürgen Croy bessere Noten als Sepp Maier. Für mich sind Jaschin, Buffon und Croy die Größten, die es je im Tor gegeben hat.

Geliebt und verehrt habe ich ihn auch deshalb, weil er Zwickau nie den Rücken kehrte. Dabei hätte er mit Dresden oder Jena sicher noch mehr Titel und Trophäen gewinnen können. Aber auch Drohungen konnten den besten Torhüter, den die DDR je hatte, nicht erweichen. Die Funktionäre wollten den dreimaligen Fußballer des Jahres aus dem Nationalteam werfen. Aber die Angst vor Streiks im Trabi-Werk hielt die Sportoberen davon ab. Die Stadtväter machten Jürgen Croy kurzerhand zum Ehrenbürger. „Croyer", wie ihn Mitspieler nannten, blieb mit seiner Haltung als DDR-Nationalspieler die einzige Ausnahme in 15 Jahren.

Nach dem Ende seiner aktiven Laufbahn habe ich die berufliche Karriere dieses prominentesten Zwickauers festgehalten – vom Bürgermeister bis zum Geschäftsführer der „Kultour Z", der Zwickauer Stadthalle. Bei Turnieren der Fußball-Oldies coacht der „Herr der Halle" schon manchmal noch ein Team. Da bleiben Diskussionen über den neuen Torwartstil nicht aus. Jürgen Croy war für mich mit seinen Abwürfen bis zur Mittellinie „Zwickaus Manuel Neuer". Wenn er dann noch die neuen Handschuhe hätte?

Hat er aber nicht, auch nicht mehr die aus den siebziger Jahren. Als Sammler von Torwarthandschuhen kam ich auf eine Idee: Nach einem Foto von 1974, auf dem Jürgen Croy seine „magischen Hände" groß vor die Kamera hält, sollte doch ein orginalgetreues Paar zu nähen sein. Doch es ist heute ganz schwer , einen Handschuhmacher zu finden. Ich hatte Glück und entdeckte einen, der mir ein Paar mit Noppengummibelag nähte. Damit ist meine Sammlung auf rund 380 Paar Handschuhe angewachsen. Was würde Jürgen Croy zu meinem Experiment sagen? Im April 2012 trafen wir uns bei einer Talkrunde in Weinböhla bei Dresden, wo ich mit meiner Ausstellung von Torwarthandschuhen teilnahm.

Als er mich fragte, ob er die nachgenähten Handschuhe für das DFB-Sportmuseum bekommen könnte, war das für mich Gänsehaut pur, eine große Ehre, der Ritterschlag eben. Kurz darauf bekam ich von ihm den Anruf, dass die Handschuhe im Museum gelandet sind. Das hat mich natürlich unglaublich gefreut. Beeindruckt war ich auch, wie Jürgen Croy meine Mühe mit der Nachnäherei gewürdigt hat – vor, in und nach der Veranstaltung.

Eben Weltklasse!

Gert Schubert, Werkzeugmacher ■

ZEITZEUGE JÜRGEN CROY

„UNTER DEN VIER, FÜNF GROSSEN"

Superstars verzweifelten an ihm – Gerd Müller, der „Bomber der Nation", ebenso wie Johan Cruyff, der „König" der Niederlande, Mario Kempes, „El Matador" aus Argentinien, oder Schottlands Superstar Kenny Dalglish. Bei der WM 1974 profilierte sich der Keeper aus der westsächsischen Metropole Zwickau als einer der ganz Großen der Torwartgilde. Im denkwürdigen und einzigen A-Länderspiel zwischen der DDR-Mannschaft und dem Team der Bundesrepublik am 22. Juni 1974 in Hamburg leitete Jürgen Croy mit einem schnellen und präzisen Abwurf bis zur Mittellinie (im Stil von Manuel Neuer) das sensationelle 1:0 von Jürgen Sparwasser ein.

Spätestens seit diesem brillanten Auftritt hoben viele Experten den Perfektionisten Croy auf eine Stufe mit dem späteren Münchner Weltmeister Sepp Maier. Trainer-Guru Udo Lattek, damals Bayerns Meistermacher: „Croy ist eine Granate, für mich einer der besten Torhüter des Turniers." Georg Buschner, von 1970 bis 1981 DDR-Auswahltrainer, war überzeugt: „Jürgen Croy hätte sich in jeder Mannschaft der Welt durchgesetzt. Wäre er in München aufgewachsen, dann hätte Sepp Maier sicher nur die zweite Geige gespielt." Hans Krankl, Österreichs legendärer Torjäger nach dem Wiener 1:1-Spiel auf dem Weg zur WM 1978: „Im Tor der DDR stand ein wahrer Teufelskerl: Jürgen Croy. Unglaublich, was dieser Torhüter für Bälle hielt. Er schien unschlagbar."

Aber nicht nur im Tor der Auswahl (94 Länderspiele), sondern auch für seine Zwickauer machte sich der „Croyer" in 17 Jahren in vielen heißen Schlachten unentbehrlich – in 372 Oberligapartien, bei zwei FDGB-Pokal-Siegen und sensationellen Europacup-Triumphen.

Gern erinnere ich mich noch an den spannenden Moment, als ich vor dem 50 Meter langen und engen Tunnel, mit dem Mikro in der Hand, wartete und hoffte, noch vor dem Anpfiff ein Interview zu bekommen. Kein Problem für Jürgen Croy. Souverän und druckreif kamen Antworten herüber. Auch als Interviewpartner war der langjährige und erfolgreiche Veranstaltungsmanager, der viele Showstars in die Zwickauer Stadthalle lockte, absolute Spitze – wie auch beim Gespräch für dieses Buch im Jahr 2014.

Wie lebt sich's als Geschäftsführer a.D. seit drei Jahren?

Ich habe mich ja nicht gänzlich abgenabelt, mache schon noch das eine oder andere als Berater. Noch habe ich keinen absoluten Schlussstrich gezogen. Da bin ich zu sehr mit meiner Stadt und meinem bisherigen Job verwurzelt.

Keine Lust auf mehr Freizeit?

O doch, das genieße ich schon. Es bleibt schon mehr Zeit für Radfahren, Nordic Walking und vor allem Golfen. Meine Ehefrau Christa und ich fahren gern nach Südtirol. Da gibt es schöne Golfplätze bei Meran und Bozen.

Fehlt dir der Fußball gar nicht mehr?

Auf jeden Fall habe ich mit den Jahren mehr Distanz zu ihm bekommen. Aber natürlich verfolge ich den aktuellen

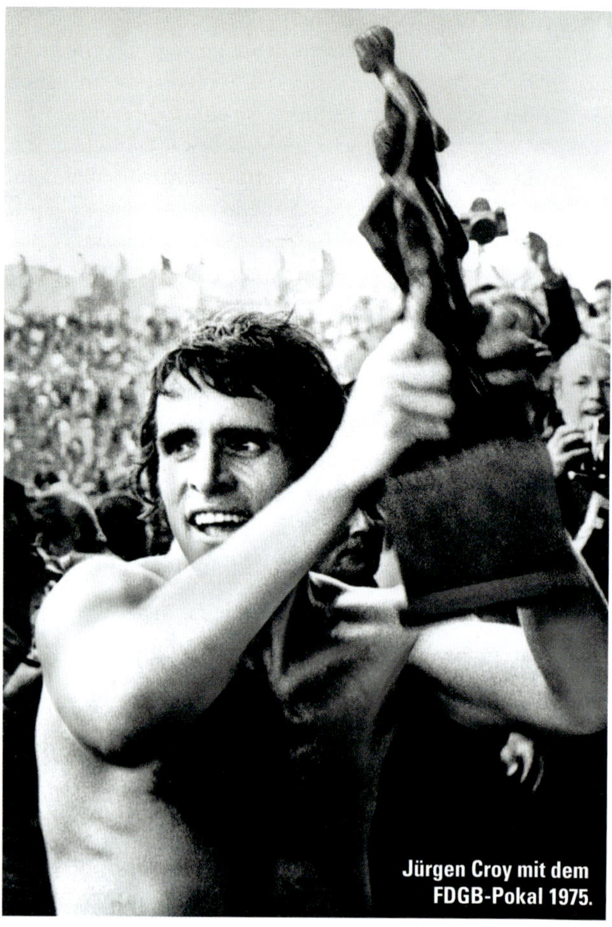

Jürgen Croy mit dem FDGB-Pokal 1975.

Fußball noch, allerdings zumeist im Fernsehen. Wenn es passt, nehme ich auch die Einladung vom Deutschen Fußballbund wahr. Jeder Spieler, der mehr als 75 Länderspiele bestritten hat, bekommt eine VIP-Karte für einen Länderspielbesuch. Schon eine feine Sache.

Kommt es dabei auch gelegentlich zu einer Torhüter-Diskussion?

Das bleibt nicht aus, wenn ich zum Beispiel Toni Schumacher treffe. Wir sind uns einig, dass Bayerns Manuel Neuer ein herausragendes Torwarttalent im deutschen Fußball ist. Allerdings die weiten und präzisen Abwürfe, die gab es auch schon zu unserer Zeit.

Wenn die ganz großen Keeper der Geschichte aufgezählt werden, dann fällt noch heute neben dem Russen Lew Jaschin, dem Italiener Dino Zoff und dem Bayer Sepp Maier auch der Name Jürgen Croy. Wo siehst du dich selbst in dem Ranking?

Vielleicht bin ich jetzt mal ein klein wenig unbescheiden, aber unter den vier, fünf Großen zähle ich mich selbst. Das sahen übrigens Experten wie Journalisten vor dem 1:0-Gewinn gegen die Bundesrepublik ähnlich. Auch die „Bild"-Zeitung stufte mich leistungsmäßig höher ein als Sepp Maier.

Mitte der siebziger Jahre erlebte der Fußball in Westsachsen eine glorreiche Saison. Die BSG Sachsenring Zwickau übersprang im Europacup der Pokalsieger die Hürden Panathinaikos Athen, AC Florenz und Celtic Glasgow, bevor der spätere Cupgewinner Anderlecht das Stoppzeichen setzte. Wie hast du diese glanzvolle Europapokalserie in Erinnerung?

Da kamen 40.000 Leute ins Stadion, eine Wahnsinnskulisse für Zwickau. Im Sachsenring-Werk tauschten Arbeiter die Zeiten, um bei den Spielen dabei zu sein. Die Betriebe zeigten sich da sehr einsichtig, die Schuldirektoren gaben den Kindern frei. So eine Euphorie, so eine tolle Atmosphäre habe ich in Zwickau nie mehr erlebt. Das war Gänsehaut pur. Immerhin haben wir auch gegen berühmte Mannschaften im Europacup gespielt. Der RSC Anderlecht mit den holländischen Vizeweltmeistern Haan und Rensenbrink war natürlich ein europäisches Topteam, zwei Nummern zu groß für uns.

Es gab nicht wenige Funktionäre, die dir und Sachsenring solche Glanzlichter auf der Europabühne nicht zugetraut hatten…

Davon gab es reichlich, obwohl wir als ganz kleiner Provinzverein schon beim Pokalsieg gegen den haushohen Favoriten Dynamo Dresden gezeigt hatten, wozu wir gelegentlich fähig sind. Fußballverband und Sportbund überlegten länger hin und her, ob sie Zwickau überhaupt für den Europacup melden sollten.

Die Sportoberen fürchteten eine Blamage und glaubten, wir seien für so einen Wettbewerb nicht konkurrenzfähig. Was danach abging, war der blanke Wahnsinn.

Anfang der siebziger Jahre konzentrierte der Fußballverband seine besten Spieler in den sogenannten Fördersportklubs. Du solltest zu Dynamo Dresden wechseln. Warum bist du in Zwickau geblieben?

Wir hatten in Zwickau ein gutes Team, ein tolles Publikum und einen kollegialen Zusammenhalt. Meine Frau Christa und ich sind in Zwickau geboren, unsere Kinder René, der übrigens ein ganz guter Handballer wurde, und Tochter Claudia sind hier aufgewachsen.

Wie hast du es geschafft, sich gegen die Sportoberen durchzusetzen?

Das war nicht so einfach. Zunächst tauchten die Funktionäre ein paar Mal in Zwickau mit einer Kiste Südfrüchte auf. Darüber hat sich vor allem René gefreut. Sie wollten mich überreden, nach Dresden zu gehen. Als ich nicht einwilligte, musste ich in Berlin antanzen. Da schlotterten mir schon ein wenig die Knie, als der DTSB-Vize Franz Rydz drohte: „Wir können dich auch zur Armee einziehen." Ich glaubte nicht daran, denn ich war schon ein bekannter Torhüter mit über 20 Länderspielen. Außerdem hatten schon einige Brigaden im Sachsenring-Werk, im Trägerbetrieb, mit Streiks gedroht. Dann wäre für eine gewisse Zeit kein Trabi mehr vom Band gerollt. Mein Glück war auch, dass Auswahltrainer Georg Buschner voll hinter mir stand.

Was war dein Erfolgsgeheimnis?

Vielleicht eine Mischung aus Talent, Ehrgeiz und Nervenstärke. Außerdem hatte ich gute Gene. Mein Vater Günter, meine Onkel Manfred und Heinz standen auch im Tor. ■

STATISTIK

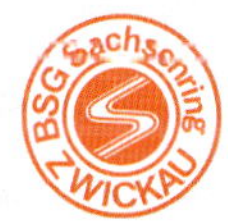

Die Bilanz von **Sachsenring Zwickau**
12 Spiele: 4 Siege, 3 Unentschieden, 5 Niederlagen

Europacup der Pokalsieger

1963/64
Motor Zwickau – MTK Budapest 1:0
20.11.1963 in Zwickau Georgi-Dimitroff-Stadion
MTK Budapest – Motor Zwickau 2:0
30.11.1963 in Budapest Nandor-Hidegkuti-Stadion

1967/68
Torpedo Moskau – Motor Zwickau 0:0
20.09.1967 in Moskau Lenin-Stadion
Motor Zwickau – Torpedo Moskau 0:1
24.10.1967 in Zwickau Georgi-Dimitroff-Stadion

1975/76
Panathinaikos Athen – Sachsenring Zwickau 0:0
17.09.1975 in Patras Panachaiki-Arena
Sachsenring Zwickau – Panathinaikos Athen 2:0
01.10.1975 in Zwickau Georgi-Dimitroff-Stadion
FC Florenz – Sachsenring Zwickau 1:0
22.10.1975 in Florenz Stadio Comunale
Sachsenring Zwickau – FC Florenz 1:0/E 5:4
05.11.1975 in Zwickau Georgi-Dimitroff-Stadion
Celtic Glasgow – Sachsenring Zwickau 1:1
03.03.1976 in Glasgow Celtic-Park
Sachsenring Zwickau – Celtic Glasgow 1:0
17.03.1976 in Zwickau Georgi-Dimitroff-Stadion

Halbfinale

Sachsenring Zwickau – RSC Anderlecht 0:3
31.03.1976 in Zwickau Georgi-Dimitroff-Stadion, 40.000 Zuschauer
Schiedsrichter: Helies (Frankreich)
Tore: 0:1, 0:2 van der Elst (26. u. 38.), 0:3 Rensenbrink (67.)
Sachsenring: Croy – H. Schykowski – Stemmler, J. Schykowski (ab 66. Reichelt), Lippmann – Schwemmer, Leuschner (ab 51. Nestler),
Dietzsch – Blank, Bräutigam, Braun. Trainer: Karl-Heinz Kluge
RSC: Ruiter – van Bienst – Limme, Broos, Thissen – van der Elst, Haan, Coeck, Dockx – Ressel, Rensenbrink. Trainer: Hans Croon

RSC Anderlecht – Sachsenring Zwickau 2:0
14.04.1976 in Anderlecht Stade Emilé-Verse, 25.000 Zuschauer
Schiedsrichter: Sanchez (Spanien)
Tore: 1:0 Rensenbrink (43.), 2:0 van der Elst (58.)
RSC: Ruiter – van Bienst – Dockx, Broos, Thissen – Vercauteren, van der Elst, Haan, Coeck – Ressel, Rensenbrink. Trainer: Hans Croon
Sachsenring: Croy – H. Schykowski – Reichelt, Stemmler, J. Schykowski – Leuschner, Schwemmer, Dietzsch, Braun (ab 63. Lippmann) – Bräutigam, Nestler. Trainer: Karl-Heinz Kluge

FC HANSA ROSTOCK
MEDITERRANE NÄCHTE AN DER OSTSEEKÜSTE

FC Hansa Rostock
Gegründet: 28. Dezember 1965
Vorläufer:
1951 bis 1954 Empor Lauter
1954 bis 1965 SC Empor Rostock
Ab 1965 FC Hansa Rostock
Größte Erfolge:
1991 NOFV-Oberliga-Meister
1991 NOFV-Pokalsieger
1955 Vizemeister (Übergangsrunde)
1962, 1963, 1964, 1968 Vizemeister
1955, 1957, 1960, 1967, 1987 Pokalfinalist
1999/2000 Halbfinalist DFB-Pokal
Europacupbilanz:
4 Teilnahmen, 12 Spiele, (5 Siege, 7 Niederlagen)
Größte Erfolge im Europacup:
1968 2. Runde Messecup, 3:2 gegen AC Florenz
1969 2. Runde Messecup, 2:1 gegen Inter Mailand
1991 1. Runde Europacup der Landesmeister, 1:0 gegen FC Barcelona
Heute: 2. Bundesliga (2021/22)

Gedächtnis ist das Tagebuch,
das wir alle bei uns tragen.
Oscar Wilde, irischer Schriftsteller

„Trainer, ich habe gar kein Telefon"

„Uwe Reinders war ein absoluter Glücksfall für Hansa", sagt der einstige Rostocker Dauerbrenner Axel Schulz (242 Spiele) mit Blick auf die allerletzte Oberliga-Saison 1990/91. Die DFB-Zauberformel „2+6" verhieß sechs Plätze für die 2. und zwei für die 1. Bundesliga. „Wir Rostocker wollten die Sache gewohnt bescheiden angehen und gaben als Ziel Platz sechs aus. Damit hätten wir als letzte Mannschaft den Sprung zur 2. Liga geschafft und Rostock den bezahlten Fußball gesichert", erinnert sich der einstige Mittelfeldspieler und Libero Schulz. Doch der neue Coach Uwe Reinders, der als einer der ersten Trainer aus dem Westen das Abenteuer „Go Ost" wagte und von Braunschweig nach Rostock wechselte, gab sich als ausgebuffter Profi damit nicht zufrieden. Unter dem Gelächter der Hansa-Bosse soll der einstige Spieler von Werder Bremen und Girondins Bordeaux die Prämien für Meisterschaft, Pokal und Europacupteilnahme eigenhändig in die Verträge eingeschrieben haben.

„Er kämpfte in jeder Beziehung leidenschaftlich für die Belange des Teams", erzählt Axel Schulz, dessen Vater Heinz bis ins hohe Alter als Journalist tätig war und der auch mal den Sohn benoten musste. Schulz junior, dreimal in der A-Auswahl eingesetzt, war neben Schlünz erster Ansprechpartner für Reinders und begeistert vom neuen sportlichen Boss: „Mit seiner lockeren und erfrischenden Art kam er sofort an", sagt Axel Schulz. „Damit war er sofort akzeptiert."

„Schulle", lange in der Pressearbeit und der Sportkoodination des Vereins involviert, quasi ein Hansa-Urgestein, kann sich noch gut an eine Anekdote erinnern: „Reinders meinte, nach Trainingsende könnten wir ihn jederzeit übers Telefon erreichen. Allgemeines Tuscheln, bis Kapitän Juri Schlünz ein Ostgeheimnis ausplauderte: ‚Trainer, ich hab' gar kein Telefon.' Weitere Kollegen zogen mit der gleichen Antwort nach und hinterließen einen kopfschüttelnden westdeutschen Trainer. Die Hansa-Kicker nahmen's mit Galgenhumor. Immerhin verriet ihnen der Temperamentsbolzen Reinders, wie man auf die Spur zu einem Mercedes kommt: „Samstag halb vier müsst ihr Gas geben ohne Ende, dann könntet ihr euch bald einen Mercedes kaufen."

Schlünz – mit „krummen Dingern" zum Titel

Und wie sie Gas gaben. Mit der bodenständigen Truppe um Hoffmann, Alms, Wahl, Schulz (leider ab der Winterpause mit Kreuzbandriss lahmgelegt), Weilandt, Schlünz, Dowe, Weichert, Röhrich segelte die Hansa-Kogge im letzten Oberligajahr der Historie zu ihrer ersten Meisterschaft. Schon drei Spieltage vor dem ultimativen Schluss hatte sich der Außenseiter mit einem 3:1-Heimerfolg über die favorisierten Dresdner den ersten Titel in der Hansa-Geschichte geschnappt. „Das war ein Highlight, das man nicht vergisst", wertete Chefdramaturg Juri Schlünz den 3:1 Meisterkrimi mit seinen zwei genialen „krummen Dingern“, den Freistoßtoren. Das Geheimnis des sensationellen Coups: Uwe Reinders konnte im Prinzip sein Team, das er auch gern mal Kollektiv nannte, mit „relativ viel Kohle“ in Rostock bei der Stange halten. Es kursierten umgerechnet Summen von 3.000 Euro im Monat.

Den wohl schrägsten Wunsch hatte der Amerikaner Paul Caligiuri, der erste US-Boy im DDR-Fußball. „Er war von der Ostsee, vom Strand in Warnemünde, total begeistert und fragte mich: ‚Juri, wie komme ich zu einem Pferd?‘ Ich war völlig platt. Er wollte tatsächlich mit seiner Frau hier an der Ostsee langreiten. Ich sagte nur: ‚Paul, dieser Strand hat noch keinen gerittenen Gaul gesehen…‘“ Mit Paul Caligiuri als Stammspieler wurde Hansa Meister und Pokalsieger (1:0 gegen Eisenhüttenstadt – Torschütze Jens Wahl) 1990/91. Eine späte Genugtuung für die „ewigen Zweiten“ aus dem Norden. Juri Schlünz, bester Mann in der Ära Reinders, frotzelt: „Vorher sind wir sogar abgestiegen. Jetzt, wo es darauf ankam, wurde der ewige Zweite Erster.“

Überhaupt, Juri Schlünz. Kapitän und Publikumsliebling, Freistoßzauberer und Aufstiegsheld. Er führte den Verein mit sechs Toren in 24 Einsätzen zum ersten Titelgewinn. Wenn das noch Vater Walter Schlünz erlebt hätte, der Juri mit sechs Jahren erstmals ins Ostseestadion führte. Hansa-Rekordhalter mit 406 Pflichtspielen und 95 Toren. Hatte das Potenzial zu einer internationalen Karriere: 1982 brillierte Juri beim traditionellen Nachwuchsturnier im französischen Toulon. Dort spielte der Schwarzschopf auf Augenhöhe mit den Niederländern Ruud Gullit und Ronald Koeman. Und danach? Juri Schlünz scheiterte wohl an den fußballfremden Vorgaben von Sprint und Athletik. Juri hätte ich einen Trainer gewünscht wie Johan Cruyff, von dem die Maxime stammt:

„Alle Trainer reden von Bewegung, von Laufen. Ich sage: Lauft nicht so viel. Fußball ist ein Spiel, das man mit dem Gehirn spielt. Man muss im richtigen Moment am richtigen Ort sein, nicht zu früh und nicht zu spät.“

Bei Nacht und Nebel – Marschbefehl zur Ostsee

Der Triumph von Kapitän Juri Schlünz und seinen Hanseaten hat eine Vorgeschichte. In den fünfziger Jahren dominierten Mannschaften aus dem Erzgebirge den Fußball in der Oberliga, der höchsten Spielklasse der DDR: Wismut Aue, Chemie Karl-Marx Stadt, Motor Zwickau, Fortschritt Meerane und Empor Lauter. Aus dem hohen Norden oder Berlin spielte keine Mannschaft eine erste Geige. Partei- und Sportfunktionäre wollten diese Situation natürlich schnell verändern. So erhielt die BSG Empor Lauter 1954 den Marschbefehl zur Umsiedlung nach Rostock. Die Enttäuschung der Fans über die Entscheidung aus dem fernen Berlin war riesig. Bei der Nacht- und Nebelaktion blockierten wütende Anhänger aus der Kleinstadt Lauter, die man zwischen Aue und Schwarzenberg an der B 101 findet, die Zuggleise. Drei Stunden soll es gedauert haben, bis der Zug abfahren konnte.

Die Spieler aus dem Erzgebirge wurden sofort in den SC Empor Rostock integriert. Bereits am 10. Spieltag, am 14. November 1954, liefen die Neuen um Kapitän Kurt Zapf für den Klub von der Ostsee auf. Das war die historische Elf beim 0:0 vor 17.000 Zuschauern gegen Chemie Karl-Marx-Stadt im neu erbauten Ostseestadion:

Rudi Leber
Gerhard Schaller **Kurt Zapf** **Karl-Heinz Singer**
Rudi Schneider **Karl Pöschel**
Rolf Leeb **Artur Bialas** Günter Bartnicki
Siegfried Müller **Herbert Zwahr**

Trainer: Oswald Pfau
(Fett hervorgehoben die neun Spieler, die schon für Empor Lauter spielten)

Die Spieler wurden zunächst mit ihren Familien im Hotel Mecklenburger Hof untergebracht. Kurt Zapf, Rudi Schneider oder Karl Pöschel, die unfreiwillig die Berge gegen das Meer eingetauscht hatten, brauchten schon eine Anlaufzeit. In der Oberliga reichte es in der Saison 1954/55, wie ein Jahr zuvor unter Empor Lauter, nur zu einem 9. Platz. Erfolgreicher präsentierte sich der SC Empor Rostock im Pokal. Dort mussten sich Zapf & Co. erst nach einem dramatischen Finale dem SC Wismut Karl-Marx-Stadt (2:3), der umbenannten Mannschaft von Wismut Aue, geschlagen geben. Die neu gegründete BSG Empor Lauter, eben noch auf einem Podiumsplatz, wurde hingegen in eine der untersten Ligen versetzt. Jahrelang wurden die einstigen Lauterer im Rostocker Team bei Auswärtsspielen in Aue übel beschimpft: „Verräter! Verräter!“

Trotz aller Skepsis – das verrückte Experiment ging auf. Rostock stieg zu einer echten Größe auf. Im weiten Umfeld des Nordens, von Wismar bis Greifswald und Neubrandenburg, reiften zahlreiche Auswahlspieler: Torhüter Jürgen Heinsch, Abwehrspieler Gerd Kische, die Mittelfeld-Strategen Herbert Pankau, Klaus-Dieter „Fipps“ Seehaus, Heino Keiminger und die Stürmer Werner Drews, Achim Streich und Rainer Jahros, der mit 76 Toren die Vereinschronik vor Heino Kleiminger (62) und Achim Streich (58) anführt.

Einen ersten lichten Moment gab es schon 1955. Da trennte die Rostocker nur ein Pünktchen von Meister Erfurt. Fortan kultivierten die Männer von der Küste das Image „ewiger Zweiter“. 1962, 1963 und 1964 schrammte man gleich dreimal in Folge am Titel vorbei. 1968 zum vierten Mal. Trainerfüchse wie Oswald Pfau, Walter Fritzsch oder Heinz Krügel schafften es einfach nicht, das letzte Quäntchen Energie aus den Spielern herauszukitzeln. Anders zu jener Zeit im Messecup, dem Vorläufer des UEFA-Pokals.

1968/69: Florenz mit Catenaccio

Europacupdebüt des FC Hansa Rostock im Messecup gegen OGC Nizza: Es ist das Aufeinandertreffen von zwei Vizemeistern. Als Tabellenführer der DDR-Oberliga scheinen die Hanseaten bestens präpariert. 16.000 erleben im Ostseestadion einen dominanten Gastgeber, der den „Aiglons“, den jungen „Adlern“, kräftig die Flügel stutzt. Gegen die Treffer von Werner Drews (23.) und Jürgen „Fluppi“ Decker (49., 89.) hat Frankreichs Nationalkeeper Aubour keine Chance. Rostock gewinnt mit 3:0. Beim Rückspiel an der Cote d’Azur zeigen die Adler ihre Krallen. Sichere Ballpassagen von Pankau, Seehaus, Habermann, Barthels und Decker können nicht verhindern, dass OGC Nizza nach einer guten Stunde mit 2:0 führt. Die Torschützen: Goyvaerts (48.) und Robin (65.). Hansa in Bedrängnis. Doch mit einem fabelhaften Soloritt verhindert Werner Drews die Hölle im Stade du Ray: 2:1 in der 71. Minute. Hansa in Runde zwei.

Der nächste Kontrahent ist mit AC Florenz eine Topadresse im europäischen Fußball. Die „Fiorentina" triumphierte schon Jahre zuvor auf der europäischen Bühne, bevor die Mailänder Giganten Inter und Milan ihre Markenzeichen hinterließen. 1957 unterlag Florenz im Meistercupfinale Real Madrid mit dem großen Di Stéfano 0:2 und gewann 1961 den ersten Europacup der Pokalsieger.

Die „Fiorentina" mit Europameister de Sisti gibt sich sehr reserviert und liefert im Prinzip eine Kopie des Inter-Catenaccios ab. Im Ostseestadion ist Sicherheitsfußball italienischer Prägung angesagt. Florenz lauert auf Fehler der Hanseaten – und macht den ersten selbst: Stopper Ferrante unterläuft in der 9. Minute ein Handspiel. Der Niederländer van Ravens zeigt auf den Punkt. Gerd Kostmann, der Torjäger, kneift. Linksaußen Werner Drews schnappt sich die Kugel und schießt Superchi in die Arme. Angefressen gibt Kostmann später zu: „Ganz ehrlich, ich war als Schütze vorgesehen. Doch plötzlich war mir so mulmig zumute, obwohl ich zuvor im Abschlusstraining noch alle zehn Elfer versenkt habe." Der verschossene Strafstoß steigert noch die Unsicherheit in den Reihen der Hanseaten.

Erst nach der Pause legen sie endlich den Respekt vor den Italienern ab. Die drei Angreifer, Barthels, Kostmann, Drews, wechseln häufig die Positionen, die Pässe von Pankau und Seehaus kommen jetzt präzise. Einen raffinierten Freistoß zirkelt Pankau auf den Kopf von Gerd Kostmann: 1:0 nach 70 Minuten. Was ist denn das Geheimnis des hanseatischen „Goldköpfchens"? „Ich sprang immerhin 1,93 Meter hoch. Das war Studentenrekord an der Ingenieurhochschule in Warnemünde. Dazu kommt das Timing. Entweder du hast es oder du hast es nicht."

Elf Minuten später profitiert Barthels von einem Missverständnis zwischen U23-Keeper Superchi und Ferrante und trifft zum 2:0. Doch Florenz schlägt schnell zurück. Mit zwei blitzschnellen Kontern, die Maraschi (71.) und Rizzo (85.) technisch gekonnt abschließen. Als alle schon mit einem 2:2 rechnen, holt Helmut Hergesell in der Nachspielzeit den „Hammer" raus und wuchtet die Kugel aus 30 Metern zum 3:2-Sieg unhaltbar ins Netz. Verrückt! Drei Tore in neun Minuten. Das Ostseestadion ein Tollhaus. 20.000 stehen kopf. Darunter der glühende Hansa-Fan Karsten Steckling, Lehrer und Buchautor aus Züssow, in der Nähe von Greifswald, wo die Kroos-Brüder aufwachsen.

***

„In den letzten Tagen, an denen ich vor lauter Vorfreude auf ein tolles Ereignis – es sollte wieder mal zu einem äußerst wichtigen Spiel von Hansa Rostock gehen – nur sehr unruhig schlafen konnte, las ich Fontane. Beim Lesen seines autobiographischen Romans ‚Meine Kinderjahre' fand ich folgenden aufschlussreichen Satz, und das ausgerechnet einen Tag vor dem großen Spiel: ‚Ein Zwergensieg gegen Riesen verwirrt mich und erscheint insoweit ungehörig, als er gegen den natürlichen Lauf der Dinge verstößt.'

Ja, was wird das wohl werden? Unsere unverwüstliche, altbewährte Hansa-Fantruppe – Lutz, Peter, Wilfried, Bernhard, Achim, Harry, Karsten, Adolf und Manfred – wollte wieder zu dieser Kurzreise aufbrechen. Echte Hansa-Fans wollen nicht, sie müssen.

Und wie Hansa loslegte. Und vor allem: Wie unser Lieblingsclub kämpfte und spielte! Es war eine Riesengenugtuung für unsere verschworene Truppe, mal wieder einen so bedeutenden Hansa-Sieg bejubeln zu können. Freude, Freude, Freude!

So einen tollen Tag mit diesem wunderschönen Ausklang hatten wir ja nun wirklich lange nicht gehabt. Rostock fand über großen Kampf zu einem begeisterten Spiel. David hatte Goliath ein Schnippchen geschlagen."

Karsten Steckling

***

Im Stadio Comunale tritt die Mannschaft um Kapitän Herbert Pankau weit selbstbewusster auf. Gerd Kostmann, einst von Trainerlegende Walter Fritzsch entdeckt und gefördert, bestraft einen Fehler von Ferrantes mit dem 0:1 nach 25 Minuten. Doch die Führung kann nur zehn Minuten gehalten werden. Dann gelingt Rizzo (35.) das 1:1 und Merlo (68.) der Siegtreffer zum 2:1. Die Auswärtstorregel des europäischen Fußballverbandes UEFA bringt Florenz Glück und dem FC Hansa Rostock (nur) Komplimente in Italiens Presse. Die „Gazzetta dello Sport", Italiens rosane Fußballbibel, mit ironischem Seitenhieb: „Dem AC Florenz hing nach diesem 2:1 die Zunge heraus."

1969/70: Inter Mailand – nächste Topadresse

Eine Saison später muss zunächst die Unbekannte Panionios Athen aus dem Weg geräumt werden. Obwohl der FC Hansa in heimischen Gefilden die Rote Laterne trägt, beherrscht er die Griechen zum Auftakt der 1. Runde in der Messecupsaison 1969/70 souverän. Die spielstarke Achse Pankau, Seehaus, Kleiminger und der Doppeltorschütze Drews (20., 75.) dominieren diese Partie. Käpt'n Pankau sorgt schließlich vom Elfmeterpunkt für ein ungefährdetes 3:0-Endresultat.

Trotz des Drei-Tore-Polsters gerät Hansa in Athen in Halbzeit zwei ins Stolpern. In einer starken Viertelstunde dreht Panionios noch einmal furios auf: 1:0 Spiropulos (50.) und 2:0 Dedes (64.). Noch in der Schlussminute fischt der junge Keeper Dieter Schneider einen Kopfball von Dedes akrobatisch aus dem Dreieck. Grandiose Tat! Schulterklopfen von allen Seiten. Die Gesamtbilanz: 3:2 für Hansa. Der Einzug in die 2. Runde ist gesichert.

Doch in diesem Herbst 1969 stehen die Hanseaten vor mehreren ungelösten Problemen: Der Stilwandel verläuft schleppend, die Mannschaft sitzt weiter auf dem letzten Platz, 22 Gegentore – die schlechteste Quote der Oberliga. Und jetzt kommt das große Inter Mailand mit der halben Squadra Azzurra, mit den fünf Europameistern: Facchetti, Burgnich, Bertini, Mazzola und Boninsegna. Hansa-Coach Dr. Horst Sass hofft, dass die Marke „Inter Mailand" bei seiner Mannschaft einen Motivationsschub auslöst. Aber 30.000 im ausverkauften Ostseestadion müssen schon nach 120 Sekunden den ersten Schock verdauen. Einen Freistoß von Kapitän

Facchetti veredelt Toptorjäger Boninsegna gegen schläfrige Rostocker zum 0:1.

Dieser Treffer passt natürlich ideal in das Defensivkonzept der Italiener. Am Ball perfekt, mit präzisen verzögernden Zuspielen, nehmen die Mazzola, Suarez und Bertini das Tempo aus den Aktionen und lassen die Hanseaten laufen. Eine Stunde lang eine brillante Vorstellung des zweifachen Europacupgewinners und Weltpokalsiegers. Herreras Team fühlt sich sicher, vielleicht einen Tick zu sicher. Hansa ringt erfolgreich um die Dominanz in der kreativen Zone. Pankau und Seehaus knacken jetzt mit intelligenten Pässen in die Tiefe Inters Abwehrriegel. Hergesell, Hahn, Pankau und der junge Streich nutzten jede Schussgelegenheit. Linksverteidiger Hergesell liegt bei einem Freistoßabpraller auf der Lauer und markiert in der 64. Minute das 1:1.

Dann übt sich zur Abwechslung mal nicht Linksverteidiger Hergesell beim Freistoß, sondern Gerd Sackritz, der Mann auf der rechten Abwehrseite. Er kann's genauso gut wie der Kollege auf links:

Der Einschlag wie ein Donnerhall aus 30 Metern. Die Kugel segelt hoch ins Dreieck. 2:1. Die Italiener sind zutiefst schockiert. Wie benommen flüchten sie in die Kabine. Auffällig: zwei Tore der zwei Verteidiger, ein Erfolg wie gegen Florenz – in der ultimativen Minute.

Und das gegen die halbe Europameistermannschaft Italiens von 1968. Eine wunderbare Momentaufnahme.

„Wer Inter aus dem Wettbewerb kegeln will, der muss in Mailand gewinnen", hatte Ungarns großer Trainer der „Goldenen Mannschaft" aus den Fünfzigern, Gusztáv Sebes, einmal prophezeit. Das schafften vor Hansa weder die Glasgow Rangers noch der FC Liverpool und Independiente Buenos Aires, die alle mit einer 0:3-Packung heimkehrten. Und auch Hansa schafft es nicht. Bei anhaltendem Schneefall sorgt Inter schnell für klare Verhältnisse: Jair 1:0 (5.), Suarez 2:0 (23.) und Mazzola 3:0 (33.). Die Blau-Schwarzen erledigen in einer guten halben Stunde mühelos ihren Job. „Facchetti marschierte dann auch noch hemmungslos nach vorn", erzählte mir mal Achim Streich. „Ich musste ihm permanent hinterherlaufen. Das war brutal."

1991/92: Prestigegewinn gegen Barça

Die Fans zwischen Greifswald und Wismar, zwischen Rostock und Malchin müssen 22 Jahre lang warten, bevor sich nach Inter Mailand im Ostseestadion wieder ein europäischer Topverein präsentiert. Vom Los FC Barcelona erfahren die Spieler im Trainingslager von ihrem Trainer Uwe Reinders. „Das wollten wir ihm zunächst gar nicht glauben", erzählt Juri Schlünz und gesteht: „Solche Stadien wie das Camp Nou kannten wir höchstens von Ansichtskarten. Ein paar Jahre zuvor hatten wir schon im UEFA-Cup gespielt, gegen Banik Ostrava aus Tschechien. Das war fast wie 'ne Niete, sportlich und atmosphärisch." Aber FC Barcelona? Johan Cruyff mit seinem Dreamteam? Diese erste Teilnahme für Hansa am Europapokal der Landesmeister schürt die Euphorie. Dazu kommt, dass sich Hansa für die neue Saison mit den bundesligaerfahrenen Gladbachern Olaf Bodden, Michael Spieß

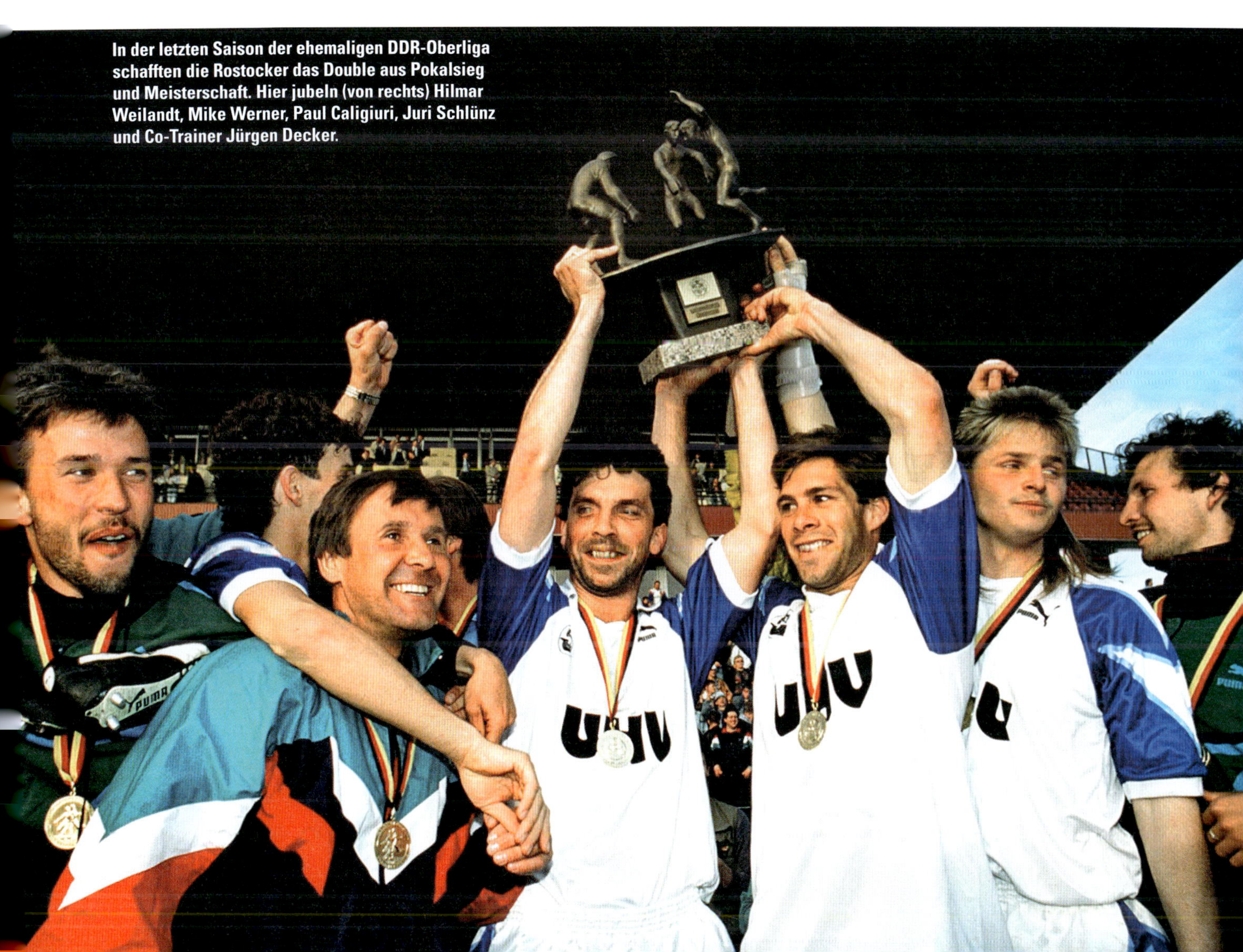

In der letzten Saison der ehemaligen DDR-Oberliga schafften die Rostocker das Double aus Pokalsieg und Meisterschaft. Hier jubeln (von rechts) Hilmar Weilandt, Mike Werner, Paul Caligiuri, Juri Schlünz und Co-Trainer Jürgen Decker.

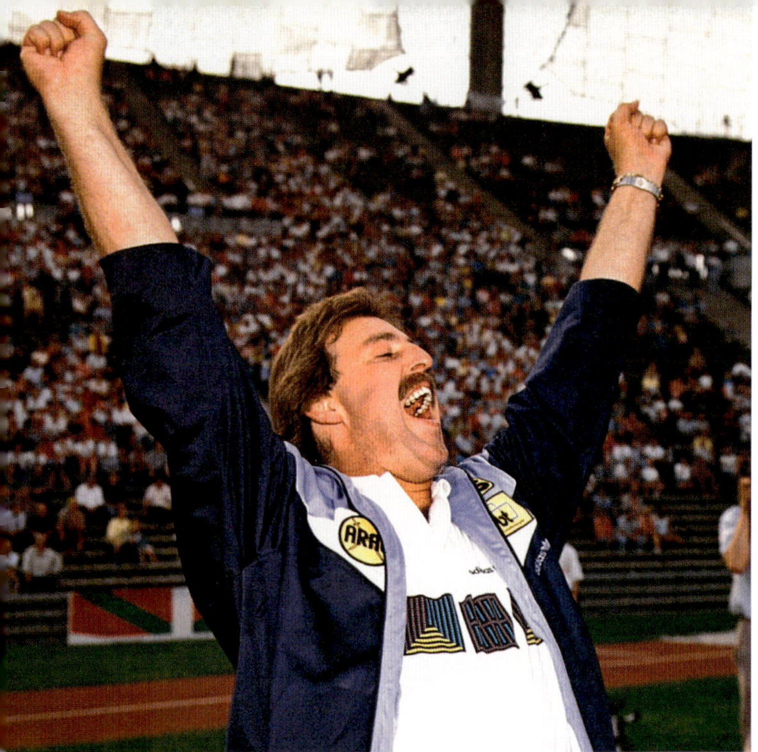

Überraschungscoup: Hansa-Trainer Uwe Reinders freut sich über den unverhofften Auswärtserfolg bei Bayern München.

und Frantisek Straka verstärken kann und mit Henri Fuchs nur einen Stammspieler verliert. Das große Talent Carsten Jancker war ohnehin nicht zu halten.

Es folgt ein rauschender Bundesligastart mit einem super aufgelegten Florian Weichert, der zwei Tore beim 4:0 gegen den 1. FC Nürnberg hinlegt. Hansa liefert am zweiten Spieltag noch mehr – eine echte Sensation: Der krasse Außenseiter schockt die großen Bayern in München. Roman Sedlacek und Jens Wahl sorgen nach der Bayern-Führung durch Roland Wohlfahrt für einen „überirdischen" 2:1-Erfolg. Uwe Reinders, der Aufstiegsheld von der Ostsee, für Momente entrückt, in euphorischer Pose im Olympiastadion. Sogleich stocknüchtern: „Genießen wir den Augenblick, doch es läuft seit dem ersten Tag ein brutaler Existenzkampf." Reinders entgeht natürlich nicht, dass es in Rostock an wichtigen Sponsoren fehlt und an großen Arbeitgebern. In diesem Feld mit sozialem Zündstoff ist der FC Hansa für Zehntausende im Nordosten ein Anker in bewegter Zeit.

Alles Bangen hilft im ersten Spiel gegen Barcelona nichts. Im Stadion Camp Nou, das mit 65.000 gut gefüllt ist, herrscht eine gespenstische Atmosphäre. Ein tausendfacher Bienenschwarm. Das beginnt schon mit der Barça-Hymne, die alle Katalanen im Stehen leidenschaftlich mitsingen. Da werden beim einen oder anderen schon die Knie weich. Einen wie Uwe Reinders kann das nicht aus dem Gleichgewicht bringen, der bei der WM 1982 neben Karl-Heinz Rummenigge stürmte und beim 4:1 gegen Chile traf – und dann durch einen berühmten Einwurf Schlagzeilen machte. Diese internationale Erfahrung fehlt seinen Jungs. Anders Barça: Der Niederländer Ronald Koeman ist als Abwehrchef mit zielgenauen Pässen der erste Antreiber, davor spielt ein gewisser „Pep" Guardiola einen genialen Sechser, offensiv zentral dribbelt sich der Däne Michael Laudrup in die Spitze und trifft zweimal. Rechtsaußen Goicoechea ist der letzte Barça-Spieler in der Kette von „Tiki-Taka", das der große Johan Cruyff als geniale Spielidee kreierte. Topangreifer ist der Bulgare Christo Stoitchkov. Mit diesen Leistungsträgern gewann das Dreamteam von Johan Cruyff am Saisonende im altehrwürdigen Londoner Wembleystadion den Europacup der Landesmeister. Ronald

Gegen dass Dreamteam des FC Barcelona lieferte Hansa Rostock 1991 ein großes Spiel. Hier attackiert Stefan Böger Barças Stürmer Hristo Stoitchkov.

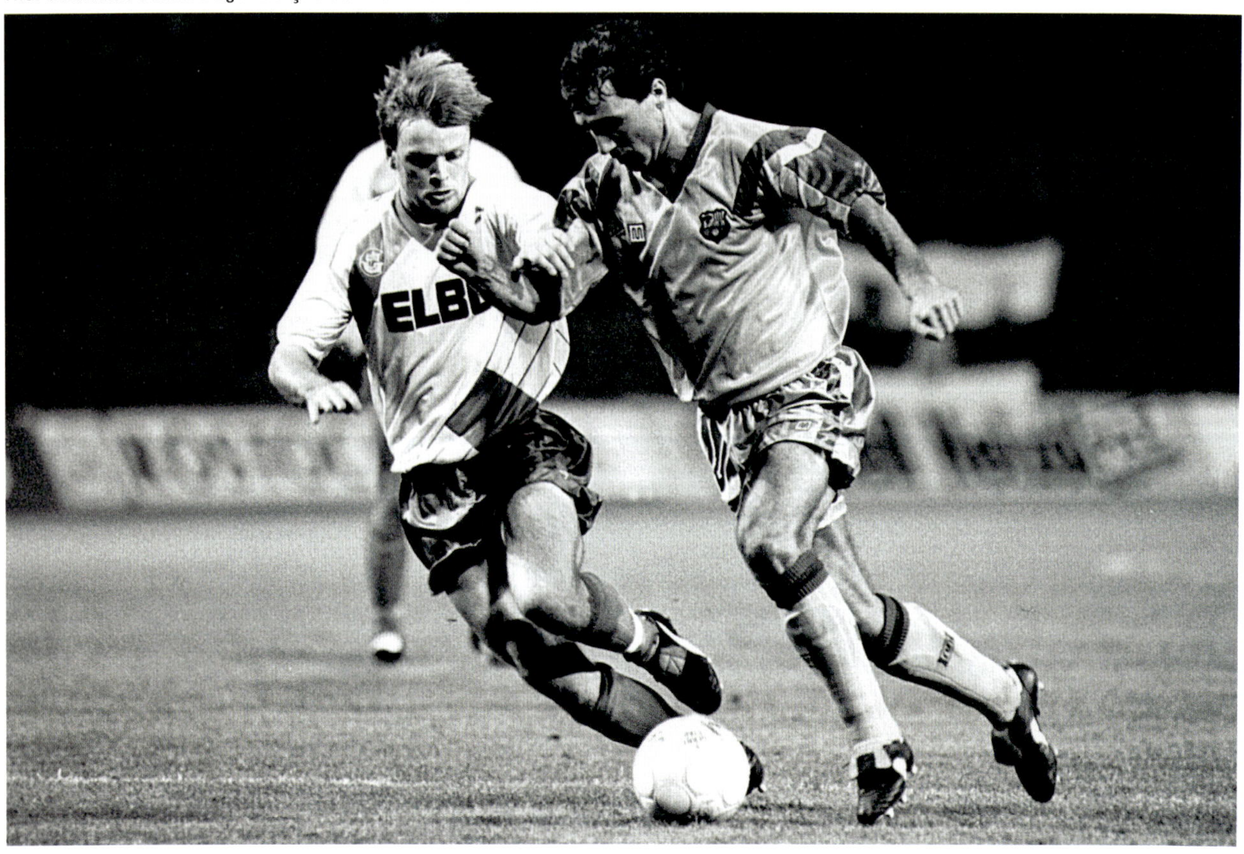

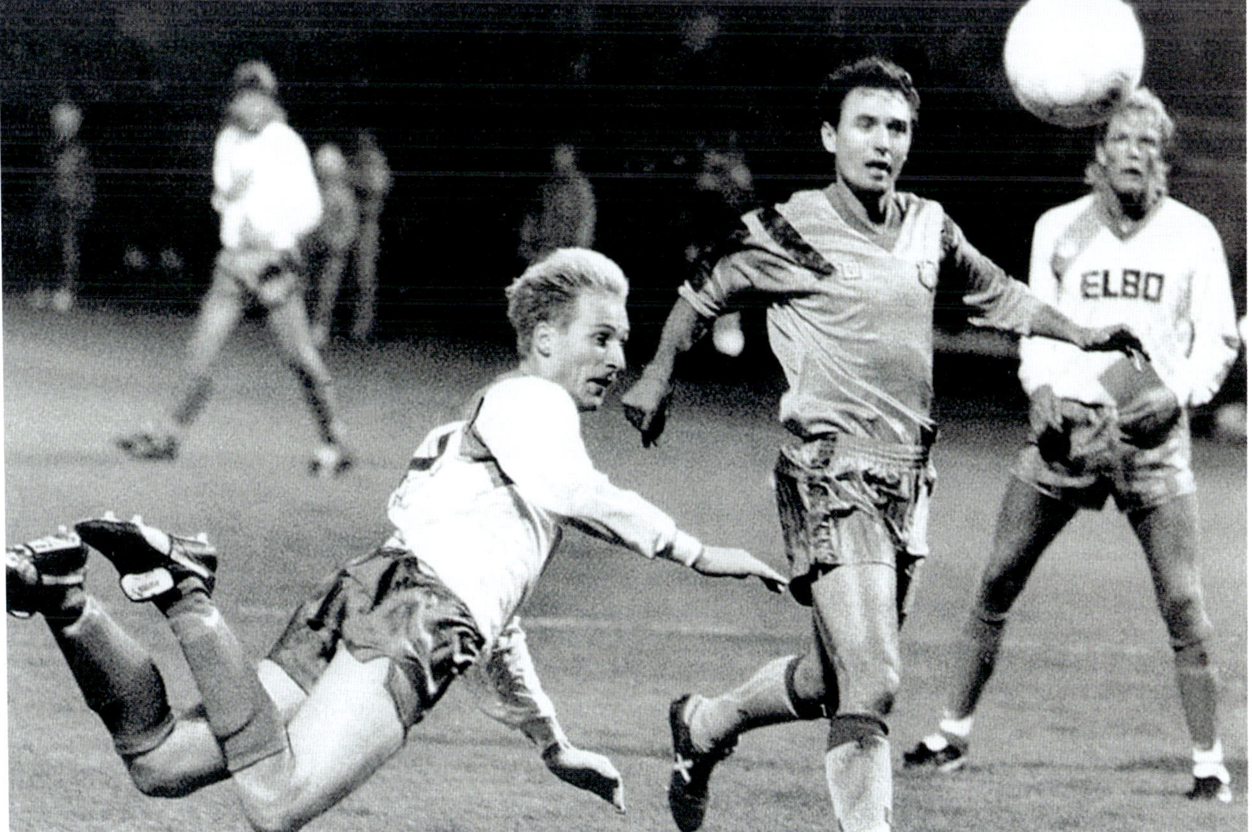

Michael Spies köpft zum Siegtor ein. Hansa bezwang Barça mit 1:0, schied aber dennoch aus.

Koeman traf mit einem seiner spektakulären Freistöße gegen Sampdoria Genua zum entscheidenden 1:0-Erfolg.

Hansa ist die erste Hürde auf Barcelonas Weg zum europäischen Champion. Gegen die spielerische Pracht der Katalanen haben die Schlünz, März, Böger, Weichert, Hoffmann null Chancen. Im Rückspiel wirkt der letzte Meister aus dem Nordosten gegen den Weltklub gelöster, selbstbewusster. Trotzdem feiern nur 8.000 Zuschauer mit den Hanseaten den 1:0-Prestigegewinn durch das Tor vom Westimport Gerd Spies. Rostocks Präsidium wollte mit Eintrittspreisen bis zu 100 Mark große Kasse machen. Logisch, dass sich selbst treueste Hansa-Fans so ein Ticket nicht gönnen konnten.

In der Bundesliga war die Euphorie nach den ersten Einbrüchen schnell verflogen. Abstieg 1992. Der erneute Aufstieg in die Beletage gelang erst zur Saison1995/96. Unter Frank Pagelsdorf 1995/96 und Ewald Lienen 1997/98 blinkten die „Nordlichter" am Ende jeweils auf Platz sechs. Lange, ein Jahrzehnt am Stück, war der FC Hansa Rostock als einziger Verein aus dem Osten im deutschen Spitzenfußball vertreten. Man nannte die Nordostdeutschen Überlebenskünstler. Da waren Traditionsklubs wie Magdeburg, Leipzig, Dresden, Jena oder der BFC Dynamo schon längst in der Versenkung verschwunden. Seit 2005 – dazwischen mit einem einjährigen Gastspiel in der 1. Bundesliga – gibt es ein stetes Auf und Ab zwischen Liga zwei und drei. Derzeit allerdings stehen die Dinge so gut wie lange nicht mehr, denn im Sommer 2021 kehrte die Kogge nach neun Jahren Abstinenz zurück in die 2. Bundesliga. Zur Freude einer ganzen Region.

STATISTIK

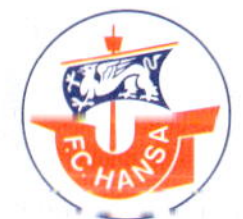

Die Bilanz des **FC Hansa Rostock**
12 Spiele: 5 Siege, 0 Unentschieden, 7 Niederlagen

Europacup der Landesmeister

1991/92
FC Barcelona – FC Hansa Rostock 3:0
18.09.1991 in Barcelona Estade Nou Camp
FC Hansa Rostock – FC Barcelona 1:0
02.10.1991 in Rostock Ostseestadion

Messe-Cup

1968/69
FC Hansa Rostock – OGC Nizza 3:0
18.09.1968 in Rostock Ostseestadion
OGC Nizza – FC Hansa Rostock 2:1
02.10..1968 in Nizza Stade du Ray
FC Hansa Rostock – AC Florenz 3:2
13.11.1968 in Rostock Ostseestadion
AC Florenz – FC Hansa Rostock 2:1
27.11.1968 in Florenz Stadio Comunale Artemio Franchi
1969/670
FC Hansa Rostock – Panionios Athen 3:0
17.09.1969 in Rostock Ostseestadion
Panionios Athen – FC Hansa Rostock 2:0
01.10.1969 in Athen Stadion Nea Smyrni
FC Hansa Rostock – Inter Mailand 2:1
12.11.1969 in Rostock Ostseestadion
Inter Mailand – FC Hansa Rostock 3:0
26.11.1969 in Mailand Stadio San Siro

UEFA Cup

1989/90
FC Hansa Rostock – Banik Ostrava 2:3
13.09.1989 in Rostock Ostseestadion
Banik Ostrava – FC Hansa Rostock 4:0
27.09.1989 in Ostrava Bazaly-Stadion

ABENTEUERLICHE TOUREN

Es waren Wallfahrten der besonderen Art. Erstaunlich und bemerkenswert erschienen die Einfälle und letztlich auch der Mut der DDR-Fans, wenn sie – entgegen allen Hindernissen – Reisen nach Prag, Warschau, Moskau, Budapest, Sofia oder Bukarest organisierten und durchführten. Nicht, dass man die Lieblinge im eigenen Stadion nicht mehr anhimmeln würde, aber einmal die erfolgreichen Weststars live zu sehen, das wär's: „Kalle" Rummenigge, Paul Breitner, Klaus Fischer…

Weil man in den Westen nicht fahren durfte, pilgerte man eben los, wenn diese Stars in den osteuropäischen Bruderländern gastierten. Ganz einfach und risikolos war auch das nicht: Laut Stasi-Unterlagen von 1983, die im Matthias-Domaschk-Archiv Berlin lagern, galten „konspirative Verbindungen zu westlichen Fan-Klubs (Union-Hertha) und Reisen zu Europapokalauftritten von Bundesliga-Vereinen in sozialistischen Ländern" als „besonders bedenklich".

In den Erlebnisberichten einzelner Fans werden die Umstände jener Zeit greifbar.

„Per Fahrstuhl zu den Bayern"

Der 57-jährige Frank Lösch hat als Fan schon so ziemlich alles mitgemacht: „Als die Bayern mal in Moskau spielten, hatte ich schon das Flugticket in der Hand", erzählt der Stapelfahrer aus Chemnitz, „doch ohne gültige Visa war nix zu machen. Reine Schikane. Die Reise konnte ich vergessen. Auf dem staatlichen Reisebüro waren die natürlich meistens gut informiert, vor allem, wenn die Bayern im Ostblock spielten." So war es auch 1982, als Bayern München im Halbfinale des Meistercups bei ZSKA Sofia antrat. Diesmal hatte der Chemnitz-Fan die entsprechenden Unterlagen und das Flugticket rechtzeitig erhalten. „Mein Kumpel und ich hatten uns auch bis zum Hotel der Bayern durchgekämpft", erzählt Frank Lösch. „Aus Erfahrung durfte man sich nicht lange im Foyer aufhalten, da konnte die bulgarische Sicherheitspolizei leicht und schnell zugreifen. Als von dieser Ecke Gefahr drohte, sind wir schnell in den Fahrstuhl, im zweiten Stock aber wieder ausgestiegen. Das war ein Glücksfall, denn genau

Handverlesen: Dynamo-Dresden-Fans beim Europapokalspiel gegen die Bayern 1973 im Münchner Olympiastadion.

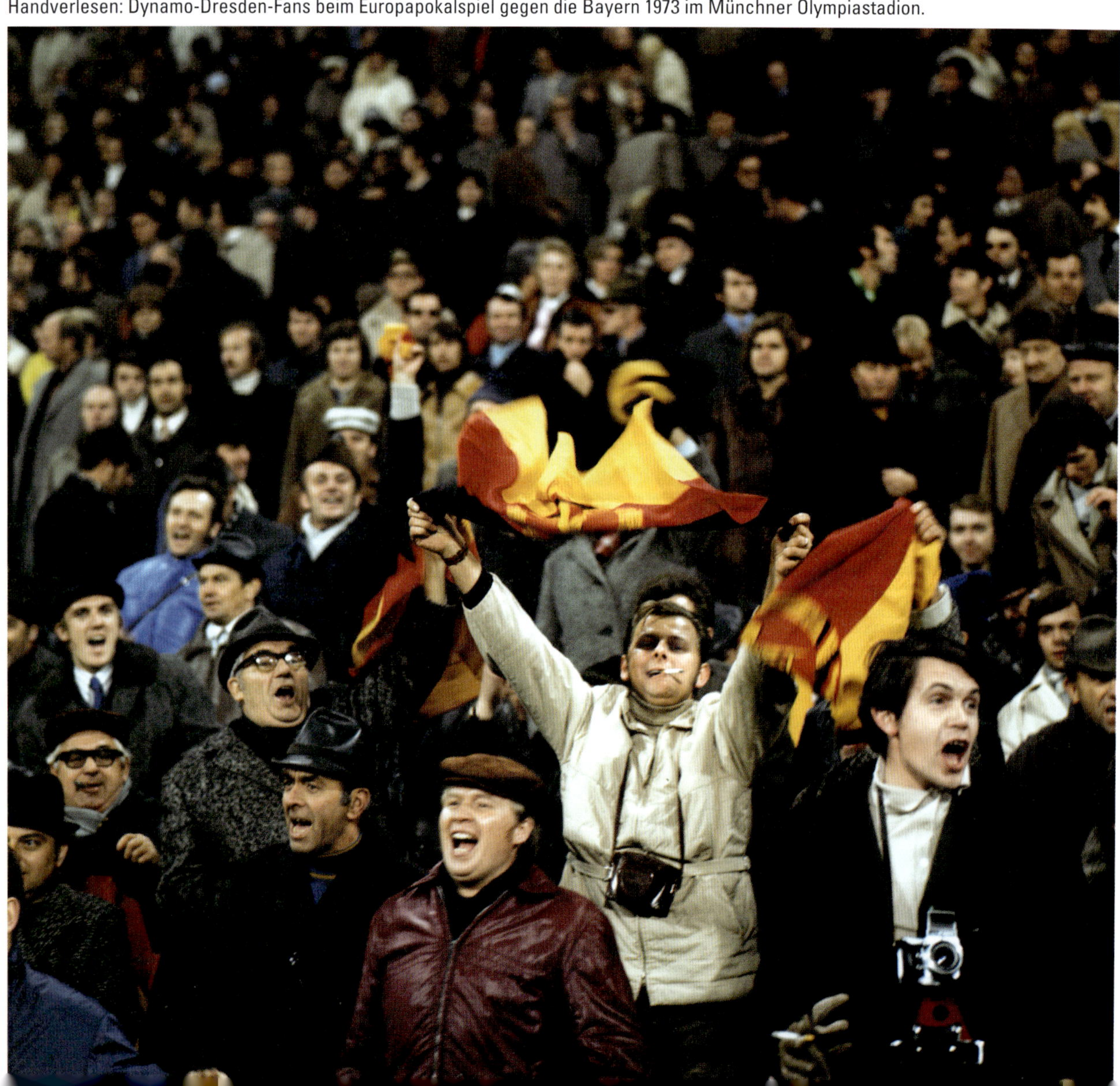

Begeistert! Aus der Schalker Stadionzeitung von Oktober 1977.

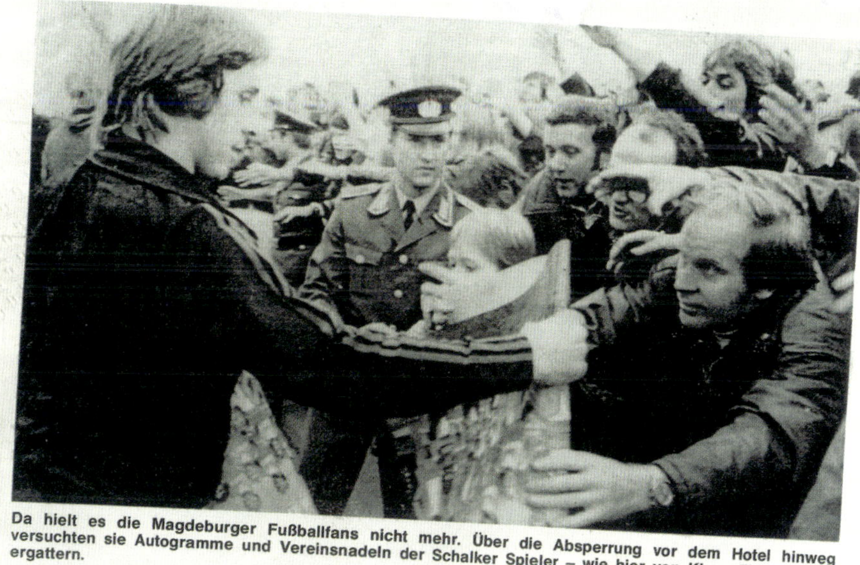

Da hielt es die Magdeburger Fußballfans nicht mehr. Über die Absperrung vor dem Hotel hinweg versuchten sie Autogramme und Vereinsnadeln der Schalker Spieler – wie hier von Klaus Fischer – zu ergattern.

10

diese Etage hatten die Bayern belegt. Mit eigenem Sicherheitspersonal. Die Herren waren aber recht schnell zu überzeugen, dass wir nur Fans sind und auf ein paar Souvenirs scharf sind. Okay, sagten sie daraufhin, die Spieler werden gleich kommen. Und sie kamen – ,Kalle' Rummenigge, Paul Breitner, Dieter Hoeneß. Sie hatten auch Souvenirs dabei. Wir reisten zufrieden nach Hause. Ohne den Luftschacht zu benutzen, was manchmal nicht zu umgehen war."

„Wir sind ganz verrückte Schalke-Fans"

Für Renate und Hartmut Fleischer gibt es, wie in der Stadionzeitschrift „Schalker Kreisel" dokumentiert ist, vor dem UEFA-Cupspiel 1. FC Magdeburg gegen FC Schalke 04 im Herbst 1977 ein Wiedersehen. Das Ehepaar aus Drebach in der Nähe von Chemnitz wurde ein Jahr zuvor in Rumänien vom blau-weißen Bazillus erfasst. In Bukarest erlebten die Sachsen einen 1:0-Erfolg von Schalke beim Gastgeber Sportul Bukarest. Helmut Kremers, der Abwehrspieler von Blau-Weiß, hat das Jahr über mit Briefen und Telefonaten den Kontakt aufrechterhalten. Hartmut Fleischer: „Wir sind ganz verrückte Schalke-Fans, haben schon unsere Freunde und unseren Sohn Torsten angesteckt. Wir gucken alle Spiele mit Königsblau."

Doch nun in Magdeburg ist das nicht mehr so klar. Der große Schock: Renate und Hartmut Fleischer müssen zum Stasi-Verhör. Sie haben ohne polizeiliche Anmeldung vom Dienstag zum Mittwoch im Interhotel übernachtet. Schalke-Legende „Charly" Neumann hatte die Familie Fleischer ins Hotel geschleust. Ohne Chance auf ein Quartier wollten sie im Auto übernachten. „Wenn einer verhaftet werden musste, so wäre ich das", stellt sich „Charly" Neumann entschieden und in diesem Fall mit Erfolg vor die ostdeutschen Schalke-Fans.

„Im Uerdinger Bus – Flucht aus dem Stadion"

Es war zwei Wochen vor einem der größten Fußballthriller: Dynamo Dresden gegen Bayer Uerdingen. Es war das Hinspiel vor dem 7:3-Drama. Am 5. März 1986 irrten zwei Fans zwischen Dresdner Bahnhof und Dynamo-Stadion umher. Ohne Tickets. Sie brachten die Uerdinger Fanbusse zum Halten. „Habt ihr noch Tickets?", fragte Frank Lösch, worauf einer der Bosse zurückfragte: „Wie viele braucht ihr denn?" Die westdeutschen Gäste klapperten ihre Busse ab und erstotterten die zwei Tickets für die ostdeutschen Fans.

„Prima Kumpel", dachte sich der Sachse Lösch. Doch jetzt standen er und sein Spezie im Uerdinger Fanblock. „Da begann es im Kopf gleich zu bohren", erzählt mir Frank: „Was machen wir nach dem Spiel? Wenn wir stehen bleiben, dann hat uns die Stasi gleich am Arsch. Also steigen wir in einen der Uerdinger Fanbusse ein. Zwei Büchsen Bier fliegen zu uns rüber. Wir tauschen noch die Adressen aus. Als wir weit genug vom Stadion entfernt sind, hält der Fahrer. Die Flucht aus dem Stadion ist gelungen. Wir stehen im Dunkeln und müssen erst einmal rausfinden, wie wir zum Dresdner Hauptbahnhof kommen. Der letzte Zug nach Chemnitz fährt gegen ein Uhr. Wie ging eigentlich das Spiel aus? Ach ja, 2:0 für Dynamo Dresden…"

300 Hansa-Fans türmten in Prager Botschaft

27. September 1989. Der FC Hansa tritt zum Rückspiel bei Banik Ostrava an, einer Mannschaft aus der ČSSR. An diesem Tag geht ein Sonderzug mit Fans des FC Hansa Rostock auf die Reise nach Ostrava. Bereits vor dem Eintreffen in Prag-Holesovice wird der Sonderzug gestoppt. 300 blau gekleidete Hansa-Fans nutzen die Gelegenheit, fliehen und klettern über den Botschaftszaun. Sie gesellen sich damit zu den Tausenden DDR-Flüchtlingen in der Prager Botschaft, die ihre Ausreise in den Westen erzwingen wollen.

Für die Fangemeinde wird das zum Verhängnis. Unmissverständliche Order: Keiner verlässt den Zug! Stasi und die tschechische Miliz befürchten, dass weitere Fans flüchten wollen. Als der Sonderzug schließlich ankommt, greift die Miliz sofort mit Schlagstöcken und Reizgas hart gegen Hansa-Anhänger durch. Keiner darf zum Spiel. „Das haben wir nur am Rande mitbekommen", erinnert sich der einstige Hansa-Mittelfeldspieler Axel Schulz: „Wir haben uns nur gewundert, dass kein einziger Hansa-Spruch zu hören war."

Hansa verliert das Spiel 0:4. Davon erfahren die Rostocker Fans erst nach ihrer Rückkehr in der DDR.

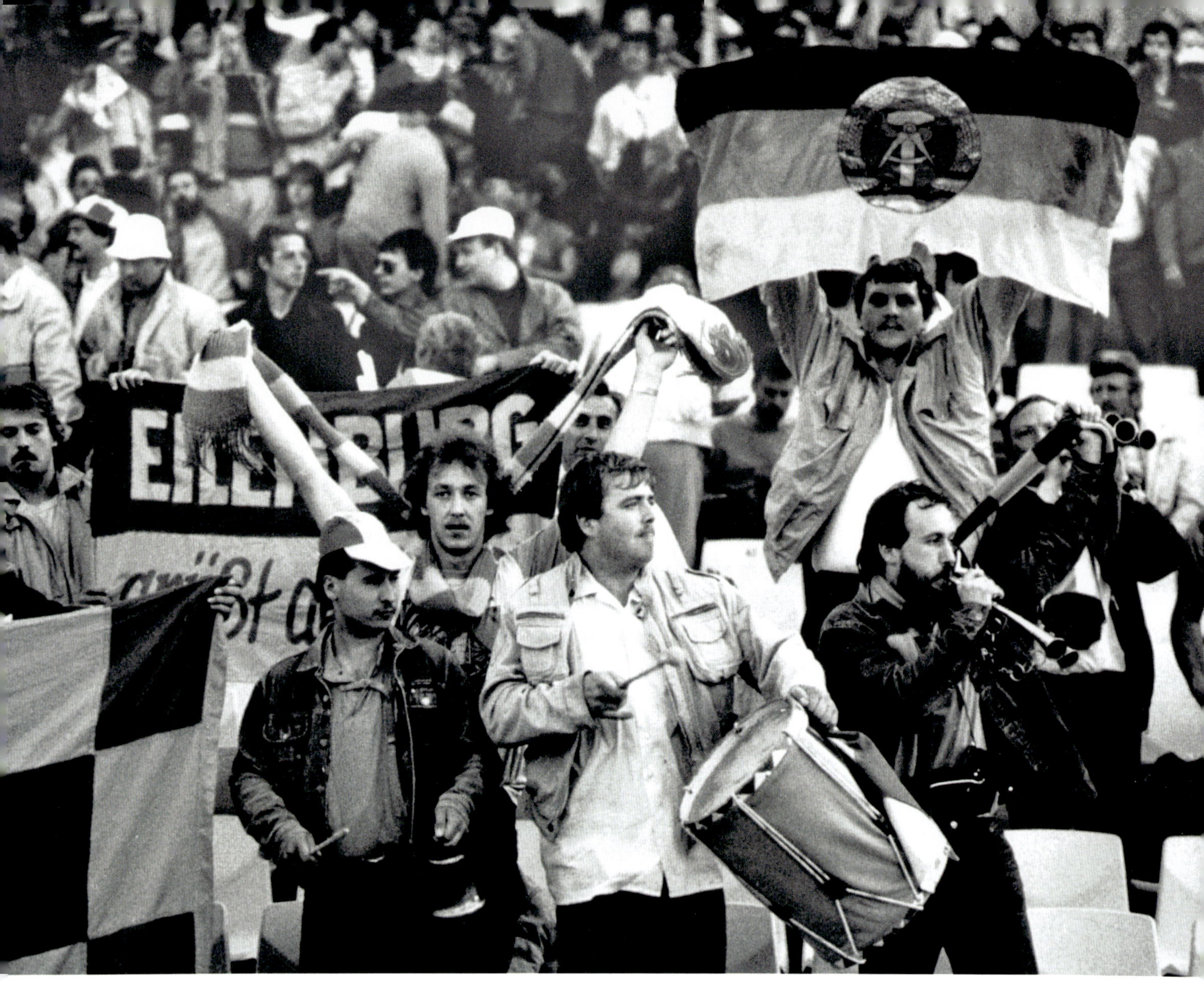

Lautstark: Fans von Lokomotive Leipzig im Finale des Europacups der Pokalsieger 1987 in Athen.

„Herr Glaubitz, brauchen Sie Kohle?"

Ihn könnte man mit Charly Körbel vergleichen. Als Alois Glaubitz 1973 am Saisonende das Trikot von Sachsenring Zwickau endgültig auszog, hatte der Abwehrchef der Westsachsen eindrucksvolle 428 Spiele bestritten. Der „Al", wie sie den alten Haudegen kurz und knapp nennen, brachte dabei das Kunststück fertig, in seinen ersten 400 Begegnungen lediglich zweimal (!) ausgewechselt zu werden. Eine sensationelle Quote. Nur „Matz" Vogel flog noch mit 440 Spielen in der DDR-Oberliga an ihm vorbei.

Bei zwei Pokalsiegen von Zwickau steht das Unikum als Abwehrspieler seinen Mann. Als ganz überraschend 1975 der dritte Cuperfolg gegen den hohen Favoriten Dynamo Dresden gelingt, fiebert Alois Glaubitz als Mannschaftsleiter mit. Er kann sich noch heute heftig erregen: „Die Sportoberen waren nicht gerade begeistert, dass die Betriebssportgemeinschaft Sachsenring Zwickau am Wettbewerb der Pokalsieger teilnahm. Aber diese Strolche wussten natürlich auch, dass bei einer Nichtteilnahme die Arbeiter im Trabi-Werk auf die Barrikaden gehen würden. Im Sachsenring-Werk waren damals rund 13.000 Arbeiter beschäftigt. Da hätte sich kein Band mehr bewegt." Alois Glaubitz grinst: „Vor unserer Premiere im September 1975 in Athen kam noch ein ziemlich hoher Parteifunktionär aus Chemnitz, der uns über das Verhalten beim Klassenfeind aufklären sollte."

Zwickau startet mit seinem Weltklassekeeper Jürgen Croy eine großartige internationale Serie: Panathinaikos Athen, AC Florenz, Celtic Glasgow – jede Hürde wird übersprungen. „40.000 auf der Halde, der blanke Wahnsinn", erinnert sich die gute Seele des Teams. Und wie viele Fans waren gegen die Konkurrenz angereist? „Ein paar Griechen waren da, auch Schotten und ein paar auffällige Italiener. Die Männer aus Florenz hatten so schöne moderne lange Mäntel an. Richtige Hingucker für die jungen Mädels."

Im Halbfinale setzte der RSC Anderlecht das Stoppzeichen für die Westsachsen. Als Trost eine kleine Shoppingtour? Mit 10 oder 15 Mark am Tag? „Da musste man schon ein wenig beweglich sein. Am besten klappte das Tauschgeschäft mit dem Präsidenten vom RSC Anderlecht. Herr van den Stock war Brauereibesitzer und kam mehrmals auf mich zu: „Herr Glaubitz, brauchen Sie Kohle?" Er schmunzelt: „Aber wir haben alles zurückgezahlt." Hatten die Spielerfrauen nicht mal Lust, mit auf Reisen zu gehen? „Auf jeden Fall. Aber sie wussten ja auch, dass da kein Weg reingeht, wie für Millionen in diesem Land. Einmal durften sie mit, als wir 1967 gegen Torpedo in

Moskau spielten. Aber wir mussten in getrennten Hotels übernachten. Getroffen haben wir uns dann auf dem Roten Platz. Später haben wir uns auch ein Gläschen Krimsekt genehmigt. Der war spottbillig. Aber ins westliche Ausland, da lief nichts. Damit hatte man sich mehr oder weniger abgefunden."

Düsseldorf verschenkte Tausende Freikarten

Der FC Carl Zeiss stürmte 1981 nach Siegen über Rom, Valencia, Benfica Lissabon ins europäische Pokalendspiel. Der Finalkontrahent im Düsseldorfer Rheinstadion: Dynamo Tiflis, das Spitzenteam aus Georgien. Jenas Edelfan, Christoph Dieckmann, versuchte seine Chance wahrzunehmen. „Ich marschierte ins Präsidium des DDR-Fußballverbandes in Berlin, Storkower Straße, und erklärte, 16 Jahre Treue zum Jenaer Verein müssten mit einer Reiseerlaubnis nach Düsseldorf belohnt werden. Der Genosse Funktionär beäugte mich und meine Naivität und sprach begütigend: ‚Ich fahre da auch nicht runter.'"

Christoph Dieckmann erinnert sich: „Ich höre es immer noch, in diesem ‚runter' lag im DDR-Fußball der ganze Unterschied zwischen Funktionär und Fan." Tiflis gewann 2:1, im riesigen Rheinstadion verloren sich lediglich 9.000 Zuschauer. „Die Stadt Düsseldorf hatte noch tausende Freikarten verschenkt, damit das Spiel meiner Träume überhaupt ein paar Betrachter fände."

„Vielleicht ist manchem West-Leser erinnerlich", so blickt Dieckmann zurück, „dass 1974 beim berühmten 0:1 auch ein Block DDR-Anhänger im Hamburger Volksparkstadion saß. Die DDR-Medien nannten sie ‚unsere Fußballtouristen', das Ostvolk ‚die Hunderfünfzigprozentigen'." Es wurde ganz genau hingeschaut, wer fahren durfte und wer nicht. Dieckmann resümiert: „Die eigentliche Fanszene war der SED-Macht so unheimlich wie letztlich ihr gesamtes Volk." ■

Spärlich: Kaum ein Anhänger von Carl Zeiss Jena durfte 1981 zum Europapokalfinale nach Düsseldorf fahren. Die Folge: Lediglich 9.000 Zuschauer verloren sich auf den Tribünen des Rheinstadions.

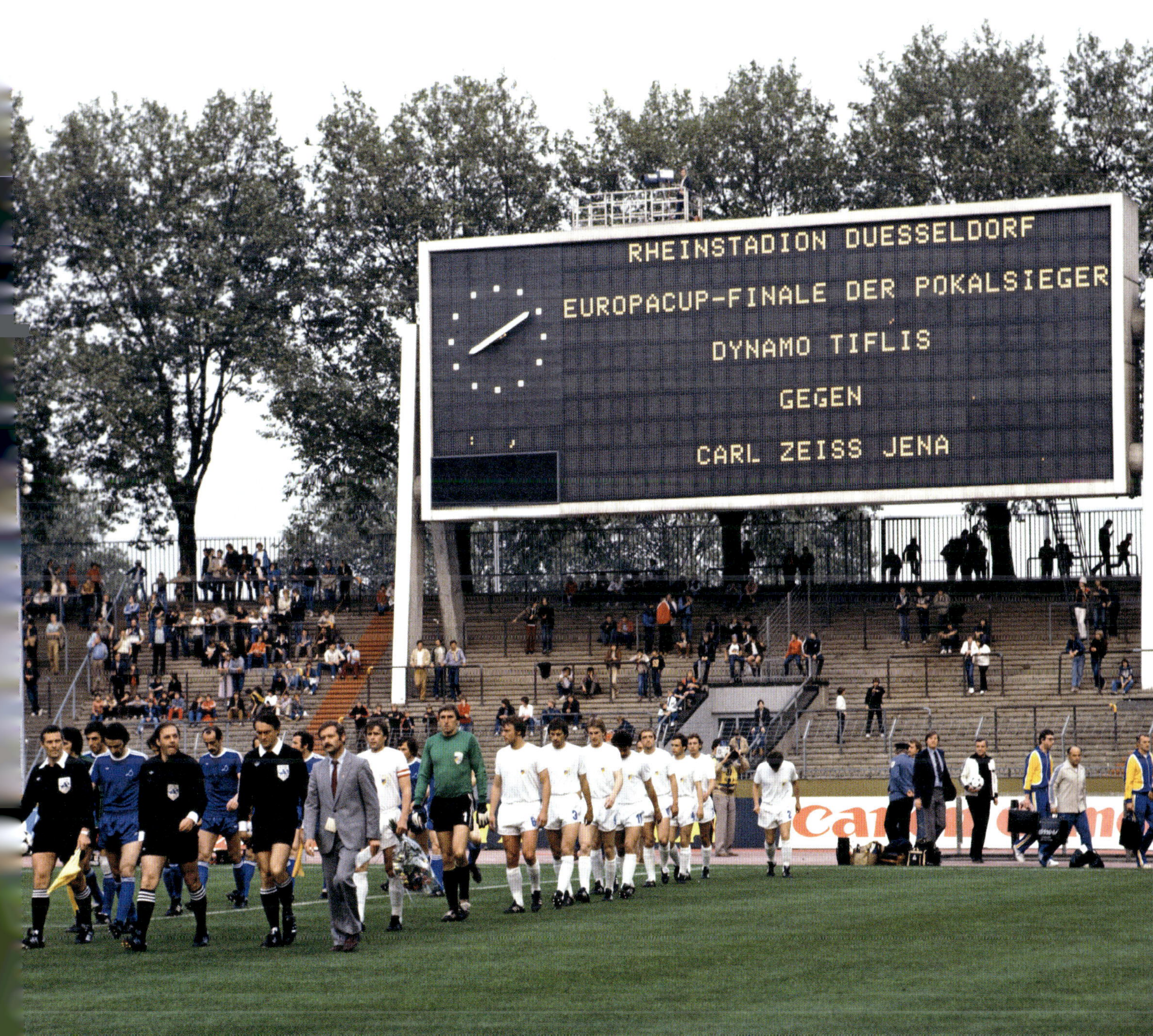

FC KARL-MARX-STADT
IM DUELL MIT DER „ALTEN DAME“ JUVE

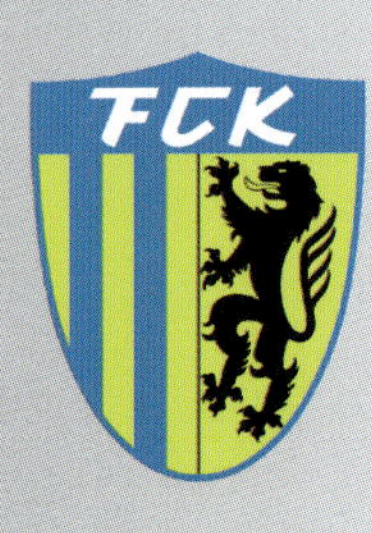

FC Karl-Marx-Stadt
Gegründet: 15. Januar 1966
Vorläufer: 1946 bis 1950 SG Chemnitz
1950 bis 1951 BSG FEWA Chemnitz
1951 bis 1953 Chemie Chemnitz
1953 bis 1956 Chemie Karl-Marx-Stadt
1956 bis 1963 Motor Karl-Marx-Stadt
1963 bis 1965 FC Karl-Marx-Stadt
Ab 1990/91 Chemnitzer FC
Größte Erfolge:
DDR-Meister: 1967, Vizemeister 1990
Pokalfinalist: 1969, 1983, 1989
Europacupbilanz:
3 Teilnahmen, 10 Spiele
(2 Siege, 1 Remis, 7 Niederlagen)
Größter Erfolg im Europacup:
Achtelfinale UEFA-Cup 1990/91
Heute: Regionalliga Nordost (4. Liga, 2021/22)

Nichts ist stärker als eine Idee,
deren Zeit gekommen ist.
Stefan Heym, Schriftsteller, in Chemnitz geboren

Mit Prämiensystem zu Titel und Europacup

Chemnitz nannte man einst das „sächsische Manchester“. Besonders dynamisch entwickelte sich die Textilindustrie, die im 19. Jahrhundert zum wichtigsten Gewerbezweig im gesamten sächsischen Vorgebirge wurde. Zu diesem Ambiente passte Klubboss Werner Thomßen, Generaldirektor des Textima (Textilmaschinen-)Kombinats. Er führte als international geachteter Fachmann erstmals ein mehr oder weniger offenes Prämiensystem ein. Pro Spiel und Spieler gab es zwischen 500 und 1.000 Mark. Die Gelder machte Thomßen in den heimischen Industriebetrieben locker. „Allerdings handelte es sich im Vergleich zu heute um bescheidene Beträge“, verriet der Klubchef später einmal. Für seine Finanzierungspolitik konnte er Direktorenkollegen aus dem Werkzeugmaschinenbau, aus der Automobilbranche mit den Barkas-Kleinbusherstellern und aus der Schraubenproduktion gewinnen.

Damit konnten zwei europäische Klasseleute konstant bei Laune gehalten werden: Regisseur Dieter „Erle“ Erler wurde von „Dagens Nyheter“ zur handverlesenen Creme des europäischen Fußballs gezählt. Die angesehene schwedische Zeitung adelte den Chemnitzer: „Erler – der Didi Europas“, in Anlehnung an den genialen Spielgestalter in Brasiliens Weltmeisterteams von 1958 und 1962. Linksaußen Eberhard „Matz“ Vogel wurde sogar vom großen Pelé bei einem Turnier in Südamerika zum „weltbesten Linksaußen Mitte der Sechziger“ gekürt. Doch allein mit diesem Offensivduo der Extraklasse konnte Trainer Horst Scherbaum, einst Stopper und Ex-Nationalspieler, keinen Titel einfahren. Der Mann mit dem hohen Scheitel aus dem vogtländischen Plauen setzte auf Kontinuität. Er bot in der kompletten Saison 1966/67 nur 16 Spieler auf und ging in 19 von 26 Partien mit demselben Team ins Rennen: Hambeck; Rüdrich (Kreul), Feister, P. Müller; A. Müller, Posselt (Hüttner); Schuster (Vater des unbequemen Defensivmanns Dirk, KSC, Köln) Steinmann (Vater des späteren Bundesliga-Profis in Köln), M. Lienemann, Erler, Vogel.

Im kleinen Stadion an der Gellertstraße brach das Fußballfieber aus, die Auftritte von Erler & Co. wurden wie kleine Volksfeste gefeiert. Selbst in den Baumkronen wippten Fans begeistert mit. Höhepunkt beim dramatischen 3:2-Sieg gegen den amtierenden Meister FC Vorwärts Berlin: Obwohl Rolf „Rolli“ Steinmann alle drei Tore für den FCK erzielte, zog ein anderer Spieler die Aufmerksamkeit auf sich: Torhüter Manfred Hambeck. Was war passiert? Vorwärts-Verteidiger Peter Kalinke hatte abgezogen, der Ball rutschte unter Hambeck ins Tor, aber auch in der 41. Minute durchs Netz. Schiri Köhler war unschlüssig und fragte Hambeck, der sich als ehrliche Haut präsentierte: „Ja, der Ball war drin.“ 1:1. Der fantastisch aufgelegte Rolf Steinmann hatte zum 1:0 getroffen, danach noch zweimal. Der Vater von Rico Steinmann (Hans Meyer spielte früher mit Jena ein paar Mal gegen ihn: „Rolli war ein Ausgucker, der hatte eine Nase für Tore.“) war in der Meistersaison 1966/67 mit zehn Toren Rekordschütze beim „Klub“.

Drei Wochen vor Ultimo sicherten sich die „Himmelblauen“ in Rostock durch ein 1:0 (Schuss Vogel, Abstauber M. Lienemann) erstmals den Titel. 5.000 empfingen die Champions auf dem Bahnhof und trugen ihre Helden ins gegenüberliegende Carola-Hotel zum ausgelassenen und ausgedehnten Frühschoppen.

Das von Klub-Chef Thomßen eingeführte neue Prämiensystem hatte funktioniert. Doch den Sportoberen war es ein Dorn im Auge: „Westliches Profitum. Damit haben wir nichts im Sinn." Dass sein Rücktritt beim FCK mehr oder weniger geräuschlos über die Bühne ging – und ohne berufliche Maßregelungen –, das hatte der Generaldirektor der Textima seinem Ruf als international anerkannter Experte zu verdanken.

1967/68: Youri Mulders Papa schießt den FCK ab

45.000 im großen Ernst-Thälmann-Stadion waren nach einer halben Stunde bei der Europapremiere im Meistercup desillusioniert. Die Schützlinge von Horst Scherbaum gingen die Partie einen Tick zu offensiv an. Der überragende Stürmer des RSC Anderlecht, der Holländer Jan Mulder, traf schon nach 120 Sekunden zur 1:0-Führung für den 13-fachen belgischen Meister. Gegen die antrittsschnellen Mulder (22), van Himst (24) fand die zu locker deckende Defensive des DDR-Meisters keine Einstellung. Schon nach 34 Minuten war Mulder, Vater der späteren Schalke-Legende Youri Mulder, erneut nicht zu stoppen. Abwehrchef Feister und der defensive Mittelfeldspieler A. Müller konnten ihre Abwehr nicht im erforderlichen Maß zusammenhalten. Das 3:0 noch vor der Pause durch Belgiens Superstar Paul van Himst rückte die Verhältnisse eindeutig zurecht. Allein FCK-Torjäger „Rolli" Steinmann sorgte in der 41. Minute für einen lichten Moment: Premiere-Tor für den FCK im Europacup!

Im Rückspiel, nach dem 1:3 zu Hause, spielte der FCK im Brüsseler Astrid-Park gelöster auf. Nach einer brillanten Ballstafette zwischen Vogel, Erler und Lienemann wuchtete der kleine Schuster einen Kopfball zur FCK-Führung nach zehn Minuten ins Netz. Für Rüdrich, Schuster, Steinmann ergaben sich danach noch gute Chancen, die aber nicht entschlossen genug verwertet wurden. Cleverer stellte sich der Gastgeber RSC Anderlecht an, der noch vor dem Pausentee mit den Toren von Bergholtz und van Himst das Spiel zum 2:1 kippte.

Rolf Steinmann, früh verstorbener Vater von Rico Steinmann, bejubelt das erste EC-Tor für den FCK gegen den bärenstarken RSC Anderlecht.

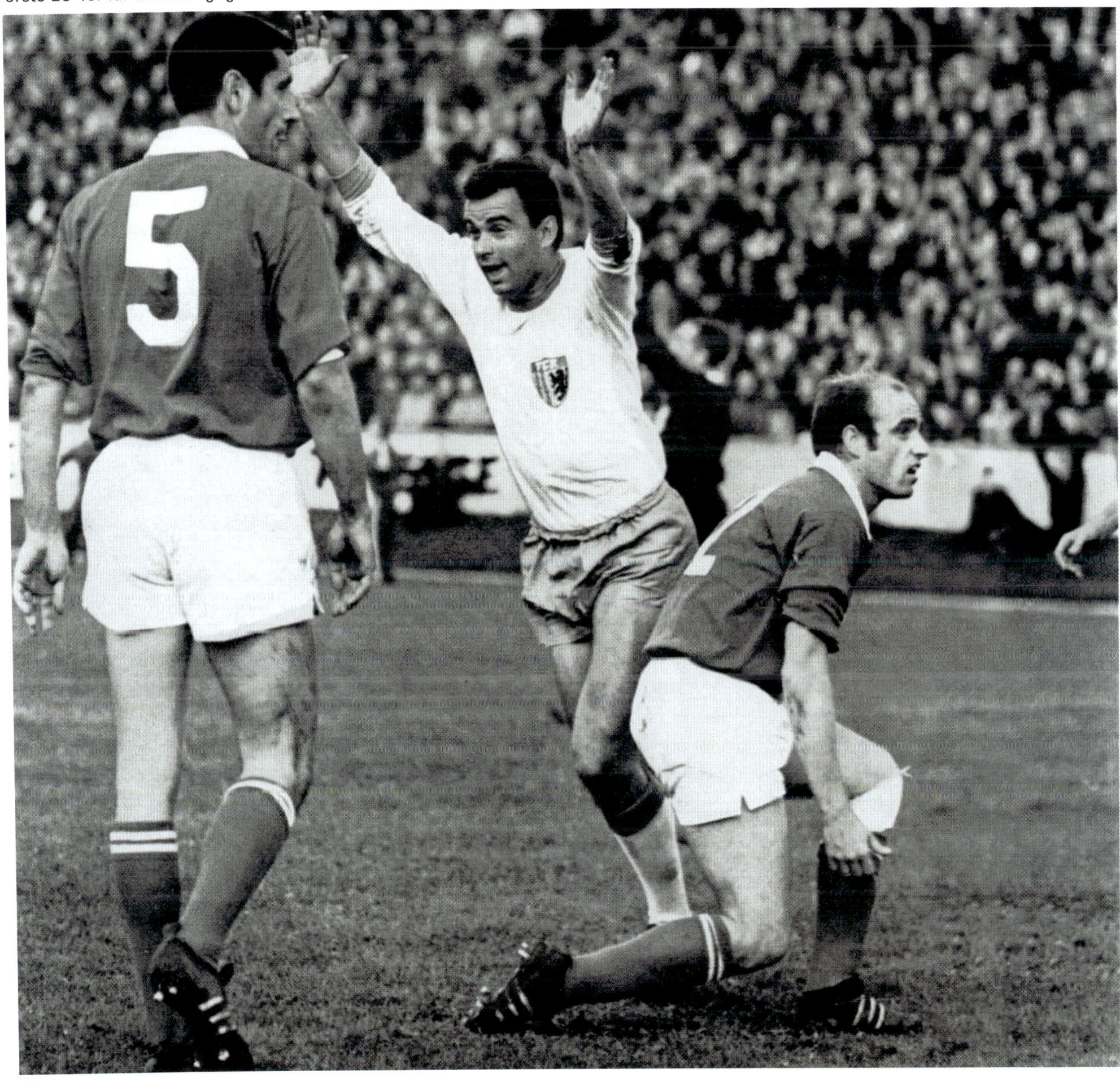

1989/90: Hans Meyer und seine „Schultütenmannschaft"

Die Fans der „Himmelblauen" mussten lange 22 Jahre warten, bevor wieder ein Auftritt auf Europas Bühne anstand. Nach Jahren im aschgrauen Mittelfeld der Oberliga übernahm Hans Meyer die „Schultütenmannschaft" um Rico Steinmann, wie sie Vorgänger Heinz Werner liebevoll nannte und der vielleicht zu lieb mit ihr umging. Gleich in seinem ersten Trainerjahr führte Meyer diese junge FCK-Mannschaft erstmals seit dem Meistertitel 1967 wieder auf einen Podiumsplatz: Rang drei. Eine kleine Sensation. Damit war das Ticket für den UEFA-Cup gebucht. Der damalige Europacupmodus sah keine Gruppenspiele vor, man musste sich in Hin- und Rückspielen für die nächste Runde qualifizieren.

Der erste Kontrahent: Boavista Porto. Das Team mit den Schachbrett-Trikots um Jungstar Joao Pinto wird vom FCK über weite Strecken dominiert. Rico Steinmann und Sven Köhler setzen die Portugiesen im Zusammenspiel mit den Spitzen Steffen Heidrich und Jan Mitzscherling ordentlich unter Druck. Sven Köhler gelingt nach 18 Minuten der verdiente 1:0-Treffer.

Mit diesem schmalen Polster tritt Hans Meyers Team in Porto an, wo die Karl-Marx-Städter ein turbulentes Rückspiel erwartet: Joao Pinto 1:0 nach 40 Minuten. Am Ende der 90 Minuten Gleichstand über beide Spiele, Verlängerung. Joao Pinto nach 40 Sekunden 2:0. Joao Pinto wird ausgewechselt, die Portugiesen sind sich ihrer Sache wohl zu sicher. „Ehrlich gesagt, in diesem Moment sah ich unsere Chancen schwinden", gab Hans Meyer zu. Nervenstark und physisch am Limit, fightet der FCK zurück: Heidrich bringt die „Himmelblauen" mit einem Kopfball in der 105. Minute zurück ins Spiel: 2:1.

Unglaublich, damit wäre der „Club" durch die Auswärtstorregel weiter. Jetzt beginnt der Fußballwahn: Ulf Mehlhorn, in der 96. Minute von Hans Meyer eingewechselt, sorgt in der ultimativen 120. Minute (!) für einen Freistoß-Donnerschlag: 2:2. Der glückliche Schütze (mit echtem Jagdschein) scherzt: „Eigentlich wollte ich die Kugel auf die Baustelle hinterm Tor knallen…" Auf der CFC-Fanpage outet sich Frank: „Nach dem Sieg trug man als Fan die himmelblaue Nase verdammt weit oben und platzte fast vor stolzgeschwellter Brust."

45.000 Zuschauer bildeten im Ernst-Thälmann-Stadion gegen den RSC Anderlecht eine große Kulisse. Gegen die Belgier hatte die Elf um „Rolli" Steinmann keine Chance.

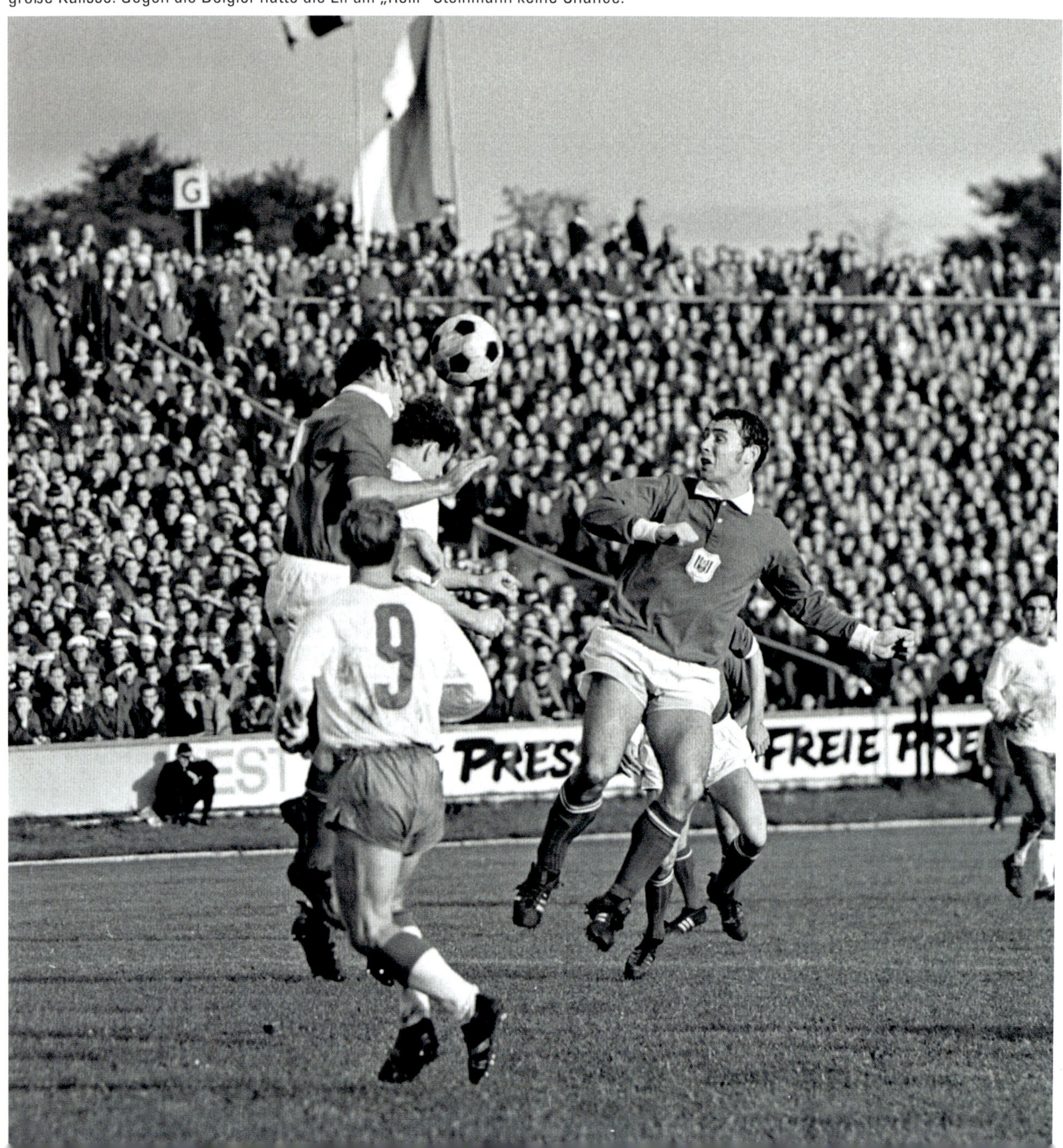

Gegen Sion – „Hans im Glück"

Im Stadion Tourbillon des FC Sion zeigt Hans Meyers Team eine gute halbe Stunde eine erstklassige Auswärtsleistung. Rico Steinmann zwingt Keeper Lehmann bereits in der 1. Minute zu einer Glanztat. Nach brillantem Doppelpass mit Köhler kann Steinmann erst in letzter Sekunde von Rey gestoppt werden. Schließlich gelingt Laudeley nach perfektem Zusammenspiel mit Heidrich nach 25 Minuten der Führungstreffer. Nach der Pause bringt der Wechsel von Brigger in die Spitze ein wenig Verwirrung bei den Gästen, denn er markiert das 1:1 und bereitet das 2:1-Siegtor für Pfiffaretti vor. Libero Dirk Barsikow und Keeper Jens Schmidt, der eines seiner besten Spiele macht, behalten zum Glück auch in den letzten zehn Minuten die Übersicht.

Im Rückspiel schießt der FCK den defensivschwachen Schweizer Tabellenführer mit einem souveränen 4:1 aus dem Stadion. Ein Spektakel für 20.000. Die Idee, ein Team um Rico Steinmann zu bauen, greift mehr und mehr. Das Rückspiel war gleichzeitig das 60. EC-Spiel für den Erfolgscoach Hans Meyer, der schon 1981 mit dem FC Carl Zeiss Jena im Finale des Cups der Pokalsieger stand. Auch diesmal ein „Hans im Glück". Beim 4:1 gegen Sion trafen: Ziffert, Steinmann, Wienhold, Laudeley. Den Schweizer Treffer markierte Cina.

„Fanreise zur Gottheit Italiens"

In der dritten Runde wartet ein italienischer Topverein – der mehrfache Europacupgewinner Juventus Turin. Auf der Fanpage des Chemnitzer Fußballs beschreibt Tino Richter die erste große Reise Chemnitzer Fans in den Westen – elf Tage nach dem Mauerfall:

„Wendezeit in Deutschland – alle Leute hatten alles Mögliche im Kopf – am wenigsten Fußball. Doch in Chemnitz gab es noch was – es hieß Europapokal. Kannten wir bis dahin nur durchs Fernsehen. Klar gab's das schon mal – aber da hatten wir noch die Windeln am Arsch. Aber jetzt ist es greifbar. (…) Juventus hieß das nächste Opfer, die alte Dame, die Gottheit des italienischen Fußballs gegen unseren Club. (…) Juventus Turin kannte jede Klofrau. (…) Über den Buschfunk machte sich die Kunde laut, dass ein Sonderzug gen Süden in Planung ist. Nach dem anstehenden Oberligaheimspiel gab es eine interne Zusammenkunft von Informierten, Nichtinformierten und echten Fans in der Baracke der Fischer. (…) Jeder, der in einem Fanclub gelistet war, konnte sich anmelden. Mein Kumpel und ich haben es allein unserem alten Torhüter Michael Kompalla zu verdanken, dass wir mit auf die Liste gesetzt wurden. (…) Die Reise sollte ca. 800 Ostmark kosten – ein durchschnittliches Monatsgehalt. Jede Menge Holz – aber egal – ein Monat ohne Brot ist besser als 'ne Woche ohne den Club. (…) Ausfüllen von Visa-Anträgen – Zeile für Zeile nach Anweisung – einfach genial. Nach Abgabe der ganzen Zettelei wurde der Name auf der Liste abgehakt. (…) Durchgestrichen? „Das ist jetzt egal" – gab's zur Antwort. Klar, die Grenze war ja offen – hatte ich bei der Aufregung ganz vergessen. Dienstag, 21. November 1989, 17 Uhr rum – Treffen auf dem Bahnsteig. Der große Tag – mitfahren oder heulen – und es begann wie beim Zauberer mit dem Kartentrick: Isser dabei oder nee??? – Ich war dabei – paar Kumpels auch noch – wir drehten total durch, und der Rest

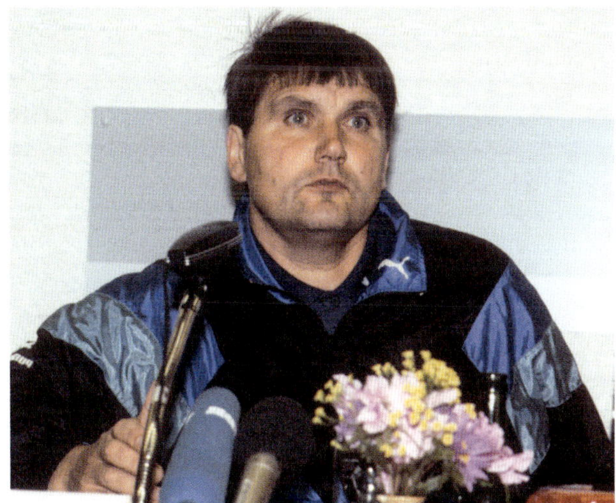

Mister Europacup: Hans Meyer.

flennte sich die Augen aus. Ich könnte immer noch kotzen, dass so viele echte Fans nicht mitfahren konnten…(…) Erste Station Hof, Bayern – vor Wochen Todeszone, und jetzt kommen wir mal so vorbei. Aber wir fahren doch zum Club – also Sch… auf die Grenze und FCK forever – unser Express eroberte Österreich: Innsbruck – blauer Himmel, verschneite Berge und ein Zug mit himmelblauen Fahnen an den Fenstern – einfach nur geil – Dann ging's nach Mailand. (…) Der Zug schwebte kurze Zeit später in Turin ein. (…) Unsere Ankunft wurde live im italienischen Fernsehen übertragen – Stadio Comunale de Torino – eines der berühmtesten Stadien der alten Fußballzeit in Europa – erwartete uns 430 himmelblaue Fans."

„Alte Dame sprintete durch den Nebel"

Der FCK hält in Turin äußerst flott mit und schockt nicht einmal unverdient durch Lutz Wienhold das Starensemble nach 70 Minuten – 0:1. Für die meisten FCK-Spieler ist das Duell mit der stolzen alten Dame die größte fußballerische Herausforderung ihrer Karriere. Auf der Juve-Bank hockt Weltmeister Dino Zoff, auf dem Trainersitz des „Club" Hans Meyer. Das Problem: Das Stadio Comunale ist eingehüllt in Nebel. Trotzdem pfeift der renommierte belgische Schiedsrichter Goethals, Sohn des einstigen Trainers, die Partie an. Keeper Jens Schmidt, Libero Dirk Barsikow, die Manndecker Detlef Müller und Jörg Illing sowie Torsten Bittermann und Peter Keller bilden einen starken Defensivblock. Herausragend der „Grenzgänger" zwischen Mittelfeld und Angriff, der Edeltechniker Rico Steinmann. Die Medien in Italien widmen dem feinen Ballstreichler mehrere Artikel. Steffen Heidrich, Rico Steinmann, Lutz Wienhold haben Chancen zur Führung, die schließlich Lutz Wienhold gelingt. Doch innerhalb von sieben Minuten kippt Juve durch die Tore ihrer Stars Schillaci und Casiraghi das Match zum 2:1. Ein mühevoller Sieg von Dino Zoffs Team. Der römische „Corriere dello Sport" dichtet: „Alte Dame sprintete durch den Nebel".

Das Wunder im Rückspiel bleibt aus. Juve, gespickt mit fünf aktuellen italienischen Nationalspielern, zwei sowjetischen, Sawarow und Alejnikow, sowie einem Portugiesen, Barros, profitiert letztlich von einer Freistoßfinte von Sawarow und dem Torschützen de Agostini. Die knappe Führung

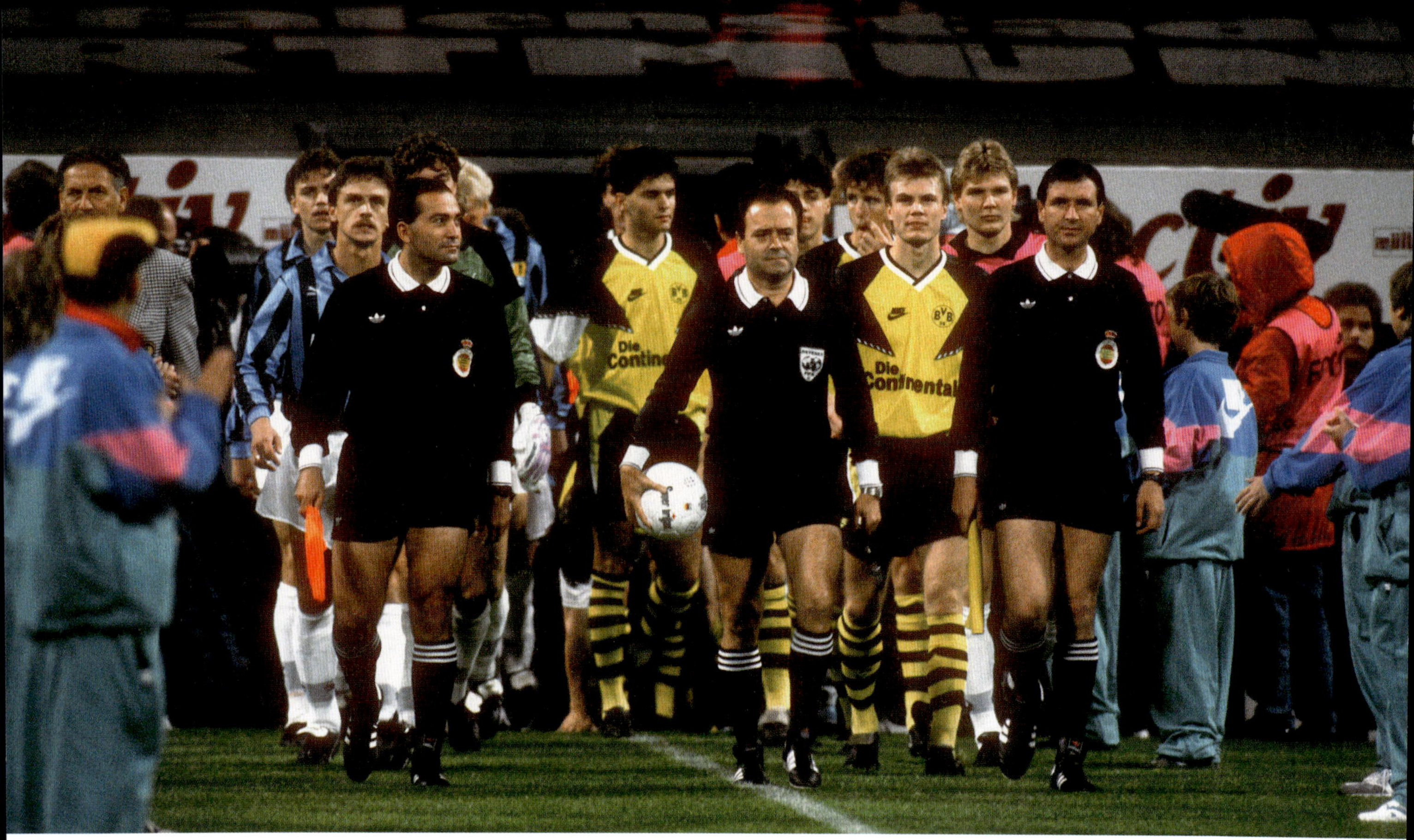

Das letzte deutsch-deutsche Duell im Europacup, September 1990: Der Chemnitzer FC läuft bei Borussia Dortmund im Westfalenstadion auf.

von Juventus gerät noch einmal in Gefahr, als Steffen Heidrich mit einem Kopfball scheitert und Detlef Müller mit einem Distanzschuss.

Dino Zoff ist am Ende total von Rico Steinmann begeistert und möchte ihn am liebsten über den Brenner locken: „Der Junge ist Weltklasse." Und das gegen die fußballerische Konkurrenz von einem Dutzend Gipfelstürmern. Juventus Turin setzt sich nicht nur gegen das junge Team von Hans Meyer durch, sondern auch im Finale gegen Borussia Dortmund. Insofern den Himmelblauen ein Riesenkompliment!

1990/91: Das letzte deutsch-deutsche Duell im Europacup

Als Deutschland bereits wiedervereinigt ist, kommt es vor 30.000 zum letzten deutsch-deutschen Duell zwischen dem Chemnitzer FC (vormals FC Karl-Marx-Stadt) und Borussia Dortmund im UEFA-Cup. Im ersten Spiel im Westfalenstadion verkaufen sich die Sachsen noch am besten und halten die Partie bis zur 89. Minuten offen. Mill lässt Helmers 1:0 aus der 20. Minute kurz vor dem Abpfiff das 2:0 folgen. Somit reist die Mannschaft um Michael Rummenigge mit einem komfortablen Vorsprung nach Chemnitz. Erneut bringt Libero Thomas Helmer (24.) die Schwarz-Gelben in Führung – 0:1. Michael Rummenigge bindet dann vor 11.000 mit einem spektakulären Tor den Sack endgültig zu: 0:2 nach 50 Minuten.

STATISTIK

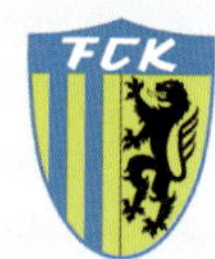

Die Bilanz des **Chemnitzer FC**
10 Spiele: 2 Siege, 0 Unentschieden, 8 Niederlagen

Europacup der Landesmeister

1967/68
FC Karl-Marx-Stadt – RSC Anderlecht 1:3
20.09.1967 in Karl-Marx-Stadt Ernst-Thälmann-Stadion
RSC Anderlecht – FC Karl-Marx-Stadt 1:0
18.10.1967 in Brüssel Stade Emilé Verse

UEFA Cup

1989/90
FC Karl-Marx-Stadt – Bovista Porto 1:0
13.09.1989 in Karl-Marx-Stadt Ernst-Thälmann-Stadion
Bovista Porto – FC Karl-Marx-Stadt 1:0/n.V. 2:2
27.09.1989 in Porto Estadio do Bessa
FC Sion – FC Karl-Marx-Stadt 2:1
19.10.1989 in Sion Stadion Tourbillon
FC Karl-Marx-Stadt – FC Sion 4:1
01.11.1989 in Karl-Marx-Stadt Ernst-Thälmann-Stadion
Juventus Turin – FC Karl-Marx-Stadt 2:1
22.11.1989 in Turin Stadio Comunale
FC Karl-Marx-Stadt – Juventus Turin 0:1
06.12.1989 in Karl-Marx-Stadt Ernst-Thälmann-Stadion
1990/91
Borussia Dortmund – Chemnitzer FC 2:0
24.09.1990 in Dortmund Westfalenstadion
Chemnitzer FC – Borussia Dortmund 0:2
07.10.1990 in Karl-Marx-Stadt Ernst-Thälmann-Stadion

ZEITZEUGE MICHAEL RUMMENIGGE

„DIE AUTOGRAMMJÄGER HABEN UNS ÜBERFALLEN“

Michael Rummenigge verhalf Bayern München als torgefährlicher Offensivspieler zu fünf Trophäen, hatte die Hand gemeinsam mit Lothar Matthäus, Andreas Brehme, Norbert Nachtweih, Dieter Hoeneß im EC-Finale 1987 schon am Pott und verlor dann doch noch gegen den FC Porto mit 1:2. Mit der Borussia aus Dortmund schrieb der jüngere der Rummenigge-Brüder im letzten deutsch-deutschen Europacupduell mit dem Chemnitzer FC Zeitgeschichte.

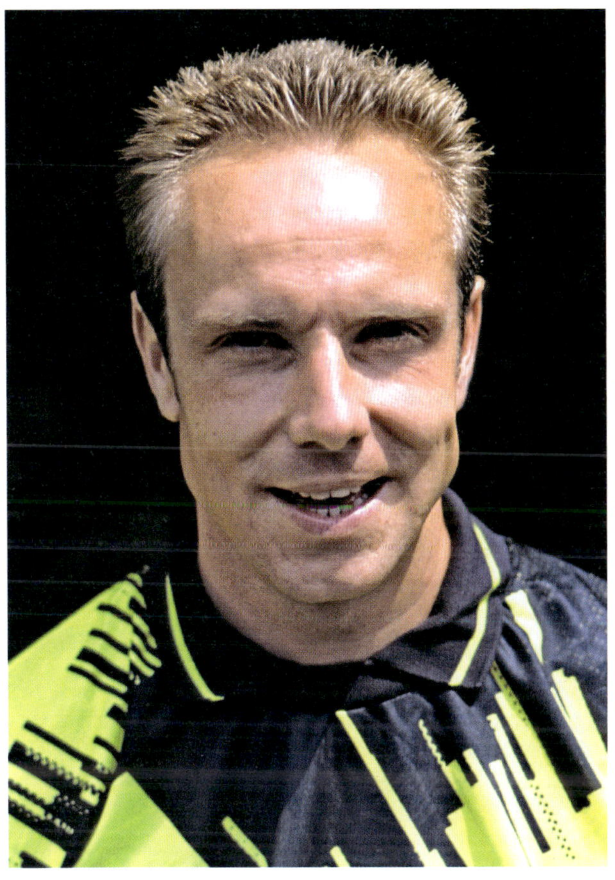

Herr Rummenigge, welche Erinnerungen haben Sie noch an die Reise nach Chemnitz?

Wenn ich mich recht erinnere, dann sind wir geflogen und haben das letzte Stück mit einem vereinseigenen Bus bestritten. Bei der Ankunft haben uns Fans, Autogrammjäger regelrecht überfallen. Dann habe ich das erste Mal Hans Meyer gesprochen, der ja inzwischen eine Kultfigur der Bundesliga geworden ist. Und nicht vergessen werde ich mein 2:0 in Chemnitz. Das war schon ein geiles Tor.

Wie haben Sie die ostdeutschen Kicker wahrgenommen?

Rein äußerlich fiel mir besonders die „Matte“, die klassische Vokuhila-Frisur beim Keeper Jens Schmidt auf. Aber die trug er nicht allein. Das war damals eben so.

Berti Vogts war auch mitgereist und wollte besonders Rico Steinmann beobachten. Was hat der Bundestrainer erzählt?

Naja, er litt zu dieser Zeit noch an dem „Satz des Jahrhunderts“ vom Franz Beckenbauer: „Mit den hinzugekommenen Ossis ist Deutschland auf Jahre hinaus unschlagbar.“ So wollte Berti Vogts Rico Steinmann noch einmal speziell unter die Lupe nehmen, doch er war nach diesem Spiel enttäuscht und fragte: „Hast du Rico gesehen? Ich nicht.“ Wahrscheinlich blockierte ihn damals auch das ganze Wechseltheater. Während die anderen Oststars wie Thom, Kirsten, Doll in die Bundesliga wechselten, blieb Steinmann ja noch ein Jahr in Chemnitz, bevor ihn Udo Lattek überzeugen konnte, nach Köln zu wechseln.

Sie haben viele Jahre mit dem früheren Hallenser Norbert Nachtweih bei den Bayern erfolgreich Meister- und Pokaltrophäen gesammelt. Wie haben Sie die andere Sozialisierung wahrgenommen?

Rein fußballerisch überhaupt nicht. Er war ein toller Typ, auch als Mensch. Wir haben uns immer kaputtgelacht, wenn er mal bewusst in seinen halleschen Dialekt verfiel. Franz Beckenbauer hätte ihn gern als Libero für die Nationalmannschaft gehabt, doch Norbert hatte schon für die DDR Länderspiele mit der U21 bestritten. So konnte er nicht für die Bundesrepublik spielen. Glück für Klaus Augenthaler.

Haben Sie jemals Kontakt mit Fans aus dem Osten Deutschlands gehabt?

Ich erinnere mich besonders an das erste Mal. Da war ich mit der U21-Mannschaft 1983 zu einem Spiel in Ungarn. Da hat mich ein Fan und Sammler um ein Trikot gebeten. Da habe ich ihm die komplette Tasche überlassen und dem DFB die Taschen vollgehauen. Ich sagte einfach, mir haben sie die ganzen Klamotten und Tasche geklaut. Der Kontakt zu jenem Fan hält bis heute.

Sie sind seit über 20 Jahren Dauergast in Chemnitz, wenn die Oldies aus aller Welt unter dem Hallendach kicken. Mit zehn Treffern sind Sie in der Turnierchronik der beste Torschütze für ein Turnier. Was lockt Sie in Chemnitz?

Das ist einfach ein super aufgezogenes Turnier. Die ehemaligen Chemnitzer Größen, Joachim Müller und Wilfried Göcke, haben über 20 Jahre Stars aus der ganzen Welt verpflichten können. Von Liverpool-Ikone Fairclough über den Tschechen Pavel Nedved bis zu Paulo Sergio. Solange mich die Beine tragen, bin ich hier dabei. ■

ZEITZEUGE RICO STEINMANN

VORBILD FÜR MICHAEL BALLACK

Er bestritt 128 Spiele für den „Club" und erzielte 27 Tore. Nach seinem Wechsel zum 1. FC Köln kam Rico Steinmann in 139 Bundesligaspielen zum Einsatz. Beim FC Twente in Holland absolvierte Steinmann unter Trainer Hans Meyer noch 46 Erstligaspiele. Als typischer „Grenzgänger" zwischen Angreifer und Mittelfeldspieler brachte es der Edeltechniker auf 23 A-Länderspiele für die DDR-Auswahl. Insgesamt spielte der Sachse 14 Europacuppartien, darunter sieben für den FC Karl-Marx-Stadt.

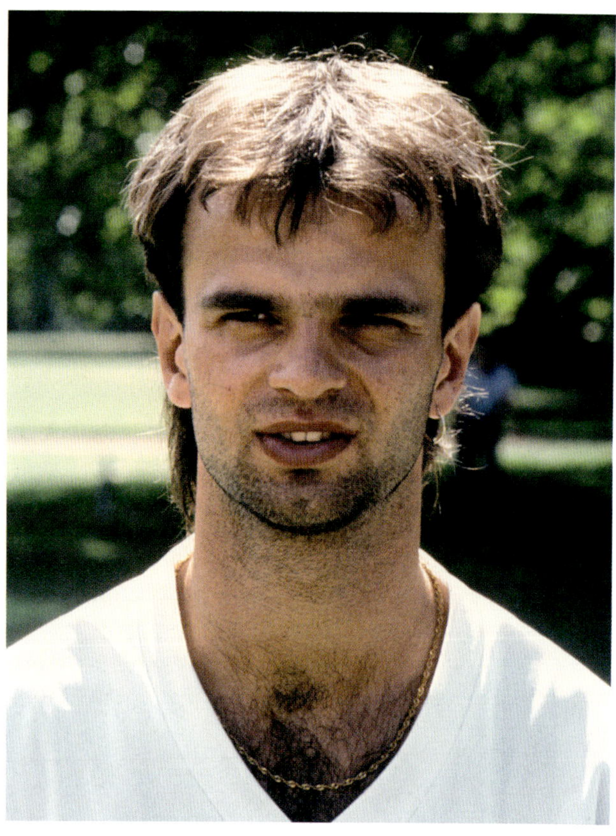

Warum sieht man dich beim Oldie-Kick nicht mehr am Ball?

Nach meinem Achillessehnenriss in Holland beim FC Twente war endgültig Feierabend. Leider.

In der starken UEFA-Cup-Saison 1989/90 mit zwei Superauftritten im Achtelfinale gegen Italiens Topverein Juventus Turin prophezeite Juve-Coach Dino Zoff: „Der Junge ist ja Weltklasse." Warum konntest du das doch nicht bestätigen?

Es lief nicht alles rund. Statt für Köln hätte ich mich für Werder Bremen entscheiden sollen. Dorthin hätte ich eher gepasst, zu Otto Rehhagel. Zudem war in dem unruhigen Köln das kreative Mittelfeld mit Littbarski, Rudy, Heldt überbesetzt. Letztlich war das Spiel in Köln auf Litti zugeschnitten. So musste ich häufig auf der falschen Position spielen. Gut drauf war ich immer dann, wenn Toptrainer wie Hans Meyer oder Morten Olsen mir volles Vertrauen entgegenbrachten.

Warum bist du im Gegensatz zu Thom, Kirsten, Sammer, Doll erst ein Jahr später in die Bundesliga gewechselt?

Wir hatten in Chemnitz eine Supertruppe zusammen, waren knapp an der Meisterschaft vorbeigeschrammt. Ich war felsenfest davon überzeugt, dass wir mit Hans Meyer die Qualifikation für die 1. Bundesliga erreichen. Im Nachhinein muss ich sagen: Es war ein verschenktes Jahr.

Du bist nach Chemnitz zurückgekehrt...

Ich war zunächst als Manager tätig, habe auch im Vorstand des CFC gearbeitet.

Dein Vater Rolf war in der Chemnitzer Meistermannschaft von 1967 der Toptorjäger. Nicht überraschend, dass du vom sechsten Jahr an schon für den FC Karl-Marx-Stadt gespielt hast. Wie sehr hat dir dein früh verstorbener Vater gefehlt?

Ich denke, zu jeder normalen Familie gehört der Vater. Das wünscht sich wohl jeder. Wahrscheinlich wären auch mal die Fetzen geflogen, wie bei Matthias Sammer. Sein Vater spielte ja auch in der DDR-Oberliga. Allein darüber zu diskutieren, was für ein super Gefühl es war, im kleinen Stadion an der Gellertstraße zu spielen, wäre schon toll gewesen. Andererseits habe ich meiner Mutter kaum Kummer bereitet. Ich hatte keine Probleme mit dem Abitur, das Training war perfekt ausgerichtet. Bei den Junioren hatten wir mit Holger Hiemann, Dirk Schuster in der U18-Auswahl eine starke Chemnitzer Fraktion. Zusammen mit Sammer, Kruse, Kracht, Neitzel, Jähnig wurden wir ja 1986 auch Europameister. Das spricht für eine tolle Arbeit in der Ausbildung des Nachwuchses.

Michael Ballack hat des Öfteren betont, dass du sein Vorbild im Club der Himmelblauen warst. Was gibt dir dieses Lob?

Michael Ballack ist ja nicht irgendwer. Sein Lob ist schon etwas Besonderes. Ich betrachte das als Anerkennung für das, was ich den Fans geben konnte – in unserem gemeinsamen Wohnzimmer „Fischerwiese". ■

EXKURS

GEGEN RSC ANDERLECHT DABEI – EIN TRAUM

War es reiner Übermut oder gesundes Selbstbewusstsein? Ich konnte es jedoch kaum erwarten, mich in der Nachwuchsabteilung des SC Motor Karl-Marx-Stadt anzumelden. Dabei bin ich in erster Linie mit 16 ins Internat gezogen, um in der Bezirkshauptstadt mein Abitur zu bauen. Außerdem spielte ich zuvor, zwar recht erfolgreich, nur in kleinen Gemeinschaften von Hetzdorf und Naundorf im Kreis Freiberg. Aber auch da hatte ich mit „Sherry" Schiffler schon einen guten Trainer und mit Klaus Fritzsche ein Laufwunder im Mittelfeld als Partner. Die Scouts vom FCK hatten uns beide auf dem Zettel.

Die Fußballtests jedenfalls verliefen vielversprechend. Der landesweit bekannte FCK-Nachwuchstrainer Fritz Steinert machte mir Mut: „Du bist technisch gut, hast Übersicht. Verbessern müssen wir das Kopfballspiel und die Athletik." Vom Dorfanger zum Spitzenteam in der Region. Ein Ritterschlag.

Im Klartext hieß das fortan: Dreimal in der Woche Training auf dem Gelände des Ernst-Thälmann-Stadions, dem späteren Sportforum – Dienstag, Donnerstag, Freitag, Sonnabend Spiel. Da blieb nur noch der Mittwoch für „meine Jungs".

Anfang der sechziger Jahre hatte ich in meinem Heimatort Niederschöna, der keinen Sportplatz besaß, eine Schülermannschaft aufgebaut. Es machte Riesenspaß mit Uli, Wolfgang, Jochen, Hermann, Günter, Ecki, Rainer, Gottfried oder Volker zu üben und auch Turniere zu gewinnen. So dampfte ich jeden Mittwoch die 45 Minuten mit dem Zug von Karl-Marx-Stadt bis Freiberg, dann mit dem Bus weiter aufs Land.

Einmal sollte es eine Schicksalsreise sein. Vom vorderen Platz des Doppelstockwaggons konnte ich auf eine Schar kichernder Mädchen gucken. Lehrerstudentinnen. Meine Blicke blieben an einer hübschen Blondine hängen, die bereits nach zwölf Minuten wieder ausstieg. Kurz vor Flöha blieb sie direkt neben mir für Augenblicke in der kleinen Schlange stehen. Der Anhänger von der Koffertasche war gut lesbar. Gedächtnistest – Name und Adresse gespeichert. Briefe hin, Briefe her – das blonde Mädchen wurde meine Frau.

Bei Tucholsky sollte ich später über „Begegnungen in der Großstadt" lesen:

Zwei fremde Augen,
ein kurzer Blick,
die Braue, Pupillen, Lider –
was war das ?
Vielleicht dein Lebensglück…

Und das schon seit über 50 Jahren. „Solche kleinen erwärmenden Momente", sagt der Dichter, „kann man nur in der Erinnerung festhalten."

In Erinnerung geblieben ist mir auch ein Artikel, den ich am 11. Dezember 1962 für die „Fußball-Woche" schrieb. Das Fachblatt hatte zur Mitarbeit an der Jugendseite aufgerufen. Ich versuchte meinen Trainer Fritz Steinert etwas näher vorzustellen: „Herr Steinert hat mir als Kreisklassenspieler das Einleben in das Juniorenkollektiv des SC Motor sehr leicht gemacht. So fand ich bald Selbstvertrauen und konnte mir auch einen Platz im Mannschaftsaufgebot der ersten Junioren erkämpfen."

Unser Star damals war Hartmut Rentzsch aus Netzschkau. Für mich war es stets ein Highlight, wenn er mir beim Anstoß den Ball zukickte. Das passierte nicht zu häufig, weil der technisch versierte Torjäger mit dem sauberen Vollspannschlag viel mit der DDR-Juniorenauswahl unterwegs war. Den großen Durchbruch schaffte Hartmut Rentzsch als Torschützenkönig, Pokalsieger und Europacupteilnehmer aber erst im benachbarten Zwickau.

Spätestens Ende 1963 begriff ich: Für den großen Fußball reicht es nicht. Inzwischen übte ich auf dem Kassetten-Tonbandgerät meines Cousins Frank Heber Reportagen im „freien Flug". Ich suchte mehrere Wege zum Sportjournalismus. Als der FCK vier Jahre später sein Europacup-Debüt gegen den RSC Anderlecht feierte, war ich dabei – zusammen mit Wolf Hempel als „Sportecho"-Mitarbeiter auf der Pressetribüne. ■

Dieter Erler im Duell mit Kialunda vom RSC Anderlecht. Erler gehörte zu den besten Spielern, die der DDR-Fußball hervorgebracht hat: torgefährlich, technisch stark, schlitzohrig, aber auch robust.

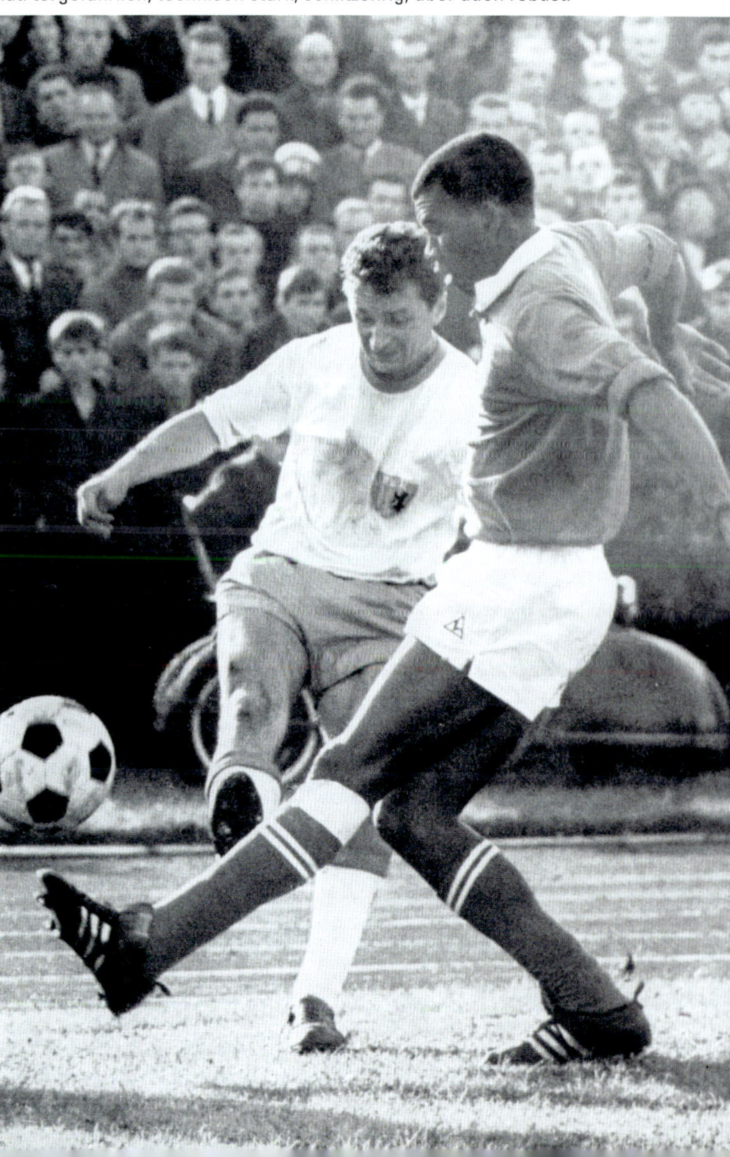

BSG CHEMIE LEIPZIG
„SCHÄÄÄMIE" – DIE TROTZIGEN JUNGS AUS LEIPZIGS WESTECKE

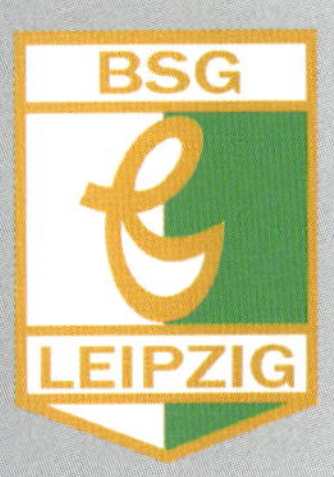

BSG Chemie Leipzig
Gegründet: 30. August 1950
Vorläufer: 1945 bis 1949 SG Leutzsch
1949 bis 1950 ZSG Industrie Leipzig
1950 bis 1954 Chemie Leipzig
1954 bis 1963 SC Lokomotive (später 1. FC Lok)
1963 bis 1990 BSG Chemie Leipzig
1990 Fusion mit FSV Böhlen
zu FC Sachsen Leipzig
2009 und 2011 Insolvenz
Größte Erfolge (als Chemie Leipzig):
DDR-Meister: 1951 und 1964
Pokalsieger: 1966
Europacupbilanz (als Chemie Leipzig):
2 Teilnahmen, 6 Spiele (2 Siege, 1 Remis, 3 Niederlagen)
Heute: Regionalliga Nordost (4. Liga, 2020/21)

Wer recht erkennen will, muss zuvor in richtiger Weise gezweifelt haben.
Aristoteles, griechischer Philosoph

Die Sensation – der „Rest von Leipzig" wird Meister

Es war mehr als ein kleines Fußballwunder: Chemie Leipzig, vor Saisonbeginn 1963/64 als „Rest von Leipzig" verhöhnt, holte sich die Meistertrophäe. Die Fans trieben die Mannschaft aus der Westecke von Leipzig mit dem breitesten sächsischen Choral „Schäääämie" zum Titel. Für die Sportoberen von Leipzig und politischen Ziehväter war der zweite Meisterschaftsgewinn von Chemie Leipzig nach 1951 eine schallende Ohrfeige. Wieder einmal sollte eine „Strukturreform" den Fußball in der Messestadt konkurrenzfähiger gestalten. Im Klartext: Die vermeintlich besten Kicker kamen zum SC Leipzig nach Probstheida, wo einst der VfB Leipzig 1903 als erster Deutscher Meister gefeiert wurde. Die „Übriggebliebenen" oder „Förderungsunwürdigen", wie es herablassend im Planspiel der damals Mächtigen hieß, sollten sich bei den Grün-Weißen in Leutzsch empfehlen.

So bekam der Trainerpsychologe Alfred Kunze, der ebenfalls zu den Aussortierten gehörte, lediglich ein paar Haudegen in die Hand. Dazu zählten der erfahrene Torhüter Dieter Sommer, der kopfballstarke Mittelstürmer Dieter Scherbarth und vor allem der rustikale Stopper „Manner" Walter aus Wurzen. Zu wenig Leistungsträger, um nicht gleich als Absteiger gehandelt zu werden. Als Alfred Kunze quasi im letzten Augenblick noch die Zeitzer Bernd Bauchspieß und Lothar Pacholski von Chemie Zeitz in die Sachsenmetropole locken konnte, kam beim Trainerstab wie bei den begeisterungsfähigen Fans so etwas wie ein Hoffnungsschimmer auf. Vor allem vom großen und athletischen Torjäger Bernd Bauchspieß, der schon im Trikot von Chemie Zeitz zweimal Torschützenkönig der Oberliga war, erhofften sich alle viel Schwung. Der 24-jährige „Spießer", Medizinstudent, prägte nicht nur in der Offensive das Spiel der Grün-Weißen, sondern war auch erste Bezugsperson zum Trainer Alfred Kunze. Mit ihm gingen die „trotzigen Jungs aus Leipzigs Westecke", die jungen wie gewitzten Horst Slaby und Klaus „Liese" Lisiewicz, in eine höchst ungewisse wie spannende Saison.

Die verschworene Truppe, die für den einfühlsamen Coach Alfred Kunze durchs Feuer ging, setzte sich zum Auftakt gleich gegen die erfahrene Wismut-Elf aus Aue durch. Chemies Stil: dynamisch, geradlinig, schonungslos gegen sich selbst. So peitschten 20.000 in der „englischen Festung" von Leutzsch ihre Lieblinge zum 2:0 über Jena und selbst zum überraschend hohen 3:0 gegen den Erzfeind SC Leipzig mit den Nationalspielern Frenzel, Geisler, Löwe. Der „Rest von Leipzig" steuerte auf eine handfeste Sensation zu. Doch der zweite Titel nach der Ära Günter Busch, Horst Scherbaum, Werner Eilitz und Rudi Krause hing am letzten Spieltag in der Schwebe. Chemie brauchte in Erfurt ein Remis, Gastgeber Turbine einen Sieg, um die Klasse zu halten.

Ein Fußballkrimi! Die Auflösung kam schon nach einer knappen Viertelstunde: Wolfgang Behla brachte Chemie mit einem Knaller 1:0 in Führung. Nur Augenblicke später: Der pfiffige Spiellenker Klaus Lisiewicz wurde gefällt, Strafstoß. Abwehrchef und Kapitän Manfred „Manner" Walter wuchtete die Kugel mit uriger Gewalt zum 2:0 ins Netz. Damit war die Riesensensation perfekt. 10.000 mitgereiste Chemie-Anhänger feierten enthusiastisch den Meistertitel und trugen ihre „Helden aus Leutzsch" auf Schultern vom Platz. Torjäger Bernd Bauchspieß, Ex-Nationalspieler, olympischer Bronzemedaillen- Gewinner und bis heute praktizierender Doktor

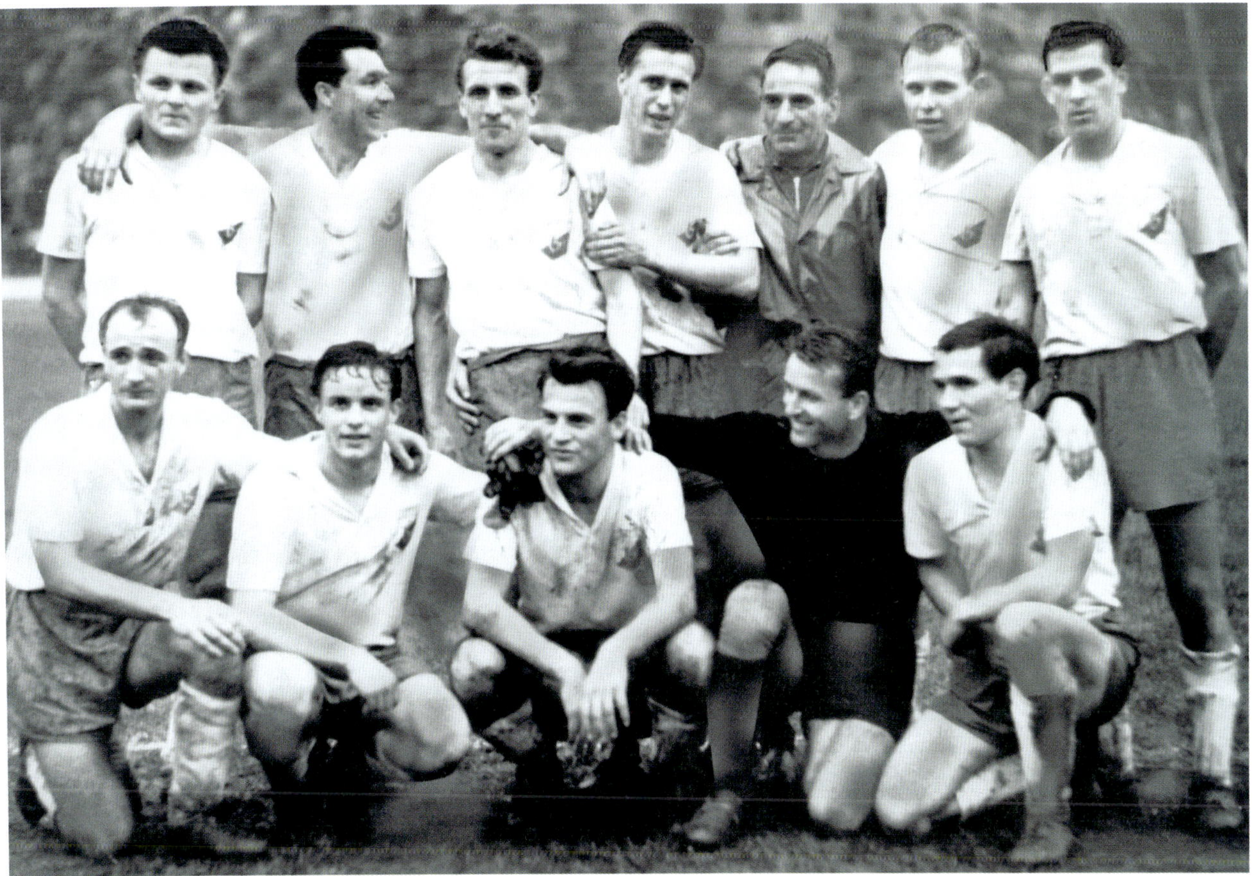

Sensationeller Meister 1964: BSG Chemie Leipzig. Hintere Reihe von links: Lothar Pacholski, Heinz Herrmann, Wolfgang Krause, Dieter Scherbarth, Trainer Alfred Kunze, Manfred Walter, Wolfgang Behla. Vorne von links: Klaus Lisiewicz, Hans-Georg Sannert, Horst Slaby, Dieter Sommer, Bernd Herzog.

der Orthopäde, witzelte verletzt auf der Tribüne: „Dieser 10. Mai ist der wahre Feiertag der Werktätigen."

Alle Jahre wieder treffen sich die grün-weißen Helden von Leutzsch. Aber ausgerechnet zum 50. Jubiläum, 2014, drohten die Feierlichkeiten zu platzen. Der Grund: Inzwischen streiten zwei Vereine um das Erbe der Leutzscher Tradition: Sowohl die SG Sachsen, die 2014 zum wiederholten Mal Insolvenz anmelden musste, als auch die BSG (Ball-Spiel-Gemeinschaft) Chemie. Beide beteuern, die Tradition der damaligen BSG Chemie Leipzig hochzuhalten und in Leutzsch eine Alternative zum 1. FC Lok Leipzig und vor allem zu RB Leipzig zu sein. Das aber bleibt wohl eine große Illusion. RB ist mit den finanziellen Möglichkeiten und dem Durchbruch in die deutsche Spitzenklasse längst allen Leipziger Traditionsvereinen enteilt. Was bleibt, sind die Erinnerungen an große Fußballtage im „Leutzscher Holz"…

1964/65: Der große Hidegkúti – Startrainer in der Provinz

Sensationsmeister im eigenen Land. Aber auch wettbewerbsfähig auf der europäischen Meisterbühne? Diese Frage musste sich der Trainerfuchs Alfred Kunze von allen Seiten anhören. Chemie Leipzig, noch vor einem Spieljahr von vielen als „Rest von Leipzig" verschmäht, bekam zum Auftakt den ungarischen Meister Vasas Györ zugelost. Der Star des Provinzvereins: Trainer Nándor Hidegkúti, der „wandernde" Mittelstürmer aus der „Goldenen Elf", die vier Jahre unbesiegt blieb und ausgerechnet im Finale 1954 dem DFB-Team 2:3 unterlag. Bekannt wurde Nándor Hidegkúti durch seinen Hattrick beim legendären 6:3 in Wembley 1953, wobei er mit seiner Finte, ins Mittelfeld auszuweichen, die Engländer total irritierte.

Als Trainer hatte sich der frühere Angreifer von MTK Budapest in Italien einen Namen gemacht. Mit dem AC Florenz gewann er 1961 den ersten Europacup der Pokalsieger. Sein Star: Schwedens Rechtsaußen Hamrin. Nach zwei Jahren Florenz und einer Saison Mantua kehrte Hidegkúti nach Ungarn zurück und führte überraschend den Provinzverein Vasas Györ zum Meistertitel.

Gegen den relativ unbekannten ungarischen Champion setzte Chemie-Trainer Alfred Kunze vor allem auf das physische Potenzial seiner Mannschaft, auf Willensstärke und bedingungslosen Fight. Die 50.000 im Leipziger Zentralstadion spürten das Bemühen, den Ungarn einen heißen Kampf zu liefern. Nach 20 Minuten bot sich auch „Schere" Scherbarth die große Chance zur Führung, als ihn Bernd Bauchspieß exzellent freigespielt hatte. Doch der Mittelstürmer der Grün-Weißen drosch den Ball aus sechs Metern nur gegen die Latte. Danach kam Nervosität auf, die Chemie nie ganz ablegen konnte. Selbst Auswahlstopper Walter, sonst zuverlässig und energisch, zeigte Unsicherheiten. Diese Konzentrationsmängel nutzte Györ, ohne Topniveau zu demonstrieren, innerhalb von drei Minuten brutal aus. Gegen die Treffer von Keglovich (65.) und Korsos (67.) hatte der hochveranlagte 24jährige Klaus Günther im Tor keine Chance. Im Rückspiel wurde unser Sensationsmeister vorgeführt – 4:0 nach einer

Stunde! Die Treffer von Scherbarth und Behla in den letzten fünf Minuten zum 4:2-Endresultat waren nicht mehr als Kosmetik.

1966/67: Die Sternstunde des Bernd Bauchspieß

Erst Meister, jetzt auch Pokalsieger. Hans-Bert Matoul sicherte Chemie Leipzig 1966 mit seinem 1:0 im Finale gegen Lok Stendal die Teilnahme am Cup der Pokalgewinner. Die Männer um Bernd Bauchspieß und „Manner" Walter schlugen das zweite Kapitel mit internationalem Fußball auf. Respekt, Respekt! Erster Kontrahent im Pokal der Pokalsieger: Legia Warschau.

Das technisch brillante Team mit den Nationalspielern Brychczy und Blaut hielt den Ball vor 18.000 gekonnt in den eigenen Reihen und nahm geschickt das Tempo aus dem Spiel. Trainer Alfred Kunze hatte den polnischen Pokalsieger vor Ort beobachtet und seine Männer auf diesen Stil eingeschworen: „Wir brauchen einen langen Atem, viel Geduld." Nach einer guten Stunde spritzte Bernd Bauchspieß, gefürchteter Torjäger wie ideenreicher Regisseur, in eine Rückgabe und belohnte das leidenschaftliche Anrennen der „Chemiker" mit dem 1:0 in der 61. Minute. Danach legte „Spießer" Bauchspieß für seinen wuchtigen Mittelstürmer Dieter Scherbarth auf, der den präzisen Pass in der 77. Minute zum 2:0 verwertete. Zum Schluss vollendete Bernd Bauchspieß, der angehende Arzt der Orthopädie, zum 3:0 (84.) Drei Tore binnen 23 Minuten, Bernd Bauchspieß mit zwei Treffern und einem Assist – überragend! Diese Form konnte der dynamische Angreifer, der Anfang des Jahres 140.000 im „Maracana" von Rio mit einem Tor von den Sitzen gerissen hatte, speichern. Im Rückspiel führten zwei Kontertore von Bauchspieß in der ersten halben Stunde zu einem komfortablen 2:0. Der polnische Pokalsieger rannte nun pausenlos gegen den Kasten von Klaus Günther an, der manche Gelegenheit hatte, seine Klasse zu zeigen. Gegen die Tore von Korzeniowski (41.) und Zmijewski (87.) allerdings war er machtlos. Chemie Leipzig war dennoch in der nächsten Runde.

Der Absprung von Klaus Günther in den Westen

Zweimal hieß im Herbst 1966 das Duell: Leipzig gegen Lüttich. Der 1. FC Lok Leipzig schaltete im Messecup den FC Lüttich aus, Chemie Leipzig traf in der zweiten Runde des Pokalsieger-Wettbewerbs auf Standard Lüttich. Die Leutzscher spielten in der ersten Halbzeit auf einem Niveau wie in der Herbstserie noch nicht gesehen. Tempo, Wucht, Kombinationssicherheit – diese Trümpfe stachen von Anbeginn. Schon in der 4. Minute schloss Wolfgang Behla den ersten Chemie-Angriff mit dem 1:0 ab. Dann sprintete der schnelle Rechtsaußen Schmidt seinem Bewacher Beurlet davon – Chemie führte mit 2:0 (23.) Eine bittere Pille mussten die Leipziger in der 44. Minute schlucken. Edeltechniker Galic, bei der WM in Chile 1962 mit Jugoslawien Vierter, verkürzte auf 2:1.

Vor dem Rückspiel gab es tagelang wolkenbruchartige Regenfälle, erst am Spieltag zeigte sich wieder die Sonne. Auf dem seifigen Geläuf konnten die Grün-Weißen fast eine Stunde lang die „Explosion des Duos Galic-Claessen" („Les Sports") verhindern. Richter und Herzog hingen wie Kletten an den Torjägern. Nur einmal erreichte Rechtsaußen Semmeling mit einer zielgenauen Flanke Claessen, der die Kugel mit dem Kopf unhaltbar unter den Balken wuchtete. Ab jetzt wurden die Sachsen „Vom Gejagten zum Jäger", wie eine belgische Zeitung schrieb. Druck und Alarm wurden eigentlich nur noch von Chemie ausgelöst. Das Blatt „La Meuse" kommentierte: „Die deutsche Abwehr gruppierte sich ausgezeichnet um den hervorragenden Walter. In der Schlussphase beherrschte Leipzig das Geschehen, konnte Lüttich wahrhaft von Glück sprechen." 40.000 zitterten die letzte halbe Stunde, doch es blieb beim knappen 1:0. Chemie verabschiedete sich aus dem europäischen Pokal der Pokalsieger nach großartigem Fight und Spiel. Bezwungen eigentlich nur durch die neue Auswärtstorregel – nach dem 2:1 von Leipzig und dem 0:1 von Lüttich.

Die Schlagzeilen am nächsten Tag bestimmte ein anderes Ereignis: Chemie-Keeper Klaus Günther setzte sich in den Westen ab. Mitten im Kalten Krieg, am 16. Dezember 1966, direkt nach dem letzten Auftritt der „Chemiker" im Europapokal.

STATISTIK

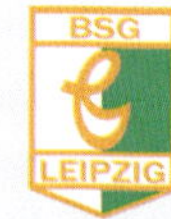

Die Bilanz von **Chemie Leipzig**
6 Spiele: 2 Siege, 1 Unentschieden, 3 Niederlagen

Europacup der Landesmeister

1964/65
Chemie Leipzig –Vasas ETO Györ 0:2
02.09.1964 in Leipzig Zentralstadion
Vasas ETO Györ – Chemie Leipzig 4:2
09.09.1964 in Györ Rába ETO Stadion

Europacup der Pokalsieger

1966/67
Chemie Leipzig – Legia Warschau 3:0
28.09.1966 in Leipzig Zentralstadion
Legia Warschau – Chemie Leipzig 2:2
12.10.1966 in Warschau Stadion der Polnischen Armee
Chemie Leipzig – Standard Lüttich 2:1
30.11.1966 in Leipzig Zentralstadion
Standard Lüttich – Chemie Leipzig 1:0
14.12.1966 in Lüttich Maurice-Dufrasne-Stadion

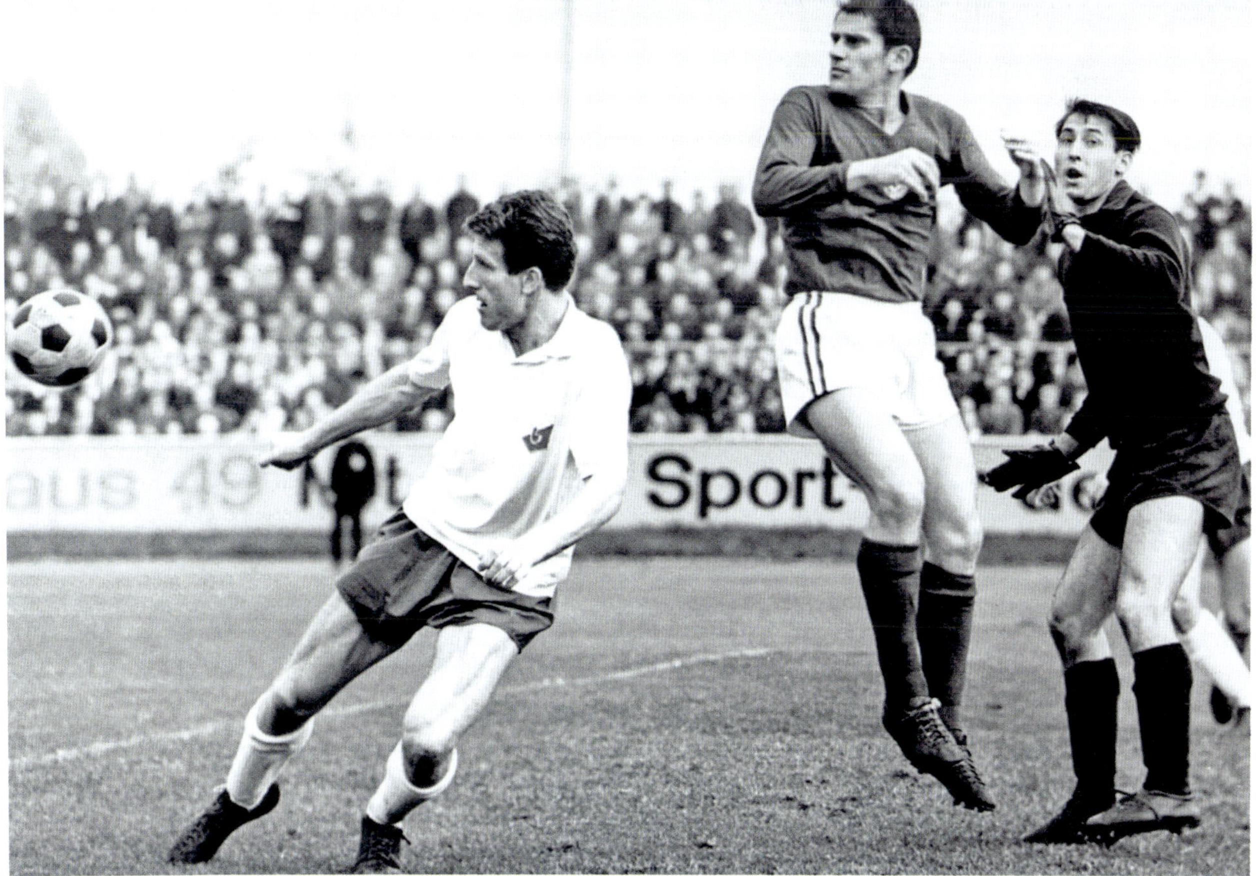

Torhüter Klaus Günther (rechts, hier bei einem Oberligaspiel gegen den BFC Dynamo) war ein starker Rückhalt der Leutzscher. 1966 setzte er sich während einer EC-Reise in den Westen ab.

ZEITZEUGE KLAUS GÜNTHER

„ICH WOLLTE GEGEN UWE SEELER IM TOR STEHEN"

Er war jung, ehrgeizig, erfolgreich – und mit seinem Verein Chemie Leipzig, dem sogenannten „Rest von Leipzig", in der legendären Saison 1964 sensationell Meister und 1966 Pokalsieger. Auch der ungarische Trainer der DDR-Auswahl, Károly Soós, hatte den veranlagten Keeper aus Sachsen im Auge. Doch eine Armverletzung in einem Testspiel für die Olympischen Spiele in Tokio 1964 raubte dem 23-jährigen Torhütertalent diese Chance. 1966 nutzte Klaus Günther ein Europapokalspiel bei Standard Lüttich zum Absprung in den Westen. Auf der Rückreise mit seiner Mannschaft Chemie Leipzig wählte Günther für seine dramatische Flucht die letzte Möglichkeit. Beim eintägigen Zwischenstopp in Brüssel hätte er bei einem Kinobesuch türmen können, auch dann noch in der U-Bahn. „Ich saß schon in der Bahn, doch die fuhr ewig nicht los, was ich auf mich bezog", erzählte Günther dem Autor Frank Müller. „Da bekam ich Panik und mischte mich wieder unter die Mannschaft – es hatte noch keiner bemerkt." Jetzt saß der Leipziger im Transitraum auf dem Amsterdamer Flughafen Schiphol fest. Der Flug nach Ostberlin war schon avisiert. Ihm war klar: „Wenn ich hier nicht rauskomme, kann ich alle Fluchtpläne vergessen."

Herr Günther, wie sind Sie denn aus dieser Zwickmühle herausgekommen?

Ich habe unbemerkt das Flughafengelände verlassen, musste einen Zaun überklettern. Das war aber kein Problem für mich. Dabei habe ich immer einen Blick nach hinten riskiert. Noch war ich nicht im Westen. Ich traf aber auf Konstrukteure, die sofort halfen, die Airport-Polizei anriefen, um mich in Sicherheit zu bringen. Der holländische Kommissar ließ mich noch so lange bei sich warten, bis unser Flieger, deutlich verspätet, wegen mir natürlich, endlich abhob. Dem holländischen Kommissar bin ich ewig dankbar. Ich habe ihm oft Fußballkarten geschickt."

Wie sind Sie denn von den Niederlanden nach Deutschland gekommen?

O je, das war noch einmal ein spezielles Problem. Ich hatte natürlich nicht einkalkuliert, dass ich für die Niederlande kein Visum besaß, lediglich für Belgien. Ich geriet schon in Verdacht, ein Ostspion zu sein. Ich hatte den Eindruck, sie wollten mich schnell wieder loswerden. Die holländische Polizei fuhr mich zur Grenze und bezahlte mir sogar die Zugtickets nach Baden-Baden. Von dort aus bin ich nach Gag-

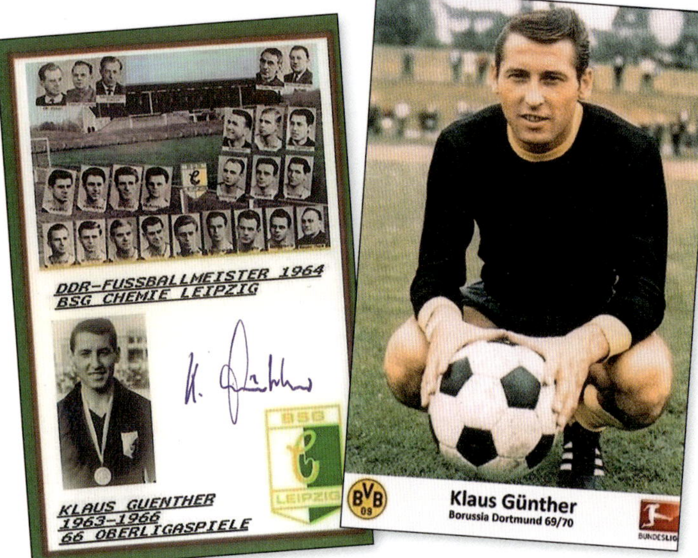

Ein Fußballstar erst in Leipzig, dann in der Bundesliga: Klaus Günther.

genau weiter gefahren, zu meinem Onkel Fritz. Die haben schon nicht mehr mit mir gerechnet und vermuteten, ich sei mit dem Flugzeug schon wieder nach Hause geflogen.

Was reizte Sie denn am meisten, die Seiten zu wechseln?

Es war nicht in erster Linie das Geld. Wir im Osten waren an Bescheidenheit gewöhnt. Noch vor dem Pokalfinale in Bautzen 1966 haben wir die Nacht zuvor in einer Kasernenhalle übernachtet. Aber die Kameradschaft war in Ordnung. Mir ging es um die sportliche Herausforderung. In der neugegründeten Bundesliga standen natürlich Idole: Uwe Seeler zum Beispiel. Ein Traum, vielleicht einmal gegen ihn zu spielen, mit tollen Reaktionen zu glänzen, auch gegen Emmerich oder Gerd Müller. Bisher hatte ich die Spiele meist am Radio verfolgt.

Nach einer Berlin-Reise, noch vor dem Mauerbau, sind Sie aus dem Zug geholt worden. Weshalb?

Fahrten nach Berlin, noch bei offener Grenze, waren nicht erwünscht. Das betraf natürlich auch Fußballer wie mich. In so einer Zugreise sahen die damals Mächtigen eine Fluchtgefahr. Von da an hatte ich einen Vermerk.

Konnten Sie sich vorstellen, dass Sie wegen dieser lapidaren Geschichte ein Wackelkandidat für die Reise nach Lüttich waren?

Was da im Hintergrund lief, davon wusste ich in jenen Tagen tatsächlich nichts Exaktes. Es kam ja auch so viel Misstrauen auf, dass jeder vorsichtig mit diesen brisanten Themen umging. Sogar mit meinem Freund Manfred Richter, der ähnliche Gedanken hegte, sprach ich seitdem nicht mehr über das Thema „Abhauen“. Erst später habe ich erfahren, dass „Manner“ Walter, unser Kapitän, und auch Trainerikone Alfred Kunze für mich gebürgt hatten. Vielleicht hätte ich darauf kommen können, denn ich musste vor der Abreise vor der Mannschaft schwören, dass ich mit zurückkomme.

Welche Konsequenzen hatte Ihre Flucht für die Familie?

Vater Max war ein angesehener Mann im Tagebau. Ihm wurde sofort, nachdem meine Flucht bekannt wurde, ein neuer Chef vor die Nase gesetzt. Es begann ein regelrechter Telefonterror. Unaufhörlich rief irgendjemand aus Leipzig an und wollte mich zur Rückkehr bewegen. Auch ließ man meinem Vater und Trainer Alfred Krause keine Wahl, sich mit mir und Onkel Fritz noch einmal an der Grenze zu treffen. Einen Tag vor Heiligabend haben sie meinen Vater noch einmal nach Gaggenau geschickt, wo ich bei Onkel Fritz wohnte. Dort habe ich meinem Vater alle DDR-Pässe zurückgegeben. Es war hart, aber ich hatte mich entschieden. 1984 holte ich meine Eltern, inzwischen Rentner, in den Westen nach. Meiner Freundin hatte ich mich in der Nacht vor der Reise offenbart. Was ich schon wieder bereute, aber die Skepsis war unbegründet, sie hielt dicht. Eine Weile schrieben wir uns noch Briefe, bis wir merkten: Es hat keinen Sinn.

Wie viele Interessenten in der Bundesliga meldeten sich, als Ihre geglückte Flucht an die Öffentlichkeit geriet?

Als erster Verein meldete sich der VfB Stuttgart. Ich ging zum Probetraining. Die Schwaben wollten Chemie 100.000 Mark, die damals höchstzulässige Transfersumme, zahlen. Damit hätte man die einjährige Sperre wegen des Verbandswechsels umgehen können. Doch Chemie musste das aus politischen Gründen ablehnen. Damit war die Stuttgarter Offerte für mich dahin. Beim VfB hatte man einen Nachfolger für den inzwischen 34-jährigen Ex-Nationalkeeper Günter Sawitzki gesucht. Beim Karlsruher SC konnte ich mich während meiner anderthalbjährigen Sperre zwischen 1967 und 1968 fithalten. Dem Klub habe ich viel zu verdanken. Leider verabschiedete sich der KSC, als ich wieder spielberechtigt war, aus der ersten Liga.

Wie kam der Kontakt zu Borussia Dortmund zustande?

Vor der Saison 1968/69 lud mich Dortmund zu einem Probetraining ein. Ich konnte Trainer Oswald Pfau, der schon in früheren Zeiten rübergemacht war, auf Anhieb überzeugen.

Kaum zu glauben, aber jetzt sollte ich bei der Borussia den großen Hans Tilkowski verdrängen.

Am 14. Spieltag 1968/69 boten Sie beim 1:0 gegen die Alemannia in Aachen eine überragende Leistung. Das Fachmagazin „kicker“ wählte Klaus Günther in die „Elf des Tages“. War es das Spiel Ihres Lebens?

In der Bundesliga vielleicht. Aber ich erinnere mich auch noch an ein Spiel, aus Torhüter-Perspektive gesehen, das ähnlich spektakulär war. Gegen Hertha BSC konnte ich auch mit einer handvoll erstklassiger Paraden vor rund 65.000 Fans mit der Borussia ein 0:0 halten. Das war schon der helle Wahnsinn.

Nach 39 Bundesligaspielen für Borussia Dortmund, schon damals ein Spitzenklub mit Emmerich, Held, Wosab und BVB-Legende Paul, schaffte es Klaus Günther zum ersten deutsch-deutschen Fußballstar. Warum sind Sie nicht als Trainer oder Manager im großen Fußballgeschäft geblieben?

Ich bin nicht süchtig nach Öffentlichkeit. Nach meiner Dortmunder Zeit war ich noch acht Jahre Spielertrainer beim Amateurligisten VfB Gaggenau. Das war nicht so bierernst und hat viel Spaß gemacht. In diesem Job hatte ich ausreichend Zeit, vom gelernten Heizungsinstallateur zum kaufmännischen Angestellten umzusatteln. Mit der Geschenkartikelfirma haben meine Frau Karin und ich noch ausreichend zu tun.

Wann kommen Sie wieder nach Leipzig-Leutzsch?

Jedes Jahr einmal im Mai, wenn sich die alten Haudegen der 64er Meistertruppe treffen. Das ist ein Pflichttermin. ■

ZWISCHENSPIEL

„FUSSBALL-PANORAMA“

SELBST RUDI VÖLLER SCHAUTE REGELMÄSSIG

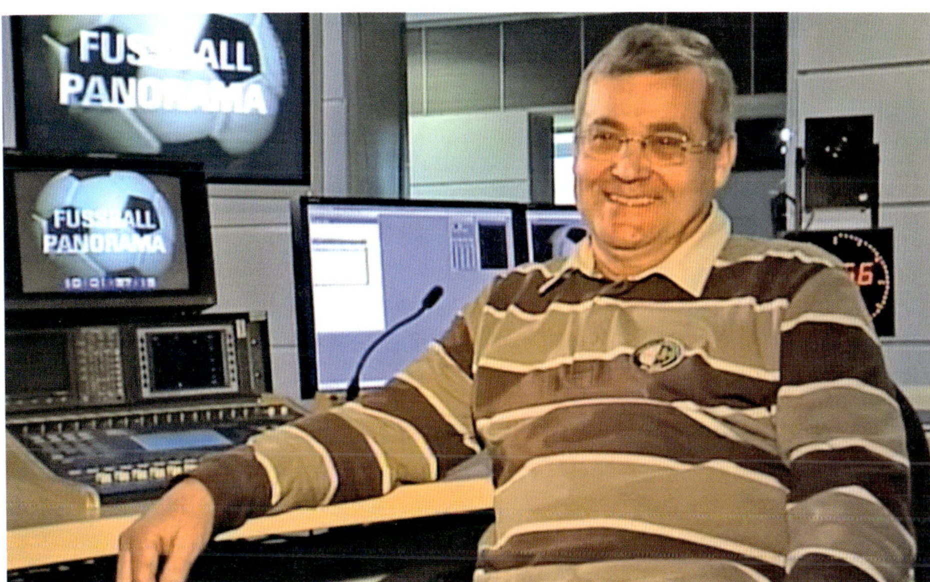

Berichtete mit mir jahrelang im „Fußball-Panorama“ über Europapokalspiele: Uwe Grandel. Einer seiner Höhepunkte als Kommentator: das 4:0 von Jena gegen Rom 1980.

Was kann die Sportredaktion in Berlin-Adlershof der ARD-„Sportschau“ entgegenhalten? Eine Idee kam auf den Tisch: „Fußball-Panorama“. Ein Format für den Sonntag innerhalb der Sendung „Sport aktuell“. Mit Oberliga-Rückblick und vor allem Europacup-Zusammenfassungen. In einer Länge von 15 bis 20 Minuten. Diese Idee hatte ich schon Anfang der siebziger Jahre vorgelegt. Doch zu dieser Zeit wurde das Projekt von den Sportchefs abgeschmettert: Eine kosmopolitische Version, die den Sportoberen garantiert nicht gefalle und weder technisch noch personell oder finanziell umsetzbar sei. Und überhaupt: Bundesliga und Beckenbauer – wer will das verantworten? Das Bizarre: Ausgerechnet der neue Chef der Sportredaktion, aus der Politik gekommen, trieb das Vorhaben zur Überraschung vieler Kollegen energisch voran. Er erkannte die kleinen liberalen Zeichen der Zeit: „Wenn Honecker den ‚Kessel Buntes‘ preist, eine große Show mit internationalen Stars, dann wird er das ‚Fußball-Panorama‘ nicht verteufeln.“

Im Herbst 1976 wurde das „Fußball-Panorama“ erstmals ausgesendet. Das Echo war riesig, natürlich besonders im Dresdner Raum, wo man im Prinzip nur DDR-Fernsehen empfangen konnte. Ich erinnere mich noch, wie Nationalspieler Reinhard Häfner nach einem Oberligaspiel auf mich zustürmte und fragte: „Du, sag mal, bringt ihr im Panorama auch das Tor von Klaus Fischer? Das soll ja ein Wahnsinnsding gewesen sein.“ Ich konnte ihn beruhigen: „Den Fallrückzieher haben wir auf der Liste.“ Häfner augenzwinkernd: „Sonst hätte ich mal wieder meine Mutter in Sonneberg besuchen müssen.“ Die Leute haben angerufen und wollten die genaue Sendezeit wissen. Videorecorder hatten ja die wenigsten.

Nicht nur im Osten fand das „Fußball-Panorama“ Anklang. Die Post aus Kiel, Bremen oder Westberlin war überwiegend positiv. Zu den Konsumenten zählte selbst Weltklassestürmer Rudi Völler. In seiner Bremer Zeit, zwischen 1983 und 1987, hat er – wie er mir erzählte – ziemlich regelmäßig „Fußball-Panorama“ geguckt: „Dadurch war ich auch recht fit, was den Fußball im Osten betraf. Als wir dann mit Werder im Europacup gegen Lok Leipzig spielten, brauchte mir keiner mehr zu erzählen, was für ein Klassetorhüter René Müller ist.“

Wir hatten endlich einmal ein Produkt, das es im Westfernsehen so noch nicht gab. Das Thema Lizenzen war damals noch gut verhandelbar, weil die Privaten erst im Kommen waren. ARD und ZDF haben die meisten Tore in das Eurovisionsangebot eingespielt. Die Kollegen von der „Aktuellen Kamera“ haben bei der Aufzeichnung geholfen. Die Technik war allein dort, von Achim Kochan gesteuert, auf Weststandard. Ruth Riegel und Karl Wildner führten ein Top-Archiv.

Wir Macher haben davon profitiert: Ulf-Dieter Hesse, Dirk Thiele, Achim Schröter, Uwe Grandel, Gottfried Weise, später auch Bodo Boeck, Jörg Hellwig oder Wilfried Hark. Oft gingen die zwei „Panorama“-Macher als Letzte „vom Hof“ und schreckten Sonntagmorgen die müden „Cutter“ gegen sechs Uhr mit fetten Zwei-Zoll-Bändern auf. Waren mal Grandel/Weise zusammen eingeteilt, dann war klar: Der eine widmet sich dem Cup der Pokalsieger, der andere dem UEFA-Cup. Konnte in allerletzter Sekunde noch ein Interview mit Hans Krankl vom ORF übernommen werden, dann war die Sache rund – und wir ein bisschen stolz und zufrieden. ■

HALLESCHER FC
FLAMMENHÖLLE EINDHOVEN '71

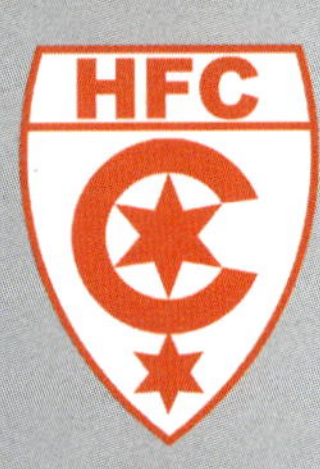

Hallescher FC
Gegründet: 26. Januar 1966
Vorläufer: 1945 bis 1949 SG Freiimfelde
1949 bis 1950 ZSG Union
1950 bis 1954 Turbine
1954 bis 1958 SC Chemie Halle-Leuna
1958 bis 1966 SC Chemie Halle
Größte Erfolge:
1949 Ostzonenmeister
1952 DDR-Meister
1956 und 1962 DDR-Pokalsieger
1991 Sprung in die gesamtdeutsche 2. Bundesliga
Europacupbilanz:
3 Teilnahmen, 5 Spiele
(1 Sieg, 2 Remis, 2 Niederlagen)
Größter Erfolg im Europacup:
UEFA-Cup 1991/92, 2:1 gegen Torpedo Moskau
Heute: 3. Liga (2021/22)

Vergangenheit und Erinnerung sind mein Land und meine Heimat (...) die Zukunft ist immer ein Fluchtweg für Narren.
Andzej Stasiuk,
polnischer Romancier

Klaus Urbanczyks Erinnerungen

Auf „Banne", wie sie ihn alle in Halle nur nennen, ist Verlass – wie früher, wenn er mit seinem berühmten Sliding-Tacklings als Rechtsverteidiger selbst einem Bobby Charlton Respekt einflößte. Seine Post mit Originalberichten und Kopien von der Flammenhölle Eindhoven 1971 treffen wie vereinbart ein. Klaus Urbanczyk, das ist gestern wie heute: ein Mann, ein Wort.

Das beweist der Kapitän des Halleschen FC vor allem in jener Nacht, die den 1940 geborenen Urbanczyk auch nach Jahrzehnten noch innerlich aufwühlt. Es ist die Nacht zum 29. September 1971, vor dem UEFA-Cupspiel beim PSV Eindhoven. Nach dem 0:0 vor 35.000 im Kurt-Wabbel-Stadion ist der HFC Chemie als international unbeschriebene Truppe in die Niederlande gereist. Die unbeschwerte Stimmung im Team erstickt eine Brandkatastrophe. Im Hotel „Tsilvere Zeepard" („Silbernes Seepferdchen") bricht Feuer aus. In der Flammenhölle sterben elf Menschen, darunter der 21-jährige HFC-Spieler Wolfgang Hoffmann. Urbanczyk nachdenklich: „Spätestens seit jener Nacht war mir klar, dass es im Leben wichtigere Dinge gibt als ein Fußballspiel."

„Help me, help me!"

In dem Hotel, in dem die HFC-Mannschaft einquartiert ist, explodiert eine Gasleitung. Flammen breiten sich aus. Zerbrochene Glasscheiben und „Help me"-Schreie wecken Klaus Urbanczyk und seinen Zimmerkollegen Günter Riedl. Sie poltern an den Türen der Teamkollegen, rasen zum Fahrstuhl, landen vor aufsteigenden Flammen im Foyer und wählen den Weg zurück. Alle Lichter gehen aus, der Fahrstuhl ohne Strom wird zur Todesfalle. Urbanczyk und Riedl können sich daraus noch rechtzeitig retten.

„Wir haben bei der allgemeinen Panik vieles richtig gemacht, nicht immer überlegt, einfach instinktiv", sagt Urbanczyk heute. Er selbst riskiert sein Leben, schlägt mit nackten Armen eine Glastür ein und ein Fenster. Damit hilft er mehreren Hotelgästen nach draußen. Danach springt er „acht bis zehn Meter auf ein Zwischendach", erzählt „Banne". „Ich weiß nur noch, dass ich auf der Straße landete und meine Blutgruppe geschrien habe: „Null Rhesusfaktor positiv!"

Sogar eine Amputation des schwerstverletzten Unterarms ziehen die Ärzte in Erwägung. Doch diese Angst kann ihm die medizinische Abteilung glücklicherweise nehmen. Seine Mannschaftskameraden Günter Riedl, Erhard Mosert, Peter Klemm, Rainer Langer, Roland Nowotny verletzen sich ebenfalls teils schwer. Erhard Mosert, ein hochbegabtes Mittelfeldtalent, hilft anderen beim „Sprung in die Tiefe von mindestens fünf Metern", erzählt Mosert. „Dabei zog ich mir einen fünffachen Beinbruch zu."

Mosert stand vor einer tollen Karriere, hatte das (technische) Zeug zu einem ganz Großen, doch er erreichte nach Eindhoven '71 nie mehr seine Bestform. „Das war, sportlich gesehen, ein Jammer", relativiert Urbanczyk. „Aber verglichen mit dem traurigen Schicksal von Wolfgang Hoffmann war das alles wieder zu beheben." Der 21-jährige Abwehrspieler ist erst in letzter Minute für den erkrankten Werner Peter ins Aufgebot gerutscht. „Er war schon auf dem Weg nach draußen, aber dann hat er noch mal kehrtgemacht. Er wollte noch ein paar Westklamotten retten, die er sich im Ungarn-Urlaub gekauft hatte", schildert Urbanczyk die Tragik.

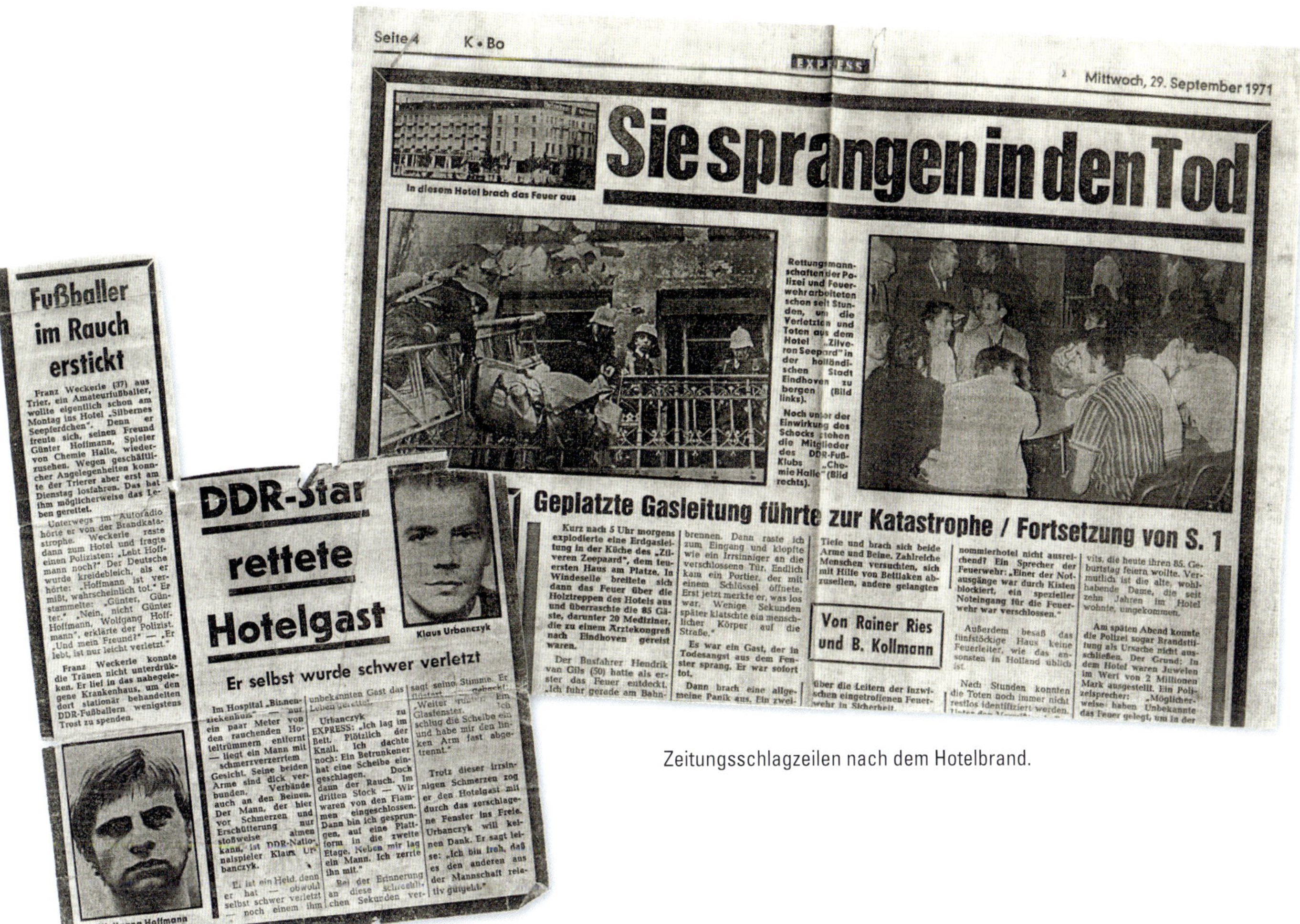

Seite 4 K • Bo

EXPRESS

Mittwoch, 29. September 1971

Sie sprangen in den Tod

In diesem Hotel brach das Feuer aus

Rettungsmannschaften der Polizei und Feuerwehr arbeiteten schon seit Stunden, um die Verletzten und Toten aus dem Hotel „Zilveren Seepard" in der holländischen Stadt Eindhoven zu bergen (Bild links).

Noch unter der Einwirkung des Schocks stehen die Mitglieder des DDR-Fuß-Klubs „Chemie Halle" (Bild rechts).

Geplatzte Gasleitung führte zur Katastrophe / Fortsetzung von S. 1

Von Rainer Ries und B. Kollmann

Kurz nach 5 Uhr morgens explodierte eine Erdgasleitung in der Küche des „Zilveren Zeepaard", dem teuersten Haus am Platze. In Windeseile breitete sich dann das Feuer über die Holztreppen des Hotels aus und überraschte die 85 Gäste, darunter 20 Mediziner, die zu einem Ärztekongreß nach Eindhoven gereist waren.

Der Busfahrer Hendrik van Gils (50) hatte als erster das Feuer entdeckt. „Ich fuhr gerade am Bahn-… brennen. Dann raste ich zum Eingang und klopfte wie ein Irrsinniger an die verschlossene Tür. Endlich kam ein Portier, der mit einem Schlüssel öffnete. Erst jetzt merkte er, was los war. Wenige Sekunden später klatschte ein menschlicher Körper auf die Straße."

Es war ein Gast, der in Todesangst aus dem Fenster sprang. Er war sofort tot.

Dann brach eine allgemeine Panik aus. Ein zwei-… Tiefe und brach sich beide Arme und Beine. Zahlreiche Menschen versuchten, sich mit Hilfe von Bettlaken abzuseilen, andere gelangten … über die Leitern der inzwischen eingetroffenen Feuerwehr in Sicherheit. …

…nommierhotel nicht ausreichend? Ein Sprecher der Feuerwehr: „Einer der Notausgänge war durch Kisten blockiert, ein spezieller Noteingang für die Feuerwehr war verschlossen."

Außerdem besaß das fünfstöckige Haus keine Feuerleiter, wie das ansonsten in Holland üblich ist.

Nach Stunden konnten die Toten noch immer nicht restlos identifiziert werden. …

…vits, die heute ihren 85. Geburtstag feiern wollte. Vermutlich ist die alte, wohlhabende Dame, die seit zehn Jahren im Hotel wohnte, umgekommen.

Am späten Abend konnte die Polizei sogar Brandstiftung als Ursache nicht ausschließen. Der Grund: In dem Hotel waren Juwelen im Wert von 2 Millionen Mark ausgestellt. Ein Polizeisprecher: „Möglicherweise haben Unbekannte das Feuer gelegt, um in der …

Fußballer im Rauch erstickt

Franz Weckerle (37) aus Trier, ein Amateurfußballer, wollte eigentlich schon am Montag ins Hotel „Silbernes Seepferdchen". Denn er freute sich, seinen Freund Günter Hoffmann, Spieler von Chemie Halle, wiederzusehen. Wegen geschäftlicher Angelegenheiten konnte der Trierer aber erst am Dienstag losfahren. Das hat ihm möglicherweise das Leben gerettet.

Unterwegs im Autoradio hörte er von der Brandkatastrophe. Weckerle raste dann zum Hotel und fragte einen Polizisten: „Lebt Hoffmann noch?" Der Deutsche wurde kreidebleich, als er hörte: „Hoffmann ist vermißt, wahrscheinlich tot." Er stammelte: „Günter, Günter." „Nein, nicht Günter Hoffmann, Wolfgang Hoffmann", erklärte der Polizist. „Und mein Freund?" — „Er lebt, ist nur leicht verletzt."

Franz Weckerle konnte die Tränen nicht unterdrücken. Er lief in das nahegelegene Krankenhaus, um den dort stationär behandelten DDR-Fußballern wenigstens Trost zu spenden.

Wolfgang Hoffmann

DDR-Star rettete Hotelgast

Klaus Urbanczyk

Er selbst wurde schwer verletzt

Im Hospital „Binnenziekenhuis" — nur ein paar Meter von den rauchenden Hoteltrümmern entfernt — liegt ein Mann mit schmerzverzerrtem Gesicht. Seine beiden Arme sind dick verbunden. Verbände auch an den Beinen. Der Mann, der hier vor Schmerzen und Erschütterung nur stoßweise atmen kann, ist DDR-Nationalspieler Klaus Urbanczyk.

Er ist ein Held, denn er hat — obwohl selbst schwer verletzt — noch einem ihm unbekannten Gast das Leben gerettet.

Urbanczyk zu EXPRESS: „Ich lag im Bett. Plötzlich der Knall. Ich dachte noch: Ein Betrunkener hat eine Scheibe eingeschlagen. Doch dann der Rauch. Im dritten Stock — Wir waren von den Flammen eingeschlossen. Dann bin ich gesprungen, auf eine Plattform in die zweite Etage. Neben mir lag ein Mann. Ich zerrte ihn mit."

Bei der Erinnerung an diese schrecklichen Sekunden versagt seine Stimme. Er flüstert: … „Weiter … Ein Glasfenster. Ich schlug die Scheibe ein und habe mir den linken Arm fast abgetrennt."

Trotz dieser irrsinnigen Schmerzen zog er den Hotelgast mit durch das zerschlagene Fenster ins Freie. Urbanczyk will keinen Dank. Er sagt leise: „Ich bin froh, daß es den anderen aus der Mannschaft relativ gutgeht."

Zeitungsschlagzeilen nach dem Hotelbrand.

Urbanczyk, Bransch – Oldies unter Grünschnäbeln

Vor dieser Tragödie liegt ein Sommer, den die jüngste Mannschaft überraschend mit Meisterschafts-Bronze abschließt. Klaus Urbanczyk ist mit seinen 30 Jahren inzwischen der mit Abstand älteste Spieler im Team. Nur noch sein Nachfolger als Kapitän in Halle und der Nationalelf, Bernd Bransch (26), sowie Defensivmann Günter Riedl (27) sind über 25 Jahre. Urbanczyk und Bransch sind über Jahre die herausragenden Spielerpersönlichkeiten. Drei aus dem eigenen Talentschuppen bringen 1971 frischen Wind: Erhard Mosert, Wolfgang Schmidt, Hartmut Meinert.

Die Feuerkatastrophe stoppt den Höhenflug, der HFC steigt aus dem laufenden UEFA-Cup aus. Das „Rückspiel" findet erst 35 Jahre später statt, 2006 in Halle an der Saale. Zur Erinnerung bringen die PSV-Spieler Trikots für die 71er Mannschaft des HFC mit. Guus Hiddink, der beim 0:0-Hinspiel 1971 als Mittelfeldspieler dabei war, umarmt Klaus Urbanczyk herzlich und verteilt Komplimente: „Wenn ich mich recht erinnere, dann warst du damals ein viel besserer Spieler als ich."

Erstmals spielt der Klub von Klaus Urbanczyk 1962 im Europapokal. In der Qualifikation zum Europacup der Pokalsieger scheitert Chemie Halle allerdings an OFK Belgrad. Nach einem 0:2 in Jugoslawien folgt vor 26.000 im Kurt-Wabbel-Stadion ein dramatisches 3:3. Leider hat Halle in jener Zeit ein Torhüterproblem. Die Fangemeinde von der Saale leidet in Belgrad zunächst mit dem sonst stabilen Helmut Wilk. Beim Rückspiel bekommt der 18-jährige Ex-Juniorenauswahl-Keeper Freimuth Bott seine Chance. Doch beim begabten Teenager spielen die Nerven nicht mit. Bei zwei Gegentreffern macht Bott keine sonderlich gute Figur. Und vorn lassen die Angreifer Günter Busch (zweifacher Torschütze) , Stein (1 Tor) und Topf viele Chancen liegen. Für Experten ist das Duell Urbanczyk gegen Josip Skoblar ein Hochglanzprodukt. Samardzic und Skoblar, auf dem Flügel rechts und links, wurden mit Jugoslawien WM-Vierter. Klaus Urbanczyk heute: „1962 traf ich viermal auf Skoblar – zweimal mit Halle und zweimal mit der Auswahl." In der „Fußball-Woche" schrieb Günter Simon: „SC Chemie nach großem Kampf ausgeschieden (…) Urbanczyk beherrschte den Linksaußen Skoblar souverän."

Dariusz Wosz – der Messi aus Halle

Erst 1991 schafft Halle wieder den Sprung in den UEFA-Cup – mit der Generation Dariusz Wosz, René Tretschock und Steffen Karl. Wosz, der „Messi aus Halle", brilliert an der Saale. Aber den begabten Grünlingen um „Zaubermaus" Wosz fehlt in der erten Runde gegen Torpedo Moskau noch die Reife. Zwar wird das Hinspiel im Kurt-Wabbel-Stadion knapp mit 2:1 gewonnen, doch in Moskau folgt eine klare 0:3-Niederlage.

Dafür stemmten schon ein Jahrzehnt zuvor zwei Hallenser mit Eintracht Franfurt den UEFA-Cup: Norbert Nachtweih und Jürgen Pahl, die 1976 nach einem U21-Länderspiel der DDR in der Türkei in Richtung Bundesrepublik flüchteten und in der Bundesliga Karriere machten.

ZEITZEUGE KLAUS URBANCZYK

„WOSZ, TRETSCHOCK – DIE KONNTEN FUSSBALL SPIELEN"

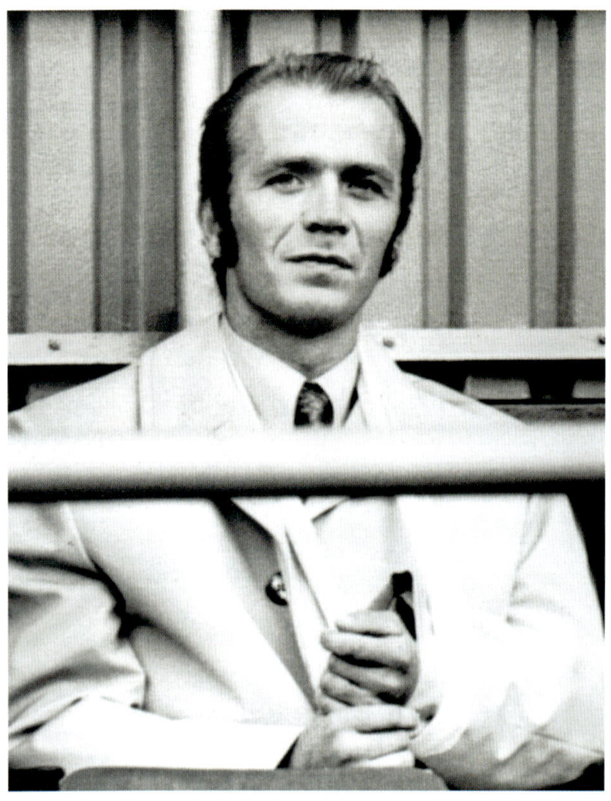

Klaus Urbanczyk mit verbundenem Arm nach der Brandkatastrophe. Sieben Wochen hatte er im Krankenhaus gelegen; zunächst hatten die Ärzte sogar eine Amputation erwogen.

Die Bundestrainer Sepp Herberger und Helmut Schön waren 1963 als Augenzeugen beim 1:2 vor 90.000 in Leipzig gegen England so angetan von Urbanczyks Klassepartie gegen Bobby Charlton, dass sie den 22-jährigen Rechtsverteidiger aus Halle im Mai 1964 zum Spiel einer Europa-Auswahl einluden. Prompt kam das „Njet" der Sportoberen. Als Kapitän führte „Banne" ein halbes Jahr später seine junge Elf 1964 zu Olympia nach Tokio. Experten sahen in dieser spielstarken Mannschaft mit Urbanczyk, Pankau, Körner, Nöldner, Frenzel, Vogel schon den Goldanwärter. Doch im Halbfinale gegen die Tschechoslowakei prallte Urbanczyk mit Torhüter Heinsch zusammen: Bänder- und Kapselriss im Knie. Die Mannschaft musste die verbleibenden 60 Minuten mit zehn Mann auskommen, da die Regel noch kein Auswechseln erlaubte. So war auch die 1:0-Führung durch Nöldner bald dahin. Es reichte am Ende „nur" zu Bronze für die gemeinsame deutsche Olympiamannschaft. Urbanczyks Laufbahn schien beendet, doch der 34-malige Nationalspieler kam zurück – in die Auswahl und in seinen Klub. Im Europacup 1971 ging der leidenschaftliche Fighter durch die Hölle.

Über 40 Jahre liegt die schlimmste Tragödie in der Vereinsgeschichte des Halleschen FC jetzt zurück. Vor dem Rückspiel gegen den mehrfachen niederländischen Meister PSV Eindhoven brach in der Nacht zum 29. September 1971 im Hotel „Silbernes Seepferdchen" ein Feuer aus. Der 21-jährige Abwehrspieler und Mathematikstudent Wolfgang Hoffmann starb dabei. Du hast dein Leben riskiert, hast mehrere Menschen vor dem Flammentod gerettet. Die niederländische Presse hat dich als Helden gefeiert. Wie siehst du das tragische Ereignis mit dem Abstand von heute?

Naja, ich habe schon vor Jahren gesagt, dass ich mich nicht als Held fühle. Ich habe nur gemacht, was ich konnte. Ich habe einigen Menschen in dem brennenden Hotel das Leben gerettet. Die Narben am linken Unterarm erinnern mich eigentlich stets daran.

Du warst selbst schwer verletzt und musstest mehrere Wochen im Krankenhaus von Eindhoven verbringen…

In dieser Zeit hat sich die Familie von Manager van Gelder ganz toll um mich gekümmert. Leider musste ich später den Kontakt aus den bekannten politischen Gründen aufgeben. Westverbindungen waren Leistungssportlern nicht erlaubt. Aber ich habe 1978 noch einmal Familie van Gelder und die Unglücksstelle aufgesucht, nach längerem Zögern. Als ich mit dem 1. FC Magdeburg als Trainer im UEFA-Cup beim späteren Cupgewinner Eindhoven spielte, bot sich das an. Vom Hotel war nichts mehr zu sehen, da stand inzwischen eine Kaufhalle. Aber es half mir, mehr innere Ruhe zu finden.

Deine Familie durfte dich damals, als du sieben Wochen im Krankenhaus von Eindhoven lagst, nicht besuchen. Weshalb?

Ich vermute mal wegen Fluchtgefahr. Wir durften aber telefonieren. Meine Frau Karin musste dazu allerdings ins Casino vom HFC gehen. Anrufe ins kapitalistische Ausland, wie man damals sagte, waren untersagt.

Welche sportlichen Auswirkungen hatte die Katastrophe?

Wir hatten zuvor in der DDR-Oberliga den dritten Platz belegt. Das war die beste Platzierung in der Vereinschronik vom HFC. Damit waren wir im Europacup 1970/71. Doch die Auswirkungen des tragischen Geschehens wurden unterschätzt. Statt die Spieler entsprechend psychisch professionell zu betreuen, wurden wir auf Foren öffentlich herumgereicht. Die Talfahrt, die mit dem Abstieg endete, hing schon auch damit zusammen, dass die Katastrophe Eindhoven nicht ausreichend verarbeitet wurde.

Warum hast du nie den Verein gewechselt?

Unser ungarischer Auswahltrainer Károly Soós provozierte mich hin und wieder: „Warum, Klausi, bleibst du in

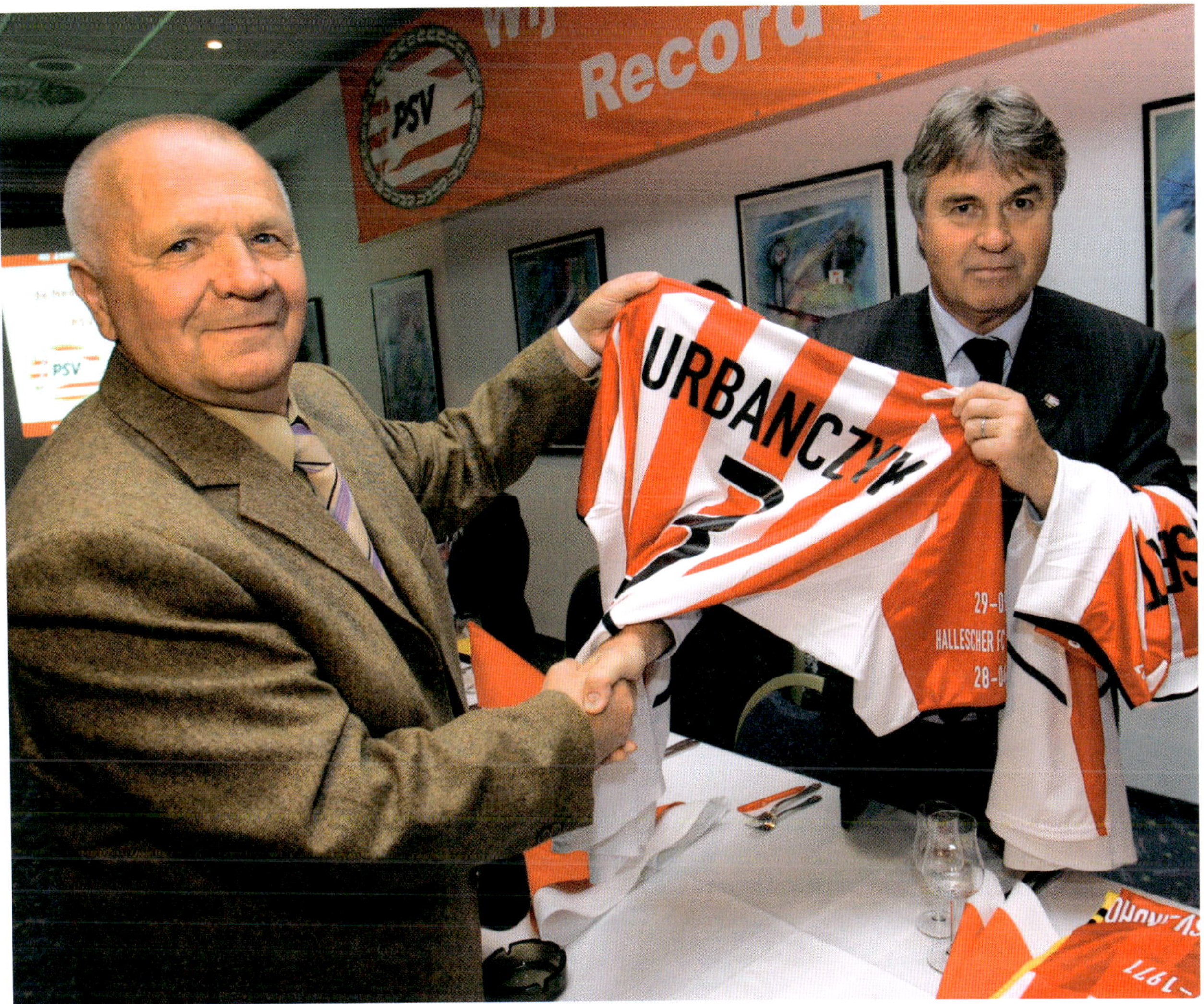

Im April 2006 kam der PSV Eindhoven zu einem Benefizspiel nach Halle. Eindhoven-Trainer Guus Hiddink, der 1971 dort Spieler war, überreichte HFC-Urgestein Klaus Urbanczyk ein Erinnerungstrikot.

deinem Sch… Halle?“ Da habe ich immer argumentiert: „Trainer, ich spiele hier am besten, weil ich in Halle meine Familie, meine Freunde um mich herum habe.“ Da sagte Soos nur: „Dann musst du aber stets in sehr guter Form sein, wenn du bei mir spielen willst.“

Norbert Nachtweih und Jürgen Pahl, zwei HFC-Talente, haben sich 1976 über die Türkei in den Westen abgesetzt, als beide mit der U21 unterwegs waren. Welche Reaktionen rief diese Flucht hervor?

Das löste natürlich ein Heidenchaos aus. Die verantwortlichen Funktionäre haben die Hände überm Kopf zusammengeschlagen. Danach gab's eine Politschulung nach der anderen. Nun war's aber passiert. Man konnte die Nachricht nicht mehr unter dem Deckel halten.

Was war dein Eindruck: Litt der DDR-Klubfußball auch unter einer zu großen Bevormundung?

Naja, es wäre zu einfach, das Abschneiden darauf zu reduzieren. Da kamen mehrere Dinge zusammen. Aber es war schon manchmal grotesk: Da war die Diskussion um die Länge der Koteletten wichtiger als die Vorbereitung auf den Gegner. Aber dann sollten die Jungs mit breiter Brust auflaufen, wo höllische Bengalos gezündet wurden. Andererseits haben ja längst nicht nur Toni Kroos, Sammer oder Ballack, Thom oder Doll bewiesen, wie gut sie von uns Trainern im Osten ausgebildet wurden.

Anfang der Neunziger schaffte eine neue talentierte HFC-Generation den Sprung in den UEFA-Cup. Zusätzliches Sahnehäubchen: Mit Platz vier qualifizierte sich Halle direkt für die 2. Bundesliga…

…Ja, da waren auch schon Jungs dabei, die Fußball spielen konnten. René Tretschok, der mit Dortmund unter Ottmar Hitzfeld sogar die Champions League gewann. Und natürlich Dariusz Wosz, unsere kleine Zaubermaus. Aber mit dem Verkauf von Wosz 1992 begann die Talfahrt. Nach mehreren dürftigen Jahren spielen wir in der 3. Liga. Das herrliche neue Stadion zog schon 13.000 an. Da spürte man: Die Hallenser haben den Fußball wieder angenommen. Da macht es mir als Spielbeobachter auch mehr Spaß.

Wann sehen sich die Oldies?

Bernd Bransch, der Lange, und ein guter Bekannter, wir treffen uns in Abständen zum Skat. Mehr Alte siehst du vor den Länderspielen. Da verschickt der DFB VIP-Karten an ehemalige Nationalspieler. Da werden auch die Ossis nicht vergessen. Hervorragend, was der DFB sich da hat einfallen lassen. Da hörst du nur: „Hallo, du Blinder, sieht man dich auch mal wieder…?“ ■

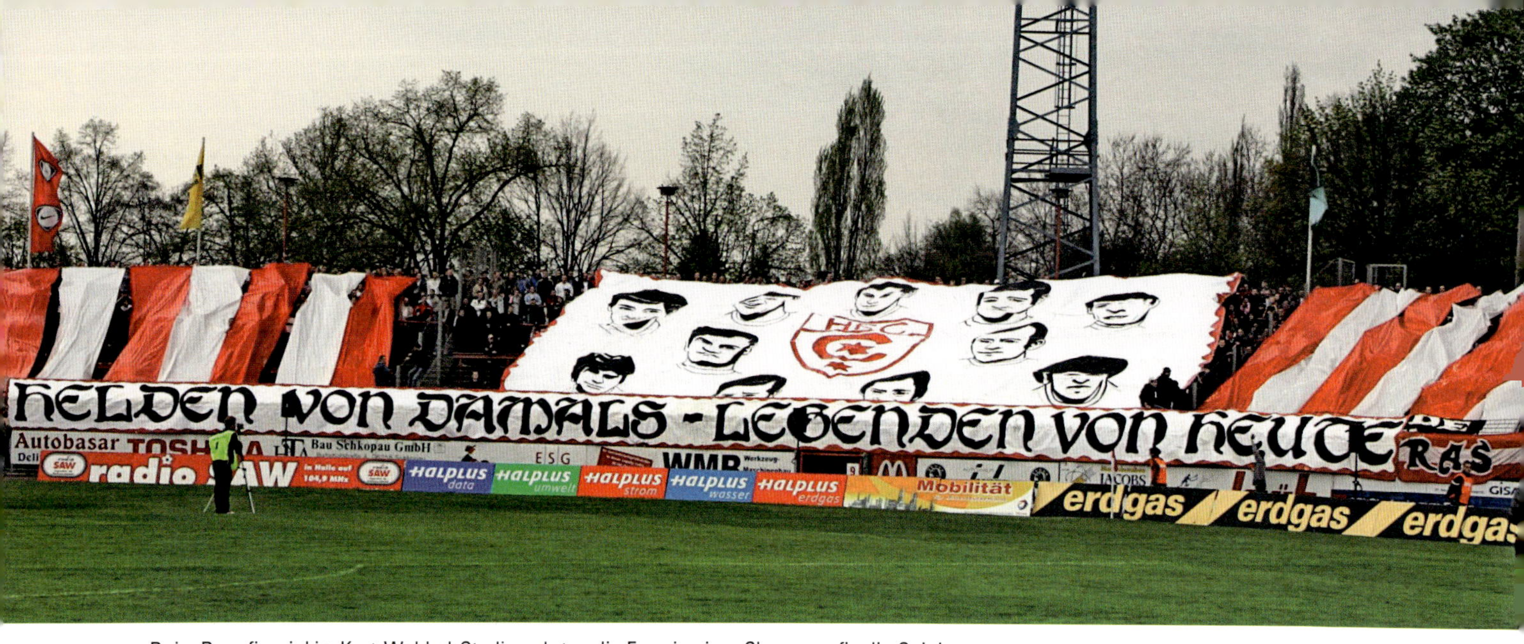

Beim Benefizspiel im Kurt-Wabbel-Stadion ehrten die Fans in einer Choreografie die Spieler, die 35 Jahre zuvor von der Brandkatastrophe betroffen waren.

EXKURS „ICH BIN DER MANAGER VOM PSV EINDHOVEN“

WIE DER JUNGE CHRISTOPH DIECKMANN 1971 HALLES KORYPHÄEN UND STARS AUS EINDHOVEN INTERVIEWTE

An ihrem Ende steht der Tod, was man gar nicht denken sollte von so einer kleinen Geschichte. Doch bis dahin sind's noch 13 Tage – eine Ewigkeit für Kinder und vielleicht die Rettung, da doch die Erinnerung nichts mit dem Tod beschließt.

Wir sehen das Kind, den Jungen, wie er das backsteingelbe Schulhaus verlässt. (…) Am elterlichen Pfarrhaus stürzt er die Treppe hoch. Er klingelt wild. Die Mutter öffnet. Er wirft den Ranzen hin. Ein Mittwoch ist; die Erinnerung vermutet Suppentag, Linsen mit Knackern und Senf. Der Junge schlingt. Am Bahnhof steht er viel zu früh, denn er ist zu einer Freude unterwegs. (…)

Im Zug hat er, und nicht zum ersten Mal, die „Neue Fußball-Woche“ mit der Vorschau auf das große Spiel gelesen. Sein feuerrotes Kassettentonbandgerät steckt in Vaters alter Ledertasche, aus der sich, am Kabel, ein erhebliches Mikrofon ziehen lässt. Denn heute Abend wird der Junge ein Reporter sein. (…)

32.000 Menschen füllen das Stadion mit den fiebrigen Geräuschen, die der Junge aus dem Radio kennt. Es dunkelt. Im Flutlicht gleißt der Rasen. Ein Schalmeienzug bläst schrill die Erregung auf, bis aus dem Tunnel die Spieler kommen – rotweiß die Hallenser, weiß-grün Eindhoven, der hohe Favorit. Da, der lange Jan van Beveren, der Nationaltorwart. Da, auf linksaußen, der bullige Belgier Johan Devrindt. Pfiff: Hoekema und Mulder stoßen an…

Es wurde kein großes Spiel. Halle hatte Respekt, und die Holländer kontrollierten alles ganz zufrieden, so dass der Junge mit dem Mikrofon viel Raunen und Stöhnen aufnehmen konnte, aber nicht den Großen Schrei. Als es vorbei war und die Massen heimwärts schoben, drängte der Junge gegen den Strom hinab zum Innenraum und sprang über die Brüstung auf die Aschenbahn. Die Ordner, ältere Männer, ergriffen ihn. Er zeigte ihnen das Tonbandgerät. Sie lachten und schoben ihn in den Kabinengang. Halles Spieler kamen aus der Dusche: der bissige Riedl mit dem lädierten Bein, Meinert, der Schrank, der seriöse Kapitän Bransch. Dem großen Urbanczyk rutschte das Handtuch. Splitternackt schrieb er das Autogramm.

Auch die Holländer spendeten Autogramme, schwungvolle Kringel, kaum zu entziffern. Anders als in der sozialistischen Sportbewegung wurden im Kapitalismus die Stars wohl nicht zur leserlichen Unterschrift erzogen. Endlich Jan van Beveren, Devrindt gleich dahinter. (…)

Wer sind Sie?, fragte der Junge und hielt ihm die Autogrammkarte hin.

Ich bin der Manager vom PSV Eindhoven, sagte der Herr und unterschrieb ganz leserlich: Bernardus van Geldern.

Da wagte der Junge zu fragen: Haben Sie bitte ein Klubabzeichen für mich?

Beonardus van Geldern betrachtete den Pulk von Autogrammjägern, der die Szene gierig verfolgte, und sagte leise: Hier ist nicht so gut. Kommen Sie ins Hotel. (…) Der Junge (…) fand das Interhotel, huschte durch das prächtige Foyer, folgte dem Wegweiser „Restaurant" und sah sich unverzüglich inmitten der Eindhovener Spieler. Sie lümmelten in Trainingsanzügen auf kostbaren Polstern. Sie alberten und aßen Trauben und Braten von silbernen Platten. Ein Livrierter erschien. Er packte den Jungen am Arm, musterte angewidert die Kutte und die Fransenjeans und kommandierte: Raus! Aber ganz plötzlich! – Ganz plötzlich war van Geldern da. Ich bin mit diesem jungen Mann verabredet, sagte er scharf. Wenn wir Probleme haben, rufen wir die Polizei. Augenblicklich war der Ober Untertan und dienerte davon. Bernardus van Geldern zog eine Schatulle hervor und entnahm ihr ein Kleinod von Klubabzeichen, eine goldenen Nadel mit schwerem ovalen Wappen. Der Junge stammelte Dank, schwebte zum Bahnhof und wartete in der Mitropa zwei Stunden auf seinen Zug in Richtung Harz.

Benommen vor Freude

Zum ersten Mal durchfuhr er die Nacht. Er war benommen vor Freude. Er tastete nach seinem Schatz und spielte sich leise das Raunen und Stöhnen des vergangenen Spiels vor. Der Zug hielt in einem Nest. Der Junge schaute hinaus und sah, wie ein großer Zeiger auf die Zwölf schwang; der kleine stand auf drei. Der Junge wusste, dass er immer wissen würde, dass er glücklich war. Aber das musste er behalten und markieren, wie Taucher eine Boje setzen über einen Schatz in See. Es war der 16. September 1971 drei Uhr nachts, in Röblingen am See. (…)

Wie konnte ich meine kindliche Nachtfahrt (…) bis heute bewahren als Heimholung des Glücks? Denn am Ende der Geschichte, 13 Tage später, steht immer noch der Tod. Das Rückspiel zwischen Halle und Eindhoven fand nie statt. In der Nacht zum 29. September 1971 brach im Eindhovener Hotel „Silbernes Seepferdchen", worin die Halleschen Fußballer untergebracht waren, ein Brand aus. Viele Hotelgäste starben, darunter der 21-jährige Spieler Wolfgang Hoffmann. Ein Auswärtstod. Hoffmann stammte aus unserer kleinen Stadt, und dort wurde er begraben, auf dem Friedhof hinterm Sportplatz, wo nun auch mein Vater liegt.

Am Tag der Beerdigung verließ ich das backsteingelbe Schulhaus und lief die Borngasse entlang. Ich hielt ungeduldig inne an der vielbefahrenen Hüttenstraße und schlüpfte, als die Fahrzeugschlange zum Stehen kam, zwischen den Autos hindurch. Genau vor unserem Haus hielt eine schwere schwarze Westlimousine mit holländischem Kennzeichen. Im Heckfenster schaukelte sacht der Wimpel des PSV Eindhoven. Drinnen saßen zwei Männer, einer war Bernardus van Geldern. Ich überlegte aufgeregt, ob ich ans Fenster klopfen dürfte, da löste sich der Stau, und der schwarze Wagen rollte fort, dem Friedhof zu.

Christoph Dieckmann, November 1996

(Der Abdruck dieses Beitrags erfolgt mit freundlicher Genehmigung des Ch. Links Verlags.) ■

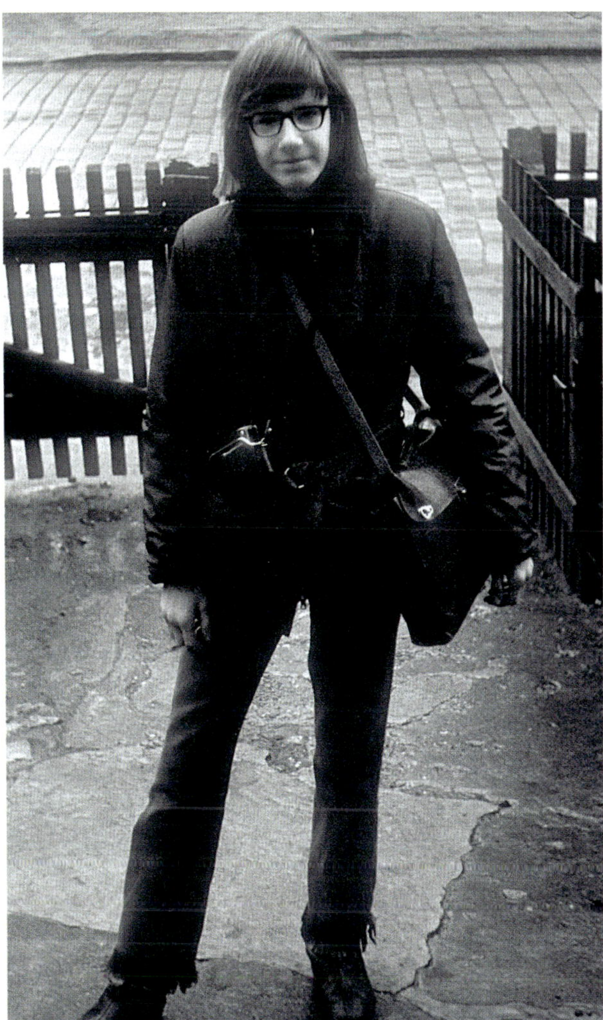

Christoph Dieckmann als jugendlicher Reporter.

STATISTIK

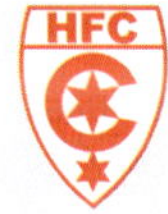

Die Bilanz des **HFC Chemie**
5 Spiele: 1 Sieg, 2 Unentschieden, 2 Niederlagen

Europacup der Pokalsieger

1962/63
OFK Belgrad – Chemie Halle 2:0
05.09.1962 in Belgrad Omladinski-Stadion
Chemie Halle – OFK Belgrad 3:3
19.09.1962 in Halle Kurt-Wabbel-Stadion

UEFA Cup

1971/72
Hallescher FC Chemie– PSV Eindhoven 0:0
15.09.1971 in Halle Kurt-Wabbel-Stadion
PSV Eindhoven – Hallescher FC Chemie *
29.09.1971 in Eindhoven
*= Spiel fand wegen Brandkatastrophe im Hotel nicht statt.

1991/92
Hallescher FC – Torpedo Moskau 2:1
18.09.1991 in Halle Kurt-Wabbel-Stadion
Torpedo Moskau – Hallescher FC 3:0
02.10.1991 in Moskau Eduard-Strelzow-Stadion

BSG STAHL BRANDENBURG
MARADONA BEINAHE AN DER HAVEL

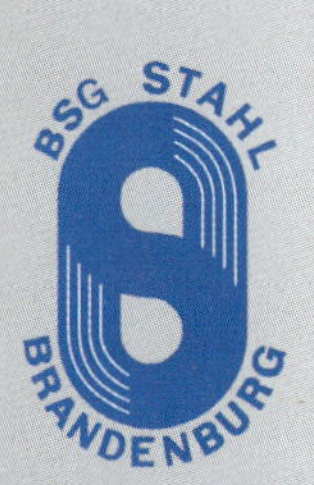

BSG Stahl Brandenburg
Gegründet: 25. November 1950
1950 bis 1990 BSG Stahl Brandenburg
1990 bis 1997 BSV Brandenburg
1998 FC Stahl Brandenburg
Größte Erfolge:
4. der Oberliga 1987/88
2. Bundesliga 1991 bis 1992
Europacupbilanz:
1 Teilnahme, 4 Spiele
(1 Sieg, 2 Remis, 1 Niederlage)
Größter Erfolg im Europacup:
1986/87, 1:0 gegen FC Coleraine Belfast
Heute: Landesliga Brandenburg Staffel Nord
(7. Liga, 2021/22)

Ich begriff sofort, dass der Ball nie so auf einen zukommt, wie man es erwartet. Das war eine Lektion fürs Leben.
Albert Camus, französischer Philosoph und Schriftsteller

Nordirischer Beton, schwedischer Sturmwirbel

Als die Brandenburger Stahl-Mannschaft 1986 Premiere im Europacup feierte, stand Steffen Freund mit anderen „Vokuhila"-Fans dicht gedrängt unter den 15.500 Zuschauern im proppevollen „Stadion der Stahlwerker". Die Mannschaft hatte von der Insel ein 1:1 mitgebracht. Im „Showground" von Belfast schöpften die Havelstädter weitestgehend ihr Potenzial aus. Eberhard Janotta hatte den Neuling sogar in der 50. Minute in Führung gebracht. Die Defensivabteilung mit Zimmer, Ringk, Märzke, Pfahl und Pahlke ließ nur ein Strafstoßtor von Spielmacher Healy in der 78. Minute zu.

Im Rückspiel rührten die Nordiren regelrecht Beton an. Vor Libero McDowell baute der nordirische Vizemeister eine Fünferkette auf. Die Brandenburger machten gehörig Druck, fanden aber bis kurz vor der Pause keine Lücke zum erfolgreichen Abschluss. Endlich, in der 41. Minute, verwertete der 26-jährige Horst Jeske eine Flanke von Eckart Märzke zum hochverdienten 1:0. Die Statistik drückte auch die Dominanz der Stahl-Mannschaft aus: 22:2 Torschüsse!

Die nächste Hürde: IFK Göteborg. Der UEFA-Cupgewinner von 1982 hatte sportlich wieder aufgerüstet und sieben Nationalspieler in seinem Kader. Mit Torhüter Wernersson, den Abwehrspielern Hysen, Fredriksson sowie den Brüdern Tord und Tommy Holgren im Mittelfeld standen immer noch fünf Cupgewinner im Team von Trainer Bengtsson. Trotz orkanartiger Böen und peitschendem Regen zogen die Schweden einen beängstigenden Sturmwirbel auf. Vor 7.000 Zuschauern schloss schon nach zwölf Minuten der Finne Rantanen eine feine Kombination mit dem 1:0 ab. Vor dem Tor von Keeper Zimmer gewannen Ringk, Kräuter und Pahlke nach nervösem Beginn langsam an Sicherheit. Trotzdem konnten sie das 2:0 durch den abgezockten Larsson nach 21 Minuten nicht verhindern.

Vor dem Rückspiel in Brandenburg gab Trainer Bengtsson die Order aus: „Kein Risiko." Der einzige Stürmer, der finnische Nationalspieler Rantanen, profitierte nach 21 Minuten von einem Stellungsfehler Pahlkes. Jan Voß gelang zwar noch vor der Pause das 1:1, aber die Schweden kontrollierten das Match und zogen mühelos in die dritten Runde ein. Den Hürdenlauf zum zweiten UEFA-Cup-Triumph des IFK Göteborg konnten dann auch renommiertere Kontrahenten, wie Inter Mailand im Viertelfinale, nicht aufhalten. Stahl-Trainer Peter Kohl jedenfalls machte einen zufriedenen Eindruck: „Als Neuling haben wir uns gut verkauft. Kompliment meiner Mannschaft."

Steffen Freund – erfolgreichster Brandenburger

In dieser Mannschaft, die 1984 erstmals den Aufstieg in die DDR-Oberliga schaffte, standen einige Spieler, die anderswo durch das Sieb gefallen sind. Torhüter Detlef Zimmer war in Jena in Ungnade gefallen und nach angeblichen Kontakten zu oppositionellen Studentengruppen aussortiert worden. Christoph Ringk wurde vom Armeeclub FC Vorwärts Frankfurt (Oder) für Auswärtsspiele im UEFA-Cup gesperrt. Der Grund soll die Ausreise der Großmutter in den Westen gewesen sein.

Bei Stahl Brandenburg galten andere Regeln. Die bestimmte der mächtige Generaldirektor Hans-Joachim Lauck. Er nutzte seine Kontakte und sein finanzielles Budget für den Aufbau der notwendigen Infrastruktur. Christoph Ringk sagte dem Fußball-Magazin „11 Freunde": „Oh, der konnte drohen und hat dich zusammengefaltet, wenn du nicht hun-

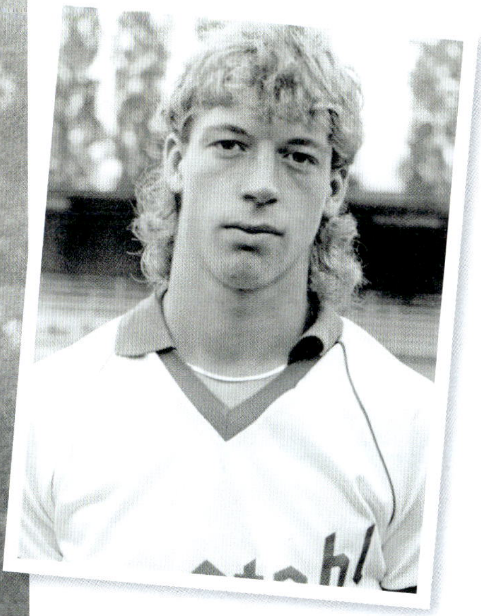

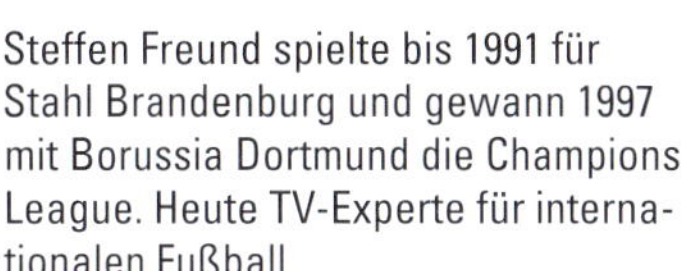

Steffen Freund spielte bis 1991 für Stahl Brandenburg und gewann 1997 mit Borussia Dortmund die Champions League. Heute TV-Experte für internationalen Fußball.

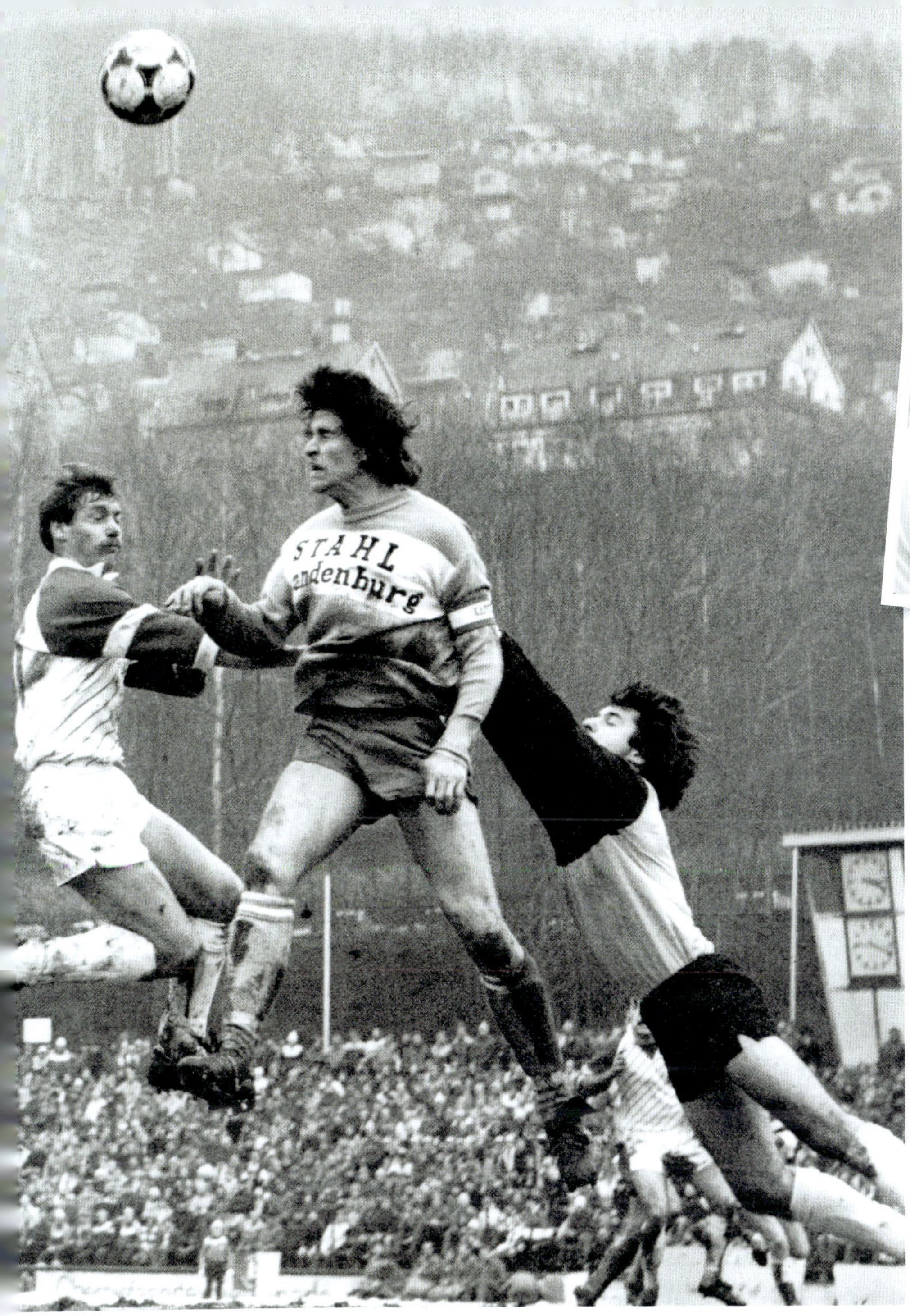

Abwehrrecken: Torhüter Detlef Zimmer und Verteidiger Christoph Ringk (bei einem Oberligaspiel in Aue, 1986).

dertprozentigen Einsatz gezeigt hast.“ Mit dieser Einstellung schaffte Stahl noch den Sprung in die 2. Bundesliga.

Als 1993 das Stahlwerk geschlossen wurde, ging es mit dem Verein stetig bergab. Vier Jahre zuvor hatten viele Fans noch Rechnungen aufgemacht, wie Stahl am vorletzten Tag gegen Lok Leipzig spielen müsste, damit Maradona mit seinem SSC Neapel zum UEFA-Cup-Vergleich an die Havel kommt. Er kam und spielte gegen die Messestädter. Steffen Freund musste sich noch ein wenig gedulden. Den Königscup holte der erfolgreichste Brandenburger Fußballer 1997 mit Matthias Sammer, Jörg Heinrich und René Tretschock in München beim 3:1 gegen Juventus Turin.

STATISTIK

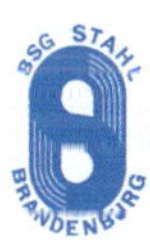

Die Bilanz von **Stahl Brandenburg**
4 Spiele: 1 Sieg, 2 Unentschieden, 1 Niederlage

UEFA-Cup

1986/87
FC Coleraine– Stahl Brandenburg 1:1
17.09.1986 in Coleraine Showgrounds
Stahl Brandenburg – FC Coleraine 1:0
01.10.1986 in Brandenburg Stadion der Stahlwerker
IFK Göteborg – Stahl Brandenburg 2:0
22.10.1986 in Göteborg Ullevi-Stadion
Stahl Brandenburg – IFK Göteborg 1:1
05.11.1986 in Brandenburg Stadion der Stahlwerker

PSV SCHWERIN

„ERST ULF KIRSTEN SCHMISS DIE GROSSE PARTY"

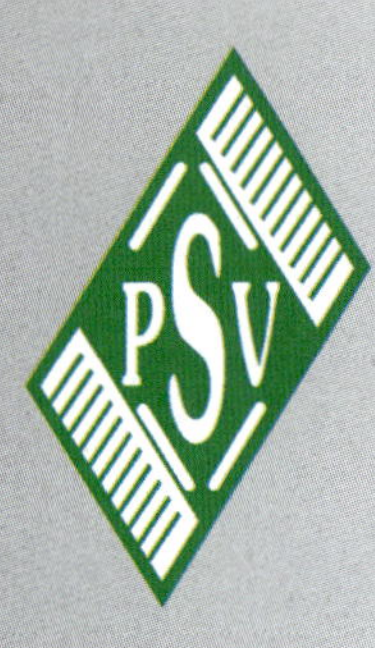

PSV Schwerin
Gegründet: 1948
Vorläufer: 1949/50 SG Schwerin
1950 bis1952: BSG Einheit Schwerin
1953 bis1990: SG Dynamo Schwerin
1990 bis 1991: PSV Schwerin
1991 bis 1993: FSV Schwerin
28.5.2013: Neugründung von FC Eintracht, Dynamo und Schweriner SC zu FC Mecklenburg Schwerin
Größte Erfolge:
1949/50 Viertelfinale 1. Ostzonenmeisterschaft
1990 Pokalfinalist (als PSV Schwerin)
Europacupbilanz:
1 Teilnahme, 2 Spiele, 1 Remis, 1 Niederlage
Heute: Oberliga Nordost Nord (5. Liga, 2021/22)

Die Überwindung der Grenze liegt im Erzählen.
Julia Franck, Schriftstellerin

Vom Schweriner „Hinterhof" zum Villa Park

Ein Junge aus der Nähe von Schwerin, aus dem „Hinterhof" von Crivitz, suchte sein Fußballglück im Villa Park von Birmingham, in der englischen Premier League. Ein Trainer soll den Scouts von Aston Villa geflüstert haben: „Matthias kann aus 20 Metern eine Ampel von Rot auf Grün schießen." Damit wollte der Übungsleiter eigentlich nur andeuten: Der Junge hat das Zeug zum Superstar.

Dabei spielte Matthias Breitkreutz zu der Zeit nur beim Berliner DDR-Ligisten SG Bergmann Borsig. Begonnen hatte der begnadete Linksfuß seine Laufbahn als Jugendspieler bei Dynamo Schwerin. Später wechselte er nach Berlin zum BFC Dynamo, der ihn wiederum an Bergmann-Borsig „ausdelegierte". Das war die Zeit, wo Dynamo Schwerin das begnadete 18-jährige Talent 1990 im Pokalfinale gegen Dynamo Dresden (1:2) hätte gut gebrauchen können, und ebenso in den folgenden zwei Europacuppartien gegen Austria Wien. So landete sein Bewerbungsschreiben in England – in nahezu jedem Spiel ein Tor. Was folgte, glich einem modernen Märchen: Zusammen mit seinem Kumpel Stefan „Paule" Beinlich wechselte der einstige Jugendkicker von Dynamo Schwerin auf die Insel. Dort konnten sich Beinlich und Breitkreutz allerdings in drei Jahren nicht im Profiteam von Aston Villa festbeißen. Dafür schaffte Breitkreutz unter Frank Pagelsdorf mit Hansa Rostock 1995 den Bundesliga-Aufstieg.

Doch danach vergeudete Matthias Breitkreutz, wie Beobachter meinen, in Rostock und Bielefeld sein außergewöhnliches Talent. Heute ist der gebürtige Mecklenburger im Klinikum von Augsburg tätig.

Schweriner Sternchen – von Netz bis Reinke

Schwerin war nie eine Stadt des großen Fußballs. Aber so ein paar kleine Erfolgsgeschichten lassen sich für den Verein schon ausgraben. Dazu gehört der Vorstoß in der Saison 1949/50 ins Viertelfinale der 1. Ostzonenmeisterschaft, wo die SG Vorwärts Schwerin allerdings mit 1:3 gegen den späteren Sieger aus dem Zwickauer Vorort, gegen die SG Planitz, verlor.

In jener Saison konnte sich die SG Schwerin auch ein Jahr in der DDR-Oberliga halten. Allerdings kamen die Mecklenburger nicht über den 14. und letzten Platz hinaus.

Die SG Vorwärts Schwerin trat somit 1949/50 den Gang in die Zweitklassigkeit an und erreichte in den Folgejahren nie mehr das Oberhaus. Auf der zweiten Fußballschiene nahm Dynamo Schwerin, die Mannschaft der Volkspolizei, seit Mitte der sechziger Jahre einen Stammplatz in der 2. Spielklasse ein.

Den größten Erfolg erreichten die Schweriner 1990 mit dem Einzug in das FDGB-Pokalfinale. Der in der Wendezeit umbenannte Verein PSV Schwerin (vormals Dynamo) setzte im Endspiel dem haushohen Favoriten Dynamo Dresden ordentlich zu. Die schnelle Führung durch Kort glich Stübner allerdings genau so schnell wieder zum 1:1

Andreas Reinke, der nach seiner Schweriner Zeit in der Bundesliga Karriere machte, stand bei den Europapokalspielen schon nicht mehr im Schweriner Tor, dafür aber noch im Pokalfinale am 2. Juni 1990 gegen Dynamo Dresden. 2012 kehrte er für ein „Oldstar-Spiel" zurück.

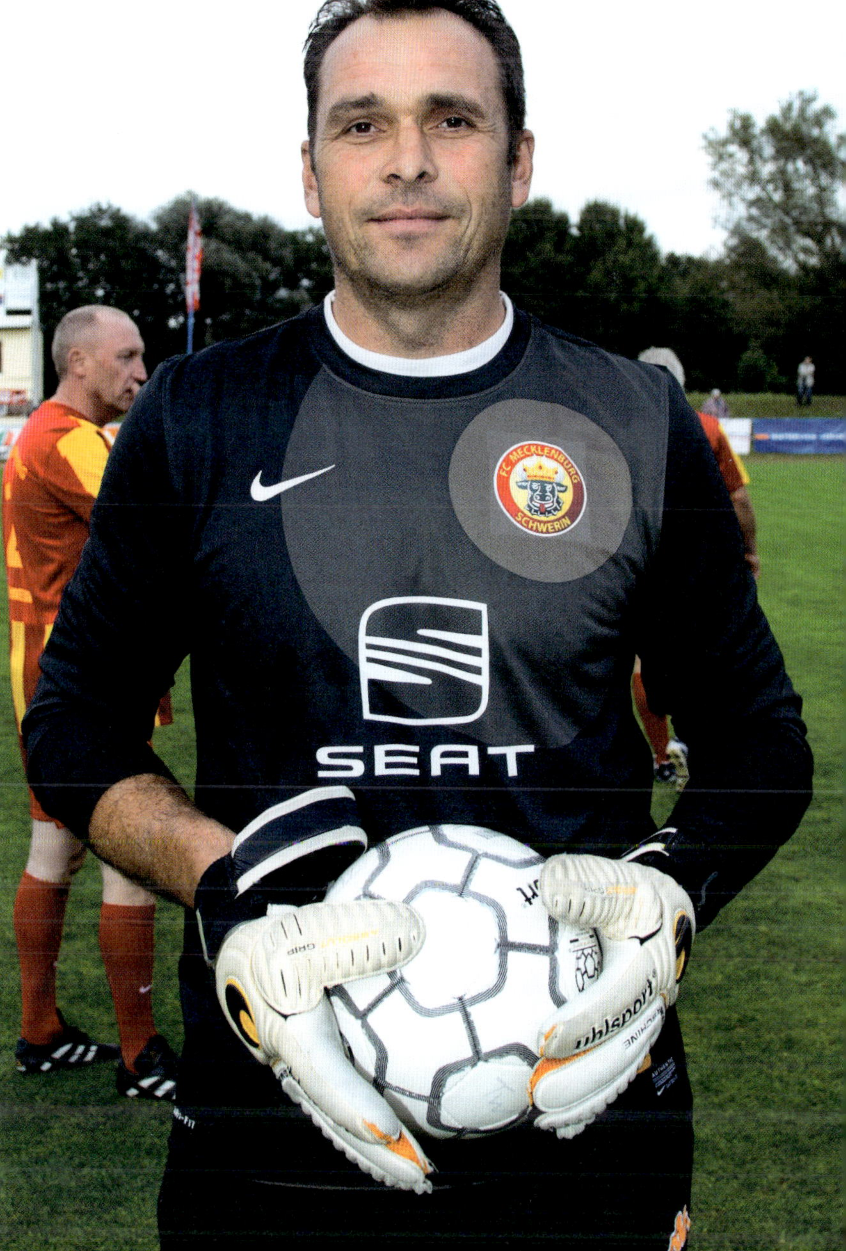

gegen den späteren Hamburger und Lauterer Andreas Reinke aus. Erst Ulf Kirsten, der beste Bundesligatorjäger im folgenden Jahrzehnt, überwand Andreas Reinke in der 84. Minute und sicherte damit das Doppel. Die Dresdner spielten im Europapokal der Landesmeister, für den PSV Schwerin lagen damit die Tickets für den Europacup der Pokalsieger bereit.

Austria Wien, eine von zwei Topadressen in Österreichs Hauptstadt, war im Rostocker Ostseestadion, vor einer beschämenden Handschlagkulisse der haushohe Favorit. Beim PSV Schwerin hatten Keeper Reinke und Mittelfeldspieler Stammann ihre Fühler schon in Richtung Hamburg und Leverkusen ausgestreckt. Ein Doppelschlag in der 34. und 36. Minute verschaffte den Gästen natürlich eine beruhigende Ausgangsposition für das Rückspiel.

In Wien verkaufte sich der PSV Schwerin vor 1.200 Zuschauern mit einem 0:0 mehr als ordentlich. Zwar brachte man Österreichs Nationalkeeper Wohlfahrt nicht in Verlegenheit, doch ließen die Schweriner in der Defensive kaum etwas zu. Für den 100:1-Favoriten Austria Wien glich die Nullnummer natürlich einer Blamage. Dementsprechend wurden die „Veilchen" auch von der heimischen Presse zerrissen.

Und der PSV? Welcher Schweriner Torjäger hätte helfen können? Vielleicht Wolf-Rüdiger Netz, der in der Vereinschronik des BFC Dynamo nach wie vor mit 111 Treffern die Top-Position einnimmt und großartige Tore für den BFC im Europacup 1971/72 schoss.

Netz, ein Schweriner…

STATISTIK

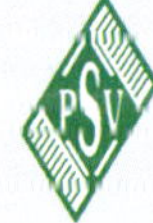

Die Bilanz des **PSV Schwerin**
2 Spiele: 0 Siege, 1 Unentschieden, 1 Niederlage

Europacup der Pokalsieger
1990/91
PSV Schwerin – Austria Wien 0:2
19.09.1990 in Rostock Ostseestadion
Austria Wien – PSV Schwerin 0:0
03.10.1990 in Wien Franz-Horr-Stadion

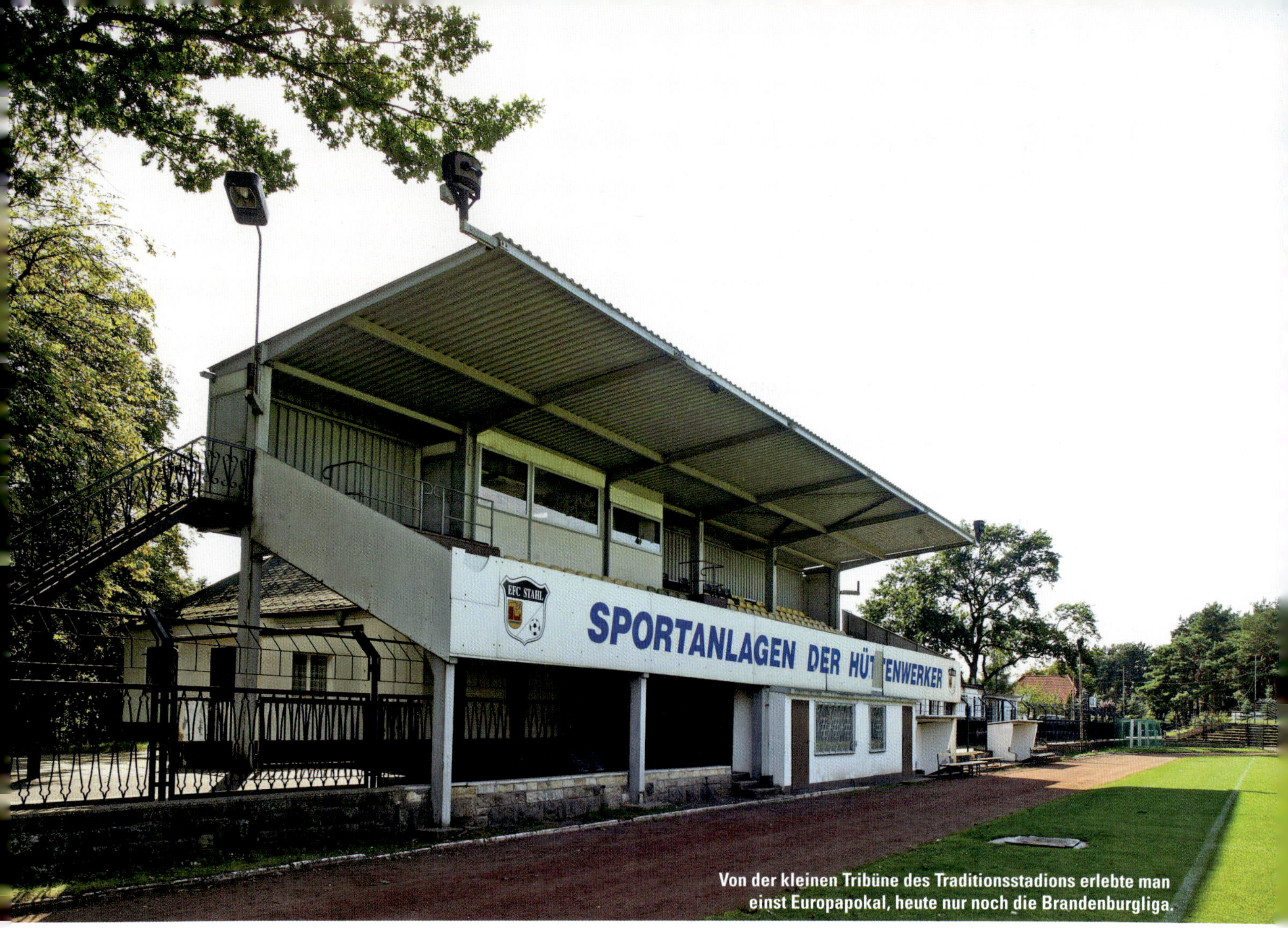

Von der kleinen Tribüne des Traditionsstadions erlebte man einst Europapokal, heute nur noch die Brandenburgliga.

STAHL EISENHÜTTENSTADT
AMATEURE AUF EUROPAKURS

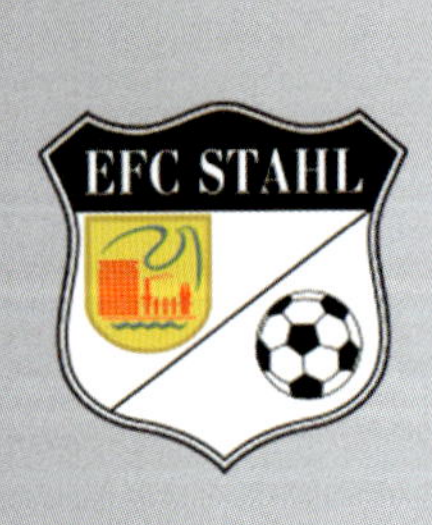

Stahl Eisenhüttenstadt
Gegründet: 27. November 1950
1953 bis 1961 Stahl Stalinstadt
1961 bis 1990 BSG Stahl Eisenhüttenstadt
1990 Eisenhüttenstädter FC (aufgelöst 2016)
Seit 2016: FC Eisenhüttenstadt
Größter Erfolg:
1991 Pokalfinale
Europacupbilanz:
1 Teilnahme, 2 Spiele (2 Niederlagen)
Heute: Brandenburgliga (6. Liga, 2021/22)

Nicht jeder Konflikt ist jedem Menschen zu jeder Zeit lösbar.
Christa Wolf, Schriftstellerin

Tom Hanks – Hollywood in „Hüttentown"

Wer hätte das von Tom Hanks gedacht? Der Hollywoodstar besuchte 2011 Eisenhüttenstadt und schwärmte im amerikanischen Fernsehen von einer „wonderful city". In einer Drehpause für seinen Film „Cloud Atlas", „Wolkenatlas", buchte der Oscar-Preisträger eine Tour nach „Hüttentown", wie die Einheimischen gern sagen. Die Stadt an der polnischen Grenze mit rund 30.000 Einwohnern sahen viele schon in einem ganz anderen Licht: „Eisenhüttenstadt, 1951 als sozialistische Planstadt errichtet, ist ein in Stein gegossenes Museum des Kalten Krieges", befindet Autorin Sabine Rennefanz in dem wunderbaren Buch „Eisenkinder", in dem sie die stille Wut der Wendegeneration beschreibt.

Genau in jener Zeit, im Sommer 1991, erlebt Eisenhüttenstadt im Fußball seine größte Stunde. Pokalfinale, Europacuppremiere. Diese Höhepunkte erhofften sich die Verantwortlichen schon 20 Jahre früher, als der Trägerbetrieb, das Eisenhüttenkombinat (EKO) Ost, Spieler und Trainer mit Schwarzgeldern spickte. Nach dem Abstieg peilte der Verein den sofortigen Wiederaufstieg in die Oberliga an. Aufgeblasen zu einem handfesten Skandal, wurde Stahl Missbrauch von Volkseigentum vorgeworfen und eine drastische Strafe aufgebrummt: Zwangsabstieg in die Bezirksliga. In jener bitteren Zeit war nicht vorauszuahnen, dass es Eisenhüttenstadt noch einmal bis ins letzte DDR-Pokalfinale schaffen würde.

Das einzige Europacuptor

Da der FC Hansa Rostock sein Doppel feiert, darf „Hütte" als Pokalfinalist (0:1 gegen Hansa) im Europacup der Pokalsieger seine Premiere gegen Galatasaray Istanbul bejubeln. Ein Novum: Noch nie vertraten Amateure den deutschen Klubfußball auf Europas Bühne. Stahl, inzwischen Drittligist, verkauft sich am 18. September 1991 im heimischen Stadion vor 3.500 Zuschauern höchst respektabel. Gegen das türkische Team mit dem einstigen Dortmunder Borussen Erdal Keser feiert Stahl in der 40. Minute durch Mittelfeldspieler Frank Bartz nicht nur die 1:0-Führung, sondern das ewig einzige Europacuptor. Dem Polen Kosecki gelingt mit dem Pausenpfiff noch der Ausgleich. Die Dominanz von Galatasaray in Halbzeit zwei veredelt Ex-Nationalspieler Erdal Keser in der 71. Minute zum 2:1-Siegtreffer.

Am Bosporus erwartet Stahl eine hitzige Atmosphäre. Vor 20.000 enthusiastischen Fans kann der Außenseiter bis zur Halbzeit aber noch ein knappes 0:1 halten. Dann aber brennt Galatasaray ein Angriffsfeuerwerk ab. Dem 1:0 von Kosecki (21./Elfer) folgen durch Arif (68.) und Mustafa (87.) die weiteren Tore zum locker-leicht erspielten 3:0. Hütte hat mit seiner geringen internationalen Erfahrung gegen die halbe türkische Nationalelf keinerlei Chancen.

Der Ausflug in den großen internationalen Fußball wird Frank Bartz, Olaf Bitzka, Karsten Schulz oder Olaf Schnürer unvergessen bleiben. Doch die Freude über Europacuppremiere und Supercup-Teilnahme hielt nicht lange an. Die Ernüchterung folgte mit dem verpassten Aufstieg in die zweite Profiliga, als der Fußball vom Osten und Westen vereint wurde. Obwohl „Hütte" den ehemaligen Nationalkeeper Bodo Rudwaleit (33 Länderspiele, 10 Meistertitel im BFC Trikot) verpflichten konnte, reichte der 9. Rang nicht zum Sprung in die 2. Bundesliga.

Damals begann die Talfahrt bis in die Siebtklassigkeit. Dabei kam Stahl Mitte der Neunziger in der Regionalliga noch auf Rang drei und konnte von der 2. Liga träumen. „Danach kam der Niedergang als schleichender Prozess, mit Insolvenz und Abstieg ", blickte das Urgestein Harry Rath in einer Betrachtung von Robert Klein in der Berliner „Fußball-Woche" zurück. Aber gleichzeitig richtet sich sein Fokus nach vorn: „Wir sind dabei, die Kräfte von mehreren Vereinen zu

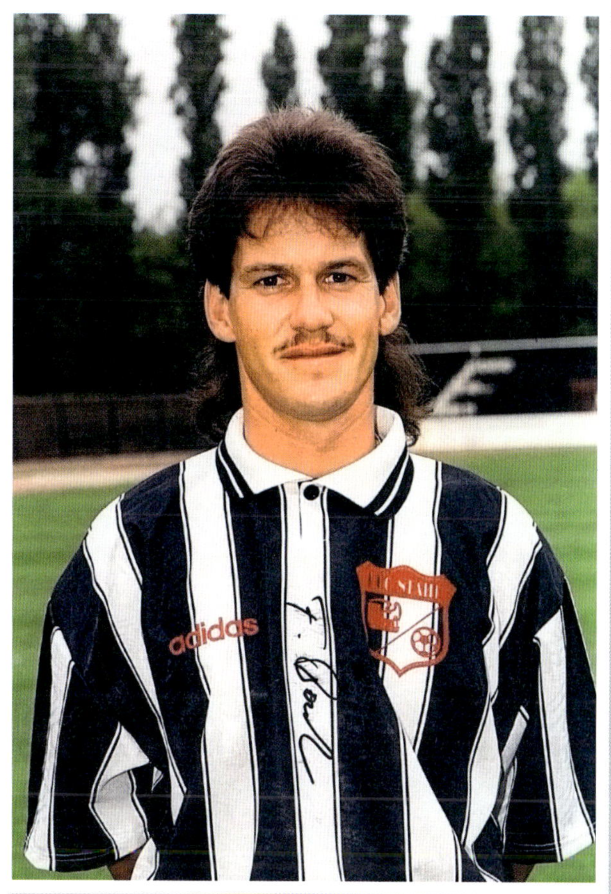

Der einzige „Hüttenwerker", der für den EFC Stahl ein Tor im Europapokal erzielte: Frank Bartz.

bündeln." Immerhin, das Stahlwerk kocht noch, wenn auch im Vergleich zu 16.000 Beschäftigten vor der Wende mit inzwischen 2.500 Mitarbeitern auf kleiner Flamme. Die heutige Arcelor Mittal Eisenhüttenstadt GmbH protegiert wenigstens den Stahl-Nachwuchs. Mit Sohn Marcel, dem einstigen Bundesliga-Kicker, und den ehemaligen Top-Keepern Holger Keipke und Eckhard Kreutzer will Harry Rath, der „Mr. EFC Stahl", wieder ein wenig höher klettern. „Aber mehr als Verbandsliga ist kaum drin." Vom Europacup wagt keiner auch nur zu träumen.

Deutschlandweit hat man Eisenhüttenstadt zuletzt 2004 wahrgenommen, als Norman Elsner von der Mittellinie das „Tor des Monats" gelang. Und danach? Ach ja, Tom Hanks...

STATISTIK

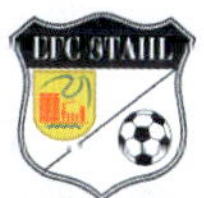

Die Bilanz von **Stahl Eisenhüttenstadt**
2 Spiele: 0 Siege, 0 Unentschieden, 2 Niederlagen

Europacup der Pokalsieger

1991/92
Stahl Eisenhüttenstadt – Galatasaray Istanbul 1:2
18.09.1991 in Eisenhüttenstadt Stadion der Hüttenwerker
Galatasaray Istanbul – Stahl Eisenhüttenstadt 3:0
02.10.1991 in Istanbul Ali-Sami-Yen-Stadion

FC ROT-WEISS ERFURT

THOMAS LINKE – VON ROT-WEISS ZU KÖNIGSBLAU

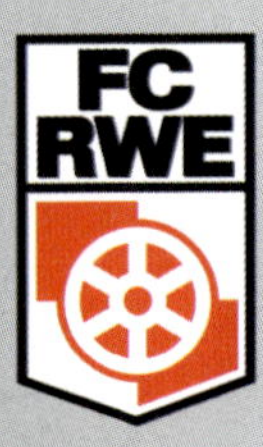

FC Rot-Weiß Erfurt
Gegründet: 20. Januar 1966
Vorläufer: 1946 bis 1948 Erfurt-West
1948 bis 1949: SG Fortuna Erfurt
1949 bis 1950: BSG KWU Erfurt
1950 bis 1954: Turbine Erfurt
1954 bis 1965: SC Turbine Erfurt
Größte Erfolge:
DDR-Meister: 1954 und 1955
Pokalfinalist: 1950 und 1980
Europacupbilanz:
1 Teilnahme, 4 Spiele (2 Siege, 2 Niederlagen)
Heute: Oberliga Süd (5. Liga, 2021/22)

Das Schönste am Gedächtnis sind die Lücken.
Peter Ensikat, Kabarettist

Schnupperkurs im UEFA-Cup

Wer im Osten hätte ihm zugetraut, dass er nach dem Fall der Mauer einen solchen Höhenflug erleben würde? „Auf ihn war stets Verlass", lobte Ottmar Hitzfeld seinen robusten Defensivmann aus dem Champions-League-Siegerteam der Bayern von 2001. „In diesem Finale bewies Thomas auch seine Nervenstärke. Er verwandelte den entscheidenden Elfmeter gegen Valencia souverän." Und schon vier Jahre zuvor hatte der ehrgeizige und kopfballstarke Thüringer mit Schalke den UEFA-Cup gewonnen.

Auf diesem Weg zu Glanz und Gloria musste Thomas Linke eine Menge Häme und Zweifel wegstecken. Erst ärgerte ihn der blöde Spruch: „Hast du einen dummen Sohn, dann schicke ihn zu Robotron." Er spielte zunächst bei Robotron in Sömmerda. Robotron war der „Sponsor" dieser Mannschaft und gehörte zum Kombinat Elektrotechnik und Elektroelektronik. Lange musste Thomas Linke die Hänselei aber nicht aushalten, denn die Scouts hatten schon sein Talent entdeckt und schickten ihn mit zwölf Jahren zur Kinder- und Jugendsportschule (KJS). Fast wäre der kleine Linke im Handumdrehen wieder nach Hause geschickt worden. Der Grund: Er wuchs einfach nicht. Nur eine Handwurzelmessung mit positiver Wachstumsprognose schützte ihn vor der „Ausdelegierung".

Bereits mit knapp 20 Jahren schaffte der ehrgeizige und fleißige Verteidiger den Sprung in Erfurts Männerteam und 1991 in die 2. Bundesliga. In dieser Zeit darf er auch mit den Rot-Weißen, Meisterschafts-Dritter von 1991, am Europacup schnuppern. Mit zwei 1:0-Erfolgen gegen Groningen (Torschützen Schmidt und Gottlöber) überstanden die Blumenstädter die erste Runde im UEFA-Cup. Das Los bescherte Erfurt danach wieder ein niederländisches Team – aber diesmal einen Hochkaräter, nämlich Ajax Amsterdam. Gegen den mehrfachen Europacupsieger (u. a. 1:0 im Finale 1987 gegen Lok Leipzig) hielten sich die Thüringer zu Hause in der ersten Halbzeit recht tapfer. Schulz traf in der 39. Minute sogar zur 1:0-Führung gegen Menzo. Eine Minute nach Anpfiff der zweiten Halbzeit überraschte Jonk die rot-weiße Defensive um Libero Sänger mit dem schnellen Ausgleich. Erst in der 76. Minute entschied Jungstar Bergkamp die Partie mit dem 2:1 endgültig.

Wegen einer Platzsperre für den niederländischen Rekordmeister wurde das Rückspiel im Düsseldorfer Rheinstadion ausgetragen. Auch hier ließen die Disztl, Sänger, Linke, Romstedt, Arndt, Gottlöber, Schmidt und Heun bis zur Pause nur das 0:1 durch Pettersson zu. Danach wirbelten die Bergkamp, Pettersson und van t'Schip die Erfurter Defensive gehörig durcheinander. Blind (58.) und van Loen (84.) sorgten durch ihre Treffer für ein standesgemäßes 3:0. Ajax marschierte bis ins Finale und setzte sich am Ende gegen Turin Calcio (2:2, 0:0) dank der Auswärtstor-Regel durch.

Ein Thüringer für Bayern

Von solch einem Cupgewinn konnte zu jenem Zeitpunkt Thomas Linke nur träumen. Da waren Uwe Weidemann und Thomas Vogel schon verkauft. Die veränderten ökonomischen Bedingungen zwangen die Thüringer, als dritten Leistungsträger Thomas Linke abzugeben. Der hartnäckige Kämpfertyp wurde sowohl von Schalke als auch vom Titelkandidaten Eintracht Frankfurt umworben. Der Rot-Weiße

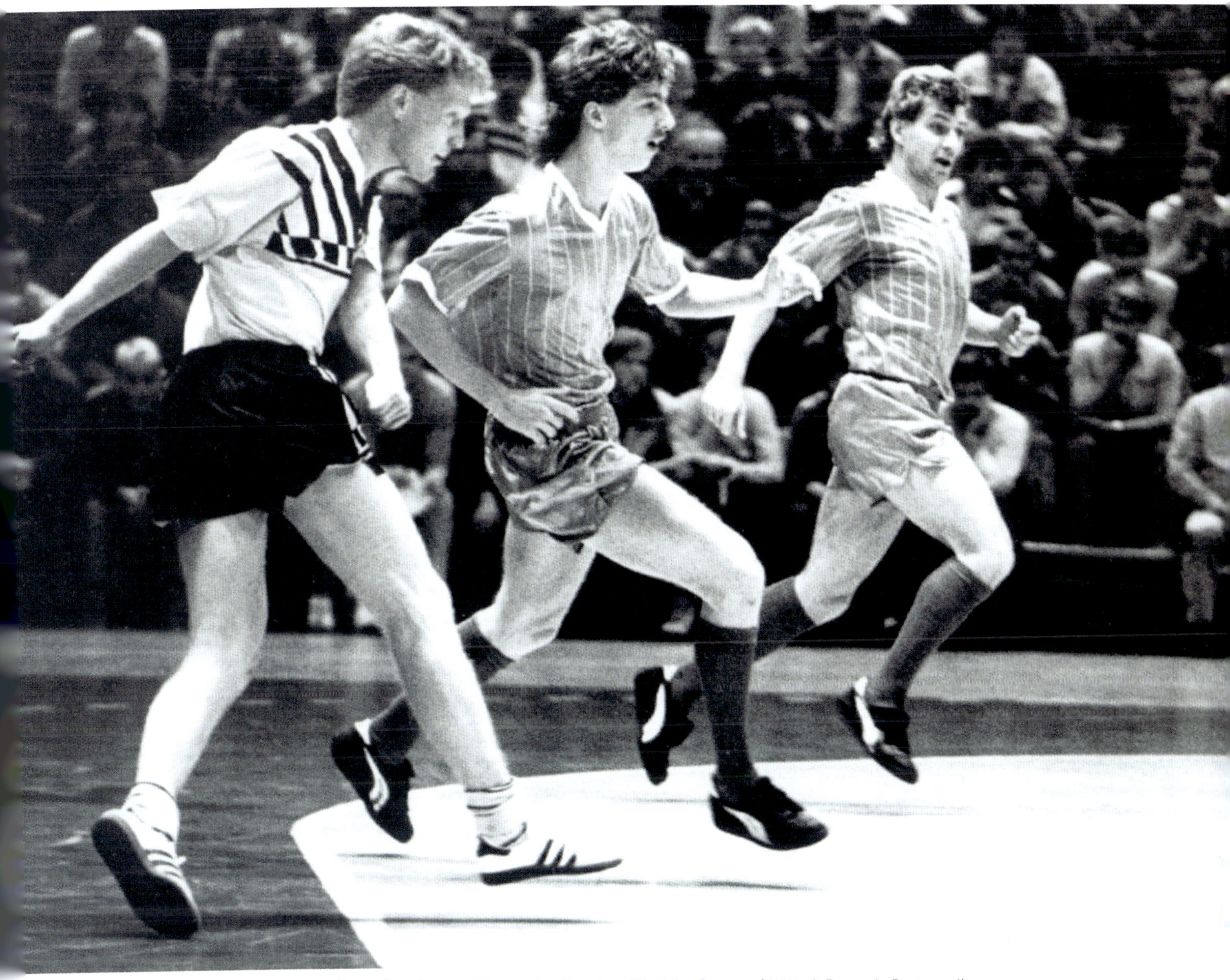

Frühes Duell zweier späterer Champions-League-Sieger: der Dresdner Matthias Sammer (1997 mit Borussia Dortmund) und der Erfurter Thomas Linke (2001 mit dem FC Bayern) bei einem Turnier in Leipzig, Dezember 1989.

wählte Königsblau. Die Titeljagden mit den Bayern sollten erst noch kommen.

Dabei hatte Erfurts Fußball Mitte der fünfziger Jahre schon zwei Meistertitel in der DDR-Oberliga geholt – 1954 und 1955. Drei Spielerpersönlichkeiten prägten damals die Meistermannschaft: der elegante Libero und Kapitän Helmut Nordhaus, der baumlange und dünnbeinige Läufer Jochen Müller sowie der schon 38-jährige Willy Dittmar, der Fritz Walter des Erfurter Fußballs. Spätere Aktivposten: Torjäger Siegfried Vollrath und Läufer Georg („Schorsch") Rosbigalle.

Für Erfurts Meisterspieler mit ihrer respektablen spielerischen Klasse kam der Europacup zu spät. Nicht aber für den „Enkel" der Thüringer – für Thomas Linke.

STATISTIK

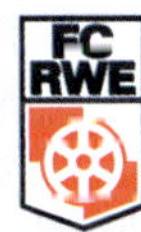

Die Bilanz von **Rot-Weiß Erfurt**
4 Spiele: 2 Siege, 0 Unentschieden, 2 Niederlagen

UEFA-Cup

1991/92
FC Groningen – FC Rot-Weiß Erfurt 0:1
18.09.1991 in Groningen Stadion Oosterpark
FC Rot-Weiß Erfurt – FC Groningen 1:0
01.10.1991 in Erfurt Steigerwald-Stadion

FC Rot-Weiß Erfurt – Ajax Amsterdam 1:2
23.10.1991 in Erfurt Steigerwald-Stadion
Ajax Amsterdam – FC Rot-Weiß Erfurt 3:0
06.11.1991 in Düsseldorf Rheinstadion (Platzsperre Ajax)

1. FC UNION BERLIN
PRAGER FRÜHLING UND EISIGER HERBST

1. FC Union Berlin
Gegründet: 20. Januar 1966
Vorläufer: 1945 bis 1951 SG Union Oberschöneweide
1951 bis 1955 BSG Motor Oberschöneweide
1955 bis 1957 SC Motor Oberschöneweide
!957 bis 1963 TSC Oberschöneweide
1963 bis 1966 TSC Berlin
Größte Erfolge:
1968 Pokalsieger, 1986 Pokalfinalist
Europacupbilanz (nach der Wende):
2 Teilnahmen, 4 Spiele (1 Sieg, 2 Remis, 1 Niederlage)*
Heute: 1. Bundesliga (2021/22)

Im Abendrot leuchtet alles im verführerischen Licht der Nostalgie, sogar die Guillotine.
Milan Kundera, tschechisch-französischer Schriftsteller

** (Spiele aus der Saison 2021/22 noch nicht berücksichtigt.)*

Berlins 68er Helden tricksen Schorsch Buschner aus

„‚Schwenne', sag, was ist dein Geheimnis?" Er nahm noch einen Zug aus seiner Zigarre und grinste: „Der Balken muss glühen." Du konntest das Berliner Traineroriginal Werner Schwenzfeier fast immer mit einem heißen Stumpen sehen. Eine verqualmte kleine Kellerkneipe, zwischen Sportverlag und Amerikanischer Botschaft gelegen, konnte ihm nichts anhaben. Er suchte dort, bei „Rosi", gern die Nähe von Fußballjournalisten, Kabarettisten, Ex-Fußballern. Manchmal guckten auf eine halbe Mittagsstunde Günter Simon von der „Fußball-Woche" vorbei, Eddy Külow vom Kabarett-Theater „Distel" oder Trainerkollegen wie Werner Wolf. So eine gemischte Runde gefiel dem eloquenten Lehrer für Deutsch, Physik und Geografie.

Vor allem aber war „Schwenne" ein exzellenter Fußball-Lehrer mit gutem Auge, der auch Talente aus kleineren Gemeinschaften nicht übersah. So holte der kluge Pädagoge Anfang der Sechziger auch den begabten „Manne" Schick-

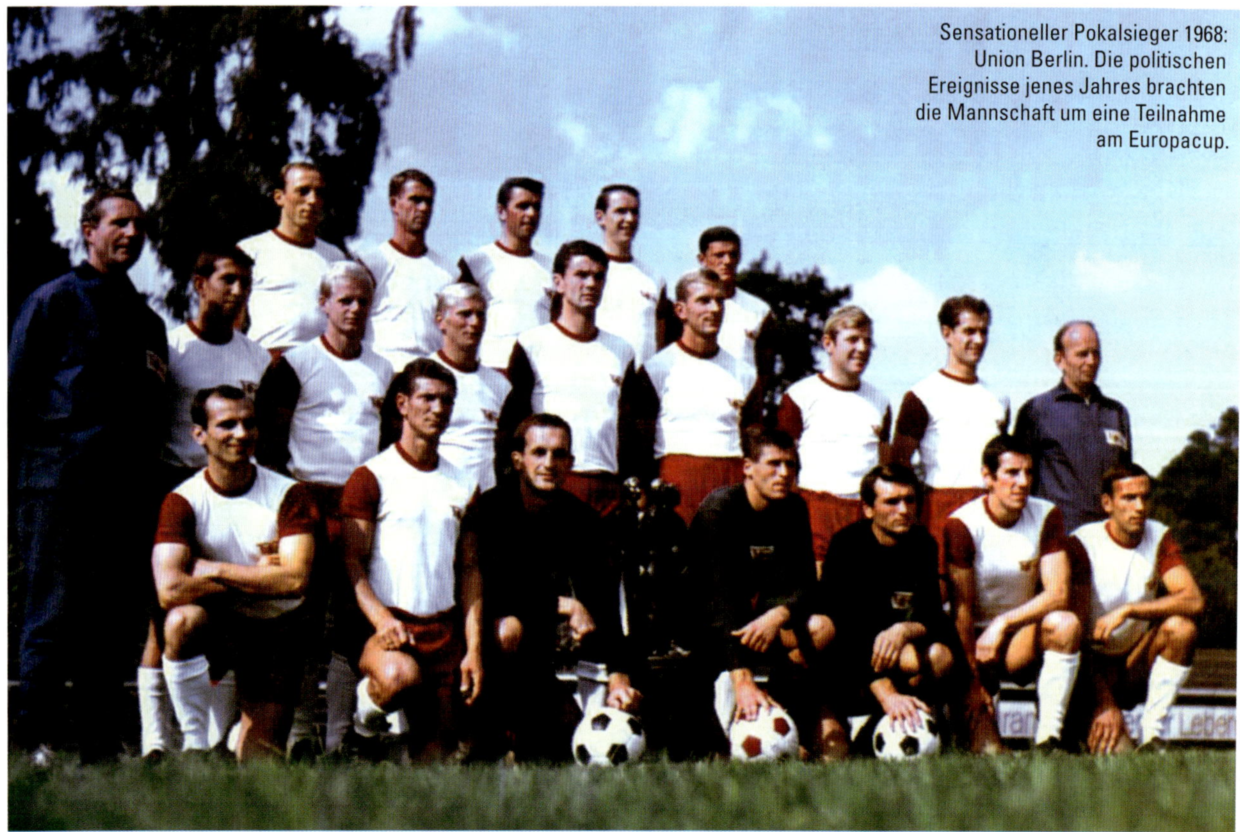

Sensationeller Pokalsieger 1968: Union Berlin. Die politischen Ereignisse jenes Jahres brachten die Mannschaft um eine Teilnahme am Europacup.

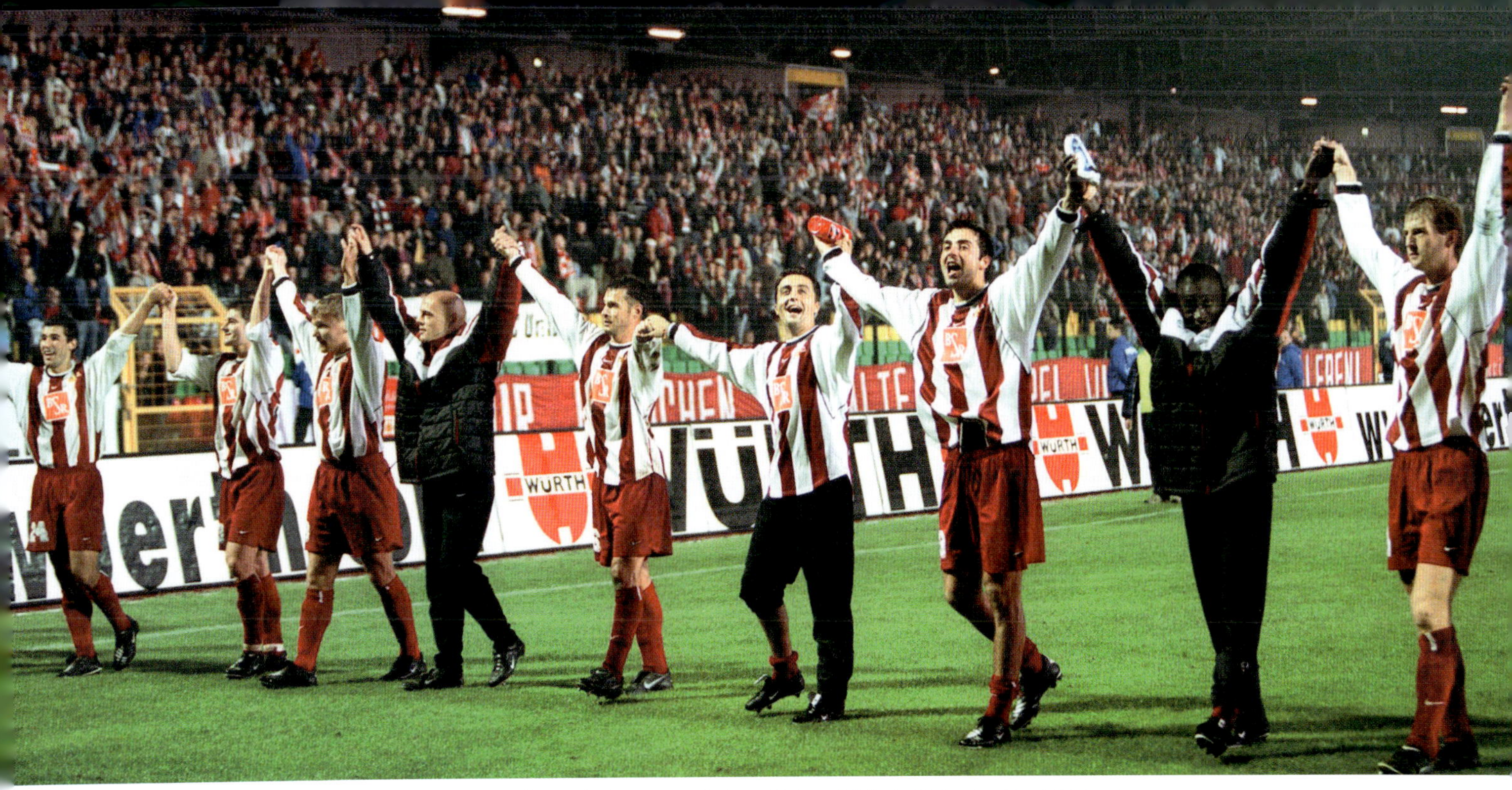

Jubel im Jahn-Sportpark: Union Berlin hat den mehrfachen finnischen Meister FC Haka Valkeakoski mit 3:0 besiegt.

gram von Berolina-Stralau in die Juniorenauswahl. Der Mann hatte ja schließlich auch das Trainerdiplom von Sepp Herberger in der Tasche. Aber der polyvalente Übungsleiter aus dem Prenzlauer Berg war nicht etwa nur ein Theoretiker, sondern auch ein gewiefter Praktiker. Er wusste, fußballerisch gab in der Hauptstadt weiterhin der FC Vorwärts den Ton an, der BFC Dynamo war in die 2. Liga abgerutscht. Aber Union, das schon vor dem Zweiten Weltkrieg als SC Union 06 am Rande der Wuhlheide eine Topadresse war, kam atmosphärisch republikweit immer besser an.

Den größten Coup mit seinen Kickern aus Berlin-Köpenick landete Werner Schwenzfeier 1968. Erst eine Saison zuvor mit den „Eisernen" ins Oberhaus aufgestiegen, führte er die „Schlosserjungs" im Pokalfinale gegen den hochfavorisierten Meister FC Carl Zeiss Jena zu einem sensationellen 2:1-Triumph. „Schwenne" haute sich noch Jahre danach auf die Schenkel, wenn er daran dachte, wie er den späteren Auswahltrainer Schorsch Buschner ausgetrickst hatte. Der Union-Coach zauberte den 21-jährigen Reinhard „Mäcky" Lauck aus dem Ärmel, der gerade von Cottbus an die „Alte Försterei" gewechselt war. Es war Laucks erster Einsatz für die Rot-Weißen und in der Oberliga. „Der Schorsch Buschner, der kannte ihn gar nicht", frohlockte Schwenzfeier. Als „Mäcky" Lauck von seiner Nominierung erfuhr, kippte er fast aus den Latschen: „Der Schwenzfeier ist wohl verrückt geworden."

Der Frischling überstand den Härtetest gegen die Ducke-Brüder und reifte schnell zum Auswahlspieler. 1974 fuhr Lauck als defensiver Mittelfeldspieler zur WM und brachte von Olympia 1976 Gold mit nach Hause. Schwenzfeier formte aber noch andere zu Nationalspielern. Dazu gehörten der elegante und intelligente Libero Wolfgang Wruck und der unorthodoxe Dribbler Günter „Jimmy" Hoge, der auf einer Südamerika-Reise die Massen beim Turnier „Octogonal" in Chile begeisterte. Jammerschade, dass dieser begnadete Stimmungsfußballer so viele Auszeiten in seiner Karriere nehmen musste. „Jimmy" passte zu diesem größten Kultverein im Osten wie kein anderer. Seine funkelnden Dribblings bleiben unvergessen. Und auch jener, der sich so einen Zauber erst ausgedacht hat.

Nach Neuauslosung – Boykott des Ostens

Mit diesem Schwung wollten „Jimmy" Hoge und Union 1968 in die Europapokalpremiere gehen. Das Los hatte ihnen FK Bor aus Jugoslawien beschert. Doch dann kam die militärische Niederschlagung des „Prager Frühlings" dazwischen. Der eisige Herbst ließ kein Tauwetter zu. Auf Intervention vieler westlicher Klubs loste die UEFA neu aus. Der Jaschin-Klub Dynamo Moskau war der neue und ungleich schwierigere Kontrahent. Doch zu diesem Duell kam es nicht, weil die meisten sozialistischen Länder ihre Mannschaften wegen der Neuauslosung aus dem Wettbewerb nahmen. „Das war natürlich eine Riesenenttäuschung", erinnert sich Werner Schwenzfeier. Sarkastischer Zusatz von ihm: „Die 15.000 Eintrittskarten reichten jetzt drei Jahre bei Union als Schmierzettel."

Erst nach über 40 Jahren, inzwischen als Zweitligist, kann der 1. FC Union Berlin jubeln: „Europa, wir kommen!" Schalke 04 entschied sich 2001 nach dem DFB-Pokalsieg über den 1. FC Union Berlin (2:0) für die Teilnahme an der Champions League. Dadurch wurde ein UEFA-Cup-Ticket für die Berliner frei. In Runde eins trafen die Kicker aus der Wuhlheide auf den mehrfachen finnischen Meister FC Haka Valkeakoski. Beim 1:1 in der finnischen Kleinstadt legte Cristian Fiel in der 70. Minute brillant für Sreto Ristic auf, der die Kugel aus fünf Metern versenkte. Jubel über das Europacup-Premieretor des 1. FC Union Berlin! Nach einem 3:0 am 27. September 2001 im Jahn-Sportpark kam in der zweiten Runde das Aus gegen den bulgarischen Pokalsieger Litex Lovetsch (0:0/0:2). Damit, dachten viele, sei das Kapitel Europapokal für die Köpenicker für immer abgeschlossen. Aber Union sollte 20 Jahre später noch einmal ins „internationale Geschäft" zurückkehren

Nach dem Aufstieg in die erste Fußball-Bundesliga im Jahr 2019, einem 11. Rang dort in der ersten Saison sowie einem 7. Rang im vergangenen Spieljahr, war es passiert: Union hatte das Ticket für die Play-offs der neugeschaffenen Europa Conference League gebucht.

Gegen den finnischen Pokalsieger Kuopio PS zog der Bundesligist locker in die Gruppenphase ein. Dort treffen die „Eisernen" auf eine spannende Konkurrenz – Slavia Prag, Maccabi Haifa und den niederländischen Topklub Feyenoord Rotterdam. Aber in Berlin-Köpenick weiß man die traumhaften Erfolge der letzten Jahre gut einzuordnen. So warnt Union-Coach Urs Fischer: „Am Ende geht es doch wieder um den Erhalt der Bundesliga."

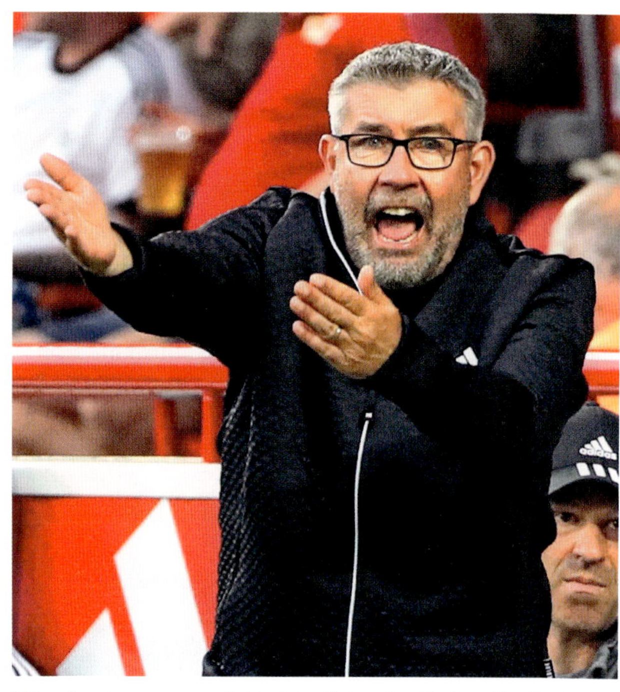

Mit seiner besonnenen Art hat der Schweizer Trainer Urs Fischer den 1. FC Union Berlin in der 1. Fußball-Bundesliga etabliert.

26. August 2021: Union tritt im Play-Off-Rückspiel zur neuen Europa Conference League gegen Kuopio PS im Berliner Olympiastadion an. Grund dafür: Das Stadion an der Alten Försterei bietet nicht die von der Uefa geforderte Anzahl an Sitzplätzen. Den Fans der „Eisernen" ist das egal, sie feiern ihre Mannschaft auch beim „Auswärtsspiel" im Westen der Hauptstadt.

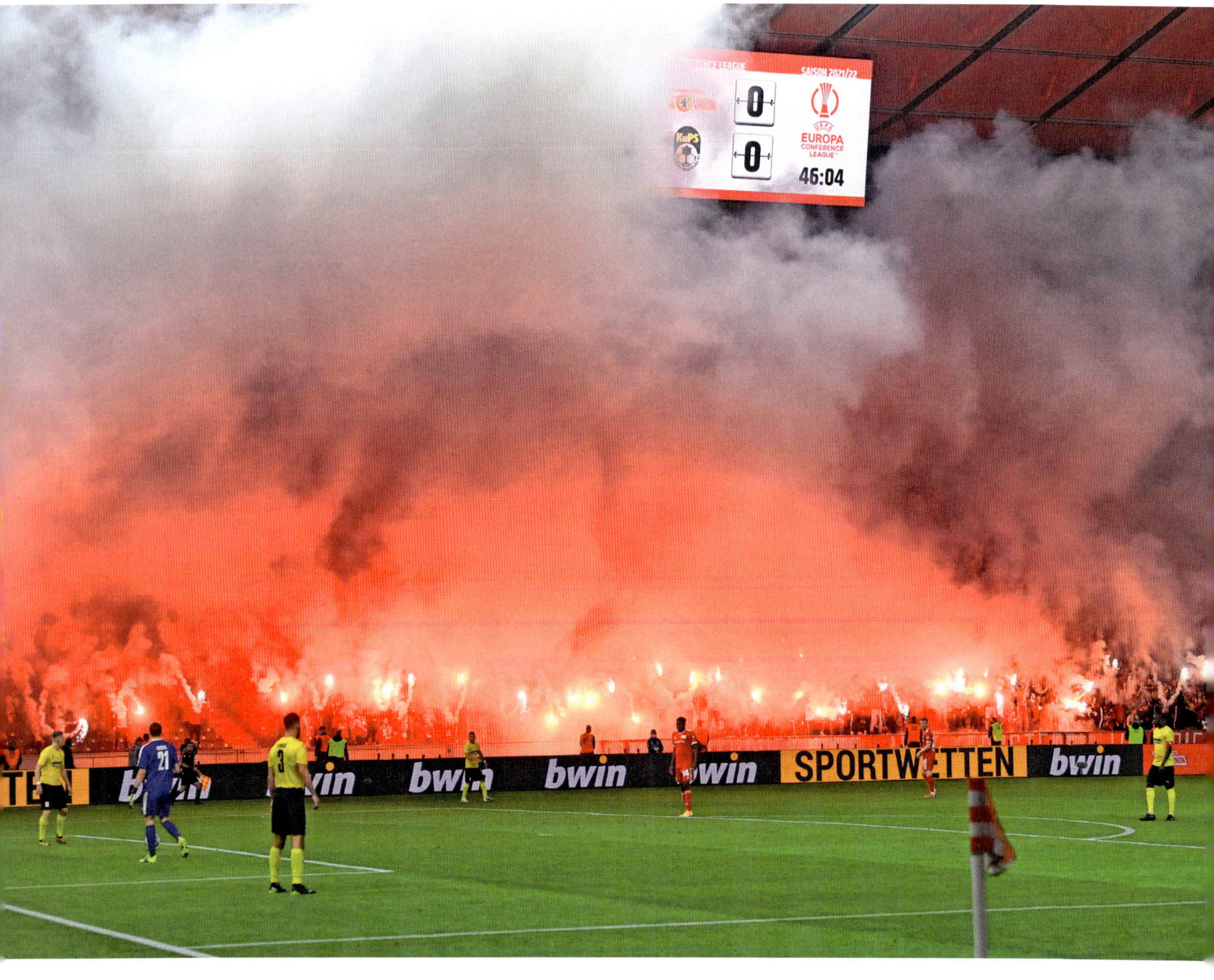

EPILOG

Rückblick, November 1991: In den Wirren der Wende musste meine Bewerbung beim MDR in Leipzig untergegangen sein. Ich ging dieser Sache auch nicht hartnäckig nach, weil ich ein Angebot von „Screensport" in London hatte. Wollte ich denn nicht immer Auslandskorrespondent werden? Ich musste mich schnell entscheiden. Noch brannten die Lichter der Sportredaktion in Berlin-Adlershof, noch hofften viele auf eine Übernahme durch die Öffentlich-Rechtlichen. Doch entsprach ich mit 46 Jahren noch dem Anforderungsprofil von ARD und ZDF? Jung und dynamisch – das war vorbei. Die letzten Illusionen nahm mir der langjährige Paris-Berichterstatter Lutz Renner: „Was soll noch passieren? Die Mühlfenzels kommen und kehren mit eisernem Besen aus. Vielleicht hat der eine oder andere von der Sportredaktion Glück und wird vom SFB (Sender Freies Berlin) oder ORB (Ostdeutscher Rundfunk Brandenburg) übernommen."

Also ab nach London, mit längeren familiären Trennungen, aber auch mit viel Enthusiasmus in eine andere Welt. Der Arbeitsplatz von „Screensport" lag in der Carnaby Street – Kultmeile der Swinging Sixties, wo McCartney mit seiner Linda flirtete und für Mick Jagger die Party im Gefängnis endete. Mich lockten aber vor allem London und seine Handvoll Premier-League-Klubs: Arsenal, Tottenham, Chelsea, West Ham etc. Was für eine Europacup-Aussicht. Mein Westberliner Abteilungsleiter, der mich noch vom Bildschirm her kannte, stellte mich zum 1. November 1991 ein – fünf Tage vor dem allerletzten Auftritt einer DDR-Mannschaft im Europapokal. Der FC Rot-Weiß Erfurt schied in der zweiten Runde des UEFA-Cups nach einem 0:3 in Amsterdam gegen den späteren Cupgewinner Ajax chancenlos aus. Die Europacupgeschichte von Aue bis Magdeburg: vergessen und vorbei?

Die ersten Kontakte zu früheren Europacupspielern des DDR-Fußballs hatte ich bei meinem Inselaufenthalt Anfang der Neunziger mit Uwe Rösler bei Manchester City und Andreas Thom bei Celtic Glasgow. Der einstige BFC-Angreifer, als erster Kicker aus dem Fußballosten legal in den Westen zu Bayer Leverkusen transferiert, bekam die Showbühne bei seiner Premiere für die grün-weißen Katholiken: erst ein Doppelpass mit Rockrohre Rod Stewart, dann ein kräftiger Schulterklaps von James-Bond-Darsteller Sean Connery – mehr Promi-Geleit konnte sich der 29-Jährige bei seinem Debüt für Celtic Glasgow nicht erhoffen. Der erste Bundesligaprofi im Schottenoutfit, eine historische Momentaufnahme. Mit einem tollen Dribbling bereitete der nach wie vor wahnsinnig schnelle Pendler zwischen Mittelfeld und Angriff das 1:0 vor. Die Fans im Celtic-Park sangen: „There's only one Andy Thom." Und der „Observer", die größte Sonntagszeitung auf der Insel, applaudierte: „Thumbs up for new boy Thom" – „Daumen hoch für den Neuen".

Wir treffen uns nach dem Vormittagstraining auf dem grünen Teppich in der VIP-Lounge, im Celtic Park an der Kerrydale Street. Von der getäfelten Wand mit grünen Kleeblättern schaut auf einem Ölgemälde John F. Kennedy herab. Der ehemalige amerikanische Präsident hat irische Wurzeln und ist Ehrenpräsident von Celtic Glasgow. Drei Monate nach seinem Wechsel von Leverkusen sehen die schottischen Medien Andy Thom inzwischen als Top-Angreifer mit „trittfestem Glauben" („Daily Record") für den katholischen Verein Celtic Glasgow. „Andy hat im Europacup gegen Batumi bewiesen, dass er mit drei Toren in zwei Spielen jeden Penny wert ist, den wir für ihn ausgegeben haben", lobte Manager Tommy Burns. „Maßstab ist der Europacup." Die fünf Millionen Ablöse schienen den Schnellstarter Thom nicht zu drücken. Sein damaliger Traum: „Paris packen und dann auf Gladbach treffen."

Der Traum platzte. In die Bundesliga kehrte der Berliner Junge erst 1998 zurück, mit einem schottischen Ligacup im Gepäck und noch einmal ordentlich viel Lust auf Fußball bei der Hertha, wo er heute die B-Jugend betreut. Zunächst aber galt es im Osten Glasgows weiter auf Häusersuche zu gehen. Das Leben im Hotel Westpoint nervte ihn zusehends. Fahrt zum Flughafen. Als ich bei ihm rechts einsteigen wollte, konnte er sich ein Grinsen nicht verkneifen: „Eh, wie lange bist du schon auf der Insel?"

Leider hatte „Screensport" keine Übertragungsrechte für große Fußballspiele – weder für die Premier League noch für den Europacup. Snooker, Baseball, American Football hießen die Trümpfe. Über ein paar Umwege kam ich wenig später zum „fußballfreundlicheren" Sender Eurosport in Paris. Eine spannende Zeit, die neunziger Jahre. Das Internet war erst im Kommen. Die Kommentatoren aus England, Frankreich, Holland und Deutschland trafen sich zu den legendären „Eurogoals" in Paris, tauschten Infos aus erster Hand vor Europacupspielen aus. Wenn allerdings in unserer Übertragungskette eine mittelmäßige russische oder ukrainische Mannschaft auftauchte, begann gewöhnlich das große Stöhnen. Abgesehen vom zweifachen Europacupgewinner Dynamo Kiew und vielleicht noch Zenit St. Petersburg oder ZSKA Moskau, fand man von anderen Teams nur dürre Informationen. Jetzt musste man seine Kontakte spielen lassen.

Begegnung mit „Mister kicker"

„Lieber Herr Weise", faxte Karl-Heinz Heimann am 30. März 1998 in die Eurosport-Redaktion nach Paris: „Anbei sende ich Ihnen das Material über Lok Moskau…" Ich hatte den „Mister kicker", langjähriger Chefredakteur und Herausgeber des Klassikers unter den Sportmagazinen, während der WM 1982 in Madrid kennengelernt. In einem Antwortbrief nach seinem 80. Geburtstag schrieb er mir am 7. Januar 2005: „Ich denke sehr oft an unsere erste Begegnung damals, 1982, in Madrid. An einem Abend haben wir damals in der Cafeteria des Hochhauses, in dem wir alle wohnten, zusammengesessen. Valodja Maslatschenko war nach meiner Erinnerung auch dabei…" Sein Gedächtnis täuschte Karl-Heinz Heimann nicht. Maslatschenko, lange im großen Sowjetreich hinter Jaschin die Nummer zwei im Tor, war inzwischen ein längst respektierter TV-Reporter und an diesem Abend bei einem Glas Bier in der Journalistenrunde dabei. Heimann, ohnehin eine unantastbare Persönlichkeit, genoss in meinen Augen

Top 10 nach 34 Jahren Europapokal 1957–1991

Spieler mit den meisten Europapokal-Einsätzen

	Spieler	Einsätze
1.	Reinhard Häfner (Dynamo Dresden)	66
2.	Hans-Jürgen Dörner (Dynamo Dresden)	65
3.	Wolfgang Seguin (1. FC Magdeburg)	57
4.	Lothar Kurbjuweit (FC Carl Zeiss Jena)	55
5.	Gert Heidler (Dynamo Dresden)	54
6.	Konrad Weise (FC Carl Zeiss Jena)	54
7.	Eberhard Vogel (FC Carl Zeiss Jena)	52
8.	Manfred Zapf (1. FC Magdeburg)	49
9.	Jürgen Pommerenke (1. FC Magdeburg)	48
10.	Hans-Ulrich Grapenthin (FC Carl Zeiss Jena)	47

Spieler mit den meisten Europapokal-Toren

	Spieler	Tore
1.	Jürgen Sparwasser (1. FC Magdeburg)	20
2.	Hans-Jürgen Kreische (Dynamo Dresden)	17
	Joachim Streich (1. FC Magdeburg)	17
4.	Gert Heidler (Dynamo Dresden)	16
5.	Peter Ducke (FC Carl Zeiss Jena)	14
6.	Torsten Gütschow (Dynamo Dresden)	14
7.	Jürgen Pommerenke (1. FC Magdeburg)	14
8.	Martin Hoffmann (1. FC Magdeburg)	13
9.	Eberhard Vogel (FC Carl Zeiss Jena)	12
10.	Henning Frenzel (1. FC Lok Leipzig)	12

noch mehr Hochachtung, weil er besser Russisch sprach als ich nach fünf Jahren obligatorischen Unterrichts. Peinlich. An einem Abend erzählte der Kolumnist des „kicker", wie er sich in langjähriger russischer Gefangenschaft ein Wörterbuch organisierte und in der Nacht Russisch lernte. Als Journalist sollte ihm das später sehr viel helfen. Der große Torwart Lew Jaschin und der bärbeißige Trainer Valeri Lobanowski wurden seine Freunde.

Aber Karl-Heinz Heimann suchte nicht nur das Scheinwerferlicht der Großen und Mächtigen. Er konnte auch dem sogenannten kleinen Mann gut zuhören und zeigte in den schwierigen Wendejahren mehr Verständnis für die Kollegen aus dem Osten als manch anderer. Ich habe mich immer gewundert, wieso er Uwe Grandel und mich nach Dingen befragte, die nur ein Kenner des „Fußball-Panoramas" stellen konnte. „Mit einer Spezialantenne kann ich seit einiger Zeit das Ostfernsehen in Nürnberg sehen", löste Heimann das Rätsel auf. Als ich für meine Festanstellung bei Eurosport in Paris zwei Bürgen brauchte, war einer davon Karl-Heinz Heimann. Ich habe sehr gezweifelt, ob er für einen Ostkollegen 1996 seine Hand ins Feuer legen würde. Er tat es.

Danke, „Mister kicker"!

Karl-Heinz Heimann blieb für den russischen und ukrainischen Fußball meine beste Informationsquelle. Überhaupt, der Austausch der Spielideen und taktischen Formeln mit internationalen Größen war der größte Gewinn. Ich erinnere mich noch gut an eine Auswertung nach der Sendung, um die Ecke beim Italiener. Der holländische Kommentator Hans Kraay, in den fünfziger Jahren Spieler bei Feyenoord Rotterdam und im Nationalteam, nahm eine Serviette und kritzelte eine Menge Dreiecke darauf. „Schau, für einen guten Spielaufbau ist die Anzahl der Dreiecke wichtig. In keinem anderen als dem 4-3-3-System lassen sich so simpel Dreiecke aufstellen. Mit dieser Basis hast du für deine Spieler ein tolles Konzept." Altes holländisches Glaubensbekenntnis!

Paris – London – Berlin. Mittlerweise sind seitdem rund 20 Jahre vergangen. Aufregende, spannende, aber auch stressige Jahre. Lange habe ich nicht an ein Buch über „DDR-Klubs im Europapokal" gedacht. Inzwischen sind über einzelne Vereine im Osten schon prachtvolle Werke produziert worden. Allein in Dresden konkurrieren mehrere „Teams" um die spannendste Fibel über Dynamo. Uwe Karte und Gert Zimmermann haben mit ihrem funkelnden Dynamo-Buch neue Maßstäbe gesetzt. Sven Geisler und Jürgen Schwarz erfüllen mit „Legenden, Schicksale, Geschichten" ein Bedürfnis. Jens Genschmar und Veit Pätzug setzen der Legende Dixie Dörner ein würdiges Denkmal. Aber auch Thomas Franke und Marko Hofmann brillieren in Leipzig mit einem Hochglanzprodukt über das große Lok-Team 1987. Ein packendes und informatives Vereinsporträt des Kultklubs 1. FC Union Berlin legt Matthias Koch im Verlag Die Werkstatt vor. Eine literarische Perle der Sammelband „Eine Liebe im Osten" des glühenden Zeissianers Christoph Dieckmann. Was also drängt nach einem Buch „DDR-Klubs im Europapokal"? Sind nicht alle Geschichten schon erzählt? Sind nicht die meisten Anekdoten schon bekannt? Vielleicht hilft, wie schon zu Beginn des Buches, Gabriel Garcia Márquez: „Ich habe nie etwas erfunden. Ich nehme Berichte meiner Verwandten, Anekdoten, Erzählungen und webe sie zusammen. Alle Personen, alle Ereignisse gibt es. Aber nie so. Ich habe immer alles erlebt, nur eben anders."

Gottfried Weise, im Januar 2015 ■

LITERATUR UND QUELLEN

Bahr, Egon / Ensikat, Peter: Gedächtnislücken. Zwei Deutsche erinnern sich. Aufbau Verlag, Berlin 2012

Baingo, Andreas / Horn, Michael: Die Geschichte der DDR-Oberliga. Verlag Die Werkstatt, Göttingen 2009

Baingo, Andreas / Hohlfeld, Michael: Fußball-Auswahlspieler der DDR. Das Lexikon. Sportverlag, Berlin 2000

Biermann, Christoph: Die Fußball-Matrix. Auf der Suche nach dem perfekten Spiel. Verlag Kiepenheuer & Witsch, Köln 2009

Blees, Thomas: 90 Minuten Klassenkampf. Das Länderspiel BRD-DDR 1974. Fischer Taschenbuch Verlag, Frankfurt a. M. 1999

Bisky, Jens: Geboren am 13. August. Rowohlt Taschenbuch Verlag, Hamburg 2006

Bitter, Jürgen: Deutschlands Fußball. Das Lexikon. Sportverlag, Berlin

Czerwinski, Tino / Karpa, Gerald: 40 Jahre 1. FC Union Berlin. Ein Jahrhundert Fußballtradition. Sutton Verlag, Erfurt 2005

Claus, Gerhard: 100 Jahre Chemnitzer Fußball: Bilder, Geschichten, Tabellen. Chemnitzer Verlag

Dieckmann, Christoph: Kindheitsmuster oder: Das wahre Leben im falschen. Christoph Links Verlag, Berlin 1995

Dieckmann, Christoph: Die Liebe in den Zeiten des Landfilms. Eigens erlebte Geschichten. Aufbau Taschenbuch Verlag und Christoph Links Verlag, Berlin 2002

Dieckmann, Christoph: Zum Hundertsten. Der Jena-Report, 2003

Dieckmann, Christoph: Eine Liebe im Osten. Der Jena-Report und andere blaugoldweiße Fußballgeschichten. Städtisches Museum, Jena 2003

Franke, Thomas / Marko Hofmann: Neunzehn87. Der Triumphzug des 1. FC Lok Leipzig durch Europa. Connewitzer Verlagsbuchhandlung 2012

Fischer, Bernd / Nachtigall, Rainer: Fußball in Berlin. Skandal ohne Ende. 1992

Friedemann, Horst (Hrsg.): Sparwasser und Mauerblümchen. Die Geschichte des Fußballs in der DDR 1949 bis 1991. Klartext Verlag, Essen 1996

Geisler, Sven / Schwarz, Jürgen: Dynamo Dresden: 1953–2003. Eine Legende wird 50. Edition Sächsische Zeitung, Dresden 2003

Geisler, Sven / Schwarz, Jürgen: Dynamo Dresden: Legenden, Schicksale, Geschichten. Edition Sächsische Zeitung, Dresden 2008

Genschmar, Jens / Schwarz, Jürgen: Dynamo Dresden. Tradition verpflichtet, Verlag Sächsische Zeitung, Dresden 2004

Genschmar, Jens / Pätzug, Veit: Der Dirigent. Hans-Jürgen „Dixie" Dörner. Verlag Die Werkstatt, Göttingen 2007

Genschmar, Jens: Mit Dynamo durch Europa. Die Europacup-Spiele der SG Dynamo Dresden von 1967 bis 1991. Edition Sächsische Zeitung, Dresden 2011

Gräfe, Udo: Einhundert Jahre Fußball-Club Carl Zeiss Jena. Verlag Dr. Bussertt & Stadeler

Gröschner, Annett: Sieben Tränen muss ein Clubfan weinen. 1. FC Magdeburg – eine Fußball-Legende. Verlag Gustav Kiepenheuer, 1999

Grüne, Hardy: Enzyklopädie der europäischen Fußballvereine. Agon Sportverlag, Kassel 1995

Günther, Armin / Willy Tröger: Das war Wismut Aue. Chemnitzer Verlag 1995

Hartwig, Wolfgang / Weise, Günter: 100 Jahre Fußball in Berlin. Sportverlag, Berlin 1997

Hellwig, Jörg: Das Ballhaus des Ostens, Geschichte und Geschichten des 1. FC Union Berlin, Film des RBB-Fernsehens, Berlin 2001

Horn, Michael / Weise, Gottfried: Das große Lexikon des DDR-Fußballs. Schwarzkopf & Schwarzkopf, Berlin 2004

Jahn, Roland: Wir Angepassten. Überleben in der DDR. Verlag Piper, München 2014

Karte, Uwe / Röhrig, Jörg: Kabinengeflüster aus 40 Jahren DDR-Elf. Agon Sportverlag, Kassel 1999

Karte, Uwe / Zimmermann, Gert: Dynamo Dresden. Das Buch zum Verein 1953–1993. Thom Verlag, Leipzig 1992

Karte, Uwe / Zimmermann, Gert, Das Dynamo-Buch. Dynamo Dresden 1953–2013. Eine Fibel

Koch, Matthias: Immer weiter – ganz nach vorn. Die Geschichte des 1. FC Union Berlin. Verlag Die Werkstatt, Göttingen 2013

Kowalczuk, Ilko Sascha: Endspiel. Die Revolution von 1989 in der DDR. Verlag C.H. Beck, München 2009

Kummer, Mario: Die ungleichen Bedingungen des FC Rot-Weiß Erfurt und FC Carl Zeiss Jena in der DDR. Tulpe Verlag 2012

Laube, Volkmar: Joachim Streich – ein Stürmer der Extraklasse. MDsport, Magdeburg 2006

Leske, Hanns: Erich Mielke, die Stasi und das runde Leder. Der Einfluß der SED und des Ministeriums der Sicherheit auf den Fußballsport in der DDR. Verlag Die Werkstatt, Göttingen 2004

Leske, Hanns: Enzyklopädie des DDR-Fußballs. Verlag Die Werkstatt, Göttingen 2007

Leske, Hanns: Vorwärts. Armeefußball im DDR-Sozialismus. Aufstieg und Fall des ASK / FC Vorwärts Leipzig/Berlin/Frankfurt. Verlag Die Werkstatt, Göttingen 2009

Luther, Jörn / Willmann, Frank: BFC Dynamo – der Meisterclub von Berlin. Verlag Das Neue Berlin 2003

Maron, Monika: Bitterfelder Bogen. S. Fischer Verlag, Frankfurt a.M. 2009

Muller, Hertha: Atemschaukel. Schicksal von Rumäniendeutschen in russischen Lagern. S. Fischer Verlag, Frankfurt a.M. 2011

Müller, René: Ins linke obere Eck. Tauchaer Verlag, Taucha 2009.

Pleil, Ingolf: Mielke, Macht und Meisterschaft. Christoph Links Verlag, Berlin 2001

Querengässer, Klaus: Fußball in der DDR. 1945–1989, Teil 5: Der Europapokal. Agon Sportverlag, Kassel 1995

Rennefanz, Sabine: Eisenkinder. Die stille Wut der Wendegeneration. Der Blick auf Eisenhüttenstadt. Verlag Luchterhand, München 2013

Ruf, Christoph: Ist doch ein geiler Verein. Reisen in die Fußballprovinz. Verlag Die Werkstatt, Göttingen 2010

Salzmann, Peter: Fußballheimat Dresden. Geschichte und Geschichten. Sächsische Zeitung, Dresden 1998

Schulze-Marmeling, Dietrich: Barça oder: Die Kunst des schönen Spiels. Verlag Die Werkstatt, Göttingen 2010

Simon, Kuper: Football against the Enemy oder: Wie ich lernte Deutschland zu lieben. Verlag Die Werkstatt, Göttingen 2009

Sparwasser, Jürgen / Wolfgang Nagorske: „Sparwasser, Sparwasser – Toor!" Biografie eines Stürmers. Verlag Regionen 2008

Stridde, Thomas: Die Peter-Ducke-Story. Verlag Glaux TLZ

Urban, Thomas: Schwarze Adler, Weiße Adler. Deutsche und polnische Fußballer im Räderwerk der Politik. Verlag Die Werkstatt, Göttingen 2011

Wilson, Jonathan: Revolution auf dem Rasen. Eine Geschichte der Fußballtaktik. Verlag Die Werkstatt, Göttingen 2011

Zhadan, Serhij: Totalny Futbol. edition suhrkamp, Berlin 2013

Zeitungen und Zeitschriften

Süddeutsche Zeitung, Frankfurter Allgemeine Zeitung, Die Welt, Bild, Bild am Sonntag, Der Spiegel, Die Zeit, Berliner Zeitung, Tagesspiegel, Kicker-Sportmagazin, Sport Bild, 11 Freunde, Berliner Fußball-Woche, Die Neue Fußball-Woche (Ost) 1949–1991, Leipziger Volkszeitung, Freie Presse, Sächsische Zeitung, Märkische Oderzeitung.

Internationale Zeitungen

L'Équipe, France Football, FourFourTwo, Independent

Archive

Bundesarchiv Berlin-Lichterfelde

NOFV (Nordostdeutscher Fußball-Verband)

FOTONACHWEIS

imago sportfoto: Umschlag, 8/9, 10/11, 13, 14, 32, 39, 40, 42, 49, 52, 53, 54, 56, 57, 75, 77, 78, 79, 80, 82, 83, 89, 98, 100, 102, 104, 105, 106, 107, 108, 109 (2), 110, 113, 114, 115, 119, 121 (2), 123, 124, 125, 126, 129 (2), 134, 138, 139, 140, 143 (u), 144 (2), 145. 146, 147, 148, 153, 154, 156, 158, 163, 164 (2), 165, 166, 168, 169, 172, 174, 179, 181, 187, 188, 191, 193, 194, 197, 199, 200
Horst Müller Pressebilderdienst: 22, 66, 73, 86, 90, 91, 93, 94, 173, 175, 176
picture alliance: 97
André Weise, master foto, Berlin: 62, 128
Wismut-Unternehmensarchiv, Chemnitz: 18, 19
Privatarchive: Bartz, Frank: 195; Dieckmann, Christoph: 189; Günther, Klaus: 182; Hassenstein, Alexander: 205; Karte, Uwe: 92, 117, 119, 132, 135, 183; Kluge, Volker: 30; Mehner, Matthias: 35, 37, 43, 44, 45; Meier, Ulli: 151; Neumann, Peter: 89; Rohde, Peter: 137, 141; Schubert, Gert: 157; Schwenzfeier, Inge: 198; Tröger, Siegfried: 23, 27; Urbanczyk, Klaus: 186; Weise, Gottfried: 15, 26, 51, 81, 111, 143, 171, 177; Wolf, Jürgen und Gabriele: 16, 17, 20, 21, 28; Zimmermann, Gert: 88

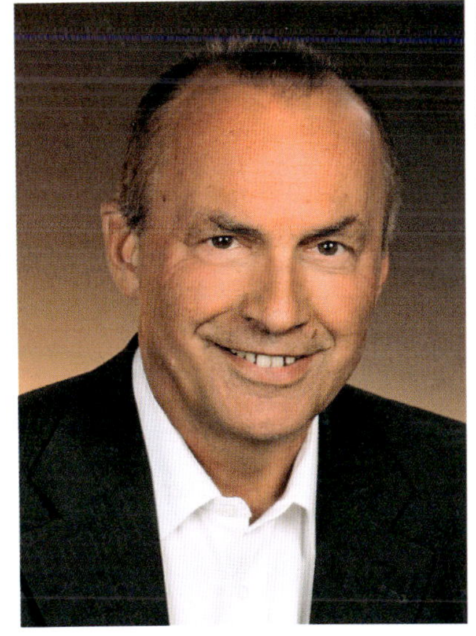

DER AUTOR

Gottfried Weise, geboren 1944, Diplomjournalist. Praktikant beim „Sächsischen Tageblatt“ Dresden, Fußballredakteur beim „Deutschen Sportecho“, von 1969 bis 1991 Sportreporter beim DDR-Fernsehen, seit 1994 bei Eurosport. Weise war Berichterstatter von 12 Fußball-Weltmeisterschaften und Autor bzw. Mitautor von Büchern wie „Lexikon des DDR-Fußballs“, „Spiel ohne Grenze“, „Unsere Jungs“.

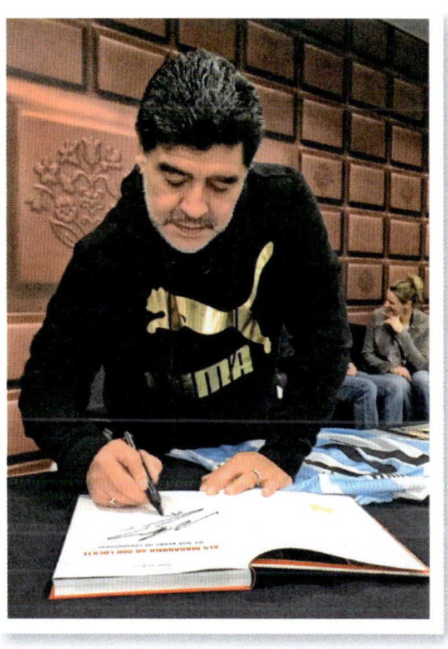

"Als Maradona ...": Im Rahmen einer Veranstaltung von Sportartikelhersteller Puma bat Starfotograf Alexander Hassenstein Diego Maradona darum, "unser Buch" zu signieren. Der Weltstar tat es, ohne lange zu zögern.

EIN DICKES DANKESCHÖN

Manchmal fand ich es schon ein wenig komisch, wenn ich in der Danksagung las: „Dieses Buch konnte ich nur dank des Gesprächs mit (…) schreiben.“ Nicht ein wenig überhöht?, fragte ich mich. Bis ich es selbst zu spüren bekam: Ohne **Hans Meyer,** dem „Mister Europacup im Osten“, kannst du kein Buch über „DDR-Klubs im Europapokal“ schreiben. Deshalb gilt mein außerordentlicher Dank dem Menschen Hans Meyer, der sich großzügig dreimal 90 Minuten Zeit für dieses Buch nahm. In Berlin, in Nürnberg: witzig, ironisch, bissig, klug, intelligent, auch ein wenig schräg. Doch lesen Sie den ganzen Meyer…

Ebenso dankbar bin ich **Bernd Beyer,** meinem Lektor im Verlag Die Werkstatt, der mir lange, lange die Tür offengehalten hat und von der ersten Minute an das Projekt zielführend mit viel Geduld, Taktgefühl, Ideen und kritischen Anmerkungen kompetent begleitet hat. (Ohne ihn hätte es dieses Buch tatsächlich nicht gegeben – diesen Satz finde ich inzwischen nicht mehr komisch.)

Mut zugesprochen hatten vor allem: Dietrich Schulze-Marmeling, Christoph Dieckmann, Uwe Karte.

Besonderen Dank auch all jenen 30 ehemaligen „Eurofightern“, die mir ihre Geschichte erzählten: von Manfred Kaiser bis Horst Eckel, von Klaus Urbanczyk bis Jürgen Nöldner, von „Theo“ Körner bis Bernd Bransch, von „Dixie“ Dörner bis Franz Beckenbauer, von Ottmar Hitzfeld bis Rudi Völler und Michael Rummenigge, von Olaf Marschall bis Rico Steinmann und Ulf Kirsten, von Peter Rohde bis Wolfgang Altmann, von „Al“ Glaubitz bis Ludwig Blank, von Jürgen Croy bis Achim Streich, von Jürgen Sparwasser bis Peter Ducke, von Reinhard Häfner bis „Paule“ Seguin, von Helmut Gaube bis Walter Fritzsch, von Thomas Doll bis Andreas Thom, von Matthias Sammer bis Ottmar Hitzfeld.

Ein spezielles Dankeschön geht an Bundesminister a.D. **Hans-Dietrich Genscher,** der bereitwillig und spannend seine Hubschrauber-Story von Dresden 1973 zum Besten gab.

Dank all den anderen, wie Helmut Gerhardt, der in wahrer Sisyphusarbeit die unverzichtbare Statistik zusammengetragen hat; wie Johannes Köbsch, der logistisch und computertechnisch eine unentbehrliche Hilfe war. Dank auch meiner Frau für Rücksicht, Geduld und ersten kritischen Blick.

Nicht vergessen möchte ich in der Danksagung jene, die mir alte Zeitungen und Bücher schickten, die beim Vermitteln von E-Mail-Kontakten hilfreich waren oder historisch wertvolle Fotos (z.B. Wismut-Archiv Chemnitz) zur Verfügung stellten:

Horst Blassy, Ulrich Böhme, Wolfram Böhme, Dr. Friederike Bretschneider, Pierre Delaunay, Sabine Dreibrodt, Almut Fiedler, Hartmut Fleischer, Klaus Fritzsche, Frank Heber, Dr. Jürgen Hempel, Thomas Hennicke, Uwe Herberger, Thomas Jakubietz, Christa Köbsch, Mario Kollack, Dr. Michael Linsel, Frank Lösch, Wolfgang Martin, Matthias Mehner, Wilfried Metzler, Jörg-Michael Müller, Gottfried Püschel, Dr. Detlef Rentsch, Jan Roy, Antonia Schäfer, Manfred Schickgram, Manfred Schiffler, Gert Schubert, Karsten Steckling, Hermann Störl, Natalie Tilsner, Siegfried Tröger, Jochen Uhlig, André Weise, Rosemarie Weise, Gabriele Wolf, Jürgen Wolf.

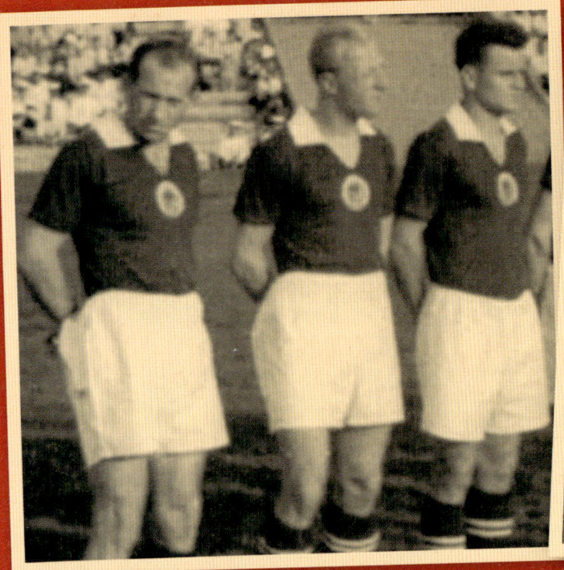

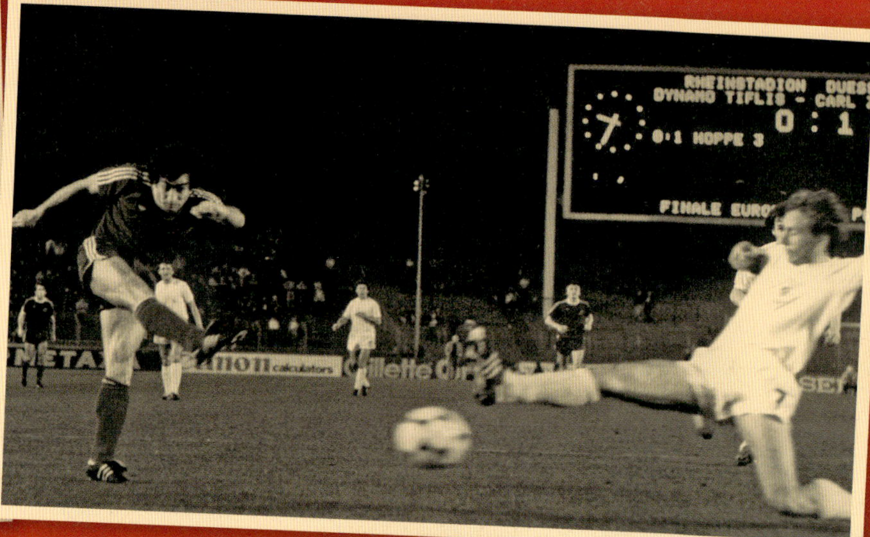
RHEINSTADION
DYNAMO TIFLIS - CARL
0:1 HOPPE 3
0 : 1

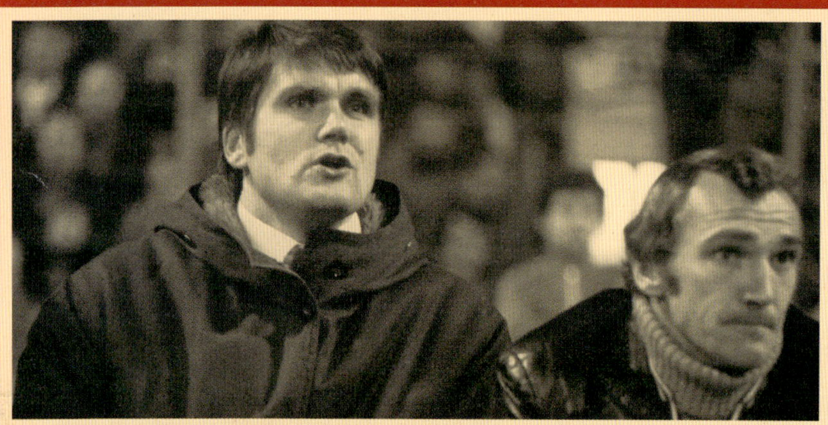

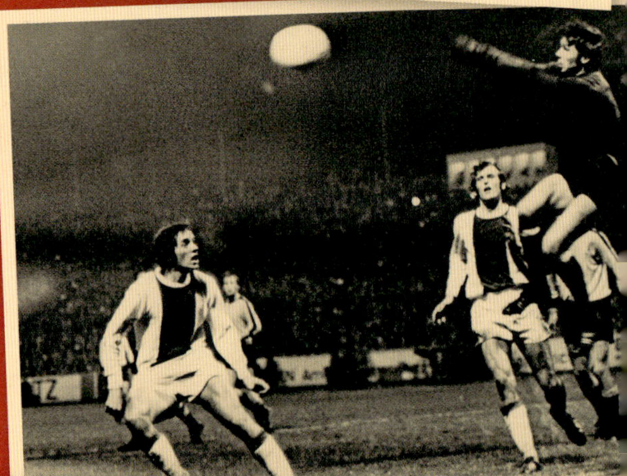

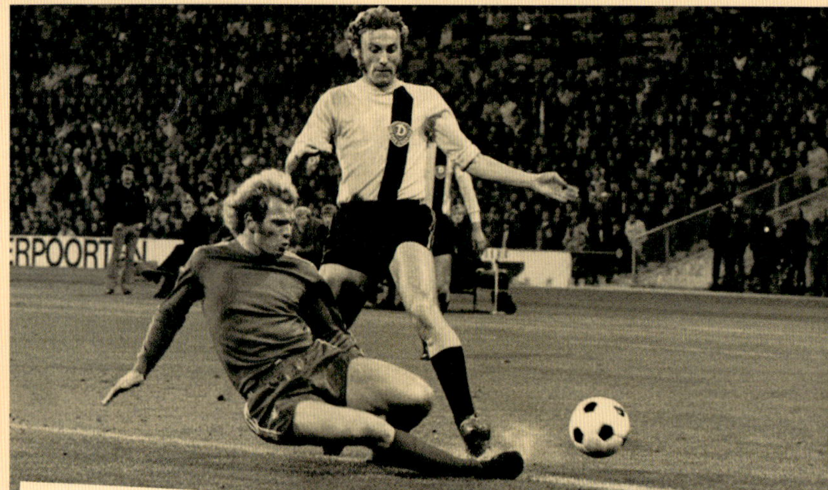

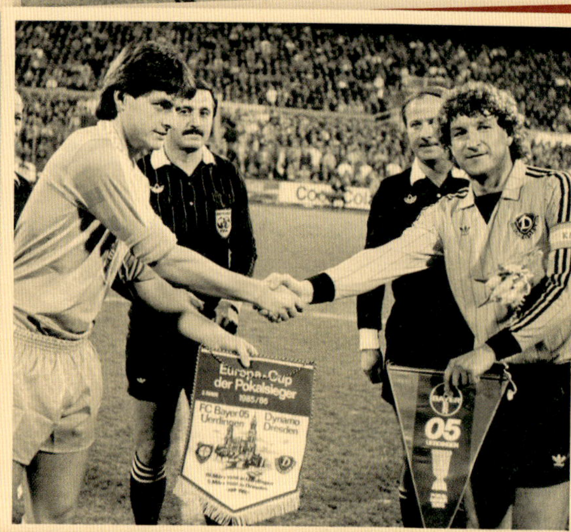
Europa-Cup
der Pokalsieger
1985/86
FC Bayer 05 Uerdingen
Dynamo Dresden
05

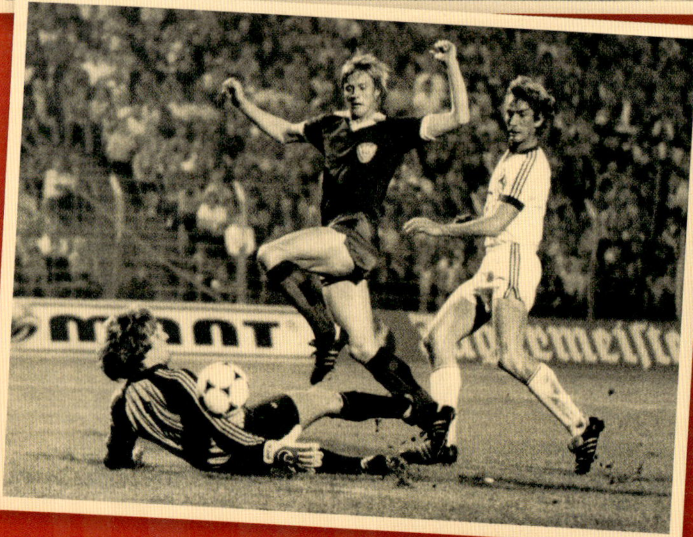

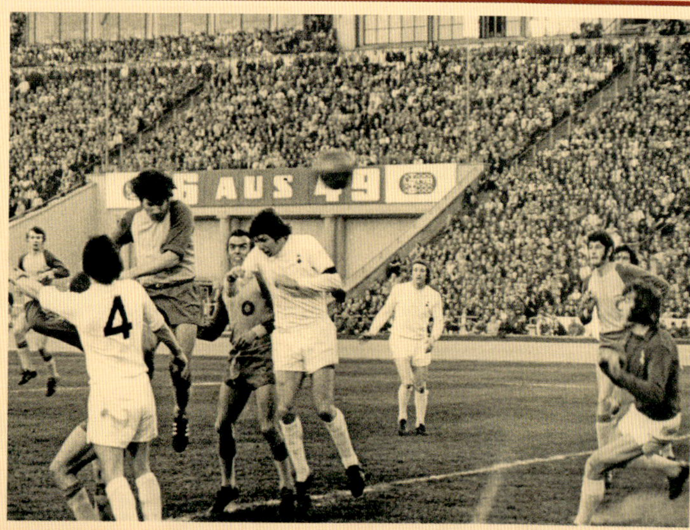
AUS 49